W0178289

MÄRCHENFORSCHUNG
UND TIEFENPSYCHOLOGIE

WEGE DER FORSCHUNG

BAND CII

1975

WISSENSCHAFTLICHE BUCHGESELLSCHAFT

DARMSTADT

MÄRCHENFORSCHUNG
UND TIEFENPSYCHOLOGIE

Herausgegeben von
WILHELM LAIBLIN

1975
WISSENSCHAFTLICHE BUCHGESELLSCHAFT
DARMSTADT

vb Bestellnummer 3567

2., unveränderte Auflage
© 1969 by Wissenschaftliche Buchgesellschaft, Darmstadt
Druck und Einband: Wissenschaftliche Buchgesellschaft, Darmstadt
Printed in Germany
Schrift: Linotype Garamond, 9/11

ISBN 3-534-03567-4

INHALT

Inhalt VII

EINLEITUNG

Die in diesem Buche gesammelten Beiträge aus dem Bereich tiefenpsychologischer Märchenforschung sollen in ihrer chronologischen
Anordnung eine Art *Längsschnitt* durch die geschichtliche Entwicklung dieses noch sehr jungen Wissenschaftszweiges repräsentieren,
dessen Anfänge bis in die ersten Jahre nach der Jahrhundertwende
zurückreichen und der bis heute einen Zeitraum von sechs bis sieben
Jahrzehnten umfaßt. Bei der unserer Auswahl vorausgegangenen
Sammel- und Sichtungsarbeit war es das Bestreben des Herausgebers, über die Erfassung bekannter und relativ leicht zugäng-
licher Buchveröffentlichungen namhafter Autoren hinaus das Haupt-
augenmerk auf Zeitschriftenaufsätze und Einzelbeiträge in Sammel-
werken zu richten, die, in breiter Fächerung über Jahrzehnte verstreut, dem Blickfeld des interessierten Liebhabers wie auch des
wissenschaftlichen Forschers neu zu erschließen und in übersicht-
lichem Zusammenhang darzustellen waren. Bei dieser vom Bestreben nach größtmöglicher Objektivität und Vorurteilslosigkeit
geleiteten *Bestandsaufnahme* des aufzuspürenden und teilweise der
Vergessenheit zu entreißenden Materials enthüllte sich schrittweise
gleichsam der rote Faden eines geschichtlichen Differenzierungsprozesses und einer Erkenntnisbildung, die ein getreues Spiegelbild darstellt zur Gesamtentwicklung der Tiefenpsychologie selbst. Auch
diese hat sich, wie bekannt, aus ursprünglicher Einheit Schritt für
Schritt in eine Reihe von Schulrichtungen aufgespalten, deren Lehr-
meinungen teilweise hart und scheinbar unvereinbar einander gegenüberstehen, so daß sich dem außenstehenden Betrachter ein verwirren-
des Bild höchst verschiedenartiger, ja teilweise gegensätzlicher Aspekte desselben Objektes „Tiefenpsychologie" darbietet. Es gibt aber
unseres Erachtens eine fruchtbare Möglichkeit, die von allen Mitzeugen
dieses geschichtlichen Vorgangs schmerzlich empfundenen Gegensätz-
lichkeiten nicht allein als Gegebenheit „anzunehmen", sondern dar-
überhinaus als natürliche Folge eines Differenzierungsprozesses zu

verstehen. Wir meinen damit die *genetische Betrachtungsweise*, bei
der sich die vorhandenen Gegensätze begreifen lassen als weitver-
zweigte Verästelungen eines gemeinsamen Stammes, aus dem sie alle
hervorgegangen sind. Dieses Bild einer aus ursprünglicher Einheit herausgewachsenen aspekt- und gegensatzreichen Verästelung
spiegelt sich auch in den im vorliegenden Bande zusammenge-
tragenen Beiträgen tiefenpsychologischer Märchenforschung wider;
in diesem Sinne wollen sie dem Beschauer zugleich einen möglichst repräsentativen *Querschnitt* dieses Forschungsbereiches erschließen.

Schon zu Beginn seiner Sichtungsarbeit mußte der Herausgeber
erkennen, daß innerhalb des dieser Sammlung aus verlagstechnischen
Gründen gesetzten Rahmens nur ein Bruchteil des gesammelten Materials, und auch dieses teilweise erheblich gekürzt, in die Textaus-
wahl aufgenommen werden konnte. Auszüge oder Ausschnitte aus
allgemein zugänglichen Buchveröffentlichungen sind nur insoweit im
Textteil vertreten, als sie, repräsentativ für einen bestimmten Aspekt oder Entwicklungsschritt im historischen Erkenntnisprozeß,
eine sonst entstehende Lücke der Darstellung schließen mußten. Das
gesamte tiefenpsychologische Material, Buchveröffentlichungen wie
Einzelaufsätze, wurde jedoch mit dem Bestreben auf größtmögliche
Vollständigkeit in Abschnitt VIII a der *Bibliographie* zusammen-
gestellt, der insbesondere für den wissenschaftlich Interessierten ein
willkommenes Nachschlagewerk als Grundlage für eine kritische
Auswertung des Gesamtmaterials aus mehr als sechs Jahrzehnten
bilden dürfte. Die in dieser Form wohl erstmals veröffentlichte
bibliographische Zusammenfassung der Hauptquellenschriften tiefenpsychologischer Märcheninterpretation bildet zusammen mit den
im Textteil enthaltenen Leseproben das Kernstück der vorliegenden
Veröffentlichung.

Nicht weniger wichtig jedoch erschien es dem Herausgeber, dem
Leser einen Eindruck zu vermitteln von der Art und dem Ausmaß
der wissenschaftlichen Diskussion, die von namhaften Vertretern
der *traditionellen* Märchenforschung, also der Volkskunde, der Ger-
manistik, der Literaturwissenschaften, der Religionsgeschichte, der
vergleichenden Religionswissenschaft und ähnlicher Fachdisziplinen
über die tiefenpsychologische Märcheninterpretation in Gang ge-

kommen ist. Hier spiegelt sich ein Entwicklungsprozeß wider, der die ganze Streubreite zwischen scharfer und teilweise berechtigter Kritik und ehrlicher Bereitschaft, dem Anliegen dieses neuen Wissenschaftszweiges gerecht zu werden, ja es als ernsthafte Bemühung um neue Erkenntnisse anzuerkennen, aufweist. Man könnte in vorsichtiger Formulierung unter dem Eindruck der bis jetzt vorliegenden Diskussionsbeiträge von einer schrittweisen gegenseitigen Annäherung der Standpunkte, ja einer sich langsam anbahnenden Integration der tiefenpsychologischen Betrachtungsweise in das Gesamtgebiet der traditionellen Märchenforschung sprechen, — jedenfalls insoweit, als jeder der Gesprächspartner begonnen hat, aufgeschlossen auf den andern zu hören und von ihm zu lernen. Der Leser findet Ausschnitte aus dieser Diskussion teils im Textteil, teils sind sie in größerem Umfang in Abschnitt VIII b der Bibliographie zusammengefaßt. Die übrigen Abschnitte der Bibliographie sollen vor allem dem fachlich nicht Vorgebildeten einen *ersten orientierenden Einblick* vermitteln in die aspektreiche Fülle der von den verschiedenartigsten Fachdisziplinen geleisteten Grundlagenforschung, die in unermüdlichem Gelehrtenfleiß vieler Jahrzehnte etwa seit dem ersten Drittel des vorigen Jahrhunderts bis zur Gegenwart ein schier unerschöpfliches Material gesammelt, gesichtet, katalogisiert, kritisch geordnet und nach vielfältigen Gesichtspunkten theoretisch durchleuchtet hat, eine wissenschaftliche Pionierleistung ersten Ranges, der gegenüber dem tiefenpsychologischen Märchenforscher Bescheidenheit ziemt und deren sorgfältige Berücksichtigung und Einbeziehung in die eigene Forschung selbstverständliches Gesetz tiefenpsychologischer Märchenforschung sein müßte.

Dieser jüngste Zweig der Märchenforschung galt lange Zeit als suspekt im Kreise der an langjähriger Tradition orientierten Fachgelehrten der übrigen Märchenforschung treibenden Wissenschaftszweige. Die mannigfaltigen Gründe hiefür sind hier nicht im einzelnen zu untersuchen. Sie sind jedoch keinesfalls mit den üblichen Schlagworten „Vorurteil" oder „horror novi" abzutun, wenngleich zugegeben werden mag, daß ein gut Teil der „Abwehrmechanismen", mit denen sich Öffentlichkeit und Wissenschaft gegenüber dem Eindringen der Tiefenpsychologie in das Gegenwartsbewußtsein „abzusichern" lange Zeit bemüht war, auch die tiefenpsychologische Märchenforschung mitbetroffen hat. Wir würden es uns aber zu leicht machen, wollten wir es bei dieser Feststellung bewenden lassen. Die Gründe liegen tiefer; und die tiefenpsychologische Märchenforschung wäre unseres Erachtens gut beraten, wenn sie in weiser Selbsterkenntnis sie in erster Linie zunächst bei sich selber zu suchen ehrlich bemüht wäre. Als reifste Frucht dieser Selbsterkenntnis wäre wohl die Einsicht zu bezeichnen, daß jede fachwissenschaftliche Forschung nicht in splendid isolation gedeihen kann, sondern eingebettet sein muß in die reiche Forschungstradition benachbarter Fachdisziplinen, die in ihrer fundamentalen Bedeutung für die eigene Erkenntnisbildung nicht hoch genug eingeschätzt werden kann, wie ja überhaupt die moderne Forderung nach Teamarbeit unter den Fachdisziplinen gerade auf dem Gebiet der Märchenforschung sich schon seit Jahrzehnten aufs beste bewährt und zu bedeutsamen Ergebnissen geführt hat. Dieser beflissenen Zusammenarbeit der an der traditionellen Märchenforschung beteiligten Fachdisziplinen gegenüber hat es jedoch immer wieder tiefenpsychologische Märchenforscher gegeben, die glaubten, auf das reiche Angebot der Nachbarwissenschaften zur Ausweitung, Bereicherung, Sicherung und Verifizierung eigener Forschungsergebnisse nicht angewiesen zu sein. Weder griffen sie auf jahrzehntelang bewährte Arbeitsmethoden zurück, noch nützten sie die sehr differenzierten Forschungsergebnisse der Fachwissenschaften für ihre eigene Erkenntnisbildung. Häufig wurde ein beliebiges Märchen ohne jede textkritische Vorarbeit, die sich etwa auf Entstehungsgeschichte, geographische Heimat, Verbreitungsgebiet, Vergleich mit verwandten Spielformen, typologische Einordnung, Herausarbeitung der hinter der zufälligen Fassung verborgenen Grundformel, Untersuchung einzelner Teilmotive und andere überaus notwendige Voruntersuchungen zur Erarbeitung eines brauchbaren Kontextes hätte erstrecken müssen, im Gegensatz dazu zum Tummelplatz einfallsreicher tiefenpsychologischer Deduktionen und Spekulationen von mehr oder weniger fragwürdigem wissenschaftlichem Ertrag gemacht. Auch die vorliegende Sammlung enthält Beispiele dieser Art, die je nach Temperament des Lesers ironischem Lächeln, spontanen Ausbrüchen der Entrüstung oder scharfer fachmännischer Kritik begegnen werden, und ganz freizusprechen von einem gewissen abseitigen Dilettantismus wird sich wohl keiner von uns Tiefenpsychologen bei ehrlicher Selbstprüfung vermögen. Wir Tiefenpsychologen müssen selbstkritisch genug sein, uns der Kritik der Öffentlichkeit zu stellen, die dazu dienen kann, aus Fehlern zu lernen und „by trial and error" zu gesicherteren Erkenntnissen vorzudringen.

Diesem eben erwähnten Gesetz der Erkenntnisbildung ist ja im Grunde jede wissenschaftliche Ausgangssituation unterworfen, und die tiefenpsychologische Märchenforschung macht hier keine Ausnahme, befindet sich vielmehr durchaus noch im Stadium des Imperfekten, des Unvollendeten, des Auf-dem-Wege-seins. Je mehr sie sich selbstkritisch dieser Tatsache bewußt ist, um so wahrhaftiger darf sich jeder einzelne ihrer Vertreter zu den „Irrungen und ermüdenden Umläufen" und jenen „gewissen verdächtigen und nicht zum Ziele führenden Gängen" bekennen, die nach Plutarchs Worten den mühevollen Labyrinthweg der antiken Einweihung kennzeichnen. Kein Sinnbild könnte wohl treffender den Charakter jenes verschlungenen Erkenntnisweges verdeutlichen, der tiefenpsychologischer Märchenforschung in den zurückliegenden Jahrzehnten zum Schicksal geworden ist. Wir neigen zu der Auffassung, daß es wohl in einem tieferen Sinn notwendig war, zunächst nicht reife Früchte der Erkenntnis zu pflücken, sondern quasi im „spielerischen" Umgang mit der zu untersuchenden Materie zu „experimentieren" in des Wortes eigentlichster Bedeutung: in immer erneuten Anläufen Wege der Erfahrung zu Ende gehen. Jedes wissenschaftliche Experiment ist zunächst ein „Spiel" mit den im Objekt liegenden, aber noch verborgenen Möglichkeiten, ein ernsthaftes Spiel, auf das man sich in der Hoffnung einläßt, eines Tages „fündig" zu werden in bezug auf neue Erkenntnisse, die auf den gebahnten Wegen wissenschaftlicher Tradition vielleicht unausgeschöpft geblieben wären. In dieser Hinsicht drängt sich noch ein weiterer Vergleich auf: das bekannte Märchenmotiv von den drei Brüdern, von denen die beiden ersten, reich mit Gaben ausgestattet und wohlangepaßt an die Realität, vom Vater bevorzugt werden, sich auf ihre „Klugheit" verlassen, aber an der vom Vater gestellten Aufgabe erliegen, während der Dritte, von dem es heißt, daß er „nicht recht von der Welt war", denn es fehle ihm „am Besten", ein Dummling also, vom verachteten „Instinkt" geleitet, zu allgemeiner Überraschung das kostbare Gut auf ermüdenden Umwegen und nicht ohne beschämende Rückschläge endlich doch glücklich nach Hause bringt.

Dieser „andere Aspekt" des „abseitigen" Weges, den tiefenpsychologische Märchenforschung fern von den Heerstraßen der einschlägigen Fachwissenschaften zunächst gegangen ist, muß unseres Erachtens *auch* gesehen werden, sollte zum mindesten als „Wunschtraum" ernst genommen werden im Sinne jenes bekannten Goethewortes, wonach „Wünsche Vorgefühle der Fähigkeiten" sind, „die in uns liegen". Unser noch junger, traditionsloser Wissenschaftszweig möchte jedenfalls dieses Anliegen den traditionsreichen Fachwissenschaften gegenüber aussprechen, nachdem er sich, wie vorher geschehen, zu einem ehrlichen „peccavi" bekannt hat.

Wenn die tiefenpsychologische Märchenforschung in diesem Buche den von ihr zurückgelegten Weg ohne jeden Versuch, Irrwege und enttäuschende Umwege zu unterschlagen oder wegzuretouchieren, der Öffentlichkeit zugänglich zu machen bereit ist, so folgt sie damit unseres Erachtens dem unserer Wissenschaft innewohnenden Gesetz, den mühsamen, an Illusionen und Desillusionierungen, Enttäuschungen reichen Weg zur Erkenntnis für mindestens ebenso wesentlich zu halten wie die auf diesem Wege gewonnene Erkenntnis selbst. Vielleicht könnte dieser umständliche, irrgartenähnliche Weg, diese „longissima via" über das Einbringen einer Ernte an sachlichen Erkenntnissen hinaus zugleich als Reifungsweg des eigenen Selbstverständnisses, der eigenen Selbstverwirklichung dieser Wissenschaft von paradigmatischer Bedeutung sein?

*

Wie sieht nun im einzelnen der Ertrag an bleibenden Erkenntnissen aus, der auf dem Wege tiefenpsychologischer Märchenforschung gewonnen wurde?

Zunächst sei der Leser aufgefordert, dem Gedankengang eines kurzen erkenntnistheoretischen Exkurses zu folgen über die *relative Objektivität* wissenschaftlicher Forschung. Speziell den exakten Naturwissenschaften ist die Einsicht zu verdanken, daß jeder objektive Erkenntniswert in Abhängigkeit von Standort, Blickrichtung und Eigengesetzlichkeit des beobachtenden Subjektes ge wonnen wird, also unweigerlich von subjektiven Faktoren mitgeprägt ist, die auch beim Streben nach einem Höchstmaß an Objektivität nie restlos auszuschalten sind. So spricht z. B. die Quantentheorie der modernen Physik von der Komplementarität im Erfassen physikalischer Urphänomene, die je nach der subjektiven Vorentscheidung, die der wissenschaftliche Beobachter bewußt oder unbewußt trifft, entweder als „Welle" oder als „Korpuskel" wahrgenommen werden. C. G. Jung hat zu diesem Problem und seiner Bedeutung für die Psychologie im Nachwort seines Buches „Von den Wurzeln des Bewußtseins"[1] unter Berufung auf einen Meinungsaustausch mit dem Physiker W. Pauli bemerkenswerte Ausführungen gemacht, aus denen auszugsweise einige Sätze zitiert werden mögen. Er sagt dort u. a.: „Die Erfahrung hat gezeigt, daß sowohl das Licht als auch die Materie sich einerseits wie separate Partikel, andererseits wie Wellen verhalten. Dieses paradoxe Ergebnis machte auf der Stufe atomarer Größenordnung den Verzicht auf eine kausale Naturbeschreibung im gewöhnlichen Raum-Zeit-Kontinuum notwendig, an deren Stelle unanschauliche Wahrscheinlichkeitsfelder in mehrdimensionalen Räumen treten, die eigentlich den Stand unserer derzeitigen Kenntnis darstellen. Diesem abstrakten Erklärungsschema liegt ein Realitätsbegriff zugrunde, welcher grundsätzlich unvermeidliche Wirkungen des Beobachters auf das zu beobachtende System in Betracht zieht, wodurch die Realität ihren objektiven Charakter zum Teil einbüßt, und dem physikalischen Weltbild ein subjektives Moment anhaftet"[2]. Pauli selbst äußert sich dazu u. a. in einer brieflichen Mitteilung an Jung folgendermaßen: „Es ist der freien Wahl des Experimentators (respektive Beobachters) überlassen . . ., welche Kenntnisse er gewinnen und welche er einbüßen will; oder, populär ausgedrückt, ob er A messen und B ruinieren oder ob er A ruinieren und B messen will. Es ist ihm aber *nicht* anheimgestellt, nur Kenntnisse zu gewinnen, ohne auch welche zu verlieren"[3]. Jung meint dazu: „Dies gilt in beson-

---

[1] C. G. Jung, Von den Wurzeln des Bewußtseins, Rascher-Verlag, Zürich 1954, S. 596 ff.

[2] a. a. O., S. 599 f.

[3] a. a. O., S. 604

derem Maße vom Verhältnis des physikalischen Standpunktes zum psychologischen. Die Physik bestimmt Quantitäten und deren Verhältnis zueinander, die Psychologie aber Qualitäten, ohne irgendwelche Mengen messen zu können. Trotz alledem gelangen beide Wissenschaften zu Begriffen, die sich bedeutsam einander annähern. Auf den Parallelismus der psychologischen und der physikalischen Erklärung hat C. A. Meier schon in seinem Aufsatz ‚Moderne Physik — Moderne Psychologie‘ (Die kulturelle Bedeutung der Komplexen Psychologie, 1935, p. 349 ff.) hingewiesen. Er sagt: ‚Beide Wissenschaften haben in vieljähriger getrennter Arbeit Beobachtungen und dazu adäquate Denksystematiken aufgehäuft. Beide Wissenschaften sind an gewisse Grenzen gestoßen, die ... ähnlichen prinzipiellen Charakter tragen. Das zu Untersuchende und der Mensch mit seinen Sinnes- und Erkenntnisorganen und ihren Erweiterungen — den Meßinstrumenten und Meßverfahren — stehen in unlösbarem Zusammenhang. Das ist Komplementarität in der Physik sowohl wie in der Psychologie.‘“

Wir müssen uns auf diese wenigen Zitate aus Jungs höchst interessanten Ausführungen beschränken, in denen er übrigens u. a. auch auf die Rolle der Archetypen zu sprechen kommt, „die einen *anordnenden* Einfluß auf Bewußtseinsinhalte haben“[4].

Es wird aber schon aus dem Gesagten deutlich, welches Licht von hier aus auf den speziellen Charakter der Tiefenpsychologie und ihre Problemstellungen fällt. In der Tiefenpsychologie kommt dem Unbewußten die Rolle des zu beobachtenden bzw. zu untersuchenden Objekts, dem Bewußtsein die des wissenschaftlichen Beobachters zu. Selbst wenn wir, der Einfachheit halber, die an sich äußerst bedeutsame Beobachtung für unsere Gedankengänge ausklammern, daß nämlich vom Unbewußten unausgesetzt energetische Einflüsse auf das Bewußtsein ausstrahlen, die das Bewußtsein in der Regel *nicht* wahrnimmt, da sie „unbewußt“ sind, die aber — nach Jung — „anordnenden“ Charakter haben, was nicht ohne entscheidende Rückwirkungen auf den Charakter des Bewußtseins bleibt, ein Phänomen, das den Erkenntnisvorgang sehr kompliziert, — auch ohne Einbeziehung dieses komplizierenden Zusatzphänomens in

[4] a. a. O., 604 f.

unsere Betrachtung kann — in großer Vereinfachung — gesagt werden, daß zwischen Bewußtsein und Unbewußtem, also zwischen be-
trachtendem Subjekt und betrachtetem Objekt eben jenes komple-
mentäre Verhältnis besteht, von dem seither die Rede war. Es
dürfte einleuchten, daß je nach der Einstellung des betrachtenden
Subjekts auch das Untersuchungsobjekt, das Unbewußte, eine dem
Betrachter entsprechende subjektive Färbung erhält. Ist beispielsweise der Betrachter seiner Struktur und seiner Einstellung entsprechend auf das kausal-naturwissenschaftliche Denken einge-
schworen, so wird er folgerichtig nicht allein das Unbewußte als in
kausaler Abhängigkeit vom Bewußtsein stehend erleben, sondern
er wird auch bemüht sein, unbewußte Phänomene „kausal-reduktiv" zu deuten. Die Einbeziehung alles Irrationalen in sein Vorstellungsmodell ist ihm suspekt, weil „wissenschaftlich nicht beweisbar".
Ist umgekehrt der Betrachter seiner Struktur und seiner Standort-
wahl entsprechend ein für die Rätselhaftigkeit und den vermut-
lichen „Sinn"-Gehalt des Irrationalen besonders aufgeschlossener
Intuitiver, so wird sein Denkmodell von der Natur des Unbewußten eine entsprechend subjektive Färbung annehmen, d. h. es wird
in erster Linie der irrational-„anordnende", also teleologisch ausge-
richtete vermutliche Sinngehalt unbewußter, das Bewußtsein *domi-
nant* transzendierender Phänomene im Mittelpunkt seines brennenden Interesses stehen. Beide Denkmodelle besitzen nicht allein
einen relativen — weil subjektiv gefärbten — Wahrheitsgehalt, sondern sie ergänzen sich komplementär.

Es dürfte einleuchten, daß das, was hier andeutungsweise über die
verschiedenen Vorstellungsmodelle tiefenpsychologischer Schulrichtungen und die ihnen anhaftenden subjektiven Determinanten gesagt wurde, sich ganz entsprechend in der tiefenpsychologischen
Märchenforschung widerspiegelt. Demzufolge sind zunächst zwei
Hauptgruppen tiefenpsychologischer Märchenforscher deutlich voneinander abgrenzbar, die, entsprechend der tiefenpsychologischen
Schulrichtung, der sie angehören, Märchen entweder vorwiegend
„kausal-reduktiv" interpretieren oder aber auf den ihnen mutmaß-
lich innewohnenden „Sinngehalt" eines stufenweisen, progressiven,
unbewußt „ziel"gerichteten Reifungs- und Selbstverwirklichungs-
prozesses hin untersuchen, der sich gewissermaßen in ihrer symbo-

lischen Bilderfolge selbst abbildet. Beide einander komplementär
ergänzenden Betrachtungsweisen sind unseres Erachtens nicht allein
grundsätzlich möglich, ja bieten sich dem Betrachter gewissermaßen
von selbst an, sondern sind darüber hinaus mit relativer
Überzeugungskraft in zahlreichen, methodisch gut durchgeführten
Einzeluntersuchungen auf ihre Brauchbarkeit erprobt worden. Bei
der kausal-reduktiven Interpretationsmethode wird nicht allein
die Vorstellungswelt der archaisch-magischen Entwicklungsstufe
der Völker an der bildhaften Dramatik der dieser Stufe vorwiegend angehörenden Märchen verdeutlicht, sondern es lassen
sich zudem mühelos Parallelen zur Ontogenese, d. h. zu Vorstellungen in entsprechenden Entwicklungsphasen des Kindes herstellen. In beiden Fällen ist das Zeitalter der Märchen beispielsweise
jene Zeit, „in der das Wünschen noch geholfen hat", wie es im Märchen selbst heißt, und „magische" bzw. „infantile" Wunschvorstel-
lungen der verschiedensten Art sind hier mit innerer Gesetzmäßigkeit in den Märchen nachweisbar, vielfach auch — wenngleich unseres Erachtens nicht ausschließlich! — tabuierte, verdrängte Sexual-
wünsche und -vorstellungen der magischen bzw. infantilen Entwicklungsstufe der Frühzeit in der Phylogenese wie Ontogenese,
deren „Verschlüsselung" mitunter groteske Formen annehmen kann.
In den Bereich der kausal-reduktiven Deutung von Märchen gehören
vor allem auch die frühen Versuche, mit denen die tiefenpsychologischen Märchenforscher erstmals auf den Plan getreten sind: nämlich Beziehungen herzustellen zwischen der Bildersprache der Märchen und des Traumes, indem Märchen sozusagen als phylogenetisch
wie ontogenetisch einzuordnende „Wunscherfüllungsträume" gedeutet werden (vgl. z. B. v. d. Leyen unter Berufung auf Freud,
194*, Riklin 176*, Abraham 116* u. a.).

Die zweite Entdeckung der Tiefenpsychologie waren die Zusammenhänge, die zwischen der Bilderwelt gewisser Märchen und entsprechenden rituellen Praktiken im Brauchtum naturnaher Völker,
insonderheit der sogenannten Pubertätsriten, aufleuchteten. A. Winterstein hat hier mit seiner psychoanalytisch durchgeführten Sonder-
untersuchung über „Die Pubertätsriten der Mädchen und ihre
Spuren im Märchen" (180*) bahnbrechende Arbeit geleistet. Es verdient aber hervorgehoben zu werden, daß er in Lily Weiser eine

volkskundlich und religionsgeschichtlich orientierte Vorgängerin
hatte, die schon 1927 in ihrer Habilitationsschrift über „Altgermanische Jünglingsweihen und Männerbünde" gewisse Märchen einer
sorgfältigen textkritischen Untersuchung unterzog, um daraus
Rückschlüsse über den Charakter altgermanischer Einweihungs-
bräuche zu gewinnen (97).

Man ist übrigens durchaus nicht genötigt, entsprechende Märchen
oder Märchenmotive in dem Sinne „reduktiv" zu deuten, als man
sie als Epiphänomene einerseits des Traumes, andererseits rituellen
Brauchtums der Naturvölker betrachtet. Vielmehr kann man unseres Erachtens mit demselben Recht die Bilderwelt des Traums, des
kultischen Rituals und des Märchens auf gleiche Ebene stellen, indem man sie als *einer gemeinsamen Wurzel* entsprungen auffaßt:
nämlich als verschiedenartige, aber gleichwertig nebeneinander einzuordnende Epiphänomene jener in den kollektiven Seelengründen
beheimateten, instinktähnlichen oder den Instinkten entsprechenden
„patterns of behaviour", die von A. Bastian als ubiquitär verbreitete „Elementargedanken" definiert, von C. G. Jung „Archetypen"
genannt worden sind. Als Urbereitschaften, in typischen Situationen
typisch zu reagieren, sind sie, dem leib-seelischen Muttergrund entsprungen, ähnlich wie die Instinkte, nicht weiter reduzierbar, lassen
sich aber phänomenologisch beschreiben. Nach Jung haben sie
„anordnenden" Charakter, d. h. sie bahnen Reaktionsweisen an und
begleiten sie, sich als „Bild und Emotion zugleich" manifestierend,
das eine Mal in Form eines individuellen Traumes, das andere Mal
in Form ritueller Praktiken und endlich in Form mythologisch-mär-
chenhafter Phantasien. Ihre gemeinsame Genese macht sie untereinander phänomenologisch vergleichbar, weshalb man beispielsweise von gewissen Träumen als „inneren Reifungsriten" (R. Bilz)
sprechen kann.

Mit dieser Arbeitshypothese Jungs als Grundlage befinden wir
uns mittten im Arbeitsbereich jener zweiten großen Gruppe tiefenpsychologischer Märchenforscher, die in ihrer Betrachtung von
Märchenphänomenen die Aufmerksamkeit auf „Sinn"gehalt und
„ziel"gerichteten Charakter von seelischen *Wandlungs*vorgängen,
also des phasenweise fortschreitenden *Reifungs- und Selbstverwirk-
lichungsprozesses* richten. Auch hier werden zur Interpretation von

Märchenmotiven Trauminhalte und Phänomene des Brauchtums vergleichend herangezogen und zwar in Form der sogenannten *Amplifikation*, indem man wie in der Archäologie schon Bekanntes als Kontext zur Dechiffrierung eines zunächst noch rätselhaften Textes in phänomenologischem Vergleich zu Hilfe nimmt. Das eine Phänomen mit Hilfe des anderen zu interpretieren, ist unter der Voraussetzung der soeben dargelegten Arbeitshypothese darum legitim, weil nach diesem Vorstellungsmodell Einzelmotive in Brauch, Mythos bzw. Märchen und Traum demselben archaischen Wurzelgrund der Seele entstammen oder zum mindesten in geringerem oder stärkerem Grad davon tingiert sind, also mehr oder weniger archetypischen Charakter aufweisen. Im Grunde hat ja schon Freud bei der Trauminterpretation in der Sprechstunde einen ganz entsprechenden Weg eingeschlagen, indem er den Traumtext mit Assoziationen des Träumers in Beziehung setzt und den ersteren mit Hilfe der letzteren zu „dechiffrieren" versucht. Die „amplifizierende Methode" beruht grundsätzlich auf demselben methodischen Prinzip, das nur insofern eine Erweiterung in der Richtung einer größeren Objektivierung erfährt, als außer den persönlichen Assoziationen des Textinterpreten schon längst bekannte Manifestationen aus dem objektiven, kulturgeschichtlich, ethnologisch, religionsphänomenologisch usw. registrierten seelischen Besitztum der Menschheit, das heißt aus den „archäologischen Schatzkammern" — sit venia verbo — des archetypischen Seelengrundes zur Interpretation herangezogen werden.

Damit ergeben sich gegenüber den vorangegangenen Beiträgen neue und sehr fruchtbare Aspekte tiefenpsychologischer Märchensinnerschließung. Der Zufall wollte es, daß die mythologische Erstlingsarbeit des Herausgebers über „Das Urbild der Mutter" (155*) bei chronologischer Anordnung der Einzelbeiträge zu diesem Buch sozusagen den Übergang bildet zu der neuen Gruppe. Der Herausgeber hat lange gezögert, diese mehr als dreißig Jahre zurückliegende Arbeit der Vergessenheit zu entreißen und sie in den Kanon des Textteils dieser Veröffentlichung aufzunehmen, zumal sie mit nicht unbedeutenden Schwächen und Unvollkommenheiten eines ersten Versuchs behaftet ist, die vom Stand der heutigen Erkenntnis her zu berechtigter Kritik herausfordern. Aber da mit dieser Arbeit sozusagen die ersten Seiten eines neuen Kapitels in der Geschichte tiefenpsychologischer Märchenforschung aufgeschlagen worden sind, in denen sowohl methodisch wie inhaltlich neue Aspekte der tiefenpsychologischen Märchenforschung manifest wurden, soll sie um der historischen Kontinuität willen dem Leser trotz mancher Bedenken hier nochmals vorgelegt werden[5]. Von da ab wächst in den folgenden Jahrzehnten bis zur Gegenwart der Chor der Stimmen aus diesem Forscherteam in bemerkenswertem crescendo an, unter anderem in Beiträgen namhafter Autoren wie — in alphabetischer Reihenfolge — H. von Beit (117, 118), M. L. von Franz (130, 131*, 132), A. Jaffé (147) C. G. Jung (151), E. Jung (152*), E. Neumann (168, 169), darunter eine Anzahl von Standardveröffentlichungen, die wegen ihres Umfangs und ihrer leichten Zugänglichkeit nicht in den Textteil aufgenommen werden konnten.

Aber auch die Produktivität der Freud'schen Schule geht während dieser Periode der letzten Jahrzehnte verstärkt weiter, beispielsweise in Beiträgen von G. Bittner (121*), E. Fromm (137), G. H. Graber (138*—141), Th. Reik (175), O. Wittgenstein (181*) und anderen, so daß von jetzt ab die Polyphonie der Beiträge gewissermaßen kontrapunktisch verläuft.

Endlich meldet sich in den letzten Jahrzehnten noch eine weitere Gruppe tiefenpsychologisch orientierter Märchenforscher zum Wort, die psychische bzw. psychosomatische Reifungsphänomene in gewissen Märchen widergespiegelt sehen, jedoch ihre Betrachtungsweise auf das Reifungserlebnis gewisser Entwicklungsphasen, vor allem der Pubertät beschränken. Zwar scheint die Symbolik einer Reihe bekannter Märchen in der Tat in erster Linie eine Bezugnahme auf die seelische Dramatik der Vorpubertät und der Pubertät nahezulegen, und es spricht grundsätzlich nichts dagegen, ihre Wandlungssymbolik vom Erleben dieser Reifungsphasen im engeren

---

[5] Zur Zeit der Drucklegung dieser Arbeit wurde mir eine Veröffentlichung bekannt, in der u. a. der Todesaspekt der Großen Mutter in einem Kapitel über „Frau Holle und Percht — eine späte Wiederkehr des Todesdämons" herausgearbeitet ist, so daß dieses Kapitel eine ausgezeichnete Ergänzung zu der Arbeit über „Das Urbild der Mutter" darstellt. Leider konnte das Buch von Edgar Herzog „Psyche und Tod", Rascher-Verlag, Zürich—Stuttgart 1960, in der vorliegenden Sammlung nicht mehr berücksichtigt werden, doch sei hier ausdrücklich darauf verwiesen.

Sinn her zu interpretieren, was vor allem in überzeugender Weise in den Arbeiten von J. Bilz (119*, 120*) und B. Jöckel (148, 149*), teilweise auch bei G. H. Graber (138*) geschieht. Andererseits wissen wir aus den Erfahrungen psychotherapeutischer Praxis, daß bestimmte innere Bilder, wie sie sich vor allem in Träumen manifestieren, auch in der Bilderwelt der Märchen offenbar eine genaue Entsprechung haben, so daß letztere auf *alle* Stufen menschlicher Reifung anwendbar sind, in denen das Erlebnis der Wandlung, des „Stirb und Werde!" als innere Forderung an den Menschen herantritt. Es liegt also nahe, die sehr signifikante Stirb-und-Werde-Symbolik der Pubertät als pars-pro-toto-Erlebnis aufzufassen, das in seinem Symbolgehalt stellvertretend für jedes Reifungserlebnis der verschiedensten Lebensalter stehen kann, so daß wir von der Erfahrung her nicht genötigt sind, die Symbolik des „Reifungserlebnisses im Märchen" auf die juvenalen Reifungsstufen einzuengen. Denn „Reifung" ist als Prinzip der Selbstverwirklichung ein *alle* Phasen menschlicher Entwicklung durchdringendes allgemeines Lebensgesetz, das sich folgerichtig immer erneut nicht nur in Traumgebilden, sondern auch in symbolidentischen Gestaltungen des Brauchtums und der mythischen Bilderwelt darstellt.

Der Gedanke, daß der Mensch einem stufenweisen Reifungsprozeß unterworfen ist, bei dem die vorgeburtlichen Reifungsstufen von der befruchteten Eizelle bis zum ausgebildeten Embryo sozusagen einen Daseinsentwurf repräsentieren, der in immer erneuten Reifungsschritten von der Wiege bis zum Grabe — nach religiösem Consensus auch über das Grab hinaus — fortgesetzt werden soll, scheint zu weiteren Erkenntnissen bezüglich unserer Materie zu führen. Von hier aus ergeben sich nämlich Verbindungslinien zum Initiationsbrauchtum aller Zeiten und Völker, das sich von den Wandlungsriten der naturnahen Völker bis zu den Mysterienkulten und Einweihungsritualen der Hochreligionen erstreckt, die ausnahmslos an den Menschen die Forderung richten, dem ihm eingeborenen Gesetz des „Stirb und Werde!" sich in dienendem Gehorsam bewußt und willentlich, zu steter *Wandlung* bereit, hinzugeben. Der Gedanke liegt nahe, daß die in vielfältigen Formen vor uns ausgebreitete Wandlungssymbolik im Märchen aus solchen Hintergründen gespeist wird, und gewisse Forschungsergebnisse der Religionsgeschichte und der vergleichenden Religionswissenschaft scheinen diese Vermutung zu bestätigen. Hievon legen vor allem die bis in die letzten Jahrzehnte zurückreichenden Arbeiten des Tübinger Religionswissenschaftlers Otto Huth Zeugnis ab, der den Ursprung gewisser Märchenmotive in vorindogermanische Zeit zurückverlegt und in ihnen Überreste einer neolithisch-urgnostischen Einweihungsreligion sieht, von der uns auch in Form von Dreistufenhügeln und ähnlichen architektonischen Gestaltungen Spuren erhalten geblieben sind (78*–81). Huth hat die schon von Lily Weiser erarbeitete, vom Psychoanalytiker Winterstein in etwas anderer Richtung weitergeführte Hypothese, daß hinter gewissen Märchenmotiven sich kultische Initiationssymbolik verberge, durch seine vergleichenden religionsgeschichtlichen Untersuchungen in fruchtbarster Weise vertieft und erweitert und damit der tiefenpsychologischen Märcheninterpretation neue und überaus schöpferische Impulse vermittelt. Hievon legt auch sein in dankenswerter Weise dieser Sammelveröffentlichung zur Verfügung gestellter Originalbeitrag unmittelbar Zeugnis ab. Auch die Arbeiten des Religionswissenschaftlers Mircea Eliade (68–71) weisen auf ähnliche Zusammenhänge von Wandlungssymbolik in Brauch, Mythos und Traum hin. Endlich ist zu erwähnen, daß solche Überlegungen auch namhafte Vertreter der Volkskunde anstellen, wie u. a. Ausführungen von Lutz Röhrich in seinem Buch „Märchen und Wirklichkeit" (208) in dem Kapitel über „Das Märchen und die Wirklichkeit des magischen Weltbildes" (S. 98 f.) überzeugend darlegen.

*

Damit sind wohl die wesentlichsten Entwicklungslinien tiefenpsychologischer Märchenforschung, ihre Methodik und ihr inhaltlicher Ertrag insoweit umrissen, als dies in einer Einführung geschehen kann, die auf die Hauptprobleme und ihre vielseitige Verflochtenheit lediglich aufmerksam machen, sich aber nicht mit allen sich daraus ergebenden methodischen und inhaltlichen Einzelproblemen befassen kann. Um seiner Wichtigkeit willen sei jedoch abschließend noch ein methodisches Grundproblem der Märcheninterpretation in den Mittelpunkt der Aufmerksamkeit gerückt, dessen

Nichtbeachtung zu wissenschaftlich weithin wertlosen Fehlinterpre-
tationen geführt hat. Wir meinen den Vorgang der *Hypostasierung,*
bei der die Bilderwelt des Märchens zur Vergegenständlichung eines
fertig vorhandenen theoretischen Begriffssystems oder Vorstellungs-
modells dient, das in das Märchen unbewußt hineinprojiziert wird,
worauf dann, scheinbar deduktiv, aus Einzelmotiven des Märchens
oder seinem Gesamtinhalt das betreffende Begriffssystem zu „veri-
fizieren" unternommen wird. Was in dieser Hinsicht nicht allein
von weltanschaulich, politisch, religiös orientierten Gruppen der
verschiedensten Art, sondern auch von wissenschaftlich mit ihren
Systemen identifizierten Vertretern spezieller Fachdisziplinen an
scheinwissenschaftlicher Märchendeutung geleistet worden ist, füllt
Bände. Leider ist auch die tiefenpsychologische Märchenforschung
dieser Versuchung, das in seiner irrationalen Tiefe von der forschen-
den Ratio nie restlos auszulotende, sondern hinsichtlich seines Inhalts stets nur mehr oder weniger annäherungsweise zu umschrei-
bende Märchen*symbol* zur *Allegorie* umzudeuten, d. h. es zum ver-
anschaulichenden Gleichnis für fertige Denkmodelle zu machen,
immer von neuem in einem solchen Ausmaß erlegen, daß auch von
daher die Abneigung der Fachwissenschaften, tiefenpsychologische
Märchen„deutung" wissenschaftlich ernst zu nehmen, verständlich
wird. Man kann freilich Märchen auch allegorisch deuten, um auf
diese Weise Unanschauliches anschaulicher zu machen, ein Recht, von
dem vor allem der Praktiker Gebrauch machen wird, aber man
muß dann *wissen,* was man tut, und darf nicht als deduktive For-
schungsmethode ausgeben, was mit wissenchaftlicher Deduktion im
Grunde nichts zu tun hat. Lutz Röhrich faßt in der Einleitung zu
seiner vorher schon erwähnten volkskundlichen Untersuchung über
„Märchen und Wirklichkeit" auf S. 7 f. das hier angeschnittene
Problem folgendermaßen zusammen: „Es ist ... ein Grundfehler
einer Märcheninterpretation, wenn sie ihre Gesichtspunkte von
einer außerhalb des Märchens liegenden Gedankenwelt her ins Märchen hineinsieht (projiziert). Aber leider muß der Mehrzahl der
Deutungen dieser Vorwurf gemacht werden, daß sie mehr ins Märchen hineinlegen als aus ihm herausholen. Solche Versuche einer
exegetischen Wirklichkeitsverbindung sollen den Zwecken einer bestimmten Weltanschauung dienen, aber sie überschreiten die Gren-

zen, die dem Forscher gesetzt sind. Das deduktive Vorgehen aus dem Material ist deshalb Grundvoraussetzung einer Deutung, die dem Märchen als volklicher Dichtung gerecht werden will."

Die eben geschilderte Begriffsverwirrung und die damit verbundene unwillkürliche Fälschung der „Forschungs"ergebnisse hat viel Unheil angerichtet; solange und insoweit dies aber in unseren eigenen Reihen geschieht, sollten wir besser nicht weltanschauliche oder religiöse oder mit „wissenschaftlichem" Anspruch irgendwelcher Art auftretende andere Gruppen abwertend beurteilen, sondern haben in ehrlicher Selbstprüfung zuerst bei der im eigenen Hause eingebrachten Ernte die Spreu vom Weizen zu sondern. Hiezu ist bei der Überprüfung des in dieser Sammlung vorgelegten Materials reichlich Gelegenheit. Freilich ist es nicht Aufgabe des Herausgebers, auf Beispiele und Gegenbeispiele im einzelnen aufmerksam zu machen; er hat nicht zu werten, sondern Material vorzulegen und die daraus im einzelnen zu ziehenden kritischen Schlußfolgerungen der Aufmerksamkeit des Lesers zu überlassen.

*

Der Herausgeber hat das Bedürfnis, allen, die an der Zusammenstellung dieses Sammelwerks mitgewirkt haben, herzlich zu danken, in erster Linie den zahlreichen Autoren, die teilweise in ihrer Bereitschaft, weit zurückliegende und damit von der Entwicklung ganz oder teilweise überholte Beiträge bereit- und kritischer Beurteilung zur Verfügung zu stellen, der Wissenschaft ein echtes Opfer gebracht haben. Dasselbe gilt hinsichtlich jener Beiträge, die stark verkürzt oder nur in stichwortartiger Zusammenfassung wiedergegeben werden mußten. Dank gebührt auch allen Verlagen, die durch Abdrucksgenehmigungen dem Ganzen gedient haben. Zwei der Sache verpflichtete und dem Herausgeber persönlich verbundene Persönlichkeiten waren im engeren Sinn an der Entstehung des Sammelbandes beteiligt: Professor Dr. Otto Huth, Tübingen, der als wissenschaftlicher Mitarbeiter der dortigen Universitätsbibliothek das mühevolle Aufspüren und Sichten des Materials bereitwilligst jederzeit durch Rat und Tat unterstützt hat, und Frau Diplompsychologin Rosemarie Luz, Stuttgart-Schmiden, die dem Herausgeber bei der endgültigen Auswahl der Textproben behilflich war; ihnen namentlich zu danken, ist dem Herausgeber ein besonderes Bedürfnis. Endlich sei Verlag und Mitarbeitern der Wissenschaftlichen Buchgesellschaft gedankt, deren Hingabe an das gemeinsame Werk und deren Bereitschaft, auf sachliche Anregungen und Wünsche des Herausgebers aufgeschlossen einzugehen, die Fertigstellung des 1964 übernommenen Auftrags ermöglicht hat. Es sei noch vermerkt, daß das Manuskript im Sommer 1966 abgeschlossen wurde, weshalb später erschienene einschlägige Veröffentlichungen leider nicht mehr berücksichtigt werden konnten.

Monakam über Liebenzell,   Wilhelm Laiblin
im November 1968

Der Lotse 1, 2. Band, 1901, S. 382–390.

TRAUM UND MÄRCHEN*

Von FRIEDRICH VON DER LEYEN

„Der Naturmensch" oder „der Wilde" (am besten sagt es sich
französisch: l'homme primitif) kennt keinen Unterschied zwischen
Traum und Wachen, für ihn ist eines so wirklich wie das andere.
Das überrascht und befremdet vielleicht, wenn man es so unvermittelt ausgesprochen hört. Aber auch wir kennen Träume, die so
sehr der Wirklichkeit gleichen, daß wir sie nur mühsam von ihr ablösen können; besonders Kinder erzählen uns gern lebhafte oder
sonderbare Träume, als seien es wahre Erlebnisse. Und im Leben
des Wilden erscheint der Traum viel häufiger als in unserem; ist
doch die Lebensweise des Wilden ebenfalls eine ganz andere. Der
Wilde lebt von dem, was ihm die Natur bringt, er sucht oft Tage
hindurch umsonst nach Nahrung und schwelgt dann unersättlich
im Überfluß, beide Zustände aber, das Hungern und Fasten ebenso
wie die Übergessenheit, machen den Schlaf zugleich leise und unruhig, und in *diesem* Schlaf kommen die Träume. — *Wir* trennen
Tag und Nacht von einander, bei uns soll der Tag dem Wachen gehören und die Nacht dem Schlafe, auch diese scharfe Scheidung
kennt der Wilde nicht. Er ißt und trinkt, er läuft umher oder zieht
aus zur Jagd, er schnitzt Geräte und Waffen oder sorgt für sein

* [*Vorbemerkung des Herausgebers:* Dieser Aufsatz des Altmeisters der
deutschen Märchenforschung aus dem Jahre 1901, ein Jahr nach dem
Erscheinen von S. Freuds „Traumdeutung" veröffentlicht, stellt wohl
erstmalig Beziehungen zwischen germanistisch-folkloristischer Märchenforschung und den Erkenntnissen des Bahnbrechers der Tiefenpsychologie
her. Diese Tatsache läßt es gerechtfertigt erscheinen, den Reigen der
wissenschaftlichen Beiträge zum Thema dieses Buches mit von der Leyens
Arbeit zu eröffnen. Wir freuen uns, damit zugleich das Gedächtnis des
bis ins höchste Lebensalter der Märchenforschung dienenden, im Frühjahr
1966 im Alter von über 90 Jahren Verstorbenen zu ehren.]

Vieh, doch den größten Teil seines Lebens verbringt er in träger Ruhe, vor sich hindämmernd, ähnlich wie die Tiere; das gibt wieder eine Art Halbschlaf, der die Träume so begünstigt: auch wir träumen am lebhaftesten, wenn wir dem Erwachen am nächsten sind. — Kein Leben ist ferner so gleichförmig, so arm an Abwechslungen wie das des Wilden, darum kann sich in ihm Traum und Wirklichkeit gar nicht so sehr unterscheiden. Und der Wilde ist abergläubisch und furchtsam, er kennt das Denken kaum oder überhaupt nicht, wie soll er da Traum und Wirklichkeit von einander trennen?

Natürlich haben manche Träume des Wilden trotz alledem ihre Besonderheiten. Der Traum erfüllt auch ihm Wünsche, die ihm das Leben versagt, oder im Traum erfährt er schaudernd, was er in Wirklichkeit nur gefürchtet, oder ihm erscheinen im Traum lebend und sprechend Menschen, die längst dem Tode gehören, oder er schwebt und fliegt im Traum und meint an vielen Orten zugleich zu sein.

Den fortwährenden Widerspruch solcher Träume gegen die Wirklichkeit muß sogar der Wilde fühlen. Doch er löst ihn sich rasch, diese Träume führen ihn alle zu *einem* Glauben: im Menschen lebt ein unsichtbares aber wesenhaftes Ding, die Seele. Wenn der Mensch wacht, weilt diese Seele im Körper; ist er entschlafen, so entschwebt sie in die Welt; was sie dort erlebt und sieht, sind die Träume. Immer kehrt die Seele in den Körper zurück; dann öffnen wir die Augen und erwachen. Einmal aber entschwebt die Seele ihrer Behausung, um sie nie wieder aufzusuchen, sondern um unstät in der Welt umher zu irren: dann ist der Mensch gestorben.

Diese besonderen Träume haben noch ein anderes Interesse für den Wilden. Schon ihm künden sie Seltsames, Wunderbares, das hört auch der Wilde gern, auch ihm ist der Hang zum Wunderbaren angeboren. Sie sind zugleich dem ähnlich oder verwandt, was der Wilde selbst so oft erlebt, darum schenkt er ihnen um so williger Gehör.

So erzählt eine Generation der andern merkwürdige Träume, dabei nehmen diese Träume schärfer umrissene Gestalten an, und es verliert sich unmerkbar die Erinnerung an ihre Herkunft, man vergißt, daß es eigentlich Träume sind, die man sich erzählt, dadurch werden die berichteten Begebenheiten nur noch seltsamer, bis sich endlich die Schöpfung vollendet, die wir Märchen nennen. Und nicht nur Träume aus der Urzeit des Menschen haben dies Schicksal, wohl die wenigsten unserer Märchen lassen sich auf diese ältesten Träume zurückführen. Nein, wenn das Leben des Menschen reicher wird, gewinnen seine Träume in gleich fortschreitender Entwickelung neuen Reiz und neue Bedeutung und wiederum lösen sie sich von der Wirklichkeit ab, um ins Reich des Märchens zu schweben; und so fort, bis zu unseren Tagen.

Die Entwickelung, die ich hier andeute, ahnte zuerst Ludwig Laistner, ein nun vergessener Forscher, ein Mann, in dem sich Dichter und Gelehrter recht wunderlich mischten. Er erkannte, daß viele Märchen, alte und neue, fremde und deutsche, aus Träumen entstanden seien. Um diese Erkenntnis zu beweisen, durchforschte er eine endlose Zahl von Märchen und Sagen, die Resultate vertraute er seinem letzten großen Werke an, dem Paul Heyse den Namen gab: „Das Rätsel der Sphinx" (1889). Dies Werk lesen sogar Gelehrte ungern, obwohl es sehr viele, kaum gewürdigte, bedeutsame und folgenreiche, oft auch ganz neue Einsichten und Ergebnisse enthält. Aber sie alle kommen nicht zur gebührenden Geltung. Denn der Gelehrte in diesem Forscher treibt ihn wohl an, eine unübersehbare Fülle von Kenntnissen zu erraffen, doch kaum sind diese erworben, so bemächtigt sich ihrer der Dichter, manchmal um sie in tiefe Ahnungen und überraschende Aufschlüsse zu verwandeln, öfter aber, um sein verwirrend Spiel mit ihnen zu treiben, so daß sie bald in haltlose Phantasieen ausarten, bald die Tatsachen gewaltsam entstellen oder verkennen. Die Ergebnisse sind zu selten geprüft, es fehlt dem Werke gar zu sehr die Methode, daher sieht es auch die Grenzen der Wissenschaft nicht, und verliert sich in Regionen, die uns immer dunkel bleiben müssen. Trotzdem ist zu hoffen, daß die Zukunft sich liebevoller zu diesem „Rätsel" wendet. Schon jetzt gelangt die strenge Wissenschaft, ohne von Laistners Vorarbeit etwas zu ahnen, zu ganz ähnlichen Ergebnissen wie er; ich denke besonders an die Schriften des Wiener gelehrten Arztes Dr. Siegmund Freud (1900, Die Traumdeutung).

Der Mensch muß allzuoft erleben, daß seine Kräfte versagen. Bald tauchen Schwierigkeiten auf, die wir niemals vermuteten, bald stehen wir vor Aufgaben, um deren Lösung wir uns immer umsonst mühen — wir haben die Arbeit kaum begonnen, so verlassen uns schon Mut und Hoffnung —, bald sind wir auf mühseligen endlosen Wanderungen, wir drohen vor Erschöpfung umzusinken, aber der Weg wird länger und länger. Die Gefühle hilfloser Ohnmacht, zugleich der Angst und Beklemmung entstammen oft solchen Erfahrungen. Und gerade mit diesen Empfindungen, die am Tag schon grausam genug sind, treibt die Phantasie des Traumes ihr tückisches Spiel, sie steigert alle Qual, alle Furcht, alle Beschämung des Tages ins Grenzenlose und treibt uns von Mühsal zu Mühsal. Auch im Traum müssen wir endlose Wege wandern, wir fallen ohnmächtig zu Boden, wir wissen, daß wir gar nicht mehr gehen können, aber eine unsichtbare Gewalt befiehlt uns das „Weiter!" und wir müssen ihr gehorchen. — Wir eilen einer lieben und teuren Gestalt nach, die verlockend und Sehnsucht weckend vor uns schwebt, wir strecken inbrünstig die Arme nach ihr aus, aber sie entschwindet in immer weitere Fernen, und wie wir auch jagen und hasten, wir können sie niemals erreichen. Oder Treppen auf Treppen steigen vor uns empor, von der höchsten winkt uns eine seltsame Erscheinung zu, wir klimmen aufwärts und aufwärts, aber wir brechen zusammen und sind kaum eine Stufe höher.

Der Traum verlangt von uns auch Kunde von verborgenen Dingen, und wir wissen dann das Offenbarste nicht, wie wir uns auch mit Denken abmühen. Die Fragen werden immer schwerer, verworrener, und das Aussehen des Fragenden zugleich drohender. Oder der Traum gibt uns Aufgaben, die wir nie und nimmer lösen können, aber wir sind dazu verurteilt, die Lösung wieder und wieder zu beginnen, es erwarten uns auch die entsetzlichsten Strafen, wenn wir die Arbeit verweigern.

Die Gefahren, denen der Mensch Tags ausgesetzt ist, quälen ihn in derselben gräulichen Verzerrung des Nachts; man sieht einen lockeren Stein über sich, der fortwährend herabzufallen und uns zu erschlagen droht, man sieht sich dicht vor Ungeheuern, und wenn man sie beherzt angreifen will, ist man plötzlich gelähmt oder die Waffe versagt den Dienst. Was wir des Tags fürchten, wovor wir zittern, daß es werden könnte, das alles geschieht im Traum, und wir empfinden es auch darum als Folter, weil wir in solchen Träumen so manchesmal erfahren, wie wir eigentlich sind: frevelhafte Begierden, die wir uns des Tags mühsam verbergen, der Traum zeigt sie uns oft in übertriebener Furchtbarkeit, er löst, was der Tag bindet, und peinigt uns mit den Schreckbildern unseres Selbst.

Und wenn es doch nur *ein* schreckhaftes Gesicht wäre, das uns im Traume erschiene, aber diese Gesichter tauchen meist in Mengen auf und führen uns in endloser Reihe von einer Qual zur andern. Die Träume kennzeichnen sich durch eine wachen Sinnen kaum denkbare Masse der Vorstellungen, es ist keine Übertreibung, daß sich in wenige Sekunden des Traumes der Inhalt eines ganzen Lebens zusammendrängen kann, die Vorstellungen von Raum und Zeit scheinen sich im Schlaf zu verwirren oder ganz zu verlieren.

Aber der Traum gibt auch unserem Sehnen, unseren höchsten Wünschen wundersame Erfüllung; so sehr, daß uns alles andere Glück aussieht etwa wie ein schlechtes, mißverstandenes Nachbild, daß wir von unserm Schaffen und Vollbringen glauben, wir hätten mit unsäglicher Mühe nur ein kümmerliches Abbild dessen erreicht, was uns im Traum spielend gelang. Der Traum hebt alle Erdenschwere auf, wir fliegen und schweben, von Licht und Luft rings umflutet, zerfließend in das himmlisch unendliche All, Worte und Töne von nie geahntem Wohllaut klingen um uns, alle Schönheit, die wir im Leben dumpf und dunkel ahnen, scheint sich lächelnd zu entschleiern, eine Tür nach der andern tut sich vor uns auf und wir wandeln von Herrlichkeit zu Herrlichkeit, immer magischer leuchten und strahlen die Schätze, die Pforten des Paradieses sind geöffnet und wir sind von seinen Wundern umfangen. Die Gefühle der Angst und Qual, die uns der Traum erzeugt, scheinen endlos; im Gefühl der Seligkeit gönnt uns der Traum kein Verweilen: wenn die geblendeten Augen sich an das große Licht gewöhnten, wenn wir mit sehnsüchtigem Verlangen den Schätzen entgegenstreben, die uns umleuchten, so weicht alles vor unsern Blicken zurück, vertiefte Finsternis umgibt uns, und wir erwachen. Dann scheint uns diese Wirklichkeit trostlos wie nie vorher, wir möchten am liebsten verzweifeln und aufhören zu leben, aber wie sehr wir auch versuchen, uns dem Schlaf hinzugeben, daß er uns die gleichen Bilder vorzaubere, es ist umsonst, der Tag hat begonnen. Nach diesen Träumen des Glücks sind wir dem Erwachen gram und möchten es für immer verbannen, nach Träumen des Schreckens dünkt es uns die einzige Erlösung, die wir erflehen und heranbeten. Wenn wir dann aufatmend erwachen und, den Greueln der Nacht entronnen, das Licht des Tages begrüßen, vor dem die Gespenster in ihr Nichts zerrinnen, so scheint uns das Leben neu geschenkt, köstlicher, als wir es je wußten.

Sisyphos soll einen großen Block den Berg hinaufschieben, er hat ihn mit Riesenkraft fast bis zum Gipfel gebracht, da entgleitet der tückische Stein und rollt polternd hinunter: Sisyphos wird ihn immerwieder hinaufschieben, er wird ihn kurz vor dem Gipfel immer wieder in die Tiefe rollen sehen und seine Marter wird während bis zur Ewigkeit.

Die Marter erinnert zugleich an manchen bösen Traum. Das Erklimmen einer Höhe, das Zusammenbrechen dicht unter dem Gipfel, die übermenschliche Mühe und Qual, die übermenschliche Aufgabe, die endlose Wiederholung der gleichen Pein — das alles ist in der Marter enthalten und auch in den bösen Träumen. Noch eine andere solch unlösbare Aufgabe aus der „Odyssee", diesem Märchenbuch der alten Griechen, kam aus dem Traum in die Hände des Dichters: die Aufgabe der Danaiden, die ein durchlöchertes Faß mit Wasser füllen sollen. — Unsere neueren europäischen Märchen verlangen ähnliches vom Menschen. Etwa daß er mit einem Sieb einen Teich ausschöpfe, oder daß er einen unendlichen Haufen des verschiedensten Getreides sondere, oder daß er mit hölzerner Axt einen ganzen Wald an einem Nachmittag umhaue; er versucht es, da biegt sich die Axt beim ersten Hieb; — wenn wir das lesen, empfinden wir jedesmal die ratlose Angst und Beklemmung, die nur der Traum kennt. Eine Fee oder ein hilfreiches Tier — so erzählen die Märchen dann — löst die Aufgabe, während der Mensch *schlummert;* so zerstört im Märchen der Schlaf, was er doch eigentlich schuf. Aber wie dem auch sei, eine dunkle Erinnerung an ihre Herkunft aus dem Traume haben sich die Märchen hier doch bewahrt.

Zu den mühseligen Wanderungen, die uns der Traum auferlegt, verurteilt das Märchen gern Helden; sie sollen Fahrten in die Unterwelt unternehmen, starrend von Gefahr, von einer schlimmen Not zur schlimmeren führend, bis der Hörer glaubt, es sei nun kein

Entrinnen mehr möglich. Herkules und Odysseus sind wohl die ältesten dieser Märchenhelden. — Das Märchen straft durch diese Wanderungen auch Frauen und erprobt ihre unendliche Geduld und unendliche Liebe. Diese Frauen haben sich den Geliebten, den sie erlösen sollten, verscherzt, indem sie der Versuchung, ihn Nachts zu betrachten, nicht widerstanden, nun kann er die Erlösung nur finden, wenn sie ihm durch die ganze Welt nachziehen, über „schneidende Messer und gläserne Berge", bis sie, zum Tode ermattet, ihn endlich erreichen. Das deutsche und nordische Märchen weiß diese Frauen besonders zart und rührend zu schildern; den alten Römern waren sie durch das Märchen des Apulejus „Eros und Psyche" lieb und wert.

Die Sage von Ödipus, der den Vater erschlägt und der Gemahl seiner eigenen Mutter wird, erscheint uns zu gräßlich, als daß sie wahr sein könnte, und sie macht uns doch im Innersten erschauern. Sie hat eben die Wahrheit des Traumes. Man hat oft bei Knaben eine Liebe zur Mutter, bei Mädchen eine Neigung zum Vater beobachtet (Freud, Seite 182), und die Kinder haben in ihrer unschuldigen Art gebeten, eins der Eltern möchte doch sterben, damit das andere für sie allein bliebe. Diese Wünsche verfolgen Kinder, auch noch Jünglinge in ihre Träume; die furchtbare Erfüllung eines solchen Traumes, man möchte sagen, das grauenhafte Gespenst unserer Schuld ist die Ödipussage.

Das Schwert des Damokles, das an einem Faden grade über dem Haupt des Gastes hängt, und dieser Faden droht jeden Moment zu reißen; oder gar Mühlsteine, die Menschen in Behausungen von Kobolden grad über sich an schwachem Faden hängen sehen: das sind auch Foltern, die der Traum erfand und das Märchen entlehnte.

Es sei hier ein arabisches Märchen angereiht, das einen von Erlebnissen überfüllten Traum wiedergibt: Muhamed, sagt es, wird von dem Engel des Herrn durch die Herrlichkeiten des Himmels, durch die Schrecken der Hölle geführt, das geschah aber so schnell, daß nach der Rückkehr von der unendlichen Fahrt das Bett des Propheten noch warm war.

Den meisten märchenerzeugenden Träumen, die an uns hier vorüberzogen, war ein Gefühl qualvoller Angst gemeinsam. Die Alpträume sind ähnlich, auch sie werden von entsetzlichen Vorstel-

lungen und Beklemmungen begleitet. Atemnot hat die Alpträume
geschaffen, und wir erzeugen diese Atemnot oft, ohne es zu wissen,
selbst, indem wir Kissen oder Decken so fest an Mund und Nase
pressen, daß wir dem Atem seinen Ausweg versperren.

Viele grauenhafte Sagen und Märchen haben in Alpträumen ihren
Ursprung. Wohl alle Sagen von Vampiren und ähnlichen blut-
saugenden Unholden lassen sich auf Alpträume zurückführen, ebenso die Sagen, in denen Tote uns im rasenden Lauf nachsetzen,
während wir vergeblich vor ihnen flüchten.

Die Märchen aus diesen Alpträumen wandeln vielfach verschlun-
gene Wege. Die einen erzählen von einem Unhold, der einem Menschen schwere oder unlösbare Aufgaben stellt und ihn langsam zu
erwürgen verspricht, wenn er auf diese Fragen keine Antwort wisse.
Zu dieser Gruppe gehört das alte Märchen von Ödipus und der
Sphinx, zu derselben Gruppe das von der grausamen Prinzessin
Turandot. In einem indischen Märchenbuche dieser Art muß ein
unglücklicher König unter Todesstrafe gar vierundzwanzig heikle
Fragen beantworten, in denen immer ein Märchen endet.

In anderen Märchen wird ein verfolgender Geist aufgehalten, indem man ihm Frage auf Frage vorwirft und immer neue Fragen er-
findet, bis die Sonne aufgeht. Dann zerspringt der Geist oder
gibt sich mit einem Fluch als verloren. Denn sobald der grause
Traum aufhört, ist die Macht der Geister vorbei, der lachende Morgen verscheucht sie oder die aufgehende Sonne zerspringt sie in
tausend Stücke. Jedesmal, daß die Märchen einen Geist derart be-
trügen, atmen auch wir auf und wie der Träumende begrüßen auch
wir den hellen Tag mit einem tiefen Seufzer der Erleichterung.

In erregten Träumen und unruhigem Schlaf werfen wir öfter
unsere Kissen und Decken von uns. Dann entstehen Träume, an die
wir uns nie gern erinnern: wir stehen entblößt inmitten vieler
Menschen, die nun alle besonders prächtig gekleidet sind, und wir
versuchen umsonst, uns zu verbergen (Freud, Seite 170).

Dieser Traum ist nichts anderes als das Märchen, das auch An-
dersen so anmutig erzählt, vom König, der in mangelhafter Bekleidung inmitten seiner Untertanen steht, die ihm das nicht sagen
mögen. Schon die Griechen schilderten, lieblicher und zugleich er-
greifender, denselben Traum: Odysseus wird, nach schwerem Schiff-

bruch, nackt und bloß ans Land geworfen; wie er aus langem Schlaf erwacht, hört er das helle Lachen von Nausikaa und ihren Gespielen und schlammbedeckt, seine Blößen verbergend, naht er sich der holden Königstochter. — Gottfried Keller hat in seinem grünen Heinrich diese Szene zuerst richtig erkannt. „Das ist", sagt er, „so lang es Menschen gibt, der *Traum* des kummervollen umhergeworfenen Mannes, und so hat Homer jene Sage aus dem tiefsten und ewigen Wesen der Menschheit herausgenommen." —

Wenn das Märchen uns die goldene Pracht des Paradieses so verlockend malen kann, so wird ihm der Traum die leuchtendsten Farben geliehen haben. Und die vielen Märchen, die uns zu den Inseln der Seligen, zu den Gestaden weltabgeschiedener Vergessenheit und zu Stätten himmlischen Glanzes führen, gehören zum ältesten und unvergänglichen Besitz der Menschheit.

Eins von ihnen ist das deutsche Märchen vom Marienkind. Dem zeigt die liebe Mutter Gottes die ganze Herrlichkeit des Himmels. Nur ein Zimmer darf es nicht sehen. Das Kind, von seiner Neugier bezwungen, öffnet doch die Türe zum Gemach, sobald Maria es allein gelassen hat: weil es seine Sünde nicht beichten mag, wird es aus den Himmeln verstoßen und erwacht in Not und Elend nackt und bloß auf der Erde.

Man erkennt in diesem Märchen noch die Umrisse des Traumes. Der Traum führt den Menschen ins Paradies und gibt ihm dessen Wonnen zu kosten, das Erwachen stößt uns in die öde Wirklichkeit zurück und es scheint, als seien wir grausam des höchsten Glückes beraubt.

Würde das Märchen diesen Traum erzählen wie er ist, so erschiene die Vertreibung aus dem Paradies als eine Strafe hart und unverdient, wie keine andere. Doch ihre Begründung und Rechtfertigung bot sich wie von selbst. Denn je größere Herrlichkeiten sich dem Menschen offenbaren, um so unersättlicher wird sein Verlangen; und wenn uns nun etwa alle Wunder gegönnt sind, so wird es jeder als besonders leidigen Zwang empfinden, falls ihm eines verwehrt wird, zumal da ein Verbot auch in alter Zeit zur Übertretung reizte. Das Märchen warnt vor solchen Übertretungen auch in andern Zusammenhängen gern; wir erinnern uns noch der Braut, die den verwunschenen Bräutigam nicht sehen darf.

Diese Klausel: die Verwehrung eines Wunders, fügte sich also leicht zu dem Paradiestraum, und es entstand ein Märchen derart: das Paradies wird dem Menschen gezeigt. Er darf alles darin genießen, nur eines nicht. Er übertritt das Verbot, leugnet — das ist eine weitere Verschärfung —, daß er es übertrat und wird zur Strafe verstoßen, in das öde Leben zurück, dem er angehört.

Solch ein Märchen war nach meiner Ansicht auch einmal die Erzählung der Bibel von Adam und Eva, vom Sündenfall und von der Vertreibung aus dem Paradies. Mir klang diese Erzählung von jeher märchenhaft, ich glaube auch nicht, daß sie auf Kinder diese Gewalt haben und daß sie ewig jung bleiben könnte, wäre sie nicht aus einem Märchen entstanden. Auch auf Arnold Böcklin wirkte sie wie ein Märchen, er malte in seinem Bild (Gott Vater zeigt Adam das Paradies) dies Paradies und den Gott Vater so wie es sich auch die Märchenphantasie der Kinder malt. Die Bücher Moses gehören ja zu den jüngsten Teilen des Alten Testamentes, sie entstanden, als die Kraft des jüdischen Volkes durch Not und Knechtschaft gebeugt war und sein Sinn verfinstert. So erschien dem Chronisten als Erbsünde, als fluchwürdiger Hang zur Erkenntnis, als Auflehnung gegen das göttliche Gebot, was wir doch nur als ein allzumenschliches Vergehen empfinden.

In Indien lebte das Paradiesmärchen in farbenprangender Umkleidung. Dort empfand man gerade den feindlichen Gegensatz zwischen der unendlichen Fülle des Himmels und der Armut der Erde als dichterisch besonders wirksam und suchte ihn zu verschärfen. Die Menschen, die ins Paradies eingehen durften, mußten sich den Eingang mühsam durch lange Wanderungen erkämpfen: so wurden *zwei* Traummotive (das der Wanderungen und das des Paradieses) zu einem Märchen kombiniert. Und es war noch etwas anderes erreicht: während der Zugang ins Paradies erst nach *unendlicher* Zeit entdeckt wurde, vom Himmel auf die Erde zurück kam der Sterbliche in *einem Augenblick*. Das ist echt traumhaft, es erschien den Indern zugleich so seltsam und unbegreiflich, daß sie alles andere darüber vergaßen, hie und da sogar die Übertretung des Verbotes gar nicht erzählten.

Diesen Wunderreichen der Erde oder jenseits der Erde wird auch gern ein besonders geheimnisvoller Zugang gegeben, den nur wenig

Erlesene finden können. Die Sagen des Altertums über den Eingang zur Unterwelt sind uns allen noch in lebendiger Erinnerung. Neuere Märchen wissen, daß die Sonntagskinder den Zugang nur *einmal* finden konnten, oder daß sie beim Sammeln der Schätze, zu denen sie gelangten, „das Beste vergaßen". Dann lachte eine höhnische Stimme ihnen nach und es war später alles Suchen umsonst, das Wunderreich eröffnete sich ihnen kein zweites Mal.

Das ist eben die Erfahrung, daß wir schöne Träume nur einmal träumen, daß alle Kunst und alle Mühe, die sie zurückrufen will, umsonst bleibt. Auch diesen Schmerz hat das Märchen in schwermütige Poesie verwandelt.

Es wäre leicht, noch lange so fortzuplaudern. Aber meine Andeutungen sollen Andeutungen bleiben. Ich bitte auch sonst, sie nicht zu überschätzen. Ich wollte nicht sagen, daß man *alle,* nur daß man *manche* Märchen auf Träume zurückführen kann. Andere Märchenmotive leiten sich aus den alten Vorstellungen über die Seele, deren Anfänge ja auch Schlaf und Traum erzeugten, die sich dann aber selbständig weiterbildeten, andere Märchen schuf die Betrachtung der Natur und ihrer Besonderheiten, andere ergaben sich aus den Erfahrungen des täglichen Lebens, andere aus der Götter- und Heldensage und so fort. Darüber kann ich hier auch nicht sprechen, denn jede dieser Märchengruppen verlangte einen Aufsatz für sich und selbst wenn ich diese Aufsätze alle geschrieben hätte, so wäre damit die Frage nach dem Ursprung des Märchens *noch* nicht gelöst. Ich hätte erst den Ursprung der Märchenmotive angedeutet, unsere Märchen sind jedoch eine bald mehr oder minder zufällige, bald in Verwirrung geratene, bald aus künstlerischen Absichten entstandene *Verbindung* von Motiven. Wie die Märchenmotive Märchen wurden, *wo* das zuerst geschah, das wäre wieder eine neue Erörterung und sie würde, wie ich noch verraten will, zu merkwürdigen Ergebnissen führen.

Meine Andeutungen, die manchem vielleicht zu fachlich schienen, führen also immerhin zu weiteren Ausblicken. Daß Märchen in die Geschichte der Literaturen bedeutsam eingreifen, haben auch wir gesehen. Und wer bis in jene dunklen Zeiten vordringt, die dem Märchen das Leben gaben, wagt sich zugleich an das Problem vom Ursprung der Poesie. Mir scheint sogar die Märchenforschung berufen, diesem Problem eine neue Lösung zu geben. Die Motive der Dichtung scheinen uns unübersehbar und unerschöpflich — aber es sind im Grunde nur wenige und ihr Ursprung ist nicht geheimnisvoll noch überirdisch, man muß ihn nur in diesem Leben suchen, in den Erfahrungen und Betrachtungen des Tages, im Schlafe der Nacht, in der Phantasie des Traumes. Keinem Volk war ursprünglich mehr gegeben als diese wenigen Motive, überdies waren es überall die gleichen. Aber jedes Volk schaltete auf seine Weise mit dem ererbten Gut, und in den Jahrtausenden unserer Geschichte kam dies Gut mit dem Leben in immer neue Berührung, erfrischte und verjüngte sich am Leben und ward unendlich reich und groß. Was dem einzelnen Volk das Märchen war, ob es am Märchen hing und ihm sein Liebstes und Geheimstes anvertraute, oder ob es über das Märchen hinweg sah, was die Dichtung dem Märchen verdankt und ihm wieder gab, in dem allen zeigt sich viel vom besten und eigensten nationaler Kultur und nationalen Wesens. Wenn die Wissenschaft sich einmal entschließen sollte, das im einzelnen zu erforschen, so wird ihr der Ertrag überreich scheinen, der jetzt überall zerstreut liegt. Dieselbe Wissenschaft wird dann auch mitten in die Gebiete geraten, auf denen große Aufgaben ihrer Zukunft liegen, mitten in die Geschichte des inneren, geistigen, im eigentlichsten Sinne nationalen Lebens der Völker.

Aber davon wollte ich ja gar nicht sprechen. Es ist auch genug, wenn wir wieder eine alte Wahrheit erkannten: das Märchen der Märchen und das Wunder der Wunder ist immer dies Leben. Und wer die erste, echte Wirklichkeit finden will, der suche nur im Märchen.

Mit Genehmigung des Verlags Franz Deuticke, Wien, entnommen aus: Franz Riklin, Wunscherfüllung und Symbolik im Märchen. Wien und Leipzig: Hugo Heller & Cie. 1908 (S. 7—9, 17—23 mit Auslassungen, 33—38, 40—43, 45—48, 49—50, 61—65, 72—78, 92, 96).

WUNSCHERFÜLLUNG UND SYMBOLIK IM MÄRCHEN

Von FRANZ RIKLIN

Die Wunschgebilde und ihre Formen

Eine Darlegung der *Freud*schen Forschungen über das Traumleben und die Bedeutung des Traumes als Wunscherfüllung muß ich mir hier versagen und auf *Freuds Traumdeutung*[1] selbst hinweisen. [...]

Ich kann mir hingegen nicht versagen, hier eins aus dem Leben vorauszunehmen.

Ein junger Mann hat zum erstenmal das Mädchen gesehen, das später seine Frau werden sollte. Bald darauf hatte er beim Einschlafen folgenden, optisch ungemein plastischen, symbolischen Traum: er steht vor einem großen, mit dicken, blumigen Guirlanden behangenen Portal, wobei zwei Guirlanden an einem oberhalb des Portals befindlichen Knopf befestigt, nach unten auseinandergehend, vorhangartig herabfallen. Während das Portal zuerst etwa Mundgröße hatte, wird es zu einem Kirchenportal, in welches er selbst als winziges Männlein feierlich einzieht, wobei es ihm scheint, als ob er noch jemanden hineinführe[2].

Natürlich handelt es sich hier um einen erotischen Wunschtraum, der prophetisch der glücklichen Zukunft vorauskam, während ja nur zu oft die Wunscherfüllung im Traum ein Surrogat für die Wirklichkeit ist, welche die Erfüllung des Wunsches verweigert.

Die einzelnen Elemente dieser symbolischen Hochzeit, in welcher sowohl Coïtus als Trauungsakt in starker Verdichtung in blumenreicher, farbiger Darstellung enthalten sind, stammen aus Erleb-

---

[1] „Die Traumdeutung", 1900.

[2] Man vergleiche das Bild: „Triumphzug des Priapus" nach Salvisti in Fuchs, „Das erotische Element in der Karikatur", 1904.

nissen des vorangegangenen Tages. Der junge Mann machte einem Bekannten einen Besuch und stieß dann unerwartet auf Vorbereitungen für den Empfang des ersten Sprößlings: das *Kinderbettchen* war eben mit den üblichen *Vorhängen* geziert worden, diese gaben den Guirlanden im Traum ihre Form, welche andererseits große Übereinstimmung zeigt mit dem anatomischen Bau des äußeren weiblichen Genitale; die eigene Person als kleines Männchen, das unter diesem bekränzten Portale einzieht, ist eine gar erfinderische Darstellung des Männlichen. Das festliche Grün war mitdeterminiert worden durch den Anblick des kleinen Töchterleins eines anderen Bekannten, den er am nämlichen Tage besucht hatte, welches beim Essen sein Mündchen mit grünem Gemüse umrandet hatte und so gar possierlich aussah.

Diese Details weisen darauf hin, welch reiches Einzelmaterial, alles aus der gleichen Vorstellungssphäre entstammend, aber zerstreut, zum Aufbau des symbolischen Traumbildes zusammengetragen wurde.

Auch das Märchen kann, indem es als Wunscherfüllungsgebilde erscheint, sein Material oft überall herholen, aus anderen Märchen, aus Mythen, die in der Hauptsache einen anderen Inhalt haben, um diese Bausteine zu einem neuen Ganzen mit neuem Inhalt zu ordnen.

„*Freud* behauptet, daß unsere Psyche die Tendenz hat das Weltbild so umzuarbeiten, wie es unseren Wünschen und Bestrebungen entspricht. Diese Neigung kommt ungehemmt zum Vorschein in allen Situationen, wo das durch die äußeren Verhältnisse gebotene Denken mit seiner logischen Anknüpfung an die Wirklichkeit gestört ist. Das ist namentlich der Fall im Traum, dann aber auch bei allen den psychischen Tätigkeiten des Wachens, die nicht von der Aufmerksamkeit geleitet werden" (*Bleuler*)[3]. [...]

Um nun das Märchen in seiner Verwandtschaft mit anderen Wunschgebilden zu zeigen, lasse ich Beispiele folgen.

Wir entnehmen der zuletzt zitierten Arbeit *Bleulers* einige Beispiele, die zeigen, wie sehr sich auch die dichterische Phantasie auf Wunschgebiete begibt.

---

[3] Bleuler, Freudsche Mechanismen in der Symptomatologie von Psychosen, „Psychiatr.-neurol. Wochenschrift", 1906, N. 35 und 36.

Der Dichter, dessen Sehnsucht die Wirklichkeit nicht stillen kann, schafft sich oft ganz unbewußt in der Phantasie, was ihm das Leben versagt. Viele der schönsten Liebeslieder sind gemacht worden von Leuten, die in der Liebe unglücklich waren. *Gottfried Keller* hatte kein Glück gerade bei den Frauen, die seinen hochgespannten Idealen entsprachen; daher hatte er das Bedürfnis zu begehen

> „die lieblichste der Dichtersünden
> süße Frauenbilder zu erfinden
> wie die bittre Erde sie nicht trägt".

Die Beschäftigung mit diesen Frauenbildern mußte ihm die Liebe ersetzen. Eine der größten Kinderschriftstellerinnen aller Zeiten, *Johanna Spyri*, fing erst an zu schreiben als sie auf die ersehnten Enkel verzichten mußte; sie hat sich ihre Enkel in der Poesie geschaffen[4].

Walter von der Vogelweide, der oft über seine Dürftigkeit jammert, erzählt in seinen Gedichten mehrfach von unverhüllten Wunschträumen, die seine ritterlich-minniglichen Ideale in Erfüllung gehen lassen.

[Es folgen weitere Beispiele. Der Hrsg.]
[...]

Die Wunschbildung des Märchens
Märchen als Wunschgebilde

Unter den Märchen sind eine Unmenge, welche, der Deutungsarbeit unterzogen, als Ganzes die prächtigsten Wunschgebilde darstellen. In zahllosen Märchen, ebenso in der Mythologie und Legende, ist ferner von zauberreichen Gaben, Gegenständen und Eigenschaften die Rede, welche die menschliche Wunschphantasie geschaffen hat.

In den „Bekenntnissen einer schönen Seele" (Goethe, Wilhelm

---

[4] Seither ist die wundervolle Analyse von Freud erschienen: „Der Wahn und die Träume" in W. Jensens Gradiva, als erstes Heft dieser „Schriften". [...]

Meisters Lehrjahre, VI. Buch) ist diese Auffassung des Märchens
recht hübsch dargestellt:

„Aber was hätte ich nicht gegeben, ein Geschöpf zu besitzen, das
in einem der Märchen meiner Tante eine sehr wichtige Rolle spielte.
Es war ein Schäfchen, das von einem Bauernmädchen in dem Walde
aufgefangen und ernährt worden war; aber in diesem artigen
Tiere stack ein verwünschter Prinz, der sich endlich wieder als
schöner Jüngling zeigte und seine Wohltäterin durch seine Hand
belohnte. So ein Schäfchen hätte ich gar zu gerne besessen!" Die Erzählung von der „Nonne des Tempels von Armida" gibt uns Gelegenheit, auf eine Märchengruppe einzutreten, für welche das
Märchen vom „Tränenkrüglein" ein gutes Beispiel abgibt. (Ludwig
Bechsteins Märchenbuch, II. illustrierte Ausgabe, Leipzig, G. Wi-
gand, 1857).

Drei Tage und Nächte wacht, weint und betet eine Mutter am
Krankenlager ihres einzigen lieben Kindes, ohne das sie nicht
leben kann. Aber es stirbt. Die Mutter ergreift namenloser Schmerz,
sie ißt und trinkt nicht und weint wieder drei lange Nächte und
Tage ohne Aufhören und ruft nach dem Kinde. Da geht leise die
Türe auf, und vor ihr steht ihr verstorbenes Kind, welches (in der
jetzigen Fassung des Märchens) ein seliges Engelein geworden ist
und in Verklärung lächelt. Es trägt aber in seinen Händen ein
Krüglein, das ist schier übervoll. Es spricht: „O lieb Mütterlein,
weine nicht mehr um mich! Siehe in diesem Krüglein sind deine
Tränen gesammelt, die du um mich vergossen hast. Noch eine und
das Krüglein wird überfließen und dann werde ich keine Ruhe im
Grabe und keine Seligkeit im Himmel mehr haben. Drum weine
nicht mehr, denn dein Kind ist wohl aufgehoben und Engelein sind
seine Gespielen." Damit verschwindet es und die Mutter weint
keine Träne mehr, um des Kindes Grabesruhe und Himmelsfrieden
nicht zu stören. [...]

Nun ist es aber nicht nur ein einzelnes Erlebnis, sondern dieses
Heilmittel ist zum allgemeinen, psychisch zweckmäßigen Glauben
geworden, daß die Toten durch übermäßige Trauer in ihrer Ruhe
gestört werden. Das ist nicht für den Toten ein Heilmittel, sondern
für den Überlebenden. Der gleiche Glaube spricht auch aus dem
Munde des durch Autosuggestion in den japanischen Priester ein-

getretenen Geistes des verstorbenen Kindes und erreicht bei der guten O-Toyo den gewünschten Zweck. Und wirkt der christliche Glaube, daß die verstorbenen Kinderlein alle in den Himmel kommen, nicht in ganz gleichem Sinne? [...]

[Es folgen Hinweise auf weitere Literatur, z. B. KHM 109 und *Rittershaus*, „Neuisländische Volksmärchen", S. 14 und 15. Der Hrsg.]

In das Gebiet der zweckmäßigen, psychischen Schutzmechanismen, allerdings nicht zur Ausheilung psychischer Wunden, sondern als Schutz vor Gefahr, gehören oft die Halluzinationen, deren plötzliches Auftreten z. B. den Lebensüberdrüssigen in seinem selbstmörderischen Beginnen aufhält.

Wir wenden uns nun den zahllosen, in den Märchen — sagen wir gleich auch in der Mythologie, Legende, im Zauberglauben usw. — vorkommenden Wunschbildungen zu, die, wie unschwer nachzuweisen sein wird, den zum Teil naivsten, aus unserer menschlichen Unzulänglichkeit gezeugten Wünschen entsprechen, wenigstens ist das *eine* Seite ihrer Bedeutung. (Wahrscheinlich haben sie noch eine weitere, speziell erotische.)

Daß im Märchen soviel von Königen die Rede ist, hat an und für sich nichts Auffallendes; die Sache erhält aber ihre Wunschfarbe, sobald wir die vielen Märchen zählen, in welchen das arme Bauernmädchen einen Prinzen heiratet und der Hirtenknabe eine Königstochter. Das sind Wunschverhältnisse!

Eine ganze Reihe Mittel dienen zur Verbesserung der menschlichen Minderwertigkeit. Siebenmeilenstiefel für den Däumling, Kraftgürtel, Krafthandschuhe, Krafttränke; dem begreiflichen Wunsche fliegen zu können entsprechen Flugmäntel, Zaubervögel als Transportmittel, ein Bettchen, mit dem man überall hinfahren kann, wohin man wünscht; oder man verwandelt sich direkt in einen Vogel; das Essen wünscht man sich durch ein „Tischlein deck dich". Gegen Verfolgung helfen Tarnkappen, Tarnsteine, oder dann Zauberkämme, die zu Wäldern werden, Zaubertücher, die zwischen dem Verfolgten und Verfolger eine große Wasserfläche bilden usw. Durch den Esel, der Gold macht, durch Überwindung eines Riesen mit Zaubermitteln gelangt man zu Reichtum. Es gibt Rohre und Zauberspiegel, um alles zu sehen und zu wissen, was auf der ganzen Welt vorgeht. Man hat Zauberstäbe, um lebende und leblose Wesen in das zu verwandeln, was man wünscht, nicht zum wenigsten, um den Widersacher zu schädigen. Es gibt Mittel, in die Zukunft zu blicken und „wünschhafte Gedanken" zu haben, Lebensäpfel und Lebenswasser zur Verjüngung und Erhaltung des sonst allzu kurzen Daseins. [...]

Zwei große Gruppen von Märchen zeigen z. B. in ihrer jetzt bekannten Form als Ganzes ohne weiteres deutliche Wunschbildung, nämlich die sogenannten *Stiefmuttermärchen,* und die Märchen, in denen Dummlinge, *Ellenbogenkinder,* geistig oder körperlich Schwache, Schwachsinnige die Helden sind.

Wenn wir diese Märchen als solche nehmen, so müssen sie in erster Linie als Wunschträume oder andere entsprechende Wunschgebilde des verstoßenen Mädchens oder des Dummlings selbst aufgefaßt werden. [...]

Haben wir nicht gesehen, daß auch gerade die sozial und in der Liebe Zurückgestellten in erster Linie Wunschgebilde dichten?

Später werden wir noch sehen, daß die Stiefmuttermärchen nur ein Spezialfall sind von solchen mit *sexueller* Wunscherfüllung. Die Stiefmutter (in anderen Märchen spielt überhaupt eine Riesin oder Hexe die entsprechende Rolle, die Stiefmutter ist also auch in dieser Beziehung ein Spezialfall) ist die Feindin, die Spielverderberin im sexuellen Wunschgebilde, die überwunden wird. [...]

Als Beispiel eines Stiefmuttermärchens diene vor allem „*Aschenputtel*" mit seinen Varianten; ferner „*Frau Holle*" (*Grimm* Nr. 24). Ein *isländisches* Aschenbrödel, wo die Stiefmutter schon mehr zurücktritt, finden wir in *Rittershaus*[5] Nr. 66, mit Parallelen zu diesem Thema. Es ist darin auch eine sexuelle Symbolik enthalten (Hund, Feuer, Riese, Verbrennen der Riesenhaut), auf die wir später zurückkommen werden.

Ein Bauernpaar hatte drei Töchter, Ingibjörg, Sigridur und Helga. Während die beiden älteren Schwestern wie Prinzessinnen gehalten wurden, mußte die jüngste alle Arbeit verrichten und bekam dazu nie ein gutes Wort zu hören. Einst ist das Feuer in der Hütte ausgegangen, und da man fürchtet, daß Helga vielleicht die Ge-

---

[5] A. Rittershaus, Neuisländische Volksmärchen. Halle a. S., 1902.

legenheit benutzen könnte, von Hause wegzulaufen, so wird Ingibjörg fortgeschickt, um irgendwo Feuer zu holen. Wie sie auf diesem Wege an einem Hügel vorbeikommt, hört sie wie drinnen gesagt wird, „willst du mich lieber mit dir oder gegen dich haben?" Sie meint, „das sei ihr gleichgültig" und geht weiter. Nun gelangt sie zu einer großen Höhle. Drinnen kocht über mächtigem Feuer Fleisch, und daneben steht ein Topf mit Kuchenteig. Sie heizt nun noch mehr, damit das Fleisch bald gar ist, und von dem Teig backt sie für sich einen guten Kuchen, die übrigen läßt sie verbrennen. Darauf setzt sie sich zum Mahle nieder und läßt es sich gut schmecken. Wie sie im besten Essen ist, kommt ein riesiger Hund herein und springt wedelnd an ihr in die Höhe. Wütend weist sie ihn fort, doch im gleichen Augenblicke beißt er ihr eine Hand ab. Nun läuft sie, ohne an das Feuer zu denken, wieder nach Hause und erzählt ihr Mißgeschick. Der zweiten Schwester Sigridur geht es nicht besser, nur daß ihr der Hund statt der Hand die Nase abbeißt. Schließlich muß nun doch Helga fortgeschickt werden, um das Feuer zu holen. Wie sie an dem Hügel vorbeikommt, wird die gleiche Frage an sie gestellt. Sie antwortet jedoch im Gegensatz zu den Schwestern, kein Ding sei so gering, daß man nicht wünschen solle, es mit sich, statt gegen sich zu haben. In der Höhle kocht Helga sorgfältig das Fleisch und backt die Kuchen, genießt aber selbst keinen Bissen. Ermüdet und hungrig setzt sie sich, um den Besitzer der Höhle zu erwarten. Nach einer Weile ertönt furchtbarer Donner und ein Riese tritt, gefolgt von einem mächtigen Hunde, in die Höhle hinein. Er beruhigt mit freundlichen Worten das erschrockene Mädchen. Sie setzen sich zum Abendessen nieder, und dann läßt er ihr die Wahl, ob sie bei ihm oder seinem Hunde schlafen wolle. Helga wählt doch lieber das letztere. Nach einer Weile kommt ein solcher Donnerschlag, daß die Höhle erbebt. Der Riese bietet ihr, wenn sie bange sei, an, auf die Stufe neben seinem Bette sich zu legen. Gern folgt sie diesem Vorschlage. Doch weitere furchtbare Donnerschläge lassen sie immer näher zum Riesen flüchten, bis sie endlich über ihn hinweg im Bette sich verkriecht. Im gleichen Augenblicke fällt die Riesenhaut ab und neben ihr liegt ein wunderschöner Königssohn. Schnell verbrennt Helga die Haut, und dankbar begrüßt der Jüngling in ihr seine Erlöserin. Am folgenden Morgen erzählt er ihr

seine Lebensschicksale. Er verspricht, sie bald aus dem Elternhause
abzuholen und als Königin in sein Reich zu führen. Zum Abschied
gibt er ihr ein herrliches Gewand, das sie heimlich unter ihren Lumpen tragen soll. Dann schenkt er ihr noch einen Kasten mit allerhand Kostbarkeiten und zwei reiche Frauenkleider. Diese Gaben
solle sie nicht verbergen, trotzdem ihr dieselben daheim würden genommen werden. Auch der Hund reicht ihr zum Abschied mit der
Pfote einen Goldring, und nun kehrt sie mit all ihren Schätzen und
dem Feuer zum Elternhause zurück. Hier wird sie noch schlechter
als sonst behandelt, auch all ihrer Geschenke beraubt. Nach einiger
Zeit kommt ein schönes Schiff, das in der Nähe ankert. Der Eigen-
tümer des Schiffes erkundigt sich beim Bauer neugierig nach dessen
Verhältnissen und fragt schließlich auch, ob er Töchter habe. Der
Bauer behauptet, nur zwei zu besitzen und ruft die beiden ältesten
herbei. Diese kommen in den der Schwester geraubten Gewändern,
jedoch hält die eine die Hand versteckt und die andere hat ein
Tuch um die Nase gebunden. Der Ankömmling forscht neugierig
nach dem Grunde dieser Verhüllung, bis ihre Verstümmelung offenbar wird. Nun muß trotz alles Sträubens der Bauer auch seine
jüngste Tochter herbeiholen. Sie erscheint in ihren Lumpen, doch
wie der Fremde diese von ihr reißt, steht sie im prächtigsten Gewande da. Die von Helga gestohlenen Kleider und Kostbarkeiten
werden nun den Schwestern wieder abgenommen, darauf fährt der
Königssohn mit seiner Braut in sein Königreich. [...]

Erwähnen möchte ich noch zwei hübsche, typische russische Märchen mit dem gleichen Motiv: *„Der Frost"* und das *„Steppen-
märchen"* [6]. [...]

Die Symbolik

[Nach einleitenden Ausführungen über Wesen und Entstehungsarten
des Symbols fährt der Verfasser fort:]

In der Mythologie kommt es in verschiedener Weise zur Bildung
von Symbolen. Einmal durch die *Personifikation.* Die den Menschen

---

[6] Afanassiew, Russische Volksmärchen. Deutsch von Anna Mayer,
Wien, 1906. C. W. Stern.

beeinflussenden Gewalten werden personifiziert, Naturerscheinungen und unerklärliche innere Erfahrungen. (Traum, Alp.) An Stelle der wirklichen, aktiven Kräfte werden anthropomorphe Wesen gesetzt. Ob diese in den abgeschiedenen Seelen zu suchen sind, oder ob sie eine andere unbestimmte oder später bestimmte Abstammung haben, ob sie in einer Naturerscheinung verkörpert oder später als Gebieter über gewisse Naturerscheinungen gedacht sind, ist nebensächlich. Es gibt dabei gar viele Stufen der Anschauung, die bald neben, bald nacheinander existieren. Wie weitgehende Entwicklungen solche Gebilde, solche symbolische Gestalten, welche ursprünglich einfache Personifikationen eines bestimmten Prinzips sind, zur voll ausgebildeten Persönlichkeit machen können, zeigt z. B. die Geschichte des Teufels[7].

Ein neues Moment des Symbols tritt nun dazu. Die personifizierten oder unpersonifizierten Mächte entfalten irgend eine Kraft, *eine Wirkung*. Diese Wirkung wird nun auf ihre Symbole, auf ihre bildlichen Darstellungen, die ihrem Bereich angehören, übertragen, und also erhalten die Symbole selbst neben ihren schon genannten Eigenschaften eine gewisse Kraft und Wirkung, welche ursprünglich dem durch das Symbol als Teil darzustellenden Ganzen zukommt[8]. Aus diesem Grunde kann der Teufel nichts machen, sobald ein Ort durch ein Kreuz oder das Kreuzzeichen geschützt wird. Aus dem gleichen Grunde haben die Heiligenbilder bei den Russen im Krieg gegen Japan eine so wichtige Rolle gespielt und spielen sie natürlich auch anderwärts. So lebten im Altertum Kulte, wo das Symbol der Fruchtbarkeitsgötter, also nicht bloß ihr Bild, sondern die *pars*, der Teil des Ganzen, welcher die Fruchtbarkeit besonders sinnfällig darstellt, der Phallus, herumgetragen wurde, um den Feldern Fruchtbarkeit zu bringen, ja mehr noch, es wurden zum gleichen Zwecke junge Mädchen mit einer Rute, der Lebensrute, also einem noch entfernteren Symbol, nackt geschlagen, damit durch diese symbolische Handlung der gleiche Zweck erreicht werde.

---

[7] Gustav Roskoff, Geschichte des Teufels. Leipzig, Brockhaus 1869.

[8] Vgl. hier die Abhandlung von Prof. S. Singer - Bern: Die Wirksamkeit der Besegnungen. „Schweiz. Archiv für Volkskunde", Jahrg. I, 1897, pag. 102.

Die Kulte selbst haben auch einen Symbolisierungsprozeß durchgemacht. Statt der Menschenopfer wurden allmählich Tieropfer
dargebracht, dann wurde das Tier in irgend einer Nachbildung (in
Brotform zum Beispiel) geopfert. Die Chinesen kamen zum Beispiel dazu, statt des Geldes in Metall ähnlich geformte Papierchen
den Göttern darzubringen. Die Archive für Volkskunde sind ja angefüllt mit Nachweisen, wie die Volksbräuche zu einem guten Teil
Überreste stark symbolischer Kulte darstellen.

Zu den Symbolen, welche statt einer personifizierten Natur-
macht, eines Dämons, einer Gottheit verwendet werden, gehören
die *Tiere*, von denen eine ganze Anzahl geheiligt sind und waren
(Eulen der Athener, Burgschlangen im Erechtheion).

In den mythologischen Erzählungen und Bräuchen können bestimmte Tiere eine ganz besondere symbolische Bedeutung annehmen, z. B. eine speziell sexuelle. Bei den Dionysosfesten, bei denen
ja auch die Fruchtbarkeit erfleht wurde, opferte man vorzüglich
junge männliche Tiere. Zeus entführt die Europa als Stier, die
Leda als männlicher Schwan. Danaë befruchtet er als goldener
Regen unter Verwendung einer nicht tierischen, aber doch sehr
deutlichen Sexualsymbolik.

Tiere als Vertreter der sexuellen Kraft eignen sich auch insofern
als Symbole, als ja jetzt noch in unserer Sprache und Anschauung
die lebenserhaltenden Triebe als das Tierische am Menschen gelten.

Damit sind wir an einem Punkte angelangt, an dem wir die
Symbolik des Märchens, speziell die sexuelle, verstehen können,
soweit sie aus der Mythologie und Zauberei stammt.

Wir müssen ihr jetzt von der anderen Seite, der psychologischen
und psychopathologischen, näher kommen.

Freud setzt in seiner Traumdeutung auseinander, daß bei der
sogenannten Traumarbeit ein Streben nach *Verdichtung* vorhanden
ist, daß mit Rücksicht auf die *Darstellbarkeit* abstrakte Dinge durch
solche, die in eine gegebene Szene hineinpassen, durch *darstellbare*
(sinnenfällige) ersetzt werden; daß *Ähnlichkeit, Übereinstimmung,
Gemeinsamkeit* vom Traum ganz allgemein dargestellt wird durch
Zusammenziehung zu einer Einheit. Sind das nicht Momente, die
eben zur Symbolbildung führen? Dazu kommt ein weiteres, die
Verdrängung, welche den Traum zwingt, gewisse Dinge in anderer

Form, in einer Symbolik zu zeichnen, welche aber nur dem Eingeweihten verständlich ist und sich dem bewußten Ich verbirgt. So ist die *Symbolbildung im Traum* ohne weiteres gegeben.

Folgendes Traumstück soll uns mit der darin angewandten Symbolik, die in diesem Fall ein stark sexuelles Thema verkleidet, bekannt machen.

Der Bräutigam träumt. Er ist an der sogenannten *langen Gasse* in der Stadt, in welcher er seine Jugendjahre zugebracht hat. Ein *Waldbrand* ist ausgebrochen. Er *eilt* mit einer gewissen *Beklemmung.* Jemand ist neben ihm, den er nicht sieht, er weiß aber, daß es sein Bruder ist, der in der Vaterstadt bei der Feuerwehr eine Rolle spielt, und zwar bei der Truppe, die den *Platz absperrt.* Der Träumende bemerkt, daß er selber *nicht in Uniform ist,* obwohl er eine solche tragen sollte. Er ist in *Zivil* und denkt dabei: Es geht auch so. Statt der Reithosen (er selber ist im Militärdienst beritten) trägt er kurze englische Sportbeinkleider. Statt des Säbels trägt er ein etwas anderes Instrument, eine Art *Reitpeitsche,* die aber mehr an einen *Ochsenziemer* erinnerte. Diesen mußte er in bestimmter Art nach vorn erhoben tragen; „so müßte der Säbel vorschriftsgemäß getragen werden", dachte er im Traum. Damit eilte er in der Richtung des brennenden Waldes. Er kam noch an einem Hause vorbei, aus welchem unheimliches Schreien tönte. Da sei der Ursprung des Brandes gewesen, hieß es im Traume.

Wer mit der Traumanalyse vertraut ist, wird in diesem Traum gleich das sexuelle Thema herausfinden.

Die lange Gasse ist eine Gasse am weiblichen Genitale. Im gleichen Sinne gibt es z. B. schräg aufwärts gehende Dachluken, welche durch einen Abschluß schwer zugänglich sind (Hymen). In einem ähnlichen Traum kamen die Treppe schief herunter kleine, nackte, glatzköpfige Gymnasiästchen, Homunkuli, das heißt neugeborene Kinder, die später offenbar auch studieren sollten wie der Herr Papa!

Das *Ofenrohr* wurde auch in demselben Sinne geträumt. Daraus kam eine rosenrote Schlange, die sehr lang war. Man vergleiche das russische Märchen vom „Bärchen", das in einem späteren Kapitel erwähnt werden soll. Dieses letzte Traumbild stammt von einer jungen Mutter, welcher die Zeit bis zur Ankunft des Sprößlings sehr lang vorkam. Die Schlange ist verwendet, wie wir später sehen werden, als Symbol für das männliche Genitale und die dadurch hervorgebrachte Frucht selbst; die lange Zeit wird durch die Länge dieser Schlange ausgedrückt. Der Volksmund sagt: „Bei Frau N. ist der Ofen zusammengefallen"; d. h. Frau N. hat geboren.

Das *Portal* im früher erzählten Traum und der *Mund* in einem später zu erzählenden gehören noch zu den auf gleiche Art zu deutenden Traumsymbolen.

Beim *Waldbrand* sind zwei Komponenten vorhanden. *Wald* hat hier die gleiche sexuelle Bedeutung, wie der Nymphenwald bei *Freud*[9], es ist der Wald auf dem sogenannten „Venusberg" beim Weibe und gehört damit in die Nähe der langen Gasse.

Wenn es in einem Traume *brennt*, so brennt gewöhnlich das *Feuer der Liebe;* im Traum, im Sprachgebrauch, in der bildlichen Darstellung (das Herz Jesu wird in der kirchlichen Symbolik fast immer mit einer daraus entspringenden Flamme als Symbol der Liebe dargestellt) hängt das Feuer eng mit der Liebe zusammen; ebenso in der Mythologie.

Im speziellen Fall ist diese Bedeutung ganz durchsichtig. Es erscheint der Bruder als Feuerwehr. Der Bruder repräsentiert nämlich die in jener Stadt wohnende Familie des Träumenden, welche mit der Heirat nicht einverstanden ist und nun diesem Feuer wehren will. Damit hängt es auch zusammen, daß der Träumende nicht in der Uniform des streng konfessionell gesinnten Bruders (Familie) heiraten will, sondern sich denkt, es mache nichts, man könne auch *zivil* heiraten. Er erscheint von jetzt an reitend. So gut wir bei Feuerträumen Feuer in Liebe übersetzen müssen, so bedeutet „reiten" erfahrungsgemäß gewöhnlich etwas Sexuelles.

Frauen träumen oft in ähnlichen Zusammenhängen von Pferden, die sich unmittelbar vor ihnen bäumen und sie zu zertreten drohen.

Die weitere Analyse über die Beinkleider soll hier übergangen werden.

---

[9] Bruchstücke einer Hysterieanalyse. „Monatsschr. für Psychiatrie und Neurologie", Bd. XVIII, 1905, Heft 4 und 5.

Der Träumende trug eine Art Säbel, nicht wie üblich, sondern in einer Lage und Richtung, welche dem erigierten Glied zukommt. An Stelle des Säbels tritt dann eine Art *Ochsenziemer*. Im schweizerischen Dialekt ist *Hagenschwanz* der Name dafür. (Hagen = Gen. von Hägi = Stier; Schwanz ist eine im Militär und auch sonst gebräuchliche Bezeichnung für das männliche Glied.) Dieser Hagenschwanz wird aus dem Glied des Stiers verfertigt und hat daher seinen Namen. Seiner Elastizität wegen wird er statt der Peitsche zum Viehtreiben verwendet und ist zudem ein gefürchtetes Züchtigungsmittel. Er erscheint in dieser Rolle im Sprachgebrauch. Wenn übrigens im Traum mit einem Säbel gefochten wird, so handelt es sich gewöhnlich um einen sexuellen Kampf, auch ohne daß der Säbel zur Verdeutlichung in einen Hagenschwanz verwandelt wird und in der Stellung des erregten Gliedes getragen werden muß. (Den *Säbel* steckt man eben in die *Scheide!*) So eilt nun der Träumende in der Richtung des brennenden Waldes.

Das Geschrei aus dem Hause ist genau das gleiche gewesen, welches der Träumende kurz vorher in einem zoologischen Garten hörte, als er mit der Braut beim Raubtierhause vorbeispazierte. Es stammte von einem Pumakatzenpaar, das eben im Begriffe war, sich zu begatten.

Durch diese Symbolik nur war es möglich, den ganzen Traum, der so viele Gedankengänge anschneidet, auf ein Bild zu konzentrieren. Die Analyse zeigt uns mehrfach, wie viele symbolbildende Momente im Traum vorhanden sind. Die starke Erotik des Traumes ist aber nur dem Eingeweihten klar. Wir sehen hier Pferd, Stier, Säbel, Ochsenziemer etc., also Tiere und Gegenstände, die letzteren durch Abstammung oder Ähnlichkeit mit dem symbolisch Darzustellenden in Beziehung gebracht, in der Bedeutung von Symbolen des Mannes als sexuellem Wesen verwendet. [...]

[Es folgen Hinweise auf ähnliches Material aus der Hysterie- und Dementia praecox-Forschung. Der Hrsg.]

Die Symbolik der Märchen

In *Bechsteins* Märchensammlung, illustriert mit reizenden Rich-
terbildchen, fiel mir eines auf, das zum Märchen *„Oda und die
Schlange"* gehört. (Bechstein, pag. 153.) Das Märchen lautet wie
folgt:

Es war einmal ein Mann, der hatte drei Töchter, von denen hieß
die jüngste Oda. Nun wollte der Vater dieser drei einmal zu
Markte fahren und fragte seine Töchter, was er ihnen mitbringen
sollte. Da bat die älteste um ein goldenes Spinnrad, die zweite um
eine goldene Weife, Oda aber sagte: „Bringe mir das mit, was
unter deinem Wagen läuft, wenn du auf dem Rückweg bist." Da
kaufte nun der Vater auf dem Markte ein, was sich die zwei
ältesten Mädchen gewünscht, und fuhr heim; und siehe, da lief eine
Schlange unter dem Wagen, die fing der Mann und brachte sie Oda
mit. Er warf sie unten in den Wagen und nachher vor die Haus-
tür, wo er sie liegen ließ. Wie nun Oda heraus kam, fing die
Schlange zu sprechen an: „Oda, liebe Oda, soll ich nicht hinein auf
die Diele?" „Was," sagte Oda, „mein Vater hat dich bis an unsere
Türe mitgenommen und du willst auch herein auf die Diele?" Aber
sie ließ sie doch ein. Da nun Oda nach ihrer Kammer ging, so rief
die Schlange wieder: „Oda, liebe Oda, soll ich nicht vor deiner
Kammertüre liegen?" „Ei, seht doch," sagte Oda, „mein Vater hat
dich bis an die Haustüre gebracht, ich habe dich hereingelassen auf
die Diele und nun willst du auch noch vor meiner Kammertür
liegen? Doch es mag drum sein!" Wie nun Oda in ihre Schlaf-
kammer eingehen wollte und die Kammertür öffnete, da rief die
Schlange wieder: „Ach Oda, liebe Oda, soll ich nicht in deine
Kammer?" „Wie," rief Oda, „hat dich mein Vater nicht bis an die
Haustüre mitgenommen, hab ich dich nicht auf die Diele gelassen
und vor meine Kammertüre, und nun willst du auch noch mit in die
Kammer? Aber wenn du nun zufrieden sein willst, so komm nur
herein, lieg aber stille, das sag ich dir." Damit ließ Oda die
Schlange ein, und fing an sich auszukleiden. Wie sie nun ihr Bettchen besteigen wollte, so rief die Schlange doch wieder: „Ach Oda,
liebste Oda, soll ich denn nicht mit in dein Bette?" „Nun wird es
aber zu toll," rief Oda zornig aus, „mein Vater hat dich bis an die

Haustüre mitgenommen, ich habe dich auf die Diele gelassen, nachher vor die Kammertüre, nachher herein in die Kammer, nun willst du gar noch zu mir ins Bett. Aber du bist wohl erfroren. Nun so komm mit herein und wärm dich, du armer Wurm!" Und da streckte die gute Oda selbst ihre weiche, warme Hand aus und hob die kalte Schlange zu sich herauf in ihr Bett.

Zum Überfluß verwandelt sich nun die Schlange in einen jungen Prinzen, der auf diese Weise aus der Verzauberung erlöst werden konnte; er nimmt nun die gute Oda zur Frau.

Die sexuelle Symbolik dieses Märchens, die einzelnen Phasen der „Verführung", die Verwandlung des Ekels in Zuneigung, sind so durchsichtig, daß eine Erklärung unnötig ist, namentlich die Verwandlung im gegebenen Momente macht eine solche noch überflüssiger.

Die Schlange ist hier der Prinz der Märchensprache, das heißt der gewünschte Mann. Das Symbol ist aber durchaus nicht zufällig. Wie in der Zauber- und Märchensymbolik der Teil (zum Beispiel das Zaubermittel) fast immer an Stelle des Ganzen, das heißt des Verzauberten oder vor Zauber zu schützenden, oder Zauber hervorrufenden tritt, so ist auch die Schlange eine Pars des Mannes, nämlich das männliche Glied. In der Geschichte von Oda ist diese Substitution einleuchtend. Man hat beim Lesen derselben das Gefühl, es könnte sich ebensogut um die Erzählung eines Traumes handeln, den eine Kranke mit Hysterie oder Dementia praecox gehabt hätte[10]. In der Tat treffen wir dort die Schlange in absolut identischer Bedeutung und bei der Dementia praecox auch in anderen Gebilden, die traumähnlich konstruiert sind, z. B. in den Wahnideen, Sinnestäuschungen, Wunschdelirien usw. Es handelt sich um Schlangen, die ins Genitale kriechen oder sie in dessen nächste Umgebung beißen. Sie sind kalt, ekelhaft (wie bei Oda), haben das gleiche Grausenerregende, Unheimliche, das dem Sexuellen in der Erwartung oft anhaftet. Schlangenträume sind bei weiblichen Hysterien etwas sehr häufiges und lassen sich fast immer auf diese Bedeutung zurückführen.

[10] Vgl. das „grüne Schlänglein" in Jung, über die „Psychologie der Dementia praecox", pag. 161. Halle a. S., Carl Marhold, 1907.

Was die Schlange als sexuelles Symbol betrifft, muß außer dem
früher Gesagten erwähnt werden, daß dieses Wesen in der Mythologie, in der Völkerpsychologie, im Märchen, in der Psychopathologie eine sehr große Bedeutung hat. [...]

Erwähnt sei hier auch das Schlangenwunder Mosis (2. B. Mos.,
Kap. IV u. VII).

Nachdem Moses in einer Erscheinung (Kap. III) den Herrn gesehen hat und von ihm zum Retter Israels berufen worden ist[11],
verlangt er von ihm Wundergaben, damit das Volk an die Erscheinung im brennenden Busch und an seine Berufung glaube. Der
Herr macht, daß sein Stab zur Schlange wird; dieses Wunder
wiederholt Aaron vor Pharao; wir sehen, daß es auch die ägyptischen Magier machen. Der Stab Aarons verschlingt die Stäbe der
Ägypter. Sollten wir hier nicht an eine traumartige erotische Symbolik denken, nachdem uns durch die vorausgegangene Vision des
Feuerbusches nahegelegt wird, daß sich diese Erzählung auf traum-
ähnlichem Boden bewegt? Der Stab wird zur Schlange; das ist das
Wunder; und die israelitische Schlange verschlingt die ägyptischen;
heißt das nicht, Israels Männer werden die Ägypter überwinden?

Aus *Stending*[12] erfahren wir, daß vorwiegend die Schlange als
Seelentier, d. h. als Tier, in welches sich die Seele nach dem Aus-
scheiden aus dem Körper beim Tode verwandelt, gegolten habe.
Erechtheus (später Erichthonios, Beiname des Poseidon) von Athen
aus der Hand seiner Mutter, der Erde, übernommen, wird den Tauf-

---

[11] Eine teleologische Halluzination; dergleichen begegnen wir häufig an
einem entscheidenden Punkte im Leben großer und kleiner religiöser
Geister; sie bezeichnen einen Moment, von dem an sie ganz und gar ihrem
Ideal leben und darin aufgehen. Man denke an die Bekehrung und die
Berufung des Paulus; an die Vision des hl. Franziskus von Assisi; ferner
an Goethes schöne Seele, Susanna von Klettenberg, welche, als Abschluß
ihrer Schwankungen zwischen himmlischer und irdischer Liebe in einer
Vision — nicht wie bisher Gott im allgemeinen, sondern ganz speziell —
den menschgewordenen Christus in leiblicher Anziehung fühlt. Hier ist
die Vereinigung mit dem definitiven Gegenstand der Liebe sehr deutlich.
In gewissen Sekten wird die Hervorrufung einer solchen „Bekehrung"
geradezu methodisch angestrebt.

[12] Griech. und röm. Mythologie. Leipzig, Göschen, 1905.

schwestern Aglauros, Herse und Pandrosos zur Hut übergeben, die sich beim Anblick des schlangengestaltigen Kindes, von Wahnsinn ergriffen, vom Burgfelsen hinabstürzen. Später sah man diesen Gott in der im Erechtheion gehaltenen heiligen Burgschlange verkörpert (nach *Stending* ein Beweis dafür, daß er ursprünglich ein in der Erdtiefe hausender, sowohl die Fruchtbarkeit des Landes als auch den Tod veranlassender Gott war).

Über die Orgien der Mainaden beim Dionysoskult entnehme ich das folgende aus der gleichen Quelle. Der wilde Rundtanz, das Schütteln des Kopfes, das Jauchzen und die betäubende Flötenmusik riefen bei den zur Nachtzeit in leidenschaftlicher Erregung, Fackeln tragend, in den Bergwäldern umherschwärmenden Frauen in Verbindung mit dem Genuß berauschender Getränke eine Verzückung hervor, in der sie sich mit dem Gotte zu vereinen glaubten. (Vgl. auch *Stoll,* II. Auflage, pag. 317 ff.) Ihre Seelen schienen den Körper zu verlassen und sich unter die den Gott begleitende Geisterschar zu mischen, oder sie wähnten, *der Gott selbst gehe in ihren Körper ein, so daß sie des Gottes voll seien.*

Dem Seelengott Dionyos legte man, wie den Seelen selbst, *Schlangengestalt* bei. Um ihn in sich aufnehmen zu können, zerrissen und verschlangen daher seine Verehrerinnen *Schlangen* oder auch andere ihm geweihte und nach älterer Anschauung ihn selbst vertretende junge Tiere, wie *Stierkälber* und *Böcke,* ja in frühester Zeit wahrscheinlich auch Kinder, tranken das als Sitz der Lebenskraft betrachtete Blut und hüllten sich in die frischen Felle. Dabei riefen sie mit lauter Stimme den Gott herbei, damit er im neu beginnenden Jahre Fruchtbarkeit spende. [. . .]

[Es folgen weitere Beispiele aus Mythos, Kult und Traum. Der Hrsg.]

Aus den verschiedenen Sammlungen, die ich bis jetzt genauer kenne, sollen noch eine Reihe von Beispielen über die sexuelle Symbolik der Märchen angeführt werden.

Der Froschkönig und der eiserne Heinrich. (Grimm Nr. 1.)

Die Königstochter verliert ihren goldenen Ball, welcher ins Wasser fällt. Der Frosch, der aus dem Wasser kommt, verspricht, ihn wiederzubringen. Als Belohnung will er aber weder die Kleider, noch Perlen und Edelsteine, noch die Krone; sondern die Königstochter muß versprechen, ihn lieb zu haben; er will ihr Geselle und Spielkamerad sein, an ihrem Tischlein neben ihr sitzen, von ihrem goldenen Tellerlein essen, aus ihrem Becherlein trinken, in ihrem Bettlein schlafen. Auf die Zusage hin holt er den Ball; als aber die Königstochter ihr Versprechen nicht halten will, kommt der Frosch am folgenden Tag ins Schloß gehüpft und verlangt von der Tochter, die sich vor ihm fürchtet und Ekel empfindet, das Versprochene. Er macht dann nacheinander ähnliche Forderungen, wie die Schlange im Märchen von Oda. Vielleicht ist auch hier das zusammen essen schon sexualsymbolisch (vielleicht auch der Ball?). Die Königstochter fürchtet sich, mit dem kalten Frosch, den sie sich kaum anzurühren getraut, in ihrem Bettchen zu schlafen. Vom Vater deswegen gescholten, packt sie das Tier mit zwei Fingern, trägt es hinauf und setzt es in eine Ecke. Wie sie aber im Bett liegt, verlangt der Frosch auch ins Bett gehoben zu werden. Da wird die Königstochter zornig, holt ihn herauf und wirft ihn aus allen Kräften wider die Wand. Was herabfällt ist aber kein Frosch, sondern ein Königssohn, der ihr lieber Gemahl wird.

Die Ähnlichkeit mit „Oda" ist sehr groß, nur daß Oda, zuerst aufgebracht, die Schlange dann in Liebe zu sich heraufhebt. Der Moment vom Übergang des sexuellen Ekels in Liebe ist etwas verschoben. Recht deutlich, noch mehr als bei *Oda*, ist hier die ursprüngliche sexuelle *Abneigung* und Sprödigkeit des Mädchens, das Unheimliche, die Scheu vor der rohen Sexualität, dem Penis, dargestellt. Daß damit bereits ein sexueller Wunsch vorhanden ist, wissen wir ja. Die Gestalt des verwunschenen Prinzen (Schlange, Frosch, Bär u. ä.) erhält damit eine neue Determinierung. Sie stellt das Sexuell-Unheimliche, Ekelhafte dar. Statt daß das Märchen die nun folgende Veränderung in der *Heldin* schildert, projiziert sie sie auf den Wunschgegenstand. Er wird der Heldin angenehm, also tritt eine Verwandlung ein, von der unangenehmen in eine angenehme Gestalt, von der ekelhaften Tiergestalt in die des schönen Prinzen.

Die böse Wirkung der sexuellen Konkurrentin, welche die Verwünschung vollbrachte, und dieser psychologisch bekannte Prozeß werden hier verdichtet dargestellt.

Der Frosch als „Männchen" läßt sich in unseren Krankengeschichten mehrfach belegen, ebenso in den Assoziationen bei Versuchen mit normalen und hysterischen Damen, wo er sogenannte „Fehler", lange Reaktionszeiten und andere „Komplexmerkmale" auslöst[13]. Ich verweise auf ein solches Beispiel in einer früheren Arbeit[14].

Im Anfang des Märchens vom *Dornröschen* wird auch von einem Frosch erzählt. (Grimm Nr. 50, Bechstein, pag. 223.)

Vor Zeiten war ein König und eine Königin, die sprachen jeden Tag: „Ach, wenn wir doch ein Kind hätten!" und kriegten immer keines. Da trug sich zu, als die Königin einmal im Bade saß, daß ein Frosch aus dem Wasser hüpfte und sprach: „Dein Wunsch wird erfüllt werden; ehe ein Jahr vergeht, wirst du eine Tochter zur Welt bringen!" Was der Frosch gesagt hatte, geschah und die Königin gebar ein Mädchen, das über alle Maßen schön war.

Wenn hier die Bedeutung des Frosches noch nicht so einleuchtend erscheint wie im „Froschkönig", so wird sie indessen sonnenklar, wenn wir das Beispiel zusammenhalten mit späteren, besonders diejenigen mit *Freud*scher Verlegung. Immer wieder kommt dort bei kinderlosen Eltern die Befruchtung in Form symbolischer Darstellung vor (hier ist der Frosch das Befruchtungssymbol), und das daraus entspringende Kind hat ein Schicksal von hervorragender Bedeutung.

Das Märchen bringt also unter Anwendung der von ihm übernommenen Zauber- und Verwandlungstechnik, zuerst das Symbol, um die sexuelle Geschichte darzustellen und setzt dafür im gegebenen Momente das durch das Symbol dargestellte Ganze ein.

Das Märchen vom Nußzweiglein. (Bechstein, pag. 40.) Ein Kaufmann muß eine Reise machen und will seinen drei Töchtern ein Geschenk mitbringen. (Vergleiche Oda und die Schlange.) Die eine will eine Perlhalskette, die zweite einen Fingerring mit einem Demantstein, die dritte wünscht flüsternd ein *schönes, grünes Nußzweiglein.* Auf dem Heimweg hat er große Schwierigkeiten ein solches zu finden. Endlich entdeckt er zufällig ein schönes, grünes Zweiglein mit goldenen Nüssen. Er bricht es ab, da schießt ein Bär

---

[13] Diagnostische Assoziationsstudien, herausgegeben von C. G. Jung, Leipzig J. A. Barth.

[14] Diagnostische Assoziationsstudien, VII. Beitrag, pag. 246.

aus dem Dickicht, dem das Zweiglein gehört. Er überläßt es ihm;
der Kaufmann muß aber dafür versprechen, dem Bären das zu
schenken, was ihm bei der Heimkehr zuerst entgegenkomme. Natürlich ist das die Jüngste. Der Bär kommt nach einiger Zeit mit
einem Wagen, um sie abzuholen. Als er, in den Wald zurückgekehrt, dem Mädchen befiehlt, ihn zu liebkosen, merkt er an ihrer
Art, daß es nur das untergeschobene Hirtenmädchen ist und flugs
holt er sich die richtige jüngste Kaufmannstochter. Er führt die
Bärenbraut in eine Höhle mit schrecklichen Drachen und Schlangen,
und dadurch, daß sie sich nicht umschaut, erlöst sie den Bären, der
ein Prinz ist und ein schönes Schloß besitzt und die entzauberten
Ungetüme sind seine Gefolgschaft. Der Bär ist also der Prinz, ihm
gehört das fruchttragende Nußzweiglein, das hier das spezielle
sexuelle Symbol ist. Die Entzauberung verdeutlicht den Zusammenhang, nur daß darin das Zweiglein nicht mehr erwähnt ist. Die
Analogie mit Oda und der Schlange ist sehr durchsichtig. Zur Vorstellung der Zauberhöhle mag natürlich wieder die mythologische
Anschauung, daß die chthonischen Gottheiten im Boden, in den
Bergen hausen, mitwirken und vielleicht ist der Bär ein verstorbener
Prinz und die unheimlichen Tiere sein Gefolge, die von Zauber
oder Tod erlöst werden. Das Nußzweiglein paßt zwar nur halb zu
dieser Symbolreihe aus der Mythologie, während es in der traum-
ähnlichen Sexualsymbolik seinen bestimmten Sinn und Platz hat.

Die Nüsse sind nordische Fruchtbarkeitssymbole und prangen
als solche auch am Weihnachtsbaum. [...]

[Es folgen weitere Beispiele aus dem Volksbrauch. Der Hrsg.]

Das männliche Kopulationsorgan wird überdies oft „Rute" genannt.

Beizufügen ist noch, daß der Zweig, wie andere Gegenstände:
Zauberstab, Lebensstengel, Pistole, Injektionsspritze, Strahlen von
10 bis 15 Zentimeter Länge, erhobener Finger, in der Sexualsymbolik der Geisteskranken eine absolut gleichbedeutende Rolle
spielen.

Das deutsche Aschenbrödelmärchen

Im deutschen Aschenbrödel, das wir als Typus eines dem Traum analogen Wunscherfüllungsmärchen genannt haben, stoßen wir anfangs auf ein ähnliches symbolisches Motiv, wie im Nußzweiglein. Aschenbrödel bekommt eine Stiefmutter, welche mit ihren beiden eigenen Töchtern das Kind in bekannter Weise benachteiligt. Der Vater zieht einmal zur Messe und verspricht allen drei Töchtern etwas mitzubringen. Schöne Kleider, Perlen und Edelsteine wünschen die Stieftöchter, Aschenputtel aber bittet ihn, das erste Reis, das ihm auf dem Heimweg an den Hut stoße, für sie abzubrechen (vgl. Oda und Nußzweiglein). Es ist dies ein Haselreis. Aschenputtel geht damit auf der Mutter Grab, pflanzt es dort ein und begießt es mit ihren Tränen. Statt direkt zum Märchenprinz zu werden, wie Odas Schlange, oder den als Bär verzauberten Prinzen zu provozieren, wie im Nußzweiglein, wächst das Reis zum Wunschbaum, von dem das Mädchen alles bekommt, das wunderschönste goldene und silberne Kleid und die goldenen Pantöffelchen um dem Prinzen zu gefallen, mit deren Hilfe sie schließlich den Wunschprinzen zum Gemahle bekommt. [. . .]

[Es folgen zahlreiche weitere Beispiele aus Folklore und Psychiatrie. Der Hrsg.]

Die Verlegung nach oben. Infantilismus

Besonderer Erwähnung bedürfen eine Reihe Beispiele sexueller Symbolik, in welchen die „Verlegung nach oben" verwendet wird; Freud[15] hat gezeigt, wie unter den Traumsymbolen, welche das weibliche Genitale darstellen, ein anderes Körperorgan, der *Mund*, oft verwendet wird, und was sich im Traum dort abspielt, soll bedeuten, daß es am Genitale geschehe. Daß gerade diese Verschiebung nach dem Munde vom Traum häufig benützt wird, hat seinen Grund in verschiedenen determinierenden Momenten. Der Mund ist wegen

---

[15] Besonders in „Bruchstücke einer Hysterieanalyse", Monatsschrift für Psychiatrie und Neurologie, Bd. XVIII, 1905.

seiner Analogie ein sehr naheliegendes Symbol am eigenen Leibe;
der Beziehung zur eigenen Person kann sehr einfach Ausdruck gegeben werden usf. Der Mund ist überdies eine der *Freud*schen *erogenen Zonen.*

Jung[16] erwähnt dafür einleuchtende Beispiele aus dem Traum
einer Hysterischen und von einer Kranken mit Dementia praecox.

Die folgenden Beispiele aus der Krankengeschichte einer Hysterischen zeigen in unzweideutiger Weise diese „Verlegung nach
oben", wobei das Schlangensymbol in der in „Oda und Schlange"
erwähnten Bedeutung auftritt.

Ein 22jähriges Mädchen leidet an Hysterie mit sexueller Genese
mit wunderbar klarem, durchsichtigem Aufbau[17]. Bestimmte Umstände halfen mit, die Hauptsymptome von unten, d. h. vom Genitale nach dem Rachen, zu verlegen (Schmerzen, Unmöglichkeit zu
singen, Heiserkeit, trockener Hals, Druck im Hals u. dgl.). Patientin
hatte oft Träume, in denen sie von einem früheren Lehrer oder von
ihrem Vater — zwei durch die Genese der Krankheit determinierte
Figuren — nackt verfolgt wird, oder wo sie in ein Moosbett geworfen und ihr von einem Mann die Kleider zerfetzt werden.

Einmal nun träumt sie, sie sei auf dem Felde. Das Heu ist zu
kleinen Haufen, „Schöchen", zusammengerafft worden. Aus jedem
Heuschöcheli schaut plötzlich eine Schlange heraus. Eine ist besonders groß, *schlüpft ihr in den Mund* und beißt sie hinten am
Gaumen. Das „Heuschöchli" (ich weiß keinen gut deutschen Aus-

---

[16] Jung, „Diagnostische Associationsstudien". VIII. Beitrag.

[17] Der Vater liebte sie, und zwar sexuell; es fiel ihr als Kind auf, daß
er neben anderen Zärtlichkeiten sie sonderbar auf die Nates tätschelte,
und zwar nur in Abwesenheit der Mutter. Als sie 15 Jahre alt war und
bei einem Festspiel in ihrem Kostüm sehr hübsch aussah, versuchten in
kurzem Zwischenraume der betreffende Lehrer (ein Alkoholiker) und der
Vater, der an diesem Tage auch zuviel trank, sie zu verführen. Diese
Geschehnisse wirkten aber erst pathogen, nachdem der Vater ihr zartes
Verhältnis zu einem jungen Burschen eifersüchtig zerstörte. Von da an
konnte sie im Gesangverein, den jener Lehrer leitete, nicht mehr singen.
Eine Ohrfeige — die einzige — ein nach oben versetztes Pendant zum
sexuellen Tätscheln —, die ihr der Vater unverdienterweise etwas später
aus Eifersucht gab, vervollständigte das Verlegen der Symptome.

druck dafür) ist der behaarte Teil des Genitale, aus dem die Schlange, der Penis, herausschaut, und bildet ein Pendant zu dem von *Freud*[18] zitierten Nymphenwald, der dort das weibliche Genitale darstellt. In den Märchen (u. d. Mythologie) finden sich nun eine Reihe ähnlicher Verlegungen. Ihr Wert liegt nicht nur in einer überraschenden Bestätigung der *Freud*schen Anschauung, sondern darin, daß sie ein brauchbares Resultat der vergleichenden Psychologie sind.

Im Märchen sind es meistens unfruchtbare Frauen, die durch das Essen (Symbol des Coitus mit einem symbolischen Gegenstande oder Tiere) schwanger werden. Das Kind, das aus dieser wunderbaren Befruchtung hervorgeht, wird gewöhnlich ein großer Held.

In „*Iwan Kuhsohn der Sturmritter*" im russischen Märchen (Afanassiew, Nr. 27) ist der Fisch das sexuelle männliche Symbol. (Vielleicht sind die Fischlaich und die große Fruchtbarkeit der Fische außer den bei der Schlange erwähnten Eigenschaften neue determinierende Momente.)

Ein Königspaar war schon zehn Jahre ohne Kinder. Da sandte der König zu allen Zaren, in alle Städte und zu allen Bauern, ob niemand wüßte, wie die Königin zu heilen wäre, damit sie ein Kind bekäme. Von allen, die kamen, konnte niemand helfen, außer einem Bauernsohn, dem der König einen Haufen Gold und drei Tage Frist gibt. Nachdem ihm auch nichts einfällt, auch im Traume nicht, begegnet dem Nachsinnenden eine Alte, die er zuerst abwehrt, der er dann aber seine Sorge anvertraut.

Sie läßt ihn dem Könige sagen, daß er drei seidene Netze flechten lasse und vor den Schloßfenstern ins Meer versenke. Ein goldgeflügelter Hecht schwimme immer vor dem Schloß spazieren. Wenn der König ihn fange und zubereite und die Königin ihn esse, bekomme sie ein Kind.

Der Bauernsohn fährt selbst aufs Meer; der Hecht springt aber hoch auf und zerreißt zweimal alle drei Netze (Symbol für das Hymen?), bis der Bursche zum dritten Male die Netze mit seinem Gürtel und seinem seidenen Halstuche zusammenbindet und damit den Fisch fängt.

---

[18] Freud, „Journal für Psychologie und Neurologie", Bd. VIII, 1906. Bruchstück 1. C., p. 450.

Die königlichen Köche putzen dann den Fisch und gießen das
Spülwasser zum Fenster hinaus. Eine Kuh geht gerade vorbei und
leckt es auf. Die Dienstmagd, welche den gekochten Hecht der Königin zum Essen bringt, bricht unterwegs ein Stücklein des Flügels
ab und kostet es. Alle drei bekommen nun zur selben Stunde ein
Kind: Kuh, Magd und Königin. Alle drei Söhne gleichen sich auch
aufs Haar und wachsen in Stunden wie andere sonst in Jahren. Sie
heißen nun Iwan Zarewitsch, Iwan Magdsohn und Iwan Kuhsohn
— Sturmritter. Iwan Kuhsohn ist, entsprechend der Märchenregel,
der Stärkste von den Dreien und der Held der anschließenden her-
kulischen Abenteuer, welche ihm den Beinamen „Sturmritter" ein-
tragen. Beachtenswert ist dabei auch die übrige ziemlich deutliche
Sexualsymbolik, der Ersatz des unfruchtbaren Königs durch einen
Bauernsohn, der das Rezept, den wunderbaren Fisch zu fangen, durch
eine Hexe, welche man sich leicht als Personifikation des plötzlichen,
glücklichen Einfalls während des Nachsinnens vorstellen kann,
erhält; ferner braucht der Bursche zum Fangen seinen Gürtel.

Das Märchen: *„Der Fluch der Patin" (Isländ. Volksmärchen*, pag.
68 Nr. 17) bedient sich einer ähnlichen Symbolik.

Eine junge, kinderlose Herzogin, die sich sehr nach einem Kinde
sehnte, ging einst mit ihrer Dienerin in einem schönen Haine spazieren. Hier wurde sie so vom Schlaf übermannt, daß sie nicht mehr
widerstehen konnte und sich zur Ruhe legte. Im *Traum* erschienen
ihr drei blau gekleidete Frauen, die zu ihr sprachen: „Wir kennen
deinen Wunsch, und wir wollen dir zur Erfüllung desselben verhelfen. Gehe zu einem Bache hier in der Nähe, in dem du eine
Forelle sehen wirst. Bücke dich und sieh zu beim Trinken, *daß die
Forelle dir in den Mund schwimmt.* Dann wirst du bald nachher
schwanger werden. Wir wollen dann später das neugeborene Kind
aufsuchen und ihm den Namen geben." Die Königin richtet sich nach
diesen Weisungen und kommt dann auch mit einem schönen Mägdlein nieder.

Eine alte Frau, die bei der Geburt Dienste leistet, tischt, anstatt
für alle drei Frauen, nur für zwei; deshalb wird die jüngste zornig.
Die beiden älteren schenkten dem Kind Schönheit, Güte und Klugheit und dazu noch die Gabe, daß alle ihre Tränen in Gold verwandelt werden. Ein prächtiger Königssohn sollte sie heiraten, und

mit ihm sollte sie in Liebe ein glückliches Leben führen. — Die jüngste will die Segenswünsche der Schwestern nicht aufheben. Aber sie fügt zur Strafe für den schlechten Empfang hinzu, daß die Prinzessin in ihrer Hochzeitsnacht zum Sperlinge werden und nur in den ersten drei Nächten für kurze Zeit ihre Menschengestalt wieder bekommen solle. Wenn nicht einer dann schnell die Sperlingshaut verbrenne, müsse sie auf immer ein Vogel bleiben. (Vgl. „Kisa" und isländisches Aschenbrödel.)

Das Märchen behandelt dann weiter die Erfüllung der Segenswünsche und des Fluches und die schließliche Erlösung.

Prophetische Träume wie in diesem kommen überhaupt oft im Märchen vor und ihr Inhalt selbst ist auch traumhaft.

Daß die dritte Schicksalsfrau (oder die dreizehnte im Dornröschen) aus Zorn zu den guten Schicksalsgaben eine schlimme fügt, ist ein häufiges Märchenmotiv.

Man sieht, die wunderbare Befruchtung unter dem Symbol der Verlegung findet sich gerne zusammen mit einem bedeutungsvollen Schicksal, und eigentümlicherweise finden wir in der Bibel oft das Motiv, daß Kinder lange vorher unfruchtbarer Frauen zu bedeutenden Männern werden, oder daß Zeugung und Geburt großer Menschen als wunderbar und geheimnisvoll dargestellt werden. (Verkündigung durch den Engel Gabriel, Empfängnis vom Heiligen Geiste, Gesicht des Zacharias, vgl. Evang. Luc., I. Kap.; Verheißung Isaaks, Moses I., 17. und 18. Kap.; Verheißung der Geburt Simsons, Buch der Richter, 13. und 14. Kap.; die ganze Simsongeschichte weist überhaupt viele märchenhafte Züge auf. Man vergleiche auch die Herkulessage.) [...]

Rittershaus macht in der zitierten Sammlung noch andere Angaben über die Befruchtung durch Verschlucken eines Fisches, wonach es in anderen isländischen Sagen, in den griechischen, albanischen und sizilianischen Märchen vorkommt, mit dem Unterschied, daß im angeführten isländischen Märchen der ganze Fisch verschluckt, in den andern der Fisch, den ein kinderloser Mann fängt, zu Hause zerschnitten und zwischen der Frau, dem Pferde und den Hunden (männliche Sexualtiere!) verteilt wird. — Ich verweise auf die Literaturangaben bei *Rittershaus*, p. 71. — Vgl. auch das russische Märchen von Iwan Kuhsohn, dem Sturmritter.

In den *Grimm*schen Märchen, Nr. 85, *„Die Goldkinder"* erscheint das gleiche Motiv. [. . .]

[Es folgen weitere Beispiele. Der Hrsg.]

Die biblische Erzählung vom Sündenfall wird meines Wissens schon lange als Befruchtungssymbolik aufgefaßt. Auch hier finden wir eine Kumulation derselben: Die Schlange ist die Verführerin, dazu kommt erst noch die „Verlegung" durch das Essen der Frucht. Hierauf sehen Adam und Eva, daß sie nackt sind, und schämen sich, Eva wird die Schwangerschaft und Geburt unter Schmerzen prophezeit. Daran anschließend erzählt uns die Bibel überdies noch von wunschgebildeten Zaubergaben, von denen wir früher eine Reihe aus Mythologie und Märchen aufgezählt haben: Es handelt sich um die Frucht des Lebensbaumes. „Und Gott der Herr sprach: ,Siehe, Adam ist worden als unser einer, und weiß, was gut und böse ist. *Nun aber, daß er nicht ausstrecke seine Hand, und breche auch von dem Baum des Lebens, und esse und lebe ewiglich!'* Da ließ ihn Gott der Herr aus dem Garten Eden, daß er das Feld baute, davon er genommen ist, und trieb Adam aus, und lagerte vor dem Garten Eden die Cherubim mit dem bloßen hauenden Schwert, *zu bewahren den Weg zu dem Baum des Lebens."* [19] (Moses I, 3. Kap., 22–24.) [. . .]

Die Beispiele von Märchen, in welchen die „Verlegung nach oben" spielt, sind Belege für *infantile* Sexualtheorien; weshalb auch die Ansicht sich bildete, diese Maskierung sexueller Vorgänge habe sich bei den Märchenüberlieferern, den Frauen, in den Erzählungen den Kindern gegenüber gebildet.

Nun wissen wir aber, daß auch in den Träumen Infantilismen eine ungemeine Ausdehnung annehmen, um zensurgerecht die Wünsche des Unbewußten im Traum auszuleben. [. . .]

In *Freuds* Traumdeutung (V. Traummaterial und Traumquellen) wird die Bedeutung des infantilen Materials im Traume ausreichend

---

[19] Ich verweise auf eine Schrift von Aug. Wünsche, „Die Sagen vom Lebensbaum und Lebenswasser". Altorientalische Mythen: aus der Sammlung „Ex oriente lux", herausgegeben von H. Winckler, Bd. 1, Heft 2/3, Leipzig, E. Pfeiffer, 1905.

illustriert und analysiert. Was Wunder, wenn im Märchen diese traumverwandten Gebilde aus dem Kindesalter der Menschheit sich ausbreiten. [...]

Die infantile Konkurrenz, wie sie in *Freuds* Traumdeutung meisterhaft dargestellt wird, findet ihren Ausdruck in dem Märchen *„Die zwölf Brüder"* (Grimm, Nr. 27); wenn das 13. Kind, das jüngste, ein Mädchen wird, sollen die zwölf älteren, die Brüder, alle umgebracht werden; der Vater (natürlich; der gleichgeschlechtliche Konkurrent! Vgl. Traumdeutung) hat die zwölf Särge schon bereit; deshalb müssen sie fliehen. Ähnlich geht es im Märchen *„Die sieben Raben"* (Grimm, Nr. 25).

In gewissen *Stiefmuttermärchen* bekommt man den Eindruck, daß die Komponente „Mutter" im Worte „Stiefmutter" besonders determiniert ist. Wir haben die Stiefmutter neben anderen Figuren: Riesin, Hexe etc. in der Rolle der sexuellen Konkurrentin auftreten sehen. Nun wissen wir aber von *Freud*, daß die Mutter selber die sexuelle Konkurrentin der Tochter sein kann. Der infantile Egoismus des Traumes und des Märchens zögert nun keineswegs, die gute Mutter sterben zu lassen (erstens infantiler Wunsch, vgl. Traumdeutung, zweitens bedeutet es: die gute Mutter existiert für die Heldin, das Kind oder die infantile Komponente der erwachsenen Frau als Tochter, nicht mehr, weil sie eine böse Figur, eine Konkurrentin geworden ist). Sie wird ersetzt durch die böse Stiefmutter, d. h. die Mutter ist zu dieser Figur gegenüber der Märchenheldin oder der Träumenden geworden. Es wird uns hier ein Motiv aus „Aschenbrödel" als Infantilismus verständlich. *Der Wunschbaum wächst auf der Mutter* (Stiefmutter) *Grab*. Die Mutter muß sterben.

Eine Dame aus meinem nächsten Bekanntenkreise nährte ihre ganze Kinderzeit durch bis etwa zum 15. Jahre den Wahn, *sie sei ein Findelkind;* sie glaubte zeitweise sehr fest daran. Es knüpfte an die Bemerkung der Mutter an: „Ach, dich hat man wahrscheinlich auf der Straße aufgelesen." Diese Bemerkung, an welche die Erinnerung deutlich ist, zwingt uns zur Annahme, das Kind habe gefragt, woher es komme. Der Wahn baut sich also auf einer dem Infantilen angepaßten und fest geglaubten Sexualtheorie auf. Mark *Twain* hat ja mit großem psychologischem Verständnis irgendwo gesagt: „Glauben heißt, an etwas glauben, was man nicht glaubt."

Wenn nun das Kind böse war, sagte die Mutter etwa: „Sonderbar, es gleicht keinem in der Familie." Ein hübscher Wunschgedanke, der den Wahn weiter nährte. Gleichzeitig fühlte das „böse" Kind, die Mutter meine es nicht gut mit ihm; so könne eine rechte Mutter unmöglich zu ihr sein. Wenn wir „böse" mit „egoistisch" im Konkurrenzkampf bezeichnen, wenn man berücksichtigt, daß die Mutter nach dem Tode des Vaters besonders darauf bedacht war, ein anständiges, gesittetes Mädchen mit gutem Ruf zu erziehen, weil sich das Geschwätz viel leichter an eine Familie ohne väterliches Oberhaupt heranwagt, so ist für uns die Lebensfähigkeit dieses kindlichen Wahns um so verständlicher. Diese „bösen Erfahrungen" haben sich bezeichnenderweise in den Wahn geflüchtet, während in der Wirklichkeit die Beziehungen zwischen Mutter und Tochter sehr gut waren.

Dieser infantile Wahn hat also aus der Mutter eine böse Stiefmutter gemacht, und das Märchen tut dasselbe[20].

Gerade im Märchen von der verfolgten Schönheit, im *Schneewittchen*, ist darum dieser Prozeß im Anfang besonders einläßlich beschrieben. Die schöne Königin, die zur Stiefmutter wird, haßt das noch schönere Schneewittchen. Das Märchen entspricht also einem „Traum" der Heldin Schneewittchens, unter Verwendung infantilen Materials. So ist uns das Märchen ohne weiteres klar, wie auch alle mit ähnlichem Thema. [...]

Einige besondere sexuelle Märchenmotive

Die Märchen lieben es, verschiedene, *zum Pathologischen neigende sexuelle Motive zu behandeln,* die eine normale Wurzel haben, auf welche *Freud* in seinen Arbeiten immer wieder eintritt.

Diese Motive ergeben sich aus der physiologischerweise und besonders im Traume hervortretenden sexuellen Neigung zwischen Vater und Tochter, Sohn und Mutter. (Oedipussage!) Ferner aus der

---

[20] Seither konnte ich Beispiele analoger Wahnideen von gesunden Mädchen und bei weiblichen Kranken mit Dementia praecox mehrfach sammeln.

Grausamkeit (sadistische Wurzel) und der bei Frauen dementsprechend ausgebildeten Sprödheit.

Allerleirauh. (Grimm, 65.) [...]
Die Verfolgung durch den Vater ist hier eine besondere Form sexueller Konkurrenz mit dem Wunschprinzen; das ganze ist ein sehr einleuchtendes traumähnliches Wunschgebilde mit Allerleirauh als Heldin und dem einleitenden Spezialmotiv[21].

Nirgends besser als hier kann auf die Ähnlichkeit dieses Märchenmotivs mit der Krankengeschichte jenes hysterischen Mädchens hingewiesen werden, welches als Beispiel für einen Fall mit Verlegungssymbolik aus der Pathologie erzählt wurde[22].

Beim Zustandekommen jener Hysterie ist der Vater als sexueller Konkurrent eine Hauptperson gewesen.

Jenes Mädchen sah sich im Traume fast stereotyp vom nackten Vater verfolgt, während seine Wunschträume im Prinzip dem Allerleirauh-Motiv entsprachen. Statt des urprünglichen Geliebten kam allerdings später im Traum auch die Substitution durch den Arzt vor, eine von *Freud* hervorgehobene, oft konstatierte Erscheinung (Übertragung auf den Arzt) im Heilungsprozeß.

Der Vater trat aber erst als sexueller Verfolger und Nebenbuhler in den Träumen und im Hysteriegebäude auf vom Moment an, wo er die Beziehungen der Tochter zu ihrem wahren Geliebten unterband. Damit war auch der Anlaß zu den hysterischen Symptomen, im vorliegenden Fall (durch die Ohrfeige) besonders auch zur Verlegung der hysterischen Symptome nach oben und zu ergänzenden Wunschgebilden gegeben[23].

Der Vater, der seine eigene Tochter verfolgt. (Rittershaus, XXXI, pag. 133.)
Ein Königssohn tötet seine Eltern und seine Schwester, um die

---

[21] Der Tod der Mutter ist wohl ein infantiler Wunschgedanke der Tochter; der Vater ist der erste Liebhaber und wird später zum Konkurrenten und Verfolger.

[22] Auch hier kommt dem Vater (nebst Gesanglehrer) diese wechselnde Rolle zu. Darum tritt er erst als Verfolger auf, wo er zum ausgesprochenen feindlichen Konkurrenten des jungen Burschen wird.

[23] Man vgl. Freud: Bruchstücke einer Hysterieanalyse.

Regierung an sich zu reißen. Einige Jahre später heiratet er eine schöne Prinzessin, und sie bekommen nach einem Jahre eine Tochter, namens Ingibjörg. Wie diese erwachsen ist, liegt die Muter auf dem Sterbebette. Sie ruft ihr Kind zu sich und sagt ihm, nach ihrem Tode würde der böse Vater bei ihr schlafen wollen und würde sie, um sie an der Flucht zu hindern, mit einem Bande binden. Sie sollte nun sehen, ihre Hündin an das Band zu knüpfen, während sie selbst durch Flucht sich rette. Einen Gürtel solle sie dann umbinden, dann würde sie nie von Hunger gequält werden.

Die Voraussetzungen der Mutter bewahrheiten sich. Es gelingt Ingibjörg, im Dunkel der Nacht zu entkommen und bis zur See zu gelangen, wo Kauffahrer sie auf ihr Schiff aufnehmen. Sie kommt nun in ein fremdes Königreich und findet hier in einem kleinen Bauernhofe Unterkunft.

Der Bauer hatte für den jungen, unverheirateten König alle Kleider anzufertigen. Seit Ingibjörg nun dort ist, wird alles so viel schöner gemacht, genäht und prächtiger gestickt, daß der König sich darüber verwundert und die Sache zu untersuchen beschließt.

Wie er nun zum Bauernhofe kommt, sieht er dort die schöne Königstochter und entbrennt in Liebe zu ihr. Er bietet ihr seine Hand an, und Ingibjörg ist gern mit der Heirat einverstanden.

Nur läßt sie sich versprechen, niemals ohne ihr Wissen einen fremden *Wintergast* anzunehmen.

Der König gelobte es auch. Als dann aber nach einigen Jahren ein ältlicher Mann ihn um Aufnahme bittet und den König als Pantoffelhelden hinstellt, weil er um solche Kleinigkeit erst seine Frau fragen müsse, da schämt sich der König seines Versprechens und nimmt den Gast auch ohne Zustimmung der Königin auf.

Das Motiv der nun beginnenden Verfolgung durch den Wintergast (= Vater), der ihre Kinder umbringt und sie ins Elend stürzt, ist eine Wiederaufnahme des anfänglichen Themas. Mit Hilfe einer, von einer bösen Stiefmutter in einen Rindsmagen verzauberte Königstochter wird Ingibjörg schließlich ihrem Gatten nach vielen Schwierigkeiten wieder zugeführt, der Vater = Wintergast, wird vernichtet. [...]

Bei *Rittershaus* sind daran anschließend noch mehrere Märchen analogen Inhalts aufgeführt. [...]

Apulejus hat das Thema von der verfolgten Schönheit im Märchen von „*Amor und Psyche*" in unvergleichlich hübscher Sprache behandelt und damit den größten Künstlern Stoff zur Darstellung geboten. [...]

[Es folgt eine ausführliche Darstellung des Amor-und-Psyche-Märchens. Der Hrsg.]

Der Verfasser schließt diese Studie ab in dem Gefühl großer Unvollständigkeit. Leider hat er nur sehr wenig aus dem reichen Märchenschatze erobert — vielleicht doch mehr, als bisher aus diesen schönen Dichtungen geschöpft wurde, dank den *Freud*schen psychologischen Entdeckungen. Es bleibt noch gar vieles übrig, viel feines Material, das der etwas groben Arbeit entgangen ist. Zusammengehalten mit den Resultaten der Traumforschung und Psychoanalyse indessen sind die Ergebnisse insofern von Bedeutung, als man ihnen kaum wird nachsagen können, sie seien in den Stoff hineingebildet worden. Das Material scheint doch für sich selber zu sprechen und unseren Anschauungen recht zu geben. Auch scheint mir damit ein weiterer Schritt getan zu sein auf dem Wege der vergleichenden Psychologie.

Karl Abraham, Traum und Mythus, Eine Studie zur Völkerpsychologie. (= Schriften zur angewandten Seelenkunde, hrsg. von Sigmund Freud, Heft 4) Franz Deuticke, Leipzig und Wien, 1909, mit Genehmigung des Franz Deuticke Verlages, Wien, S. 32–38 (gekürzt).

TRAUM UND MYTHUS

Von Karl Abraham

[...] Ganz wie *Freud* es für den Traum festgestellt hat, so verbirgt sich auch im Mythus hinter dem manifesten ein latenter Inhalt. Zur Ermittelung des letzteren bedarf es eines Deutungsverfahrens. Dieses muß, ganz wie die Traumdeutung, das gesamte Material an Vorstellungen und Gefühlen, welches in dem Mythus seinen Ausdruck gefunden hat, aufdecken.

Aus den mehr oder weniger bedeutenden Differenzen des latenten und des manifesten Trauminhaltes erklärt es sich, daß der Träumer nur selten imstande ist, seinen Traum zu verstehen. Er erklärt selbst den Traum für unsinnig, für absurd, bestreitet auch wohl, daß dem Traume überhaupt ein Sinn innewohne; versucht er wirklich in die Bedeutung seines Traumes einzudringen, so gibt er eine unzureichende, weil nur den manifesten Inhalt berücksichtigende Erklärung. Nicht anders das Volk! Es versteht den latenten Inhalt seiner Mythen ebenfalls nicht. Es gibt ihnen eine unzureichende Erklärung. [...]

Die Tatsache, daß das mythenbildende Volk sich seinem geistigen Produkt gegenüber gerade so verhält wie der Träumer gegenüber seinem Traume, verlangt eine Erklärung. Den Schlüssel zu diesem Rätsel gibt uns *Freud*. Seine Traumtheorie gipfelt in dem Satze: *„Der Traum ist ein Stück überwundenen infantilen Seelenlebens."* Diese Behauptung ist nicht ohne weiteres verständlich. *Freud* kommt zu seiner Auffassung auf folgendem Wege. Unser Gedächtnis bewahrt weit mehr Eindrücke, als unserer Erinnerung gewöhnlich zugänglich sind. Besonders solche Reminiszenzen, welche mit einem peinlichen Gefühlston verbunden sind, „vergessen" wir gern. Sie sind aber dann nicht absolut ausgelöscht, sondern nur der gewollten Reproduktion entzogen. Wir haben diesen Vorgang der *Verdrängung* ins *Unbewußte* bereits kennengelernt. Besonders pflegen wir unerfüllt gebliebene oder unerfüllbare Wünsche wegen der ihnen anhaftenden Unlustbetonung aus unserem Bewußtsein zu entfernen. Die Träume beziehen nun ihr Material zum großen und zum wesentlichsten Teil aus den verdrängten Vorstellungen; nur ein kleiner und minderwichtiger Teil des Trauminhaltes ist aktueller, rezenter Natur. Das gleiche findet statt, wenn durch pathologische Vorgänge die Bewußtseinstätigkeit gestört wird. Auch dann steigen alte Reminiszenzen aus tiefer Verdrängnis empor. Wir können das besonders gut bei der Hysterie und bei der Dementia praecox beobachten. [...] Die verdrängten Erinnerungen können allen Lebensaltern entstammen. Bei genauer Analyse gelingt jedoch der Nachweis, daß die letzte Grundlage eines Traumes oder eines Symptomes der genannten Krankheiten eine Reminiszenz der Kindheit ist. Das Kind erfüllt seine Wünsche, auch die aktuellen, unverdrängten, sofern sie nicht verwirklicht werden, in Tages- und Traumphantasien. Im späteren Alter wird diese Phantasietätigkeit vorzugsweise auf den Schlaf verwiesen. Im Traume bewahrt der Erwachsene aber nicht nur die kindliche *Art* des Denkens, sondern auch die *Objekte* des infantilen Denkens. Nur scheinbar vergessen ruhen die infantilen Wünsche und Erlebnisse im Schoße des Unbewußten. Sie warten hier gewissermaßen, bis das Individuum ein Erlebnis hat, welches einem infantilen analog ist. Dann wird der Analogiefall dem früheren assimiliert. Die infantile Erinnerung erfährt so im Unbewußten eine Verstärkung. Hat sie eine gewisse Intensität erreicht, so bringt sie sich beim gesunden Menschen im Traume, beim neurotischen oder psychotischen Individuum in Krankheitserscheinungen zur Geltung. [...]

Den Erinnerungen der Kindheit assimilieren sich spätere. Namentlich den verdrängten infantilen Wünschen lagern sich solche des späteren Lebens an. Ich erinnere hier an die infantile Vorliebe des Sohnes für die Mutter und seine Rivalität mit dem Vater sowie an die mit diesen Regungen zusammenhängenden Wünsche. Ein aktueller Anlaß weckt diese Kindheitserinnerungen wieder. Sie finden nun ihren Ausdruck in einem Traume. Dieses eine Beispiel statt vieler möge erläutern, in welchem Sinne *Freud* den Traum als ein Stück überwundenen infantilen Seelenlebens bezeichnet.

Im Traume lebt also die infantile Phantasietätigkeit samt ihren

Objekten fort. Die Analogie des Mythus mit dem Traume enthüllt sich nun mit einem Schlage. Der Mythus entstammt einer längst vergangenen Lebensperiode des Volkes, die wir als Kindheit des Volkes bezeichnen dürfen. Die Berechtigung zu diesem Vergleich ist leicht zu erweisen. Ein Ausdruck, welchen *Freud* in der „Traumdeutung" gebraucht, illustriert die Sachlage ausgezeichnet. *Freud* bezeichnet die Kindheitsperiode, deren wir uns nur unklar erinnern, als die *vorhistorische Zeit* in der Geschichte des Individuums. Sind auch unsere Reminiszenzen aus jener Zeit sehr unbestimmt, so ist sie doch keineswegs an uns vorübergegangen, ohne Eindrücke zu hinterlassen. Die Wünsche, die uns in jener Zeit am Herzen lagen und deren wir uns höchstens in unvollkommener Weise erinnern, sind nicht gänzlich ausgetilgt, sondern nur verdrängt worden und leben in unseren Traumphantasien fort. Alles dieses trifft auch auf die *Mythen* zu. *Sie entstammen der vorhistorischen Zeit des Volkes, aus der keine bestimmten Überlieferungen auf uns gekommen sind. Sie enthalten Erinnerungsreste aus seiner Kindheit.* Läßt sich aber auch die Wunscherfüllungstheorie vom Traume auf den Mythus übertragen?

Ich behaupte dies und formuliere meine Ansicht in Anlehnung an *Freuds* Traumlehre wie folgt: *Der Mythus ist ein Stück überwundenen infantilen Seelenlebens des Volkes. Er enthält (in verschleierter Form) die Kindheitswünsche des Volkes.*

Wichtige Beweise für diese Anschauung haben wir bereits kennengelernt, als wir gewisse Mythen mit „typischen" Träumen verglichen. Wir erkannten, daß in der Ödipussage ganz wie in gewissen Träumen die infantile Sexualität zum Ausdruck kommt. Aus der Sexualübertragung des Sohnes auf die Mutter entstehen Wünsche, die ebenso wie viele andere der Verdrängung anheimfallen. Die Erziehung des Menschen ist nichts als ein erzwungenes, systematisches Verdrängen angeborener Regungen.

In der Jugendzeit eines Volkes, da noch natürlichere Verhältnisse obwalten, da die Konvention noch keine starren Formen angenommen hat, konnten jene Regungen realisiert werden. Ein späteres Zeitalter unterdrückte sie durch einen Vorgang, welchen wir der Verdrängung beim Individuum durchaus an die Seite stellen können. Aber sie erstarben nicht gänzlich, sondern erhielten sich im

Mythus. Dieser Vorgang, für den ich den Namen „*Massenverdrän-gung*" vorschlagen möchte, ist schuld daran, daß das Volk den ursprünglichen Sinn seiner Mythen nicht mehr versteht, ganz wie wir unsere Träume nicht ohne weiteres verstehen[1].

Es scheint, daß ein Volk in denjenigen Mythen, welche sich mit seiner frühesten Kindheit beschäftigen, solche Wünsche zum Ausdruck bringt, die es am stärksten zu verdrängen gewohnt ist. Betrachten wir die biblische Schilderung des Paradieses! *Freud* hat sie mit treffenden Worten charakterisiert: „Das Paradies ist nichts anderes als die Massenphantasie von der Kindheit des einzelnen". Die Genesis erzählt von Adam und Eva mit besonderem Nachdruck, daß sie nackt waren und sich dessen nicht schämten. Wir wissen, daß die Sitte der Juden die Bedeckung des Körpers streng verlangte. Die Verletzung dieser Sitte wird in den biblischen Erzählungen stets besonders getadelt. Zu der Massenphantasie von der Nacktheit der ersten Menschen finden wir wiederum in einem typischen Traume eine Parallele. Wir alle träumen gelegentlich, daß wir in sehr mangelhafter Bekleidung einhergehen, uns sogar unter Menschen bewegen, die aber von unserem Zustand keine besondere Notiz nehmen. Der Angstaffekt, der diesen Traum zu begleiten pflegt, entspricht der starken Verdrängung des infantilen Wunsches, sich vor anderen nackt zu zeigen. *Freud* hat den Nachweis, daß es sich in diesem Traume um eine infantile Nacktheitsphantasie handle, ausführlich erbracht (Traumdeutung S. 166 f.). Er erinnert daran, daß Kinder eine große Freude daran haben, sich vor anderen Kindern oder auch Erwachsenen nackt zu zeigen oder vor ihnen zu exhibieren. Es gibt Menschen, bei denen diese infantile Abirrung des Geschlechtstriebes sich in abnormer Stärke erhält und die normale Betätigung desselben völlig beiseite drängt; das sind die Exhibitionisten.

[1] Daß das Volk seine eigenen Mythen nicht mehr versteht, kann nicht darauf zurückgeführt werden, daß es sie teilweise von anderen Völkern übernommen hat. Es kann sie nur deshalb übernommen haben, weil es seine eigenen Komplexe darin fand. Gerade diese werden aber verdrängt. Außerdem ändert jedes Volk übernommene Mythen ab; es müßte dann wenigstens den Sinn der Änderungen verstehen; dies ist aber nicht der Fall.

Die in sexueller Beziehung sehr rigorose Ethik der Juden verlangte, daß die Massenphantasie von der Nacktheit in die früheste
Kindheit des Menschengeschlechtes verlegt wurde. Die Griechen,
welche sich der Nacktheit in weit geringerem Grade schämten,
brauchten weniger weit zurückzugreifen. *Freud* hat darauf hingewiesen, daß die Sage von Odysseus und Nausicaa das gleiche Thema behandelt. Er stellt sie daher in Parallele mit den oben erwähnten Nacktheitsträumen.

Sigmund Freud, Ges. Werke X, London 1949, S. 1–9. Mit Genehmigung des S. Fischer
Verlages, Frankfurt (zuerst in: Internationale Zeitschrift für ärztliche Psychoanalyse,
I. Jahrgang, 1913, S. 147–151).

MÄRCHENSTOFFE IN TRÄUMEN

Von Sigmund Freud

Es ist keine Überraschung, auch aus der Psychoanalyse zu erfahren, welche Bedeutung unsere Volksmärchen für das Seelenleben
unserer Kinder gewonnen haben. Bei einigen Menschen hat sich die
Erinnerung an ihre Lieblingsmärchen an die Stelle eigener Kindheitserinnerungen gesetzt; sie haben die Märchen zu Deckerinne-
rungen erhoben.

Elemente und Situationen, die aus diesen Märchen kommen, finden sich nun auch häufig in Träumen. Zur Deutung der betreffenden
Stellen fällt den Analysierten das für sie bedeutungsvolle Märchen
ein. Von diesem sehr gewöhnlichen Vorkommnis will ich hier zwei
Beispiele anführen. Die Beziehungen der Märchen zur Kindheits-
geschichte und zur Neurose der Träumer werden aber nur angedeutet werden können, auf die Gefahr hin, die dem Analytiker wert-
vollsten Zusammenhänge zu zerreißen.

I.

Traum einer jungen Frau, die vor wenigen Tagen den Besuch ihres
Mannes empfangen hat: *Sie ist in einem ganz braunen Zimmer.
Durch eine kleine Tür kommt man auf eine steile Stiege, und über
diese kommt ein sonderbares Männlein ins Zimmer, klein, mit weißen Haaren, Glatze und roter Nase, das im Zimmer vor ihr herumtanzt, sich sehr komisch gebärdet und dann wieder zur Stiege herab-
geht. Es ist in ein graues Gewand gekleidet, welches alle Formen
erkennen läßt.*

*(Korrektur: Es trägt einen langen schwarzen Rock und eine graue
Hose.)*

Analyse: Die Personsbeschreibung des Männleins paßt ohne weitere Veränderung[1] auf ihren Schwiegervater. Dann fällt ihr aber sofort das Märchen von *Rumpelstilzchen* ein, der so komisch wie der Mann im Traume herumtanzt und dabei der Königin seinen Namen verrät. Dadurch hat er aber seinen Anspruch auf das erste Kind der Königin verloren und reißt sich in der Wut selbst mitten entzwei.

Am Traumtag war sie selbst so wütend auf ihren Mann und äußerte: Ich könnte ihn mitten entzweireißen.

Das braune Zimmer macht zunächst Schwierigkeiten. Es fällt ihr nur das Speisezimmer ihrer Eltern ein, das so — holzbraun — getäfelt ist, und dann erzählt sie Geschichten von Betten, in denen man zu zweien so unbequem schläft. Vor einigen Tagen hat sie, als von Betten in anderen Ländern die Rede war, etwas sehr Ungeschicktes gesagt — in harmloser Absicht, meint sie —, worüber ihre Gesellschaft fürchterlich lachen mußte.

Der Traum ist nun bereits verständlich. Das holzbraune Zimmer[2] ist zunächst das Bett, durch die Beziehung auf das Speisezimmer ein Ehebett[3]. Sie befindet sich also im Ehebett. Der Besucher sollte ihr junger Mann sein, der nach mehrmonatlicher Abwesenheit zu ihr gekommen war, um seine Rolle im Ehebett zu spielen. Es ist aber zunächst der Vater des Mannes, der Schwiegervater.

Hinter dieser ersten Deutung blickt man auf eine tiefer liegende rein sexuellen Inhaltes. Das Zimmer ist jetzt die Vagina. (Das Zimmer ist in ihr, im Traume umgekehrt.) Der kleine Mann, der seine Grimassen macht und sich so komisch benimmt, ist der Penis; die enge Tür und die steile Treppe bestätigen die Auffassung der Situation als einer Koitusdarstellung. Wir sind sonst gewöhnt, daß das Kind den Penis symbolisiert, werden aber verstehen, daß es einen guten Sinn hat, wenn hier der Vater zur Vertretung des Penis herangezogen wird.

Die Auflösung des noch zurückgehaltenen Restes vom Traum wird uns in der Deutung ganz sicher machen. Das durchscheinende graue Gewand erklärt sie selbst als Kondom. Wir dürfen erfahren, daß

---

[1] Bis auf das Detail kurzgeschnittener Haare, während der Schwiegervater das Haar lang trägt.

[2] Holz wie bekannt häufig weibliches, mütterliches Symbol (materia, Madeira usw.).

[3] Tisch und Bett repräsentieren ja die Ehe.

Interessen der Kinderverhütung, Besorgnisse, ob nicht dieser Besuch des Mannes den Keim zu einem zweiten Kind gelegt, zu den Anregern dieses Traumes gehören.

Der schwarze Rock: Ein solcher steht ihrem Manne ausgezeichnet. Sie will ihn immer beeinflussen, daß er ihn trage anstatt seiner gewöhnlichen Kleidung. Im schwarzen Rock ist ihr Mann also so, wie sie ihn gern sieht. Schwarzer Rock und graue Hose: das heißt aus zwei verschiedenen, einander überdeckenden Schichten: So gekleidet will ich dich haben. So gefällst du mir.

Rumpelstilzchen verknüpft sich mit den aktuellen Gedanken des Traumes — den Tagesresten — durch eine schöne Gegensatzbeziehung. Er kommt im Märchen, um der Königin das erste Kind zu nehmen; der kleine Mann im Traum kommt als Vater, weil er wahrscheinlich ein zweites Kind gebracht hat. Aber Rumpelstilzchen vermittelt auch den Zugang zur tieferen, infantilen Schicht der Traumgedanken. Der possierliche kleine Kerl, dessen Namen man nicht einmal weiß, dessen Geheimnis man kennen möchte, der so außerordentliche Kunststücke kann (im Märchen Stroh in Gold verwandeln), — die Wut, die man gegen ihn hat, eigentlich gegen seinen Besitzer, den man um diesen Besitz beneidet, der Penisneid der Mädchen — das sind Elemente, deren Beziehung zu den Grundlagen der Neurose wie gesagt hier nur gestreift werden soll. Zum Kastrationsthema gehören wohl auch die geschnittenen Haare des Männchens im Traume.

Wenn man in durchsichtigen Beispielen darauf achten wird, was der Träumer mit dem Märchen macht, und an welche Stelle er es setzt, so wird man dadurch vielleicht auch Winke für die noch ausstehende Deutung dieser Märchen selbst gewinnen.

II.

Ein junger Mann, der einen Anhalt für seine Kindheitserinnerungen in dem Umstande findet, daß seine Eltern ihr bisheriges Landgut gegen ein anderes vertauschten, als er noch nicht fünf Jahre war, erzählt als seinen frühesten Traum, der noch auf dem ersten Gut vorgefallen, folgendes:

„Ich habe geträumt, daß es Nacht ist und ich in meinem Bett liege (mein Bett stand mit dem Fußende gegen das Fenster, vor dem Fenster befand sich eine Reihe alter Nußbäume. Ich weiß, es war Winter, als ich träumte und Nachtzeit). Plötzlich geht das Fenster von selbst auf, und ich sehe mit großem Schrecken, daß auf dem großen Nußbaum vor dem Fenster ein paar weiße Wölfe sitzen. Es waren sechs oder sieben Stück. Die Wölfe waren ganz weiß und sahen eher aus wie Füchse oder Schäferhunde, denn sie hatten große Schwänze wie Füchse und ihre Ohren waren aufgestellt wie bei den Hunden, wenn sie auf etwas passen. Unter großer Angst, offenbar von den Wölfen aufgefressen zu werden, schrie ich auf und erwachte. Meine Kinderfrau eilte zu meinem Bett, um nachzusehen, was mit mir geschehen war. Es dauerte eine ganze Weile, bis ich überzeugt war, es sei nur ein Traum gewesen, so natürlich und deutlich war mir das Bild vorgekommen, wie das Fenster aufgeht und die Wölfe auf dem Baume sitzen. Endlich beruhigte ich mich, fühlte mich wie von einer Gefahr befreit und schlief wieder ein."

„Die einzige Aktion im Traume war das Aufgehen des Fensters, denn die Wölfe saßen ganz ruhig ohne jede Bewegung auf den Ästen des Baumes, rechts und links vom Stamm und schauten mich an. Es sah so aus, als ob sie ihre ganze Aufmerksamkeit auf mich gerichtet hätten. — Ich glaube, dies war mein erster Angsttraum. Ich war damals drei, vier, höchstens fünf Jahre alt. Bis in mein elftes oder zwölftes Jahr hatte ich von da an immer Angst, etwas Schreckliches im Traume zu sehen."

Er gibt dann noch eine Zeichnung des Baumes mit den Wölfen, die seine Beschreibung bestätigt. Die Analyse des Traumes fördert nachstehendes Material zutage.

Er hat diesen Traum immer in Beziehung zu der Erinnerung gebracht, daß er in diesen Jahren der Kindheit eine ganz ungeheuerliche Angst vor dem Bild eines Wolfes in einem Märchenbuche zeigte. Die ältere, ihm recht überlegene Schwester pflegte ihn zu necken, indem sie ihm unter irgend einem Vorwand gerade dieses Bild vorhielt, worauf er entsetzt zu schreien begann. Auf diesem Bild stand der Wolf aufrecht, mit einem Fuß ausschreitend, die Tatzen ausgestreckt und die Ohren aufgestellt. Er meint, dieses Bild habe als Illustration zum Märchen von *Rotkäppchen* gehört.

Warum sind die Wölfe weiß? Das läßt ihn an die Schafe denken, von denen große Herden in der Nähe des Gutes gehalten wurden. Der Vater nahm ihn gelegentlich mit, diese Herden zu besuchen, und er war dann jedesmal sehr stolz und selig. Später — nach eingezogenen Erkundigungen kann es leicht kurz vor der Zeit dieses Traumes gewesen sein — brach unter diesen Schafen eine Seuche aus. Der Vater ließ einen *Pasteur*schüler kommen, der die Tiere impfte, aber sie starben nach der Impfung noch zahlreicher als vorhin.

Wie kommen die Wölfe auf den Baum? Dazu fällt ihm eine Geschichte ein, die er den Großvater erzählen gehört. Er kann sich nicht erinnern, ob vor oder nach dem Traum, aber ihr Inhalt spricht entschieden für das erstere. Die Geschichte lautet: Ein Schneider sitzt in seinem Zimmer bei der Arbeit, da öffnet sich das Fenster und ein Wolf springt herein. Der Schneider schlägt mit der Elle nach ihm — nein, er verbessert sich, packt ihn beim Schwanz und reißt ihm diesen aus, so daß der Wolf erschreckt davonrennt. Eine Weile später geht der Schneider in den Wald und sieht plötzlich ein Rudel Wölfe herankommen, vor denen er sich auf einen Baum flüchtet. Die Wölfe sind zunächst ratlos, aber der verstümmelte, der unter ihnen ist und sich am Schneider rächen will, macht den Vorschlag, daß einer auf den anderen steigen soll, bis der letzte den Schneider erreicht hat. Er selbst — es ist ein kräftiger Alter — will die Basis dieser Pyramide machen. Die Wölfe tun so, aber der Schneider hat den gezüchtigten Besucher erkannt und ruft plötzlich wie damals: Packt den Grauen beim Schwanz. Der schwanzlose Wolf erschrickt bei dieser Erinnerung, läuft davon und die anderen purzeln alle herab.

In dieser Erzählung findet sich der Baum vor, auf dem im Traum die Wölfe sitzen. Sie enthält aber auch eine unzweideutige Anknüpfung an den Kastrationskomplex. Der *alte* Wolf ist vom Schneider um den Schwanz gebracht worden. Die Fuchsschwänze der Wölfe im Traum sind wohl Kompensationen dieser Schwanzlosigkeit.

Warum sind es sechs oder sieben Wölfe? Diese Frage schien nicht zu beantworten, bis ich den Zweifel aufwarf, ob sich sein Angstbild auf das Rotkäppchenmärchen bezogen haben könne. Dies Märchen gibt nur Anlaß zu zwei Illustrationen, zur Begegnung des Rotkäppchens mit dem Wolf im Walde und zur Szene, wo der Wolf mit der Haube der Großmutter im Bette liegt. Es müsse sich also ein anderes Märchen hinter der Erinnerung an das Bild verbergen. Er fand dann bald, daß es nur die Geschichte vom *Wolf und den sieben Geißlein* sein könne. Hier findet sich die Siebenzahl, aber auch die sechs, denn der Wolf frißt nur sechs Geißlein auf, das siebente versteckt sich im Uhrkasten. Auch das Weiß kommt in dieser Geschichte vor, denn der Wolf läßt sich beim Bäcker die Pfote weiß machen, nachdem ihn die Geißlein bei seinem ersten Besuch an der grauen Pfote erkannt haben. Beide Märchen haben übrigens viel Gemeinsames. In beiden findet sich das Auffressen, das Bauchaufschneiden, die Herausbeförderung der gefressenen Personen, deren Ersatz durch schwere Steine, und endlich kommt in beiden der böse Wolf um. Im Märchen von den Geißlein kommt auch noch der Baum vor. Der Wolf legt sich nach der Mahlzeit unter einen Baum und schnarcht.

Ich werde mich mit diesem Traum wegen eines besonderen Umstandes noch an anderer Stelle beschäftigen müssen und ihn dann eingehender deuten und würdigen. Es ist ja ein erster aus der Kindheit erinnerter Angsttraum, dessen Inhalt im Zusammenhang mit anderen Träumen, die bald nachher erfolgten, und mit gewissen Begebenheiten in der Kinderzeit des Träumers ein Interesse von ganz besonderer Art wachruft. Hier beschränken wir uns auf die Beziehung des Traumes zu zwei Märchen, die viel Gemeinsames haben, zum „Rotkäppchen" und zum „Wolf und die 7 Geißlein". Der Eindruck dieser Märchen äußerte sich bei dem kindlichen Träumer in einer richtigen Tierphobie, die sich von anderen ähnlichen Fällen nur dadurch auszeichnete, daß das Angsttier nicht ein der Wahrnehmung leicht zugängliches Objekt war (wie etwa Pferd und Hund), sondern nur aus Erzählung und Bilderbuch gekannt war.

Ich werde ein andermal auseinandersetzen, welche Erklärung diese Tierphobien haben und welche Bedeutung ihnen zukommt. Vorgreifend bemerke ich nur, daß diese Erklärung sehr zu dem Hauptcharakter stimmt, welchen die Neurose des Träumers in späteren Lebenszeiten erkennen ließ. Die Angst vor dem Vater war das stärkste Motiv seiner Erkrankung gewesen, und die ambivalente Einstellung zu jedem Vaterersatz beherrschte sein Leben wie sein Verhalten in der Behandlung.

Wenn der Wolf bei meinem Patienten nur der erste Vaterersatz war, so fragt es sich, ob die Märchen vom Wolf, der die Geißlein auffrißt, und vom Rotkäppchen etwas anderes als die infantile Angst vor dem Vater zum geheimen Inhalt haben[4]. Der Vater meines Patienten hatte übrigens die Eigentümlichkeit des „zärtlichen Schimpfens", die so viele Personen im Umgang mit ihren Kindern zeigen, und die scherzhafte Drohung: „Ich freß' dich auf" mag in den ersten Jahren, als der später strenge Vater mit dem Söhnlein zu spielen und zu kosen pflegte, mehr als einmal geäußert worden sein. Eine meiner Patienten erzählte mir, daß ihre beiden Kinder den Großvater nie liebgewinnen konnten, weil er sie in seinem zärtlichen Spiel zu schrecken pflegte, er werde ihnen den Bauch aufschneiden.

[4] Vgl. die von O. Rank hervorgehobene Ähnlichkeit dieser beiden Märchen mit dem Mythus von Kronos. (Völkerpsychologische Parallelen zu den infantilen Sexualtheorien; Zentralblatt f. Psychoanalyse, II., 8.)

Imago, Zeitschrift für Anwendung der Psychoanalyse auf die Natur- und Geisteswissenschaften, XIV. Band, 1928, S. 199–274 (Auszüge).

DIE PUBERTÄTSRITEN DER MÄDCHEN
UND IHRE SPUREN IM MÄRCHEN

Von Alfred Winterstein

[*Vorbemerkung:* Der Darbietung eines sehr reichhaltigen Materials über die Pubertätsriten der Mädchen bei den Naturvölkern stellt der Verfasser ein ebenso reiches Märchenmaterial zu phänomenologischem Vergleich gegenüber. Wir müssen uns leider damit begnügen, durch einige knappe Auszüge auf die für unsere Fragestellung überaus wichtige Arbeit hinzuweisen. Der Hrsg.]

[. . .] Ein so weitverbreiteter Brauch wie die *Absonderung der Mädchen zur Zeit der Pubertät* scheint auch seine Spuren im *Märchen* hinterlassen zu haben. Ich will damit freilich nicht behaupten, daß sich die Märchenmotive Zug für Zug in äußerlicher Weise als Reminiszenzen der Pubertätszeremonien darstellen müssen; vielmehr lege ich das Gewicht auf den *psychischen Inhalt* dieser Zeremonien und meine, daß sich dieser Inhalt ebensowohl in einem Zeremoniell wie in einem Märchen aussprechen kann, wobei allerdings ein lange geübtes Zeremoniell eine gute Stütze für ein Märchen abgeben kann. Auf den Zusammenhang zwischen diesen Isolierungsbräuchen und den Märchen, namentlich jenen einer bestimmten Gattung, haben bereits verschiedene Forscher hingewiesen, so Adolf *Thimme*[1], J. G. *Frazer*[2] und zuletzt Herbert *Silberer*[3]. Adolf *Thimme* schreibt (S. 40): „Geheimnisvoll erschien den Naturvölkern von je das Auftreten der Menstruation bei heranwachsenden Mädchen. Das Blut wurde als ein böser Zaubersaft gefürchtet;

---

[1] Adolf Thimme: Das Märchen. Leipzig 1909.

[2] Frazer, a. a. O., Vol. I, S. 70 ff.

[3] In einer nicht veröffentlichten Arbeit „Die falsche Braut", in die ich mit freundlicher Erlaubnis der Witwe des Verfassers Einsicht nehmen durfte.

infolgedessen wurden solche Mädchen oft in harter, auch unterirdischer Gefangenschaft gehalten. Daraus entsteht das Motiv vom Giftmädchen und das Motiv von den eingesperrten Mädchen, die Danae, Mandane, Rhea Silvia, Hero oder Rapunzel heißen." Da *Frazer* die Vermeidung des Anblicks der Sonne als ein Hauptverbot des Pubertätsexils der Mädchen betrachtet, führt er bloß Märchen an, die das Motiv der Befruchtung oder Verzauberung durch die Sonne enthalten. *Silberer,* der sich für die Gruppierung des Märchenmaterials auf eine Arbeit von Paul *Arfert*[4] stützt, erinnert in unserem Zusammenhange zunächst an die Einleitung der Märchen von der Gattung der Brangäne-Erzählung[5] (in der Tristanerzäh-

[4] Paul Arfert: Das Motiv von der unterschobenen Braut in der internationalen Erzählungsliteratur. Inaugural-Dissertation, Universität Rostock. Schwerin 1897. — Josef Hanika bespricht in seiner volkskundlichen Untersuchung über „Die falsche Braut" (Sonderdruck aus der „Heimatbildung", Monatsblätter für heimatliches Volksbildungswesen, Reichenberg) einen deutschen Brauch, den er aus dem Zusammenhange mit jenen von Arfert behandelten wohl sehr alten, gemeinindogermanischen Bräuchen löst. Er schlägt für diesen Hochzeitsbrauch die Bezeichnung „Alte Braut" oder „Verlassene Braut" vor. Hier spielt sich ein steinaltes Weib als verlassene Braut des jungen Bräutigams auf. Hanikas historische Erklärung, die an sich richtig sein mag, wird der unbewußten Bedeutung dieses Brauches natürlich nicht gerecht.

[5] Unter dem Namen „Brangänemärchen" faßt Arfert Novellen, Romane und Volkslieder zusammen, in denen das Motiv der Brautunterschiebung folgende Gestalt angenommen hat: Eine Jungfrau, die durch List, Gewalt oder eigene Schuld ihre Ehre verloren hat, sucht die Verlegenheit der Brautnacht dadurch zu beseitigen, daß sie eine ihr ergebene Person bewegt, ihre Stelle im Brautbett einzunehmen. Gemeinsam ist den Brangänemärchen übrigens der Verlauf, „daß ein Mädchen sich bei einem Jüngling, auf den es von früher her Ansprüche hat und der im Begriffe steht sich zu verheiraten, unerkannt in dienender Stellung aufhält. Da sich nun die neue Braut durch irgendwelche Umstände (in den meisten Märchen sieht sie der Geburt entgegen; andere suchen diesen anstößigen Grund durch einen milderen zu ersetzen) verhindert sieht, selbst die Ehe zu vollziehen, bittet sie das Mädchen, ihre Stelle bei der Hochzeit einzunehmen. Dieses tritt schließlich aus seiner Verborgenheit heraus und nimmt, nachdem alles entdeckt ist, den nun ihm gebührenden Platz als Gemahlin des Jünglings ein" (a. a. O. S. 6 u. 34, 1).

lung opfert bekanntlich Brangäne an Isoldes Stelle in der Brautnacht ihre Reinheit dem König Marke): „Die Mehrzahl dieser
Märchen zeigt den typischen Eingang, daß die Heldin von ihrem
tyrannischen Vater eine bestimmte Zeit in einem Turm eingeschlos-
sen wird, aus dem sie sich erst nach vielen Jahren befreien kann."[6]
Er bemerkt ferner, daß dieses Motiv des Gefangenseins (oft in einem
Turme mit Betonung der Höhe, vgl. Rapunzel, *Grimm*, K. H. M.
12) auch sonst in Märchen beliebt ist und daß dazu ein Unhold als
Verwahrer oder eine Alte im Walde als Ernährerin häufig auftritt.
Das von dem harten Schicksal betroffene Mädchen pflegt eine
Prinzessin zu sein; sie wird von einem Prinzen aus ihrem Gefäng-
nisse befreit oder macht sich sonstwie frei und gewinnt dann einen
Prinzen zum Gemahl.

Zum besseren Verständnis der folgenden Märchen sei vorerst auf
einige typische Züge der Pubertätsriten der Mädchen nochmals verwiesen: daß nämlich häufig das Mädchen oder eine Gruppe von
Mädchen in die Obhut einer alten Frau kommt, daß Frauen ihr das
karge Essen in die Einsamkeit bringen, daß das Exil einer Tötung
(Verschlungenwerden) und Wiedergeburt entspricht, daß an den
Kandidatinnen verschiedenartige sexuelle Operationen vorgenommen werden, daß die Mädchen im Exil oft Arbeiten verrichten oder
üben müssen, daß das Essen und Trinken unter bestimmte Regeln
gebracht ist und daß schließlich die Vorschriften bei Mädchen hoher
Herkunft (Königs- oder Häuptlingstöchtern) besonders streng ge-
handhabt werden.

[Es folgen zahlreiche, in 3 Motivgruppen gegliederte Märchenbeispiele
aus dem deutschen, gesamteuropäischen, kirgisischen, indianischen, samoa-
nischen Raum. Der Hrsg.]

Nach *Frazer*[7] vermögen wir selbst in den *Hochzeitsbräuchen*
verschiedener Rassen Spuren der Anschauung zu entdecken, daß
Frauen durch die Sonne geschwängert werden können[8]. So pflegte

---

[6] Arfert, a. a. O. S. 34, 2.

[7] Frazer, a. a. O., Vol. I, S. 75.

[8] Die Hindu glauben, daß, wenn Mädchen sich während ihrer Menstruation den Sonnenstrahlen aussetzen, sie dadurch schwanger werden
können. Darum stellen sich sterile Frauen nackt in die Sonne, um auf diese

bei den *Chaco*-Indianern[9] in Südamerika ein neuvermähltes Paar die erste Nacht auf dem Fell einer Stute oder eines Ochsen mit dem Kopf gegen Westen zu schlafen, „denn die Hochzeit wird nicht als gültig betrachtet, bevor nicht die aufgehende Sonne seine Füße beschienen hat". Bei den alten Hinduhochzeiten[10] war die erste Zeremonie der „Schwängerungsritus" *(Garbhādhāna)*; während des vorhergehenden Tages mußte die Braut gegen die Sonne schauen oder in irgendeiner Weise ihren Strahlen ausgesetzt werden. Bei den Türken Sibiriens[11] bestand früher die Sitte, am Morgen nach der Hochzeit das junge Paar aus der Hütte zu führen, um die aufgehende Sonne zu begrüßen. In Iran und Zentralasien soll es auch noch heute als das sicherste Mittel zur Beförderung der Empfängnis gelten, eine Neuvermählte den Strahlen der aufgehenden Sonne auszusetzen.

Schließlich möchte ich noch eine Episode aus dem christlichen Marienmythus, *Marias Darbringung*, erwähnen, die bereits A. J. *Storfer*[12] mit der Mädchenweihe der Naturvölker in Zusammenhang gebracht hat. Als Maria drei Jahre alt war, wurde sie (nach Überlieferung des ältesten neutestamentlichen Apokryphum, des Protevangelium des Jacobus) von ihren Eltern in Begleitung von fackeltragenden Jungfrauen in den Tempel dargebracht, wo der Priester sie in Empfang nahm, küßte und segnete. Gott goß seine Seele auf Maria und sie tanzte mit den Füßen. Maria erstieg die *fünfzehn* Stufen des Tempels trotz ihrer Jugend ohne Hilfe, was ein Zeichen göttlicher Gnade war. Auch sonst fällt ihre Frühreife auf. Marias Tätigkeit im Tempel bestand im Weben; sie webte am Tempelvorhang. Die Absonderung der Einzuweihenden, die öffentliche, festliche Darbringung, die symbolische Vermählung mit

Weise Kindersegen zu erhalten. (Rich. Schmidt: Liebe und Ehe im alten und modernen Indien. Berlin 1904.)

[9] Thomas J. Hutchinson: On the Chaco and other Indians of South America. Transactions of the Ethnological Society of London, N. S. III. (1865), S. 327.

[10] Monier Williams: Religious Thought and Life in India (London 1883), S. 254.

[11] H. Vámbéry: Das Türkenvolk (Leipzig 1885), S. 112.

[12] A. J. Storfer: Marias jungfräuliche Mutterschaft. Ein völkerpsychologisches Fragment über Sexualsymbolik (Berlin 1914), S. 13 ff.

dem Priester als Vertreter der Gottheit, der Tanz der kleinen Maria, das analoge Stufensteigen (die Zahl 15!), die Beschäftigung mit Webearbeiten: diese Züge sind uns bereits aus den Berichten über die Initiationszeremonien der Frauen vertraut[13].

Zur Erklärung dieser sonderbaren Bräuche, die wir in merkwürdiger Gleichförmigkeit bei den kulturell tieferstehenden Völkern der ganzen Erde angetroffen und deren entstellte Abkömmlinge wir dann auch in europäischen Märchen wiedergefunden haben, ist bisher von der Fachwissenschaft nicht allzuviel geleistet worden.

[Im Anschluß setzt sich der Verfasser mit einschlägigen Theorien von J. G. Frazer, S. Freud, E. Crawley, H. Schurtz u. a. auseinander. Der Hrsg.]

Die oben angeführten Theorien enthalten ja zweifellos manches Richtige, wenn sie auch, wie mir scheint, Sinn und Zweck der Pubertätsbräuche noch immer allzu sehr vom Standpunkte des Primitiven und zu wenig von dem des Psychologen deuten. Wir werden uns deshalb nunmehr des Hilfsmittels der Psychoanalyse bedienen, das seine Tauglichkeit ja bereits bei der Untersuchung der Pubertätsriten der Knaben[14] in so hervorragendem Maße bewiesen hat. Bevor wir die Bräuche, deren typischer Ablauf dem Leser aus den vorangehenden Beispielen klargeworden sein wird, im einzelnen betrachten, wollen wir uns noch zum besseren Verständnis mit den Umgestaltungen des weiblichen Sexuallebens in der Pubertät beschäftigen. Wir lesen hierüber in *Freuds* klassischen „Drei Abhandlungen zur Sexualtheorie"[15] folgendes:

„Es ist bekannt, daß erst mit der Pubertät sich die scharfe Sonderung des männlichen und weiblichen Charakters herstellt, ein Gegensatz, der dann wie kein anderer die Lebensgestaltung der Menschen entscheidend

---

[13] Wenn ein Mädchen im alten Griechenland mannbar wurde, so forderte die Sitte, daß es sein Spielzeug der Göttin Aphrodite weihte und in ihrem Tempel aufhing. Die Arkteia der Bärengöttin Artemis in Brauron, der Bärentanz, an dem nach Aristophanes (Lysistrata, Vers 645) jedes zu Jahren gekommene Mädchen teilnehmen mußte, um einen Mann zu finden, dürfte als Einweihungszeremonie aufzufassen sein. Die Mädchen hießen ἄρκτοι, wiewohl sie später kein Bärenfell mehr trugen.

[14] Th. Reik, a. a. O. S. 59 ff.

[15] Sigm. Freud: Drei Abhandl. z. Sexualtheorie. (Ges. Schriften, Bd. V.)

beeinflußt. Männliche und weibliche Anlage sind allerdings schon im Kindesalter gut kenntlich; die Entwicklung der Sexualhemmungen (Scham, Ekel, Mitleid usw.) erfolgt beim kleinen Mädchen frühzeitiger und gegen geringeren Widerstand als beim Knaben; die Neigung zur Sexualverdrängung erscheint überhaupt größer; wo sich Partialtriebe der Sexualität bemerkbar machen, bevorzugen sie die passive Form. Die autoerotische Betätigung der erogenen Zonen ist aber bei beiden Geschlechtern die nämliche, und durch diese Übereinstimmung ist die Möglichkeit eines Geschlechtsunterschiedes, wie er sich nach der Pubertät herstellt, für die Kindheit aufgehoben. Mit Rücksicht auf die autoerotischen und masturbatorischen Sexualäußerungen könnte man den Satz aufstellen, die Sexualität der kleinen Mädchen habe durchaus männlichen Charakter ... Seitdem ich mit dem Gesichtspunkt der Bisexualität (durch W. Fließ) bekannt worden bin, halte ich dieses Moment für das hier Maßgebende und meine, ohne der Bisexualität Rechnung zu tragen, wird man kaum zum Verständnis der tatsächlich zu beobachtenden Sexualäußerungen von Mann und Weib gelangen können.

Von diesem abgesehen, kann ich nur noch folgendes hinzufügen: Die leitende erogene Zone ist auch beim weiblichen Kinde in der Klitoris gelegen, der männlichen Genitalzone an der Eichel also homolog. Alles, was ich über Masturbation bei kleinen Mädchen in Erfahrung bringen konnte, betraf die Klitoris und nicht die für die späteren Geschlechtsfunktionen bedeutsamen Partien des äußeren Genitales. Ich zweifle selbst daran, daß das weibliche Kind unter dem Einfluß der Verführung zu etwas anderem als zur Klitorismasturbation gelangen kann. Die gerade bei kleinen Mädchen so häufigen Spontanentladungen der sexuellen Erregtheit äußern sich in Zuckungen der Klitoris, und die häufigen Erektionen derselben ermöglichen es den Mädchen, die Sexualäußerungen des anderen Geschlechtes richtig auch ohne Unterweisung zu beurteilen, indem sie einfach die Empfindungen der eigenen Sexualvorgänge auf die Knaben übertragen.

Will man das Weibwerden des kleinen Mädchens verstehen, so muß man die weiteren Schicksale dieser Klitoriserregbarkeit verfolgen. Die Pubertät, welche dem Knaben jenen großen Vorstoß der Libido bringt, kennzeichnet sich für das Mädchen durch eine neuerliche Verdrängungswelle, von der gerade die Klitorissexualität betroffen wird. Es ist ein Stück männlichen Sexuallebens, was dabei der Verdrängung verfällt[16]. Die bei dieser Pubertätsverdrängung des Weibes geschaffene Verstärkung der Sexualhemmnisse ergibt dann einen Reiz für die Libido des Mannes und nötigt dieselbe zur Steigerung ihrer Leistungen; mit der

---

[16] Man könnte von einem Passivitätsschub sprechen.

Höhe der Libido steigt dann auch die Sexualüberschätzung, die nur für das sich weigernde, seine Sexualität verleugnende Weib im vollen Maße zu haben ist ... Ist die Übertragung der erogenen Reizbarkeit von der Klitoris auf den Scheideneingang gelungen, so hat damit das Weib seine für die spätere Sexualbetätigung leitende Zone gewechselt, während der Mann die seinige von der Kindheit an beibehalten hat. In diesem Wechsel der leitenden erogenen Zone sowie in dem Verdrängungsschub der Pubertät, der gleichsam die infantile Männlichkeit beiseite schafft, liegen die Hauptbedingungen für die Bevorzugung des Weibes zur Neurose, insbesondere zur Hysterie. Diese Bedingungen hängen also mit dem Wesen der Weiblichkeit innigst zusammen."

Wenn wir die Ausführungen *Freuds* über die Verdrängung der männlichen Klitorissexualität der Mädchen im Auge behalten und uns gleichzeitig der Bedeutung der inzestuösen Objektwahl in der Pubertätszeit erinnern, sind wir genügend vorbereitet, um an die psychoanalytische Erklärung der Pubertätsriten heranzutreten. Ihre Reihenfolge läßt sich schematisch etwa so darstellen:

1) Das Mädchen wird — meistens nach Eintritt der ersten Menstruation — isoliert (Einsamkeit, Dunkel). Oft findet sich auch die Beschränkung, daß es nicht die Erde berühren und die Sonne schauen darf. Das Verbot des Verkehres bezieht sich entweder nur auf bestimmte Personen (Angehörige des anderen Geschlechtes, Eltern, Verwandte) oder auf alle. Diese für die Bräuche typische Absonderung wollen wir künftighin *Mädchenexil* nennen.

2) Im Exil wird die Kandidatin im allgemeinen von einer älteren Frau betreut, die ihr das Essen bringt usw. (bisweilen Mutter, Verwandte).

3) Sie empfängt von älteren Frauen, manchmal auch von einem Priester, Medizinmann oder ähnlichem (theoretischen und praktischen) Unterricht in sexuellen Dingen, aber auch in anderen nützlichen Gegenständen.

4) Sie beschäftigt sich mit dem Einüben häuslicher Tätigkeiten (Weben[17], Flechten, Spinnen u. a.).

---

[17] Nach Bachofen („Das Mutterrecht", „Versuch über die Gräbersymbolik der Alten") ist Weben und Spinnen im Altertum das Symbol des Hetärismus, der ungehemmten Zeugung.

5) Sie darf in vielen Fällen ihren Körper nicht mit den Händen berühren (ihren Kopf nicht kratzen, die Speisen nicht selbst in den Mund nehmen), sondern muß sich hiezu eines eigenen Instrumentes, eines Kammes, eines Stöckchens oder eines bestimmten Knochens bedienen. (Ein solcher dient auch bisweilen als Trinkgefäß.)

6) Sie muß vollkommen fasten oder sich mindestens von gewissen Speisen enthalten (kein Fleisch, kein Fisch, häufig das Verbot, Salz zu essen). Auch die Berührung, ja manchmal der Anblick bestimmter Tiere (Tierknochen) ist untersagt.

7) Sie muß gewisse Prüfungen überstehen (die sogenannten Leidens- oder Mutproben).

8) Sie wird bisweilen tätowiert oder bemalt.

9) Es finden sexuelle Operationen an der Reifekandidatin statt (Exzision der Klitoris, Beschneidung der Nymphen, künstliche Defloration).

10) Es werden gewisse Zahnoperationen an ihr vorgenommen; auch die Haare werden manchmal abgeschnitten oder verbrannt.

11) Es werden neben der Isolierung auch andere Bräuche beobachtet, die mit der Vorstellung von Tod und Wiedergeburt zusammenhängen (Einnehmen von Brechmitteln, Waschungen und Bäder, Erteilung eines neuen Namens, neue Bekleidung der Kandidatin u. a.).

12) Gewisse Riten bezwecken, die Novize der Macht eines Pubertäts- oder Menstruationsdämons (bisweilen als Schlange oder als ein anderes geisterhaftes Tier vorgestellt) zu entziehen.

13) Magische Handlungen drücken manchmal den Wunsch nach leichter Geburt aus.

14) Bei vielen Pubertätsweihen spielt der Tanz als Symbol des Geschlechtsverkehrs, als sexuelle Prüfungsleistung eine Rolle. Tänze, Gesänge und Schmausereien bilden häufig den Abschluß der Initiationszeremonien.

15) Das Mädchen wird oft unmittelbar nach Beendigung des Exils in das Geschlechtsleben eingeführt. (Bisweilen erster Sexualverkehr mit älterem Mann, Häuptling, Priester.)

16) Bei einigen Völkern müssen die Eltern nach der ersten Menstruation der Tochter den Beischlaf ausüben, bei anderen wieder sich davon enthalten.

Wir haben gesehen, daß zur Zeit der Pubertät die Mädchen ebenso wie die Knaben von ihrer Familie getrennt werden, und dürfen daher auch beim weiblichen Geschlechte die gleiche Motivierung durch die Inzestkonflikte annehmen. Als Grund für das Exil wird allerdings von den Primitiven selbst der Schutz namentlich der Männer vor der vermeintlichen Gefährlichkeit der zum erstenmal Menstruierenden angegeben. Die Tochter soll vom Vater ferngehalten werden; zu diesem Behufe wird sie wieder in den Mutterleib versetzt[18], als dessen symbolische Darstellungen wohl die Isolierhütten, Käfige, Behälter aus Baumrinde[19], Hängematten, Erdlöcher zu betrachten sind. Bisweilen scheint freilich auch die Absonderung von der Mutter beabsichtigt zu werden; denn diesen Sinn dürfte das von *Frazer* in den Vordergrund gestellte Verbot haben, nicht nur die Sonne (den Vater)[20] zu schauen, sondern auch die Erde (die Mutter) zu berühren[21]. Die Trennung von der Mutter entspricht einer *Abwehrreaktion* auf den *vollständigen* „Elektra"-Komplex der Tochter, die ja nicht nur die Mutter in der Liebe zum Vater als Rivalin, sondern gleichzeitig auch den Vater in der Liebe zur Mutter als störenden Konkurrenten empfindet. Das Mädchenexil wäre somit eigentlich als ein Kompromißausdruck der eifersüchtigen Regungen beider Elternteile aufzufassen, da die Novize dadurch sowohl vom Vater als auch von der Mutter getrennt wird. Man könnte ebensogut sagen: das Exil ist ein Kompromiß zwischen der Einschließung der Tochter *für* den Vater und der Einschließung der Tochter *vor* dem Vater. In den Bräuchen scheint allerdings die

---

[18] Auch der Gedanke der Wiedergeburt spielt hier hinein. Wenn gelegentlich angenommen wird, daß die Kandidatin mit einem Dämon in der Einsamkeit umgeht, so sehen wir, wie das Verdrängte wiederkehrt. Übrigens ähnelt diese Vorstellung der Phantasie weiblicher Neurotiker, mit dem Vater im Mutterleibe zu verkehren.

[19] So bei den Coroados (Puri) im südlichen Brasilien.

[20] Die Auffassung der Sonne als Vater- und der Erde als Muttersymbol bedarf wohl keiner näheren Begründung mehr. — Nach einem zentralaustralischen Mythus entsprang das Feuer dem Penis eines Euro, der sehr rotes Feuer enthielt.

[21] Dieses Verbot galt ferner für gewisse Könige und Priester. Siehe Frazer, a. a. O., I, S. 2 ff.

Absonderung vom Vater das Wesentliche zu sein; denn das Exil selber erinnert an den Aufenthalt im Uterus der Mutter und die alte Frau, sozusagen die Beschließerin des Gefängnisses (manchmal auch in der Mehrzahl), die für die Ernährung und Erziehung (auch Züchtigung) der Novize sorgt, ist eine Mutterfigur. Das Exil der Tochter ist eben auch eine Einrichtung zugunsten der Mutter. Es handelt sich nämlich bei den Mädchen nicht wie bei den Knaben darum, sie dem häuslichen, mütterlichen Milieu zu entfremden[22]; sie üben ja auch während des Exils häusliche Tätigkeiten (Weben, Flechten, Spinnen u. a.) als Vorbereitung für das kommende Leben (Führung eines Haushalts als verheiratete Frau) ein. Im Zusammenhange mit dieser Tatsache tritt auch das *soziale* Moment[23] in den Pubertätsriten der Mädchen weniger hervor; sie werden vielfach einzeln eingeweiht.

Die inzestuöse Neigung des Vaters zur Tochter, deren Abwehr das Mädchenexil dienen soll, tritt im Gegensatze hiezu in den *Mythen* und *Märchen* ganz offenkundig zutage: der Vater benimmt sich wie ein eifersüchtiger Liebhaber der Tochter (bisweilen wird dies sogar zum Ausdruck gebracht), gönnt sie keinem Freier und schließt sie, um sie gleichsam nur für sich zu haben, in einen Turm ein[24]. Auch die böse, eifersüchtige Mutter[25] kennen wir (meist nur als Schwiegermutter) aus vielen Märchen; sie wird dem Mädchen zur „Hexe", die das Exil bewirkt und am Schlusse der Geschichte zur Vergeltung verbrannt wird.

Das Mädchenexil verfolgt vor allem den Zweck, den Vater von der Tochter fernzuhalten. Eine ähnliche Bedeutung scheint der als

---

[22] Deshalb hat auch der aus dem Exil zurückkehrende Jüngling, wenn man den Berichten glauben darf, seine Eltern, seinen Namen, sein ganzes früheres Leben vergessen.

[23] H. Schurtz (Altersklassen und Männerbünde. Eine Darstellung der Grundformen der Gesellschaft. Berlin 1902, S. 96 f.) schreibt auch, daß die zweite Altersstufe bei den Mädchen bei weitem nicht so geschlossen und kameradschaftlich organisiert zu sein pflege wie bei den Knaben.

[24] Vgl. die Märchen Nr. 1, 4, 9, 14 und 15.

[25] Ein ähnliches Verhalten wie im Märchen zeigt die Mutter der Pubertätskandidatin bei den Macusi, einem Zweige der Karaïben in Britisch-Guayana, die das Mädchen während der Nacht mit dünnen Ruten geißelt.

Punkt 16 erwähnte Brauch zu besitzen, daß an manchen Orten der
Vater nach der ersten Menstruation der Tochter mit seinem Weibe
den Beischlaf vollziehen muß[26]. Es ist, als sollte er durch diese Sitte
von der Tochter abgelenkt werden (vielleicht aber auch ein Fruchtbarkeitszauber). Bei einzelnen Völkerschaften heißt es wieder, der
Vater käme in Lebensgefahr, wenn er die Isolierte sähe. So wie aber
im neurotischen Symptom das Verdrängte sich dennoch durchsetzt,
kehrt der sozusagen verdrängte Vater in anderen Bräuchen der
Mädchenweihe unmittelbar oder mittelbar im Wege einer Vaterfigur wieder[27]. Wir erinnern uns, daß auf den Marshallinseln eine
Häuptlingstochter mit Eintritt der Pubertät auch von ihrem Vater
defloriert werden konnte. Eine verwandte Sitte, daß die *Braut* von
ihrem eigenen Vater der Jungfrauschaft beraubt wird, herrscht bei
den *Orang-Sakhai* im Innern der Malayischen Halbinsel, bei den
Battas auf Sumatra, den *Alfuren* auf Celebes, ebenso auf Ceylon
und auf den Molukken[28]. Als die Vollzieher der Defloration erscheinen andernorts Priester, Könige, Vornehme, also Personen aus
der Vaterreihe, denen die Pflicht obliegt, die Jungfrau zu deflorieren. Diese Pflicht geht wohl auf ein Recht zurück, nämlich auf das
Recht des Vaters auf die Tochter[29].

[26] Umgekehrt dürfen bei den Atchuabo (Portugiesisch-Ostafrika) Vater
und Mutter während der Betanzung ihrer Tochter nicht miteinander verkehren (a. a. O. S. 100). Ähnlich auf den Marshall-Inseln.

[27] Siehe auch Anmerkung 18.

[28] Vgl. auch Crawley, a. a. O. S. 349. — Was bei den Malayen als eine
Pflicht des Vaters der Braut erscheint, nimmt andernorts der Vater des
Bräutigams als das Recht des Familienoberhauptes in Anspruch. Ich ver-
weise zunächst auf den Brauch der Bánaro. Bei den indischen Sudras,
besonders bei den Vellalan von Coimbattore, besteht die Sitte, daß der
Vater seinen unmündigen Sohn mit einem Mädchen vermählt und dann
selbst bis zur Großjährigkeit des Sohnes mit ihr zusammenlebt. Bei den
Russen heißt der alte noch heute nicht erloschene Brauch, wonach die
Schwiegertochter dem Schwiegervater zur Verfügung steht, snohačestvo
von snoha, Schnur. Diese Sitte wird auch von den Osseten berichtet;
Spuren finden sich gleichfalls bei den Germanen.

[29] Manche Forscher (Lubbock, Liebrecht, Giraud-Teulon) fassen den
Vorrang des Vaters oder der Vaterperson als ein Zugeständnis an den

[. . .] Wenn wir uns erinnern, daß den Mädchen im Exil manchenorts *verboten* ist, *mit den Fingern den eigenen Körper zu berühren oder zu kratzen,* und ihnen als Behelf ein Knochen, Kamm oder sonstiges Instrument gegeben wird, werden wir auch hierin vielleicht eine Vorkehrung gegen die Klitorismasturbation[30] und die autoerotische Berührung des Leibes erblicken dürfen. In einem sizilianischen Märchen bohrt die *vierzehnjährige* Prinzessin mit einem Knochen ein Loch in den Turm. Sollte der Turm in der bekannten Haussymbolik dort den jungfräulich verschlossenen Leib darstellen, in den kein Loch gebohrt werden darf? Der Knochen hätte dann die gleiche *phallische* Bedeutung wie der befruchtende Sonnenstrahl und würde dem unbewußten Sinn des zuletzt besprochenen Pubertätsbrauches, der Entwöhnung vom Autoerotismus, entsprechen[31].

Auch der Kamm, der den Mädchen im Exil gegeben wird, um sich damit den Kopf zu kratzen, findet sich in gewissen Märchen wieder, in denen erzählt wird, daß sich das *auf einem Baume*[32] sitzende, wartende Mädchen *kämmt*[33].

In unseren Zusammenhang fügt sich ferner das Märchen vom Marienkind, das ich folgen lasse:

Nr. 19. Aus *Hessen* (*Grimm,* K. H. M. Nr. 3). — Ein armes Mädchen gelangt durch die Gnade der Jungfrau Maria in den Himmel. Dort geht

vorhergegangenen Hetärismus (nach Bachofen die als die Urform der Ehe angenommene Weibergemeinschaft) auf.

[30] Bei den Thompson-Indianern verbringen die Mädchen die langweiligen Stunden des Exils damit, von Tannenzapfen die Nadeln einzeln herunterzuzupfen (Masturbationsäquivalent?).

[31] Die Ähnlichkeit des Knochens mit dem Finger zeigt, daß es sich ebenso wie im neurotischen Symptom um eine Kompromißleistung zwischen verdrängender Instanz und Verdrängtem handelt.

[32] In manchen Gegenden müssen die Mädchen im Exil auf Bäume klettern. Ein verwandter Brauch ist in Südamerika die Verwendung von Hängematten, die das Mädchen zur kritischen Zeit von Himmel und Erde isolieren (vielleicht auch Schutz vor wilden Tieren).

[33] Auch im Schneewittchen-Märchen wird dem Mädchen sozusagen in sein Exil von der bösen Königin ein Kamm gebracht. Gehört am Ende die hoch oben auf einem Felsen sitzende, ihr Haar kämmende Loreley auch hierher?

es dem Mädchen über die Maßen wohl. Als es *vierzehn Jahre* alt ist, ruft Maria es zu sich und sagt: „Liebes Kind, ich habe eine große Reise vor, da nimm die Schlüssel zu den dreizehn Toren des Himmelreiches in Verwahrung: zwölf davon darfst du aufschließen, das dreizehnte ist dir verboten; hüte dich wohl, daß du es nicht aufschließest, sonst wirst du unglücklich." Das Mädchen verspricht, gehorsam zu sein, Maria begibt sich fort. Das Mädchen schließt alle Türen auf, auch die verbotene dreizehnte; „es weiß es ja niemand, wenn ich's tue", denkt es. Die Tür geht auf, das Mädchen sieht *die Dreieinigkeit* im Feuer und Glanz sitzen. *Es rührt mit dem Finger ein wenig an den Glanz*, da wird der Finger golden. Das Mädchen verspürt gewaltige Angst und läuft davon. *Die Angst will nicht wieder weichen*, was das Mädchen auch beginnen mag; *das Herz klopft in einem fort* und will nicht ruhig werden; auch das Gold bleibt an dem Finger und geht nicht ab, *trotz Waschens und Reibens*.

Die Jungfrau Maria kehrt zurück und befragt das Mädchen eindringlich um sein Verhalten; sie bemerkt den goldenen Finger. Das Mädchen aber leugnet; es wird darum aus dem Himmel verstoßen. *Es versinkt in einen Schlaf und erwacht in einer Wildnis.* Es will rufen, *kann aber keinen Laut hervorbringen;* es springt auf und will fortlaufen, wird aber beständig *von dichten Dornhecken zurückgehalten.* Es lebt ein jämmerliches Leben in der Einöde; ein *Baum* ist seine *Wohnung.*

Eines Tages entdeckt ein König auf der Jagd das schöne, hilflose Mädchen. „Wer bist du?" fragt er; *es kann nicht antworten;* „willst du auf mein Schloß?", und es nickt nur ein wenig mit dem Kopf. Der König gewinnt das *stumme* Mädchen lieb und vermählt sich mit ihm. Die Kinder, die aus dieser Ehe entsprießen, werden jedesmal gleich nach der Geburt von Maria in den Himmel entführt; Maria sagt zwar wiederholt zur Königin: „Willst du gestehen, daß du die verbotene Tür geöffnet hast, so will ich dir dein Kind wiedergeben und deine Zunge lösen", aber die Königin bleibt verstockt. Die Leute, die von alledem nichts wissen, glauben nicht anders, als daß sie ihre Kinder umbringe. Nachdem das dritte Kind verschwunden, läßt sich der König von seinen Räten überreden, seine Gemahlin hinrichten zu lassen. Auf dem brennenden Scheiterhaufen wird die Königin von *Reue* erfaßt und da *erhält sie die Stimme wieder.* „Ja, Maria, ich habe es getan!" ruft sie. Da kommt *ein Regen vom Himmel* und *löscht die Flammen.* Auch die Kinder werden ihr wiedergegeben.

In einer psychoanalytischen Untersuchung dieses Märchens [34] hat

[34] Herbert Silberer: Phantasie und Mythos. Jahrbuch für psychoanaly-

Herbert *Silberer* die „Sünde" des Mädchens als autoerotische Betätigung[35] gedeutet und die Folgeerscheinungen der „Sünde" als damit zusammenhängende Symptome verständlich gemacht. Die Tür ist ein Symbol für das Genitale. Das geöffnete Genitale führt uns wieder in den Ideenkreis des Mädchenexils zurück, und zwar um so mehr, als die Katastrophe des Märchens, eben das Öffnen der Tür und das Erblicken des Glanzes, wie das Märchen selbst erzählt, im *vierzehnten Lebensjahre* des Mädchens eintritt. Das Erblicken der Dreieinigkeit[36] im Feuer und Glanz kann ferner mit dem verbotenen Schauen der Sonne zusammengebracht werden. Der folgende Abschnitt des Märchens erinnert uns wieder in der dargestellten Situation an das Mädchenexil: das Marienkind versinkt in Schlaf[37] und erwacht in einer Wildnis (Introversion, Tod und Wiedergeburt), wohnt auf einem Baum (zwischen Himmel und Erde), bringt keinen Laut hervor (Schweigegebot, Stummheit als Eigenschaft der Toten), wird von dichten Dornhecken zurückgehalten (die vorgeschriebene Bewegungslosigkeit der Kandidatinnen im Exil). Der König, der sich mit dem stummen Mädchen vermählt, ist natürlich eine Vaterfigur. Am unteren Kongo heißt es, das von der Sonne beschienene Mädchen bleibe unfruchtbar oder bringe Ungeheuer zur Welt: ein solcher Gedanke (Strafe für den Inzest mit dem Vater) steckt vielleicht auch in der Kinderentführung durch Maria; daß mit dem Verschwinden der Kinder Mißgeburten abwechseln, lehrt uns die Vergleichung von Märchen. Oft vertauscht die böse Mutter die Kinder, die sie beseitigt, mit Hunden o. dgl. (z. B. *Grimm*, D. S., Nr. 534), so daß es den Anschein gewinnt, die

tische und psychopathologische Forschungen. II, 2 (Leipzig und Wien 1910), S. 585 f.

[35] Die goldige Verunreinigung, die das Mädchen in Unruhe versetzt (nervöses Herzklopfen) und zum Waschzwang führt, ist durch die Berührung des Dreiecks (Genitales) mit dem Finger entstanden, also eine Folge der Masturbation.

[36] Die sexuelle Symbolik der Dreieinigkeit, die man sich als Dreieck dargestellt denken kann, hebt auch Silberer hervor (a. a. O. S. 587).

[37] Vgl. auch die Worte des Exorzisten bei den Banivas (S. 214): „Der Geist hat deine Geliebte in einen Schlaf versenkt, der fast so tief ist wie der des Todes."

junge Königin hätte solche Tiere zur Welt gebracht. Die Feuerflammen am Schlusse des Märchens dürften die Bedeutung erotischer Glut haben, die durch das Sperma des Vaters (Regen, der vom Himmel kommt) gelöscht wird, aber auch jene Idee der Sühne und Reinigung (Verbrennen des Dämons) enthalten, die sich uns am klarsten in dem Bericht *Chaffanjons* vom Orinoco [hier nicht aufgenommen] gezeigt hat. Während jedoch die am Ende der Märchen häufig stehende Verbrennung der Hexe auf eine negativ betonte Mutter-Imago[38] weist, verrät der groteske Holzdämon der *Banivas* Beziehungen zur Vater-Imago. Schließlich könnte das Geständnis der Königin auf dem Scheiterhaufen seine Analogie in der bei manchen Völkern (z. B. bei den *Basutos* in Britisch-Südafrika und den *Golah* und *Vaï* in Liberia) üblichen *Sündenbeichte* der Pubertätskandidaten finden. [...]

Es ist nun sicherlich kein Zufall, daß es gerade der Psychoanalyse vorbehalten geblieben ist, den unbewußten Sinn der Pubertätsriten zu deuten, da diese einen der frühesten, allerdings auch mit unzureichendem Erfolg unternommenen Versuche darstellen, Konflikte zwischen den Triebansprüchen des einzelnen und den Forderungen der Gesellschaft im Sinne der Kulturanpassung zu überwinden. In jenen Fällen, wo die *Sündenbeichte* einen Bestandteil der Pubertätszeremonien bildet, das Schuldgefühl also schon stärker geworden ist, nähern sich die Riten in ihrer psychischen Wirkung am meisten der analytischen Behandlung: das uns bereits bekannte Märchen vom Marienkind[39] zeigt diesen Sachverhalt gewissermaßen an, indem es einerseits mit seiner Symbolik vielfach zu den Mädchenweihen zurückweist, anderseits durch Betonung der im Geständnisse liegenden psychischen Entlastung die psychoanalytische Erkenntnis von der Bedeutung der Bewußtmachung des Unbewußten vorwegnimmt.

---

[38] Die böse, eifernde Mutter oder Stiefmutter, die das Exil bewirkt usw. und am Schluß der Geschichte zur Vergeltung verbrannt wird.

[39] S. 67 f. — Wenn die Königin auf dem brennenden Scheiterhaufen die Stimme wieder erhält, so erinnert das an die Wirkung der Übertragung (erotische Glut) auf das Auftauchen des verdrängten Materials.

Zeitschrift für pädagogische Psychologie, XXXI. Jahrgang, 1930, S. 72–84.

TRAUM- UND MÄRCHENPHANTASIE

Von ERWIN MÜLLER

Ein psychologisches Vordringen zu den Märchenquellen gestattet auch die Analyse des *Traumes*. Verdienstvolle Untersuchungen über Traumquellen und Träume, über die Ableitung aus frischen Gegenwartserlebnissen (dem Rezenten) und über die moralische Farblosigkeit und Gleichgültigkeit (das Indifferente) der Traumerlebnisse, über die somatischen und infantilen Traumerreger, die Verdichtungs- und Verschiebungsarbeit und die Darstellungsmittel des Traumes liegen aus der Feder *Sigmund Freuds*[1] vor, während die Beziehungen zwischen Traum und Dichtung und Traum und Mythus von O. *Rank*[2] vom psychoanalytischen Standpunkt aus ihre Beleuchtung gefunden haben. Als erster hat m. W. *Ludwig Laistner*[3] auf den Zusammenhang zwischen den Träumen der Menschen und der Märchenphantasie der volkstümlichen Erzähler hingewiesen. In der Tat hat der *Traum* in der Volks- und Kunstdichtung von den homerischen Gedichten bis zum Nibelungenlied und den Kunstepen *Miltons, Klopstocks, Wielands* sowie in der Dramendichtung *Calderons, Shakespeares, Holbergs, Grillparzers, Strindbergs* („Traumspiel"), *Streichers* („Traumland"), *Hauptmanns* („Schluck und Jau"), *F. Molnars* („Das Märchen vom Wolf"), *Fuldas* („Schlaraffenland"), *Franz Seitz* („Das wachsende Bild") u. a. eine gewichtige Rolle gespielt. In der *Epik* ist *Dickens* Traumdichtung „*Christmas Carol*" zu klassischer Bedeutung gelangt. Die Lyrik und die damit verwandte Kunstdichtung von den zarten

[1] Sigmund Freud, Die Traumdeutung. 6. Aufl. Franz Deuticke. Leipzig u. Wien 1921.

[2] als Anhang in 1 S. 332—380.

[3] Ludwig Laistner, Das Rätsel der Sphinx, Grundzüge der Mythengeschichte. 2. Bd. 1889.

Traumliedern *Walthers von der Vogelweide* und den Traumge-
dichten von *Hans Sachs* bis auf *Tiecks, E. T. A. Hoffmanns* und
Jean Pauls Werke verraten die ursprüngliche, innige Verwandtschaft
des dichterischen Schaffens mit dem Traumleben[4]. Nicht zu vergessen ist in diesem Zusammenhang die Lyrik der Romantiker von
Heine über *Chamisso, Mörike, Uhland, Droste, Keller, Hebbel*[5],
C. F. Meyer[6], *Spitteler*[7] und „Des Knaben Wunderhorn", die die
wissenschaftliche Lehre vom Schönen, die Ästhetik, auf neue Wege
geführt haben, so daß *Nietzsche* („Die Geburt der Tragödie aus
dem Geist der Musik") den Traum zu den „Quellen der Kunst"
rechnete und *Vischer* sagen konnte: „Was nicht Traumcharakter hat,
ist nicht schön, nicht vollendet, nicht poetisch, nicht wahrhaft künstlerisch." — „Alle die Gestalten, die die großen Dichter geschaffen,
sind von einem Traumhauch umwittert."[8]

Während im Altertum *Homer, Hesiod* und *Aischylos* glaubten,
daß die Dichtergabe im Traum verliehen worden sei, hat *Artur
Drews*[9] in jüngerer Zeit den wissenschaftlich beachtenswerten Versuch gemacht, die Psychologie der Traumvorgänge in weitestem
Maße zur Erklärung der ästhetischen Grunderscheinungen heran-

[4] Literatur hierzu: vgl. 2 S. 332—368 und

a) Th. Klaiber, Traumdichtung, Monatsblätter f. d. Lit. VIII, 1903,
S. 119—125.

b) Th. Hampe, Über Hans Sachs' Traumgedichte. Ztschft. f. d. deutschen
Unterricht, X. Jahrg. 1896. S. 616 f.

c) A. Nagele, Der Traum in der epischen Dichtung. Programm. 1889.

d) Ottokar Fischer, Die Träume des „Grünen Heinrich". Prager deutsche
Studien; herausg. von Kraus und Sauer; Heft 9. Prag 1908.

e) Träume in Dichtungen. Kunstwart, XIX. Jahrg. Nov. 1906, S. 198—208.

f) Arnold Heinrich Max, Die Verwendung des Traummotivs in der engl.
Dichtung. Diss. Kiel 1912.

[5] Vgl. Hebbel, Geburtsnachtträume.

[6] Vgl. C. F. Meyer, Lethe u. Anm. 4 d.

[7] Vgl. Spitteler, Der Vater. — Das Begräbnis. — Das Gastmahl.

[8] F. Th. Vischer, Studien über den Traum. Beilage zur Allg. Ztg. 1876,
S. 105—107.

[9] Artur Drews, Das ästhetische Verhalten und der Traum. Preuß.
Jahrbücher 1901—1902. 104. Bd. S. 385—401.

zuziehen. Ihm ist die „ganze symbolisierende Tätigkeit, die heute immer allgemeiner als der Kern des ästhetischen Verhaltens anerkannt wird ... nur die Tätigkeit des Traumbewußtseins, welche darin beruht, Symbole zu schaffen, seine eigenen subjektiven Zustände in ein objektives Gewand zu kleiden, in Bilder, Gestalten und Vorgänge umzuwandeln" (S. 385 f.).

Von den Völkerpsychologen und Mythologen waren es in erster Linie *Laistner, Mannhard, Roscher* und *Wundt,* die einzelne Mythen und auch Motivgruppen der Märchendichtung auf den Traum zurückführten. Aus dem fast unübersehbaren Schrifttum zur Psychologie des Traumes[10] sind es die Arbeiten von *Karl Abraham*[11], *Emil Benezé*[12] *Sigmund Freud*[13], *Wilhelm Henzen*[14], *Alphonse Maeder*[15] und *Franz Riklin*[16], die sich mit dem den *Märchen* arteigenen Traumleben beschäftigen. *Ludwig Laistners* großes Werk beruht auf den Anschauungen, die durch die damalige völkerpsychologische Richtung vertreten wurden. Auch er wollte, wie die anthropologisch-kulturgeschichtlich gerichtete Märchenforschung, die Entstehung der meisten Märchenmotive und ihr Allerweltsvorkommen (ihre „Ubiquität") aus der Seelenverfassung des Menschen ableiten und erklären. Auf der einen Seite waren es ihm die Naturerscheinungen und die frühesten Vorstellungen von der Seele, die sich über die Schwelle des Bewußtseins erhoben und erst damit

---

[10] Literatur s. S. Freud, Die Traumdeutung, 6. Aufl., Leipzig u. Wien 1921, der rund 1000 Arbeiten im Anhang aufführt.

[11] Karl Abraham, Traum und Mythos. Eine Studie zur Völkerpsychologie. Schriften zur angewandten Seelenkunde. Heft 4. Wien u. Leipzig 1909.

[12] Emil Benezé, Das Traummotiv in der mittelhochdeutschen Dichtung bis 1250 u. in allen deutschen Volksliedern. Halle 1897.

[13] Sigmund Freud, Märchenstoffe in Träumen. Intern. Ztschr. f. Psychoanalyse, I, 1913, S. 147 f.

[14] Wilhelm Henzen, Über die Träume in der altnordischen Sagenliteratur. Diss. Leipzig 1875.

[15] Alphonse Maeder, Die Symbolik in den Legenden, Märchen, Gebräuchen und Träumen. Psychiatrisch-neurolog. Wochenschrift. X. Jahrg. 1908.

[16] Franz Riklin, Wunscherfüllung und Symbolik im Märchen. Schriften zur angewandten Seelenkunde. Heft 2. Wien u. Leipzig 1908.

den phantastischen Erfindungen der Märchendichtung Raum ver-
schafften. Auf der anderen Seite galten ihm der Tod, der Schlaf
und der *Traum* als Grundlage der mythischen Märchenwelt. Im
Wachbewußtsein glaubte *L. Laistner* eine Reihe von Traumresten
vorzufinden, aus denen die Phantasie Märchenmotive und auch
ganze Märchen aufbaut. Dabei nimmt *Laistner* an, daß im ersten
märchenbildenden Zeitalter der Eindruck der Träume auf den
primitiven Menschen ein außerordentlich viel größerer gewesen sei,
als heute auf den durch Kultur und Zivilisation geschulten Menschen der letzten Jahrhunderte.

In der Tat finden sich im Märchen eine Reihe von Motivgruppen,
die den Zusammenhang zwischen Traum und Märchendichtung
wahrscheinlich machen. Man ist versucht, die *Ovid*ischen Traum-
götter[17] Morpheus, Phobetor und Phantasus im Märchen an der
Arbeit zu sehen, denn das Märchen bevölkern in gleicher Weise
Traumfiguren in menschlicher und schreckhaft tierischer Gestalt und
auch die von Phantasus belebten — an sich leblosen — Dinge ragen
in den Märchentraum hinein. Wenn im „Märchen von einem, der
auszog das Fürchten zu lernen" (Schwank, *Grimm* Nr. 4) und in
der literarischen Liebesgeschichte „Der Königssohn, der sich vor
nichts fürchtet" (*Grimm* Nr. 121) eine Gespenstergesellschaft von
sprechenden, schwarzen Katzen und Hunden an glühenden Ketten,
lärmende Menschenhälften und greuliche Menschenfratzen, Kegel-
spiele aus Totenbeinen und Totenschädeln auftreten, wenn der
Königssohn nach dem nächtlichen Kampf mit den zwickenden,
stachelnden, schlagenden und quälenden Teufeln gegen Morgen so
„abgemattet war, daß er kaum seine Glieder regen konnte", wenn
er bei der Qual des Teufelspuks, der ihn peinigen wollte, „bis ihm
der Atem stehen bleibt", keinen Laut von sich geben konnte und
durfte — so sehen wir darin wohl nicht zu Unrecht eine epische
Gestaltung von Alptraumerlebnissen. Solche Alptraumerlebnisse
waren es ja wohl auch, die in der Malerei, insbesondere in der
holländischen Schule *Teniers,* und der deutschen Schule *Grünewalds*
dazu führten, das Grauenhafte des „Versuchungsmotivs" bei der
Darstellung des hl. Antonius oder des hl. Hieronymus durch ein

---

[17] Ovid, Metamorphoses, 11, 592.

wildes, wirres Durcheinander von fratzenhaften Teufelsgestalten darzustellen[18].

Auch das Phäaken-Motiv der Heinzel- oder Wichtelmännchen läßt sich vielleicht aus Traumerlebnissen ableiten. Alkinoos halbgöttlicher Volksstamm, der Odysseus so gastlich aufnahm, ist von den „Arweggers", den Heinzelmännchen in dem echten Märchen von „De beiden Künigeskinner" (*Grimm* Nr. 113) und den Wichtelmännern in den drei Schwankabwandlungen von Nr. 39 nicht allzu verschieden. Die Erdmännchen der „Arweggers", die, während der Königssohn schläft, einen großen Wald roden, einen Sumpf ausschlämmen, bis er so blank war, daß „man sik inne speigelen künne" und endlich ein Schloß bauen, „das moste so wacker sien, as et nu en Menske denken kunne, un olle Ingedömse, de in den Schlott gehorden, de mösten de olle inne sien" — und die Wichtelmänner, die dem armen Schuster über Nacht die Schuhe nähen, so sauber, daß kein Stich daran falsch war, die aber auch das rechte Kind mit einem Wechselbalg mit dickem Kopf und starren Augen vertauschen, sie alle lassen sich zurückführen auf nächtliche *Traumerlebnisse*, die in ihrem überwiegenden Teil von dem Drang nach Wunscherfüllung und Angstneurosen beseelt sind[19].

Daß diesen, in der Traum-Phantasie durch hilfreiche Geister oder Tiere so leicht zu lösenden Aufgaben eine Reihe von Märchen-

---

[18] Den besten Zeichner dieser grauenerregenden Kunstformen des Märchens sehe ich in Max Slevogt, der die vorbildlichen Märchenausgaben des Verlages Bruno Cassirer, Berlin, in Bd. 1, 6, 10, 13 und 14 bebildert hat. Seine sprühend geistreiche Schöpferkraft hat sich in diesen Stoffen in einer Beweglichkeit und seltenen Meisterschaft offenbart.

[19] Vgl. S. Freud: „Der Traum ist eine Wunscherfüllung", S. 86 f. — Beispiele für den Wunscherfüllungsgrundsatz in dem schöngeistigen Schrifttum, in dem Träume verwendet wurden: Chaucer, The Parliament of Foules, 99 ff. Shakespeare. Romeo and Juliet. Lenau, „Trägt aber uns der Schlaf mit weicher Hand ins Zauberboot, das heimlich stößt vom Strand, und lenkt das Boot ein trunkner Steuermann, so sind wir nicht allein ... — Wir wachen auf — verschwunden ist das Glück — ..." Goethe am 12. März 1828 zu Eckermann: „Ich habe in meinem Leben Zeiten gehabt, wo ich mit Tränen einschlief; aber in meinen Träumen kamen nun die lieblichsten Gestalten, mich zu trösten und zu beglücken ..."

motiven gegenübersteht, die sich nur durch eigene Tapferkeit und Klugheit lösen läßt, führt den Seelenkenner wieder auf den Traum zurück. Auch im Traume lösen wir Aufgaben, deren Lösung uns tagelanges, angestrengtes Nachdenken nicht näher brachte. S. Freud berichtet von besonderen Intelligenz- und Witzleistungen im Traum, die im Wachzustand nicht beobachtet wurden. Vielleicht erklärt sich so die Anschauung der einzelnen Philosophen des griechischen Altertums, die den Traum, natürlich im Zusammenhang mit ihrer Stellung zur Mantik überhaupt, als eine Offenbarung der Götter und Dämonen betrachteten und etwa folgende Einteilung gaben[20]:

I. Gegenwartsbeeinflussende Träume:
   a) Die ἐνύπνια (insomnia), die die Vorstellungen wiedergeben, die das Bewußtsein unmittelbar beschäftigen. Z. B. das Assoziationspaar: Hunger — Sättigung usw.
   b) Die φαντάσματα, die gegebene Vorstellungen wunderlich ausspinnen und frei gestaltend erweitern, so daß aus einem Alpdruck eine Ephialtesgestalt wird und ähnlich.
II. Zukunftsbestimmende Träume:
   a) Die unmittelbare Weissagung, χρηματισμός (oraculum), die der Traum weitergibt.
   b) Das Voraussagen eines bevorstehenden Ereignisses (ὅραμα, visio).
   c) Der symbolische, der Auslegung bedürftige Traum (ὄνειρος, somnium).

Im Märchen finden sich Beispiele für sämtliche Gruppen dieser Traumeinteilung. Das Phäaken- oder Heinzelmännchenmotiv würde zu I a zu rechnen sein, da in ihm die unmittelbaren Alltagssorgen und -wünsche sich auflösen. Zur Gruppe I b könnten fast

[20] Vgl. Gruppe, Griechische Mythologie und Religionsgeschichte, S. 390 f. Die folgende Einteilung bezieht sich auf die Traumauffassung des Makrobius und des Artemideros von Daldis, dessen Urteil in diesen Dingen im späteren Altertum von maßgebendem Einfluß war. Schriften: Artemideros, Symbolik der Träume, übers. von Fr. Krauß, Wien 1881. Erotische Träume und ihre Symbolik, übers. von Hans Licht, Antropophyteia, Bd. IX, S. 310—328.

sämtliche Märchen gerechnet werden, da sie alle von Haus aus diese wunderliche Traumstimmung in sich tragen, die alles Geschehen in wunderbare, unmögliche Zusammenhänge einbettet — und denen gerade das Kind sich so ganz hingibt, daß es, wie *Max Jungnickel* schreibt, „gerade bei den wunderbarsten, elfenschwebendsten Dingen, wie umschimmert ist"[21].

Auch unmittelbare Weissagungen bringt das Märchen. Der Traum Josephs (1. Mos. 37) und der Traum des Märchenprinzen, der von seines Vaters Thron träumt und deswegen verstoßen wird, haben eine starke inhaltliche Ähnlichkeit. In beiden Fällen handelt es sich um zukunftvorhersagende Traummotive. (II a und b.)

> „Was von Menschen nicht gewußt
> Oder nicht bedacht,
> Durch das Labyrinth der Brust
> Wandelt in der Nacht." (Goethe)

H. Silberer hat an schönen Beispielen im Jahrbuch von *Bleuler-Freud* (Bd. I, 1909) die Traumarbeit an dem Zustand des schläfrigen Wachseins gezeigt. Er kommt zu dem Ergebnis, daß der Mensch dann in anschaulich-plastische Bilder umsetzt, was an abstrakten Gedanken sein Bewußtsein berührt. Es ist dasselbe Ergebnis, zu dem *Schleiermacher*[22] kam, der von einem Übergehen der begrifflichen Denktätigkeit in ein Denken in Bildern spricht. „Die Unfähigkeit zu solcher Vorstellungsarbeit, die wir als absichtlich gewollt empfinden und das mit dieser Zerstreuung regelmäßig verknüpfte Hervortreten von Bildern, das sind zwei Charaktere, die dem Traum verbleiben." Ähnlich drückt sich *S. Freud* aus, der (S. 34) sagt: „Der Traum halluziniert, er ersetzt Gedanken durch Halluzinationen", während *Spitta*[23] von einem „Dramatisieren" einer Idee spricht. Das alles findet sich wieder im Märchen.

In zahlreichen Fällen läßt sich die Ableitung aus Angst- und Wunschträumen einwandfrei nachweisen. In anderen Fällen ist,

[21] Aus einem Briefe vom 3. Dezember 1926.
[22] Fr. Schleiermacher, Psychologie, herausg. von L. George, Berlin 1862, S. 351.
[23] W. Spitta, Die Schlaf- und Traumzustände der menschlichen Seele. 2. Aufl. Freiburg i. Br., 1892.

wie *von der Leyen*[24] und auch *Charlotte Bühler*[25] bemerken, eine Ableitung aus Träumen der reinen Phantasie möglich. Sicher ist eine solche Ableitung in all den Fällen, in denen die Axt, mit der der Märchenheld einen Baum fällen soll, sich beim ersten Hieb biegt oder gar wie Glas zerspringt, in denen das Bett mit dem Schläfer davonrollt und die Türen immer wieder aufspringen, in denen die Früchte vor der greifenden Hand immer wieder zurückweichen[26] und blutige Flecken sich mit keiner Mühe mehr entfernen lassen. Auch der Glasberg des Märchens (*Grimm* Nr. 193) erinnert stark an Traumerlebnisse, ebenso wie die wunderbaren Reisen und Wunderfahrten durch die Luft, auf Sätteln und Teppichen, die Unterweltswanderungen und der Verkehr mit Verstorbenen, das Leben im Paradies des Schlaraffenlandes im goldenen Zeitalter und das Motiv des Zauberschlafes, der Barbarossa so gut wie Dornröschen, Schneewittchen so gut wie den indischen Brahmanen Saktidwa und Brunhilde und den Siebenschläfer in seinem Banne hält. Zu diesem Zauberschlaf kommt dann noch die merkwürdige, dem Traum angepaßte Bestimmung des Stummseins, wie im „Marienkind" (*Grimm* Nr. 3) und auch das Orpheus-Eurydike-Motiv, daß irgendwelche Personen oder Gegenstände wie Milchmädchenluftschlösser plötzlich verschwinden. (Man denke an den „Fischer un syne Fru" [*Grimm* Nr. 19], der alle Pracht zerfließen sieht, so daß sie am Ende „all weder in'n Pissputt sitten". Auch „Hans im Glück" [*Grimm* Nr. 83] belegt das recht schön.)

Die wildesten Phantasien, von denen sich allerdings das deutsche Märchen, im Gegensatz zu dem orientalischen, fernhält, lassen sich nur durch Rauschzustände des Opiums, des Haschischs usf. erklären. *Friedrich von der Leyen* sieht für sie das Vorbild in Paroxismen und Wahnsinnserscheinungen. Wenn *Artur Drews* in seiner Arbeit über „Das ästhetische Verhalten und der Traum" (Preuß. Jahrb.

[24] Von der Leyen, Das Märchen, 1911 (2. Aufl. 1918), S. 36.

[25] Charlotte Bühler, Das Märchen und die Phantasie des Kindes, 1918, Leipzig, S. 48.

[26] Vgl. Die Sagen von Tantalus, Sisyphus und Tityus, die sich leicht so erklärlich machen, daß man annimmt, irgend ein örtlich begrenzter Schmerz im Körper macht sich bis in den Schlaf hinein fühlbar, so daß sich die Traumphantasie die Geier dazu erdichtet, die Tityus an der Leber fressen.

104. B. S. 385 f.) zu dem Ergebnis gelangt, daß das Traumbewußtsein „eine Herabminderung der Intelligenz ins Kindliche, Unentwickelte, Rudimentäre und Naive" zeige, wenn er das ästhetische Verhalten in seinem unwillkürlichen „Symbolisierungs- und seiner Personifikationstendenz" folgerichtig als ein „zeitweiliger atavistischer Rückschlag in die Kindheitsanschauungen der Menschheit, wo jeder Gegenstand lebendig erscheint" kennzeichnet, so ist dem zu entgegnen, daß, wie eingangs erwähnt, gerade der Traum Intelligenzleistungen vollbringt, die dem Wachbewußtsein mitunter abgehen. Richtig daran ist allerdings, daß gerade der Traum uns „in ferne Zustände der menschlichen Kultur wieder zurückbringt und uns ein Mittel an die Hand gibt, sie besser zu verstehen"[27]. Gerade das Traummotiv der unlösbaren Aufgaben wird im Märchen so oft gelöst. Dabei wird in einer Weise verfahren, die deutlich die Kennzeichen einer im Traum gefundenen Lösung zeigt. Wenn z. B. im deutschen Märchen das Labyrinthmotiv ersetzt wird durch einen „großen, finstern, pfadlosen Wald", so fehlt keineswegs der Ariadnefaden (*Grimm* Nr. 49), der aus der Wildnis herausführt, und seien es auch nur die Brotkrumen, Erbsen oder Steinchen, wie in „Hänsel und Gretel" (*Grimm* Nr. 15), die den Weg bezeichnen. Auch das ausgesprochene Traummotiv in „Daumesdick" (*Grimm* Nr. 37) und in „Daumerlings Wanderschaft" (*Grimm* Nr. 45), sowie im „Meisterdieb" (*Grimm* Nr. 192) besteht gerade in einem Klugheits- oder Schlauheitsakt, die diese Märchenhelden ebenbürtig neben die listenreichen Odysseus und den kleinen David stellen, die Polyphem und Goliath gegenüber auch nur „Daumesdicke" waren.

> „Die menschliche Seele ist doch ein wunderbares Wesen und der Zentralpunkt aller ihrer Geheimnisse ist der Traum."
> Hebbel, Tagebücher, 6. August 1838

Die im vorausgehenden Abschnitt angeführten Beispiele haben jedoch nur einen an die Einzelerscheinung geknüpften (symptomatischen) Wert. Für die Zwecke einer psychologischen Untersuchung der Märchen, der Erkenntnis der inneren seelischen Schich

---

[27] Nietzsche, Menschliches Allzumenschliches II, S. 27 f.

tung, Fügung, Lagerung, Verwebung und Verbindung der einzelnen Märchenbausteine sind Beispiele allein unzureichend. Sie lassen gewissermaßen nur die verputzte Oberfläche des fertigen Gebäudes erkennen. Uns kommt es aber gerade auf die genaue Stoffkenntnis und die Erkenntnis der kunstgemäßen Werkweise bei der Verdichtungs- und Verschiebungsarbeit des Märchenwerdens an. Daraus folgt, daß nur eine entwickelnde und sondernde Untersuchungsweise einen Fragenkreis, wie den vorliegenden des *Zusammenhangs* zwischen *Märchen* und der *Traumarbeit* klären kann. Zu diesem Zwecke entschließen wir uns zu einem Querschnitt durch die wissenschaftlichen Traumlehren. Daraus werden sich zwanglos die Beziehungen zu der Märchen*„technik"* ergeben, von der im obigen die Rede war.

Wenn dieser Versuch gelingt, so müssen als Ergebnis die psychologischen Besonderheiten des Traumes, wie auch die der Märchendichtung zutage treten. Die beweisbare Voraussetzung des engen Zusammenhanges zwischen dem poetischen Schaffen und der Traumschöpferkraft macht ein solches Ergebnis möglich und wahrscheinlich. *Richard Wagner* läßt Hans Sachs im Meistersinger sagen:

> „Mein Freund, das grad ist des Dichters Werk,
> daß er sein Träumen deut' und merk'!
> Glaubt mir, des Menschen wahrster Wahn
> wird ihm im Traume aufgetan:
> All Dichtkunst und Poeterei
> ist nichts als Wahrtraumdeuterei.
> Was gilt's, es gab der Traum euch ein,
> wie heut ihr sollet Sieger sein."   (III. Akt.)

Wir sehen darin eine treffende seelenkundliche Beobachtung, die unsere Annahme gerechtfertigt erscheinen läßt.

Nach der Regel: „Das Neue ist selten das Gute, weil das Gute nur kurze Zeit das Neue ist", sehen wir uns in der Traumwissenschaft vergangener Zeiten um. Aus den Arbeiten von *Büchsenschütz* [28] und *Gruppe* [29] entnehmen wir, daß die vorwissenschaftliche

---

[28] B. Büchsenschütz, Traum und Traumdeutung im Altertum, Berlin 1868.

[29] Gruppe, Griechische Mythologie und Religionsgeschichte.

Traumauffassung der Griechen zur Voraussetzung hatte, daß die Träume mit der Welt übermenschlicher Wesen, an die sie glaubten, in Beziehung stünden und daß die Träume geradezu Offenbarungen der Götter und Dämonen darstellten. Diese Wertschätzung, wie sie noch in der angeführten Traumeinteilung des *Artemideros* aus *Daldis* und des Makrobius herrschte, hing aufs engste zusammen mit der gesamten Weltauffassung, die als *gegenständlich* wirklich und wahr bezeichnete, was nur *psychologisch* wirklich und wahr sein konnte. Eine ähnliche Auffassung des Märchengutes finden wir noch heute bei den ostholsteinischen Märchenerzählern, wie sie *Wisser* antraf. Sie wollten mit ihren Erzählungen, gleich ob es sich um ein eigenes Erlebnis oder ein überliefertes Märchen handelte, den Eindruck wirklichen, lebendigen Geschehens machen. Daher verfielen sie alle, soweit es gute Märchenerzähler waren, nach wenigen einleitenden Sätzen im Perfekt jedesmal sofort in die Präsens-Erzählform. Da nur die schlechten Märchenerzähler ganz oder teilweise im Imperfekt erzählten, so wurde *Wisser* die Wahl der Zeitform geradezu zum Prüfstein für die Erzählkunst seiner Märchenleute[30]. Dieser Wirklichkeitsgrundzug belebt aber nicht nur die Form, sondern auch den Inhalt der Märchenerzählungen. Wie der Traum den Griechen, so gilt das Märchen dem Kinde der Jetztzeit als Wirklichkeit, und es gibt eine gewisse Stufe selbst bei Erwachsenen, die die feine Grenze des wirklich Wahren und des psychologisch Wahren nur so weit trennen können, daß sie die Märchen gleichzeitig glauben und doch wissen, daß sie erdichtet sind.

Bei *Aristoteles*[31] ist diese kindlich-schlichte, naturhafte Auffassung schon verdrängt. In seinen beiden Schriften ist der Traum bereits Gegenstand der Psychologie geworden und seiner göttlichen Natur und Herkunft entkleidet. Ihm ist der Traum bereits eine Seelentätigkeit, die allgemein gültigen menschlich-seelischen Gesetzen untersteht. Diese Gesetze allerdings sind noch verwandt mit

---

[30] Vgl. Die Studie von Franz Heyden, Volksmärchen und Volksmärchenerzähler, die schöne Belege für solche stilvergleichende Betrachtungen bringt. Hamburg 1922, S. 74 ff.

[31] Aristoteles, Über Träume und Traumdeutungen. Übersetzt von Bender. — Von der Weissagung im Traume.

den Gesetzen der Gottheit und der übernatürlichen Offenbarung. Bei dem unleugbaren Beziehungs-Dreieck-Verhältnis zwischen Bewußtsein, Traum und Märchen ist anzunehmen, daß sich in der aristotelischen Traumauffassung eine Verschiebung ergeben hat gegenüber der älteren, naiven Traumlehre und damit auch eine Veränderung der Beziehungen des Wachlebens zum Traume und zur Märchenerzeugung. In der Tat läßt sich doch kein anderes Beziehungsverhältnis denken, als daß die Gesamtheit des Bewußten und des Unterbewußten die Traumseelentätigkeit beeinflußt und daß die so beeinflußte Traumtätigkeit ihrerseits die Märchenschöpfungen befruchtet. Sobald nun ein Glied in dieser Kette sich verändert (oder wie bei *Aristoteles* „rationalisiert" wird), verändern sich auch die folgenden Glieder. Vernunftgläubig gewordene Märchenzüge sind nachzuweisen. Die Versinnbildlichung (Personifizierung) seelischer Regungen ist beispielsweise in manchen Fällen offensichtlich nicht mehr als psychische Realität unbewußter Phantasien aufgefaßt. Diese noch in die Außenwelt übertragenen (projizierten) Tatsächlichkeiten sind im Bewußtsein der Erzähler schon so weit durchschaut, daß man erkannte, daß sie nur innerhalb des Seelenlebens Wirklichkeitspräge haben konnten.

Die psychologische Deutung der Beziehungen zwischen Wachleben und Traum ist für die Geschichte des Märchens von entscheidender Bedeutung. Rückläufige (retrograde) Erscheinungen sind allerdings in der Wissenschaft der Traumlehre nicht selten. So hatte schon der Traumdeuter der Perser, *Artabanos,* dem Perserkönig *Xerxes I.* (485—465 v. Chr.) treffend erklärt, daß die Traumbilder meist das enthalten, was der Mensch schon im Wachen denke[32]. Auch *Cicero*[33] (106—43 v. Chr.) hatte schon behauptet: „Und vor allem wird der Geist bewegt und getrieben von den Resten solcher Angelegenheiten, die wir während des Wachseins bedachten und trieben." Ähnlich sagt *T. Lucretius Carus*[34] (96—55 v. Chr.), der Schüler *Epikurs,*

---

[32] Nach P. Radestock, Schlaf und Traum, Leipzig 1878, S. 139.

[33] Cicero, De divinatione II, „Maximeque reliquiae earum rerum moventur in animis et agitantur, de quibus vigilantes aut cogitavimus aut egimus".

[34] T. Lucretius Carus, De rerum natura, IV, v. 959. „Et quo quisque

in seinem Lehrgedicht, dessen großen Wert Goethe in einem Brief an seinen Freund *Knebel* gewürdigt hat, daß wir in unseren Träumen am häufigsten den Dingen begegnen, denen wir Neigung und Anhänglichkeit bezeigten, in deren Überlegung sich unser Verstand gefiel, die wir nun auch im Traume verteidigen und sie in Gesetze zu bringen versuchen usf.

Dagegen findet sich in viel späteren Zeiten wieder eine Hochschätzung des Traumes und eine ihm zugelegte unbestrittene Göttlichkeit, die deutlich an die der griechischen Aufklärungszeit vorangegangenen Zeitabschnitte erinnert. Erwähnt sei in diesem Zusammenhange die Philosophen-Schule der Schellingianer und *J. H. Fichte*, der in seiner „Psychologie" (Die Lehre vom bewußten Geiste des Menschen, I, 541) von „Ergänzungsträumen" spricht, die er als „geheime Wohltaten selbstheilender Natur des Geistes" bezeichnet. Eine Abwendung im Traum von der Welt des Wachbewußtseins vertritt auch *Strümpell*[35], der im Traum alles normale Verhalten der Seele verloren sieht.

Eine entgegengesetzte Auffassung vertreten *P. Haffner*[36], *W. Weygandt*[37], *A. Maury*[38], *Jessen*[39] und *J. G. E. Maas*[40]. Damit ergeben

fere studio devinctus adhaeret, aut quibus in rebus multum sumus ante morati atque in ea ratione fuit contenta magis mens, in somnis eadem plerumque videmur obire; causidici causas agere componere leges, induperatores pugnare ac proelia obire."

[35] L. Strümpell, Die Natur und Entstehung der Träume, Leipzig 1877, S. 16 f.

[36] P. Haffner, Schlafen und Träumen, 1884, Frankfurter zeitgemäße Broschüren, 5. Bd. Heft 10, S. 19.

[37] W. Weigand, Entstehung der Träume, Leipzig 1893, S. 6: „Es läßt sich oft, anscheinend in der überwiegenden Mehrzahl der Träume beobachten, daß dieselben uns gerade ins gewöhnliche Leben zurückführen, statt uns davon zu befreien".

[38] A. Maury, Analogies des phénomènes du rêve et de l'aliénation mentale. Annales méd. psych. 1853. V. VI. — De certains faits observés dans les rêves. Ann. méd. — psych. 1857. Bd. III. — Le Sommeil et les rêves, Paris 1878.

[39] Jessen, Psychologie, 1855, S. 530.

[40] J. G. E. Maas, Über die Leidenschaften, 1805.

sich reizvolle Einblicke in die Märchenwelt, soweit sie vom Traum
beeinflußt ist. Die oberflächlichen Assoziationen, die den Traum
leiten, beherrschen in gleicher Weise das Märchen. Die „association
vicieuse et irregulière des idées", von der *Maury* (S. 126) spricht
und die „archaïc world of vast emotions and imperfect thoughts",
die *Havelock Ellis*[41] im Traume sieht, passen haarscharf auf das
Gewebe der Volksmärchen. Die „allegorisierende Umdeutung" der
Erlebensstoffe, die *Fr. Scholz*[42] im Traume erblickt, und die Sorg-
losigkeit und Gleichgültigkeit der ethischen Lebenshaltung im
Traum, die Herabsetzung der psychischen Tätigkeit und die Auf-
lockerung der Zusammenhänge *(Herbart*[43], *Binz*[44], *Maury)*, das
Vordringen von im Keim erstickten Gedanken[45] und die Entwicklung von Fähigkeiten, die das Wachbewußtsein nicht kennt, sind
Merkmale, die sowohl dem Traum wie auch dem Märchen eigen
sind. Alle Merkmale der Traumphantasie, das Ungemessene, das
Ungeheuerliche, das Übertriebene, das Symbolisierende usf. finden
sich wieder in der Phantasie der Märchenerzähler. *Novalis* sagt
einmal: „Der Traum ist eine Schutzwehr gegen die Regelmäßigkeit
und Gewöhnlichkeit des Lebens, eine freie Erholung der gebundenen Phantasie, wo sie alle Bilder des Lebens durcheinander wirft
und die beständige Ernsthaftigkeit des erwachsenen Menschen durch
ein fröhliches Kinderspiel unterbricht; ohne die Träume würden
wir gewiß früh alt, und so kann man den Traum, wenn auch nicht
als unmittelbar von oben gegeben, doch als eine köstliche Aufgabe,

---

[41] Havelock Ellis, The stuff that dreams are made of. Appleton's po-
pular science monthly. April 1899.

[42] Fr. Scholz, Schlaf und Traum. Leipzig 1887. S. 37.

[43] Herbart, Psychologie: „Der Traum ist ein allmähliches, partielles
und zugleich sehr anomalisches Wachen."

[44] C. Binz, Über den Traum. Bonn 1878.

[45] Vgl. W. Robert, Der Traum als Naturnotwendigkeit erklärt, Hamburg 1886, S. 32 und Yves Delage, La nature des images hypnagogiques
et le rôle des lueurs entoptiques dans le rêve. Bull. de l'Institut général
psych. 1903, S. 235—247 und Anatole France in Lys rouge: „Ce que nous
voyons la nuit, ce sont les restes malheureux de ce que nous avons
négligé dans la veille. Le rêve est souvent la revanche des choses qu'on
méprise ou le reproche des êtres abandonnés."

als einen freundlichen Begleiter auf der Wallfahrt zum Grabe betrachten." Dasselbe könnte man von den Märchen sagen. Ja, es wohnt den Märchen geradezu eine solche sozialethische, ausgleichende Sendung inne. Das Volk träumt in ihnen seinen schönsten Traum. Die unwillkürliche Dichtkunst, wie *Kant* in seiner „Anthropologie" und auch *Jean Paul* den Traum nennen, hebt im Märchen allen Abstand zwischen Standes- und Gesellschaftsverhältnissen auf. Alles Unbefriedigte, Unterdrückte im Seelenleben des einzelnen und des Volkes setzt sich im Traum wie im Märchen durch. Vom armen, verlassenen Mädchen im Walde bis zur Frau Königin ist nur ein kleiner Schritt. Daß gerade der Dummling, der von der Natur am meisten vernachlässigte, am ehesten das Ziel erreicht, ist auch nur ein feiner, psychologischer Zug des Märchens, der Trost und Balsam in sich birgt. Es ist derselbe wirklichkeitsfremde, kindlich-schlichte Zug, der jeden ersten besten Bauernbuben die Königstochter als Gemahlin heimführen läßt, wenn er sich nur nicht fürchtet oder irgendwelche Heldentaten vollbringen kann. So kommen wir zu dem Ergebnis, daß die Märchen zu einem großen Teil die überarbeiteten Reste von Wunschphantasien ganzer Völker sind, sozusagen die „Säkularträume der jungen Menschheit" (O. *Rank,* S. 375). Die dem Traume anhaftenden ichtümlichen (individuellen) Bestandteile werden im Märchen verallgemeinert und zum äußeren Ausdruck stammesgeschichtlicher Eigenart erhoben, wie ja auch der Mythus im phylogenetischen Sinne ein Stück des untergegangenen Kinderseelenlebens der Vorfahren war[46].

Es sei noch eine Stelle angeführt aus der geistreichen Schrift von *F. W. Hildebrand*[47], in der er in dreifacher Hinsicht den Widerstreit zweier entgegengesetzter, mit gleichzwingenden Gründen beweisbarer Urteile (Antinomien) in der psychologischen Charakteristik des Traumlebens auseinandersetzt. Es heißt dort bei der Zusammenfassung des dritten Gesetzeswiderspruchs: „Es ist der zwischen einer Steigerung, einer nicht selten bis zur Virtuosität sich erhebenden

[46] Vgl. Otto Rank, Traum und Mythus in „Traumdeutung" von S. Freud, S. 375 f.

[47] F. W. Hildebrand, Der Traum und seine Verwertung fürs Leben. Leipzig 1875, S. 19.

Potenzierung und andrerseits einer entschiedenen, oft bis unter das Niveau des Menschlichen führenden Herabminderung und Schwächung des Seelenlebens. Was das erstere betrifft, wer könnte nicht aus eigener Erfahrung bestätigen, daß in dem Schaffen und Weben des Traumgenius bisweilen eine Tiefe und Innigkeit des Gemütes, eine Zartheit der Empfindung, eine Klarheit der Anschauung, eine Feinheit der Beobachtung, eine Schlagfertigkeit des Witzes zutage tritt, wie wir solches alles als konstantes Eigentum während des wachen Lebens zu besitzen bescheidentlich in Abrede stellen würden? Der Traum hat eine wunderbare Poesie, eine treffliche Allegorie, einen unvergleichlichen Humor, eine köstliche Ironie. Er schaut die Welt in einem eigentümlichen idealisierenden Lichte und potenziert den Effekt ihrer Erscheinungen oft im sinnigsten Verständnisse des ihnen zugrunde liegenden Wesens. Er stellt uns das irdisch Schöne in wahrhaft himmlischem Glanze, das Erhabene in höchster Majestät, das erfahrungsgemäß Furchtbare in der grauenvollsten Gestalt, das Lächerliche mit unbeschreiblich drastischer Komik vor Augen; und bisweilen sind wir nach dem Erwachen irgendeines dieser Eindrücke noch so voll, daß es uns vorkommen will, dergleichen habe die wirkliche Welt uns noch nie und nirgends geboten." Ist es nicht, als sei hier Punkt für Punkt eine Kennzeichnung des Märchens gegeben? Daraus erklärt sich auch wieder die suggestive künstlerische Wirkung der Märchen im ästhetischen Verhalten. Sie wenden sich wie der Traum unmittelbar an die unterbewußten Schichten unter Umgehung des Oberbewußtseins. Und nur dort ist das verklärt Vollendete vom greifbar Wirklichen nicht geschieden. Im Märchen steht gleichsam das Traumbewußtsein noch einmal entfesselt auf. Und dieser Klang aus gleicher Seelenheimat von Ästhetik, Traumbewußtsein und Märchen klingt aus dem Triebwerk der Verdichtungsarbeit, der Affektverschiebung, der Personifizierung seelischer Regungen, ihrer Spaltungen und Vervielfachungen und ihrer Schichtenbildungen heraus.

Eine Auseinandersetzung mit den psychoanalytischen Märchendeutungen *Ranks*, *Riklins*, *Freuds* u. a., die sich insbesondere mit dem Elternsymbol, dem Ödipuskomplex, dem Fragenkreis von Traum, Verdrängung und Sublimierung beschäftigen, ist hier nicht angebracht. Doch sei es erlaubt, auf meine grundsätzliche, prüfende

Abhandlung „Einführung in psychoanalytische und individualpsychologische Gedankengänge" (Ansbach 1926, Die Scholle,
III. Jahrg., Heft 1) hinzuweisen, in der diese Fragen angeschnitten
sind [48].

[48] Andere Märchenquellen habe ich in meiner „Psychologie des deutschen Volksmärchens" (München 1928, Kösel & Pustet) ausführlich erörtert.

Imago, Zeitschrift für Psychoanalytische Psychologie, Ihre Grenzgebiete und Anwendungen, XX. Band, 1934, S. 95–103.

SCHNEEWITTCHEN

Versuch einer psychoanalytischen Deutung[1]

Von J. F. Grant Duff

Im Märchen finden die lauten Wünsche des Menschenherzens, die zum größten Teil ganz deutlich ausgesprochen sind, ihre Erfüllung. Im „Happy-End" heiraten Held und Heldin nach der Niederlage ihrer Feinde. Aber es gibt verdrängte Wünsche, die die Menschen selbst im Märchen nur andeuten dürfen; solche wollen wir in dem Schneewittchen-Märchen zu erraten versuchen. Gleich eingangs begegnen uns Wünsche beider Art. Schneewittchen wird uns als des Königs Tochter vorgestellt; sie gehört einer Familie an, die bedeutend und reich ist. Dieser Wunsch bedarf keiner Verhüllung, wohl aber der nächste: Es ist schön zu leben und dazu muß man geboren sein, aber es ist nicht schön, daß der Vater die Mutter so liebt, daß er mit ihr Kinder kriegt. Dieser Wunsch — daß der Vater mit der Mutter nicht verkehren möge —, verrät sich in andeutenden Symbolen. Die Königin sitzt am Fenster und näht, und während sie näht, sticht sie sich in den Finger. Wir erkennen darin eine Andeutung der Defloration, einer Defloration aber, die sozusagen autoerotisch vor sich geht. In einer Variante des Schneewittchen-Märchens fahren ein Graf und eine Gräfin zusammen, und der Graf wünscht sich eine Tochter. Bald danach treffen sie ein Mädchen, das genau den Wünschen des Grafen entspricht. Obwohl das Fahren auf elterlichen Verkehr hindeutet, entspricht doch das Mädchen den Wünschen des Grafen wie er es auf der Fahrt phantasierte; das gräfliche Paar trifft das Mädchen am Wege als Kind, nicht als Baby;

[1] Der vorliegende Deutungsversuch bezieht sich auf die in den „Kinder- und Hausmärchen" der Brüder Grimm enthaltene Fassung des Märchens. Andere Fassungen sind außer acht gelassen worden.

so ist denn die Gräfin nicht des Mädchens Mutter. Aus beiden Varianten spricht die Tendenz, den elterlichen Koitus zu negieren.

Die Mutter sitzt am Fenster und näht und phantasiert. Sie möchte so gerne ein Töchterchen haben, das so ist, wie sie sein möchte, ein Töchterchen, das ihre narzißtische Eigenliebe befriedigt. Sie hat eine Schneelandschaft vor sich; der Fensterrahmen ist aus Ebenholz, und das Blut aus dem gestochenen Finger fällt auf den Schnee. Eine solche Tochter möchte sie haben: weiß, schwarz, rot. Man wird hier an den Aberglauben der Primitiven erinnert, die meinen, daß der Geist, der in den Körper der Frau dringt und ihr Kind wird, aus Baum, Felsen oder Tier stamme, an denen die Frau vorbeigeht oder die sie das erste Mal, da sie des Kindes in ihrem Leib gewahr wird, sieht. So scheint Schneewittchen von den drei Dingen abzustammen, die eben in diesem Augenblick die Aufmerksamkeit der Königin auf sich zogen: Schnee, Ebenholz und Blut. Fragt man sich, warum diese Dinge in die Phantasie der Mutter verflochten sind, so liegt die Antwort nahe: die ambivalenten Regungen der Mutter kommen hier gut zum Ausdruck. Ein Mädchen, so weiß wie Schnee, so schwarz wie Ebenholz, so rot wie Blut entspricht ihrer Idee von weiblicher Schönheit; aber weiß und schwarz sind Farben, die uns an den Tod gemahnen, auch Blut erinnert an den Tod; es mögen auch bei den Worten „rot wie Blut" unbewußte Gedanken an das Liebesleben der Tochter in der Mutter anklingen, mit der sie sich identifizieren will; denn die Tochter ist ihr zweites Ich, soll schöner sein, mehr Liebe empfangen und sie mehr genießen, als sie selbst; und doch ist die Tochter auch eine Nebenbuhlerin und so soll sie tot sein.

Gehen wir zu der Tochter über; sie ist die Heldin des Märchens, aber da sich die dichterische Phantasie in allen Gestalten offenbart, war es nötig, auch das Unbewußte der Mutter zu beleuchten. Die negative Einstellung der Tochter erkennen wir daran, daß die Mutter gleich stirbt. Die Konkurrentin ist beseitigt. Die Erfüllung dieses Wunsches der Tochter leitet die Strafen ein, von denen die weitere Geschichte erzählt. Die gute Mutter stirbt und wird durch die böse ersetzt; das ist das Ergebnis der Todeswünsche des Kindes. Diese zweite Mutter ist sehr schön, ein Umstand, der dem Töchterchen Gelegenheit zur Bewunderung, aber auch zur Eifersucht gibt.

Das narzißtische Element, das uns in dem Märchen von Beginn an entgegentritt, setzt sich in dem Spiegel der Stiefmutter fort, in dem sie sich immer wieder beschaut, und den sie immer wieder befragt:

> „Spieglein, Spieglein an der Wand,
> Wer ist die Schönste im ganzen Land?"

Die Antwort lautet:

> „Frau Königin, Ihr seid die Schönste im Land."

In seinem interessanten Buch über Spiegelzauber[2] berichtet *Róheim,* daß gewisse Primitive, die Galaresen, „glauben, daß ein Kind, welches seinem Vater ähnlich sieht, dessen Schatten oder Abbild genommen hat, und so muß der Vater bald sterben". Zu diesem Aberglauben bemerkt er:

> „Während sich also der starre Narzißmus der Primitiven schon durch die Möglichkeit der Übertragung auf die eigenen Nachkommen bedroht fühlt, ist die Doppelung des Ichs im Kinde auf etwas höherer Stufe schon ein Zielpunkt der narzißtischen Strebungen. In Indien verbringt eine Frau, wenn sie sich Mutter fühlt, einen großen Teil ihrer Zeit damit, daß sie in den Spiegel schaut, in der Annahme, ihr Kind werde ihr dadurch ähnlich werden."

Beide Einstellungen des Narzißmus sind in dem Märchen von Schneewittchen sehr schön wiedergegeben. Die gute Mutter wollte eine schöne Tochter haben; sie freut sich an dem Kind, das ein Ebenbild ihrer Vorzüge ist oder sie sogar übertrifft. Die böse Mutter dagegen fürchtet sich vor der lieblichen Tochter. Ihr Spiegel zeigt ihr, daß sie selber älter wird, und sie sich nicht mehr mit der Tochter messen kann.

In einer von *Grimm* angegebenen Variante ist der Spiegel durch einen Hund ersetzt, der Schneewittchen gehört; wie Schneewittchen später fort ist, liegt der Hund traurig im Schloß; die Königin befragt ihn über ihre Schönheit und der Hund gibt die Antwort, daß Schneewittchen die Schönste sei. Man kann kaum daran zwei-

---

[2] Wien, Int. Psychoanalyt. Verlag, 1919.

feln, daß der Hund der Repräsentant des Vaters ist; danach dürfen wir vermuten, daß auch dem Spiegel diese Rolle zufällt. Diese Annahme liegt aber auch ohne Rücksicht auf diese Fassung des Märchens nahe, denn in den Augen des Kindes macht sich die Mutter schön — um des Vaters willen; wenn sie vom Spiegel wissen will, ob sie schön sei, tut sie es um des Vaters willen. Sie will durch ihre Schönheit die Liebe des Vaters an sich fesseln. So gibt das Märchen den uralten Konflikt zwischen Tochter und Mutter um den Vater wieder; da das Märchen die Erfüllung der Wünsche der Tochter darstellt, sagt der Vater oder sein Repräsentant, der Spiegel, daß das Schneewittchen die Schönste ist.

Vermutlich ist hier auch etwas anderes in das Märchen eingeflochten. Man pflegt Mädchen, die eine schöne Mutter haben, zu sagen: „Aber so schön wie deine Mutter wirst du nie sein." Hier ist die Tochter die Schöne. Ferner wird dem Mädchen in der Kinderstube überhaupt nicht erlaubt, sich im Spiegel zu beschauen. Die Mutter tut es aber. Das erzürnt die Tochter: Warum sollte nicht auch sie sich mit Hilfe des Spiegels schön machen dürfen? Das Märchen dichtet vom Gesichtspunkt der erzürnten Tochter aus, wenn es in der Beziehung der Mutter zum Spiegel ihre ganze Eitelkeit, ihre Selbstliebe, ihren Neid auf die Tochter und ihre magische Macht, das Verborgene zu sehen, erkennt. Das Kind fühlt, daß die Erwachsenen eine unheimliche Macht haben, zu wissen was die Kinder tun, und das Kind ahnt dumpf, daß sie es wissen, weil sie dasselbe tun, also mit Hilfe ihrer Fähigkeit zur Identifizierung: Mutter und Kind spiegeln einander.

Hanns *Sachs*[3] hat gezeigt, daß ein Kunstwerk aus einem Konflikt hervorgeht und daß eine Entstehung einer Versöhnung des Über-Ichs entspricht. In dem manifesten Inhalt dieser Erzählung brauchte Schneewittchen gar keine Versöhnung mit ihrem Über-Ich, denn sie ist ganz schuldlos. Aber da sie den Untaten der Stiefmutter ausgeliefert ist, müssen wir annehmen, daß sie nicht so schuldfrei ist, wie es scheinen möchte, und hinter der offenkundigen Eifersucht der Mutter ahnen wir die heimliche Eifersucht der Tochter. Aber

---

[3] Kunst und Persönlichkeit, Imago, XV, 1929, S. 1 ff. Vgl. auch Hanns Sachs. Gemeinsame Tagträume, Wien, Int. Psychoanalyt. Verlag, 1924.

das Über-Ich ist im Märchen nicht streng. Die Strafen, die Schneewittchen zuteil werden, sind sorgsam dosiert. Sie muß es sich gefallen lassen, daß der Jäger sie in den Wald schleppt, und später,
daß die Königin sie vergiftet — aber es schadet ihr doch alles nichts.

Der Jäger soll Schneewittchen töten und Leber und Herz der
Stiefmutter bringen. Wir finden uns hier vor der Phantasie, von
den Eltern gefressen zu werden; hier vom gleichgeschlechtlichen
Elternteil. Man findet diese Phantasie so häufig in Märchen, in den
Riten der Primitiven und im Unbewußten der Kulturmenschen,
daß man sich fragt, ob der Mensch (resp. das Kind) an dieser gefürchteten Phantasie darum festhält, weil das Aufgefressenwerden
von dem gleichgeschlechtlichen Elternteil eine Identifizierung mit
ihm bedeutet. In dem Märchen ist — genau wie im Bewußtsein des
Kindes — das Gefressenwerden als eine furchtbare Gefahr aufgefaßt. Schneewittchen entkommt dieser Gefahr; sie ist so hold,
daß der Jäger es doch nicht übers Herz bringt, sie zu töten, und
die Stiefmutter bekommt nur die Leber und das Herz eines Frisch-
lings zu essen. Daß auch die wilden Tiere ihr nichts antun wollen,
zeigt uns, wie böse die Stiefmutter ist. Denn sie will Schneewittchen
fressen, obwohl selbst die wilden Tiere bei Schneewittchens Anblick
ihre fleischfressenden Gelüste vergessen.

Der Jäger bringt uns auf die von *Winterstein*[4] so aufschlußreich
erörterte Frage nach den im Volksmärchen enthaltenen Spuren der
Pubertätsriten der Mädchen unter den Primitiven. Bei manchen
Stämmen wird das Mädchen im Pubertätsalter von einem älteren
Mann oder einem Priester (einem Vaterersatz) außerhalb des Dorfes,
also in der Wildnis, defloriert, oft mit den Fingern, zuweilen mit
einem Steinmesser oder einem ähnlichen Instrument. Es kommt
auch vor, daß der erste Koitus mit dem Mädchen von einem unter-
geordneten Mann vollzogen wird. So dürfen wir uns fragen, ob
der Jäger ein solcher Vaterersatz sei, dessen Pflicht es war, das
Mädchen zu deflorieren? Reicht das Märchen mit seinen Wurzeln
bis in eine Zeit, wo solches den Mädchen geschah? Seine uns jetzt
bekannte Gestalt erhielt das Märchen in Zeiten mit veränderter

---

[4] Die Pubertätsriten der Mädchen und ihre Spuren im Märchen, Imago,
XIV, 1928, S. 199 ff.

Weltanschauung und, der wunscherfüllenden Tendenz des Märchens entsprechend, ist aus dem gefährlichen deflorierenden Mann ein freundlich schonender geworden. Wir müssen uns daran erinnern, daß die Defloration, die bei uns dem Sittengesetz nach der Hochzeit folgt, bei sehr vielen Primitiven der Hochzeit vorangeht. Ist der Frischling vielleicht auch der Repräsentant des Wildes, das bei manchen Stämmen von den Männern für den Schmaus, mit dem die Pubertätsriten enden, erlegt wird?

Das Zusammenleben Schneewittchens mit den Zwergen weist deutlichere Spuren dieser Riten auf. *Winterstein* hebt hervor, wie oft die Heldin des Märchens irgendwie für eine Zeitlang isoliert lebt. Meist ist es der Neid der Mutter, vor dem es flieht und in einem einsamen Orte versteckt wohnt. Dies bringt Winterstein in Zusammenhang mit der sehr verbreiteten Sitte der Wilden, die die Mädchen zur Zeit der Pubertät zu isolieren pflegen. Das nennt Winterstein „das Mädchenexil". In diesem Exil sind die Mädchen zu Anfang der Pubertät entweder allein oder mit anderen Initiations-Kandidatinnen zusammen — in einer Hütte außerhalb des väterlichen Hauses eingesperrt; bei anderen Stämmen baut man für sie eine Zelle im väterlichen Hause oder sie müssen etwa in einer Hängematte unter dem Dach liegen. Der Sinn dieser und ähnlicher Riten ist die Isolierung der Mädchen von anderen Menschen, denn sie gelten als *tabu*. Wenn die übliche Zeit abgelaufen ist und die Mädchen sich verschiedenen Gebräuchen unterworfen haben, vereinigt man sie mit ihren künftigen Gatten und sie leben als Frauen unter den Frauen des Stammes. So lebt Schneewittchen von Menschen entfernt, bis der künftige Gemahl kommt. Es wird angenommen, daß, während die Mädchen so im „Exil" leben, sie von irgendeinem Ungeheuer, Ahnengeist oder anderem Vaterersatz vergewaltigt werden, wofür die Menstrualblutung der Beweis ist. Vielleicht fällt die Rolle dieses Ahnengeistes den Zwergen zu. In einer Variante des Märchens bringt die Stiefmutter Schneewittchen zu der Höhle der Zwerge eben darum, weil sie weiß, daß die Zwerge alle Mädchen töten, die in ihre Nähe kommen. Die Stiefmutter schickt Schneewittchen in die Höhle und sagt, daß sie warten soll, bis sie zurückkommt; dann geht sie stracks nach Hause, und Schneewittchen verdankt es nur ihrer eigenen Lieblichkeit, daß die

Zwerge sie nicht töten. Man denke an die nahe Beziehung zwischen Tod und Liebe und an die sadistische Auffassung des Koitus in den Phantasien des kleinen Kindes.

Bei manchen Stämmen lernen die Mädchen in der Zeit des Exils auch Arbeiten, die zur Ausbildung der Frauen gehören. Vielleicht deutet die Tatsache, daß Schneewittchen den Zwergen die Wirtschaft führt, auf diesen Brauch hin, und vielleicht gehören Schneewittchens Ohnmachtsanfälle, die von den Taten der Stiefmutter stammen, zu den Mutproben oder Strafen, die die Mädchen in manchen Fällen durchmachen müssen. Bei vielen Stämmen werden die Mädchen von gewissen Frauen versorgt, dürfen außer mit diesen mit niemandem sprechen und dürfen ihr Versteck nicht verlassen. In jener Variante des Märchens, in der die Zwerge als Mädchentöter auftreten, ist Schneewittchen von Anfang an verboten, irgend jemanden hereinzulassen, und hätte sie gehorcht, so wäre ihr nichts geschehen.

Es ist interessant zu sehen, welche Wandlung der Begriff der Riten in der Umgestaltung des Märchens durchgemacht hat: die anerkannte soziale Idee der Riten ist ausgemerzt, und die ihnen zugrunde liegenden nicht zugestandenen unbewußten asozialen Motive sind deutlich ausgeprägt. Es ist, als ob im Märchen die Riten vom Standpunkt der Geschädigten, Leidenden gesehen würden. Fragt man die Primitiven, warum man die Mädchen so behandelt — und manche der Riten sind so grausam, daß die Gesundheit der Mädchen zugrunde geht und manche sterben —, so antworten sie fromm, daß, wenn man das und das nicht täte, es den Mädchen und auch anderen Stammesangehörigen sehr schlecht ginge, und drücken so den positiven sozialen Sinn der Riten aus; die Märchen dagegen heben den negativen Anteil der ambivalenten Regungen der Frauen und Männer hervor, von denen die Riten stammen. Das ganz kleine Kind, das lieblos erzogen ist oder das aus anderen Gründen schlechter Laune ist, sieht die Maßregeln der Kinderstube in diesem Sinne. Die Mutter sagt, „das tue ich, weil ich dich liebe", und das Töchterchen denkt, „das tust du, weil du mich hassest". Die Stiefmutter schnürt Schneewittchen, bis es erstickt. In Zeiten, da Kinder in ihren Kleidern Schnüre am Hals und an Hüften hatten, muß die Mutter oft die Schnur zu fest gezogen haben, und wenn Mutter und Kind nicht gut miteinander standen, so daß das Kind sich nicht etwas zu sagen getraute, dann kann das Kind leicht gedacht haben, „das tust du, weil du mich nicht liebst". Die Mütter kämmen das Haar des Kindes und haben keineswegs immer leichte Hände, und das Kind, das den unbewußten Sadismus in den rohen Händen merkt oder vermutet, sagt sich wieder, „wenn man mich so kämmt, kann man mich nur hassen".

In der Kinderstube finden wir noch eine Determinante für das Symbol der Zwerge, nämlich die Geschwister. Von diesem Standpunkt aus bedeutet die Ankunft des Schneewittchens in der Höhle der Zwerge ihre Geburt. Die Mutter hat ein neues Kind und die anderen stehen ihm feindselig gegenüber. In der einen Variante des Märchens stehen die Zwerge dem Schneewittchen feindselig gegenüber, sie sind Mädchentöter: das entspricht der Realität, in der die Kinder das neu ankommende Geschwisterchen zuerst totwünschen. In der anderen, bekannteren Variante sind die Zwerg-Brüder; sie sind nicht böse, obwohl ihnen der Neuankömmling Speise und Trank und Platz nimmt; ihr lautestes Gefühl ist Neugier: „Wer ist das"? In beiden Varianten aber tritt das Tendenziöse, Egozentrische und Narzißtische des Märchens hervor. Es ist Schneewittchens Schönheit, die die Zwerge für sie gewinnt, kein äußerlicher Zwang, der sie hindert, den Eindringling zu töten. Im Gegenteil, die grausame Mutter hat den Tod des Kindes gewollt, statt das Kind zu schützen, aber die Lieblichkeit Schneewittchens ist zu groß; die Zwerge lieben sie vom ersten Augenblick an. Wir bekommen aber doch einen Wink, wie es möglich sei, daß Kinder sich liebgewinnen. Sie bilden zusammen einen Bund gegen die Eltern. Sie identifizieren sich miteinander in ihrer gemeinsamen Schwäche, in ihrem gemeinsamen „Nicht-Erwachsensein" und in ihrem gemeinsamen Groll gegen die Eltern; denn so groß auch die Liebe des kleinen Kindes zu den Eltern ist, es hat auch bei den klügsten und verständnisvollsten Eltern Ursache, ihnen zu grollen; die Eltern müssen versuchen, das kleine Triebwesen an die Geschwister und an die anderen sozialen Ansprüche der Welt anzupassen. So machen die Zwerge mit Schneewittchen gemeinsame Sache gegen die Stiefmutter. Ein anderes Motiv der Geschwister-

Freundschaft ist das gemeinsame „Kinderspielen". Die Kinder spielen „Mutter und Vater". Der Knabe, der den Vater spielt, geht an die Arbeit, während das Mädchen in der Rolle der Mutter die Hausarbeiten besorgt, und sie gebrauchen Puppengerät als Hausgerät. So sorgt auch Schneewittchen für die Zwerge, und sie essen alle von einem „Tischlein" mit „Tellerlein" und „Becherlein". Vielleicht deuten die Bettchen und Schüsselchen der Zwerge und die Zwerge selber auf den Wunsch des kleinen Mädchens hin, größer zu sein als die älteren Brüder: für Schneewittchen sind die Kinderstühle und Tische zu klein, nicht sie ist jetzt die Kleine, sondern die Brüder. Vielleicht aber deuten auch die spielerisch kleinen Sachen, mit denen Schneewittchen hantiert, auf die Sehnsucht des schon menstruierenden Mädchens nach einem früheren Stadium der Kindheit hin, als man noch Verheiratetsein spielte, das spielte, was nun in der Nähe bange macht.

In der Variante des Märchens, in der die Königin das Schneewittchen zur Höhle bringt, hat sie drei Töchter: so ist man versucht zu denken, daß Schneewittchen, indem sie mit den Zwergen wohnt, nicht nur die Mutter, sondern auch die Schwestern los sein will, und die Antwort des Hundes — des Spiegels — sich nicht nur auf die Schönheit der Mutter, sondern auch auf die der Stiefschwestern bezieht. „Schneewittchen ist schöner bei seinen sieben Zwergen als die Frau Königin mit ihren drei Töchtern." Alle weiblichen Wesen sollen Schneewittchen fernbleiben. Die männlichen, der Hund und die Zwerge, gehören zu ihr. Die Brüder aber werden nicht ganz voll genommen; sie sind nur Zwerge.

Wenn wir in der Annahme, daß das Verbleiben in der Zwergenhütte ein sehr verwischtes Überbleibsel des „Mädchen-Exils" sei, das Richtige getroffen haben, dann dürfen wir auch vermuten, daß für das Unbewußte der Aufenthalt Schneewittchens in der Hütte eine sexuelle Bedeutung habe. Auch wenn wir „Zwerg" und „Hütte" als Symbole deuten, so werden wir in diese Richtung gewiesen und können das Spielleben mit den Zwergen als eine Vorstufe von Schneewittchens späterem sexuellen Leben mit dem Prinzen ansehen. Wir können auch hier eine Andeutung der Masturbation finden. Wäre Schneewittchen in der Analyse und erzählte sie von ihrem Leben mit den Zwergen als von einem Traum, so

würden vielleicht ihre Einfälle zu dem Traum darauf hindeuten,
daß Zwerg für ihr Unbewußtes gleichbedeutend mit der Klitoris
ist und die Hütte, in der sie hantiert, ihre Scheide bedeute. Phantasiert sich Schneewittchen in die Gebärmutter (Hütte) der Mutter
zurück, wo sie mit den kleinen Brüderchen spielte? Manche Kinder,
denen erzählt wird, daß sie ehemals als ganz kleine Wesen in der
Mutter wuchsen, pflegen sich vorzustellen, daß sie in ihr schon mit
den Geschwistern zusammen waren und die einen früher, die
anderen später in die Welt entlassen wurden. Schneewittchen bleibt
dann tot im Sarg (dem Mutterleib), bis der Prinz, der Vater, sie
zum Leben erlöst. Oder masturbiert Schneewittchen mit der Phantasie, den väterlichen Penis in ihrem Genitale zu haben? Der
väterliche Penis — der dem kleinen Mädchen riesengroß erscheint —
wird, wie es in der Traumsprache geschieht, durch das Gegenteil
dargestellt — den Zwerg —, aber daß er versiebenfacht auftritt,
verrät doch, wie mächtig ihn die Tochter denkt. Wir erinnern uns
hier, daß wir schon eingangs vermutet haben, unser Märchen habe
mit dem Ödipuskomplex des Mädchens etwas zu tun.

Sind die Masturbationsphantasien Schneewittchens an den Vater
gebunden, so enthalten sie nicht nur einen libidinösen, dem Vater
zugewandten Anteil, sondern auch einen aggressiven, feindseligen,
gegen die Mutter gerichteten. In „Das Unbehagen in der Kultur"
hebt *Freud* hervor, daß Schuldgefühl innig mit Aggression zusammenhängt, d. h. es ist „die Aggression, die sich in Schuldgefühl umwandelt", und es ist eine uns vertraute Einsicht, daß
Schuldgefühl nach Strafen drängt. Wir haben schon erwähnt: wenn
Schneewittchen leiden muß, so dürfen wir daraus erschließen,
daß die Feindseligkeiten der Stiefmutter gegen sie ihre eigenen
aggressiven Wünsche gegen die Stiefmutter spiegeln. Die Strafen,
die sie in der Zwerghütte erleiden muß, sind todesähnliche Zustände. Wenn wir *Freuds* Deutung von Dostojewskis epileptischen
Anfällen[5] heranziehen, dann dürfen wir vermuten, Schneewittchens
„Totsein" repräsentiere die Erfüllung des Todeswunsches gegen die
Mutter und zugleich die Strafe für diesen Wunsch. Aber man denkt

---

[5] S. Freud, Dostojewski und die Vatertötung, Almanach der Psychoanalyse 1930.

auch an den Ausdruck „Niederkunft der Frau". Der letzte Ohn-
machtsfall wird auf eine Weise eingeleitet, die unseres besonderen
Interesses gewiß ist. Schneewittchen ißt mit der Königin einen
Apfel. Das Essen eines Apfels ist ein uraltes und allgemein ver-
standenes Symbol für sexuellen Genuß; das gemeinsame Essen ist
außerdem ein uraltes Symbol für Identifizierung. Wenn also Schneewittchen einen Apfel mit der Mutter zusammen ißt, so hat sie sich
mit der Sexualität der Mutter identifiziert. Für diese verpönte
Identifizierung wird sie mit einem todesähnlichen Zustand bestraft,
aus dem sie erst befreit wird, als sie den Apfel ausspuckt; symbolisch
bedeutet das, daß, wenn sie auf ihren Anteil an sexuellen Genüssen
der Mutter – d. h. auf den Vater – verzichtet, sie keine Strafen
mehr braucht. Dürfen wir auch in dem Essen des Apfels den Widerhall von einem Sachverhalt sehen, auf den *Sachs* in seiner Arbeit
„Über einen Antrieb der Bildung des weiblichen Über-Ichs"[6] aufmerksam macht? „Wenn der genitale Wunsch nach dem Vater, resp.
nach dem Kinde ... gescheitert ist, dann macht das kleine Mädchen
eine letzte Anstrengung ... an der Vaterfixierung festzuhalten,
indem es die ursprünglich an der Brustwarze der Mutter befrie-
digten oralen Wünsche mit großer Intensität auf den Vater überträgt ... Diese orale Regression nimmt sich den Vater, nicht die
Mutter zum Sexualobjekt." Das Mädchen, sagt *Sachs* weiter, versucht sich den Vater auf oralem Wege einzuverleiben, und weil
dieser Impuls sich nicht an der noch nicht erkannten Vagina vollziehen kann, wird er auf den Mund verschoben. Diesen oralen
Wunsch hält *Sachs* für normal für das weibliche Kind. Schneewittchen macht jetzt die letzten Vorstufen der vollen genitalen Entwicklung durch und erlebt die letzten ödipalen Phantasien: sie ist
vergiftet = geschwängert und zur Strafe verurteilt. Sie stirbt. In
einer Variante legen die Zwerge Schneewittchen in einen silbernen
Sarg; so wird auch hier das Weiße mit dem Tod verbunden. In
der Version, die *Grimm* vollständig gibt, setzen die Zwerge Schneewittchen in einem gläsernen – also wiederum weißen – Sarg bei.
Man spürt auch irgendwie einen Hinweis auf den Spiegel, denn der
Prinz sieht sie in Glas = im Spiegel. (Vielleicht wiederum eine

---

[6] Int. Ztschr. f. Psa., XIV, 1928, S. 163 ff.

Identifizierung mit der Mutter.) Soll das Stolpern der Diener über einen Strauch Defloration bedeuten? Diese Deutung paßte gut zu den Pubertätsriten, in denen das Exil durch eine rituelle Defloration mit oder ohne Koitus abgeschlossen wird, und das Mädchen ihrem Bräutigam zugeführt wird. Nach dieser Auffassung würden: Jäger, Zwerge, Diener „Dubletten" sein, ebenso wie auch Zwerghütte und Sarg.

Das Ende der Geschichte deutet vielleicht wieder auf einen primitiven Brauch. Bei manchen Naturvölkern müssen die Eltern nach der ersten Menstruation der Tochter miteinander verkehren. Im Märchen muß die Königin ihre Füße in rotglühende Schuhe stecken und tanzen bis sie stirbt. Das ist mindestens eine wunderbare Talionsstrafe, die ihr die eifersüchtigen Gelüste auferlegen.

Zentralblatt für Psychotherapie und ihre Grenzgebiete, Band IX, 1936, H. 2 u. 3,
S. 76—77, 80—96, 129—151. (Vom Autor gekürzte Fassung.)

DAS URBILD DER MUTTER

Von Wilhelm Laiblin

[*Vorbemerkung des Herausgebers:* Der 1. Teil dieser Arbeit dient der
theoretischen Grundlegung für die nachfolgende phänomenologische Untersuchung und referiert im wesentlichen C. G. Jungs Theorie vom Kollektiven Unbewußten, seine Archetypenlehre und die Auffassung der
Jungschen Schule vom Wesen des Symbols. Aus Gründen der Raumer-
sparnis mußten diese Ausführungen bis auf wenige zusammenfassende
Abschnitte wegfallen, was um so eher gerechtfertigt erscheint, als die Theorien C. G. Jungs beim wissenschaftlichen Leser heute als bekannt vorausgesetzt werden dürfen. Der phänomenologische Hauptteil der Arbeit
wurde nur an wenigen Stellen unwesentlich gekürzt, vor allem bei den
Zitaten.]

Die vorliegende Arbeit unternimmt den Versuch, die verschiedenartigen *Aspekte des Symbols* an einigen typischen Beispielen mythischer Symbolik, die vor allem dem deutschen Volksmärchen entnommen sind, aufzuzeigen. Als zentrale mythische Figur greifen
wir die *Urmuttergestalt der Frau Holle* heraus, wobei die *Symbolik
des weiblichen Prinzips in der Welt,* wie sie im indo-arischen Raume
sich manifestiert, in ihrer ganzen Fülle und Vielseitigkeit in Gestalt
der mannigfachsten Bilder und Figuren unserer deutschen Sagen-
und Märchenwelt an unserem inneren Auge vorüberziehen soll.
Dabei sollen die reichen inneren Beziehungsmöglichkeiten zwischen
diesen ewig sich wandelnden Gestalten, die auf innerseelischen
Gesetzen beruhen, und ihre Verwandtschaft untereinander, die ja
im Grunde eine große innere Einheit ist, aufgezeigt werden. Es
wird sich ferner im Laufe unserer Untersuchung herausstellen,
welche nahen Beziehungen nicht nur zwischen *Märchen* und *Mythos,*
sondern auch zwischen Märchen und *Ortssage* bestehen, wie die
Gestaltungen mythischer Symbolik hinüberführen in das weite
Gebiet der *unpersönlichen (Volks)kunst,* die ebenso wie der Mythos

aus den unbewußten Gründen der Volksseele ihre Gestaltungen
gebiert, bis hin zu den vollendetsten Gestaltungen unserer größten
Dichter und *Denker,* deren wesentlichste Schöpfungen ebenfalls
mythischem Grunde entstammen. Aber auch die *Anfänge naturwissenschaftlichen Denkens* gehen auf die Wirkung innerer Bilder
zurück, indem der naturnahe Mensch die weltanschauliche Erklärung des Naturgeschehens symbolisch vollzieht, also z. B. im
Sonnenmythos vom Kampf des Helden mit dunklen, finsteren
Mächten die eigene seelische Erfahrung mit den Naturvorgängen
in inneren Zusammenhang bringt. Endlich wird im Lauf unserer
Untersuchung klarwerden, inwiefern jedes echte mythische Symbol
seinem innersten Wesen nach *religiös* ist, wie innig daher die Beziehungen zwischen *Religion* und *Mythos* im Grunde sind. Kurz,
es soll *die umfassende kulturelle Bedeutung mythischer Symbolik
am vielseitigen Phänomen des Urmutterbildes aufgezeigt* werden,
eine Bedeutung, die vor allem auch in der Gleichzeitigkeit des
geschichtlichen Wandels von Symbol und Kultur zutage tritt. Dabei
werden sich mit Notwendigkeit *Parallelen* ergeben *zwischen mythischer Symbolik und der Symbolik des Traumes,* da Volksseele wie
Einzelseele aus demselben Brunnen des Lebens Kraft schöpfen.

Es werden daher bei der Sinnerschließung mythischer Symbole
die allerverschiedensten *Betrachtungsweisen* notwendig werden: wir
werden ein solches Symbol unter *historischem* Aspekt betrachten
können als letzte Erinnerung an geschichtliche Vorgänge einer
frühen Zeit; wir können ferner in ihm unter *naturphilosophischem*
Aspekt die Summe der physikalisch-naturwissenschaftlichen Erfahrungen einer frühen Entwicklungsstufe niedergelegt finden, die
sich ihrerseits wieder sowohl auf *biologische* Gesetze im Menschen-
leben wie auch auf *kosmische* Gesetze und Vorgänge des Natur-
lebens beziehen können; wir werden in ihm unter *psychologischem*
Aspekt Grundwahrheiten menschlichen Seelenlebens veranschaulicht sehen, wie wir endlich unter *religiösem* Aspekt religiös-ethische
Lebenswahrheiten in ihm zur Darstellung gebracht finden können.

Wenn es uns gelingt, alle diese verschiedenartigen Betrachtungsweisen in der rechten Weise zu vereinen, wird einer modernen
Sinnerschließung des Mythos der Weg gebahnt sein, die frei ist von
allen Einseitigkeiten und Gewaltsamkeiten früherer Methoden, die

vielmehr zu einer tieferen und umfassenderen Schau jener rätsel-
vollen Wirklichkeiten gelangt, die in der mythischen Symbolik
so eindringlich zu uns reden und uns so seltsam ergreifen. Und
während wir die mythische Sprache der tausend Bilder sozusagen
übersetzen in eine uns allen verständliche Sprache der Gegenwart,
wird sich uns nicht nur die seelische Welt unserer Vorväter in
tieferem Verständnis als seither erschließen, wir werden vielmehr —
und das möchten wir selbst als wesentlichstes Ergebnis von unserer
Untersuchung fordern und wünschen — eine ganz neue Beziehung
gewinnen auch zu den verborgenen Tiefen unserer eigenen Seele,
indem wir erkennen, daß jene tiefen Brunnen, aus denen der
Mythos schöpft, auch in uns aufspringen wollen, und daß jenes
Wasser des Lebens auch uns sich zum Trunke darreicht, wenn unsere
müde und dürstende Seele dort Einkehr hält, wo die ewigen
Quellen rauschen. [...]

Die wissenschaftliche Mythen- und Märchenforschung hat, soviel
wir sehen können, aufs Ganze gesehen nicht in dem Maße von den
in der *Jung*schen Seelenlehre niedergelegten Erkenntnissen Gebrauch gemacht, der ihrer großen Bedeutung entspräche, und so
ist denn unseres Wissens die vorliegende Arbeit der erste zusammenhängende Versuch, dieser Betrachtungsweise den Platz in der
Mythensinnerschließung einzuräumen, der ihr gebührt. Man möge
im Hinblick darauf alle diesem Versuch etwa anhaftenden Mängel
und Einseitigkeiten als Anfangsschwierigkeiten zu verstehen suchen,
die sich jedem neuen Arbeitsgebiet und jeder neuen Arbeitsmethode
entgegenstellen und die noch kein Gegenbeweis sind hinsichtlich der
Richtigkeit der Sache selbst, möge diesen Beitrag so aufnehmen,
wie er gemeint ist: als offene Frage, als Aufruf zur Mitarbeit, als
Anregung zur Weiterarbeit.

Phänomenologische Untersuchung

Das mythische Urbild der Mutter hat in den deutschen Märchen
eine besonders lebendige und vielfältige Darstellung und Ausge-
staltung erfahren, weshalb wir bei unserer Untersuchung einige der
dort gestalteten Bilder in den Mittelpunkt stellen wollen. Insbe-

sondere ist es die Gestalt der *Frau Holle,* die in zahlreichen Abwandlungen dort wiederkehrt, und wir werden gerade an dieser
Gestalt zu zeigen versuchen, wie die Volksseele dasselbe Grundthema in den verschiedensten Wandelformen und Einkleidungen
wiederkehren läßt, ähnlich wie der Musiker aus Thema und Variationen ein einheitliches Kunstwerk schafft.

Um aber die mythische Symbolik, die uns in der Urmuttergestalt
entgegentritt, recht verstehen zu können, müssen wir zunächst das
hinter dieser Gestalt verborgene biologisch-seelische Grundgesetz zu
erspüren versuchen. *Es ist das Gesetz der polaren Gegensätzlichkeit
im Werden und Weben des Weltschicksals, in der Dynamik des
zeitlichen Geschehens in Natur und Einzelleben, in der Dynamik
des Schicksals überhaupt.* Der in der rechten Weise mit der Natur
verbundene Mensch sieht die in der Welt und im Leben waltenden
Gegensätze nicht statisch, d. h. als unveränderliche, feindlich auf-
einanderprallende Größen, sondern dynamisch, d. h. er sieht auch
die letzten Seinsmächte einbezogen in einen ewigen *Kreislauf des
Kommens und Gehens, des Werdens und Vergehens,* wie es in dem
Ursymbol des ewig kreisenden Sonnenrades seinen *bildlichen* Ausdruck gefunden hat und wie es in unerhörter Größe und Wucht
im nordischen Mythos vom Werden und Vergehen der Welt mit
den dramatischen Ausdrucksmitteln der *Sprache* gestaltet ist.

Ob wir uns von unsern Vorfahren erzählen lassen, daß „im
Anfang der Zeiten nicht Sand war noch Sonne, nicht Weg noch
Woge, nicht Himmel, nicht Erde, nicht Zahl noch Zeit — nur diese
zwei: Muspelheim und Nifelheim, die Welten des *lichten Feuers*
und der *eisigen Dunkelheiten*" (Niedlich), daß Leben erst dann
entstand, als Funken aus Muspelheim und Eisströme aus Nifelheim
sich fanden und durchdrangen, daß also die Welt aus *Licht* und
Dunkel geboren ward; ob wir das Bild der Weltesche Yggdrasil
betrachten, die ihre vollen Äste in den weiten Raum breitet, ein
Bild der Kraft und der Gesundheit, während in der Tiefe der
Wurzeln der Drache Nidhöggr als Unheilbringer verborgen nagt
und „an den Flanken Fäulnis frißt"; ob wir endlich aus der Welt
der Griechen und Römer sowie aus Indien als kosmisches Ursymbol
des Lebens ein in eine *helle* und eine *dunkle,* eine *goldene* und eine
silberne Hälfte sich spaltendes Ei herübernehmen: dasselbe Urgesetz

des Lebens, das Gesetz des im Zeitlauf sich abwandelnden Gegensatzes, kehrt immer wieder. Es kehrt, wie gesagt, auch wieder im Zeitsymbol und Lebenssymbol des *Sonnenrades,* das uns daran erinnern soll, daß, wie die lichte Jahreshälfte aus der dunkeln, die dunkle aus der lichten in ewig sich erneuerndem Kreislauf stets neu geboren wird, so auch Leben und Schicksal des Einzelmenschen in diesen Atemrhythmus der Natur eingebettet sind nach unverbrüchlichem Gesetz. Dieselbe Wahrheit kündet auch das Bild der *Schicksalsmühle,* die uns „alle Morgen das *Silber,* das rote *Gold"* mahlt, wie es im Volkslied heißt, und an die noch heute im Brettspiel das „Mühleziehen" erinnert, wo ja mit neun schwarzen und neun weißen Steinen Schicksal gespielt wird im eigentlichen Sinn des Worts! Aber es kehrt auch wieder im Ablauf kleinerer Zeitrhythmen: im *Wechsel der Monde* und im Wechsel von *Tag* und *Nacht,* wie es auch im Schicksal jedes Einzellebens beständig mitschwingt und jedem Menschen schon an der Wiege ein Lied davon singt, daß aus *dunklen* und *goldenen Fäden* am großen *Webstuhl der Zeit* auch sein Leben gewoben wird zwischen *Geburt* und *Tod,* und daß für jedes Einzelwesen „im Zeitenschoße" verborgen „die schwarzen und die heitern Lose" ruhen. Darum auch trägt Allvater Odin, auf dessen Schultern das Schicksal der Welt und alles Lebens ruht, auf der einen Schulter einen *weißen,* auf der andern einen *schwarzen Raben,* Hugin und Munin, die im faßbaren Bilde das geheimnisvolle Einssein und Zusammenwirken der zwei Wesensseiten des einen Schicksals darstellen sollen. Unerschöpflich ist die Fülle der Bilder, in denen der nordische Mensch versucht, das unfaßbare Geheimnis des Lebens auf seine Weise zur Darstellung zu bringen, wie andere Rassen und Völker ganz entsprechende Gleichnisse zur Verdeutlichung derselben Lebenswirklichkeit gebrauchen. So sei hier etwa an das Symbol des Yin und Yang bei den Chinesen und Tibetanern erinnert. Wir haben es hier offenbar mit der Darstellung eines weltanschaulichen Urgesetzes zu tun, das in seelischen Tiefenschichten aufbewahrt ist, die in die Urzeit einer rasseseelisch noch weniger differenzierten Menschheit zurückweisen. Gerade auch die Darstellungen der unpersönlichen Kunst, von denen *Spieß* die vielfältigsten Beispiele bringt, wie auch die Forschungsergebnisse der vergleichenden Mythenforschung und der

Tiefenpsychologie (*Frazer, Jung* u. a.), drängen mit Notwendigkeit in die Richtung dieser Annahme. Die vorliegende Arbeit beschränkt sich freilich bewußt auf das Darstellen mythischer Urbilder, wie sie im Bereich nordisch-deutschen Seelentums gestaltet worden sind, ohne die Frage ihres Ursprungs bzw. ihrer Verwandtschaft mit mythischen Bildern anderer Völker und Rassen miteinzubeziehen.

Das *Mittelalter* hatte ein anderes Bild, das Wesen des im zeitlichen Geschehen dynamisch sich abwandelnden Schicksals darzustellen, indem es gewissermaßen ein weibliches Gegenstück zur Odingestalt vor Herz und Augen stellte, eine *weibliche Schicksalsbringerin*, die „*Frau Werlt*", die man ebensogut auch „Frau Zeit" nennen könnte. Es ist eine stattliche Frauengestalt, aus deren Rückseite jedoch uns die dunkle Seite des Lebens schreckensvoll entgegenblickt: ist sie doch ausgehöhlt und zerfressen, mit allerlei Gewürm und Kröten über und über bedeckt! *Walter von der Vogelweide* singt so von ihr:

> „Da du erschienst das erstemal vor meinen Augen,
> schien nichts vor deiner Schönheit mir zu taugen.
> Doch als ich deinen Rücken erst gesehn,
> fühlt ich vor Ekel alle Lust vergehn."
> (Spieß, a. a. O. S. 203.)

Wie sehr gerade den Menschen im deutschen Raum dieses Urgesetz des Lebens bewegt, davon legen auch ungezählte Äußerungen unserer Dichter und Denker, Naturforscher und Philosophen Zeugnis ab, gleichzeitig ein Beweis dafür, daß nicht nur „primitives", sondern auch höchst modernes und entwickeltes Denken sich in diesen Bahnen bewegt. Auch der größte Genius im deutschen Raum, *Goethe*, hat sich zu dieser Grundhaltung und Weltanschauung bekannt; dafür legt nicht nur sein ganzes Leben, sondern auch eine Fülle von Äußerungen Zeugnis ab. So spricht er von dem „ungeheuren Geheimnis, das sich in stetem Erschaffen und Zerstören an den Tag gibt", und die „Grundeigenschaft der lebendigen Einheit" des Lebens und der Natur bestimmt er so:

„Sich zu trennen, sich zu vereinigen, sich ins Allgemeine zu ergehen, im Besonderen zu verharren ... Weil nun alle diese Wirkungen im gleichen

Zeitmoment zugleich vorgehen, so kann alles und jedes zu gleicher Zeit eintreten. Entstehen und Vergehen, Schaffen und Vernichten, Geburt und Tod, Freud und Leid, alles wirkt durcheinander, *im gleichen Sinn und gleichen Maße; deswegen denn auch das Besonderste, das sich ereignet, immer als Bild und Gleichnis des Allgemeinsten auftritt.*"

Mit anderen Worten faßt er das Urgesetz der Natur, das Gesetz von der Polarität alles Lebens, so zusammen:

„Alles in der Natur, besonders aber die allgemeinen Kräfte und Elemente, sind in einer ewigen Wirkung und Gegenwirkung ... Mit leisem Gewicht und Gegengewicht wägt sich die Natur hin und her. Indem man aber jenes Gewicht und Gegengewicht von ungleicher Wirkung zu finden glaubt, so hat man auch dieses Verhältnis zu bezeichnen versucht: man hat ein Mehr und ein Weniger, ein Wirken, ein Widerstreben, ein Tun, ein Leiden, ein Vordringendes, ein Zurückhaltendes, ein Heftiges, ein Mäßigendes, ein Männliches, ein Weibliches überall bemerkt und genannt ... Das Geeinte zu entzweien, das Entzweite zu einigen ist das Leben der Natur; dies ist die ewige Systole und Diastole, die ewige Synkrisis und Diakrisis, das Ein- und Ausatmen der Welt, in der wir leben, weben und sind."

Doch kehren wir aus dem Bereich begrifflich-philosophischer Formulierungen in das Reich unserer Bilder zurück! Mit dem mittelalterlichen Bild der weiblichen Schicksalsbringerin, der „Frau Werlt", sind wir schon ganz in die Nähe der Gestalt *Frau Holles* gekommen. Wir kommen ihr aber noch näher, wenn wir eine in *Ertingen an der Donau* noch lebendige *Ortssage* betrachten, die berichtet, es sei einst dort ein Kind in einen Brunnen gefallen und darin verschwunden.

„Alles Suchen nach ihm war vergebens. Die Nachbarin sagte: ‚Das ist kein Wunder, denn in der Tiefe des Brunnens ist eine schöne Stube, darin sitzt eine alte Hexe und spinnt. Und wenn ein Kind an den Brunnen kommt, so lockt sie es mit allerlei guten Sachen zu sich hinab.' Daraufhin wurde der Brunnen verschüttet. Wenn man aber das Ohr auf den Boden legt und horcht, kann man oft noch hören, wie die Hexe drunten mit dem Kinde redet." (Kapff, a. a. O. S. 77.)

Dieselbe Frau, die hier in der Tiefe des Brunnens am Spinnrad sitzt und ins Schicksal der Menschen eingreift, indem sie Kinder zu sich lockt, bringt andernorts, und zwar häufig in Vogelgestalt, als Schwan oder Gans oder Storch, die jungen Menschenseelen auf diese Erde. Oft ist es kein Brunnen, sondern, wie bei uns in Schwaben, der „*Kindlesteich*", in dem die kleinen Kinder von der Frau Holle gehütet werden, ehe sie in unsere Welt „hereingeschneit" kommen. Es liegt nahe, daß die Schicksalsspinnerin, die die Kinder bringt, sie auch wieder zu sich holt, wenngleich es auch oft statt des *Brunnens* oder *Teichs* ein *Berg* ist, in dem die Menschen und besonders die Kinder auf Nimmerwiedersehen verschwinden, wie in Thüringen der Berg der *Frau Hulda* oder die mancherlei Berge und *Höhlen* anderer „*Bergfräulein*", die den Menschen je und je teils in holder, anziehender Gestalt, teils in furchtbarer, schreckenerregender Verwandlung begegnen. Denn einmal erscheint die *Frau Hulda* oder *Perchta* oder wie sie sonst noch genannt wird, als gütige „weiße" Fee, ein andermal als häßliche, böse, „finstere" Zauberin und Hexe. Einmal wird den Menschen ein Brunnen, das andere Mal der geöffnete Schlund eines Berges, ja sogar eines *Backofens* zum Schicksal! Immer aber ist es im Grunde dieselbe Gestalt, die als *Schicksalsbringerin mit doppeltem Gesicht* unter die Menschen tritt: Frau Holle.

Immer ist ihr Zeichen im Märchen die Spindel und das Spinnrad, die Spule und der Webstuhl, denn sie webt nicht nur die Schicksalsfäden der Menschen ineinander, sie hält auch das Schicksal der Zeit, das gute und das böse Wetter in ihren Händen. Als *kosmische Urmuttergestalt* verkörpert sie also die dynamische Abwandlung des Gegensatzes nicht nur in der menschlichen Seele, im menschlichen Schicksal, sondern auch draußen in der Natur. Daß sie beides in ihren Händen hält, das Drinnen und das Draußen, ist ungemein wichtig; wir werden von diesem auffallenden Parallelismus noch eingehend zu reden haben. Ihr Bild lebt nicht nur in den Tiefen der menschlichen Seele; es kehrt vor allem wieder droben am Himmel in des Mondes Wechselgestalt, der ja in unvergleichlicher Bildhaftigkeit den Wandel des Gegensatzes uns Tag für Tag vor Augen führt. Darum ist *der Mond kosmisches Urbild und Symbol für innerseelisches Geschehen gleichzeitig;* und dieses vom Himmel herniederstrahlende Ursymbol des Lebens hat gewissermaßen menschliche, personhafte Gestalt angenommen im Urmutterbild der

Frau Holle. Über die innige Verwandtschaft zwischen dem Mond und der Frau Holle kann gar kein Zweifel bestehen; *Hüsing* sagt darüber:

„Ihr (der Frau Holle) Urbild am Himmel ist der bald volle, bald abgesponnene Spinnrocken ... ein unzweifelhaftes Bild des Mondes, denn der Flachs wird bald als schneeweiß, bald als golden bezeichnet. Und Frau Holle ist auch sonst das Abbild des Mondes, und zwar des vollständigen, der ganzen Kugel, die aus einer weißen und einer dunklen Halbkugel besteht: und darum hat sie auch wirklich ihre zwei gegensätzlichen Seiten ... Holda-Berchta ist eine Verkörperung der Zeit, des von dieser gebrachten Schicksals mit Geburt und Tode, und damit ist sie auch Herrscherin der Seelen."

Die Frage, ob im Mythos der Mond als kosmisches Gleichnis für innerseelisches Erleben aufgefaßt wird oder ob umgekehrt die Menschen in ihrer Seele wiederentdeckten, was sie zunächst draußen im Kosmos und in der Natur erlebt, ist im Grunde müßig, wenn auch gesagt werden muß, daß der Mensch auf einer kindlicheren Stufe sich zweifellos zunächst vom sinnenhaften Draußen beeindrucken ließ, ehe er, reifer geworden, in den Gründen seiner Seele Einkehr hielt und dort das Abbild des Draußen wiederentdeckte. Die innere Entwicklung des einzelnen wie der Menschheit im weltanschaulich-religiösen Erfassen des Lebensrätsels und in der Meisterung des Lebens, die einer Erweiterung des religiösen Bewußtseins gleichkommt, geht zweifellos zunächst aus vom Hereinholen des sinnenhaften Draußen in die Seele, von dem seelischen Erfassen der äußeren Welt, während der Kosmos der Seele selbst erst auf späteren Entwicklungsstufen im Menschen lebendig wird und Gestalt gewinnt. Damit wird gleichzeitig auch das Symbol inhaltlich erweitert und vertieft. Keimhaft sind aber schon auf sehr früher Entwicklungsstufe *alle* seine Entwicklungsmöglichkeiten vorhanden, und es kann darüber kein Zweifel sein, daß der tiefe Grund des Brunnens, in dem Frau Holle wohnt, *zugleich kosmischer wie seelischer Abgrund* ist, selbst wenn diese *beiden* Seiten vom *Bewußtsein* noch nicht gesehen werden. Die Romantikerin *Karoline von Günderode* hat diese Zusammenhänge in dichterischer Intuition so auf den Begriff gebracht:

„Doch schau hinab in deiner Seele Gründen,
was du hier suchest, wirst du dorten finden,
des Weltalls seh'nder Spiegel bis du nur.
Auch dort sind Mitternächte, die einst tagen,
auch dort sind Kräfte, die vom Schlaf erwachen,
auch dort ist eine Werkstatt der Natur."

In sehr echter Weise hat auch *Bettina Brentano* von derselben geheimnisvollen Wirklichkeit Zeugnis abgelegt: [...]

„Ein Inneres sagt mir: Wie du den Sternen zusagst, — so sage der inneren Stimme auch zu ... *Groß handeln heißt nichts als die reine Gewissensstimme mit der Harmonie der Geister, der Sterne, der Natur einklingen lassen.*"

Goethe aber löst das Rätsel dieses Gegensatzes mit folgender Antwort:

„Nichts ist drinnen, nichts ist draußen,
denn was innen, das ist außen.
So ergreifet, ohne Säumnis,
heilig-öffentlich Geheimnis."

*

Wenden wir uns nun den einzelnen Märchen zu, so gehen wir hierbei natürlicherweise von dem Märchen aus, das sozusagen das Grundthema anschlägt und schon in seiner Überschrift den Namen der „*Frau Holle*" trägt *(Grimm, Kinder- und Hausmärchen = KHM Nr. 24).* Hier haben wir die Idealgestalt der Frau Holle, „wie sie im Buch steht", vor uns im Sinne des oben Gesagten. Sie zeigt sich von ihrer holden und ihrer schrecklichen Seite, ist gütige und furchtbare Schicksalsbringerin zugleich, teilt heitere und schwarze Lose aus, indem sie den einen Menschen mit Gold, den andern mit Pech überschüttet. Daß auch die Spindel als unentbehrliches Attribut im Märchen eine bedeutsame Rolle spielt, muß beachtet werden. Wahrscheinlich dürfen wir überhaupt die beiden Mädchen, die Goldmarie und die Pechmarie, die „goldene" und die „schwarze" Jungfrau, wie sie der Hahn benennt, als Personifikationen der beiden Wesensseiten, der schwarz-weißen Zweigestalt der Frau Holle ansehen, so daß wir hier sozusagen ein Gegenstück zu der in den beiden Raben verkörperten Zweigestalt Odins vor uns hätten. Darauf scheint besonders eine alemannische Variante des Märchens, von der *Hüsing* berichtet, hinzuweisen, in der die beiden Mädchen „Gold-Betheli" und „Harz-Babi", also Gold-Bertha und Harz-Bertha heißen.

Hier sei noch ein Wort gesagt zu der auffallenden Erscheinung, daß sowohl im Mythos wie im Märchen häufig eine Gestalt sich abwandelt und in eine andere übergeht, oder, wie hier, sich in mehrere Gestalten aufteilt oder sich umgekehrt von der Mehrgestaltigkeit zur Eingestalt zurückbildet. Diese Erscheinung ist im Mythos aller Völker sehr häufig. Sie ist dem nicht fremd, der bedenkt, daß ja auch die Lebenswirklichkeit selber, von der jene Gestalten uns in Form des Gleichnisses Kunde geben wollen, nicht starr ist, sondern, in ständigem Wandel begriffen, tausend fließende Übergänge zeigt und immer neue, geheimnisvolle Seiten ihres Wesens uns offenbart. Es werden uns daher im Rahmen dieser Untersuchung noch eine Anzahl solcher Abwandlungen begegnen; auch der Geschlechtswechsel und die Doppelgeschlechtlichkeit gehören in diesen Zusammenhang.

Gerade die Gestalt der Frau Holle ist ein besonders eindrucksvolles Beispiel für das eben Gesagte. Wie beim Hexeneinmaleins wächst aus der Einzahl die Mehrzahl heraus: die Einheit der Urgestalt zeigt in den beiden Marien ihre zwei Wesensseiten und wird so zur Doppelgestalt; aber dasselbe Urbild kann auch zur Dreiheit werden in Gestalt der drei Nornen oder Schicksalsspinnerinnen, und diese wieder stellen häufig eine vierte, dunkle Gestalt aus sich heraus, wie wir noch sehen werden. Ja, auch damit noch nicht genug: die Schicksalsfrauen erscheinen mitunter in wiederum vervielfachter Zahl: im Dornröschenmärchen sind es $3 \times 4 = 12$ bzw. 13, die um die Wiege der neugeborenen Königstochter ihre Schicksalsworte sprechen, wobei die dreizehnte wieder die dunkle Schicksalsbringerin ist. Noch überraschender aber ist, daß ganz entsprechende männliche Gegenbilder aufgezeigt werden können: die männliche Urform Odin, die in den beiden Raben zweigestaltig, in den drei wandernden Schicksalsschmieden Odin, Wili und We dreigestaltig erscheint. Von jeder mythischen Gestalt gilt eben das Wort in Faust II:

> „Weltweise Kniffe sind dir noch bewußt,
> Gestalt zu wechseln, bleibt noch deine Lust."

In unserem Märchen erscheint noch ein weiterer Zug bedeutsam. Frau Holle taucht hier offenbar noch in einer weiteren Eigenschaft, als eine Art „*Erdmutter*", als Spenderin von Fruchtbarkeit auf; darauf wollen zweifellos die *Brote*, die aus dem Backofen geholt werden, die *Äpfel*, die geschüttelt werden wollen, hinweisen. Dabei scheint es uns im Hinblick auf die oben angedeuteten Beziehungen zwischen Frau Holle und dem Wechselgesicht des Mondes nicht ohne Bedeutung, daß das fleißige Mädchen, die spätere Goldmarie, die Brote aus dem Ofen holt und die reifen Äpfel schüttelt, während die andere, die faule, die spätere Pechmarie, daran vorübergeht: nach altem Volksglauben steht der zunehmende Mond im Zeichen besonderer Fruchtbarkeit, während man bei abnehmendem Mond z. B. nicht säen, in manchen Gegenden (z. B. in Thüringen) auch nicht heiraten soll.

Wir können aber bei der Sinnerschließung des Frau-Holle-Märchens sehr wohl auch noch eine andere Seite ins Auge fassen: *Frau Holle als Erdmutter hält den Jahrlauf in Händen*, kann Segen spenden und Segen versagen: in einem Fall spendet sie im Herbst Brot und Obst die Fülle, und wenn nur im Winter die Betten ordentlich geschüttelt werden, so kann im neu anbrechenden Jahre, wenn das Leben im Frühjahr wiederkehrt, der Mensch die Fülle der goldenen Gaben nicht fassen. Versagt Frau Holle aber ihren Segen, so kommt alles in Unordnung: das fertige Brot wartet umsonst im Backofen, die Äpfel werden nicht geerntet, die Betten nicht recht geschüttelt, und auf einen solchen „schwarzen" Winter kann auch nur neuer Unsegen folgen.

Daß es im Lande der Frau Holle „alle Tage Gesottenes und Gebratenes" gibt, mit dem bekanntlich die fleißige Jungfrau gespeist wird, weist uns auf den Zusammenhang mit *„Hänsel und Gretel"* (*KHM Nr. 15*), wo die Hexe die Kinder zunächst sehr freundlich mit „Milch, Pfannekuchen, Zucker, Äpfeln und Nüssen" bewirtet, um ihnen hernach eine um so furchtbarere Kehrseite zu zeigen. Hier

wie dort spielt übrigens auch der *Backofen* eine Rolle, das eine Mal
in segenbringender, das andere Mal in furchtbarer Bedeutung: wie
das fertige Brot aus dem Backofen geholt wird, so kann ein
andermal ein Kind spurlos darin verschwinden, wenn die Hexe
es so will. Das erinnert an den obengenannten Brunnen mit seinem
Doppelgesicht, aus dem die Kindlein auf die Erde gebracht und
in den sie auch wieder von der Hexe heruntergeholt werden. Vielleicht wird uns die Doppelnatur des Backofens und des Brunnens
verständlicher, wenn wir uns vor Augen halten, daß auch der
Mutterschoß der heiligen Erde ein freundliches und ein furchtbares
Gesicht zeigen kann:

> „Dem dunkeln Schoß der heil'gen Erde
> vertrauen wir der Hände Tat,
> vertraut der Sämann seine Saat
> und hofft, daß sie entkeimen werde
> zum Segen nach des Himmels Rat.
> Noch köstlicheren Samen bergen
> wir trauernd in der Erde Schoß
> und hoffen, daß er aus den Särgen
> erblühen soll zu schönerm Los."

Daß der Backofen „*Mutterschoß*" in des Wortes eigentlichster
Bedeutung ist, geht auch noch aus anderen Zusammenhängen hervor, von denen in humorvoller Weise *Otto Schmidt* in einem Aufsatz über den Laich im 1. Bundesspielscharheft der „Adler und
Falken" berichtet:

> „Der Mutterleib galt als Backofen, aus dem die kleinen Kinder gezogen
> wurden. Nun konnte einer berichten, wie ihm einige Tage vorher ein
> schwäbischer Bauer seinen zwei Tage alten Jungen entgegenhielt mit den
> Worten: ‚Frisch aus am Bachofa!', und eine helle Freude löste es aus,
> als wir plötzlich die volle Bedeutung des Ausdruckes verstanden, den man
> bei uns dreimal an jedem Tage an den Kopf geworfen bekommen kann,
> wenn einem verkündet werden soll, daß man — hochdeutsch! — ‚nicht
> bei Troste' sei: ‚Du bischt jo net ganz bacha!' (Du bist ja nicht ganz ge-
> backen!)."

Übrigens soll es solche unfertigen Menschen auch außerhalb
Schwabens geben. In Sachsen z. B., wo bekanntlich „die schönen
jungen Mädchen auf den Bäumen wachsen", soll nach dem Urteil

eines schwäbischen Bauern auch solche geben, die „unreif abigfalle"
sind. Wir sehen an diesem Beispiel, wie reich an Möglichkeiten die
mythologische Sprache ist: Backofen und Baum, beide Sinnbild für
dieselbe Lebenswirklichkeit, beide in dieser Bedeutung noch im
Volksmund erhalten!

Das Land der Frau Holle ist auch das „*Schlaraffenland*" (*KHM
Nr. 158*), in dem einem die gebratenen Tauben in den Mund fliegen,
in dem dem Menschen ohne Bemühung geschenkt wird, wonach er
in seinem gewöhnlichen Leben mit willentlicher Anstrengung vergeblich die Hände ausstreckt. Daß der ausmalenden Phantasie des
Erzählers bei der Darstellung des Grundgedankens der Gaul etwas
durchgegangen ist und reichlich groteske Sprünge vollführt, darf
uns nicht stören. In ähnlicher Weise übertreibt ja auch der Traum,
wenn er uns seine Bilder vor Augen stellt. Tatsächlich ist das so
vieldeutige Land der Frau Holle auch das Traumland, das große
Land des Unbewußten, wo die unmöglichen Dinge möglich werden
und wo der Herr den Seinen im Schlaf gibt, was sie brauchen. Der
Schlaf und der Traum schenken Ausgleich und Ergänzung dessen,
was unseren bewußten Willensanstrengungen und Erkenntnissen
versagt bleibt. Denn die heiligsten, tiefsten und innersten Dinge
sind uns noch immer in der Nacht offenbart worden, wenn die
störenden, ichhaften Einflüsse des Tagesbewußtseins und der
Krampf unserer willentlichen Bemühungen ausgeschaltet sind.

Wir pflegen im allgemeinen unser Bewußtsein weit zu überschätzen und die unbewußten, irrationalen Kräfte unserer Seele,
die im Schlaf und im Traum zu uns reden, gemeinhin nur als ein
etwas absonderliches, rätselvolles Anhängsel des Tagesbewußtseins
zu betrachten. Aber alle „Primitiven" und alle mit Tiefgang lebenden Menschen, vor allem unsere Großen, wissen es besser. In diesem
Sinne sagt *Hebbel*: „Der Schlaf ist die Nabelschnur, durch die das
Individuum mit dem Weltall zusammenhängt", ein großes Wort,
das aber sofort verständlich wird, wenn wir uns an einem Bilde
das Verhältnis unserer bewußten zu unseren unbewußten Kräften
verdeutlichen. Die Seele des Menschen kann mit einem Eisberg verglichen werden, getragen vom Strom der uns umgebenden Erdkräfte
und kosmischen Kräfte. Was zu $^1/_{10}$ über die Wasseroberfläche
herausragt, ist unser Bewußtsein, das wir sehen und mit dem wir

leidlich umzugehen wissen; aber wir müßten uns dessen weit mehr bewußt sein, daß der eigentliche Schwerpunkt unserer seelischen Wirklichkeit in verborgenen Tiefen ruht. Das Land des Unbewußten, zu dessen wunderbaren Geheimnissen wir im Schlaf Zugang haben, ist ja nichts anderes als das *„Reich der Mütter"*, in dem das Schöpferische des Menschen beheimatet ist, zu dem uns *Goethe* im Faust den Zugang erschlossen hat. In diesem Sinne ist Frau Holle die *Seelenführerin*, heute noch ebenso lebendig in uns wie einst in den Zeiten unserer Vorväter, und wenn sie im Traume zu uns redet, wird das „Es war einmal" unserer Märchen lebendige Gegenwart. Man muß also nur in der rechten Haltung in den Brunnen des Unbewußten hineinspringen oder sich durch den *„Kuchenberg"* bzw. die *Mauer aus Reisbrei* durchessen, dann erleben wir im Lande der Frau Holle Wunder über Wunder und kehren reichbeschenkt aus diesem Wunderlande in die Tageswelt zurück. Wem aber die Frau Holle, die Seelenführerin, nicht wohl will, der wird mit Pech überschüttet oder es widerfährt ihm noch Schrecklicheres; der furchtbar gähnende Schlund der Tiefe, des Brunnens, des Berges, des Backofens hält ihn gefangen und läßt ihn nicht mehr frei! Dann bricht die ewige Umnachtung über den Menschen herein.

Ja, ein Land voller Abgründe und voller Seligkeiten ist der Frau Holle Schattenreich! Dort erfährt der Mensch in Wahrheit,

> „Was, von Menschen nicht gewußt,
> oder nicht bedacht,
> durch das Labyrinth der Brust
> wandelt in der Nacht. "   (Goethe)

*

Noch eine ganze Anzahl weiterer Märchen gehört offenbar in denselben Mythenkreis. Betrachten wir uns zunächst das Märchen *„Allerleirauh"* *(KHM Nr. 65)* etwas näher. Auf die Gegensätzlichkeit im Wesen der Frau Holle und wohl auch auf die Erscheinung des Phasenwechsels ihres himmlischen Abbilds weist der Wechsel zwischen den drei lichten Kleidern und dem diesen Glanz je und je verhüllenden *Mantel „von allerlei Pelz* und *Rauhwerk"* hin. Auch

fällt auf, daß Allerleirauh abwechselnd ins „Ställchen, wo kein
Tageslicht hinkommt" und hinauf zum Fest in den Saal des Königs
gehen muß, nachdem sie sich jedesmal „den Ruß vom Gesicht und
von den Händen abgewaschen", „so daß ihre volle Schönheit wieder
an den Tag kam". In einem „Kleid, das wie die Sonne glänzte",
geht sie nach oben. In ihr Ställchen kehrt sie zurück, nachdem sie
„ihr Kleid ausgezogen, Gesicht und Hände schwarz gemacht und
den Pelzmantel umgetan". Das wiederholt sie noch zweimal, wobei sie jedesmal ein anderes Kleid aus der Nußschale herausholt,
die übrigens all unserer naturwissenschaftlichen Schulweisheit zum
Trotz als reife Frucht von der Weltesche, dem Lebens- und Schick-
salsbaume, herabgefallen sein mag. Durch drei Zeichen gibt sich
Allerleirauh dem fremden König zu erkennen: einen goldenen *Ring*,
ein goldenes *Spinnrad*, einen goldenen *Haspel*. An einer Stelle im
Märchen passiert ihr ein Mißgeschick:

„Weil sie so lange ... geblieben war, so konnte sie das schöne Kleid
nicht auszuziehen, sondern warf nur den Mantel von Pelz darüber, und in
der Eile machte sie sich auch nicht ganz rußig, sondern ein Finger blieb
weiß." Und das Märchen schließt damit, daß der König Allerleirauh
rufen läßt: „Da erblickte er den weißen Finger und sah den Ring den er
im Tanze ihr angesteckt hatte. Da ergriff er sie an der Hand und hielt sie
fest, und als sie sich losmachen und fortspringen wollte, tat sich der Pelzmantel ein wenig auf, und das Sternenkleid schimmerte hervor. Der König faßte den Mantel und riß ihn ab. Da kamen die goldenen Haare hervor und sie stand da in voller Pracht und konnte sich nicht länger verbergen. Und als sie Ruß und Asche aus ihrem Gesicht gewischt hatte, da
war sie schöner als man noch jemand auf Erden gesehen hat. Der König
aber sprach: Du bist meine liebe Braut und wir scheiden nimmermehr
voneinander."

Auch im Märchen vom „*Aschenputtel*" (KHM Nr. 21) läßt sich
derselbe Mythenkern unschwer herausschälen. Aschenputtel ist die
benachteiligte, hinter den beiden Schwestern zurückgesetzte Tochter,
die nicht mittanzen kann. Aber unter dem *Haselbaum* (Lebens- und
Schicksalsbaum) wirft ihm ein *Vogel* „ein *golden und silbern Kleid*
herunter und mit Seide und Silber ausgestickte *Pantoffeln*". Und
dann folgt ganz entsprechend wie in Allerleirauh der Wechsel zwischen Tanzreigen im königlichen Saal und dem In-der-Asche-Liegen

in schmutzigen Kleidern, eine Lage, die sehr an das „Ställchen" in
Allerleirauh erinnert; dreimal hintereinander „hatte es die schönen
Kleider abgezogen und aufs Grab gelegt, und der Vogel hatte sie
wieder weggenommen, und dann hatte es sich in seinem grauen
Kittelchen in die Küche zur Asche gesetzt". Eine besondere Rolle
als Erkennungsmerkmal spielen in dem Märchen noch die goldenen
Pantoffeln, die wir wohl mit Recht als die bildhaften Symbole der
Mondsicheln auffassen dürfen. Dies führt zu weiteren Zusammenhängen. Da und dort wurde früher bei uns eine weibliche Gottheit
oder Heilige verehrt, eine Art weibliche Lokigestalt, die viel Leid
erdulden muß. Nach *Hüsing* wird diese Gestalt „auch mannweib-
lich, als Zwitter gedacht, wie es ja für Loki kennzeichnend ist, daß
er so oft in weiblicher Gestalt auftritt. Und so werden wir wohl
das Nebeneinander eines weiblichen und eines männlichen Wesens
als eine Spaltung des Leidens eines ursprünglich mannweiblichen
Wesens aufzufassen haben" (*Hüsing*, a. a. O. S. 82). Nach unseren
seitherigen Erfahrungen sind wir ja schon an Hand anderer Beispiele mit solcher Abwandlung mythischer Gestalten vertraut. Diese
weibliche Gestalt ist also wiederum nichts anderes als Perchta oder
Frau Holle, in dieser Form vom Volk als *„Heilige Kümmernis"*
verehrt. Meist wird sie mit ausgebreiteten Armen an einem Baumast
hängend (vgl. dazu Odin an der Weltesche als männliche Entsprechung!) oder an ein Kreuz gebunden dargestellt, von „Folterknech-
ten" auf allerlei grausame Weise gequält. Sie ist am ganzen Leibe
behaart, manchmal sogar mit Bart versehen (wohl ein letzter Hinweis auf die mannweibliche Urform!), und trägt goldene Schuhe.
Die Behaarung stellt den Zusammenhang mit der Gestalt in
Allerleirauh her, die goldenen Schuhe den mit Aschenputtel. In
diesen Zusammenhang gehören übrigens wiederum eine ganze
Reihe von Ortssagen. Als Beispiel für viele sei hier die von *Kapff*
(a. a. O. S. 73) berichtete Sage vom *Pelzweible* angeführt:

> „Eine Viertelstunde von Schlat zwischen dem Wasserberg und der
> Fuchseck lag einst die Burg Rommental. Man heißt den Platz, da sie vor
> Zeiten stand, den Pelzbuckel. Darin haust das Pelzweible (also wieder in
> einem Berg! Anm. d. V.) und hütet einen ungeheuren Schatz. Noch erkennt
> man oben auf dem Pelzbuckel die Stelle, da der Schatz verborgen liegt,
> an einer Vertiefung; man heißt sie 's Pelzweibles Loch."

Auch dem Amtmann *von Süßen* soll nach *Kapff* (ebenda) einst
das Pelzweible „in weißem Gewand" erschienen sein mit der Bitte,
es zu erlösen. Es werde ihm freilich bei dieser Gelegenheit dreimal
in fürchterlicher Gestalt (man beachte wiederum den Gegensatz!
Anm. d. V.) erscheinen. Auch das von *Kapff* im selben Zusammenhang erwähnte „*Kautenweible*", das im Kautenwald zwischen Vil-
lingen und Rottweil sein Unwesen treibt, gehört hierher. Es erscheint beeren- und holzsuchenden Mädchen mitunter im Wald,
indem es „faselnackt vor ihren Augen herumtanzt" (Enthüllung!),
um darauf plötzlich in einer Hecke zu verschwinden (Verhüllung!).
Also auch wieder die Frau Holle oder Heilige Kümmernis in ab-
gewandelter Gestalt. Auch ist es kein Zufall, daß die Heilige Kümmernis im Volk den Namen „*Die Veränderung*" führt. Wenn wir
das über die sich wandelnde Doppelgestalt der Frau Holle und
ihrer zahlreichen Nebenformen Gesagte dazu vergleichen, brauchen
wir keine besondere Erklärung für diesen Namen mehr. Unter
psychologischer Betrachtungsweise erhalten diese Gestalten übrigens
noch einen anderen Sinn, von dem später die Rede sein soll.

Die Urmuttergestalt der Frau Holle oder der Heiligen Kümmernis wurde in christlicher Zeit sehr häufig und in sehr verschiedener
Weise weitergestaltet. Oft wird sie sogar zur *Muttergottes,* die bekanntlich ebenfalls da und dort (z. B. von *Tilman Riemenschneider*)
behaart am ganzen Leibe dargestellt wird und deren enge Beziehung zu den genannten heidnischen Gestalten schon durch die
verschiedenen Darstellungen der „*Madonna auf der Mondsichel*"
erwiesen ist, ein Attribut der Madonna, das aus der biblischen
Überlieferung jedenfalls nicht hergeleitet werden kann, dagegen
sehr wohl aus der mythischen Erberinnerung. In der christlichen
Madonna ist die Erinnerung an die Urmutter als die Verkörperung
des weiblichen Prinzips in der Welt auf die verschiedenste Weise
symbolisch festgehalten; doch kann darauf in diesem Zusammenhang nicht näher eingegangen werden.

Die Zusammenhänge zwischen der Heiligen Kümmernis und dem
Märchen sind noch auffälliger und geradezu in die Augen sprin-
gend: wie Aschenputtel den Schuh verliert, so auch in den verschiedenen Volkssagen die Heilige Kümmernis, von der wir übrigens
in Württemberg, als christlich übermalten Ableger, die in Gmünd

verehrte „*Heilige Cäcilie*" haben. So wenig im Grunde natürlich die Gestalt dieser Sage eine christliche Heilige ist, so lebendig hat das Volksbewußtsein in der Sage selbst den kennzeichnenden Schuhverlust festgehalten, der ein deutlicher Hinweis auf den Mondmythos ist. In einer anderen, ebenfalls christlich veränderten Fassung wird die Kümmernissage von *Hüsing* (a. a. O. S. 127 f.) berichtet.

In stark christlich übertünchter Form haben wir im Märchen „*Marienkind*" (*KHM. Nr. 3*) eine etwas andere Ausprägung der Frau-Holle-Mythe. Zunächst fällt wiederum die starke Herausarbeitung des immer und immer in den Märchen wiederkehrenden Hell-Dunkel-Gegensatzes auf. Marienkind wird von der Jungfrau Maria „hinauf in den *Himmel*" geholt. „Da ging es ihm wohl, es aß Zuckerbrot und trank süße Milch . . . und seine Kleider waren von Gold." Auch der goldene Finger, der wiederum wie in Allerleirauh auftaucht, ist bedeutsam. Dann aber, auf Grund seiner Verfehlung, wird es verstoßen. Es liegt nun „unten auf der *Erde*, mitten in einer *Wildnis* . . . von dichten *Dornenhecken*" umgeben. Bald „zerrissen seine Kleider und fiel ein Stück nach dem andern vom Leibe herab . . . und seine langen Haare bedeckten es von allen Seiten wie ein *Mantel*". So „fühlte es den Jammer und das Elend der Welt". Die Verwandtschaft mit den oben dargestellten Märchen und mythischen Gestalten ist offensichtlich. Aber noch ein neuer Zug an dieser Holle-Kümmernisgestalt ist wichtig. Marienkind birgt sich zum Schutz vor den Unbilden der Witterung in einem hohlen Baum. Wie das Wasser, so ist nach germanischer Auffassung auch der Baum der Ort, da der Mensch dem mütterlichen Lebensurgrund begegnet, weshalb denn auch der Baum sowohl im Mythos wie im Brauchtum bis auf unsere Tage (Dorflinde u. ä.!) eine sehr bedeutsame Rolle spielt. Dem Schoße der Mutter Erde entsprungen und mit ihren verborgenen Lebenskräften wurzelhaft verbunden ist er, wie jede Pflanze, lebendiges Abbild der erdhaft-natürlichen Lebensgesetze vom Kreislauf alles Geschehens, wenn er im Wechsel der Jahreszeiten Keime treibt, sproßt, blüht, Früchte trägt, abstirbt und wieder zu neuem Leben erwacht. So verbürgt er durch sein Sein wie die Mutter Erde überhaupt Dauer im Wechsel, ist Abbild und Gleichnis alles Vergänglichen, aber auch der Wiedergeburt und der Unsterblichkeit. Indem Marienkind in den Baum flüchtet, stellt sie sich in den Schutz dieser Kräfte, birgt sie sich im Schoße der Urmutter und holt sich dort neue Lebenskraft. Erinnerungen an diese Symbolik finden wir noch da und dort in manchen Erzeugnissen der mittelalterlichen (unpersönlichen) Kunst. So berichtet *Karl von Spieß* (a. a. O. S. 240) von Wallfahrtskirchen mit Marienbildern, auf denen *Maria im Baume* abgebildet ist.

„Darauf weisen auch die Namen Maria im Grünen u. dgl. hin. Auf einem Gmundener Majolikateller sahen wir Maria in einem stilisierten Baume mit neun Zweigen (der neunsprossige *„Lebensbaum"*. Die Neunzahl deutet wohl auf Zusammenhänge mit der Mondzeitrechnung hin. Anm. d. V.) Sie ist im dunkelblauen Gewande nur mit dem Oberkörper dargestellt, an dem eine schmale, helle Mondsichel haftet. Die blaue Farbe hat in der durch die mythische Überlieferung bedingten Farbenreihe denselben Wert wie Schwarz. Es handelt sich also in diesem Falle um eine schwarze Maria. Dieses Ergebnis wird durch Anhängsel aus Unteritalien (Spieß bringt eine Abbildung davon! Anm. d. V.) bestätigt, wo eine Kröte in einem Halbmonde mit Jesus und Maria beschrieben ist. Da der neugeborene Jesus in diesem Falle nur die Mondsichel sein kann, so bleibt für Maria die Kröte übrig, die wir als ein Sinnbild der Gebärmutter oder der Gebärenden erkannt haben. Die weibliche Gestalt im Baume und dunkler Ausprägung entspricht somit ganz den gegensätzlichen Formen der Frau Holle."

Die hier in Verbindung mit der Muttergottes auftauchende *Kröte als Symbol der Fruchtbarkeit* finden wir mit demselben Symbolcharakter auch in den Märchen wieder. Das Märchen von *„Dornröschen" (KHM. Nr. 50)* beginnt damit, daß sich König und Königin ein Kind wünschen. Nach langer Wartezeit „trug es sich zu, als die Königin einmal im Bade saß, daß ein Frosch aus dem Wasser ans Land kroch und zu ihr sprach: Dein Wunsch wird erfüllt werden, ehe ein Jahr vergeht, wirst du eine Tochter zur Welt bringen. Was der Frosch gesagt hatte, das geschah."

Im weiteren Sinne, unter psychologischem Aspekt, ist *die Kröte Sinnbild neuen Werdens, eines schöpferischen seelischen Vorgangs, auch Sinnbild der Wandlung, der Veränderung.* So wie im kosmischen Geschehen, wenn „die Zeit erfüllt" ist, das Lichte ins Dunkle und das Dunkle wiederum ins Lichte sich wandelt, „nach ewigen, ehernen, großen Gesetzen", so müssen sich auch im selben Ablauf die Kreise des menschlichen Daseins und Schicksals vollenden. Und wie jedes Kind, das geboren werden soll, zuvor in schweren, leidvollen Monaten ausgetragen werden und unter Wehen das Licht der Welt erblicken muß, so auch alles, was in unserer Seele ans Licht drängt und geboren werden will. Darum muß der Mensch ja sagen zum Schicksal, was auch immer es ihm an Hellem oder Dunklem beschieden haben mag, muß sein Schicksal „annehmen" und gläubig der Stunde warten, da Neues aus Altem geboren wird. In klassischer Weise ist diese große Lebenswahrheit im Märchen vom *„Froschkönig" (KHM. Nr. 1)* auf den Begriff gebracht. Die Königstochter sträubt sich gegen das widrige Schicksal, mit einem häßlichen Frosch ihr Leben teilen zu müssen. Aber sie sucht vergeblich ihrem Schicksal zu entfliehen; all ihr Abscheu und das Grauen davor, mit dem häßlichen Frosch vom selben Teller essen und im selben Bett schlafen zu müssen, nützen ihr nichts; das Schicksal läuft ihr nach und verfolgt sie zu jeder Stunde; es hilft ihr nichts, sie muß es annehmen. Und wie sie nun dieses ihr gewordene Schicksal in einem plötzlichen mutigen Impuls „in die Hand nimmt" und in ganzem Einsatz ihrer Seelenkraft, ohne noch an ihren Abscheu zu denken, mit ihm ringt (so wie Luther mit dem „Teufel "gerungen hat, als er nach der Legende das Tintenfaß an die Wand warf!), — da, in der Stunde der höchsten Not, tritt die unerwartete Wendung ein: *das Schicksal wandelt sich und kehrt sich in sein Gegenteil um:* aus dem häßlichen Frosch wird ein schöner Prinz mit goldenen Kleidern, der um die Königstochter freit!

Das ist eine Lebenswahrheit von unabsehbarer Bedeutung. Sie will im Grunde nichts mehr und nichts weniger sagen, als daß das Helle aus dem Dunklen, das Willkommene aus dem Unwillkommenen, *das Gute aus dem Bösen geboren wird mit innerer Notwendigkeit* (not-wendig ist das, was die Not wendet!), *wenn die rechte Stunde gekommen ist,* und daß das Häßliche, das Böse, nur eine verzauberte Form des Schönen, des Guten darstellt. *Das Gute ist die andere Seite dessen, was wir vorher als böse empfunden haben.* Hier sind also nicht, wie in der landläufigen Ethik, zwei durch Abgründe voneinander getrennte, wesenhaft verschiedene Wirklichkeiten, die sich hassen wie Feuer und Wasser, sondern alles ist im Grunde eine große Einheit, ein gewaltiger *Ring der Not-wendigkeit.* Religiös ausgedrückt: „Denen, die Gott lieben, müssen *alle* (alle!) Dinge zum Besten dienen." Wenn wir uns also an den dunklen, gefährlichen Dingen im Leben, auch an den dunklen und gefährlichen Seiten unseres Wesens aus einer gewissen Lebensangst vorbeizudrücken versuchen, gehen wir auch des Segens verlustig, der gerade hierin auf uns wartet. Ja, man muß zu gegebener Stunde den Mut haben, auch von Mephisto sich nicht schaudernd abzu-wenden, wenn er als Freund zu uns kommt; auch er kann lösen und erlösen, wenn er im Goetheschen Sinne von uns aufgenommen wird, als „ein Teil von jener Kraft, die stets das Böse will und doch das Gute schafft". Das Christentum hat diese geheimnisvolle, freilich auch gefährliche Lebenswahrheit so gut wie ganz vergessen; sie taucht noch andeutungsweise in dem Namen auf, den das frühe Mittelalter dem Teufel als der Verkörperung des Bösen, Dunklen beilegt: der Teufel heißt „*Lucifer*", d. h. *Lichtbringer.* In diesem Sinne sagt Eckehart einmal: „Ein guter Mensch soll seinen Willen so dem göttlichen Willen gleichbilden, daß er will, was Gott will: wenn daher Gott will, daß ich irgendwie gesündigt habe, so dürfte ich nicht wollen, die Sünde nicht begangen zu haben. Das ist wahre Buße." Hier haben wir es mit einem Gottesbegriff zu tun, bei dem *Gott jenseits von gut und böse* steht als *wirkende Lebenskraft, die das ganze Leben in ihren Händen hält ohne irgendwelchen Abstrich, ohne irgendeine Einschränkung.*

Unsere Großen haben um diese geheimen Wahrheiten des Lebens gewußt; dadurch, daß sie sie an sich selber kennenlernten und ver-wirklichten, bekam ihr Leben Weite und Größe, weil es im Einklang mit den innersten Kräften der Natur gelebt wurde.

All dies steckt in unseren Mythen und Märchen! Einen wunder-schönen Beleg für *die Kröte als Sinnbild des sich aus innerstem Gesetz wandelnden Schicksals* gibt wiederum eine Ortssage aus Schwaben:

„Bei Deizisau am Neckar liegt ein alter Burgstall, Körschburg genannt. Dort ist es nicht geheuer. Ein Riese geht dort um. Auch ist in der Burg ein Schatz verborgen. Dieser wird von einem weißen Pudel bewacht, der einen Schlüsselbund im Maul trägt. Daneben sitzt eine große Kröte. *Gehoben kann der Schatz aber erst werden, wenn diese Kröte ganz über-*

goldet ist. Dies geschieht immer mehr, geht aber sehr langsam." (Kapff, a. a. O. S. 65).

Aber all diese Dinge sind nicht uralte Vergangenheit. Es sind *seelische Wirklichkeiten, die wesenhaft und unverlierbar zum Menschen gehören* heute wie einst, seelische Urbilder, die im Jahre 1936 genau noch so lebendig sind wie vor Jahrhunderten oder gar Jahrtausenden. Denn es ist *das Leben selbst,* das hier zum Menschen redet, heute wie einst. Zum Beweis dafür sei ein *Traum* einer Frau mittleren Alters aus der jüngsten Gegenwart angeführt, den sie im Verlauf einer schweren seelischen Erschütterung träumte, ohne in ihrem Bewußtsein sich je mit diesen mythischen Dingen befaßt zu haben. Sie erzählt wörtlich:

„Ein grüner Laubfrosch springt hinter einem anderen, etwas größeren her, will ihn fangen. Letzterer sieht anders aus, etwas flacher, breiter, merkwürdig hell, sandfarben. Ich will ihn auch fangen. Da wird er gerade von dem Laubfrosch gefaßt und fest im Maul ganz und gar verborgen. Nun will ich den Laubfrosch fangen; indem ich ihn berühre, verwandelt er sich in meinen Buben (8 Jahre). Seine Kiefer sind krampfartig geschlossen. Er kann sie nicht öffnen. In seinem Wesen ist zwangsartige Krampfhaltung. Ich muß ihm helfen, bohre den linken Zeigefinger in seine rechte Wange zwischen den Kiefern, halte ihm mit der rechten Hand die Nase zu. Da öffnet er den Mund, um atmen zu können. Der Krampf löst sich, heraus springt der Frosch. Ich sehe ihn noch nicht, sehe nur den Buben. Der schreit auf, schaut beglückt hin auf das Tier, mit strahlenden Augen. Nun sehe ich, daß es eine *goldene Unke* ist. Sie sitzt still, ist aber ganz lebendig. Ihre Augen gehen lebhaft umher. Wir betrachten sie beide, still beglückt, erfüllt."

Dieser Traum kündigt an, daß ein höchst bedeutsamer, zentraler seelischer Werde- und Gesundungsprozeß begonnen hat. Wir werden darauf nachher noch zurückkommen.

*

Unerschöpflich ist der Bilderreichtum des Mythos. Er hat noch andere Möglichkeiten, dieselbe Wahrheit, daß „im Grunde" eines dunkeln Schicksals die Segnung des Himmels unser wartet, symbolisch auszudrücken. In einer Ortssage ist folgendes Bild gewählt:

„Im Speltachtälchen hinter Crailsheim liegt mitten im einsamen Wald der gründische Brunnen. Von ihm heißt es, daß noch niemals eines Menschen Auge auf seinen Grund gedrungen sei und daß nichts in seine unterste Tiefe fallen könne, was man auch hineinwerfe, und wäre es noch so schwer. Als einmal ein Müllerknecht mitsamt seinem Wagen vom Weg abgekommen und hineingeraten sei, da trug die Quelle den Leichnam wieder an die Oberfläche. *An manchen Tagen im Jahr aber sehen besonders Begnadete tiefer in seine Wasser hinein; die sehen es dann vom Grund herauf leuchten wie Gold und Edelstein"* (Kapff, a. a. O. S. 77 f.).

Dies ist der „tiefe, klingende Trostbrunnen", von dem *Nietzsche* redet, jener Lebensabgrund, von dem er in den Worten kündet:

> „... Fiel ich nicht —
> Horch! in den Brunnen der Ewigkeit?
> ... Du heiterer, schauerlicher Mittagsabgrund!"

Und: „In dein Auge schaute ich jüngst, o Leben: Gold sah ich in deinem Nachtauge blinken — mein Herz stand still vor dieser Wollust ...!"

Hier eröffnet sich uns der Ausblick auf eine Weltschau und Lebenshaltung von heroischer Größe. Ein Leben in dieser Haltung ist eine Höhen- und Gratwanderung, wo der Fuß zu straucheln droht, wenn das Auge in schwindelnde Tiefen blickt, wo einsam die Stürme brausen und ungebahnte Wege an Abgründen vorbeiführen, wo der Weg den Einsamen in endlose Weiten und Wüsten, in ungeahnte Schrecknisse und Herrlichkeiten geleitet. Aber es ist der Weg, von dem das Wort Goethes gilt: *„Alles Willkürliche, Eingebildete fällt zusammen, da ist Notwendigkeit, da ist Gott."*

In der Tat: „Notwendigkeit" und „Gott", das sind die Kräfte, die bei dieser innersten Erfahrung des Menschen in seinem Wesenskern jene „Neugeburt", jene Wandlung bewirken, die wir am zutreffendsten mit der Mystik aller Zeiten *„Geburt des Selbst"* nennen, des „Menschen im Menschen", des „Wesenskerns" oder wie sonst die Bezeichnungen für das Unnennbare in uns alle heißen mögen. Es ist — um mit Eckehart zu reden — die Geburt der Gottheit in der Seele des Menschen, bei der in einem unbeschreibbaren Tiefenerlebnis der Seele die Trennungsschranken zwischen dem Drinnen und dem Draußen, dem Mikrokosmos und dem Makrokosmos fallen. Wer in „amor fati" das Unerschütterliche in sich gefunden hat, der ruht in Gott. Tausendfach sind die Bilder des indoarischen Menschen für dieses Erleben. Es ist „ein Einheitserleben, das die Erfahrung des Selbstes in sich enthält und das dann bald zu dem berühmten Satze ‚tat twam asi' (das bist du) führt, d. h. der Lehre, daß die innerste Wesenheit des Menschen und die innerste Wesenheit alles Seins, die ‚Wirklichkeit der Wirklichkeit' eins sind" (*Hauer*, a. a. O. S. 46). Und so sagt — um unsern Blick noch einen Augenblick zu dem indischen Brudervolke hinüberzulenken — der Inder vom puruṣa, dem „Selbst" des Menschen:

„Dieser ist mein Selbst im Innern meines Herzens, kleiner als ein Reiskorn oder Gerstenkorn oder Senfkorn oder Hirsekorn oder eines Hirsekorns Kern. Dieser ist mein Selbst im Innern meines Herzens, größer als die Erde, größer als das Firmament, größer als der Himmel, größer als die Welten. Der allwirkende, aller Lust volle, aller Gerüche teilhaftig, allen Wesens voll, der das All umfassende, der wortlose, der unbekümmerte, dieser ist mein Selbst im Innern meines Herzens." (Hauer, a. a. O. S. 52.)

So beschreibt der Inder die Wohnung des Selbst:

„Achtfach umwallt, neuntorig ist die Burg der Götter, die uneinnehmbare. In ihr ist eine goldene *Schatzkammer,* ein Himmel von Licht umhüllt. In dieser goldenen Schatzkammer, die auf drei Stützpunkten steht mit drei Speichen (Pfeilern) — was für ein selbsthaft Schauerwesen in dieser wohnt, die brahman-Wisser wissen es. In diese strahlende, goldene, gelbe Burg, die mit Herrlichkeit rings umhüllt ist, in die unbesiegte, ist das brahman eingegangen." (Atharvaveda, X, 2, 31 ff. in Hauer, a. a. O. S. 41.)

Werden wir bei dieser Beschreibung nicht unmittelbar erinnert an jene oben berichtete Ortssage aus Deizisau, wo die sich langsam übergoldende Kröte einen ungeheuren Schatz bewacht?

„Für die Tatsache, daß das Selbst in jedem Menschen ruht, daß er sich aber dessen nicht bewußt ist, steht das Gleichnis vom *Goldschatz,* der in eines Mannes Garten vergraben liegt. Er weiß nichts von diesem Schatze, schreitet täglich achtlos darüber hin, bis er ihn entdeckt und nun erst sieht, welch großen Reichtum ihm das Schicksal beschert hatte. *Er hatte ihn immer besessen, und doch war er nicht sein eigen.* Hier ist übrigens eine

Stelle aus der Bhagavadgita (VI, 5) einzufügen, die besagt, daß, so wie das Selbst des Selbstes Freund sei, so sei auch das Selbst des Selbstes Feind. Das heißt, wenn der Mensch sein Selbst nicht entdeckt, so bleibt dies nicht einfach als ein Unentdecktes unwirksam liegen, sondern es drängt und wühlt in ihm, bis daß er sich seiner bemächtigt. Tut er es nicht aus Gleichgültigkeit oder weltbefangener Widerspenstigkeit, so schafft ihm dieser Zwiespalt eine innere Zerrissenheit und bringt ihm schließlich Unheil" (Hauer, a. a. O. S. 76/77).

Betrachten wir unsere deutschen Märchen unter innerseelischem Aspekt, so begegnen wir auf Schritt und Tritt der Symbolik der Selbst-Werdung. Ob im Märchen von der Erlösung durch einen Königssohn die Rede ist oder vom Aufwachen aus dem Schlaf oder von der Geburt eines Kindes unter viel Schmerzen und Nöten oder von der Errettung aus Gefangenschaft und Kerkerhaft: alle diese und ähnliche Symbole wollen — unbeschadet ihres kosmischen Aspekts, der ein verschiedener sein kann — im Grunde nichts anderes darstellen als das schwere Geheimnis, das über dem Durchbruch des Menschen zum Selbst lastet[1].

Daß es sich gerade auch beim *Frau-Holle-Märchen,* unter diesem Gesichtspunkt betrachtet, um eine *typische Darstellung des Individuationsprozesses* handelt, ist zweifellos. Zunächst wird einmal

---

[1] Es erscheint notwendig, auf den Unterschied hinzuweisen, der zwischen dem Begriff des „Selbst" in der psychologischen Theorie Jungs (vgl. hierzu die Definition auf S. 4 oben!) und dem in der indo-arischen Mystik gebrauchten Begriff besteht. Andeutend kann hierüber vielleicht gesagt werden: Individuation im *psychologischen* Sinne ist die wachstumsmäßige und stufenweise Entfaltung der *psychischen Totalität,* während unter Selbstwerdung im Sinne der *metaphysischen* Ideen der Mystik die Geburt und Entfaltung jenes „Kernwesens" im Menschen verstanden werden muß, das der Inder „puruṣa", Eckehart das „Seelenfünklein" nennt. So wenig begrifflich hier die Grenzen verwischt werden dürfen, so sehr zeigt andererseits die Erfahrung, daß das schöpferische Leben unbekümmert um notwendige theologische bzw. psychologische Grenzziehungen *begrifflich* zu Trennendes *lebensmäßig* zu einer unlöslichen Einheit zusammenführt. Daß vertiefte *psychologische* und vertiefte *religiöse* Haltung, Erkenntnis und Erfahrung untrennbar ineinander verwoben sind, findet, wie uns scheinen will, gerade in der Bildersprache mythischer Symbolik ihre eindrucksvolle Bestätigung.

klar, daß der Aufbruch des Menschen zum Selbst tatsächlich ein *Weg* ist, der entschlossen beschritten werden muß und der ganz bestimmte *Aufgaben* in sich schließt, die in gewisser *Stufenfolge* vom Menschen *Einsatzbereitschaft* und *Hingabefähigkeit* fordern. Wohl ist es so, daß auf diesem Wege der *empfangenden* Hand geschenkt wird, was längst für sie bereitet war, daß dem, der auf diesem Wege die *Treue* hält (die „Treue" gegenüber dem „Bild des, das er werden soll"), die Fülle der Gaben buchstäblich „in den Schoß fällt", aber diese *Empfänglichkeit,* die unser Leben erst fruchtbar macht im tiefsten Sinn des Worts, indem unser Leben von nun an im Zeichen der mütterlichen Seinskräfte ruht, um von diesem Grunde aus die männliche Seite neu zu gewinnen, ist keineswegs ein faules und nachlässiges „Die-Hände-in-den-Schoß-Legen", sondern im Gegenteil ein *restloses und unbedingtes Hingewendetsein zur Sache oder Aufgabe,* die jeweils an uns herantritt, ein selbstloser, selbstvergessener *Dienst* an ihr, ein ganzes *Geöffnetsein für den leisen Ruf des Lebens,* der in jeder neuen Situation immer wieder neu an uns ergeht.

Sind diese Voraussetzungen erfüllt, dann allerdings erfahren wir auf diesem Wege, daß nichts uns „zufällt", was nicht im Grunde schon längst auf uns gewartet hat, und das Wort „Zufall" bekommt hier einen sehr viel tieferen Sinn, als der landläufige Sprachgebrauch wahrhaben will. *Ludwig Reeg* faßt das beglückende Geheimnis dieses Weges einmal sehr schön so in Worte:

„Was wir von ganzer Seele suchen, das gehört zu unserem Wesen und ist ebenso auf dem Wege zu uns, wie wir zu ihm hinstreben. Wir suchen nichts, was uns nicht zuvor gesucht hat, und wir erleben nichts, was uns nicht schon ergriffen hatte, ehe wir es begriffen. Alle die Suchenden sind Erwartete, und das Leben selbst wartet auf uns am Ende unserer Gedanken und Möglichkeiten. Empfänglichsein ist alles; der Armut und der leeren Hand wird Weisheit und Sättigung."

Freilich kann man diesen Weg *nicht willkürlich* gehen; man muß „zur rechten Stunde, wenn die Zeit erfüllt ist", dazu gerufen, „berufen" sein. Und das Tor, das uns diesen schicksalhaften Weg eröffnet, ist immer irgendwie die *Not,* die dunkle *Ausweglosigkeit unseres seitherigen Lebens,* die *Aussichtslosigkeit, mit unseren wil-*

*lentlichen und bewußten Bemühungen die uns bedrängenden Le-
bensschwierigkeiten zu meistern.* Wenn wir in einer solchen Lage
erkennen, daß wir uns in unserem bewußten Leben der Zielstellun-
gen und Lebensabsichten, des guten Willens, der religiösen und
moralischen Bemühungen, rettungslos verrannt haben, daß wir mit
all unserer Kraft und Einsicht „am Rande" sind, wie der Volksmund
sagt, weil das Schicksal es offenbar besonders schlecht mit uns meint
— nun, dann sind wir gerade „am Rande des Brunnens", in den wir
hineinspringen müssen, um die verlorene Spindel, durch die unser
Lebensfaden läuft, wiederzuholen. Manche mißverstehen dann in
ihrer „Depression" diesen Wink des Schicksals und „gehen ins Wasser", gehen *äußerlich* den Weg des Todes, den sie eigentlich *innerlich*
gehen müßten. Denn daß der Sprung in den Brunnen ein *Todessprung* ist in bezug auf das, was wir hinter uns lassen, ist zweifellos:
„Stirb und werde!", ist die uralte und ewig neue Doppelbotschaft,
die uns die Wasser des Brunnens künden. Sterben muß alles, womit
wir es seither versucht haben: all unsere Geschäftigkeit, hinter
unserem Leben herzulaufen, unsere krankhafte „Aktivität", der
Krampf unserer willentlichen Bemühungen, mit denen wir's „schon
schaffen" wollten, unsere Einbildung, die Lebenskonflikte mit dem
Verstande, dem Kopf, dem Gehirn allein lösen zu können, unsere
männliche „Geistigkeit", die der zentralen mütterlichen „Herz-
kräfte" vergessen hatte.

Was aber steht auf der Seite des neuen Werdens? Eigentlich im
Grunde nichts anderes, als was das Kind tut, wenn es sich draußen
müde gespielt oder wenn es in der Verzweiflung nicht ein noch aus
weiß: dann geht es zur Mutter und läßt sich bedingungslos und in
grenzenlosem Vertrauen in die Kraft, aus der es sein Leben empfangen, in ihre Arme fallen, um dort, an der mütterlichen Brust,
sich zu bergen und neue Kraft zu holen. Das Hinabtauchen in den
Brunnen ist nichts anderes: die Rückkehr zur Großen Mutter, das
gläubige *„Sich-fallen-Lassen"* in die Arme ihrer ewig jungen und
erneuernden Erdenkraft. Denn

„eben weil sie ... im Sein *immer in der Welt Mitte* ist, so belauscht sie
bald, wohin das Kind will und wohin es sein Licht auf den Gegenstand
wirft: diesen lichten Punkt faßt sie, macht ihn zum Zentrum, und zu ihm
und um ihn fügen sich die übrigen Teile von selbst" (E. M. Arndt).

Es ist also durchaus nicht so, als ob nun das Alte einfach „ausgelöscht" wäre; im Gegenteil: *alle Kräfte* im Menschen, auch solche, die er seither noch gar nicht erkannt und sich zu eigen gemacht hatte, erstehen zu *neuem Leben*, von der mütterlichen Herzkraft erwärmt, genährt und neu durchblutet, und so wie *Phönix* aus dem verzehrenden Feuer erneut und verjüngt emporsteigt zum Lichte, so kehrt der Mensch „mit Gold überschüttet" von seinem Weg zu den „Müttern", zu den unbewußt schöpferischen Ganzheitskräften wieder in die „Tageswelt" zurück. Denn im mütterlichen Wesen

„liegt die heilige Kraft, die das Verbrauchte wieder ersetzt, die wohltätige Ruhe, in der sich das Maßlose begrenzt, das Ewiggleiche, an dem sich das Ausschreitende, Überschüssige reguliert" (Fr. Nietzsche).

Jene oben von *Hauer* aus der Bhagavadgita angeführte Wahrheit, daß das Selbst des Selbstes Feind werden könne, wenn es „als ein Unentdecktes unwirksam liegenbleibt" infolge „Gleichgültigkeit oder weltbefangener Widerspenstigkeit" des Menschen, wird im Frau-Holle-Märchen in einzigartiger Weise am Schicksal der Pechmarie veranschaulicht. Diese im Selbst des Menschen angelegte, keimhaft schlummernde doppelte Möglichkeit wird in verschiedenen *Varianten* des Märchens, die *Grimm* in den *Anmerkungen (KHM. Band 3, S. 46 ff.)* erwähnt, in reicher Bilderfülle abgewandelt. Zunächst bringt *Grimm* eine Fassung aus der Schwalmgegend, in der die Goldmarie nach Lösung verschiedener Aufgaben an ein „Häuschen von Pfannkuchen" kommt,

„und weil es Hunger hatte, so aß es davon. Und wie es ein Loch gegessen hatte, sah es hinein und erblickte ein rotes Mütterlein, das rief: ,der Wind, das himmlische Kind! komm herein und laus mich'. Da ging es hinein und lauste die Alte bis sie einschlief. Darauf ging es in *eine Kammer, wo alles voll von goldenen Sachen war, und tat ein goldenes Kleid an und ging wieder fort"*.

Das Bild der Schatzkammer und der goldenen Kleider ist uns ja von früheren Beispielen schon genügend vertraut, so daß es uns eigentlich gar nicht besonders überrascht, daß auch das Frau-Holle-Märchen dieses Bild kennt und anwendet.

In einer anderen Variante werden die beiden Mädchen auf ihrem unterirdischen Weg von einem *weißen* bzw. *schwarzen Männlein* geleitet, die eine zum Segen, die andere zum Unheil. Der Mittelpunkt dieses Märchens ist eine „prächtige Stadt" mit einem „Goldtor" und einem „Pechtor", einem weißen und einem schwarzen *Haus*, mit „*Spinnerinnen*, die Goldflachs spinnen" bzw. mit „*Katzen und Schlangen*". Handgreiflicher kann kaum mehr gezeigt werden, auf was es dem Märchen zu zeigen ankommt. Endlich bringt *Grimm* noch eine weitere, sehr bedeutsame französische Fassung, die wir im Wortlaut anführen wollen:

„Murmeltier (Liron), so heißt das Stiefkind, muß die gröbste Arbeit verrichten, die Schafe hüten und dabei eine gegebene Zahl gesponnener Faden mit nach Haus bringen. Das Mädchen setzt sich oft an einen Brunnenrand, will eines Tages sich das Gesicht waschen und fällt hinein. Als es wieder zu sich kommt, befindet es sich *in einer Kristallkugel unter den Händen einer schönen Brunnenfrau*, der es die Haare kämmen muß, dafür bekommt es ein *kostbares Kleid*, und sooft es seine Haare schüttelt und sich kämmt, sollen *glänzende Blumen* herausfallen, und wenn es in Not ist, soll es sich herabstürzen und Hilfe bei ihr finden. Dann gibt sie ihm noch einen Schäferstab, der die Räuber und Wölfe abwehrt, ein Spinnrad und einen Rocken, der allein spinnt, endlich einen *zahmen Biber* (halb dem Wasser, halb dem Lande angehörend, also mit anderen Worten eine seelische Hilfsfunktion, die Beziehungen herstellt zwischen den unergründlichen Tiefen des Unbewußten und dem festen Lande des Bewußtseins und beide organisch miteinander verbindet! Anm. d. V.), zu mancherlei Diensten geschickt. Als Murmeltier mit diesen Gaben abends heimkommt, soll die andere Tochter sich gleiche erwerben, und springt in den Brunnen hinab. Sie gerät aber in *Sumpfwasser*, und wird wegen ihres Trotzes begabt, daß stinkendes *Rohr und Schilf* auf ihrem Kopf wächst; und wenn sie eins ausreißt, wächst noch viel mehr. Nur Murmeltier kann den häßlichen Schmuck auf einen Tag und eine Nacht vertreiben, wenn es sie kämmt; das muß es nun immer tun."

Diese Symbolik ist höchst bedeutsam. Wenn sich das erste Mädchen in einer Kristallkugel unter den Händen einer Brunnenfrau befindet, so ist hierdurch zum Ausdruck gebracht, daß in der Selbstwerdung „Kristallkugel" und „Brunnenfrau", d. h. *Geist und Wasser, uranische und tellurische Kräfte in höherer Einheit verbunden* jenen seelischen Vorgang bewirken, den die Mystik aller Zeiten „*Wiedergeburt*" genannt hat, der im nachmaligen Beschenktwerden mit kostbaren Kleidern, glänzenden Blumen usw. bzw. im „Übergoldetwerden" symbolisch dargestellt wird. Psychologisch ausgedrückt: die *Regression* ins Reich des Unbewußten, der erdhaften Kräfte im Menschen nimmt immer nur dann einen *progressiven Ausgang*, wenn eine Synthese zu höherer Einheit zwischen den bewußten und unbewußten, den männlichen und weiblichen, den geistigen und naturhaften Kräften im Menschen gelingt. Dies hat immer zur Voraussetzung das objektive „Gerufenwerden" einerseits und das subjektive „Hörsamsein" andererseits. Beide Voraussetzungen aber fehlen bei der Pechmarie: sie will sich einerseits etwas nehmen, was ihr offentsichtlich nicht gegeben wurde, wofür die Stunde für sie noch nicht gekommen ist, und es fehlt ihr andererseits (wesentlich aus diesem Grund) das rechte Ohr und die rechte Bereitschaft für die Stimmen des Lebens, d. h. es fehlen hier sowohl die *religiösen* wie die *moralischen*, die *objektiven* wie die *subjektiven Vorbedingungen* für das Gelingen der Individuation. Der Todessprung zu den „Müttern" endet daher im „Sumpf", d. h. sie fällt dem Primitiv-Erdhaften, der dunklen Dämonie des Chthonischen zum Opfer. Das ist der Schoß der „Großen Mutter" in seinem Todesaspekt!

In diesem Zusammenhang sei nochmals auf die bahnbrechenden und grundlegenden Erkenntnisse hingewiesen, die uns die Lebensarbeit *C. G. Jungs* vermittelt hat. Das Problem des Individuationsvorgangs und seiner unerschöpflichen Symbolik bildet gleichsam den Mittelpunkt seiner jahrzehntelangen Forschungsarbeit. *Jung* sieht die Aufgabe der Selbstwerdung in folgender Synthese:

„Den Einklang mit unserem historischen Menschen so zu finden, daß seine tiefen Akkorde nicht überklungen werden von den grellen Tönen des rationalen Bewußtseins oder daß umgekehrt das unschätzbare Licht des individuellen Geistes nicht in den unendlichen Finsternissen der Naturseele ertrinkt" („Seelenprobleme der Gegenwart", Zürich 1931, S. 335).

Oder anders ausgedrückt:

„Der Zweck der Individuation ist nun kein anderer, als das Selbst aus den falschen Hüllen der Persona (d. h. der sozialen Funktion) einerseits und der Suggestivgewalt unbewußter Bilder andererseits zu befreien" („Die Beziehungen zwischen dem Ich und dem Unbewußten", Darmstadt 1928, S. 93).

Gegenüber dem ebenso oberflächlichen wie häufigen Vorwurf, diese Seelenlehre führe letzten Endes zum „Individualismus", gibt *Jung* folgende Klärung der Begriffe:

„*Individualismus* ist ein absichtliches Hervorheben und Betonen der vermeintlichen Eigenart im Gegensatz zu kollektiven Rücksichten und Verpflichtungen. *Individuation* aber bedeutet geradezu eine bessere und völligere Erfüllung der kollektiven Bestimmungen des Menschen, indem eine genügende Berücksichtigung der Eigenart des Individuums eine bessere soziale Leistung erhoffen läßt, als wenn die Eigenart vernachlässigt oder gar unterdrückt wird" („Die Beziehungen usw." S. 92)[2].

Sollten wir noch eines Beweises bedürfen, daß die geheimnisvolle Erfahrung des Selbstes als religiöse Urerfahrung *allwirksam und allgegenwärtig* ist? In welcher Weise dieselbe Symbolwelt in der *modernen* Seele ebenso lebendig ist wie in den alten Mythen und Märchen, zeigt folgende Dichtung einer deutschen Frau:

„Dies sind die Könige der innern Reiche:
Sie bauen viele Stufen in die Tiefe
Aus grauem Stein und funkelndem Nephrit,
Sie bauen tief und wollen immer nur das Gleiche:
Sich selbst zu finden als des Rades Speiche,
Die leise zitternd, so als ob sie riefe,
Sich abwärts neigend, in das Dunkle glitt —
Denn von des Rades äußerster Bewegung,
Die Welten schwingt mit rasender Gewalt,
Bis zu der Mitte unsichtbarer Regung
wächst wie ein Weg die innere Gestalt.

---

[2] Soeben hat der Psychologische Club Zürich aus Anlaß von Jungs 60. Geburtstag ein Sammelwerk herausgegeben: „Die kulturelle Bedeutung der Komplexen Psychologie" (Julius Springer, Berlin 1935), in dem die Jungsche Seelenlehre und Arbeitsmethode eine umfassende Darstellung erfahren hat und gleichzeitig die Auswirkung seiner Psychologie auf die verschiedensten Gebiete der heutigen abendländischen Wissenschaft und Kultur an zahlreichen Beiträgen namhafter Forscher aufgezeigt wird. Dieses Werk enthält auch ein vollständiges Verzeichnis der Veröffentlichungen Jungs, auf das hier verwiesen sei.

Dann blühen Städte auf in ihren Herzen
Und runden sich zu eines Ringes Kreis
Um helle Tempel, die wie schlanke Kerzen
Aufstreben zu der Sonne, still und weiß —
An Teichen dämmernd ringelt sich die Schlange
In roten Blüten, die sich regen leis
Nach einem süßen, unbekannten Klange —

Milchweiße Kühe weiden auf den Feldern,
An ihren Hörnern hängen goldne Sterne,
Und mit dem Ostwind her aus dunklen Wäldern
Ziehn Schwäne singend durch die blaue Ferne.

Sie sind die Wissenden der Dunkelheiten,
Die frühen Bahner auf dem Weg des Lichts,
Sie wachsen langsam über alle Zeiten
Und wachsen groß wie über Ewigkeiten
Wie Brauen eines dunkelnden Gesichts,
Das sie nicht sind, durch das sie langsam gleiten.

Und ganz behängt mit schimmernden Demanten
Geh'n diese Frauen, und aus den Gewanden,
Die schwer und rauschend niedergehn an ihren
Von hellen Nächten noch gelösten Gliedern,
Fällt es wie Klang von fernen Liedern
Und wie ein leiser Duft von warmen Tieren.
Und dunkel lächelnd tragen sie ihr Wissen,
Und tragen es wie kostbar roten Wein
In ihrer Träume schimmernde Gefäße
Gegossen, schwer von Gold — in ihrem Schein
Gleiten die Straßen aus den Finsternissen,
Und von des Lichtes Strahlen neu umrissen
Wird das Verworfne nun das Sinngemäße.

Denn aus des Urgrunds Tiefe wächst der Gott,
Der Drache, der mit tausend Mäulern frißt,
Der zweigesichtig hell und dunkel starrt,
Der schwärzlich wie der Alte mit dem Bart
Und lieblich wie der Rose Atem ist —
In goldner Flamme eint sich Blau und Rot,
Doch Blau und Rot stirbt seinen eignen Tod.

Sie steigen tief, die ihre Seelen erben,
Sie steigen still durch Tier und Mensch und Gott,
Sich suchend selbst durch viele nackte Sterben,
Und folgen doch mit jedem ihrer Schritte
Der Sonnenspur, durch alle Wandlung dauernd.
So wachsen sie zu ihres Reiches Mitte
Nach ihres Wesens zwingender Gewalt
Und knieen stumm, im Innersten erschauernd,
Vor ihres Gottes wechselnder Gestalt."

Auch im Marienkindmärchen wird, wenn die Zeit erfüllt ist, „das Verworfene nun das Sinngemäße", auch dort wandelt sich das dunkle Schicksal in sein Gegenteil. Zur rechten Stunde taucht der Retter auf, der es aus seiner Kümmernis und seinem Jammer erlöst, in Gestalt des Prinzen, der „das Gestrüpp auseinanderriß und sich mit seinem Schwerte einen Weg hieb" (die mythischen Parallelen hierzu sind zahlreich, erinnert sei nur an den durch die Waberlohe reitenden Sigurd!). Er nimmt das Mädchen als seine Gemahlin auf sein Schloß, läßt ihm „schöne Kleider anziehen" und gibt ihm „alles im Überfluß". So ähnlich geht es ja auch beim „Froschkönig" und bei Dutzenden anderer Märchen, wo überall „das „Verworfene" plötzlich und unversehens zum „Sinngemäßen" wird: das ist der bekannte „glückliche Ausgang des Märchens", der aber freilich sehr viel tiefer begründet ist, als er gewöhnlich von Märchenkommentatoren aller Art begründet wird. Im Märchen spielt sich in immer neu sich wandelnden Formen ein ungeheurer *Kampf um den Sieg des Lebens* ab, und wo nur das Leben gläubig bejaht und ergriffen wird, auch wo es uns seine Abgründe und Schattenseiten zeigt, da *siegt das Leben* über allen Tod. „Glaube an das Leben, wie und wo es dir immer begegnet": dieses Wort setzt das Märchen als Überschrift über den nach außen und nach innen gewandten Lebenskampf des Menschen.

Was die Menschen draußen im Kreislauf der Natur und des Jahres, droben am Himmel im ewigen Wandel der Gestirne erleben, *das große Lebensgesetz des Rücklaufs, der Wandlung*, im eigenen Herzen kehrt es immer wieder als kraftspendende, geheimnisvoll beglückende Lebenserfahrung auf dem Weg zur Wirklichkeit des Seins, zum Selbst. So vereint *in kosmischem und innerseelischem*

Aspekt in gewaltigem Spannungsbogen das Symbol das Draußen mit dem Drinnen.

Eine nahe Verwandtschaft mit Marienkind weist offensichtlich auch „*Rapunzel*" *(KHM. Nr. 12)* auf. Schon die Variante, die *Grimm* in den Anmerkungen bringt, weist darauf hin. Dort heißt es:

„Es (das Rapunzelmärchen) wird auch folgendermaßen eingeleitet: eine Hexe hat ein junges Mädchen bei sich und vertraut ihm alle Schlüssel, verbietet ihm aber eine Stube (bei dieser Gelegenheit erfahren wir also, ohne dadurch nach unseren seitherigen Erfahrungen sonderlich überrascht zu sein, wer in Wahrheit die „Jungfrau Maria" in „Marienkind" ist! Anm. d. V.). Als es diese, von Neugierde getrieben, dennoch öffnet, sieht es die Hexe darin sitzen (also nicht die Heilige Dreifaltigkeit wie im verchristlichten Marienkindmärchen! Anm. d. V.) mit zwei großen *Hörnern*. Nun wird es zur Strafe von ihr in einen hohen Turm gesetzt, der keine Tür hat."

Auch der Turm stellt die Verbindung zu Marienkind her. Er hat eine ähnliche Bedeutung wie der Baum, in dem sich Marienkind verbirgt. Nun haben wir sowohl in Marienkind als auch in Rapunzel die auffallende Tatsache, daß die Hexe (wir können wohl mit vollem Recht die „Jungfrau Maria" in Marienkind mit der Hexe in Rapunzel gleichsetzen, nachdem die Variante von Rapunzel in so auffallender Weise die Beziehung zu Marienkind herstellt!) das ihr anvertraute Kind in einen finsteren Turm sperrt bzw. in einen hohlen Baum verbannt und daß es in beiden Fällen von dort wieder durch einen Königsohn erlöst wird. Die Hexe, die übrigens in Rapunzel „*Frau Gothel*" heißt, ist natürlich niemand anderes als Frau Holle selbst. Aber auch das Kind stellt jedesmal die verschiedenen Wesensseiten der Frau Holle, ihre Wandlung und „Veränderung" dar. Beide sind also in gewissem Sinne identisch. Das darf den, der die mythologische Sprache kennt, nicht verwundern. Auch im Frau-Holle-Märchen ist es ja offenbar so, daß Frau Holle selbst den beiden Marien heitere und schwarze Lose austeilt, und daß gleichzeitig die beiden Marien selbst Wesensseiten der Frau Holle verkörpern. Denken wir an den Mondmythos, so wird der Zusammenhang vollends klar. Es liegt hier im Grunde ein Mutter-Kind-Verhältnis vor, denn *die dynamische, im Zeitlauf sich verwirklichende Gegensätzlichkeit besteht ja gerade darin, daß das*

Neue gewissermaßen als Kind aus dem Alten geboren wird und gleichzeitig eine neue Phase des Alten darstellt. Das „Kind" ist also in der mythologischen Sprache die zukünftige Entwicklungsform des Alten, das Werdende, die Entwicklungsmöglichkeit. Es ist etwas völlig Neues, das vom Alten so verschieden ist wie das Gold vom Pech oder wie der häßliche Frosch von dem goldenen Prinzen, und gleichzeitig doch mit dem Alten, *genetisch gesehen,* aufs innigste verwandt, so wie auch die „häßliche" und die „goldene" Kröte voneinander unterschieden und im Grunde doch eins sind. Diese Wahrheit erleben wir draußen im Wandellauf der Natur ebenso wie drinnen in den schöpferischen Werdevorgängen der menschlichen Seele; das hier kundwerdende *Gesetz der „Veränderung"* ist in einem ganz tiefen Sinne *das Grundgesetz des im zeitlichen Ablauf sich verwirklichenden Schicksals überhaupt.* Man vergleiche nun in bezug auf die innerseelische Seite dieses Gesetzes das auf S. 119 angeführte, auf den neugeborenen Jesus und die Mutter Gottes bezügliche Symbol, wo ja auch, wie aus der Abbildung deutlich hervorgeht, Jesus, das Kind, als Mondsichel, die Mutter Gottes aber als Kröte dargestellt ist, und betrachte ferner unter diesem Gesichtspunkt den auf S. 122 berichteten Traum, *in dem ja auch das „Kind" die zukünftige Entwicklungsmöglichkeit der Träumerin selbst symbolisch zum Ausdruck bringt:* so wie sich der Frosch, den das Kind im Mund krampfhaft festhält und der eine verhängnisvolle Verkrampfung seines Wesens bewirkt, nachher in eine goldene Unke, also etwas sehr Schönes und Willkommenes verwandelt, so verwandelt sich mit ihm das Kind: der Krampf löst sich und es schaut beglückt auf die goldene Unke — sein eigenes seelisches Schicksal, dessen willkommene und lebenfördernde Seite sich aus dem gegenteiligen Aspekt herausentwickelt.

Nun scheint aber das Rapunzelmärchen noch auf weitere verborgene Zusammenhänge hinzuweisen. Die schwangere Frau hat ein unstillbares Verlangen nach den im Nachbargarten wachsenden Rapunzeln. „Das Verlangen nahm jeden Tag zu, und da sie wußte, daß sie keine davon bekommen konnte, so fiel sie ganz ab, sah blaß und elend aus." Dieses unstillbare Verlangen muß offenbar ein Symptom dafür sein, daß die Frau auf die lebenspendende Kraft dieser seltsamen Pflanze notwendig angewiesen ist. Sie spricht es ja auch geradezu aus: „Wenn ich keine Rapunzeln aus dem Garten hinter unserm Hause zu essen kriege, sterbe ich." Nun weist *Lessmann* darauf hin, daß *Rübezahl* in seinem *Wurzelgarten*, der auch Teufelsgarten heißt, eine Zauberpflanze eifersüchtig hütet, mit der man „sogar Tote wieder zum Leben erwecken" kann. Sie „heißt in einer der Quellen dieser Sagen geradezu lunaria, also Mondblume" *(Lessmann, a. a. O. S. 334)*. Nun muß aber unseres Erachtens hier noch als weitere wichtige Tatsache hinzugenommen werden, daß bei uns in Württemberg der Salat, den sich die Frau so sehr wünscht und von dem sie ißt, im bäuerlichen Volksmund da und dort „Sonnenwirbele-Salat" heißt. Die geheimnisvolle Verwandtschaft der Rapunzel-Sonnenwirbele mit dem *Sonnenrad* und der *Sonnenkraft*, die neues Leben spendet, scheint durch diesen Namen erwiesen zu sein. Die kreuzweis gestellten vier Blättchen der Pflanze, die man als Urform des den Jahrlauf symbolisierenden Sonnenrades ansprechen kann, mögen für die Wahl dieser Pflanze als mythisches Symbol für die Sonnenkraft wohl ebenso verantwortlich sein wie ihre den kalten Winter, Eis, Schnee und Frost überdauernde Lebenskraft. Jedenfalls sei hier wenigstens die *Frage* nach der Möglichkeit solcher Zusammenhänge aufgeworfen.

Wiederum kann an dieser Stelle aufgezeigt werden, wie das mythische Erbgut unserer Ahnen als innerseelische Wirklichkeit in unserem heutigen Geschlecht lebendig ist. Eine Frau träumt in einer Zeit schwerer seelischer Erschütterung:

„Ich bin mit meinem Mann zur Erholung in einem einsamen, entlegenen Alpental. Rings hohe Gipfel, darüber Himmel. Auf einer Paßhöhe ein langgestrecktes, freundlich weißgetünchtes Haus, in der Sonne liegend. Wir gehen hungrig hinein. Großer, langer, freundlicher Saal mit weißgedeckter langer Tafel. Wir setzen uns. Ich erblicke vor mir eine weiße Schlüssel mit herrlich grünem, saftigem Salat (die Träumerin beschreibt auf Befragen den Salat genauer und zeichnet die Form der Blätter auf, und es stellt sich dabei genau die oben beschriebene Grundform der Rapunzel heraus!). Es verlangt mich unwiderstehlich danach und ich fühle schon, wie ich Leben und Gesundheit mit ihm essen werde. Da geht die Tür auf. Ein langer Zug von Krüppeln und Gebrechlichen zieht herein. Jemand sagt: Man muß Stühle zwischen hereinrücken. Dies wird getan, und alle haben Platz an der Tafel. In dieser Gemeinschaft beginnen wir das Mahl."

Die Überraschung, ja Erschütterung der Träumerin war sehr groß, als ihr der Anfang des Rapunzelmärchens als Parallele zu ihrem Traum erzählt wurde! Hier ist die Rapunzel Symbol für innerseelisches Geschehen, ein Individuationssymbol wie natürlich im Grunde im Märchen auch. Auch an diesem Beispiel dürfte wiederum der Beweis erbracht sein, wie enge Beziehungen bestehen zwischen der uralten Symbolwelt des Märchens und der Traumsymbolik eines einzelnen; Bindeglied für beide Welten ist eben das Objektiv-Psychische, aus dem sowohl Märchen wie Traum geboren werden. Wie notwendig ist es daher, in der Märchensinnerschließung über die kosmische Symbolik hinaus zur seelischen Symbolik vorzustoßen, wenn wir als Menschen der Gegenwart nicht ganz an der Oberfläche stehen bleiben wollen. Denn *der moderne Mensch hat die Rätsel der Welt vornehmlich in seiner eigenen Seele zu suchen und zu lösen und das Drinnen mit dem Draußen in Beziehung und Einklang zu bringen:* diese Aufgabe wird eine der vornehmlichsten unseres Zeitalters sein; sie schließt die notwendige Meisterung der Außenwelt nicht aus, sondern ein.

*

Im Zusammenhang mit dem Rapunzelmärchen muß noch ein weiteres, sehr wesentliches mythisches Motiv Erwähnung finden, das wir bis jetzt bei der Besprechung der übrigen Märchen ganz in den Hintergrund gestellt, ja fast außer acht gelassen haben. Schon bei Allerleirauh, Marienkind, Aschenputtel, ebenso auch in unzähligen anderen Märchen wie etwa Dornröschen und ähnlichen taucht im zweiten Hauptteil des Märchens der Königssohn, der *Freier* auf als *Gegenspieler der Hexe.* Hier, im Rapunzelmärchen, wird er geradezu zum *Widersacher der Urmutter,* der Frau Gothel oder Holle. Er sucht das von der Hexe in den Turm gesperrte Kind heimlich auf, wird aber durch eine Unvorsichtigkeit Rapunzels von der Hexe entdeckt und er sowie Rapunzel fallen zunächst ihrer Rachsucht zum Opfer, bis es ihm zuletzt doch gelingt, nach langen Jahren der Irrungen zu dem im Elend sitzenden Rapunzel durchzudringen und sie als seine Gemahlin heimzuführen. Ähnlich ist es auch bei Marienkind, bei Allerleirauh, bei Aschenputtel, Dornröschen und anderen

Märchen. Damit rühren wir an ein *Hauptmotiv* im Mythos und im Märchen: *die Symbolik des Kampfes zwischen dem weiblichen und dem männlichen Prinzip*.

Dem Sinn dieser Symbolik kommen wir näher, wenn wir uns das Motiv des *„wilden Jägers"* vor Augen stellen. Hinter der Gestalt des wilden Jägers verbirgt sich kein Geringerer als Wotan selbst, der die Frau Holle, seine Geliebte und Tochter zugleich, verfolgt, »weil der Vater die Tochter heiraten will und sie diesen ihr vom Weltgesetz verordneten Freier verabscheut« *(Hüsing)*. Sie ist gleichzeitig die *„Hinde"*, die vom Jäger gejagt wird, das *„schwarzbraune Mägdelein"* unzähliger Volkslieder, das in einer Fassung, in dem Lied: „Der Jäger in dem grünen Wald", auch *„strahlloses"* Mägdlein heißt. Wie verständnislos und wie rational unsere Zeit an solche Dinge herangeht, zeigt die Tatsache, daß in den meisten Liederbüchern dieses nur vom Mythos her verständliche Wort in „strahlenäugiges" Mägdlein umgefälscht wurde. Tatsächlich heißt „strahllos" „ungestrählt", und was ungestrählt ist, kann uns jedes schwäbische Bauernmädchen verraten: es ist nichts anderes als „ungekämmt". Wer in Wahrheit das „ungekämmte" Mägdlein ist, kann uns wieder eine Variante des Frau-Holle-Märchens erzählen, die *Grimm* in den *Anmerkungen auf S. 48* bringt: dort kommen die beiden in den Brunnen gestürzten Mädchen nach den üblichen Vorstufen endlich zu einer *„Nixe mit furchtbaren Haaren, die gewiß in einem Jahr nicht gekämmt waren"*, und diese verlangt dann jeweils von den Mädchen, gekämmt zu werden. Hier ist also ganz einwandfrei die Frau Holle die Wasserfrau mit ungekämmten Haaren.

Wenn die Wasserfrau an die Mädchen die Forderung stellt, ihr die Haare zu kämmen, so ist auch hierin wieder das Problem der Individuation gleichnishaft ausgedrückt. Haare sind im Mythos das Sinnbild der Kraft. Indem also in der Wasserfrau oder der Frau Holle die ungeordnete, ungebändigte Erden- und Naturkraft das Mädchen auffordert, diese Kraft zu bewältigen und zu ordnen, ruft die Natur den Menschen zu einem wichtigen Dienst. Sie belohnt ihn damit, daß sie ihn in Ausübung dieses Dienstes mit Kräften vertraut macht, die er zur vollen Bewältigung der ihm vom Leben gestellten Aufgabe braucht; mit anderen Worten: sie führt ihn damit zu sich selbst. Man vergleiche hierzu das Goethewort: „Der Mensch kennt nur sich selbst, insofern er die Welt kennt, die er nur in sich und sich nur in ihr gewahr wird. Jeder neue Gegenstand, wohl beschaut, schließt ein neues Organ in uns auf." Diese Zusammenhänge werden noch wesentlich klarer, wenn wir hinzunehmen, was *Spieß (a. a. O. S. 204 f.)* als Beschreibung zu einer in seinem Buch wiedergegebenen Abbildung sagt:

„In die Wand der kleinen Dorfkirche von Obermais bei Meran ist eine alte Steinplatte eingelassen, auf welcher zwei Köpfe nebeneinander zu sehen sind. Der eine ist ein deutlicher Menschenkopf mit Anflug eines Schnurrbartes und glattem Gesichte, der andere ist von merkwürdiger Ausbildung. Ist die naive Auffassung und geringes Können schuld daran, daß hier ein Bild entstand, von dem man nicht weiß, ob es einen Menschen oder ein Tier oder eine Vermischung beider darstellen soll? Die Pfötchen unterhalb des Kopfes drängen zur Annahme, daß es doch ein Tier sei. In seltsamer Weise ist die Oberfläche des Kopfes mit gekrümmten Linien überzogen. Dadurch soll offenbar starke Behaarung ausgedrückt werden. Der geöffnete Rachen ist mit langen, spitzen Zähnen besetzt. Es ist kein Zweifel, daß wir es hier mit einer „Gorgo" zu tun haben. Rechts von diesem Kopfe ist ein dreistreifiges Bandgeflecht zu sehen, ein in sich selbst zurückkehrender Knoten, der zwölf quadratische Löcher in sich schließt ... Die zwölf Quadrate weisen auf die Monate des Jahres ..."

Das behaarte, dunkle Gesicht ist im Grunde nichts anderes als die *„Nixe mit furchtbaren, ungekämmten Haaren"*, das „strahllose Mägdelein", die *Frau Holle.* Und zwar haben wir es in der Abbildung im einen Fall mit dem lichten, im anderen mit dem verhüllten, dunklen, furchtbaren Antlitz der Urmutter zu tun, das im kosmischen Aspekt gleichzeitig das enthüllte und das verhüllte Antlitz des Mondes, den Vollmond und den Neumond, darstellen will. Daß man nicht weiß, ob es sich im letzteren Fall um das Antlitz eines Tieres oder eines Menschen handelt, ist nicht auf die Unvollkommenheit der primitiven Darstellung, sondern auf die Vieldeutigkeit der Symbolik zurückzuführen, wie ja auch die Beziehung Wotans zur Frau Holle gerne im Bilde des Jägers, der die Hinde jagt, dargestellt wird. Welche Lebenswirklichkeit mit dieser Metapher gemeint ist, wird aus dem Folgenden vollends klar werden. Im Kampf zwischen Wotan und der Frau Holle, dem Jäger und

der Hinde, wobei der Jäger gleichzeitig ein Königssohn, die Hinde
ein Mägdlein ist, wird ein ewiges Lebensgesetz zur Darstellung
gebracht: *die Polarität zwischen dem männlichen und dem weiblichen, dem geistigen und dem naturhaften, dem uranischen und
dem chthonischen Prinzip in der Welt.* Welche schicksalhaften Möglichkeiten im Rahmen dieser Polarität sich ergeben, wurde auf
S. 129 f. im Zusammenhang der Ausführungen über die Individuation angedeutet. Gehen wir diesem Problem nun etwas näher nach.
   Der Mythos stellt die Polarität männlich-weiblich auch sonst sehr
häufig symbolisch dar. Das erdhaft-weibliche Prinzip tritt im mythischen Bilde einerseits sehr sinngemäß als *Tier* auf, das dem *Jäger*
bzw. *Fischer* als dem uranisch-männlichen Prinzip gegenübertritt,
andererseits in unendlich vielen Variationen als *Wasserfrau* oder
Nixe, die dem Manne (meist wiederum dem Jäger oder Fischer) in
geheimnisvoll anziehend-schreckhafter Form begegnet. In vielen
Fällen, wie z. B. in zahlreichen Jägerliedern, läßt es der Mythos
offen, ob die Hinde, die vom Jäger gejagt wird, ein Tier oder ein
Mägdlein ist; sie ist beides in einer Gestalt, bzw. zuerst Tier und
dann ohne weiteres plötzlich Mägdlein. Tatsächlich sind ja auch die
Wasserjungfrauen beides in einer Gestalt. Das hat seinen tiefen
Grund. *Denn das Ewig-Weibliche vereinigt in seiner Natur das
ganz Primitive mit dem Höherentwickelten seit Urzeiten in besonderem Maße, ist Brücke und Durchgang vom Chthonischen zum
Uranischen, zieht uns hinab und hinan, je nachdem wir seinem
dunklen oder seinem lichten, seinem tierischen oder seinem menschlichen, seinem erdgebundenen oder seinem geistbeseelten Antlitz
begegnen.* Denn die Urmutter vereinigt in ihrem Schoße das ewige
Gebären und das ewige Verschlingen des Lebens, ist „Madonna"
und „valandin", Teufelin zugleich.
   In tausend Bildern stellen Mythos und Märchen das ewige Ringen des männlichen mit diesem fort und fort sich wandelnden weiblichen Prinzip dar, mit wechselndem Ausgang, wie es in der Natur
der Sache liegt: wenn die „*Loreley*" ihre goldenen Haare kämmt,
ergreift es den Schiffer mit wildem Weh, und wehe ihm, wendet
er nicht rechtzeitig den Kahn, um dem bezaubernd-dämonischen
Antlitz des Weibes zu entfliehen, das ihn unwiderstehlich in den
Abgrund ziehen möchte; warnend steht das Bild des *Fischers* vor

unseren Augen, der jener geheimnisvoll berückenden Anziehungs-
kraft der Wasserfrau vergeblich sich zu entwinden sucht:

> Halb zog sie ihn, halb sank er hin,
> und ward nicht mehr gesehn — —

Aber es ist grundsätzlich auch ein anderer Ausgang möglich, der
ebenfalls in zahlreichen mythischen Bildern nicht nur in den Märchen, sondern ebenso im Volkslied lebendig ist:

> Der Jäger längs dem Weiher ging,
> die Dämmerung den Wald umfing.
>
> „Was plätschert in dem Wasser dort?
> Es kichert leis' in einem fort."
>
> „Was schimmert dort im Grase feucht?
> Wohl Gold und Edelstein, mir deucht!"
>
> „O Jäger, laß' die Krone mein!
> Ich geb dir Gold und Edelstein."
>
> Der Jäger lief, als sei er taub,
> im Schrein barg er den teuren Raub.
>
> Er barg ihn in dem festen Schrein,
> die schönste Braut, die Maid, war sein.

Oder, wie es in dem Lied: „Es blies ein Jäger wohl in sein Horn"
heißt:

> Er warf ihr das Netz wohl über den Leib,
> da ward sie des jungfrischen Jägers Weib.

Die Hochzeit der Maid mit dem Freier ist nicht nur Symbol für
die biologische Wirklichkeit. Sie ist darüber hinaus Symbol für
kosmisches wie für innerseelisches Geschehen: wenn die *Sonne* ihren
Reigen mit dem wechselnden *Monde* eröffnet, wenn sie in der Entwicklung des Menschen der Höhe des Tages entgegenzieht, tritt das
Sonnensymbol seine Herrschaftsrechte an und löst mit erwachender
Reife in der Seele des einzelnen wie der Völker die seitherige Vor-

herrschaft des Urmuttersymbols, des Mondes, ab. *Das Vorrecht der Mutter weicht dem Vorrecht des Vaters, ontogenetisch wie phylogenetisch.* Das bedeutet innerseelisch: die geistigen Kräfte, im Kinde wie im Primitiven noch keimhaft schlummernd, erwachen mehr und mehr in der heranreifenden Seele. Es sind gleichzeitig die *Triebkräfte der Individuation,* die hier im Menschen erwachen, die ihn aus einem primitiven Kollektivwesen, das im Schoße der Mutter noch träumt und durch „participation mystique" mit ihr verbunden ist, erst zum Menschen im Vollsinne machen, indem sie ihn einerseits aus der absoluten Umklammerung der mütterlichen Kräfte lösen und ihn andererseits in die *Ganzheit des Lebens* hineinwachsen lassen, eine Ganzheit, die im *Symbol der Vereinigung* der männlichen und weiblichen Daseinskräfte ihren gleichnishaften Ausdruck findet.

In der frühen Kindheit sowohl der Völker wie des einzelnen spielt das Männlich-Geistige noch eine ganz untergeordnete, dienende Rolle. Leitbild der kindlichen Kulturseele wie der kindlichen Einzelseele ist durchaus das Weibliche, und zwar in Form der Mutter-Natur, die alles Leben aus sich heraus gebiert, schützt, behütet, deren Schutz aber gleichzeitig gefährlich wird dadurch, daß sie das Bestreben hat, alles geborene Leben im Mutterschoß festzuhalten bzw. es zu beherrschen, ja sogar es zu vernichten oder wieder zu verschlingen. Das natürliche Schutzbedürfnis des Kindes, das immer wieder zur Mutter zurückkehrt, steht in analoger Relation zum Herrschaftswillen der Mutter, und beide seelischen Funktionen ziehen sich offenbar gegenseitig an und lösen einander aus, und dieses dämonische Nicht-von-einander-lassen-Können wirkt sich auf die Dauer besonders für das Kind furchtbar aus: es bleibt infantil-primitiv, gleichsam seelisch noch nicht abgenabelt von der Mutter, und ist darum, solange dieser Zustand dauert, kein Einzelwesen. In jeder Mutter lebt mehr oder weniger verhüllt, mehr oder weniger überwunden noch das Bestreben der furchtbaren Urmutter, das Kind nicht ins Leben hinauszulassen, sondern es im mütterlichen Einflußbereich festzuhalten, weil sie nicht ertragen kann, daß ein Stück von ihrem eigenen Fleisch und Blut, ein Stück ihrer Seele *selbständig* wird und als *Eigenwesen,* als *Individuum* ein Eigenleben führt. Symbol für diese *furchtbare Seite der Urmutter* ist

neben den schon genannten Symbolen des verschlingenden Backofens, Berges, Brunnens usw. vor allem die *Spinne*, die mit tausend
umklammernden Fäden ihre Beute im Netz festhält, ja sie durch
einen Biß oder Stich sogar tötet. So gibt es auch im zwanzigsten
Jahrhundert noch Mütter, die ihre Kinder „zum Fressen gern"
haben und ihnen durch solche „Affenliebe" zur tödlichen Gefahr
werden. Im Märchen sperrt die Hexe das Kind, die Rapunzel, in
den Turm, und bewacht es dort, wie der Drache seinen Goldhort
bewacht. *Dornröschen (KHM Nr. 50)* wird von der Spindel oder
Nadel der bösen Fee, die nichts anderes als die Verkörperung der
furchtbaren Seite der Urmutter darstellt, in den Finger gestochen,
so daß es in einen langen Schlaf verfällt, während die das neue
Leben abwehrenden Dornen um das Schloß höher und höher wachsen, bis endlich der Freier, der Befreier, erscheint und das Mädchen
erlöst. Denn wie Siegfried den Drachen besiegt, die alles Leben
lähmende Urmutter, so eröffnet erst der *Freier* dem Kinde die *Freiheit, den Weg zur Ganzheit des Lebens, zu sich selbst.* Das bedeutet
also: erst auf späterer Entwicklungsstufe gewinnt das Männlich-
Geistige in der Seele der Völker und des einzelnen eine solche
Macht, daß die absolute Herrschaft des Naturhaft-Triebhaft-Kol-
lektiven im Menschen gebrochen werden kann, daß es zu diesem
in polare Auseinandersetzung treten und damit die Gesamtpersönlichkeit in das Zeichen einer *Synthese zu höherer Einheit* stellen
kann, die *zugleich Ganzheit des Lebens wie Individuation* bedeutet.
Darum ist es nicht Zufall, sondern höchst sinnvoll, wenn *das
Sonnensymbol gleichzeitig Individuationssymbol* ist, Symbol der
Vereinigung der männlichen mit der weiblichen Seite im Menschen
zur Ganzheit, wie wir an dem oben ausgeführten Beispiel des
Rapunzelmärchens und des dazu gehörigen Traumes gesehen haben.

Ein Wissen um diese Zusammenhänge und besonders um die
Tatsache, daß die kindliche Stufe noch geborgen im Schoß der Mutter ruht und daher gesichert ist vor den schweren Erschütterungen
und Gefahren der Auseinandersetzung zwischen den zwei großen
Prinzipien der Welt, freilich um den Preis des Primitiv-Kollektiven,
von dem es sich noch nicht unterscheiden kann, ist im Mythos noch
lebendig und spricht zu uns z. B. noch aus der Strophe des Lieds:
„Als wir jüngst in Regensburg waren":

Und ein Mägdlein von zwölf Jahren
ist mit über den Strudel gefahren:
weil sie noch nicht lieben kunnt',
fuhr sie sicher über Strudels Grund.

*

Zum Schluß sei noch ein zusammenfassendes Wort über den *geschichtlichen Wandel und die kulturelle Bedeutung des Muttersymbols* gesagt, indem wir nun die Symbolwelt unserer deutschen Märchengestalten, wie wir sie kennengelernt haben, hineinstellen in größere Zusammenhänge, die den Rahmen des Volkhaften und Rassischen sprengen, da das Muttersymbol wie noch manches andere mythische Gut zum Urbesitz der Menschheit gehört und genetisch bis in die Uranfänge des menschlichen Daseins verfolgt werden kann.

J. J. Bachofen hat in der Vorrede zum „*Mutterrecht*" bedeutsame Ausführungen über den Wandel des Muttersymbols gemacht, die auch für uns den Ausgangspunkt für unsere Zusammenschau unter kulturgeschichtlichen Gesichtspunkten bilden sollen. Er sucht darin den Beweis zu erbringen, daß der Wandel der großen kulturellen Epochen der Menschheit und ihrer differenzierten Gliederungen immer aufs engste verknüpft ist mit einem entsprechenden Wandel des Fruchtbarkeits- und Muttersymbols.

Die früheste Epoche der Menschheitsentwicklung ist die der Fischer und Jäger. Urbild alles schaffenden Lebens ist für den Menschen dieser Stufe die Befruchtung der Erde durch die Zeugekraft der darüber flutenden Wasserströme, die regellose *Sumpfzeugung*, in der Wasser und Erde in ständiger Umarmung sich vermählen und urtümliches Leben zeugen: Schilf und allerlei Sumpfgetier. Ganz entsprechend die Zeugekraft des Menschen zu jenen Zeiten: ungezügelt und ungeregelt. Wie Wasser und Erde regellos und wahllos Leben aussäen und den blinden Naturgewalten wieder zur Vernichtung überlassen, so auch der Mensch: Prototyp der monogamen Gattin und Mutter ist die „*Hetäre*", die der Mann in dumpfem Triebe als Mutterschoß für seine ausgesäten Kinder (spurii, spartoi) gebraucht. Als Muttersymbol dieser chthonischen Stufe hat nun unseres Erachtens zweifellos u. a. die *Kröte* zu gelten, das Muttertier triebhafter Sumpfzeugung. Mit ihrer Hell-Dunkel-Färbung weist sie auch schon auf das kosmische Symbol des *Mondes* hin, der wohl schon in dieser, mehr aber noch in der nun folgenden Epoche als kosmisches *Leit-Symbol* leuchtet.

Gewissermaßen aus dem Protest gegen die unwürdige Versklavung des Weibes durch den Mann auf der Hetärenstufe folgt als zweite große Kulturepoche jenes Zeitalter, in dem sich die Frau ihr legitimes Recht als Gattin und Mutter an der Seite des Mannes erkämpft, ja noch mehr: in dem sie sogar zeitweise die absolute Herrschaft über den Mann gewinnt *(Gynaikokratie)* oder sich — besonders in der Übergangszeit vom Hetärentum zum Muttertum und in Übersteigerung des gynaikokratischen Prinzips — von ihm emanzipiert *(Amazonentum).* Die Frau leitet dieses ihr eigentliches Zeitalter ein durch einen wahrhaft schöpferischen Akt von unermeßlicher kultureller Bedeutung: sie, die Sklavin des Mannes, war es, die zuerst den kümmerlichen Acker furchte, während die Männer auf Jagd und Beutefang auszogen, sie war es im Grunde auch, die „der Städte Bau gegründet" (Dido als mythisches Symbol!) und damit den Anstoß gab zum *Seßhaftwerden des Menschen* und der ersten kulturellen Tätigkeit im eigentlichen Sinn: dem *Ackerbau.* Neue Fruchtbarkeitssymbole tauchen auf: die vom *Pflug* (männliches Prinzip) gefurchte *Erde* (weibliches Prinzip) als Symbol geregelter Begattung, *Samenkorn* und *Brot* als Symbole befruchteten Lebens, der fruchttragende *Baum* und jetzt wohl auch erstmals bald der *Backofen* als Symbole der Mutterschaft. Und an der Schwelle zweier Zeitalter, des hetärischen in seiner Vollendung und des gynaikokratischen in seinem Beginn, begegnen sich (im Bereich der griechischen Welt) zwei Gottheiten: die „schaumgeborene" *hetärische Aphrodite* und die *gynaikokratische Erdmutter Demeter,* die Göttin des Ackerbaus, der Familie, des durch Sitte und Recht geheiligten Muttertums, auch sie wieder durchaus im Zeichen des mütterlichen Gestirns, des Mondes stehend, — wie ihre nordische Schwester, die *Frau Holle,* die wir wohl mit einigem Recht auf dieser Stufe der Entwicklung einsetzen dürfen.

Erst viel später tritt das *solare* Prinzip als *leitendes* Symbol der Kultur an Stelle des seither durchaus herrschenden *lunaren* Prinzips, und damit wird zugleich die Herrschaft des Muttertums als des leitenden kulturellen Symbols durch das *Vatertum* abgelöst. Mit dem Auftreten des *uranischen Apoll,* des geistigen *Lichtgotts* (im Gegensatz zum stark phallischen, d. h. naturhaften Dionysos, der eine Zeitlang mit Erfolg weite Kulturgebiete dem Muttertum streitig machte, worauf hier nicht näher eingegangen werden kann) haben die *tellurischen, naturhaften weiblichen Gottheiten* ihre absolute Herrschaft beendet und die *Sonne* wird in Mythos, Kult und Kultur das herrschende Gestirn. Damit tritt gleichzeitig eine grundstürzende Wandlung des inneren Gesichts der Kultur ein: *der Gegensatz männlich-weiblich wird nicht mehr nur rein naturhaft gesehen, er ist von nun an gleichzeitig ein metaphysischer: Himmel* und *Erde* werden als väterliche und mütterliche, d. h. von jetzt ab *zugleich geistige und naturhafte* Zeugekräfte miteinander in schöpferische Beziehung gesetzt und gewinnen Symbolkraft. Eine ganz entsprechende Entwicklung dürfte wohl für den nordischen Bereich angenommen werden können: in die Zeit, in der auch dort der Mond als kulturelles Leitsymbol von der Sonne abgelöst wird, fällt wohl die mythische Geburt des *Lichtgotts Balder,* der dann weiter in *Siegfried* und anderen Gestalten fortlebt. Nun hebt in der Geschichte menschlicher Entwicklung ein neues Kapitel an, entsprechend dem zweiten Hauptteil der besprochenen Märchen, und von jetzt an hat der Hell-Dunkel-Gegensatz eine andere, umfassendere Bedeutung als seither: nun wird der Gegensatz von Tag und Nacht, Sommer und Winter usw. vorzugsweise an die *Sonne* geknüpft, und der Mond tritt mehr und mehr in den Hintergrund: der Siegfriedmythos ist ebenso wie etwa der Lichtheld in Gestalt des verzauberten *Bären* in *Schneeweißchen und Rosenrot* durchaus an die Sonne geknüpft, wodurch die vorwiegend naturhafte Bedeutung des Hell-Dunkel-Gegensatzes immer mehr hinter einer durchgeistigteren zurücktritt. Daß das lunare Prinzip nur hinter dem solaren *zurückgetreten* ist, keineswegs aber durch dieses völlig verdrängt wurde, scheint aus vielen mythologischen, psychologischen und kulturellen Belegen erwiesen werden zu können.

Denn eines ist wichtig: zu erkennen, *daß jede spätere Stufe der Entwicklung alle früheren wie im biologischen, so auch im psychologischen Sinne in sich schließt,* daß also der heutige Mensch mit anderen Worten nicht nur körperlich, sondern auch seelisch das Ahnenerbe von Jahrtausenden in sich trägt als *geheimnisvolle Seiten und Möglichkeiten seines Wesens,* die alle als Anlage irgendwie keimhaft in ihm schlummern, die er alle auf irgendeine Weise zur Entwicklung und Entfaltung bringen kann und muß, will er zur *Ganzheit* seines Wesens gelangen. Und wie ihm bei seiner Odyssee über ferne Meere vom ewigen Himmel das unvergängliche Licht der Sterne leuchtet, so *leuchten ihm auch in nie verlöschendem Glanze in seiner eigenen Brust seines Schicksals Sterne* und leiten ihn auf gefahrvoller Fahrt sicher zu fernen Ufern: es sind die ewigen Sternbilder der Mythen seines Volks, die als *Gestirne am inneren Himmel* ihre Bahn ziehen wie jene, aufgehen und niedergehen, scheiden und wiederkehren, im Wandel dauernd und in der Dauer sich wandelnd nach urewigem, göttlichem Gesetz.

Kaum irgendwo im Mythos kann diese Wahrheit so deutlich gezeigt werden wie beim Mutterschaftssymbol. Ist es nicht ein untrügliches Merkmal für die unzerstörbare Leuchtkraft eines Symbols, wenn dasselbe Gleichnis als Abbild erlebter und täglich neu erlebbarer Wirklichkeit in frühester Vorzeit ebenso gesetzt wird wie heute in der Gegenwart, das Symbol der sich wandelnden Kröte, wenn ferner in diesem Symbol sich ein unerhört weiter Bogen spannt von der natürlich-triebhaft erlebten Empfängnis der hetärischen Zeugung bis zu der aufs höchste durchgeistigten Empfängnis neuen inneren Lebens, wie sie im Individuationsprozesse der modernen Frau (vgl. den oben erwähnten Traum!) erlebt wird? Ja noch mehr: wenn mitten im christlichen Mittelalter in spontaner schöpferischer Imagination die unbewußten Quellgründe der Seele durch eine überraschende, „atavistische", „heidnische" Symbolbildung einen Ausgleich schaffen für die alles Leben durchdringenden Verchristlichungstendenzen der bewußten Haltung, indem das Muttergottessymbol plötzlich wie in einer seltsamen Augenblickslaune als Kröte auf einer Mondsichel sitzend dargestellt wird, — erscheinen da nicht auf einmal von den schaffenden Lebensmächten selbst her die einengenden Schranken einer im Bewußtsein an biblische Offenbarung allein geknüpften und dadurch eo ipso alles „Heidnische" ausschließenden Religion durchbrochen, indem vom Unbewußten die christliche Gottesmutter ins Ewig-Weibliche sym-

bolisch geweitet wird: durch diese seltsame Symbolverschmelzung
nicht nur die Gestalten der *Hetäre, Jungfrau* (Amazone) und *Mutter gleichzeitig* in sich vereinend, sondern überdies auch noch als
Urmutter eine andere Dreiheit umfassend: die *biologische, kosmische* und *innerseelische Seite des Lebens?* Müßte nicht angesichts
dieser alle Schranken unserer bewußten Anschauungen sprengenden
Schöpfung des in uns wirkenden göttlichen Lebensgrundes aller
Streit über „christliches" oder „heidnisches" Eigenrecht an diesem
Allmuttersymbol verstummen?

Aber gehen wir noch einen Schritt weiter. Von der Polarität alles
Lebens und vom Ausgleich der Gegensätze in der aus ihnen geborenen höheren Einheit waren wir bei der Betrachtung unserer
Märchensymbolik ausgegangen. Wir kehren wieder dahin zurück,
indem wir das Symbol des Ewig-Weiblichen noch einmal hineinstellen in das Werden menschlicher Kultur. Nahm die biologisch-
seelische Entwicklung der Frau ihren natürlichen Ausgang vom
kreatürlich-triebhaften Pol des Lebens, ist sie in dem weitgespannten Bogen geschichtlichen Werdens vom Altertum über das Mittelalter zur Neuzeit langsam aber in unbewußter Zielstrebigkeit zum
entgegengesetzten Pol, dem des Geistes, gewandert, hat sie also in
der Vergangenheit den Raum ihres Daseins vom Naturhaften zum
Geistigen *extensiv* durchmessen, so wird es, wie uns scheinen will,
die besondere Aufgabe der Frau in dem heute anbrechenden Zeitalter sein, denselben Raum nunmehr nach allen Seiten *intensiv*
abzuschreiten, d. h. *den Ausgleich der ungeheuren Gegensätze in
ihrer Natur in der Verschmelzung und Durchdringung der Gegensätze zu höherer Einheit zu suchen, dabei aber das ganze weite
Reich ihrer Seele immer mehr zu entdecken und zu erobern,* von
dem sie heute im allgemeinen nur einen ganz kümmerlichen Raum
sich wirklich zu eigen gemacht hat. Diese spezielle Aufgabe der Frau
scheint freilich in einem weiteren, umfassenderen Sinne überhaupt
die Aufgabe zu sein, die in einem heute anbrechenden „biozen-
trischen" Zeitalter, das ein zu Ende gehendes „logozentrisches"
abzulösen im Begriff steht, der abendländischen Kultur zu lösen
vom Schicksal bestimmt sein könnte:

> Wenn am Tag Zenith und Ferne
> Blau ins Ungemessne fließt,

Nachts die Überwucht der Sterne
Himmlische Gewölbe schließt,
So am Grünen, so am Bunten
Kräftigt sich ein reiner Sinn,
Und das Oben wie das Unten
Bringt dem edlen Geist Gewinn.
(Goethe)

Literaturnachweis

Brüder Grimm, Kinder- und Hausmärchen, Band 1—3. Verlag von Philipp
   Reclam jun., Leipzig o. J.

J. J. Bachofen, Mutterrecht und Urreligion. Eine Auswahl, herausgegeben
   von Rudolf Marx. Kröners Taschenausgabe Band 52. Leipzig o. J.

I. W. Hauer, Symbole und Erfahrung des Selbstes in der indoarischen
   Mystik. Eranosjahrbuch. Rheinverlag, Zürich 1935.

G. Hüsing, Die deutschen Hochgezeiten. Eichendorffhaus, Wien 1927.

C. G. Jung, Die Beziehungen zwischen dem Ich und dem Unbewußten.
   Reichl-Verlag, Darmstadt 1928.

C. G. Jung, Psychologische Typen. Rascher & Co. Zürich, 3. Aufl. 1930.

C. G. Jung, Seelenprobleme der Gegenwart. Rascher & Co. Zürich, 2. Aufl.
   1932.

C. G. Jung, Über die Archetypen des kollektiven Unbewußten. Eranos-
   jahrbuch. Rheinverlag, Zürich 1935.

C. G. Jung, Wandlungen und Symbole der Libido. Ein Beitrag zur Entwicklungsgeschichte des Denkens. Franz Deuticke Verlag, Leipzig und
   Wien, 1912. 2. Aufl. 1925.

R. Kapff, Schwäbische Sagen. Verlag Eugen Diederichs. Jena 1926.

H. Lessmann, Der deutsche Volksmund im Lichte der Sage. Haude &
   Spenersche Buchhandlung, M. Paschke, Berlin 1922.

O. Schmidt, Der Laich. Aufsatz im 1. Bundesspielscharheft des Bundes der
   Adler und Falken. Adler und Falken, Deutsche Jugendwanderer E. V.,
   Bad Salzbrunn (Schlesien), o. J.

K. von Spieß, Deutsche Bauernkunst, ihre Art und ihr Sinn. Grundlinien
   einer Geschichte der unpersönlichen Kunst. Verlag Herbert Stubenrauch,
   Berlin. 2. Aufl. 1935.

T. Wolff, Einführung in die Grundlagen der Komplexen Psychologie. In
   dem Sammelwerk: Die kulturelle Bedeutung der Komplexen Psychologie, herausgegeben vom Psychologischen Club Zürich. Julius Springer

Verlag, Berlin 1935. — Die Zitate aus der klassischen Literatur sind teils den Quellen selbst, teils dem „Lesebuch zur Glaubensfrage, 2. Teil: Bekenntnis zur Göttlichkeit der Natur" entnommen. Herausgegeben von Hans Kern und Hans Eggert Schröder im Widukind-Verlag, Alexander Boß, Berlin-Lichterfelde 1935.

DAS SONNEN-, MOND- UND STERNENKLEID

Von Otto Huth

Das Märchen vom Ritt auf den Glasberg und das Märchen von Aschenputtel bzw. Allerleirauh gehören aufs nächste zusammen. Dies wurde bisher nicht erkannt, und die Märchenforschung brachte sich daher um wesentliche Ergebnisse. Die Erkenntnis der Zusammengehörigkeit der beiden genannten Märchen schließt Folgerungen in sich, die der Märchenforschung eine bisher ungeahnte Bedeutung für die Religionsgeschichte des alten Orients sowohl wie Alteuropas und Europas überhaupt geben. Die beiden genannten Märchen und ein weiterer Kreis von Märchen, der sich ihnen engstens anschließt, sind Variationen eines gnostischen Mysterienmythos, der ursprünglich in Westeuropa beheimatet war. Seine ursprüngliche Gestalt ist zu erkennen, wenn man die beiden Märchen zusammen untersucht und noch weitere hinzugehörige Märchen sowie vor allem religionsgeschichtliches Material aus Iran, Griechenland, Babylon und Ägypten, Syrien und Palästina einschließlich der Denkmäler heranzieht. Die bisherige Märchenforschung war zwar bemüht, die Sitten der einzelnen Völker und Zeiten zu berücksichtigen, beachtete aber kaum die Denkmäler, Grabbauten sowohl wie Kultbauten. Man glaubte bereits viel getan zu haben, wenn man die Märchenforschung einordnete in die umfassendere Erforschung der Erzählungsformen überhaupt, übersah aber die enge Verbindung der Märchenforschung mit Religionswissenschaft, Völkerkunde und Vorgeschichte.

Nach dem Vorgang von Wilhelm Müller hatte Siuts („Jenseitsmotive im deutschen Volksmärchen", 1911) eindringlich dargelegt, daß zahlreiche unserer europäischen Mythenmärchen Jenseitsfahrten darstellen. Seine grundlegende Arbeit wurde leider von der weiteren Forschung viel zu wenig beachtet. So wurde von Boberg in ihrer materialreichen und sorgfältigen Abhandlung über das Mär-

chen vom Ritt auf den Glasberg („Die Prinzessin auf dem Glasberg", Danske Studier 1928) ganz übersehen, daß eben dieser Ritt
auf den Glasberg ein Jenseitsritt ist. Boberg schiebt zunächst den
Glasberg beiseite, der spät eingetreten sei für einen einfachen Berg.
Ursprünglich habe das Märchen überhaupt nur von Reiterkunststücken gesprochen, da die verschiedenen Varianten sich nur auf
diesen gemeinsamen Nenner bringen ließen. Dagegen ist aber zu
bemerken, daß das späte Auftreten des Namens Glasberg nichts
beweisen kann gegen seine Ursprünglichkeit in diesem Märchen.
Das älteste europäische Zeugnis für das Märchen vom Glasberg ist
ein dänisches Volkslied des 16. Jahrhunderts, das von Siegfried und
Brynhild handelt. Brynhild ist von ihrem Vater auf den Glasberg
gesetzt, und nur der erhält sie zur Braut, der hinaufzureiten vermag. Also bereits in unserem ältesten europäischen Zeugnis für
unser Märchen ist der Glasberg vorhanden. Dagegen kann es wenig
besagen, daß die altnordischen Sagen von Siegfried und Brynhild
den Glasberg nicht kennen. Boberg scheint dies für ein durchschla-
gendes Argument zu halten. Es ist aber zu beachten, daß in altnordischen Sagen Brynhild in einem Turm vorkommt und Menglöd,
eine Parallelgestalt der Brynhild, auf einem Berg, auf den nur der
Erwählte hinaufgelangen kann. Es ist von entscheidender Bedeutung, daß der Menglödmythus in diesen Zusammenhang gehört.
Ferner ist der Name des Glasberges im germanischen Wortgut an-
schließbar. Handelt es sich um ein germanisches Wort, so ist der
Glasberg nicht der gläserne Berg im späteren Sinne, wie ihn unsere
Märchen auffassen, denen sich Boberg ohne weitere Kritik anschließt. Die germanischen Namen, die mit glas zusammengesetzt
oder von diesem Wortstamm abgeleitet sind, bezeichnen ausnahmslos Totengelände. Ein germanischer Glasberg wäre also ein Totenberg, und der Ritt auf den Glasberg in einem germanischen Mythos
wäre eine Jenseitsfahrt. Wenn sich nun tatsächlich nachweisen läßt,
daß der Glasbergritt nichts anderes bedeutet, so ist damit andererseits bewiesen, daß der Name Glasberg, obwohl er aus alter Zeit
nicht belegbar ist, bereits dem germanischen Altertum angehört. In
meiner Abhandlung über den Glasberg (Germanien 1944, Heft 1/2)
habe ich gezeigt, daß der Glasberg das germanische Gegenstück des
indischen Meru und also der dreistufige Weltberg ist, auf dessen

oberster Stufe die Götter und Totenseelen hausen. Von den zu
unterscheidenden drei europäischen Sonderformen des Glasberg-
märchens — nordeuropäische Form: die Prinzessin auf dem Glasberg
mit der Einleitung der Feldbewachung, osteuropäische Form: die
Prinzessin in einem drei- oder neunstöckigen Gebäude mit der Einleitung der Grabwache, westeuropäische Form: mit dem Turnier —
schließt sich nunmehr die nordeuropäische und osteuropäische Form
zu einer ursprünglichen Einheit zusammen, denn dem nordeuro-
päischen Stufenberg entspricht der osteuropäische Stockwerkbau.
Die ursprüngliche Einheit der beiden zugehörigen Einleitungen hat
bereits Boberg erkannt. Es kann daher kein Zweifel mehr daran
bestehen, daß der Glasberg als Stufenberg bzw. der mit dem Stufen-
bergsymbol identische Stufenbau ein Kernstück des Urmärchens ist,
das nicht herausinterpretiert werden kann. Der weitaus älteste Beleg unseres Märchens stammt aus Altägypten, in ihm ist bereits die
Rede von einem Sprung zum Erker eines Gebäudes. *Der Name
Glasberg ist eine germanische Bezeichnung des Stufenbergs, und
dieser ist das Ursymbol unseres Märchens.* Das Märchen erläutert
uns die Bedeutung des Stufenbergs, d. h. aber gerade aus unserem
Märchen können wir wesentliche Aufschlüsse gewinnen über die
ursprüngliche Bedeutung des Glasbergs.

Hier ist nun ferner der Vergleich mit dem notwendig, was andere
Märchen, in denen der Glasberg vorkommt, über seine Bedeutung
auszusagen vermögen. Da ist zunächst einmal hervorzuheben, daß
der Glasberg der Aufenthalt der Totenseelen ist. In Raben- oder
Schwangestalt, also in der bekannten Vogelverwandlung, hausen die
Seelen auf dem Glasberge. Ein weiteres Motiv dieser anderen Glas-
bergmärchen ist wiederum der Aufstieg auf den Glasberg, der hier
mit Hilfe einer Leiter oder in Vogelgestalt gelingt. Vor allem aber
wird auch in diesen Märchen, wenn auch nicht so deutlich wie in
dem Glasbergrittmärchen, der Glasberg drei Himmelssphären zugeordnet, und zwar der Sonnen-, Mond- und Sternensphäre, d. h.
aber auch in diesen Märchen wird der Glasberg als dreistufiger
Welt- oder Himmelsberg aufgefaßt. Die Schwester, die die zu Raben verwandelten Brüder auf dem Glasberg aufsuchen will, fragt
an bei Sonne, Mond und Stern, und das Mädchen, das den über
den gläsernen Berg entrückten Bräutigam sucht, sagt: „Ich bin ge-

gangen über Sonne, Mond und Stern." Im Märchen vom Trommler heißt es vom Glasberg, er sei so hoch wie drei Berge aufeinander. Darin ist die Erinnerung an den Dreistufenberg noch erkenntlich.

Damit ist ein Hauptfehler der Studie von Boberg, nämlich der Versuch der Eliminierung des Glasbergs aus dem ursprünglichen Glasbergrittmärchen, aufgezeigt. Das von ihr gezeichnete Bild der verschiedenen Formen des Glasbergrittmärchens verschiebt sich, wenn weiteres Material herangezogen wird, das z. T. damals bereits vorlag, aber von Boberg übersehen wurde, z. T. aber erst inzwischen hinzugekommen ist. Darauf wird später einzugehen sein, zunächst soll von dem zweiten Hauptfehler der Abhandlung von Boberg die Rede sein. Er besteht darin, daß die Zusammengehörigkeit des Glasbergrittmärchens mit dem Aschenputtelmärchen völlig übersehen ist. Beachtet man aber diesen Zusammenhang, so ergibt sich, daß das Glasbergrittmärchen nicht altindogermanisch ist, wie Boberg annimmt, sondern in seiner besonderen Form iranisch geprägt und in seiner Grundlage vorindogermanisch-westeuropäisch ist.

Das Aschenputtelmärchen, bei Grimm Nr. 21, möchte Singer aus Ägypten herleiten, wo, wie wir sahen, auch der älteste Beleg für das Glasbergrittmärchen herstammt. Richtig erkannte Singer bereits, daß das Aschenputtelmärchen eine Jenseitsreise darstellt, also dieselbe Grundbedeutung hat wie das Glasbergrittmärchen. Die wichtige Stelle sei im Auszug angeführt: „Wir haben also eins der beliebten Mythenmärchen vor uns von der Reise der Seele ins Jenseits. Es kann nicht in Egypten entstanden sein ... Ob es sonstwo in Afrika entstanden ist, möchte ich nicht behaupten, aber auch nicht verneinen wegen des Mangels der Zeugnisse für die heutige Existenz: denn wie lückenhaft sind diese Zeugnisse! Aber in Egypten hat es wohl seine Ausbildung erfahren: dafür spricht nicht nur, daß der Zug von dem die wahre Braut erkennen lassenden Schuh ebenfalls zuerst in Egypten vorkommt, in der Geschichte von Rhodope ..., sondern auch die Wichtigkeit, die auf die Kleider gelegt wird, die von der toten Mutter verliehen werden." Singer erinnert an die Bedeutung der Kleider in den Isis-Mysterien und im Neuen Testament. Die Vorstellung vom besonderen Kleid, mit dem allein der Tote vor die Totenrichter treten darf bzw. in den Himmel eingehen kann, haben wir im Aschenbrödel, so meint Singer, „vielleicht in speziell egyptischer Ausprägung vor uns". Von Ägypten sei das Märchen wahrscheinlich auf dem Seewege in die Provence gekommen und von dort weiterverbreitet worden. Zum Aschenputtelmärchen gehört das Allerleirauhmärchen, bei Grimm Nr. 65, von dem Voretzsch, der es vom Aschenputtelmärchen trennen will, bemerkt, Ursprung und Sinn des Märchens seien ungeklärt! Der Zusammenhang zwischen Aschenputtel- und Allerleirauhmärchen ist so offensichtlich, daß er nicht näher begründet zu werden braucht. Es genügt, zu bemerken, daß die Unterschiede, die Voretzsch dazu führen, die Märchen voneinander zu trennen, sich als unwesentlich ergeben, sobald der Sinn dieser Märchen erschlossen ist. Singers Feststellung über das Aschenputtelmärchen ist also auch für das Allerleirauhmärchen von Bedeutung: beide sind „Mythenmärchen von der Reise der Seele ins Jenseits". Was Singers Anknüpfung des Märchens an ägyptische Mysterienreligion betrifft, so ist der Zusammenhang wohl richtig beobachtet, aber übersehen, daß darüber hinaus die engsten Beziehungen unseres Märchens zu den gnostischen Systemen des Orients überhaupt und ihren Vorformen bestehen und neben ägyptischen vor allem iranische Entsprechungen zu beachten sind.

Es ist aber noch verfrüht, auf diese Beziehungen einzugehen, da sie erst geklärt werden können, wenn der Zusammenhang zwischen Glasbergrittmärchen und Aschenputtel dargelegt ist. Es handelt sich im Grunde um dasselbe Märchen, nur mit dem Unterschied, daß einmal der Held männlich, das anderemal weiblich ist. Das Glasbergrittmärchen ist das männliche Aschenputtelmärchen, das Aschenputtel- und Allerleirauhmärchen ist das weibliche Aschenputtelmärchen. In beiden Märchen wird erzählt, wie Aschenputtel drei Kleider vom verstorbenen Vater bzw. der verstorbenen Mutter erhält und diese Kleider tragend die Prinzessin bzw. den Prinzen gewinnt. Der Hauptunterschied zwischen dem männlichen Aschenputtelmärchen und dem weiblichen Aschenputtelmärchen scheint darin zu bestehen, daß die für das erstere zentral wichtige Vorstellung vom Stufenberg bzw. Stufenbau im andern zu fehlen scheint. Gehören unsere Märchen tatsächlich zusammen, so ist zu vermuten, daß die drei Tänze des weiblichen Aschenputtel nicht nur in drei verschiedenen Kleidern, sondern auch in drei verschiedenen

Räumen, die gestaffelt sind wie die drei Kleider (von denen eins
wertvoller ist als das andere), d. h. in diesem Fall, die übereinander
liegen, stattfinden. Tatsächlich ergeben sich, sobald der Blick einmal
auf diese Frage gerichtet ist, eine ganze Reihe Anhaltspunkte dafür,
daß in der Urform des weiblichen Aschenputtelmärchens sich die
Dinge so verhalten haben. Bereits die drei Kleider, die als Sonnen-,
Mond- und Sternenkleid unterschieden werden, weisen auf die drei
Himmelssphären, die Sonnen-, Mond- und Sternensphäre hin, die
den drei Stufen des Glasbergs bzw. Stockwerkbaues entsprechen.
Diese Stufen konnten früh auch als drei Räume symbolisiert werden, wie dies ebenso in alten Mysterienkulten der Fall ist. Sehen
wir uns nun nochmals die beiden Grimmschen Märchen von Aschenputtel und Allerleirauh genauestens an, so machen wir die überraschende Beobachtung, daß in beiden eine Treppe erwähnt wird,
die Aschenputtel hinaufsteigt, wenn es sich zum Tanz begibt. Bisher
konnte man auf diese Treppe gewiß kein Gewicht legen, da es ein
belangloser später Zug des Märchens sein konnte. Doch daß es sich
darum nicht handelt, ergibt sogleich die weitere Untersuchung.
Allerleirauh wohnt als Küchenmagd auf dem Königsschloß in einem
Ställchen unter der Treppe, wohin kein Licht fällt, Gesicht und
Hände sind mit Ruß geschwärzt. In diesem Zustand befindet sich
das Mädchen tot im Grabe. Längst hat man gesehen, daß der Name
„Holzkleid" usw., der für Aschenputtel sehr weit verbreitet ist, auf
den Holzsarg hinweist (Hahn, Singer). Es scheint mir nun sehr
beachtlich, daß die lichtlose Wohnung des rußgeschwärzten Allerleirauh sich unter einer Treppe befindet. In meiner Abhandlung
über den germanischen Königshügel (Germanien 1943, Heft 11/12)
glaube ich gezeigt zu haben, daß das Grab unter der Treppe Ersatz
für das stufenförmige Grab ist, das seinerseits ein Abbild des stufen-
förmigen Weltberges ist. Andererseits bedeutet nun das Hinauf-
steigen auf dieser Treppe den Aufstieg auf den Stufenberg. Da
Abstieg und Aufstieg symbolidentisch sind und im Mythenmärchen
drei unterirdische Räume drei himmlischen Räumen entsprechen
können, ist folgende rätoromanische Fassung des Aschenputtelmärchens in unsrem Zusammenhang besonders wichtig. Aschenputtel
findet in der Küche unter der Asche ein Loch, steigt tief hinunter
in die Erde zwei Treppen hinab zu einer alten Frau, wo sie das

Sternen-, Mond- und Sonnenkleid erhält. Entsprechend den drei Kleidern sind hier ursprünglich drei Treppen anzunehmen. Den äußeren drei Stufen des Grabes entsprechen drei Grabräume, die ihrerseits wieder den betreffenden Himmelsräumen zugeordnet sind. Hier schließt sich nun das Märchen von den zertanzten Schuhen an, bei Grimm Nr. 133. Auch hier finden wir den Abstieg in die Unterwelt, und der Tanz findet in bestimmten Varianten des Märchens in drei Schlössern, dem Kupfer-, Silber- und Goldschloß statt oder in einem Schloß, zu dem man über drei Stationen hingelangt. Auch in den männlichen Aschenputtelmärchen kommen drei Säle, bzw. drei Räume vor, in denen alles aus Kupfer, Silber bzw. Gold besteht und aus denen der Held seine drei Pferde und drei Rüstungen holt. Die vergleichende Betrachtung des männlichen und weiblichen Aschenputtelmärchens lehrt ferner, daß die ursprüngliche Einleitung dieses Märchens, die sich später nur noch bei einzelnen Märchen erhalten hat, von der dreimaligen Grabwache erzählt, die am Grabe des verstorbenen Vaters bzw. der verstorbenen Mutter gehalten wird. Für diese Grabwache bekommt der Märchenheld die drei Kleider, die zunächst verborgen werden, um im zweiten Teil des Märchens bei der Gewinnung der Königstochter bzw. des Königssohnes in Anwendung zu kommen. In beiden Märchen werden diese drei Gewänder öfter mit einem Baum, der auf dem Grabe wächst, in näheren Zusammenhang gebracht. Im Aschenputtelmärchen, bei Grimm Nr. 21, ist die Erwerbung der drei Kleider irrtümlich in den zweiten Teil des Märchens verlegt, wie die vergleichende Betrachtung unserer beiden Märchen lehrt. Wenn es bei Grimm Nr. 21 heißt, Aschenputtel ging jeden Tag dreimal zum Haselbaum, den es auf dem Grabe der Mutter pflanzte, und auf dem Baum saß ein weißes Vögelchen, das seine Wünsche erfüllte, so ergibt unsere vergleichende Untersuchung, daß vielmehr ursprünglich dreimal nachts am Grabe der Mutter zu wachen war, und die Seele der Mutter auf dem Haselbaum als Vogel erschien und dem Kinde drei Haselnüsse schenkte, in denen die drei Kleider sich befanden, oder drei Zweige vom Haselbaum schenkte usw. In der Einleitung unseres Märchens erlangt der Märchenheld die Verfügungsmacht über die drei Kleider, und zwar in ursprünglicher Fassung durch die Grabwache. Im Hauptteil findet dann der Aufstieg in den drei Kleidern statt! *Die drei Kleider symbolisieren die Verwandlungsstufen der Seele beim Aufstieg in den obersten Himmel.* In den verschiedensten Varianten unserer beiden Märchen, dem männlichen und dem weiblichen Aschenputtelmärchen, finden wir die kosmische Metallsymbolik sowohl — d. h. Kupfer-Silber-Gold, bzw. Eisen-Silber-Gold als Symbole der drei Himmelsstufen wie die Sonnen-, Mond- und Sternsymbolik — die ebenfalls die drei Himmelsstufen versinnbildlichen.

Damit dürfte nun nachgewiesen sein, daß die Märchen vom Glasbergritt und Aschenputtel aufs nächste zusammengehören. Daraus ergeben sich einige wichtige Folgerungen. Die Verbreitung des weiblichen Aschenputtelmärchens ist eine andere als die des Glasbergrittmärchens. Während letzteres sich vor allem im germanischen und slawischen Bereich und im Kaukasus nachweisen, dagegen nach Westeuropa nur bis Frankreich und zwar in nicht ursprünglicher Fassung sich beobachten läßt, ist das weibliche Aschenputtelmärchen gerade in Westeuropa besonders verbreitet und hier nicht nur in Frankreich, sondern ebenso in England, Irland, Portugal, Spanien, Italien und auf den Mittelmeerinseln (Balearen, Sardinien, Sizilien, Malta) zu finden. Bei den slawischen Völkern des Ostens und Südostens scheint es weniger verwurzelt zu sein. Diese Verbreitung des weiblichen Aschenputtelmärchens lehrt bereits, daß es sich um ein vorindogermanisch-westeuropäisches Märchen handelt. Es ist anzunehmen, daß es der westeuropäischen Megalithkultur zuzuordnen ist, für die andererseits nämlich der stufenförmige Grabhügel und insbesondere die steinerne Dreistufenpyramide charakteristisch ist. Man erinnere sich daran, daß C. W. von Sydow das Schwanenjungfraumärchen sehr einleuchtend als Märchen der Megalithkultur auffaßt, und daß dieses Schwanenjungfraumärchen zu jenem mit dem Aschenputtelmärchen verwandten Märchenkreis gehört, von dem oben die Rede war.

Ferner das weibliche Aschenputtelmärchen stellt im ganzen eine altertümlichere Form unseres Märchens dar als das Märchen vom Glasbergritt. Die durch verschiedene Farben unterschiedenen Kleider und damit Himmelsschichten bewahren eine ältere Symbolik als die kosmische Metallsymbolik, die diese Himmelsschichten den Metallen Kupfer (bzw. Eisen), Silber und Gold zuordnet. Daß der dreimalige Ritt auf den Berg eine jüngere Fassung des Märchens darstellt, habe ich in meiner Abhandlung über den Glasberg bereits gezeigt. Älter sind die drei Schritte auf den Berg bzw. das Hinaufschreiten über drei Treppen. Da wir oben die volle Symbolhaftigkeit der Treppe in unserem Mythenmärchen erkannt haben, sei hier noch daran erinnert, daß in einer Fassung unseres Märchens aus dem Kaukasus der Held die Treppe eines Stockwerkbaues hinaufreitet. Die Treppe gehört hier zum älteren Bestand des Märchens, über die aber ursprünglich nicht geritten, sondern zu Fuß hinaufgestiegen wird.

Es zeigt sich nun vollends, daß das Ergebnis von Boberg nicht richtig ist, daß im Glasbergrittmärchen ursprünglich lediglich von Reiterkunststücken, nicht aber schon speziell von einem Ritt auf einen Berg oder einen Stockwerkbau die Rede sei. Die bei weitem älteste Fassung des Glasbergrittmärchens, nämlich die ägyptische, kennt bereits einen Bau, auf den hinaufgesprungen wird, nicht aber den Ritt hinauf. Ein Zweig der westeuropäischen Megalithkultur reicht nach Südrußland und in das Kaukasusgebiet. Hier in Südrußland ist unter iranischem Einfluß das Aschenputtelmärchen, das bereits den Stufenberg bzw. Stockwerkbau kannte, umgeformt worden zu dem Ritt auf den Glasberg. Vor allem aber ist es falsch, wenn Boberg folgendes am Schluß ihrer Abhandlung ausführt: „Da es (das Glasbergrittmärchen) sich vielmehr bei allen arischen Völkern nachweisen läßt, muß es aller Wahrscheinlichkeit nach ein Erbe des urindogermanischen Volkes sein. Etwas von den wenigen Dingen, die wir mit Sicherheit von ihm wissen, ist gerade die Tatsache, daß es ein Volk war, das das Pferd kannte und schätzte." Es ist zwar richtig, daß die Urindogermanen das Pferd kannten und auch den Wagen und das Fahren, aber sie kannten nicht das Reiten. Und vollends nur in den Mythologien einiger weniger indogermanischer Völker reiten die Götter und entsprechend die Toten. Es ist ferner auch richtig, daß dies Märchen vom Weltbergritt diese Form nur bei einem Reitervolk erhalten haben kann. Aber die Urindogermanen waren kein Reitervolk, wohl Teile der Iranier, und zwar die in Südrußland sitzenden Iranier. Das Märchen vom Ritt auf den Weltberg ist eine iranisch-indogermanische Umformung eines älteren Märchens. Die Umformung geschah vermutlich in Südrußland, die ältere Form des Märchens ist vorindogermanisch-west-europäisch, und zwar wahrscheinlich megalithisch. Von hier aus versteht man auch den frühen Beleg unseres Märchens in Ägypten und die Beziehungen des weiblichen Aschenputtelmärchens zu alt-ägyptischer Mysterienreligion. An der Wurzel auch der altägypti-schen Kultur und Religion steht die westeuropäische Megalithkultur.

Wie ich bereits erwähnte, ist ein Charakteristikum dieser Mega-lithkultur das Stufengrab und die Stufenpyramide. Die dreistufige Pyramide ist aber das Symbol der Himmelsreise der Seele durch drei Himmelssphären. Diesem Kultbau entspricht ein Mysterien-mythos, der vom Aufstieg der Seele durch drei Himmelsschichten erzählt. Wenn nicht alles täuscht, ist uns seine besondere Form in den weiblichen Aschenputtelmärchen Westeuropas erhalten.

Josephine Bilz, Menschliche Reifung im Sinnbild. Eine psychologische Untersuchung über Wandlungsmetaphern des Traums, des Wahns und des Märchens. 5. Beiheft zum Zentralblatt für Psychotherapie, Leipzig 1943. Mit Genehmigung des S. Hirzel Verlags, Stuttgart (leicht gekürzt).

MENSCHLICHE REIFUNG IM SINNBILD

Von JOSEPHINE BILZ

I.

Wandlung und Reifung in den Träumen von Kindern und Jugendlichen[1]

Von zwei gegensätzlichen Kräften wird die menschliche Entwicklung biologisch bestimmt. Die eine ist der Entwicklungstrieb, der zur Reife treibt und drängt. Die andere Gewalt, die diesem Vorwärts Zügel anlegt, sind die Hemmungsfaktoren, die gleichsam ein biologisches Verweilen auf den einzelnen Entwicklungsstufen erstreben. Wir denken hierbei im besonderen auch an die *hormonalen Hemmungen*, deren Bedeutung der Anatom L. *Bolk* (6) in seiner Theorie von der Menschwerdung und in der Entwicklung des Einzelwesens hervorhebt. [. . .]

Im wechselvollen Spiel zwischen den Phasen stürmischer Entwicklungsvorstöße und den Phasen von verhaltener Ruhe wächst das menschliche Kind heran. [. . .]

Die Phasen stürmischer Entwicklungs*vorstöße* stehen, so können wir sagen, mehr unter der Herrschaft des zur Reife drängenden Impulses. Die Phasen der *verhaltenen Ruhe* dagegen stehen mehr unter der Herrschaft jener Faktoren, die die biologische Reifeverzögerung des Menschen bewirken. Man könnte auch sagen: Die urtümliche Gewalt, die als mächtiger Entwicklungstrieb jedem Lebewesen innewohnt, ist ewigkeitsgerichtet. Sie erstrebt das fortpflanzungsfähige reife Wesen, um aus ihm wieder junges, neues

---

[1] Vortrag, gehalten am 30. Januar 1942 am Deutschen Institut für Psychologische Forschung und Psychotherapie in Berlin.

Leben zeugen und gebären zu können. Die Hemmungsgewalt dagegen steht vornehmlich im Dienst des individuell-menschlich Einmaligen, die jede Lebensstufe, zu der das menschliche Kind nach vorwärts sich entwickelt, gleichsam anhält. Diese *naturgegebene Verzögerung* im Reifungsprozeß bewirkt phasisch ein geruhsames Wachsen, verhalten zwar in der Richtung nach vorwärts, um so günstiger aber als Nährboden für ein geistiges Wachstum wirkend. Weil ein biologisches Verweilen gewährt ist, kann Lebensphase um Lebensphase zu einer *Bastion geistig-menschlicher Artung* ausgebaut werden [...]

Jede Lebensstufe erfährt aufs neue diesen Kampf, der im Zwiespalt die höhere Lebensform gestalten muß, ja, sie in der Vorwegnahme schon in sich trägt. Ein Zusammenfallen der Gegensätze (coincidentia oppositorum) ist uns in der menschlichen Entwicklung evident. Die Macht des Verharrens, die in der naturgegebenen Verzögerung der Entwicklung liegt, ward uns verständlich, wenn wir erfahren, daß im Unbewußten das Hintersichlassen einer Lebensstufe *als ein Sterben verbildert* werden kann. Rudolf *Bilz* (3) ist in seinen Studien über *Reifungskrankengeschichten* zu dieser Erkenntnis gekommen, die uns für unsere Betrachtung als grundlegend wichtig erscheint. Den Gedanken, daß in den Wandlungen von Lebensstufe zu Lebensstufe *ein Untergehen* liegt, finden wir schon bei *Plutarch*, wenn er sagt: „Der kräftige Mann stirbt, indem er ein Greis wird, der Jüngling, indem er ein Mann wird, das Kind, indem es ein Knabe wird." Das *Goethe*-Wort „Stirb und Werde" bedeutet Abschluß und Auftakt in kritischen Entwicklungsprozessen um Werden oder Stehenbleiben, wandelndem Vorwärtstreiben und Verweilen. „Verweile Augenblick!" — Indes, der Mensch zeigt eine *Zeitgestalt,* ist ständiger Gestaltung und Umgestaltung verfallen.

Die Zeiten stürmischer körperlicher Veränderungen, wenn sich Neues aus Altem formt, sind bis zu einem gewissen Grade gefahrvoll für den Menschen. So ist den Ärzten seit langem die besondere Anfälligkeit der im Wachstumssturm sich befindenden Jugendlichen für bestimmte körperliche und seelische Krankheiten bekannt, wobei wir an die Tuberkulose denken und im besonderen auch an gehäuftes Auftreten von Anginen, was bis zu einem gewissen Grade gewiß auch von der Konstitution abhängt[2]. Doch wir brauchen noch nicht einmal die *Krankheitslehre* zu befragen. Selbst im Ablauf der normalen Entwicklung finden wir eine erhöhte Reizbarkeit, verbunden mit auffallender körperlicher Ermüdbarkeit zu den Zeiten, da Gestaltwandlungen sich in stürmischem Tempo vollziehen. [...] Ich stelle Ihnen im Folgenden Träume und Erlebnisse von Kindern und Jugendlichen dar, die das *innere* Drama der Entwicklung von einer Lebensstufe zur nächsthöheren Lebensstufe *paraphrasieren*, Gleichnisse sind es, die, wie *Nietzsche* sagt, „alle Namen von Gut und Böse" sind, „sie sprechen nicht aus, sie winken nur". – Tiefenpsychologie aber bedeutet Befassung mit diesen Metaphern. Lebensvorgänge, menschliche Zustandswandlungen, stehen hinter den Paraphrasen. Auf dieses Dahinterschauen kommt es uns an.

Ursula ist ein 10½jähriges gesundes Kind. [...] Die Kleine brachte mir folgenden Traum, der sich im Laufe der Zeit wiederholte: „Mutti ist gar nicht meine richtige Mutti, sondern eine Stiefmutter. Sie hat mich und den Klaus (ihren Bruder) in den Wald fortgejagt." „Und was passierte im Wald?" „Weiß ich nicht", antwortet Ursula, „ich werde dann immer wach und habe schreckliche Angst." Später konnte ich von dem Kind erfahren, daß man im Wald „totgehen" kann.

Ein anderes 10jähriges Mädchen, Inge, träumte: „Ich gehe auf einer großen Straße mit vielen Menschen. Dann sind aber alle Menschen fort, auch Mutti ist nicht mehr da. Ich bekomme ganz schreckliche Angst, weil ich ganz allein bin."

Beide Kinder haben *Angstträume*. Sie stehen in einem Alter, da die Kindheit im engeren Sinne sich ihrem Abschluß nähert und die Vorpubertät, die beim weiblichen Kind durchschnittlich im 11. Lebensjahr beginnt, ihre Schatten vorauswirft. Die bevorstehende Ablösung von der kindlichen Lebensstufe, zu der die Mutterbindung

---

[2] Curschmann (10, S. 123) sagt von den Lymphatikern, daß man „in vielen Fällen" eine Thymushypoplasie gefunden habe. „In manchen Fällen besteht Hypoplasie der Geschlechtsorgane, meist vom Typus der verzögerten Reifung, wie beim Infantilismus, mit entsprechender Minderentwicklung der sekundären Sexualmerkmale." Daß im besonderen die Lymphatiker zu Anginen neigen, ist seit langem bekannt.

bzw. die Familienbindung in einem engen Zusammenhang steht, wird in der *seelischen Vorwegnahme* bei Ursula im Traum als eine heftige Angst erlebt. Auch die kleine Inge schildert ihre Angst nicht minder eindringlich. Man geht wohl nicht fehl, auch Inges Angst mit der Ablösungsangst gleichzusetzen. Um eine Art Ausstoßung oder Aussetzung handelt es sich.

Wir hörten, daß ein drängendes und ein hemmendes Moment die Entwicklung biologisch bestimmen. In Ursulas Traum ist die Mutter die Verkörperung der Gewalt, die die beiden Kinder — Brüderlein und Schwesterlein — in den Wald hinausjagt, in ein neues Lebensstadium, in welchem die Mutter in der augenblicklich gegebenen Bindung nicht mehr da sein wird. Der Traum zeigte der kleinen Ursula zwar die Gestalt der leiblichen Mutter, doch war das Kind davon überzeugt, daß es sich um eine Stiefmutter handelte. Die böse Stiefmutter des Märchens steht hinter ihr. In Wirklichkeit lebt Ursula in einer sehr günstigen Familienumwelt. Die Mutter ist eine gütige, kinderreiche Frau, die alles andere als tatsächlich stiefmütterlich ihre Kinder behandelt. Das kleine Mädchen hat also keine *äußere* Veranlassung, die Mutter als „böse Stiefmutter" zu bezeichnen, und doch muß die Diffamierung begründet sein, sonst könnte es im Traum die Verwandlung der Mutter in eine Stiefmutter nicht erleben. *Metaphern sind sinnvoll.* Im biologischen Entwicklungsgang des Kindes, so meinen wir, liegt ein Schlüssel zum Verständnis des Traumes. Wir sagen ausdrücklich „ein" Schlüssel, da es deren viele gibt; aber der eine, der genetische, interessiert uns hier: Von einer bösen Mutter erfährt das Kind das Treibende, auf Entwicklung drängende Wachsen. Es handelt sich um eine biologische Urszene im Sinne von Rudolf *Bilz* (3). In der Lebensentwicklung der Vögel gibt es eines Tages eine Ablösungsszene. Die treusorgende, atzende Vogelmutter wird dann gleichsam zu einem *stiefmütterlichen* Wesen. Ihre Mutterrolle erlischt, so wie auch die des Nestlings ihr Ende findet. Vom Kind aus gesehen, das in seiner Situation verweilen möchte, könnte sie als eine garstige Mutter erscheinen. Von einer höheren Warte aus betrachtet steht die Vogelmutter im Dienste einer natürlichen Planmäßigkeit. Es liegt in ihrer *Zeitgestalt*, daß die mütterliche Fürsorglichkeit endet, so wie das Leben eines Tages vom heranwachsenden Jungen die Ablösung von

der Lebensstufe der Kindheit verlangt. Kindheit und die Funktion
nährender, schützender Eltern lassen sich biologisch nicht konser-
vieren. Schon in der Geburt des Kindes ist die spätere Ablösung
beschlossen. Wer von der Mutter Abschied nimmt, oder, in anderer
Paraphrasierung, wer von der Mutter „alleingelassen" oder „verstoßen" wird, oder, wieder in einer anderen Paraphrasierung, wem
„die Mutter stirbt", der steht an diesem kritischen Wendepunkt
seiner Entwicklung: *er muß selbständig werden*[3].

In der entscheidungsvollen Wendung zwischen zwei Lebensstufen
erlebt das Kind den Prozeß der Entwicklung als einen Kampf der
Gewalten. So muß unsere kleine Ursula hinaus in den Wald, die
eigene Mutter treibt sie dazu. Todesängste empfindet das Kind,
denn die augenblickliche Lebensstufe aufgeben heißt, der Macht,
die ein Verweilen will, entraten, — durchbrechen in ein unbekanntes

---

[3] Wir fragen uns, ob sich in diesen Zusammenhängen nicht auch das
Wesen der bösen Stiefmutter oder der Hexe im Märchen von selbst deutet.
Diese heimtückischen Wesen erscheinen uns als Personifizierungen biolo-
gischer Urtatsachen: Immer handelt es sich um Hexen oder Stiefmütter
in Verbindung mit jungen, reifenden Menschen. Diese Unholdinnen
wirken, und das ist in jedem Märchen so, als das Ferment der Wandlung
und Reifung. Sie sind „ein Teil von jener Kraft, die stets das Böse will
und stets das Gute schafft". Und ist eben Mephisto in Goethes „Faust"
nicht auch das Ferment einer Wandlung? Gelingt es diesem Geist, „der
stets verneint", den Menschen Faust von seinem Wege abzuziehen, daß
er im Augenblick Genüge findet, daß er „Verweile!" ruft, so soll Mephisto
triumphieren. Wörtlich: „Werd' ich zum Augenblicke sagen: Verweile
doch! Du bist so schön! Dann magst Du mich in Fesseln schlagen ... Dann
mag die Totenglocke schallen, ... die Uhr mag stehn, der Zeiger fallen,
es ist die Zeit für mich vorbei!" —
Zu der Frage der Stiefmutter wäre noch zu bemerken, daß man in der
Phantasie vieler Kinder diesem Gedanken, die Mutter sei nicht die richtige Mutter, auch in einem ganz anderen emotionalen Zusammenhang begegnet: Die Kinder dichten sich selbst eine glänzende Abstammung an.
Im Falle des Kindes Ursula handelt es sich jedoch nicht um diesen „Ab-
stammungswahn", über den wir Eingehenderes in „Lebensgesetze der
Liebe" (5) hören. Rudolf Bilz sprach in diesem Zusammenhang von einem
Elementargedanken „Amphitryon", dem wir auch im Wahn der Geisteskranken nicht selten begegnen.

Neuland. Das aber kann mit Todesnot verbunden sein, ein Sterben oder Abschiednehmen steht immer vor dem Werden. — Auch Inge erlebt diese biologische Urszene im Traum: bei ihr wird die Situation verbildert als ein Verlassenwerden. Die breite Straße ist leer, selbst die bis dahin immer gegenwärtige Mutter fehlt. Auch dieses Kind erlebt die Einsamkeit in einer Stimmung der Angst. Auch Inge steht noch zwischen den beiden Gewalten: Antrieb und Hemmung, Kindbleiben-wollen und Erwachsenwerden-wollen und -müssen. Das ergibt eine Krisis; denn beides zugleich widerstrebt sich.

Man könnte einwenden, daß Ursula ihren Traum lediglich als Nachwirkung des Märchens vom „Brüderlein und Schwesterlein" erlebte. Doch warum — so fragen wir uns — wirkte gerade dieses Märchen so stark auf die Kleine? Warum träumte sie nur den Anfang dieser im weiteren Verlauf so spannungsvollen Geschichte, und warum weiß das Kind auf Befragen zunächst nicht anzugeben, was im Walde passiert? Es kam ihm doch offenbar die Geschichte des Märchens nicht in den Sinn, als ich das Kind aufforderte zu erzählen, was im Wald vor sich geht. Wir müssen annehmen, daß bei Ursula, selbst wenn das Märchen der akute Traumanlaß war, eine Entsprechung im inneren Entwicklungsprozeß gerade für die Tatsache der Ausstoßung vorlag: Tua res agitur. Ist nicht das Märchen vom Brüderlein und Schwesterlein eine schöne Paraphrasierung des Reifens von der kindlichen Lebensstufe zur Lebensstufe des heranwachsenden Mädchens, das im Wald nach vielerlei Gefahren den König trifft, der es zum Weibe macht? Menschen, die der Erlösung harren, das sind diese Prinzessinnen unserer Märchen. Von einem *Erlösungsgedanken* könnte in jeder Entwicklungspsychologie die Rede sein; denn es handelt sich um ein Lösen von der vorhergehenden Lebensstufe.

Es ist eine Erkenntnis der neueren Forschung — ich denke besonders an *Jöckel* (17), *Laiblin* u. a., daß in unseren Märchen uralte Lebensgesetzlichkeiten umschrieben werden, die in einem dramatischen Geschehen das Problem der *Metamorphose* zum Thema haben. Geheimnisvolle Aufgaben werden gestellt, die es unter Gefahren zu lösen gilt, oder Hexen und Zauberer verwandeln die Menschen — meist sind es Jugendliche — in Tiergestalten, in eine

Art *Verpuppungszustand,* aus dem dann nach Leid und Entbehrungen aller Art die Prüflinge als König oder Königin auferstehen. „Es war einmal", so berichtet altes Volksgut. Wir Heutigen wissen, daß es noch so ist! Wird Neues aus Altem geboren, können Not und Fährnis als unbewußte Metaphern in der Wandlung erscheinen. *Jede Entwicklung birgt das Sterben in sich, und der endgültige Tod des Einzelwesens wird viele Male im menschlichen Werden vorweggenommen: Anticipatio finis.* [...] Gerade die Wandlungsgeschehnisse lassen Kinder einer bestimmten Altersstufe mit Leib und Seele bei der Sache sein, die sie befähigt, so eindrucksvoll in ihrem Spiel Zauber und Wunder, Kampf und Sieg, Tod und Wiedergeburt darzustellen. Um das Thema „Stirb und Werde" handelt es sich in zahlreichen deutschen Märchen. Anders ausgedrückt: Die Märchen verbildern oder paraphrasieren, wie uns scheint, ebenso wie die Reifungsträume der Kinder und Jugendlichen, Vorgänge des lebendigen Lebens, der Wandlung und Reifung[4].

In den Entwicklungsjahren träumte ein 13jähriges Mädchen mehrmals denselben angstvollen Traum. Er lautet: „Ich liege im Sarg. Alles ist für das Begräbnis bereit, weinend stehen die Eltern, die Geschwister und alle Verwandten an meiner Bahre. Sie warten noch auf den Geistlichen, der den Leichenzug begleiten muß (es

---

[4] Die Völkerkunde berichtet uns, daß die Primitiven in sog. Reifungsriten den Gestaltwandel der Jugendlichen zu Erwachsenen vollziehen. — Auf diese Zusammenhänge hat Rudolf Bilz (3 u. 4) hingewiesen. — Es ist überaus interessant, daß in den von Stammes wegen ausgeführten religiösen Gebräuchen den Heranwachsenden körperliche Qualen zugefügt werden, um die Mannbarkeit der Jünglinge zu erwirken. Die Knaben werden ihren jammernden Müttern entrissen und an einsam gelegenen Geheimplätzen, die bei Todesstrafe kein weibliches Wesen betreten darf, versteckt gehalten. Symbolische Grablegungen finden hier statt. Die Jünglinge erfahren an Leib und Seele alle Schrecken des Todes, bevor sie für mannbar erklärt und in die Reihen der heiratsfähigen Stammesgenossen eingereiht werden. Der englische Ethnologe Frazer nennt die Reifungsriten schlechthin „the ritual of death and resurrection". — Wir gehen nicht darauf ein, wie bei gewissen Naturvölkern die Reifung der jungen Mädchen betrieben wird, wie man z. B. die Brüste zu Wachstum und Fülle zu bringen bestrebt ist usw.

handelte sich um ein Kind streng katholischer Eltern). Ich selbst bin tot, fühle aber genau, daß ich noch nicht ganz gestorben bin. Ich habe entsetzliche Angst, scheintot begraben zu werden. Ich mache aber gar nicht den Versuch, aus dem Sarg zu springen, sondern habe vielmehr die Vorstellung, daß ich in der kurzen Zeit zwischen Begräbnis und Grablegung sterben will. Darum halte ich den Atem an, mir vergehen die Sinne. Ich habe schreckliche Angst vor dem Sterben und ebensolche Angst, daß ich bis zur Beerdigung noch nicht gestorben bin." [...] Es heißt, daß ein christliches Begräbnis stattfand, das aber bedeutet, daß eine Wiederauferstehung mit verklärtem Leib folgen wird. Bewußt hatte das Mädchen keinerlei Ängste und Nöte zu leiden, und doch wußte ein Etwas in ihm von Todesnot und Begrabenwerden. Es erlebte im Traum die beiden gegensätzlichen Gewalten: Verweilen, Kindsein-wollen, und das machtvolle Getriebenwerden zur nächsthöheren Lebensstufe, das in einem Bestreben zu sterben, um nicht scheintot begraben zu werden, paraphrasiert ist. [...]

Die leiblichen Geschehnisse sind — das zeigen uns die Träume — von geistseelischen Prozessen begleitet, die in sinnvoller Weise den Kampf der urtümlichen Gewalten umschreiben: Es erfolgen Verbilderungen in diesen Stimmungen der Verpuppung und Wandlung, die uns als charakteristisch erscheinen, sich zu sog. Elementargedanken im Sinne A. *Bastians* (2) verdichtend [5]. Soll ein Neues aus Altem erstehen, soll ein neuer Vogel Phönix der Asche entsteigen, sind Not und Tod der Schatten zur Helligkeit des sieghaften Aufsteiges. Der ewige Wechsel von Untergehen und Auferstehen ist das Gesetz biologischen Seins. Alles Lebendige trägt darum ein unbewußtes phasisches Sterben in sich, einen „lebensimmanenten Tod", wie *v. Gebsattel* (12) sich ausgedrückt hat. Liegt nicht der Sinn aller religiösen Bindung in dem Glauben an eine Wiedergeburt? Gleich-

---

[5] Rudolf Bilz (4) hat den Begriff des biologischen Elementargedankens geprägt. Lebensprozesse liegen den ethnischen Universalgedanken zugrunde. Schon Bastian (2) weist darauf hin, daß im Organischen die Wurzel seiner Elementargedanken wahrscheinlich liege. Bastian, der bekanntlich von Haus aus Mediziner war, ist offenbar von der organischen Zuordnung von Leib, Seele und Geist überzeugt gewesen. Die Migrationstheorie seiner Gegner berührt diese anthropologische Frage überhaupt nicht.

gültig nun, wes Glaubens Kind wir sind, gemeint ist immer das *Leben*, sei es das persönlich-ewige in einer jenseitigen Verklärung oder in einer diesseitigen unvergänglichen Tat oder aber das völkisch-ewige in Kindern und Enkeln: „Der Sieg des Lebens ist der Sinn der Welt" *(Schiller)*. [...]

In diesem Zusammenhang sei auf die sog. negative Phase hingewiesen, worunter *H. Hetzer* (16) eine für die Vorpubertät bei Mädchen gesetzmäßig sich einstellende Entwicklungsperiode der Unproduktivität und der Gleichgültigkeit gegenüber der bisher gepflegten Gemeinschaft versteht. *Hetzer* fand, daß während der negativen Phase eine „erhöhte Beeinflußbarkeit durch depravierende Elemente" vorliegt. Sie deutet diese Beobachtungstatsache dahin, daß das Mädchen sich von asozialen Altersgenossen angezogen fühlt, weil es die Lösung brennender Fragen auf sexuellem Gebiet erhofft. *Hetzer* fiel auf, daß in dem von ihr geleiteten Hort eine Art „Gegengruppe" sich bildete, die als Führerin eben dieses asoziale Element des Hortes hatte und der sich immer nur gerade die Mädchen vorübergehend anschlossen, die sich in der negativen Phase befanden. Ein 12jähriges Mädchen schilderte nachträglich seine seelische Verfassung während ihres Abfalls von der großen Gemeinschaft mit folgenden Worten: „In der Zeit hätte ich alle Tage einen Menschen umbringen können". Den Beweggrund seiner mörderischen Tendenzen konnte das Kind nicht angeben. Auch wir glauben, daß das verbotene Wissen des asozialen Elementes ein Anziehungspunkt für das aus der sog. neutralen Kindheit in die Pubertät übertretende Mädchen ist. Doch möchten wir außerdem die Bildung der Gegengruppe auf ein urtümlich im Kinde aufbrechendes revolutionäres Entwicklungsmoment hindeuten, das eine äußere Ordnung angreift, weil die innere Ordnung einer kindlichen Welt zusammenbrechen will und muß, damit die neue Welt des jungen Menschen sich bilden kann. Auch der Kampf der Generationen scheint uns in der negativen Phase eine Rolle zu spielen. Es handelt sich also um ein revolutionierendes Vorwärts, wenn in der Entwicklung vorübergehend aggressive Tendenzen gegen die bestehende Ordnung sich kundtun. In der „negativen" Phase liegt ein *positiver* Entwicklungsansatz.

Der nun folgende Reifungstraum eines Jungen zeigt gleichfalls nachdrücklich den Gegensatz zwischen alter und junger Generation und beweist uns zudem, wie ein äußerer Konflikt im Unbewußten eines heranwachsenden Menschen die Bilder entstehen läßt, die die Spannungen der Entwicklungsvorgänge versinnbildlichen.

Günter ist ein 16½jähriger Gymnasiast in einer Kleinstadt der Lüneburger Heide, den sein Vater in ärztliche Behandlung nach Hamburg bringt, weil er besorgt ist, der Junge könne sich ein Leid antun. Zufällig hatte der Vater das Tagebuch seines Sohnes in die Hände bekommen. Der Junge äußerte darin Selbstmordabsichten, die die Eltern um so mehr bestürzten, weil Günter ein zufriedener, vergnügter Junge zu sein schien, der sich für Segelfliegen und ganz harmlos auch für Mädchen interessierte. — Günter selbst hatte, als er in meine Behandlung trat, keine Ahnung, daß der Vater sein Tagebuch genau kannte. Er glaubt, daß er wegen seiner Kopfschmerzen in unsere Sprechstunde kommt. In den Unterredungen erfahre ich von Günter selbst zunächst nichts über die Existenz seines Tagebuches, dafür vertraut er mir aber an, daß er Beziehungen zu zwei Mädchen hat, die er *beide* liebt. Die Entscheidung ist ihm schwer, doch will er sie jetzt unbedingt fällen, denn seine Ehre vertrüge nicht länger ein solches „niederträchtiges Spiel zwischen zwei Frauen". Lotte, das eine der beiden Mädchen, ist ein frisches liebenswürdiges 15jähriges harmloses Kind, von dessen Lebendigkeit der Junge sich angezogen fühlt. Renate dagegen ist etwas älter als Günter. Mit ihr kann er sich „über ernste Dinge unterhalten". Ihre Reife zieht ihn an, und, obwohl noch keinerlei sexuelle Dinge zwischen den beiden vorgekommen sind, hat dieses Verhältnis der beiden jungen Leute schon einen gewissen erotischen Charakter. Bewußt steht Günter ganz im Bann der Entscheidung zwischen der kindlichen Lotte und der blühenden Renate. Er selbst befindet sich im Zwischenland der Pubertät, halb Kind, halb Jüngling. In diesem Liebeskonflikt träumt ihm: Er gehört einer Räuberbande an, einige Klassenkameraden sind mit dabei. Geführt wird die Horde von einem jungen Mann, der den Geheimbefehl kennt, den die Bande ausführen soll. Bei Nacht und Nebel gehen die Räuber geräuschlos durch die schlafende Stadt. Der junge Mann führt sie vor das Tor zu den Hünengräbern, wo die Ahnen begraben sind. Nun weiß Günter, daß es gilt, diese *Ahnengräber zu berauben.* Ein unterirdisches Mauerwerk nimmt die Bande auf, hier muß der Schatz zu finden sein. Schweigsam wird die Wanderung durch das Grabgewölbe bis zu einem erweiterten Gang vollzogen. Dort setzen sich alle Räuber im Kreis auf den Boden. Der Führer der Bande gibt nun Günter — wortlos — eines der vielen Bücher, die hier aufgestapelt sind. Es ist ein *„Tagebuch"*. Als Günter es in Händen hält, hat er gleichzeitig die Gewißheit, daß in dem Buch ein Geheimschlüssel beschrieben ist, der den Weg zum Schatz auffindbar macht.

Ist es nicht merkwürdig, daß der Junge in seinem Liebeskonflikt von einem Gräberraub zur Hebung eines Schatzes träumt und dabei ein „Tagebuch" der Ahnen ausgehändigt bekommt, in dem der Geheimschlüssel zu einer Kostbarkeit beschrieben steht? Durch ein Grab führt sein Weg. Der Traum zeigte, daß Günter eine viel tiefere Entscheidung treffen mußte als die einfache Wahl zwischen zwei netten Mädchen. Er steht in der Wandlung vom Knaben zum jungen Mann und muß einen entscheidungsvollen Raub an den Ahnen begehen, ein Verbrechen, um zur Kostbarkeit des Lebens zu kommen. Er ist Mitglied einer Räuberbande geworden. — Günter erfährt, ein uraltes „Tagebuch" in Händen haltend, den Geheimschlüssel. Sein eigenes Tagebuch aber spricht Todesgedanken aus, behandelt ausführlich das Thema eines Abschieds von seiner Jugend, Abschieds durch Freitod. — In seinem bewußten Konflikt spielte latent das Sterben mit, das in jeder Wandlung liegt. Das ist der Geheimschlüssel zur Mannbarkeit, der in einem Grabe gefunden wird[6].

---

[6] Wir erinnern in diesem Zusammenhang an den merkwürdigen Selbstmordtraum, der am Anfang der Reihe von Reifungsträumen steht, die uns Rudolf Bilz (3) in seinem Buch über die Reifung eines Junggesellen zum Ehemann mitteilt: Dieser Don Juan, der sich endgültig verloben will, steht auf einer Eisscholle, die einen engen Fluß hinabschwimmt, einem breiten trostlosen Hafen entgegen, der am Horizont in das offene Meer übergeht. Er hat wiederholt Gelegenheit, von der Eisscholle noch abzuspringen, da sie an den Ufern des Baches mehrmals festhakt. Am Ufer laufen händeringend zwei seiner bisherigen Freundinnen, die ihn retten wollen. Auf dieser unheimlichen Fahrt entdeckt er plötzlich, daß er ein Schildchen um den Hals hängen hat, darauf steht „Selbstmordabsichten".

Wenige Wochen nach diesem Traumerlebnis hatte Günter sich entschieden. Die kindliche Lotte konnte er leichten Herzens aufgeben. Doch mit Verwunderung stellte er fest, daß er sich auch schmerzlos von Renate getrennt hat, als er bald darauf in eine andere Stadt übersiedelte, um dort einen Führerkurs zu absolvieren. Lotte oder Renate hieß das eigentliche Problem eben überhaupt nicht. Die Wandlung des Knaben zum jungen Manne wurde in der *Tiefe* der Seele „gespielt". Die Liebesbeziehungen und ihre konflikthafte Spannung sehen wir als Anstoß zu einer inneren Entwicklung an. Die Selbstmordideen aber sind uns pars pro toto des Reifungsprozesses, ein Zeichen der Wandlung. Das Tagebuch des Jünglings enthüllte ein „Stirb!" Das war der „Geheimschlüssel" oder „Geheimbefehl", der ihn weiter brachte.

Nicht minder merkwürdig ist die Krankengeschichte des 13,10 Jahre alten Helmut, der in unsere Kinderpoliklinik[7] wegen zwanghafter Vorstellungen gebracht wurde, die vornehmlich um den Tod der Eltern kreisen. Helmut ist bis zur Verzweiflung gequält von dem Gedanken, der Vater oder die Mutter müssen sterben, wenn er ihnen z. B. die Hand reicht. Das ist sein Wahn. Zwanghaft muß der Junge mancherlei magische Handlungen vollziehen oder „Gegengedanken" ins Feld führen, die den Tod der Eltern bannen. Er wird unablässig von zwangsneurotischen Ritualen gequält.

Körperlich zeigt Helmut keinen krankhaften Befund. Sehr auffallend ist jedoch die starke *Vorentwicklung*. Körpergröße und Reifezeichen entsprechen einem Alter von etwa 17 Jahren. Bei harmonisch ausgeprägter Gestaltform ist der Grad der Männlichkeit im Ausdruck aller körperlichen Entwicklungszeichen als fast matur anzusehen. Nur das Gesicht wirkt im Verhältnis zur Entwicklung des Körpers noch kindlich-knabenhaft. Das Ergebnis der körperlichen Untersuchung, das von *W. Zeller* bestätigt wurde, lautete: „Organ-neurologisch ist ein krankhafter Befund nicht zu erheben. Es handelt sich um eine starke Frühentwicklung."

Wie aus der Anamnese zu ersehen war, fällt der Beginn der seelischen Störung zusammen mit stürmisch einsetzenden Entwicklungs-

---

[7] Verf. ist Aufnahmeärztin in der Kinderpoliklinik des Deutschen Instituts für Psychologische Forschung und Psychotherapie.

vorgängen, die den Knaben mit etwa 12,6 Jahren sehr in die Höhe schießen ließen. Bis dahin, so sagte die Mutter, sei Helmut geistig-seelisch noch kindlich und körperlich nicht besonders groß gewesen. Vom 14. Lebensjahr ab habe das Längenwachstum und die körperliche Reifung geradezu ungeheuerliche Formen angenommen. Bemerkenswert ist noch die Tatsache, daß der Junge im Alter von 12,6 Jahren eine heftige Erkältungskrankheit durchmachte, die mit Fieber, Kopfschmerzen, Schlaflosigkeit und Zuständen von Apathie einherging. Es wäre möglich, daß es sich hierbei um eine Encephalitis gehandelt hat, wodurch Entwicklungshormone mobilisiert wurden, so daß die puberale Reifung vorzeitig in Gang kam und in beschleunigtem Tempo innerhalb von 1³/₄ Jahren zu fast maturer Ausprägung der Gestalt führte[8].

Die Tatsache, daß eine in der äußeren Gestaltung harmonisch wirkende körperliche Frühreife zwangsneurotische Störungen in die Erscheinung treten läßt, könnten wir dahin deuten, daß dieselben Entzündungsprozesse, die zur Vorentwicklung möglicherweise Anlaß gaben, auch die seelische Krankheit bedingten, denn es gibt gelegentlich zwangsneurotische Störungen bei Encephalitis. Auffallend ist uns jedoch der *Inhalt der Zwangsgedanken*, die Metaphorik des Wahns. Nicht irgendwelche Vorstellungen sind es, die den Jungen zwanghaft überfallen, sondern ihn quälen Gedanken, die das Sterben der Eltern ihm zur Last legen. Gleichgültig, welche Ätiologie in diesem Fall die Frühentwicklung gehabt haben mag, der vorzeitige Einbruch und der beschleunigte Ablauf der geschlechtlichen Reifung ist gekoppelt mit uns verständlich erscheinenden seelischen Prozessen, die die Ablösung von einer kindlichen, an die Eltern gebundenen Lebensstufe paraphrasieren. Vater und Mutter

---

[8] Wir müssen leider darauf verzichten, die Bilder des Pat. zu veröffentlichen, die in dem Berliner Vortrag mittels des Epidiaskopes gezeigt werden konnten. Sie ließen die auffallende Disharmonie zwischen dem kindlichen Gesichtsausdruck und der körperlichen, im besonderen der genitalen Entwicklung erkennen. Auf dem Körper eines Mannes saß gleichsam ein Kinderkopf. — Es wäre sinnlos, die Bilder in diesem Buch mit verdecktem Gesicht zu veröffentlichen, wie es üblich ist, um die Anonymität des Kranken zu wahren, da es eben auf die Herausstellung des Gegensatzes zwischen Gesicht und Körper ankäme.

sterben diesem noch nicht 14jährigen Jungen in Permanenz! Die
Zeit der Wende vom Kind zum Jüngling hat Helmut vorzeitig
überfallen. Ist es verwunderlich, wenn der Knabe mit Zeichen
zwanghafter Abwehr die Schuld an dem Tod der Elterngeneration
zu bannen versucht? Die Tragik, die aller Entwicklung und allem
Leben innewohnt, offenbart sich — so meinen wir — in diesem Fall
einer Frühreife in besonderem Maße.

Ob in dem zwangsneurotischen Gebaren tatsächlich eine zerebrale
Schädigung mitwirkte oder ob ein erblich-konstitutionelles Moment
hauptsächlich im Spiele ist, diese Frage müssen wir offen lassen.
Uns kam es heute nur darauf an, die Verständlichkeit einer *Wahn-
metapher* kurz anzudeuten.

Den äußeren Anstoß, einen innerseelischen Reifungsprozeß in
Gang zu bringen, gab bei Günter ein Liebeskonflikt, bei Helmut
dagegen eine geradezu explosiv einsetzende körperliche Vorentwicklung. Auch in den beiden folgenden Krankengeschichten ist ein
äußerer Anlaß mit dem Einsetzen einer entscheidungsvollen Lebenswende sinnvoll verbunden. Wir haben den Eindruck, daß die Ent-
wicklungsprozesse psychischer Art der Anstöße auch von außen
bedürfen, die schlummernde Entwicklungsbereitschaften aktivieren.
Der Grad der Empfindlichkeit für den äußeren Entwicklungsreiz
hängt von der vorgegebenen Anlage ab. Die Intensität des in Gang
gebrachten Prozesses und das Ergebnis des Vollzuges sind ebenfalls
anlagemäßig bestimmt. Wieweit seelische Traumen hierbei, im besonderen bei der verzögerten Reifung, im Spiele sind, ergibt sich
bei einer tiefenpsychologischen Behandlung von Fall zu Fall.
Grundsätzlich sind wir der Meinung, der Rudolf *Bilz* (5) Ausdruck
gegeben hat: Der Begriff des Traumas setzt den der Verwundbarkeit
voraus. — Überempfindliche, vital matte Naturen werden stärker
unter den Einflüssen ihrer Umwelt leiden als robuste Draufgänger.
Was dem einen schon ein Trauma ist, bedeutet dem anderen vielleicht lediglich einen Anreiz, der Schwierigkeit Herr zu werden.

Die nächstfolgende Krankengeschichte verdanke ich der Beobachtung einer Ausbildungskandidatin unseres Instituts, mit deren
Zustimmung ich den Fall wiedergebe: Eine 17jährige Abiturientin,
die äußerlich durch ihre zarte, kindhafte Gestalt in der Schule und
unter den zahlreichen Geschwistern auffiel, hatte, obwohl sie als

gute Schülerin galt, seit ihrem Eintritt in die letzte Klasse eine außerordentliche Angst vor dem kommenden Maturitätsexamen. Den Lehrern waren ihre Befürchtungen unerklärlich, weil sie als absolut unbegründet erschienen. „Ich werde zur Schlachtbank geführt", sagte sie einmal unter heftiger Angst zu ihrer Klassenlehrerin, der sie vertraute. Bei einer Vorprüfung, die etwa ein halbes Jahr vor dem Abitur in hauswirtschaftlichen Fächern durchgeführt wurde, erlitt diese Schülerin einen Zusammenbruch merkwürdiger Art: Kurz bevor ihre Kochkunst der Prüfungskommission vorgeführt werden sollte, fiel das junge Mädchen bewußtlos um. Etwas später stellten sich krampfartige Zuckungen der Arme ein. Die Fäuste geballt, die Kiefer fest aufeinandergepreßt, so verharrte die Kranke eine Zeitlang, erwachte dann plötzlich aus der Bewußtlosigkeit und fragte erstaunt, was denn eigentlich mit ihr los gewesen sei. Dieser Anfall wiederholte sich in der Folgezeit mehrmals; er trat etwa alle 14 Tage auf, nun aber auch ohne äußere Veranlassung. Scheinbar aus heiterem Himmel wurde die Patientin von den Zuständen überfallen. Eine organische Erkrankung konnte nicht festgestellt werden. Die Anfälle galten als psychogen, — seelisch bedingt.

Im Laufe der folgenden Monate erfuhren die Anfälle eine deutliche Veränderung. Zwar bestand noch die tiefe regungslose Ohnmacht im Beginn der Bewußtlosigkeit, doch das krampfige Verhalten wurde nun durch ein wildes Toben abgelöst. Die Kranke stand von ihrem Lager auf, lief zur Tür oder zum Fenster und schrie verzweifelt: „Ich will raus, ich will raus!" Man ließ sie gewähren und beobachtete, wie sie mit den Fäusten gegen die Tür schlug, aber nicht den geringsten Versuch unternahm, die unverschlossene Tür jemals aufzuklinken. Auch dieses Revoltieren und sinnlose Schlagen gegen die Tür in einem Dämmerzustand hysterischer Art wurde von der Patientin nach dem Anfall nicht mehr erinnert.

Aus dieser Zeit der Vorbereitung auf die Reifeprüfung, die durch die Anfälle für das junge Mädchen doppelt schwierig wurde, stammt folgender Traum: „Ich spiele mit vielen Kindern vor einem Haus. Dann bringe ich die Kinder alle in das Haus. Als ich dann das Haus wieder verlassen will, finde ich keinen Ausgang. Treppauf und -ab laufe ich und suche angstvoll eine Tür oder ein Tor. Oftmals komme ich zu einer Tür, wenn ich aber näher trete, ist sie verschlossen. Nirgends ein Ausweg! Meine Angst steigert sich und wird immer stärker und heftiger."

Bewußt konnte das junge Mädchen nur sagen, daß es eben Angst vor der Reifeprüfung habe. Es blieb für allen wohlgemeinten Zuspruch merkwürdig verschlossen. Einmal gelang es der Klassenlehrerin, etwas Emotionales von der Schülerin zu erfahren: Das Mädchen berichtete, daß es ein eigentümliches Gefühl von *Einsamkeit* manchmal habe, *das ihr auch eine ähnliche Angst bereite wie die Examensangst.* (Wir erinnern uns hier der kleinen Inge, die *einsam* auf der großen Straße in Angst geriet.) Von einem Alleinsein des jungen Mädchens konnte rein äußerlich nicht die Rede sein. Es lebte als zweitjüngstes Kind in einer kinderreichen Familie. Als ein seliges Kindheitsparadies empfand die Schülerin von jeher ihr Elternhaus. Sie selbst war geselliger Natur und alles andere als ein Einzelgänger. — Vor Ausbruch des ersten Anfalls brach sie auf Befehl ihrer Mutter ein Liebesverhältnis, das sie während der Sommerferien angeknüpft hatte, unvermittelt ab. In diesen Ferien hatte sie sich sehr wohl gefühlt und durch ihre Liebesbeziehung eine gewisse Geborgenheit vor ihren Ängsten verspürt. Aus dem Urlaub wieder nach Hause zurückgekehrt, fand die Mutter einen Brief, den der junge Mann an ihre Tochter geschrieben hatte. Ohne sonderliches Sträuben händigte die Tochter der Mutter alle ihre Liebesbriefe aus und unterließ fortan jeden weiteren Umgang mit dem Geliebten, ein allzu gefügiges wohlerzogenes Kind.

Die Bindung an die von ihr sehr geliebte und verehrte Mutter offenbart sich wohl am eindeutigsten in diesem äußerlich so gleichmütigen Verzicht auf ihre Liebe. Folgsam, wie ein noch sehr kleines Mädchen, gab sie der Mutter recht und empfand es wenig aufregend, daß sie keine Briefe mehr schreiben durfte. Wie konnte es überhaupt dazu kommen, so fragen wir uns, daß das junge Mädchen seine ersten Liebesbriefe so wenig gut bewahrte, daß ihre Mutter davon Kenntnis erhalten konnte? Eine ernstgemeinte Liebe, die aus der innerseelischen Reife erwachsen ist, hätte hier doch wohl das Mädchen besser aufpassen und Mittel und Wege finden lassen, die Mutter aus diesen Beziehungen von vornherein auszuschalten. Wir glauben, daß das Mädchen hier aus seiner noch stark an die mütterliche Sphäre gebundenen Kindlichkeit heraus Fehlleistungen beging, die

ihre innerseelische Unreife zur Liebesbindung an einen Mann
beweist.

Dieser Liebesepisode kommt, im Gegensatz zu der Examensangst,
für das bewußte Leben des Mädchens eine untergeordnete Bedeutung zu, und doch scheint es, daß unbewußt gerade ihre erste
Begegnung mit dem Leben jenseits der mütterlichen Sphäre die
bewußte Angst vor der Reifeprüfung zu einer schweren inneren
Krise steigerte, die in den Anfällen zum Ausdruck kommt. Die
Examensangst, die man vor dem Liebeserlebnis noch als einigermaßen normal bei einer sensiblen und übererregbaren Jugendlichen
ansehen kann, wird nach dem Erlebnis zu dem, was sie eigentlich
ist: Sichtbarer Ausdruck eines unbewußten erschütternden Dramas,
das in Form von psychogenen Anfällen das Bewußtsein des jungen
Mädchens verdunkelt. Der Übergang kann u. U. das Erlebnis einer
existenzialen Katastrophe bringen. Die Sicherheit der einen Lebensstufe wurde aufgegeben, die der anderen ist noch nicht erreicht.
Wir werden an das *Nietzsche*wort erinnert: „Nicht die Höhe, der
Abhang ist das Furchtbare! Der Abhang, wo der Blick *hinunter*stürzt
und die Hand *hinauf*greift. Da schwindelt dem Herzen vor seinem
doppelten Willen." — Wie trffend ist die Prägung „doppelter Wille"
in unserem Zusammenhang von Verweilen und Vorwärtsdrängen!

Das Tor ins Leben, hinaus aus dem *Kindheitshaus*, findet unsere
Kranke bei allem angstvollen Streben danach weder im Traum noch
im Dämmerzustand[9], in welchem der Inhalt des Gefangenschafts-
traumes „agiert" wird. Sie ist, wie die Kleinen, eingeschlossen im
Haus, das ihr aber nicht Ruhe und Geborgenheit gibt. Weil sie nicht
mehr Kind ist, empfindet sie das Verweilen als eine Gefangenschaft
und strebt nach dem Ausgang. Angstvoll wird das Suchen erlebt,
so angstvoll, wie ihr die Examensfurcht bewußt ist. Auch das
Examen bedeutet ja ein Tor ins Leben. Bewußt heißt es, daß sie
zur „Schlachtbank" geführt werden soll. Wie kommt das junge
Mädchen gerade zu diesem Vergleich? Als einen Tod, als ein Sterben-
müssen, empfindet es die Reifeprüfung, den Übergang in die neue
Lebensphase. Sie wird gleichsam „geschlachtet". Der Eintritt in das

[9] Es handelte sich ohne Frage hier um sog. hysterische Dämmer-
zustände.

Stadium des Erwachsenen ist kein einfaches Hinüberschreiten, sondern setzt eine Metamorphose voraus, ein Stirb und Werde! Die Schlachtbank ist also erforderlich, um ins Freie zu kommen. Kindbleibenwollen, um der Schlachtbank zu entgehen, steht gegen Erwachsenwerdenwollen, um dem ebenso bedrohlichen Bann der Kindheit zu entfliehen, der als eine Gefangenschaft empfunden wird: *„Da schwindelt dem Herzen vor seinem doppelten Willen."* —

Eine auffallende Ähnlichkeit mit dieser eben dargestellten Krankengeschichte zeigt eine Krankengeschichte meiner eigenen Beobachtung. Es handelt sich wiederum um ein 17jähriges Mädchen, Gertrud, deren Wunsch es von jeher ist, Kindergärtnerin zu werden. Sie hatte die Mittelschule besucht und bestand zu Ostern dieses Jahres die Aufnahmeprüfung für ein Kindergärtnerinnenseminar. Schon in der Volksschule war Gertrud immer eine gute Schülerin gewesen, auf der Mittelschule lernte sie leicht. Als Gertrud am Morgen vor der Aufnahmeprüfung, der sie mit einer gewissen Spannung, aber durchaus zuversichtlich entgegensah, sich ankleidete, wurde sie plötzlich durch eine Vogelstimme, die aus dem Garten kam, sehr erschreckt. Gerade noch hatte sie gedacht, es könne ihr in der Prüfung nichts passieren, da hörte sie den Vogel gleichsam höhnisch lachen, als ob er sagen wolle: „Paß auf, es kommt schon anders, als du denkst; so einfach ist das nicht!" So sehr Gertrud bis ins innerste Herz von dieser nie zuvor gehörten Vogelstimme getroffen war, so schnell versuchte sie, die ängstlichen Gedanken für die Prüfungsaussichten zu verscheuchen. Daß sie jetzt plötzlich „die Sprache der Vögel" verstand, war ihr unheimlich. Wohlgemut konnte sie dennoch zum Examen gehen und bestand die Prüfung mit sehr guter Note. Die Mutter hatte dem jungen Mädchen Blumen als Zeichen ihrer Freude hingestellt; gemeinsam wollten die beiden den Tag feiern. Doch bei Gertrud konnte keine frohe Stimmung aufkommen. Ja, die Blumen machten sie erst recht traurig. „Totenblumen"[10] schienen sie ihr zu sein, und das Mädchen verstand

---

[10] Dieses Erlebnis erinnert an einen Bericht aus der „Junggesellenangina" von R. Bilz (3, S. 14, 15): Den Rosenstrauß, den ihm seine Braut an das Krankenbett brachte, sah er in Assoziationsreihen, die sich in dieser Exploration ergaben, als „Totenblumen" an. Er selbst, so erklärte er, komme sich wie eine aufgebahrte Leiche vor.

nicht, warum es jetzt, da die Prüfung so gut bestanden war, innerlich nicht zur Ruhe kommen konnte. Gertrud schlief die nächsten Nächte nicht und konnte auch nicht essen. Allmählich nahm ihre innere Not bedrohliche Formen an. Sie glaubte, daß alle Menschen sie anschauten und mißbilligend die Köpfe schüttelten. Fraglos befand sie sich in einem psychosenahen Zustand.

In dieser Zeit der inneren Unruhe kroch Gertrud allabendlich zitternd vor Angst zur Mutter ins Bett und berichtete ihr einmal bei dieser Gelegenheit, daß sie mit ihrem Freunde Beziehungen intimer Art gehabt habe. Die Liebesvereinigung der beiden jungen Leute fand vor einigen Monaten statt, als der Freund für wenige Tage Militärurlaub hatte. Dann sahen sich die beiden nicht wieder. Gertrud hatte alle die Wochen, da der Freund wieder an der Front stand, nichts Unrechtes in ihrer Hingabe gesehen. Sie liebte und gab „das Beste und Schönste", wie sie sagte, was sie „zu geben hatte". Um so mehr fällt uns auf, daß sie nun ihr Liebesgeheimnis mit Zeichen der Schuld ihrer Mutter preisgeben muß in einem Augenblick, da sie äußerlich einen neuen Lebensabschnitt mit dem Besuch der Berufsschule vollzog. Bisher — so schien es — war Gertrud völlig eigenständig und sicher in ihrer Beziehung zu diesem Mann gewesen. Daß sie aber innerseelisch noch nicht gewandelt ist zum liebessicheren Leben der Erwachsenen, zeigt sich in ihrer Reaktion auf den Eintritt in die neue Lebensphase. Die Vogelstimme, die sie so höhnisch verlacht, ist gleichsam ein Ruf aus dem Unbewußten, der ihr sehr eindrucksvoll sagt, daß solch ein Übergang nicht so einfach ist, wie sie das gerne glauben möchte. Sicherlich „meint" diese Stimme nicht das Examen der Schule, denn diese Prüfung bestand Gertrud ohne weiteres. Es geht — wie uns scheint — um die Wandlung, die das Sterben vor dem Werden erfordert. Sind es nicht „*Toten*blumen", die das Mädchen in Unruhe versetzen?

Gertrud ist, wie die Abiturientin der vorhergehenden Krankengeschichte, von zarter, noch kindhafter Gestalt, auch sie liebt und verehrt ihre Mutter und hat eine starke Bindung an sie. Beide Mädchen verraten ihr Liebesgeheimnis, und beide erleben den Einbruch des Unbewußten in das bewußte Leben in dem Moment, da äußerlich eine neue Lebensphase beginnt. Antrieb und Hemmung, die beiden Urgewalten des Entwicklungsgeschehens, sehen wir in diesen Krankengeschichten zusammenprallen. Sie entzünden im Unbewußten eindrucksvolle Bilder dramatischen Inhalts, die den Reifungsprozeß *paraphrasieren.*

Die weitere Entwicklung der Schülerin Gertrud brachte wie bei Günter, dem Gymnasiasten aus der Lüneburger Heide, eine Auflösung des Liebesverhältnisses und ein intensives Hinwenden zur Berufsarbeit. Gertrud träumte wenige Wochen, bevor sie ihre alte Arbeitsfreudigkeit wiedergewann, folgendes: „Ich stehe vor einem großen Schaufenster. Allerhand Kästchen sind dort ausgestellt. Ich trete in den Laden ein. Eine ältere, liebenswürdige Verkäuferin, die eine altmodische Frisur trägt und aussieht wie eine Urberliner Portiersfrau, steht hinter dem Ladentisch. Ich weiß eigentlich nicht, was ich kaufen will; da sagt die Frau zu meinem größten Erstaunen, daß das, was ich suche, jetzt nicht am Lager sei. Ich solle etwas warten, sie bekäme das gewünschte Kästchen wieder herein." Dabei hatte Gertrud die Vorstellung, daß es sich um ein Schmuckkästchen handelt, aus Seemuscheln angefertigt, so, wie ihre verheiratete Kusine eines besitzt.

Gertrud hatte bisher nie daran gezweifelt, daß sie den Freund, dem sie sich hingab, auch heiraten werde. Das war für sie eine Selbstverständlichkeit, die allein ihre intime Liebesbeziehung rechtfertigen konnte. Die alte Portiersfrau des Traumes belehrte sie eines anderen. Sie weiß, was Gertrud in dem großen Schaufenster sucht, nicht irgendeines der vielen ausgestellten Dinge, sondern ein bestimmtes Kästchen, angefertigt aus einem Stoff, der der Meerestiefe entstammt, ein Schmuckkästlein ähnlich dem, wie es einer Ehefrau gehört. Und weiterhin sagt die weise Verkäuferin, daß Gertrud sich gedulden muß, denn das ihr gemäße Kästlein sei noch nicht zur Stelle! Ist es verwunderlich, daß Gertrud eines Tages erzählte, daß sie ihre Liebesbeziehung aufgeben wird, damit sie um so intensiver sich auf den erwählten Beruf vorbereiten könne? Ja, sie kam sogar zu dem Entschluß, Volkspflegerin zu werden und die Kindergärtnerinnenschule nur als Vorbereitung für diesen Beruf anzusehen. Hinweisen möchten wir auch noch auf die Tatsache, daß es sich um das Bild einer Portiersfrau, also um eine Pförtnerin handelt. Dieses Gleichnis ist wohl nicht ohne Bedeutung. —

Man könnte die Tatsache, daß der 16jährige Gymnasiast Günter und die 17jährige Gertrud ihre Liebesbeziehungen abbrechen, als negativen Ausgang einer Reifungskrise ansehen. Wir meinen jedoch, daß die flüchtigen Liebesbindungen Jugendlicher aufzufassen sind als Stadien, in denen das Lieben als ein Realisator für schlummernde Entwicklungsbereitschaften wirkt. Der für diese Lebensperiode fällige Reifungsprozeß vollzieht in einem „Stirb und Werde" die Ablösung von der kindlichen Lebensstufe. Die mehr oder weniger flüchtige Liebesbeziehung aber trägt mit bei zur Erreichung dieses Zieles und kann nach Vollzug der Wandlung aufgegeben werden, nicht weil diese jungen Menschen nie liebesfähig werden, sondern weil sie sich noch in einem Lebensstadium befinden, in dem die Natur, wenn man sich so ausdrücken darf, noch kein Interesse an einer ehelichen Verbindung und Fortpflanzung zeigt. Es ist eben nicht so, daß von der Menarche oder den ersten Monatsblutungen an das Mädchen als „reif" gelten könnte. Es wäre ein kardinaler Irrtum, etwa den Gedanken auszusprechen, daß die Fortpflanzung angezeigt sei, sobald Follikelsprünge erfolgt sind; denn die übrigen körperlichen Gegebenheiten des Mädchens, seine Beckenmaße z. B., schließen eine Geburt aus, der mangelnden *seelischen* Reife ganz zu geschweigen. Um aus dem Miteinander und Gegeneinander der körperlichen Organe während der Reifung nur ein Beispiel zu geben: Es ist seit langem bekannt, daß die Thymusdrüse mit dem *Wachstum* des Menschen zusammenhängt, seiner „wachstümlichen Differenzierung" dient, diesen Ausdruck O. *Krohs* (20) noch einmal zu gebrauchen. Es konnte z. B. bewiesen werden, daß nach operativer Entfernung des Thymusgewebes das körperliche Wachsen sein Ende fand. Der Thymus ist ein Wachstumsorgan. Längst aber wissen wir auch, daß zwischen dieser Drüse und den Geschlechtsdrüsen ein Antagonismus besteht; denn wird ein Tier kastriert, so ist eine Thymus*hypertrophie* die Folge. Mit der vollen Ausbildung der Geschlechtsdrüsen jedoch, nach der vollendeten körperlichen Reifung, verkümmert dieses Organ. Seine Aufgabe, die langsame sexuelle Reifung zu gewährleisten, ist erfüllt. Das Wachstumsorgan Thymus war zugleich, soweit sich seine Wirkung auf die genitalen Drüsen bezog, ein Retardierungs-, ein Hemmungsorgan. So könnte man mit *Krause* (Düsseldorf) (zit. n. 4, S. 44) sagen: „Die Fort-

pflanzung soll erst ermöglicht werden, wenn das Wachstum beendet und somit die fortpflanzungswürdige Form erreicht ist."[11]
— *Auch in der seelischen Reifung*, das möchte ich ausdrücklich
sagen, *muß von einer „fortpflanzungswürdigen Form" gesprochen
werden.*
Der Gedanke, noch warten zu müssen, kommt, wie mir scheint,
in dem Traum von dem Schmuckkästchen zum Ausdruck. „Geduld",
lautet hier der Imperativ des Lebens. Die Ehe bleibt einer höheren
Entwicklungsstufe vorbehalten. Noch ist Gertrud nicht soweit.
Eben im Leben des Menschen gilt, wie wir schon sagten, ein Festina
lente! Das *langsame* Reifen unterscheidet ihn von den Tieren, ist
im übrigen auch rassebedingt. (Wir gehen hier auf das Thema nicht
ein, daß in den letzten Jahrzehnten unsere Jugend offensichtlich im
Zeichen einer beschleunigten Reifung steht, wobei man von einer
„heliogenen Akzeleration" [zit. n. 34] gesprochen hat.)
Ateleiotische Menschen im Sinne von Rudolf *Bilz* (3) erreichen
den letzten Reifegrad überhaupt nicht. Sie bleiben gleichsam im
„Kritzelstadium" ihrer Liebe stecken, wenn man diesen Ausdruck
aus der *Hetzer*schen Kinderpsychologie (14) hier gebrauchen darf;
denn Kritzeln bedeutet lediglich eine Vorübung für die endgültige
Gestaltung. Der typische Don Juan unseres psychopathologischen
Schrifttums verweilt, wie uns scheint, ständig im „Kritzelstadium"
seiner Liebe, eine Problematik, die Rudolf *Bilz* (3) in seinen Reifungskrankengeschichten berührt hat. Es gibt allerdings auch Frauen,
die einer tiefen echten Liebe nicht fähig sind, die zum Letzten nicht
kommen, und das ist *Mutter zu werden*, nicht äußerlich nur eine
Schwangerschaft durchzumachen, sondern innerlich zu einer echten
Mutter zu *reifen*. In unseren späteren Ausführungen über die Wandlungen in Schwangerschaft und Geburt werden wir auf diese Stufen
der *Reifung* zurückkommen müssen.
Das Stadium der flüchtigen Liebesbindungen bedeutet uns eine
unvollkommene *Vorwegnahme* des endgültigen Zustandes und der
endgültigen Fähigkeit. Wir werden daran erinnert, daß auch das
kleine Mädchen im Puppenspiel Mütterlichkeit vorwegnehmend
zum Ausdruck bringt. Leben ist Vorwegnehmen, sagt Carlo *Sgan-*

---

[11] Vgl. Anm. 4.

zini (30). Eben im Entwickeln handelt es sich in besonderem Maße um ein vorwegnehmendes Üben.

Schon *v. Hattingberg* (13) hat dem Gedanken Ausdruck gegeben, daß der Mensch nicht nur *zur Liebe* reif werden muß, sondern auch *durch die Liebe* reift. Er spricht in seinen Betrachtungen über „Ehekrisen" von der „Selbstfindung" in der Liebe. „Werde, der du bist!", und eben über die Liebe führt dieser Weg zur Vollendung. — Wir halten den Gedanken, daß die menschliche Liebe auch den menschlichen *Wandlungen* dient, für ganz außerordentlich wichtig. Bei oberflächlicher Betrachtung könnte es scheinen, als ob die Rollen der Liebe nur horizontal gerichtet seien, lediglich der Umwelt mit ihren Partnerschaften verhaftet. Aber das ist das Neue, daß sie auch im Vertikalen stehen und als ein *Ferment der Reifung* wirken: Wenn der Mensch auch nicht, wie das Insekt z. B., ausschließlich Instinktwesen ist, so findet sich doch mancherlei Instinktives auch in seinem Verhalten, wenn er liebt. „Legislative determinierende Elemente in der Latenz seines Leibes" (5) sind selbst beim Menschen im Spiele. Der holländische Biologe *Buytendijk* (8) hat dem Gedanken Ausdruck gegeben, daß Instinkt und Entwicklung zusammenhängen. Die Instinkte bedeuten demnach mehr als nur Ordnung horizontaler Umweltbezogenheiten, d. h. also mehr als nur Grundlagen umweltszenischer Rollen. In der Kette des Entwicklungsablaufes bestehen, wie *Demoll* (11, S. 35) sich ausdrückt, „einige Kettenglieder nicht aus Entwicklungsvorgängen, sondern aus Instinkten". So hat auch in der menschlichen Liebe, was lediglich horizontal gerichtet erscheint, zugleich eine vertikale Bedeutung. Es steht und wirkt propulsiv, vorantreibend in der Zeitgestalt. Nicht nur gewisse Bewegungen, etwa das Küssen, zeigen, ein Gleichnis von Rudolf *Bilz* (5) zu gebrauchen, den Januskopf, sondern die Liebe überhaupt hat ein zweites, ein „Zeitgesicht", das in die Zukunft gerichtet ist. — Unser Leben ist ein fortwährendes Zeitigen und Verwirklichen, und auch *durch unser Erleben*, über unsere Umweltbezogenheiten, reifen wir und wandeln wir uns, werden wir vorübend und vorwegnehmend zu dem, was uns in unserer Anlage als Kann möglicher späterer Erscheinung a priori gegeben ist. Die flüchtigen Liebesbeziehungen Jugendlicher in diesem Lichte zu zeigen, erscheint uns als wichtig.

Zusammenfassend bemerken wir, daß unser Unbewußtes mit der Metapher des Todes die Wandlung des heranwachsenden Menschen von Entwicklungsstufe zu Entwicklungsstufe zu paraphrasieren vermag. Lebensvorgänge erfahren in diesem Gleichnis ihre Begleitmusik. Dabei handelt es sich um Werden, Wachsen und Reifen. Im besonderen kommt hier auch der Angst als einem körperlichen Faktum eine Bedeutung zu, das wir zugleich als seelisches Erleben aus den Metaphern der Wandlung erraten. Affekte sind immer Psychisches und Somatisches in einem. Neuere Forschungen von *Lettré* und *Albrecht* (22) haben ergeben, daß der Angststoff Adrenalin, der im Affekt in die Blutbahn ergossen wird, als ein Mitosegift, richtiger Pro-Mitosegift, zu betrachten ist, daß dieses Inkret also die Zellteilung hindert. Damit hätten wir einen affektiven Hemmungsfaktor gefunden. Ob die Entdeckung im Sinne der *Stieve*schen (31) Veröffentlichung über Angst und Keimplasma zu verwerten ist, bleibe dahingestellt. Es käme dann also zu den von Natur aus gegebenen Hemmungselementen im Sinne L. *Bolks* (6) ein hemmender, die Reifung niederhaltender Faktor hinzu, der in der Emotionalität des Subjekts begründet ist, so daß man von psychogenen Entwicklungshemmungen resp. Hemmungsverstärkungen sprechen könnte, was, wohlgemerkt, kein sog. seelisches Trauma voraussetzen muß. Es genügt die Annahme einer Überempfindlichkeit, einer überstarken Ansprechbarkeit des Subjekts für diese Art Lebensangst. Wie man diese seelische und vegetative Übererregbarkeit terminologisch faßt, ist eine Sache für sich. Von hier aus auf das Neurosenproblem einzugehen, ist uns aus äußeren Gründen versagt.

Wir stellen also nicht das Bild als einen Faktor sui generis an den Anfang, sondern das Leben und die Lebensvorgänge mit ihren Tendenzen des Vorantreibens und der Retardierung, die inneren Spannungen erscheinen uns als der cantus firmus, dem die Bilder der Träume kontrapunktisch zugeordnet sind. Das tertium aber, das Lebensvorgang und Sinnbild verbindet, ist die *Stimmung,* hier im besonderen überwiegen die Gefühle der Angst, einer inneren Not. So erscheint uns die Metapher, das Sinnbild, als ein zugeordneter zweiter Schöpfungsakt, den wir niemals verstehen würden, wenn wir die vitalen Prozesse nicht kennen. Gleichnisse setzen

Geist voraus, der hier nicht Widersacher der lebendigen Seele ist, sondern ihr Chronist oder Dichter, ihr Schilderer oder Verbilderer. An den Lebensvorgängen mit ihren Stimmungen entzünden sich — so scheint es uns — die Metaphern. *Nietzsche* sagt im „Zarathustra": „Also geht der Leib durch die Geschichte, ein Werdender und ein Kämpfender. Und der Geist — was ist er ihm? Seiner Kämpfe und Siege Herold, Genoß und Widerhall."

Schrifttum

1. Anton, G.: Über Geistes- und Nervenkrankheiten in der Schwangerschaft, im Wochenbett und in der Säugungszeit. V. (Schluß-)Band des Handbuches für Gynäkologie. Herausgeg. v. J. Veit. Wiesbaden 1901. Verlag J. F. Bergmann.
2. Bastian, Adolf: Ethnische Elementargedanken in der Lehre vom Menschen. Berlin 1895. Weidmannsche Buchhandlung.
3. Bilz, Rudolf: Psychogene Angina. Leipzig 1936. Verlag S. Hirzel.
4. derselbe: Pars pro toto. Ein Beitrag zur Pathologie menschlicher Affekte und Organfunktionen. Leipzig 1940. Verlag G. Thieme.
5. derselbe: Lebensgesetze der Liebe. Leipzig 1943. Verlag S. Hirzel.
6. Bolk, L.: Das Problem der Menschwerdung. Jena 1926. Verlag Gustav Fischer.
7. Bollnow, O. F.: Das Wesen der Stimmungen. Frankfurt a. M. 1941. Verlag Vittorio Klostermann.
8. Buytendijk, F. J. J.: Psychologie des Animaux. Paris 1928. Bibliothèque scientifique.
9. Carus, C. G.: Zwölf Briefe über das Erdleben. Stuttgart 1841. P. Balzsche Buchhandlung.
10. Curschmann, H.: Endokrine Krankheiten. Dresden u. Leipzig 1936. Verlag von Theodor Steinkopff.
11. Demoll, Reinhard: Instinkt und Entwicklung. München 1933. J. F. Lehmanns Verlag.
12. v. Gebsattel, V. E.: Zeitbezogenes Zwangsdenken in der Melancholie. Nervenarzt I (1928), 5.
13. v. Hattingberg, Hans: Ehekrisen, ärztlich gesehen. Dtsch. med. Wschr. 66 (1940), 33.
14. Hetzer, Hildegard: Die symbolische Darstellung in der frühen Kindheit. Wien, Leipzig, New York 1926. Deutscher Buchverlag.

15. dieselbe: Die seelischen Veränderungen des Kindes bei dem ersten Gestaltwandel. Leipzig 1936. Verlag J. A. Barth.

16. dieselbe: Der Einfluß der negativen Phase auf soziales Verhalten und literarische Produktion pubertierender Mädchen. Jena 1926. Verlag Julius Fischer.

17. Jöckel, Bruno: Der Weg zum Märchen. Berlin 1939. Dion-Verlag.

18. Kretschmer, Ernst: Medizinische Psychologie. 6. Aufl. Leipzig 1941. Verlag G. Thieme.

19. derselbe: Die konstitutionelle Retardierung und das Problem des sozialen Kontakts und der Neurose. Allg. Z. Psychiatr. 113 (1939), 3/4.

20. Kroh, Oswald: Die anthropologische Wendung in der deutschen Jugendpsychologie. Mschr. Kinderheilk. 87 (1940), S. 205 ff.

21. Krueger, Felix: Gefühlsartiges im tierischen Verhalten. Ztschr. Tierpsychologie I (1937), 2.

22. Lettré, Hans: Hemmstoffe des Wachstums, insbesondere Mitosegifte. Forschg. u. Fortschr. 18 (1942), 31/32.

23. Lorenz, K.: Über die Bildung des Instinktbegriffes Naturw. 26 (1937), 19, 20, 21.

24. Meinertz, J.: Psychotherapie — eine Wissenschaft! Berlin 1939. Verlag J. Springer.

25. Mikorey, M.: Über die Grenzen der Psychotherapie. Kongreßbericht über die 2. Tagung der Deutschen Allgemeinen Ärztlichen Gesellschaft für Psychotherapie. 2. Auflage. Düsseldorf 1940. Verlag Rudolf Knorsch u. Co.

26. Perkins, H. F.: Adoption and fertility. Eug. News. 1936, 21, 95—101 (ref. Psychological Abstracts. Vol. XI, No. 2, Februar 1937).

27. Rothacker, Erich: Die Schichten der Persönlichkeit. Leipzig 1938. Verlag J. A. Barth.

28. Schneider, Carl: Die schizophrenen Symptomverbände. Leipzig 1942. Verlag G. Thieme.

29. Seifert, Friedrich: Schöpferische deutsche Philosophie. Köln 1936. Hermann Schaffstein Verlag.

30. Sganzini, Carlo: Vom grundsätzlichen Gebrauche des Gesichtspunktes „Vorwegnahme" (Antezipation). Bern. Verlag Benteli A. G.

31. Stieve, H.: Nervös bedingte Veränderungen an den Geschlechtsorganen. Dtsch. med. Wschr. 66 (1940), 34.

32. Weiser, Lili: Altgermanische Jünglingsweihen und Männerbünde. Bühl (Baden) 1927. Verlag der Konkordia A. G.

33. Zeller, Wilfried: Der erste Gestaltwandel des Kindes. Leipzig 1936. Verlag J. A. Barth.

34. derselbe: Der Weg zur Reife. Berlin 1939. Keil Verlag.

Gustav Hans Graber, Märchengestalten bei Jugendlichen, in: Seelenspiegel des Kindes,
2. Aufl. Ardschuna-Verlag, 3018 Bern 1963, S. 140—151 sowie in Goldmanns Gelbe
Taschenbücher, Band 1800, S. 85—92. Zuerst in: Schweizerische Zeitschrift für Psychologie
und ihre Anwendungen, Band V, 1946, S. 53—59.

MÄRCHENGESTALTEN BEI JUGENDLICHEN[1]

Von GUSTAV HANS GRABER

Jedes Volk hat seine Märchen. Wird es durch Krieg oder andere
Katastrophen ausgelöscht — die Märchen überleben es, ja sie über-
dauern wie die Mythen und Sagen sogar seine Geschichte. Märchen
bergen als Kulturgut unvergängliches Leben.

Und wie jedes Volk, so hat und lebt jeder Mensch seine — mehr
noch *sein* — Märchen. Meist ist es ihm nur wenig oder gar nicht
bewußt. Es ist auch nicht so sehr irgendein aus dem Schatz des
Volksgutes in der Kindheit gehörtes und übernommenes Märchen,
als vielmehr sein ganz *persönliches*, sein phylogenetisch, biologisch
und durch Milieu bedingtes Erbe. Es lebt wie eine *Leitidee* in ihm
bis zu seiner letzten Stunde, ja es überlebt oft auch ihn.

Und in dem, was physisches Leben überdauert, unvergänglich
scheint, liegt auch die *wahre Wirklichkeit*. Sie zu erkennen, bedeutet den *Wesenszug* einer Persönlichkeit erfassen, bedeutet über
die äußeren Wahrnehmungen an Körperbau, an Charakter, bedeutet über all die Tests und Wertungen hinaus eine seelische Struktur gleichsam in *dem* erkennen, was *Gott-Natur* im Tiefsten mit
ihr plante, läßt das sichtbar Gewordene, das Schicksalsmäßige als
bloßen Ansatz oder Teil eines unvollendet Ganzen sehen, eines
Ganzen, dem Attribute der Schönheit, Weisheit, Güte, Liebe und
Kraft zukommen.

Das schicksalhaft Gefügte, das Stück Weg, das als wahrnehmbarer
Lebenslauf in Erscheinung tritt, ist oft wie ein Gehen an Ort, wie
ein stetes Wiederholen, ein stetes Ansetzen zum Sprung über das
herkömmlich Gesetzmäßige hinaus und ist zugleich wie ein stetes
Zurückfallen, ein Regredieren in Gepflogenheiten, Bahnungen und

---

[1] Referat, gehalten an der IV. Tagung der Schweizerischen Gesellschaft
für Psychologie am 12. Mai 1945 in Bern.

Bindungen der Kindheit, so als müßte von dort her nochmals die Kraft der Jugend Hindernisse und Widersacher überwinden helfen, feindliche Mächte, die wir gar zu oft draußen wähnen, während sie doch in uns stecken.

Unser Leben gleicht meist dem *unvollendeten* Märchen. Der Schlußakt der Glückseligkeit in der Erlösung und Wiedergeburt, in der vollkommenen Liebe, im immerwährenden Glück, bleibt meist Wunschtraum. Dagegen stecken wir alle tief in den Mühsalen, die den Helden und Heldinnen der Märchen auferlegt sind. Ihre Nöte, die feindlichen und ungebändigten Natur- und Triebmächte, die sie bedrängen, sind auch die unseren. Sie sind unser Teil, haben sich unserem unbewußten Ich tief eingeprägt und lassen uns nicht los. Aber noch tiefer in uns wurzelt in unserem *embryonalen Unbewußten,* in dem was ich das *Selbst* nenne, jene uranfänglich, paradiesisch-harmonische Ganzheit, jene göttlich-wunschlose Region: unser ureigenstes Wesen, das die Dichter besingen, das sie zum Singen treibt und das vom Mystiker und wahrhaft Religiösen erweckt wird, so daß es sein Bewußtsein erleuchtet, Leben und Märchenerfüllung für ihn eins werden, und er so sein Fatum der Verhaftung an die bindenden Gewalten des *Ichs* überwindet[2].

Im *Traum* werden unsere inneren Märchen wach. Der Tiefenpsychologe, der darauf achten lernte, wird tagtäglich in seiner Praxis genugsam *Märchenträume* hören. In ihnen unterwerfen wir uns nicht nur den Mühsalen und großen Prüfungen, wie sie den Märchengestalten auferlegt werden. Wir bleiben auch nicht immer darin stecken, fallen nicht immer durch. Es wird auch mal der Arbeitskittel zum Königsmantel, wird der Besitzgier im glückhaften Schatzgräbertreiben oder im Goldregen Genüge getan, wird das „Tischlein deck' dich" zuteil, wird der schönste und erhabenste Liebespartner geschenkt, wird gar im Schweben über Berg und Tal Befreiung von der Erdenschwere, wird der Sitz der Unsterblichkeit nach Wiedergeburt und Erlösung.

---

[2] Meine Auffassung über die seelische Struktur habe ich in einer Schrift skizziert: „Einheit und Zwiespalt der Seele. Entwicklung, Struktur und Ambivalenz des Seelenlebens beim Kinde." — Beiheft zu dieser Zeitschrift Nr. 8. Verlag Hans Huber, Bern (vergriffen).

Alle solche Erfüllungen im Traum und Märchen spiegeln symbolhaft die unendliche Glückseligkeit, die vom Grunde unseres Wesens, von der Tiefenseele, vom Selbst, nach Erweckung drängt. Auch wenn wir in unserer Jugend kein Märchen gehört hätten, wir würden in unseren Träumen und Phantasien nicht aufhören, Märchen zu produzieren. Hart ist nur das Los dessen, dessen Märchensinn versiegt ist. Und vergessen wir nie, daß jegliches Überheben über das Märchenhafte in und außer uns stets jenem des Fuchses gleicht, dem die Trauben zu sauer wurden, vergessen wir nicht, daß unser Gemüt und unser Erkenntnisdrang nie aufhören können, nach jenem letzten Märchen der Erlösung zu suchen, vergessen wir nicht, daß das Leben der Beschränkung, des Bescheidens und Verzichtens auf den Urquell der ganzheitlich-göttlichen Seelenkräfte in unserem Selbst, daß das Identifizieren mit der von *außen* diktierten Gesellschaftsmoral, Konvention und Kulturforderung niemals unsere wahre Wirklichkeit ist, sondern lediglich ein Scheingenügen unseres Ichs, in das wir uns verstrickten. Das Erlebnis des Selbst aber ist ein Inne-Werden, ein Ganz-Werden.

Die uns bekanntesten *Märchengestalten*, wie Dornröschen, Schneewittchen, Aschenputtel, Rotkäppchen, Allerleirauh, wie der Froschkönig, die drei Söhne aus Tischlein deck' dich, dann Hans im Glück, von Einem, der auszog, das Fürchten zu lernen usw., sie alle haben ihre großen Erlebnisse und Wandlungen im *jugendlichen Alter*. In der Zeit während und kurz nach der *Pubertät* öffnet sich ihnen das Ausfallstor ins Leben, in die werdende Reife und Selbständigkeit, in das Handeln nach eigenem Ermessen zur Eroberung der Welt der Liebe und des Berufs, zur Selbstgestaltung. Der Übergang zum Leben des Erwachsenen wird für sie eine Zeit schwerster *Prüfungen* über *Eignung* und *Fähigkeit*. Es wird ihnen auferlegt, was die Naturvölker den Jugendlichen mit den *Mannbarkeitsriten* zur *Initiation* auferlegen, die da wie dort von einer Härte sein können, die einem „Stirb und Werde" gleichkommen, die an die äußerste Grenze des Tragbaren gehen, ja sie gelegentlich überschreiten und sogar den Tod zur Folge haben.

In der *tiefenpsychologischen Praxis* lernte ich von *Jugendlichen* und hörte von Erwachsenen im rückschauenden Wiederbeleben des unbewußten und bewußten Erlebens und Verhaltens während *des*

*Jugendalters, wie sehr das reale Leben besonders ausgeprägt wäh-
rend dieser Zeit dem Ablauf der Märchenhandlung gleicht* und zunächst auffallend starke Extreme des Verhaltens kraß hervorkehrt.
Sie gipfeln meist in der Alternative: Alles oder nichts.

Die entsprechenden Begehrungen weisen auf zwei Hauptziele:

1. Loslösung von den bindenden Mächten der Erzieher.

2. Eroberung der Außenwelt, vor allem mit der Berufsausübung,
der Besitz- und Machtaneignung, der Gewinnung des gegen-
geschlechtlichen Liebespartners.

Zwei gegensätzliche Typen fallen dabei auf:

Der erste, der mehr *passive*, dem das Ausfliegen aus dem Nest
der Kindheit, besonders das Ablösen von der Mutter, schwerfällt.
Zu diesem Typ zählen, ihrer weiblich-biologischen Art des Behar-
rend-Konservativen entsprechend, vor allem die *Mädchen*: Gestalten der Wesensverwandtschaft mit dem Dornröschen, Schneewittchen, Aschenputtel, Allerleirauh. Es gehören bei den Jungens
dazu jene, als deren Prototyp Hans im Glück, der Froschkönig,
der Königssohn aus Eisenhans und andere erscheinen. Immer finden
wir bei diesem Typ, daß, sobald eine Enttäuschung ihn trifft, er
dem Hang zur *Regression*, zur *Isolierung*, zur verstärkten *Phantasietätigkeit*, zur *Sehnsucht*, zum *Tagträumen*, zur *Introversion* verfällt. Er kann sich von den bindenden und herrschenden Gewalten
der Kindheit nicht lösen, weil er sie mittels der *Identifizierung*
allzusehr in sein Seelengefüge aufgenommen hat. Er erscheint im
Märchen als der *Verzauberte* und *Verwunschene*, der im Banne einer
bösen Macht steht.

Vom zweiten, dem tatkräftigen *aktiven* Typ, der in die Welt
hinausschreitet, und dem sie sich öffnet, weil er den Zauberschlüssel
des inneren Freiseins zur Leistung, zur Überwindung der Hindernisse, kurz zum Erfolg, besitzt, ist wenig zu sagen; es wäre denn,
wenn er Gefahr läuft, bei seinem Jagen nach äußerem Erfolg seine
inneren Seelenkräfte verkümmern zu lassen, wenn er eines Tages
deshalb in der Sackgasse stünde und damit unserem ersten Typ,
den ich nachfolgend mit einem *Fall* aus meiner Praxis skizzieren
will, verwandt wird.

Zu jenen Verwunschenen, Verzauberten, Enttäuschten und Ge-
hemmten, die nie richtig zur Wirklichkeit gelangen können, die wie

in einem Gespinst von quälenden Mächten gefangen sind, zählte *Gretel*, ein halbwüchsiges Mädchen, das ein *bitteres Dornröschen-dasein* führte. Eine übermächtige Verhaftung an die Eltern, an ihre frühkindlich begonnene Onanie, an entsprechende Schuldgefühle, an Ängste aller Art, machte sie zur *schlafenden Kaltblutnatur*, zur äußerlich Gefangenen und zugleich innerlich Befangenen. Wie allerorts im Menschlichen, so galt darum auch für sie das Gesetz: Was innen ist, ist außen.

Gretel war wie die bekanntesten Märchenmädchen, wie Dornröschen, Schneewittchen, Rotkäppchen, Aschenputtel, Allerleirauh, *einziges Kind*. Sie wurde mit 16½ Jahren zu mir gebracht. Die Krankheit, eine schwere *Angstneurose* mit depressiver Verstimmung, mit Entfremdungszuständen, die bis zu leichten Depersonalisationserscheinungen führten, ferner mit Menstruationsbeschwerden heftigster Art, mit Zwangsdenken und -handeln, mit Erröten, mit Angst, verrückt zu werden, vor allem aber mit einer ausgesprochen *phobischen Angst und Unfähigkeit, das elterliche Haus zu verlassen,* brach kurz nach den ersten Menses mit vierzehn Jahren aus. Dornröschen war fünfzehn, als — bei märchenmäßig-ästhetisch verständlicher Verschleierung des Tatbestandes — das erste Blut floß und die Krankheit einer Wirklichkeitsentrückung begann, die psychotisch anmutet, schlief doch nicht nur das Mädchen, sondern in der Projektion auch die ganze Umwelt. Es lastete der Fluch einer bösen, sich rächenden Frau auf Dornröschen. Wir wissen, daß die böse Stiefmutter, die böse Alte, die Hexe im Märchen, einerseits ebenfalls eine Projektion und Personifikation der aus der *Ambivalenz* der Einstellung zur Mutter abgespaltenen Haßregung ist, andererseits die realen negativen, z. B. eifersüchtigen, Gefühle der Mutter zur Tochter verkörpert.

Was hatte die verfluchende Verwünschung bei Gretel bewirkt? Wie beim Dornröschen, und wie auch allgemein aus unseren tiefenpsychologischen „Entzauberungen" erkenntlich, ist sie in *früher Kindheit* zu finden. Die Krankheit steckte also latent oder unbewußt in beiden drin und brach bezeichnenderweise erst beim Reifeprozeß, der sich deshalb nicht auswirken konnte, voll aus. Grundsätzlich müssen Störungen im Reifealter deshalb nie nur in aktuellen Verursachungen gesucht werden. Unser Gretel-Dornrös-

chenfall zwingt hierin und gestützt auf sonstiges reichhaltiges und
verwandtes Erfahrungsmaterial zur Verallgemeinerung.

Gretel schlief bis zum zehnten Altersjahr im Schlafzimmer der
Eltern und war, mit steigender Abwehr, Angst und Todesverwün-
schungen gegen die Mutter, Zeugin der geschlechtlichen Szenen.
Schon mit drei Jahren begannen deshalb Schlafstörungen, nächtliche Ängste vor Einbrechern, vor dem Sterben. Bei gelegentlichen
Ermüdungszuständen sah sie halluzinierend nackte Gestalten, die
auf dem Waschtisch tanzten, sich ähnlich wie die Eltern im Bett
rauften oder liebten. Das Licht mußte fortan stets die ganze Nacht
brennen.

Als Gretel sechs Jahre zählte, erlebte sie das auslösend krank-
heitsbildende Trauma: die Mutter lag an einer Embolie darnieder.
Man erwartete ihren Tod. Gretel stand dabei, sah mit Entsetzen
wie sie Blut erbrach, sah die brechenden Augen und schrie fortgesetzt: „Mutter, bleib bei mir! Mutter, bleib bei mir!" Ihr schien,
als gingen ihre früheren aggressiven Todeswünsche gegen die Mutter nun in Erfüllung.

Dann aber, als man die Kranke nach überstandener Krise ins
Spital überführen wollte, entgegnete das Töchterchen, in der Ambivalenz ihrer Gefühle, ihrer sie tröstenden Mutter kalt: „Das ist
mir wurst, wenn du weggehst!"

Von dieser Zeit an begannen schwerste *Ängste vor dem Sterben*,
und zwar als Wendung jener Todeswünsche gegen die Mutter
(Eltern) auf das eigene Ich, als Bestrafung und als Beschwichtigung
der Schuldgefühle, vor allem aber als verhängnisvolle, dauernde
Identifizierung mit der sterbenden Mutter. Gretel mußte da schon
fast dauernd um sie sein, wie als Beschützerin, damit ihr nichts
geschehe. Sie mußte sich ferner dauernd vorstellen, was sie mit dem
großen Haus und Garten machen, was sie anfangen würde, wenn
die Eltern nicht mehr lebten. Sie *träumte* auch, in unbewußter
Wunscherfüllung, häufig von deren Tod, der sich, wie ihres Innen-
lebens, so projektiv auch mehr und mehr ihrer Außenwelt bemäch-
tigte. Die Menschen, vorab die Eltern, wurden ihr immer mehr
entfremdet.

Die Verfluchung war bei Gretel scheinbar mehr ein reaktiver,
intrapsychischer Vorgang. Immerhin, denken wir an die erschrek-

kenden Erlebnisse mit den elterlichen nächtlichen Szenen! Und dann: Ich habe auch die Mutter kennengelernt. Eine kalte Natur, die ihre Tochter nie richtig lieben konnte, eifersüchtig auf deren bessere Beziehung zum Vater war und sicherlich ihre Kälte auf sie übertrug.

Eine stark *religiöse Phase* von einigen Jahren half Gretel in der bekannten Latenzperiode rettend über das Schlimmste hinweg, so daß sie wenigstens den Anforderungen der Mittelschulen entsprechen konnte. Freunde und Freundinnen hatte sie zwar keine. Sie flüchtete dafür in die Bücherwelt und war bald in den namhaftesten Romanen der Weltliteratur belesen — sich am stärksten in den verwandten Dostojewskischen Gestalten — und den *Märchen* heimisch fühlend.

Und nun überraschten die Unaufgeklärte die *ersten Menses.* Sie fürchtete, zur Strafe für ihre Jugendsünde der Onanie, für ihre Todeswünsche gegen die Eltern, verbluten und sterben zu müssen. Sie verheimlichte ihren Zustand, bis eine Tante (nicht die Mutter!) ihre Not erkannte. Gretel befiel die *phobische Erkrankung* einige Tage darauf, als sie mit der Straßenbahn zur Hochzeit eines Vetters, den sie insgeheim liebte, fahren wollte. Sie mußte aussteigen und heimkehren. Von da an blieb sie wie Dornröschen im Elternhaus gefangen. Nur in Begleitung der Mutter wagte sie sich außer Haus. Der Schrei „Mutter, bleib bei mir!", war zum inneren Zwang geworden. Gelegentlich ließ sie nun für dieses magische Gebundensein an die Mutter rächend Wutanfälle an ihr aus. Sie hatte auch Wut gegen die andern Kinder, die nicht so an ihre Eltern fixiert waren. Sie beneidete sie. Die Wut kehrte sich aber meist gegen Gretel selber. Sie haßte sich dann, haßte ihr ganzes Dasein. Natürlich gehörten in diesen Haß auch alle Jungens und „Freier", die sich ihr, einem hübschen Mädel, näherten. Sie ließ sie, wie Dornröschen, grausam in der Dornenhecke ihres gefährlich gepanzerten Ichs elendiglich „umkommen" [3].

Auch Gretel besaß zwar ihren erlösenden Freier. Aber im Grunde

---

[3] Ein Mädchen mit ähnlicher seelischer Struktur hatte öfter die Phantasie, daß aus ihrem Leib überall scharfe und spitze Messer zucken würden, wenn ein Mann es wagen sollte, sich ihr zu nähern.

bestand er — wie bei Don Quichote die Geliebte — nur in ihrer Phantasie. Zum befreienden Erleben befähigte sie schließlich die tiefenpsychologische Beschäftigung mit ihrem „schlafenden", dem unbewußten und gefährlich mächtigen Teil ihres Wesens. Es war wie ein langsames Erwachen nach „hundertjährigem" — d. h. seit früher Kindheit währendem — Schlaf.

Ich meine, wir sollten lernen, einerseits Märchen so zu lesen, als ob der Held oder die Heldin ihre Leidens- und Erlösungsgeschichte — dichterisch ausgeschmückt — selbst geschrieben hätte und anderer- seits reale Lebensbeschreibungen, Krankengeschichten und Schicksale so, als ob sie Märchen wären.

In der Bedrängnis des Auswählens aus der Fülle des Materials, glaube ich, Ihrem Interesse und der Sache mehr entsprochen zu haben mit der etwas ausführlichen Schilderung *eines* Falles, als mit mehreren Bruchstücken. Es ist ein extremer Fall aus dem Bereich der Neurose. Die Ich-Struktur des Normalen weist mehr das Bild des erwähnten *aktiven* Typus auf, aber bei näherer Sicht gewahren wir im Entwurf dieselben Grund- und Umrisse, nur verblaßt. Es ging auch weniger darum, etwas Neues zu bieten, als vielmehr Altbekanntes, worüber wohl jeder für die skizzierte Problematik interessierte Tiefenpsychologe genugsam weitere Beispiele anführen könnte, herauszustellen und die seelische Struktur des Jugendlichen in einen tieferen und allgemeineren Zusammenhang mit der Men- schen- und Menschheitsentwicklung zu bringen.

Psyche I, 3, 1948, S. 382–395 (leicht gekürzt).

DAS REIFUNGSERLEBNIS IM MÄRCHEN

Von Bruno Jöckel

[...] Wer je einen, wenn auch nur überschlägigen Blick in die „Kinder- und Hausmärchen" der *Brüder Grimm* tat, hätte alsbald erkennen müssen, daß es sich hier um eine Sammlung durchaus heterogener Erzählungen handelt. Da finden wir Tiergeschichten, Fabeln, Legenden, Schwänke, wohl auch Bruchstücke von solchen und — allerdings vorzugsweise — das, was wir „Märchen" nennen. Diese Auswahl traf kein Philologe, sondern das Volk selbst, denn auf die Frage: welche Erzählungen der Brüder Grimm kennst du? werden wir immer die Antwort erhalten: „Dornröschen", „Schneewittchen", „Frau Holle" und andere. Sie eben sind es, die sich auch heute noch in das Herz jedes Kindes einschließen und damit für den Erwachsenen unverlierbares Gut werden, bei dessen Erwähnung in ihm ein in Worten nicht faßbares Gefühl tiefster Beglückung erwacht. *An diesem Phänomen, und nur an ihm, muß eine Forschung ansetzen, welche die „Rätsel des Märchens" zu lösen gedenkt.* Wie jedes Werk wirklicher Kunst sind auch die Märchen heute noch lebendig und werden es immer bleiben, nur in einem viel umfassenderen Sinne als etwa ein Gemälde, eine Plastik, ein Musikstück, ja selbst als ein Gedicht. Während diese immerhin einen gewissen Bildungsgrad voraussetzen, sind die Bilder der Märchen ganz und gar voraussetzungslos, gleichermaßen erfühlbar für jung und alt, heute wie vor Urzeiten.

Ich glaube, in meiner Arbeit: „Der Weg zum Märchen"[1] nachgewiesen zu haben, daß das Märchen unmittelbar auf den „Reifungstraum" zurückgeht, wie er nicht nur der Zeit der großen menschlichen Entwicklungskrise angehört, sondern auch später noch

---

[1] Dion-Verlag, Berlin-Steglitz, 1939.

als Rückerinnerung an das „Zentralerlebnis" des Daseins auftritt, als welches sich die geschlechtliche Reifung darstellt.

Wir alle kennen jene Träume heimlich-unheimlicher Art, deren zumeist leicht durchschaubare Symbolik der Urpolarität Tod—Leben angehört, Träume, die auch noch in späteren Jahren wie eine Erinnerung an leidbetontes Werden dem Dunkel entsteigen. Als Niederschlag der menschlichsten der menschlichen Krisen kann der „Reifungstraum" geradezu als Prototyp des „Kollektivtraumes" angesprochen werden.

Das typisch Sprunghafte des Märchengeschehens, sein Mangel an innerer Logik ließ schon frühere Beobachter eine gewisse Analogie zum Traum erkennen: „Auch die Traumgeschichten sind hier einzureihen. Im Schlafe sind die Sinne des Menschen verworren, verschwommene Bilder umgaukeln seine Seele, und wenn der Mensch erwacht und seinen Traum erzählt, ist ein Märchen geboren." Dieses Zitat aus dem Handwörterbuch des deutschen Märchens („Entstehung der Sagen- und Märchenmotive") zeigt mit aller Deutlichkeit die Grenze philologischen Erkennens: ihm, der von verworrenen Sinnen und von verschwommenen Bildern redet, dem die Gesetzmäßigkeit traumhaften Geschehens, seine Symbolik und deren Beziehung zur seelischen Struktur des Träumenden ein Buch mit sieben Siegeln ist, muß der Blick in das Hintergründige der Märchenhandlung verwehrt bleiben, woraus dann weiter erhellt, daß die seit mehr als hundert Jahren vergebens gesuchte Lösung des Rätsels um den eigentlichen Märcheninhalt allein von der psychologischen Seite her geschehen kann.

Wer einmal von diesem Aspekt aus das Märchen nicht nur gestreift, sondern methodisch durchforscht hat, wird bald zu seiner Beglückung erfahren, daß es im „Erlösungsmärchen" im tiefsten Sinne um das Erlöstwerden aus dem Zwiespalt geht, dem die kindliche Seele mit dem Beginn der Reifung verfällt.

Zwar heftet sich die Tragik bereits mit der Geburt an das menschliche Dasein: Verharrenwollen im Mutterschoß gegen den nach außen drängenden Trieb zum individuellen Aufbau. Erfühlbar aber wird dies erst mit der „zweiten Geburt", mit dem Eintritt ins vollreife Leben, der zugleich den Tod der Kindheit bedeutet. „Hier, wo das erschütternde Lebenswunder der neu erscheinenden Zeugungskraft gefeiert wird, sind immer die Symbole und Geister des Todes mit ihren Beängstigungen, ja mit den fürchterlichsten Gefahren zugegen."[2] Hier, wo das Zentralerlebnis menschlichen Daseins die Einzelseele erschüttert, wo die Gemeinschaftsseele der Vergangenheit ihre „kultische Zentralhandlung" (Hauer) feierte, liegt der Ansatzpunkt für jene künstlerische Gestaltung aus der Sicht der altersreifen Menschen, die wir Märchen nennen; *denn aus der Rückschau auf eigenes Erleben, getragen vom Erberinnern aus uralter Vergangenheit, gestützt auf die ewiggültige Sprache der Traumsymbolik entsteht das Erlösungsmärchen.* Sein Inhalt ist im Letzten lebensgesetzlicher Art, steht also jenseits von Gut und Böse, *kann* sich also mit den Forderungen bürgerlicher Moral nicht decken. Sein eigentlicher „Held" ist einzig und allein das Leben selbst, das sich zuletzt gegen alle individuellen Wünsche und Machenschaften siegreich durchsetzt, das heißt den Jugendlichen zur Reife bringt. Ins hellste Licht tritt dieser Regelfall durch jene Ausnahmen, wo die „Verirrten" in die Geborgenheit des mütterlichen Schoßes zurückfinden („Hänsel und Gretel", „Sieben Geißlein", „Rotkäppchen" und andere).

Die „Königssöhne" der Märchen sind keine Königssöhne und die „Prinzessinnen" sind keine Prinzessinnen. Um das zwölfte, vierzehnte, fünfzehnte Jahr herum verlassen sie das Elternhaus. [...] Die „Königssöhne und -töchter" sind die jungen Menschen schlechthin, die sich auf dem Wege zum Königtum des Lebens, zur Reife befinden. Haben sie das Ziel erreicht, so erhalten sie „reiche, prächtige, körperliche oder goldene Kleider", oder werden einfach mit Gold überschüttet, während die unreifen, noch kindlichen, mit schlechten Kleidern angetan, mit „Pech besudelt" und als „häßlich" bezeichnet werden. Denn das Kind, und besonders das Mädchen, galt einer früheren Zeit im Gegensatz zur Jugendlichen als ungepflegt. Die „Gänsemagd" muß die Kleidung mit der Kammerfrau tauschen. Jene ist eben schon reif, sie weiß sich dem Männlichen gegenüber sicher, während diese auf der so wichtigen Fahrt einem Kinde gleich, vom Durst geplagt, sich ganz unköniglich vor der Magd erniedrigt und die Blutstropfen der Mutter leichtfertig ver-

---

[2] Walter F. Otto, „Dionysos", Frankfurt, 1933.

liert. Sie beweist damit, daß sie noch immer dem infantil-oralen Stadium verhaftet ist und somit die für die Mutterschaft notwendige Reife nicht besitzt. Der „alte König", das heißt der um die Entwicklung wissende Mann, erkennt sofort die Lage: er gesellt das Mädchen dem kindlichen „Kürdchen" zu und läßt es den Gesetzen kosmischen Lebens gemäß auf der Wiese des Lebens in Fühlung mit der großen Natur, mit der Allmutter Erde, ihre Reifung vollenden, um ihr dann deren Sinnbild, „königliche Kleider" anzutun. In dieser Erzählung sehen wir auch, wie scharf das Märchen die von ihm erfaßte Entwicklungsphase begrenzt: mit der Erlangung königlicher Kleider ist sie beendet. Was man weiterhin noch erfährt, ist konventioneller Schluß. Weder der völlig schemenhafte Königssohn noch die Hochzeit sind irgendwie von Belang. Mit dem üblichen Ausblick auf eine glückliche Ehe bringt der Erzähler lediglich die aus der vorangegangenen Tragik resultierende Spannung zum Abklingen. Der ergriffene Leser oder Hörer wird wieder dem Alltag zugeführt.

Im Märchen kommt nur jene Entwicklungsphase zur Darstellung, die mit dem Aufkommen des Widerstandes gegen die Eltern beginnt und damit endet, daß der Jugendliche das Andersgeschlechtliche, also Männliches oder Weibliches, nicht mehr als dämonisch, als bedrohlich (wildes Tier, Dornen und anderes) empfindet, sondern in positiver Stellung zu ihm steht. Nicht auf einen bestimmten Mann geht das Mädchen, nicht auf ein bestimmtes Mädchen geht der Jüngling aus, sondern auf das Männliche oder Weibliche schlechthin.

Beispielhaft dafür ist „Frau Holle": ein Mann wird dort gar nicht erwähnt, wohl aber das Männliche in Gestalt des Hahnes auf dem Brunnen, welcher der reifen Jungfrau in seiner Sprache zujubelt. (Eine Abhandlung über den wundervollen Humor unserer Märchen harrt noch des Verfassers.)

Daß diese Deutung die Zukunft für sich hat, zeigt die Tatsache, daß die Forschung ihr immer näherkommt. Dabei ist es interessant zu beobachten, wie die eigentlichen Märchenforscher, soweit sie auf dem richtigen Wege sind, aus der philologischen in die psychologische Sicht hinüberwechseln, während andererseits die Psychologen von dem Problem der Reifungskrise über den Traum hinweg wie von selbst zum Märchen finden. Bezeichnend dafür ist ein Ausspruch von *G. H. Graber* in der „Schweizerischen Zeitschrift für Psychologie"[3]: „Auch wenn wir in unserer Jugend keine Märchen gehört hätten, würden wir in unsern Träumen und Phantasien, gerade als Halbwüchsige, nicht aufhören, Märchen zu produzieren. Die bekanntesten Märchengestalten wie ‚Dornröschen', ‚Schneewittchen', ‚Aschenputtel', ‚Hans im Glück', stehen alle an der Schwelle der Reife und Selbständigkeit, vor dem großen Ausfallstor des Lebens — in ihnen spiegelt sich die Zeit schwerster Prüfungen über Eignung und Fähigkeit, die das Pubertätszeitalter für die meisten Menschen bedeutet."

Was die eigentliche Märchendeutung anbetrifft, so war infolge der Kriegs- und Nachkriegswirren eine Übersicht über sie nicht zu erhalten. Indessen dürften zwei mir vorliegende umfangreichere Bücher über Inhalt und Methodik dieser Literatur das Wesentliche sagen: *K. v. Spieß* und *E. Mudrak* „Deutsche Märchen — Deutsche Welt", (Berlin 1939), als Beispiel für Wissenschaftler, die dem damaligen Rassenwahn erlagen, und *R. F. Viergutz* „Von der Weisheit unserer Märchen", (Berlin 1941), als Darstellung eines durch beträchtliches Einfühlungsvermögen ausgezeichneten Laien.

Bei *v. Spieß-Mudrak* lesen wir (Seite 288) nach Wiedergabe des Märchens „Aschenputtel": „Das Märchen erzählt, wie ein dem Blute nach edles Mädchen ... als Magd dient ..." Man fragt sich vergebens, woher die Autoren den Begriff des „edlen Mädchens" nehmen, für den der Text sicher nicht verantwortlich gemacht werden kann. In Wirklichkeit handelt es sich um das im Beginne der Reifung stehende Kind. Von diesen Märchenkindern, denen — bezeichnenderweise — Vater und Mutter gestorben sind, sagte ich („Weg zum Märchen", Seite 41): „Das Elend der Reifungszeit ist über sie gekommen; da ist es ihnen, als ob sie niemand mag, als ob sie am eigentlichen Leben keinen Anteil hätten, sondern nur gut wären, den Kehricht oder die Asche zusammenzufegen. Sie fühlen sich als ‚Aschenputtel'".

Schlechthin Unverständliches aber leisten sich die Verfasser bei der Besprechung von „Frau Holle" (Seite 159): „... die Geratene ist ein Kind adeliger Eltern, die Ungeratene aber ist ein Kind

---

[3] Zitiert aus „Sie" vom 20. April 1947.

Unfreier oder aus der Verbindung eines Mannes aus adeliger Sippe
mit einem unfreien Weibe hervorgegangen." Der erstaunte Leser
wird vermuten, er habe eine dahingehende Stelle des Textes übersehen. Doch beim Nachschlagen findet er wiederum nur den einen
Satz: „Eine Witwe hatte zwei Töchter, davon war die eine schön
und fleißig, die andere häßlich und faul."

Wer das Vorwort zu diesem Buche las („. . . es ist hoch an der
Zeit, dem deutschen Volk sein ureigenes Erzählgut zu geben . . ."),
wird diese Stelle nicht für eine gelegentliche Entgleisung halten,
vielmehr in ihr die zwangsläufige Folge schulmeisterlicher Über-
heblichkeit sehen, die denn auch die Augen der Verfasser vor jedem
tieferen Eindringen in die eigentliche Problematik verschlossen hat.

Ihnen gegenüber sucht sich *Viergutz* weit anspruchsloser in das
Geheimnis der Märchen einzufühlen; zugleich ist er bestrebt, den
Leser, ihn gleichsam an der Hand führend, an dem eigenen Glück
des Findens teilnehmen zu lassen. Was wunder, daß ihm bei dieser
Aufgeschlossenheit ausgezeichnete Einblicke in das Hintergründliche
der Erzählungen gelingen (Seite 47): „So wie ‚Dornröschen' wird
sich jedes ahnungslose Mädchen mit fünfzehn Jahren am ‚Dorn'
stechen. Um diese Zeit überfällt sie das Wissen um den ‚Dorn', die
Welt der Kindheit versinkt wie in einen tiefen Schlaf, erscheint
nur noch wie ein Traum — und das Mädchen lebt nun im Grunde
nur noch der Erwartung ihres ‚Erlösers'." Und andererseits: „Tief
versteckt und von stachlichen Dornen verwahrt, die am unzeitigen
Eindringen hindern, schläft im edlen Jüngling das ‚Dornröschen',
die Königstochter seines Herzens. Sie ist sein Schicksal, und sie wird
sein Glück, wenn er furchtlos sich ihr naht im rechten Augenblick."

Mit diesen Worten ist in der Tat das Geheimnis des Märchens
vom „Dornröschen" und letztlich des „Erlösungsmärchens" enthüllt.
Warum aber, so fragt der Leser, steigt im Verfasser nicht die Gewißheit auf, damit in die Gesetzmäßigkeit des Märcheninhalts überhaupt eingedrungen zu sein, warum verspielt er den ihm intuitiv
zugefallenen Goldklumpen wie „Hans im Glück", anstatt mit seiner
durchleuchtenden Kraft nunmehr methodisch dem „Rätsel Märchen"
nachzugehen? Die Antwort auf diese Frage gibt uns das Zitat selbst:
Es sei, so heißt es, „jedes ahnungslose Mädchen", das sich mit fünfzehn Jahren am Dorn steche. Aber wie, so fragen wir dagegen,

steht es mit den „ahnungsvollen", sind nicht auch sie dem „Dorn" ausgeliefert? Und was hat es mit dem „edlen Jüngling" auf sich; trägt nicht auch der unedle nach einem „Dornröschen" Verlangen? Wenn wir Seite 52 lesen: ... „Das Märchen ... ist dem Alltag entrückt ... es ruht in sich als ein Ganzes und Geschlossenes und ist als solches Sinnbild für etwas Ewiges und Gleichbedeutendes, das allem Zeitlichen überlegen bleibt", steht daher, so dürfen wir ergänzen, jenseits der Wandelbarkeit von Moral und Ethik, führt uns in die Weite und Größe naturhaften Lebens, an das ewige Meer von Geburt und Tod — wenn wir diesen und ähnlichen Gedanken Raum geben — sind wir da nicht bei den Worten (Seite 51): „Das Hohe und Reine macht seine Forderung geltend", mit einem Schlag in die Sphäre des Alltags zurückversetzt? So wird dem Autor der Genuß der so oft erreichten Durchblicke immer und immer wieder infolge der Unnatur seiner Sentimentalitäten vergällt. In diesem Buch wimmelt es förmlich von „edlen" Jünglingen und „reinen" Jungfrauen. Immer wieder begegnen uns die Begriffe „erhaben, arglos, hehr und heilig". Wir lesen vom „lichten" Wert, ja, der erwähnte Hahn bei „Frau Holle" ist ihm der „heilige" Wecker, und Seite 136 wird sogar der „anständige" Mensch als Maßstab märchenhaften Verhaltens gesetzt. So sieht er im „Aschenputtel" und „Allerleirauh" die demütig Bittende, da, wo die Reifende eingesargt, einer Larve gleich, das heißt der Umwelt verborgen, nach dem Gesetz des Werdens die Reife gewinnt, um am Ende in einer Art Epiphanie dem erwartungsvollen Manne als Apotheose des reifen Weibes zu erscheinen.

Wenn wir dagegen die geradezu klassische Formulierung des Kerninhaltes des „Erlösungsmärchens" (Seite 94) lesen: „In gewissem Alter erlebt der Mensch eine zweite Geburt, es ist die Wende, da er sich aus der innigen Bindung an die Eltern löst und sein eigenes Ich findet...", so müssen wir doch die Arbeit von *Viergutz* als einen durchaus ernstzunehmenden Beitrag zur Lösung der Märchenfrage nehmen. Und so scheint es verlockend, etwas näher auf seine Gedanken zum Märchen „Die weiße Schlange" einzugehen.

Viergutz betrachtet dieses Märchen unter dem Gesichtspunkte der „Aufgaben, um die Braut zu gewinnen". Von diesen sagt er

(Seite 143): „es müssen solche sein, die an sich sinnlos sind, wie das Heraufholen eines Ringes … oder das Auflesen von zehn Sack Hirse aus dem Grase".

Eine derartige Verallgemeinerung, die auf die Behauptung hinausläuft, unsere Märchen „müssen" sich zu manchen Zwecken „sinnloser" Mittel bedienen, ist aber falsch. Am wenigsten träfe sie für die Lieblingsmärchen unseres Volkes, die an Treffsicherheit ihrer Symbolik und damit in dem Sinnvollen ihres Geschehens geradezu bewunderungswürdig sind. Um nun das „Sinnlose" dennoch dem Märchen sinnvoll eingliedern zu können, meint *Viergutz* von der „Freierprobe": „Es solle niemand die Aufgabe lösen können — sie ist im Grunde nur zum Schein gestellt, die Königstochter will unvermählt bleiben... Wehe dem Jüngling, der seine Augen zu mir erhebt — er soll des Todes sterben! — das ist der eigentliche Sinn der Freierprobe." Zu diesem Zwecke macht er aus der Königstochter eine „spröde Jungfrau", die vom Manne nichts wissen will. Das ist wieder ein ganz unzulässiger Eingriff in die Klarheit des Textes, der da sagt, „die Königstochter suche einen Gemahl"; damit ist sie aber nicht als „spröde" zu bezeichnen. Wenn sie wirklich eine „spröde Jungfrau" herausstellen wollen, dann sind unsere Märchen um die rechten Worte keineswegs verlegen, wie wir es etwa in „König Drosselbart" sehen.

Warum steht nun hinter den Freierproben so oft die Todesdrohung? Die Antwort auf die bisher ungeklärte Frage fällt aus der Sicht des Reifungsmärchens nicht schwer: weil derjenige, der sich durch sein Versagen als unreif erweisen würde, wieder zum Urgrund alles Seins, in den Wald, unter die Tiere, in den Berg zu den Zwergen, auf die grüne Wiese und so fort, also gleichsam in den Tod, der aber ein Scheintod ist, zurückmüßte, um die ihm noch anhaftenden Kindheitsreste abzutun. Aus der Erfahrung, daß das gemeinhin nur unvollkommen geschieht, schuf der Kult aller Völker in ihrer Frühzeit die Jugendweihen, welche die Jugendlichen, oft auf grausame Art, in den Zustand des Scheintodes versetzten (diese Begründung der Jugendweihen ist natürlich nicht die einzige und nicht einmal die tiefste). Wir sehen also, daß auch mit dieser Antwort der Beweis erbracht wird, wir seien auf dem rechten Wege.

Weiter behauptet *Viergutz* von der Königstochter, „daß sie den
Apfel gerade von jenem Jüngling begehrt . . ., daß *er* es ist, der
ihr Fruchtbarkeit und Nachkommen . . . schenken soll" (Seite 143).
Freilich — gerade er ist es, insofern er als erster die Aufgaben gelöst
hat, die ihn als richtigen Mann erweisen sollten, denn allein nach
einem solchen ging das Verlangen des Mädchens. „Viele hatten es
schon versucht, aber vergeblich", heißt es im Text. Hätte sich einer
von diesen als „ebenbürtig" gezeigt, so wäre *der* eben der Rechte
gewesen. „Dornröschen" hätte unter dem Kuß eines jeden die
Augen aufgetan, der sich in dieser Weise als Mann bekundet hätte,
dem, da er „sich nicht mehr fürchtete", die Dornen zur Unwirklichkeit geworden waren. Als dagegen „Der gelernte Jäger" in dem
gleichnamigen Märchen der schlafenden Königstochter nur „ein
Stückchen vom Hemd abschneidet" und das „ohne sie anzurühren",
schläft das Mädchen vor diesem Zeichen männlicher Angst ruhig
weiter. Was soll man da zu den Märchenforschern sagen, die all
das in einem „heroischen" Lichte sehen? Man kann nur bedauern,
daß ihnen das geheime Lachen entgeht, mit dem der erste Erzähler
dieser köstlichen Geschichte die Ausgeburt seiner eigenen, mit
Humor erfüllten Phantasie, den unfertigen jungen Mann mit der
„Windbüchse", in die Welt entließ.

Jeder „dumme Hans", jedes „Aschenputtel" hat Anwartschaft
auf das andere Geschlecht, sobald die geschlechtliche Reife erreicht ist.

Zwischen Reife und verantwortlicher, individueller Gattenwahl
liegt die Phase geschlechtlicher Anonymität: hier ist die Grenze,
an der das Märchen haltmacht, die Grenze zwischen schicksalhaftem
Geschehen und individuellem Handeln.

Viergutz spricht auf Seite 153 seines Buches von dem Bilde des
Ringes, „der durchstoßen werden muß", wobei er sehr deutlich
wird, und erwähnt dabei den „Brauch der Hohen Maien, Mädchenlehen, Wettschießen" und anderes und deutet sie mit Recht als
Erinnerung daran, „daß sich einst an diesem Tage die Paare fanden
und heilige Hochzeiten gefeiert wurden". „Mädchenlehen" und
„heilige Hochzeiten" aber tragen grundsätzlich den Stempel der
Anonymität, die noch nicht mit einer „Bindung fürs Leben" belastet
ist, sie entspringen, wie *Viergutz* wieder richtig urteilt, der pracht-

vollen Unbekümmertheit, allerdings nicht als Ausdruck „germanischen Wesens", sondern als Ausdruck der Jugend schlechthin. Märchen wie Volksbrauch sind dionysischer Art. Darum hat wohl die Dynamik der Liebe, nicht aber die Statik der Ehe in ihnen Platz. Das Märchen von der weißen Schlange schließt seine Handlung mit der sehr nüchternen Feststellung, daß nach Lösung der letzten Aufgabe „der Königstochter nun keine Ausrede mehr übrigblieb": sie hatte eben einen Mann.

Abschließend sei zu den obigen Ausführungen im Sinne einer Neubelebung der Märchenforschung folgendes gesagt: Das Märchen entnimmt seinen Stoff den Bildern des überindividuellen Reifungstraumes. Weil die Thematik des echten Märchens, das Zentralerlebnis des Menschen, die Reifungskrise, also überindividuell und überzeitlich ist, weil sich das Märchen einer von allen Völkern und Zeiten einfühlbaren Symbolsprache bedient, ist es die ursprünglichste Form poetischer Gestaltung in Vergangenheit und Gegenwart.

Danach muß die Möglichkeit bestehen, jedes einzelne Märchen als in sich geschlossenes Produkt aus Traum und Phantasie ganz aus sich selbst zu erklären, das heißt lediglich durch Einführung in die Sprache der jeweiligen Symbole, die dem heutigen Menschen wohl erfühlbar, aber nicht geläufig ist. Hinweise auf Parallelen märchenhafter oder mythologischer Varianten sind wohl interessant, aber für das tiefere Verstehen durchaus unwichtig. Deshalb sollte es erstes Erfordernis aller Märchendeutung sein, den Leser nicht in die Breite, um so mehr aber in die Tiefe, nämlich seines eigenen Ichs zu führen, damit er beim Lesen eines Märchens fühle, „wie sich ihm sein eigener Zustand, das heißt seine Einheit in dem innersten Grunde der Welt in einem gleichnisartigen Traumbilde offenbart" (*Nietzsche*).

Wir sind zur Kürze gezwungen. Als einziges Beispiel einer Deutung sei der „Froschkönig" gewählt, mit dem die *Brüder Grimm* ihre Sammlung eröffnen. Hier ist die Reifungskrise mit aller Deutlichkeit dargestellt. Trotzdem kann unsere Interpretation nichts Endgültiges sein. Wir sind uns dessen bewußt, daß sie nur das Ergebnis *einer* Sicht auf den inneren Reichtum dieser Erzählung darstellt.

Der Froschkönig

Das Märchen vom „Froschkönig" ist ein echtes „Erlösungs-
märchen", in ihm kreuzen sich zwei Schicksale, die sich aus dem
Zwischenstand der Reifung der gegenseitigen „Erlösung" zuführen.
Die jüngste der drei Königstöchter, so wird erzählt, war so schön,
„daß die Sonne selber, die doch so vieles gesehen hat, sich verwunderte, so oft sie ihr ins Gesicht schien".
Wer vermag sich dem von tiefster Symbolik gesättigten Bild der
Eingangsszene zu entziehen? „Nahe bei dem Schlosse des Königs
lag ein großer dunkler Wald, und in dem Walde unter einer alten
Linde war ein Brunnen ..." — es ist die Stille der Natur, in der
wir neben mütterlicher Geborgenheit die geheimnisvoll wirkende
Kraft des Urschoßes spüren; und hier hinein tritt das Königskind,
„wenn der Tag sehr heiß war", um am Rande des Brunnens Kühle
und Feuchtigkeit zu atmen. Und — so hören wir weiter — eine
„goldene Kugel war ihr liebstes Spielwerk".
In dieser „Königstochter" dürfen wir ein Mädchen sehen, das
im Begriff steht, die Grenze zwischen Kindheit und Reifung zu
überschreiten. Dieser Übergang wird in steter Anwesenheit beider
gegensätzlicher Pole vollzogen. Die innere Tragik erkennen wir
dadurch, daß der Jugendliche zwei Gesichter zeigt, das des Noch-
Kindes und das des Nicht-mehr-Kindes, die sich aber keineswegs
im Sinne des Entweder-Oder, sondern in dem des Sowohl-als-Auch
zeigen. Auf unseren Fall angewendet: in dem Mädchen wird durch
die Kugel als dem eindeutigen Symbol der Fruchtbarkeit das Nicht-
mehr-Kind immer und immer wieder angelockt, während das Noch-
Kind ein ernsthaftes Eingehen auf den urmütterlichen Ruf verweigert: es sieht in ihm nur „Spielwerk".
Dabei gehen unsere Gedanken unwillkürlich zum Blaubart-
Märchen, das in der Sammlung der *Brüder Grimm* als „Fitchers
Vogel" erscheint. Hier gibt der „Hexenmeister" jedem der drei
Mädchen ein Ei in die Hand mit den Worten: „das Ei verwahre
mir sorgfältig und trage es lieber beständig bei dir ..." Als die
erste die blutige Kammer betritt, entfällt es ihr und wird, da es mit
Blut besudelt ist, zum Verräter. Der zweiten geht es ebenso. Von
der dritten aber heißt es: „Als er ihr die Schlüssel und das Ei ge-

geben hatte und fortgereist war, verwahrte sie das Ei erst sorgfältig, dann besah sie das Haus und ging zuletzt in die verbotene Kammer."

So erweist sich allein die Letzte als mit dem Wert des Sinnbildes vertraut. Den Unterschied zwischen ihr und den Schwestern nachdrücklich zu betonen, bedient sich das Märchen einer uralten Symbolik: während die beiden Älteren das Noch-Kindsein mit dem Tode büßen, das heißt unter Aufgabe der Individuation in den Schoß der Urmutter zurückkehren, vermag die Jüngste, als die einzig Reife, in souveräner Beherrschung der Gesetze werdenden Lebens deren zerstückelte Leiber mit Hilfe kunstgerechten Zusammenfügens der Teile in einer Art von zweiter Geburt wieder erstehen zu lassen.

Unser Märchen unterrichtet uns auch — und kaum ohne Absicht — über die Art des Spieles: „... so nahm sie eine goldene Kugel, warf sie in die Höhe und fing sie wieder ..."

Wie jedes Spiel, so ist gerade das Ballspiel schönster Ausdruck sich befreiender körperlich-seelischer Dynamik. Begnügt sich nun die Werfende damit, Ball oder Kugel selbst wieder zu fangen, wird also der Impuls an seinen Ausgangspunkt zurückgeleitet, so ist das Spiel Sinnbild jener Ich-Bezogenheit, die dem eigentlichen Kind gemäß ist, also einer Zeit, da das Verlangen nach dem Du noch ruht.

Wäre es nun angängig, so fragen wir, die Königstochter unseres Märchens als eigentliches oder stilreines Kind zu werten? — Keinesfalls, denn ihm könnten niemals die Worte des Erzählers gelten: „... die Jüngste war so schön, daß die Sonne selber ... sich verwunderte, so oft sie ihr ins Gesicht schien". Auch würde dem Nur-Kind kaum das Verlangen nach Alleinsein, zur Kühle des Brunnens, zum Schatten der Linde und dem geheimnisvollen Weben der großen Mutter gemäß sein.

Dieses auf der Grenze stehende Mädchen, dem wir an Alter etwa vierzehn Jahre zumessen können, spielt von Grund aus anders: jede steigende und fallende Kugel wird ihm zum Gleichnis, es spielt das „Spiel des Äon" (*Heraklit*), es trägt die Frage nach Leben und Tod auf den Lippen.

Wem unter der Sprache der Symbolik die Wirklichkeit entschwindet und eine höhere Wirklichkeit aufleuchtet, wer sich dem Klang und Rhythmus des Spieles ganz hinzugeben vermag, sieht Augen und Hände des Noch-Kindes und Schon-nicht-mehr-Kindes entzückt dem Auf und Nieder der Kugel folgen, sieht es sich gleichsam einspielen in das ewige Gesetz von Stirb und Werde, um am Ende in einer Art dionysischen Rausches unter der Forderung des neuen Gottes dem fallenden Ball die eigene Hand zu entziehen, damit er als Sinnbild der Fruchtbarkeit dem andern Geschlechte zueile. „Die Königstochter folgte ihr mit den Augen nach, aber die Kugel verschwand, und der Brunnen war tief, so tief, daß man keinen Grund sah."

Mit der ins Wasser rollenden Kugel ist ein entscheidender Schritt in der Reifung des Mädchens getan: wohl weint und klagt das Noch-Kind über den Verlust des „liebsten Spielwerkes", für die Jugendliche aber ist der Weg zum Du gebahnt.

Seelische Entwicklung verläuft in Schüben, wirkendes Leben handelt nicht im Sinne menschlicher Logik. Nur in unserer Vorstellung mag es so scheinen, als ob Anstoß auf Anstoß folgt, bis der Augenblick eintritt, wo entfachte Neugier einen Fühler ausstreckt, um das Neu- oder Zwischenland zu sondieren. Die erschreckte Seele fühlt sich erfaßt, sie weicht zurück, um alsbald zu entdecken, daß es einen weiteren Fetzen vom kindlichen Kleide kostete. Und doch wagt sie es, sich über kurz oder lang von neuem vorzutasten.

Der „Rückfall in die Kindheit", wie auch das Gegenmotiv, „die Vorwegnahme" (aus der Kindheit) sind in den Spiegelungen menschlichen Seelenlebens, als welche wir Traum und Märchen erkennen, von besonderer Bedeutung. Betrachten wir die Vielfalt sinnbildlicher Varianten, wie sie allein die Märchen bevölkern, so können wir dem Einfühlungsvermögen längst vergangener Epochen in das Differenzierte des Reifungsvorganges unsere Bewunderung nicht versagen. Erst die Tiefenpsychologie der letzten Jahrzehnte vermochte ihm die wissenschaftliche Begründung zu geben.

Auf die Klage der Königstochter erscheint nun ein „häßlicher" Frosch, der sich zur Hilfe bereit erklärt: „Was gibst du mir, wenn ich dein Spielwerk wieder heraufhole?" — „Was du haben willst, lieber Frosch, meine Kleider, meine Perlen und Edelsteine, auch noch die goldene Krone, die ich trage", ist die Antwort.

Innerhalb der Märchen- und Traumsymbolik sind ausgesprochene
Schönheit, Gold, Edelsteine, wie überhaupt betonter Schmuck jeder
Art, und Krone und königliche, reiche Kleider von besonderer Bedeutung. Alle weisen sie hin auf Zeugungsfähigkeit, auf den
Vollmenschen, auf das Königtum des Lebens. Kaum kennen
wir ein Märchen, das sich ihrer nicht bedient, und sei es auch nur
am Rande.

Auch unser Märchen gibt dafür mehrere Beispiele. Zu Anfang
die betont „goldene" Kugel. Zum andern ist das Mädchen als
„Königstochter" gezeichnet, die eine „goldene Krone" schmückt,
dazu Perlen und Edelsteine. Das läßt auf innere Reife schließen.
Aber merkwürdig, sie erklärt sich leichten Sinnes bereit, Kleidung
und Schmuck für das wiedererlangte „Spielwerk" hinzugeben, nicht
etwa für das goldene Sinnbild der Fruchtbarkeit. Ja, noch mehr:
In ihrer kindlichen Unbefangenheit trägt sie keine Scheu, sich vor
dem „häßlichen Wasserpatscher" zu entkleiden.

Wir haben hier eine Parallele zum Märchen „Die Gänsemagd",
wo auch die „Königstochter" sich vor der Dienerin so weit erniedrigt, daß sie um eines Trunkes willen deren schlechte Kleider mit
den ihrigen tauscht. Im „Froschkönig" kommt es nicht erst dazu,
weil der Frosch das kindliche Angebot rundweg ablehnt.

In ihm haben wir nun, wie sich später ergibt, einen verzauberten
Prinzen zu sehen, der auf seine „Erlösung" wartet. Den entscheidenden Antrieb zur Reifung hat er im Wasser des Brunnens als dem
„Zwischenland" erfahren; offenbar steht er in der letzten Phase,
wo es nur noch darum geht, im richtigen Augenblick die Maske
abwerfen zu können. Ja, man möchte geradezu annehmen, er habe
im Wissen um das Reifungsgeschehen die derzeitige Situation des
Mädchens auf Grund ihres Gebarens erkannt und es daraufhin für
besser gehalten, sein Ziel über einen sanfteren Anstieg hinweg zu
erreichen. Erst einmal Geselle und Spielkamerad, dann zusammen
sitzen und essen und trinken und zuletzt erst schlafen. Er sagt also:
„Deine Kleider ... mag ich nicht: aber wenn du mich liebhaben
willst und ich soll dein Geselle und Spielkamerad sein, an deinem
Tischlein neben dir sitzen, von deinem goldenen Tellerlein essen,
aus deinem Becherlein trinken, in deinem Bettlein schlafen: wenn
du mir das versprichst ..." Doch der Blick des Mädchens ist noch

immer getrübt: Wie sie den Frosch nicht erkannte, so geht das Zutrauliche seiner Worte achtlos an ihrem Ohr vorüber. „Ich verspreche dir alles, was du willst." Der Frosch ist ihr eben ein einfältiger Schwätzer.

Trotzdem macht der von nun an die Lage beherrschende Frosch einen zweiten Vorstoß: Er taucht in die Tiefe, holt die Kugel und wirft sie vor die Königstochter ins Gras. Er wirft ihr also gleichsam den Ball zu. Doch vergebens: Mit dem „Spielwerk" in der Hand läuft das Mädchen nach Hause. Immerhin hat es den Anschein, als ob die Eile, mit der das geschieht, von einer aufkeimenden Angst vor dem laut quakenden Untier diktiert ist.

Als der Frosch sich am nächsten Tage während der königlichen Tafel an der Tür meldet und die Königstochter den Einlaß-Begehrenden erkennt, „da warf sie die Tür hastig zu, setzte sich wieder an den Tisch und war ihr ganz Angst": jetzt erst empfindet das Mädchen zum ersten Male das Angreiferische des sie verfolgenden männlichen Prinzips, jetzt erst tritt es in die für den Reifenden so bezeichnende Phase des Sich-Fürchtens.

In diesem kritischen Augenblick, da alles zur Entscheidung drängt, ist es das Wort des Königs, das der Verzagten den vom Schicksal geforderten Weg weist.

Finden wir das Wissen um lebendiges Werden zumeist in einer Frau als Hexe, alte Frau, Königin oder schlechthin Mutter verkörpert, so tritt es uns in männlicher Form als alter Mann, König, Vater oder dämonisch als Zauberer, Zwerg oder Riese entgegen.

Daß der König die Zögernde an ihr Versprechen oder an die Pflicht zur Dankbarkeit erinnert, ist nur als Tarnung des tieferen Zwanges zu werten. Dürfte man denn auch erwarten, es solle Vater oder Mutter dem ins Neuland der Reifung eintretenden Sohne oder Tochter von der körperlich-seelischen Wandlung sprechen, die das eigentliche Ziel des Geschehens ist? Oder sollte der Märchenerzähler den zuhörenden Kindern die Dinge beim Namen nennen? Als ob die leuchtenden Augen selbst des kleineren Kindes nicht vom Vorhandensein eines Mitschwingens zeugen, lange bevor der Gegenstand „aktuell" wird.

Indessen hat der Frosch zum zweiten Male geklopft und dabei gerufen:

„Weißt du nicht, was gestern
Du zu mir gesagt
Bei dem kühlen Brunnenwasser?"

Mit diesen Worten erst erfassen wir das Versprechen in seiner
Heiligkeit: es wurde geleistet in Anwesenheit des urmütterlichen
Wassers, gewissermaßen im Tempel der Natur. So verstehen wir
auch die ganze Wucht, mit welcher der königliche Vater seine Aus-
führung erzwingt, zuletzt dem störrischen Kinde mit seinem ganzen
Zorn drohend: es ist die Weisheit des Alters, die dem Werden den
Weg ebnet.

In Zeiten, die wir heute die primitiven nennen, wurde der
Jugendliche mit Gewalt der Kindheit entfremdet. Im Ritual der
Jugendweihe führte der Zauberer des Stammes den jungen Men-
schen über schmerzvolle Stufen hinweg vom Kindsein zur Reife.
Nicht anders, wenn auch dramatisch gerafft, widerfährt dem Mäd-
chen unserer Erzählung durch den Willen des Königs.

Der Prinz, in der Larve des Frosches gereift und nur den Anstoß
erwartend, wo er dem Falter gleich die Hülle verlassen kann,
„hüpft herein, ihr immer auf dem Fuß nach, bis zu ihrem Stuhl".
Und nun versetzen wir uns ganz in das Zusammenspiel der drei
handelnden Personen: dem nach dem Mädchen verlangenden Tier,
dem geängsteten Noch-Kind und dem die Durchführung des Rituals
überwachenden Priester-König. „Heb mich herauf zu dir", ruft
der Frosch. Sie zauderte, bis es der König befahl. Vom Stuhl will
er auf den Tisch, „und nun schieb mir dein goldenes Tellerlein
näher, damit wir zusammen essen". „Der Frosch ließ sich's gut
schmecken" — warum auch nicht? so fragen wir — „aber ihr blieb
jedes Bißlein im Halse." „. . . nun trag mich in dein Kämmerlein
und mach dein seiden Bettlein zurecht, da wollen wir uns schlafen
legen." Da packt unter den Drohungen des Königs das sich vor
Ekel schüttelnde Mädchen den Zudringlichen „mit zwei Fingern,
trug ihn hinauf und setzte ihn in eine Ecke. Als sie aber im Bette
lag, kam er gekrochen und sprach: . . . heb mich herauf, oder ich
sag's deinem Vater." Bei dieser letzten und schwersten Forderung
entlädt sich ihr ganzer Abscheu vor der kalten Kreatur in einer
Affekthandlung: Sie wirft den Widerlichen an die Wand mit den

Worten: „Nun wirst du Ruhe haben, du garstiger Frosch." — Und
wirklich geht ihr Wunsch, denn ein solcher ist es, in Erfüllung:
Der Frosch ist tot. Aber, wie wir mit Sicherheit annehmen können,
sie habe bereits am Brunnen geahnt, daß sich im Wassertier ein
Lebensprinzip, und zwar der Mann als solcher verberge, abstoßend
und verlockend zugleich, so werden wir folgerichtig die Tötungs-
absicht als allein gegen *den* Teil gerichtet sehen, der ihr häßlich und
verabscheuungswürdig erschien. Ihr Kampf galt nur der Maske.

So steht am Ende der junge Mann „mit schönen freundlichen
Augen" vor dem Mädchen, das nach dem Martyrium der Jugendweihe in höchster Ekstase, indem es die eigene kindliche Hülle
sprengte, dem Weib in sich zum Durchbruch verhalf.

Mit der zweifachen Erlösung aus der Reifungskrise ist die hintergründige Dramatik des Märchens beendet. Die angehängte Erzählung vom „treuen Heinrich" tut der Geschlossenheit des eigentlichen Geschehens eher Abbruch. Sie zeigt deutlich den Gegensatz
zwischen kollektiv-schicksalhaftem und jenem anderen durch das
Zusammenleben von Individualitäten bestimmten Bereich, in dem
die Treue zu Hause ist.

Bericht über den Allgemeinen volkskundlichen Kongreß (7. Deutscher Volkskundetag) des Verbandes deutscher Vereine für Volkskunde in Jugenheim an der Bergstraße, 28.–31. März 1951, Stuttgart 1952, S. 44–45.

MÄRCHEN UND PSYCHIATRIE

Von Lutz Röhrich

Der Vortrag ging aus von einer Materialsammlung folkloristischer Motive in Krankenberichten und in Bildnereien von Geisteskranken. Gestalten der Sage, wie dämonische Tiere, Folgegeister, weiße Frauen, Wassergeister, feurige Gestalten, Klopfgeister, Drachen und Hexen werden von Geisteskranken in einer ursprünglichen Weise als Wirklichkeit erlebt. Alle diese dämonischen Gestalten sind nicht numinose Geschöpfe an sich, sondern sie sind seelische Teilfunktionen ihres Schöpfers, Objektivierungen seines Ichs. Zahlreiche Parallelen gibt es auch zwischen Psychosen und Märchen. In beiden Bereichen wird die Tatsachenwelt ignoriert. Besonders häufig ist bei Geisteskranken der sog. Verwandlungswahn. Vor allem schizophrene Kranke fühlen sich in Tiere verwandelt. Viele Kranke glauben die Tiersprache zu verstehen. Die Gesundung wird als Erlösung oder als Rückverwandlung erlebt. Wie für Dornröschen im Zauberschlaf, so steht auch für den Schizophrenen die Zeit still. Die Kranken fühlen sich, wie aus zahlreichen Krankenberichten hervorgeht, wie in einem gläsernen Sarg, wie verzaubert, verwünscht, versteinert, wie in einem jahrzehntelangen Zauberschlaf oder hinter einer unübersteigbaren Mauer, und es ist eben ihre Krankheit, die die Patienten so erleben. Es gibt zwar unendlich viel Trennendes zwischen Märchen und Psychosen, und vom Überlieferungsmäßigen her gesehen haben die beiden Bereiche wenig miteinander zu tun: Selten entstehen Inhalte von Psychosen aus Märchenreminiszenzen, selten wird ein Märchen aus bestimmten Wahnvorstellungen entstanden sein; die zahlreichen Parallelen beruhen deshalb nicht auf gegenseitiger Entlehnung, sondern die übernatürlichen und wunderbaren Motive von Märchen und Psychopathologie haben im gemeinmenschlichen Unbewußten einen gemeinsamen Urgrund ihrer Bilderwelt. Unter der Schicht unseres aufgeklärten, zivilisierten und bewußten Denkens liegt eine phantastische, primitivarchaische und magische Welt, die wieder hervortreten kann, wenn das Realitätsbewußtsein durch die Krankheit ausgeschaltet worden ist. Diese Wurzel im gemeinmenschlichen Unbewußten bedingt letztlich auch die Geschichtslosigkeit und die internationale Wiederholbarkeit der Märchenmotive. Märchenmotive als Chiffren unbewußter Vorgänge treten überall auf, wo das Unbewußte sonst zutage tritt, etwa in Träumen, im kindlichen Weltbild oder im Weltbild der Naturvölker, wo es durch das rationale Bewußtsein noch nicht gehemmt ist. Es tritt aber auch z. B. hervor in der Kunst der Gegenwart, insbesondere im Surrealismus. Hier wird nun allerdings das Bewußtsein bewußt ausgeschaltet. Märchen und Sagenmotive wie die vom Tierbräutigam, von der Tierverwandlung, der Traumseele, vom Werwolf finden sich ebenso wie in der Bildnerei der Schizophrenen in der surrealistischen Gegenwartskunst (etwa bei Max Ernst, Marc Chagall oder Alfred Kubin). Diese Kunst ist deshalb aber keineswegs geisteskrank; die Gemeinsamkeit mit dem Bereich der Psychosen beruht vielmehr auf dem Abbau des rationalen Verstandes, der die archaischen Schichten des Unbewußten hervortreten läßt.

Ergebnisse:

Die gemeinsame Bilderwelt des psychotischen Weltbildes mit dem vorrationalen Weltbild des Märchens hat ihren Ursprung im gemeinmenschlichen Unbewußten. Dieses wird im Fall des Märchens noch nicht, im Fall der Psychose, oder auch der surrealistischen Gegenwartskunst, nicht mehr durch das logische Bewußtsein kontrolliert.

Die Märchenforschung geht über den rein volkskundlichen Bereich hinaus, denn es ergibt sich für sie die Notwendigkeit auch einer vergleichenden Heranziehung und Durchsicht psychiatrischen Materials. Im Gebiet der Märchenforschung müssen sich Seelenheilkunde und Volkskunde als Teile einer allgemeinen Anthropologie bei der Gesamtbetrachtung des Menschen treffen.

Praxis der Kinderpsychologie und Kinderpsychiatrie 2, 1953, H. 2/3, S. 53–62 (gekürzt).

ANALYSE DES GRIMMSCHEN MÄRCHENS „DER STARKE HANS"

Von Carl-Heinz Mallet

Als Einleitung möchte ich folgendes vorausschicken: Die Deutung dieses Märchens wurde nicht vorgenommen, um wesentliche Kenntnisse der Psychoanalyse zu bestätigen. Ich bin nicht Psychoanalytiker, sondern Lehrer und Heilpädagoge, zwar tiefenpsychologisch geschult, aber nicht Anhänger einer bestimmten Richtung. Ich betone dies so ausdrücklich, um klarzumachen, daß ich völlig unvoreingenommen an diese Interpretation herangegangen bin, selber gespannt auf das, was ich finden würde, und — ich kann das jetzt sagen — sehr erstaunt über das, was ich fand, und somit kann ich vielleicht mit einigem Recht hoffen, daß diese Arbeit verschiedene Anregungen zu geben vermag.

Es hat sich als sehr schwierig erwiesen, die Übersicht und thematische Ordnung zu wahren. Das liegt in der Natur der Sache, an den Verdichtungen, Überschneidungen und Überdeterminationen des Märchens. All das mußte sorgsam getrennt werden, um den inneren Gehalt klar werden zu lassen. Ich habe mich daher vollkommen an den Gang der Handlung gehalten, konnte aber an manchen Stellen Wiederholungen nicht vermeiden. [...]

1. Die Gefangennahme

Die Lebens- und Entwicklungsgeschichte des Hans schildert dieses Märchen. Es beginnt mit der Geburt des Jungen, die wir im ersten Absatz dargestellt finden. Zweifellos deckt sich aber diese Schilderung nicht mit dem, was man, d. h. der Erwachsene, sich darunter vorstellt, das „Licht der Welt" zu erblicken, ja, es ist hier geradezu umgekehrt. Aber das Märchen handelt vom Kind und führt uns dessen Situation vor Augen, und die scheint mir trefflich symbolisiert:

Aus einer sonnigen, freudevollen, angenehmen Atmosphäre wird es von zwei Räubern herausgerissen, in einen dunklen Wald geführt, vorwärtsgetrieben, muß sich durch Stauden und Dörner „durcharbeiten", um schließlich, nachdem ein langer Gang passiert ist, in einer dunklen Höhle zu landen. Das „Licht der Welt" ist das Feuer, welches die Höhle erleuchtet.

Bei einigem Nachdenken ist diese Darstellung gar nicht so erstaunlich, denn im Mutterleib hat das Kind nichts auszustehen, ist geborgen und geschützt, nichts stört sein Wohlbefinden. Das ändert sich aber gewaltig mit dem Beginn des Geburtsaktes. Es wird ja tatsächlich gepackt und vorwärtsgetrieben, und die Empfindungen, die dieser Vorgang auslöst, dürften nicht die angenehmsten sein, ja, eine große Angst auslösen, die das Märchen durch die beiden Räuber symbolisiert. — Nach dem Passieren der Tür (Muttermund), beginnt der Durchgang durch den Gang (Vagina), und dann ist es geschafft. Der Räuberhauptmann (Vater) tröstet, sagt, daß sie keine Angst (s. o.) haben sollen, denn es ist ja alles überstanden. Er verspricht, daß die beiden es gut haben sollen, läßt ihnen zu essen geben und weist ihnen ein Bett an, wo sie schlafen können. Ich brauche dieser Schilderung nichts hinzuzufügen, die Parallele zur Wirklichkeit dürfte unverkennbar sein. — Die Säbel und Mordgewehre an den Wänden der Höhle spielen nur in diesem ersten Teil eine Rolle, sie symbolisieren die rauhe Wirklichkeit.

Ich glaube, diese Darstellung macht recht anschaulich verständlich, daß sich nicht wenige Neurotiker in den „paradiesischen" Zustand im Mutterleib zurücksehnen.

Welche Anregung gibt hier — und an vielen anderen Stellen — das Märchen den Erwachsenen, den Pädagogen und Psychologen! Aber das ist nicht seine Aufgabe, denn es wird für das Kind erzählt und ist für dieses, wie noch mehrfach klarwerden wird, ein weiser Berater, Lehrmeister und — man kann es mit gutem Gewissen sagen — Erzieher. Es macht aus einer Wahrheit, die allgemein völlig unbekannt ist, kein Hehl, schildert den vorgeburtlichen Zustand als schön, beweist aber im weiteren Verlauf, daß die größeren Reize eben doch im Leben liegen, daß überstandene Schwierigkeiten

(Entwicklungsschwierigkeiten) Freude und Lust einbringen, und schließlich ein schönes Ziel winkte: Die Heirat der Prinzessin und damit die Erlangung der Reife.

2. Das Leben in der Höhle

Warum, so könnte man fragen, wird aber die Welt als Höhle dargestellt? Die Höhle weist ja auch auf den Mutterleib. Ja, das tut sie, und dieser Vergleich scheint mir durchaus treffend, denn dieser zweite Teil gibt uns die Schilderung der frühkindlichen Situation und — das wird keiner bestreiten — die Welt des Kleinkindes ist sehr klein, sie umfaßt außer der Mutter nur die allernächste Umgebung. Aber wir können noch eine tiefere Analogie feststellen: Wie das Kind vor der Geburt körperlich mit der Mutter verbunden ist, von ihr beschützt und ernährt wird, so ist es nach der Geburt, mit nahezu der gleichen Intensität, seelisch an sie gebunden. Über dieses von der Natur gegebene Band, welches von der Mutterliebe getragen wird, empfängt das Kind den ersten „Unterricht" (die Mutter erzählt ihm Geschichten und lehrt ihn Lesen), der es fähig machen soll, sich der Realität (rauhen Wirklichkeit) anzupassen. Außerdem gibt diese spezifische Situation dem Säugling und Kleinkind das für die Entwicklung so wesentliche Gefühl des Geschützt- und Geborgenseins. Was also, so könnte man ganz grob sagen, für den Embryo physiologisch zutrifft, gilt für das Kleinkind in psychologischer Hinsicht. Das Märchen benutzt also für die Schilderung eines seelischen Zustandes ein körperliches Symbol, und ich glaube, das Treffende dieser Analogie ist deutlich geworden. Das Leben in der Höhle, das „viele Jahre währt", bringt keine wesentlichen Ereignisse. Dem Jungen geht es gut, keine besonderen Aufgaben treten an ihn heran, Aktivität wird nicht verlangt, für ihn wird in jeder Weise gesorgt und in dieser Atmosphäre wird er groß und stark.

Bevor wir mit der Analyse der nun kommenden Geschehnisse beginnen, sei noch ein rückblickender Vergleich eingeschoben: Die Geburt stellt einen Vorgang dar, der nicht aufgehalten werden kann, der mit Sicherheit einmal eintritt. Das Leben in der Höhle, wie oben skizziert, ist eine Analogie des vorgeburtlichen Daseins. Das Märchen suggeriert hier über diesen trefflichen Vergleich: Auch dieses Leben, der bequeme, passive, angenehme, frühkindliche Zustand wird einmal, muß einmal zu Ende sein. —

Betrachten wir diesen Aspekt einmal vom Kinde aus, welches das Märchen hört und sich mit dem Hans identifiziert: Der Junge, dem der Zuhörer ja das Beste wünscht, wird von den Räubern verschleppt und in einer Höhle gefangen gehalten. Diese Darstellung, das ist leicht verständlich, weckt den Impuls: Er muß da wieder raus, was aber zugleich, nämlich durch die Identifizierung, heißt: ich muß da wieder raus. Hiermit möchte ich nur zeigen, wie das Märchen das zuhörende Kind an die Hand nimmt, in ihm Impulse weckt, die die Kräfte des Werdens, der Entwicklung nach vorn, unterstützen, denn es ist ja bekannt, welche Gefahren für die spätere Gesundheit, das Wohlergehen und das Glück ein Hängenbleiben an der infantilen Situation bedeutet.

3. Die Befreiung

Mit neun Jahren macht Hans sich einen Knüttel, versteckt ihn hinter dem Bett und fragt die Mutter: „Sage mir jetzt einmal, wer mein Vater ist!" Wir wollen gleich ganz deutlich werden und die Frage dem latenten Sinn nach übersetzen, demnach es heißen müßte: „Sage mir jetzt einmal, wer ist der Vater? Er oder ich?"

Daß ein kleiner Junge seine Mutter liebt, ja lieben muß, damit er später eine Frau lieben kann, ist allgemein bekannt. Auch daß ein Junge auf seinen Vater bisweilen recht eifersüchtig ist, dürfte kein Geheimnis sein. Welche Gefahr aber eine Fehlentwicklung gerade bei diesem Punkte für das spätere Leben bedeuten kann, dürfte die Psychoanalyse deutlich genug gezeigt haben. Das Märchen weiß um diese gefährliche Klippe und zeigt, wie sie überwunden werden kann: Es verschafft dem zuhörenden Kind Gelegenheit, diesen seltsamen, aber nun einmal weit verbreiteten Wunsch, die Stelle des Vaters einnehmen zu wollen, im Anfangsstadium zu erleben. Das, was normalerweise nicht gewagt wird zu denken — und solche Gedanken können gefährlich werden —, kann hier abreagiert werden. Es geschieht in der Phantasie ganz ohne Schuldgefühle, über die Identifikation mit dem Helden des Märchens:

Hans, der kleine Rivale des großen Hauptmanns (Vater), tritt vor diesen hin mit der Frage: „Jetzt will ich wissen, wer mein Vater ist, und wenn du es mir nicht gleich sagst, so schlag ich dich nieder." (Man achte auf den Ton dieser Anrede!) Wir übersetzen, und dann sieht das so aus: „Jetzt will ich wissen, wer hier der Vater ist, und wenn du nicht zurücktrittst, so schlag ich dich nieder!" Das ist so manchem kleinen Jungen, der zuhört, aus der Seele gesprochen! Aber sowohl Hans als auch der Zuhörer müssen einsehen, daß das nicht geht, denn der Hauptmann (Vater) nimmt ihn nicht für voll (wie sollte er auch), lacht und gibt ihm eine Ohrfeige, daß er unter den Tisch kugelt. Nach einem Jahr, beim zweiten Versuch, ergeht es ihm genauso, ja, die Ohrfeige fällt noch kräftiger aus; entschiedener und dieses Mal auch ernster wird der Junge abgewiesen.

Kein Erwachsener, kein Erzieher würde je einen solchen Wunsch bei einem Kinde verstehen. Aber das Märchen tut es. Der Zuhörer findet sich hier wieder, fühlt seine Nöte verstanden, wird aber auf der anderen Seite von der Hoffnungslosigkeit eines solchen Unterfangens deutlich überzeugt; aber nicht nur das, sondern auf einen Weg gewiesen, der zwar nicht die Erfüllung dieses Wunsches bringt, aber reichen Lohn (Anerkennung, Gold, Freiheit) für mutige Taten beschert. — Vorher aber noch die zweite Seite dieses Wunsches: Der Knüttel hinter dem Bett deutet „versteckt" den Wunsch nach dem alleinigen Besitzenwollen der Mutter an. Daß auch dieser unerfüllbar ist, geht unschwer aus der Unmöglichkeit des ersten hervor. Außerdem führt die jetzt einsetzende Handlung in eine sehr gesunde Atmosphäre (man beachte die Stimmung) und lenkt die Phantasie von diesem verführerischen Punkte ab.

Das soeben geschilderte Problem ist aber nur eine Seite dieser Szene, es gibt noch eine andere Determination. Wir haben die Höhle als ein Bild der frühen Kindheit kennengelernt, als Symbol des warmen Nestes mit seiner wohl verständlich gewordenen Anziehung. Diesem Zug nach rückwärts steht ein Impuls entgegen, der nach vorne, zur Zukunft, drängt und im Märchen durch die Sehnsucht des Jungen nach seinem Vater zum Ausdruck kommt. Hier haben wir es allerdings mit einem völlig anderen Vater zu tun, oder, um es psychologisch zu sagen, mit einer anderen Einstellung zum Vater. Wir stehen hier vor der Tatsache, daß der Held des Märchens (und nicht nur für ihn gilt das) zwei völlig entgegengesetzte Haltungen zeigt, und ich komme an Hand des Vergleichs dieser beiden Einstellungen noch einmal auf das obige Problem zurück, wodurch ein zweites Mal klar werden wird, in welcher ausgezeichneten Weise das Märchen die gesunde Entwicklung zeigt und dadurch, um es ganz grob zu sagen, eine seelenhygienische Aufgabe erfüllt.

Die oben geschilderte negative Vatereinstellung, die Rivalität, entsteht maßgeblich durch die für die Zeit der frühen Kindheit bezeichnende und auch natürliche enge und alleinige seelische Bindung des Jungen an die Mutter. Jeder weiß, daß über das Seelische hinaus ein intensiver körperlicher Kontakt (küssen, schmusen) natürlicherweise besteht. Daß aus dieser Situation heraus der Wunsch auf alleiniges Besitzenwollen der Mutter und dadurch eine Eifersucht auf den Vater entsteht, scheint mir keine so verwegene Schlußfolgerung, zumal noch ein weiterer Aspekt hinzukommt, der die Verständlichkeit dieser kindlichen Wünsche erhöht: Der Vater spielt für das Kleinkind noch keine wesentliche Rolle, die Erziehung liegt in der ersten Zeit fast ausschließlich in Händen der Mutter. Es sind also kaum Voraussetzungen dafür vorhanden, daß das Kind zu ihm überhaupt irgendeine Einstellung einnehmen kann, außer eben der, daß er mit ihm die Mutter nicht teilen will. Jedenfalls der erste Teil dieser Situation ist eine auch allgemein bekannte Tatsache und wird von den Erwachsenen etwa so formuliert: Das Kind wird erst mit zwölf Jahren für den Vater existent. Das kommt auch im Märchen dadurch klar zum Ausdruck, daß die symbolische Vaterfigur, der Räuberhauptmann, außer als Tröster am Anfang, keinerlei Einfluß auf die Geschehnisse nimmt.

Wir können nun noch die Frage stellen, warum der Vater nicht als Vater, sondern symbolisch dargestellt wird. Es ist leicht einzusehen, daß sich die beiden Einstellungen moralisch wie Tag und Nacht gegenüberstehen. Auch dem Kind ist dadurch, daß sich in ihm ein lebendiger, d. h. wirkender Niederschlag gewisser Gesetze findet, die sich aus der Vergangenheit der Menschheitsentwicklung herleiten, klar, daß der Wunsch, den Vater zu beseitigen, um die Mutter allein zu besitzen, ein verbotener ist. Auf Grund dieser Tatsache gelangen solche Wünsche gar nicht erst ins Bewußtsein, sondern werden vorher, eben durch diese „angeborenen Verbote", zurückgehalten. Wir haben also in dem Räuberhauptmann, dem symbolischen Vater, die unbewußte, in dem richtigen Vater die bewußte Einstellung zu sehen.

Vom Zuhörer aus betrachtet ergibt sich noch ein zweiter Grund: Aus dem eben Gesagten ist leicht zu entnehmen, daß ein Wissen um diese Wünsche die Seele mit Schuldgefühlen belasten würde. Ein zweiter Hemmschuh aber, der einer ja denkbaren Realisierung dieser Wünsche entgegensteht, ist die Angst, die sich folgendermaßen erklärt: Eine schlimme Lage ergibt sich, wenn die Eltern für das Kind die führende und leitende Rolle verlieren, denn ohne Führung und Leitung, d. h. ohne Erziehung, ohne die spezifische und naturgegebene Beziehung zwischen Kind und Eltern, kann es nicht seelisch wachsen, sich nicht entwickeln. Eine solche Situation würde sich aber durch die bewußte Akzeptierung dieser Wünsche dadurch ergeben, daß die Mutter zum Objekt (seiner Liebe) werden würde und der Vater wirklich als Rivale gehaßt würde. Das Kind stände dann einsam, verlassen und allein in der Welt, ein nicht zu ertragender Zustand, der auch nie eintritt, weil eine gewaltige Angst ihn verhindert.

Man verzeihe mir diese Abschweifung, aber sie macht einerseits sehr anschaulich den Unterschied zwischen bewußt und unbewußt klar, macht verständlich, daß das Kind den Vater nicht wirklich haßt, daß es nicht wirklich die Mutter an seiner Stelle besitzen will; andererseits können wir nun verstehen, daß das dem Märchen zuhörende Kind nicht auf den Gedanken gebracht werden darf, daß es sich bei dem Hauptmann um den Vater handelt, denn ein solcher Gedanke würde Schuld- und Angstgefühle auslösen.

Mit diesem Aspekt kann ich die Schilderung dieser sehr schwierigen und komplizierten seelischen Vorgänge abschließen und nun endgültig zur Betrachtung der zweiten Determination übergehen, deren Deutung teilweise schon vorgenommen werden mußte, so daß nur eine Frage noch offen steht, deren Beantwortung aber nicht schwer wird: Wir haben im Verlassen der Höhle das Loslassen von

Mutters Rockschößen zu sehen, die keineswegs einfache und selbstverständliche Befreiung von der warmen Nestgeborgen- und -gebundenheit, die jetzt nicht mehr entwicklungsnotwendig ist. Das Märchen schildert diese Tat als eine Befreiung aus der Gefangenschaft, und Gefangenschaft würde ein länger als notwendiges Verweilen in der Höhle sein, ein Zustand nämlich, der dadurch jede weitere Entwicklung unmöglich machen würde, daß der Junge ein Muttersöhnchen würde, bar jeder eigenen Aktivität, mit den besten Aussichten, im Leben ein unsicherer und unselbständiger Mensch zu werden.

Der Held des Märchens aber verfällt nicht der Verführung zur Beharrung, er folgt dem vorwärtsdrängenden Entwicklungsimpuls, der durch die Sehnsucht nach dem Vater ausgedrückt wird, und verzichtet von sich aus auf Behütung und mütterlichen Schutz und vollbringt dadurch eine durchaus eigene Leistung. Die Mutter lobt ihn, ist stolz auf seine Tapferkeit und Stärke und gibt ihm durch diese ja völlig neue Haltung einen gewissen Ersatz für seinen Verzicht. Der bedeutend höhere Lohn aber, den Hans erlangt, ist die Freiheit. Unter Berücksichtigung der weiteren Ereignisse müssen wir genauer sagen: Einen Teil der Freiheit, wohl aber den wesentlichsten und den am schwersten zu erlangenden. Im Gegensatz nämlich zum späteren Verlassen des Elternhauses setzt hier das Märchen vor die Erreichung des Zieles die Räuber, die überwunden werden müssen. Wir haben in ihnen, wie am Anfang auch, Symbole der Angst zu sehen. Eine Angst, die uns verständlich wird aus dem Hin- und Hergezogenwerden zwischen zwei Kräften: Dem Wunsch, klein zu bleiben, d. h. weiterhin Liebe, Wärme und Geborgenheit zu haben, und dem inneren Impuls, der vorwärts drängt, denn ohne irgendwelche äußeren Anlässe erwacht in dem Jungen der Wunsch, sich zu befreien. Zum Verständnis beitragen mag die bekannte Erscheinung, daß kleine Kinder immer dann Angst haben, wenn die Mutter sie verläßt. Psychologisch besteht zwischen dieser Situation und der des Hans kein Unterschied.

Man muß sich nun noch den Kampf mit den Räubern etwas genauer ansehen, denn er scheint einen Widerspruch zu enthalten, den es aufzuklären gilt. Die ersten, allein gegen den Hauptmann gerichteten Angriffe bleiben erfolglos, und wir wissen warum. Der

Hauptmann, also der Vater, erweist sich als der Stärkere, ja, als der absolut Überlegene. Dieses Moment ist bedeutend, denn die Erkenntnis dieses Tatbestandes läßt blitzartig klarwerden, welchen Wert, welche Bedeutung der Vater eigentlich hat, was alles man von ihm, dem Stärkeren und Überlegenen, haben, d. h. lernen kann, kurzum, das Bild des Vaters erwacht in der Seele des Jungen, und im nächsten Augenblick ist er wieder oben, alle Ängste, die nach rückwärts ziehen wollen, werden überwunden, denn er weiß nun, daß er doch nicht ganz allein und verlassen ist: Alle Räuber bleiben auf der Strecke. — Das Paradoxon, welches man im Tod des Hauptmanns sehen könnte, klärt sich leicht auf: Er stirbt als Symbol der unbewußten Einstellung zum Vater, die jetzt überwunden ist.

Auch dieser gut bestandene Kampf trägt seine Früchte: Hans gewinnt einen Sack voller Gold und Silber. Es ist leicht verständlich, daß mit jedem Stück Angst, das überwunden wird, ein seelisches Positivum an dessen Stelle tritt, und ein solches können wir in dem Schatz der Räuber sehen, welcher sich am besten mit Zutrauen zu sich selbst, Selbstbewußtsein oder Selbständigkeit übersetzen läßt. — Ich möchte darauf hinweisen, daß dieses nur Worte sind, mit denen man sich behilft. Hier gilt, wie überhaupt für eine derartige Analyse: Das Märchen sagt all das am wahrsten, am besten und am einfachsten, was wir mühsam umschreiben müssen, ohne im Grunde genommen dem Gehalt wirklich gerecht werden zu können.

Noch eins sei am Ende dieses Abschnittes gesagt: Es wird manchem Leser auffallen, daß die Schnelligkeit der soeben geschilderten Vorgänge einen Widerspruch bedeutet zur Entwicklung, zum allmählichen Wachsen, das keine ruckartige Plötzlichkeit kennt. Dieser Einwand ist berechtigt, und ich muß hier berichtigend ergänzen, daß de facto all die beschriebenen seelischen Wandlungen noch gar nicht eingetreten sind, sondern nur angelegt wurden, d. h. von nun an die Möglichkeit haben, zu dem zu werden, was wir als Ergebnis bereits vorweggenommen haben. Unter dieser Perspektive läßt sich auch verstehen, daß das Märchen zwei Lebensjahre seines Helden unterschlägt: Mit neun Jahren macht Hans den ersten Versuch der Befreiung, mit zehn Jahren wiederholt er ihn mit Erfolg und verläßt die Höhle, kommt aber mit zwölf Jahren erst bei seinem Vater an. In diesen zwei Jahren wächst das, was wir als ruckartig eintretend beschrieben haben.

4. Das Leben mit dem Vater

Hans kommt ans Tageslicht, freut sich an der Morgensonne, am grünen Wald, an den Bäumen und Vögeln. Wir finden ihn also in annähernd derselben Landschaft wieder, die symbolisch für das vorgeburtliche Dasein stand und können daraus entnehmen, daß der jetzt erreichte Zustand demjenigen im Mutterleib an nichts nachsteht; der Wunsch, dahin zurückkehren zu wollen, ist somit verunmöglicht. Das Leben, welches Hans sich erobern konnte, ist mindestens genau so anziehend geworden.

Der Vater weint vor Freude, seinen Jungen, den er längst für tot hielt, zu sehen. In Anbetracht dessen, daß wir im Vater gleichzeitig die Einstellung des Hans zu ihm verkörpert haben, können wir diesen Satz auch umdrehen und sagen: Der Junge weint vor Freude, weil er zum Vater fand, den er die ganze Zeit nicht kannte (für tot hielt). — Hier also erst ist das wirklich eingetreten, was vorher lediglich als innere Möglichkeit erreicht worden war.

Beachtenswert und für unsere Betrachtung von Bedeutung ist der mit dem Wechsel der Szene verbundene Unterschied in der Stimmung. Im Gegensatz zum Dunkel der Höhle spielt sich hier alles bei hellem Tageslicht ab. Reale Dinge fangen an eine Rolle zu spielen: Hans beginnt zusammen mit seinem Vater zu handeln und zu wirtschaften, er ackert und pflügt. Hinter all dem brauchen wir im einzelnen keine versteckten Bedeutungen zu sehen, aber es kann uns zeigen, daß Hansens Entwicklung eine bewußtere Ebene erreichte, daß er aus dem Dunkel kindlicher Unbewußtheit den Anschluß an die Wirklichkeit fand. Auf dieser Stufe erlebt er auch noch einmal das Ende seiner ersten Entwicklungsstufe, dargestellt durch das Zusammenfallen des „Häuschens" als Symbol des warmen Nestes. — Die Reaktion des Vaters auf dieses Ereignis: „Gott behüte uns, was ist das, jetzt hast du unser Häuschen zerbrochen", birgt zweifelsohne einen Vorwurf. Diese Haltung wird uns nicht verwundern, wenn wir des Jungen Wandlung vom Standpunkt der

Eltern ansehen. Sie bedeutet dann nämlich, daß er all die Liebe, Behütung und Fürsorge, die für ihn aufgebracht wird, nicht mehr wie früher würdigt, ja, es mag durchaus sein, daß er manches, von den Eltern zweifellos Gutgemeinte, zurückweist, weil er eben kein Kleinkind mehr sein will und natürlicherweise auch einmal nicht mehr sein darf. Es dürfte nicht ganz unbekannt sein, daß Eltern ein solches Verhalten ihres Kindes bisweilen als undankbar oder gar lieblos bezeichnen. Diese Sicht mag uns noch einmal zeigen, wie schwer die Befreiung aus der frühkindlichen Situation ist, welche Ängste damit verbunden sein können.

Wir konnten verfolgen, wie Hans diese Krise überwand, und wir sehen jetzt, wie all das Gute, welches er dabei gewann, nun wertvoll für ihn ist und wirksam wird: Das Zerbrechen des Hauses kann ihn nicht stören, denn er ist fähig mitzuhelfen, ein neues zu bauen. Die Mittel dafür sind ihm nicht einfach zugefallen, sondern wurden nicht ganz mühelos erworben: Das Gold der Räuber. Wenn wir dieses Gut, die Stimmung, die über der Schilderung dieses Abschnittes liegt und die Art und Weise, wie Hans jetzt handelt und sich ausdrückt, zusammenfassend betrachten, so ergibt sich folgendes: Das Verhalten und das Sein des Jungen wird nun nicht mehr allein von Instinkten, Trieben und Impulsen bestimmt, die aus dunklen Tiefen aufsteigen, sondern er konnte sich seiner selbst so weit bewußt werden, daß er eigene, d. h. von ihm gewollte und überlegte Handlungen ausführen kann und somit befähigt ist, den ersten intensiven Bindungen zu entsagen. Damit beginnt für ihn ein zweiter Lebensabschnitt, der ausgezeichnet ist durch Beziehung zum Vater, was in dem neu zu erbauenden Haus zum Ausdruck kommt. Im Gegensatz zur Höhle, die ganz einfach da war, hilft Hans hier mit, baut mit dem Vater gemeinsam, und wir können daraus entnehmen, daß es sich nicht um eine die Selbständigkeit verhindernde Bindung handelt, sondern um ein Verhältnis, in dem auch der Junge eine Rolle spielt, in dem er mittätig die Gestaltung zu beeinflussen vermag.

Der weitere Inhalt dieses Kapitels bedarf keines Kommentars, er stellt das dar, was allgemein bekannt ist: Mit Hilfe des Vaters bildet der Junge das, was er innerlich bereits gewann, zu Fähigkeiten aus und lernt, was er im Leben und Daseinskampf als Mann nötig haben wird. — Nachdem seine Kräfte genügend entwickelt sind, verläßt er das Elternhaus, ein zwar natürlicher, aber durchaus nicht immer leichter Schritt, der dem Hans aber, ob seiner gesunden Entwicklung, keine Schwierigkeiten macht.

5. In Wald und Schloß

Nach dem Verlassen des Elternhauses finden wir unseren Helden in einem tiefen und finsteren Wald wieder, was uns zeigen mag, daß nach einer Periode relativ bewußten Lebens erneut sich eine dunkle Tiefe öffnet, aus der dem Menschen eine noch rohe und ungestaltete Kraft zufließt, die ihm längere Zeit Aufgabe sein wird, die emporgelebt werden muß zu der Differenzierung, der sie bedarf, um dem Menschen als höchstem aller Lebewesen integriert werden zu können. Ihre anfänglichen Erscheinungsformen und die durch diese ausgelöste seelische Problematik finden wir in folgendem beschrieben:

„Als Hans seine Augen in die Höhe richtete, so erblickte er einen großen Kerl, der den Baum gepackt hatte." Was Hans hier — in Wirklichkeit unten — entdeckt und packt ist sein „großes" Geschlechtsorgan; was wir symbolisch dargestellt finden, ist die Onanie. Im Tannendreher tritt sie uns im weiteren Verlauf verselbständigt entgegen, als ein Zug des Jungen, der ihn eine Zeitlang begleitet.

Im Felsenklipperer, dem zweiten Genossen, den Hans sich wählt, haben wir ebenfalls eine Eigenschaft symbolisiert, die für diese Entwicklungsperiode kennzeichnend ist: Das Kraft- und Großmeiertum, welches alles zu können und zu schaffen glaubt. Aber in noch ein anderes Erlebnis des Pubertierenden verschafft uns der Felsenklipperer einen Einblick: Er will sich, um Ruhe zu haben, ein Haus bauen, weil Wölfe, Bären und anderes „Ungeziefer" an ihm herumschnuppern und -schnuffeln und ihn nicht schlafen lassen. Er will sich also vor den in ihm erwachenden Triebansprüchen schützen, er hat Angst vor ihnen, denn seine Verkleinerung ist nur deren Überkompensation. Wenn man in den Bären und Wölfen zugleich die Leidenschaften sieht, die zum anderen Geschlecht ziehen wollen, so scheint es durchaus verständlich, daß er diesem Drängen nicht nachgeben will, da er solchen Erlebnissen noch nicht gewachsen wäre. Er macht aus den Raubtieren Ungeziefer, und wir gehen vielleicht nicht fehl, dieses Unwichtig- und Harmlosmachen einer Angelegenheit, die wichtig und zugleich auch gefährlich ist, in Beziehung zu setzen zu der Einstellung, die Jugendliche dieser Zeit zum anderen Geschlecht haben: Unendliche Sehnsucht auf der einen, Lächerlichmachen und Flucht vor ihm auf der anderen Seite. — Hans aber läßt den Felsenklipperer das Haus nicht bauen, und damit rät das Märchen davon ab, diese Einstellung zu verfestigen, zu einer dauernden zu machen.

Zu den Manipulationen des Tannendrehers meint Hans: „Das lass' ich mir gefallen", und er fordert ihn auf, mitzukommen. Wir können unschwer erkennen, daß hier, im Gegensatz zur allgemeinen Meinung über die Onanie, diese nicht verdammt und unter Strafe gestellt wird, sondern für eine gewisse Zeit als Entwicklungsnotwendigkeit nicht umgangen werden soll. Daß diese Betätigung aber noch nichts Schönes ist, noch in keiner Weise ein zu erreichendes Ziel, geht ohne weiteres daraus hervor, daß dieser „Kerl" kaum dazu angetan ist, die Zuneigung oder gar Liebe des Lesers zu erringen. Außerdem zeigt das Märchen im weiteren Verlauf die allmähliche Überwindung dieses Stadiums und zeichnet damit in die Phantasie des zuhörenden und mitlebenden Kindes eine Bahn der gesunden Entwicklung, die später, wenn es selbst diese Zeit zu durchleben hat, als leitendes Bild wirkend wertvoll werden kann.

Die Verlassenheit des Schlosses, in das Hans nun kommt, weist darauf hin, daß er mit den augenblicklichen Problemen allein ist, ihm keine Hilfe von außen wird, die Anteil nehmen oder Auswege zeigen kann. Er ist den verschiedensten Strebungen, Vorstellungen und Impulsen ausgeliefert und vor die schwierige Aufgabe gestellt, seinen Weg hindurch zu finden. Zwei solche Begegnungen haben wir bereits verfolgt und gesehen, wie er sich bisher zu diesen stellte. Eine dritte tritt ihm in Form eines bedrohlichen Wildschweines entgegen. Wenn ich annehmen möchte, daß dieses ein Symbol der Mutter darstellt, so ist das mit Einschränkungen zu verstehen, denn nicht ihr Wesen, ihre Persönlichkeit finden wir in dem Tier versinnbildlicht, sondern einen aus dem Unterbewußtsein aufsteigenden Impuls, der die Entwicklung dadurch bedroht, daß er auf einen

vereinfachenden Abweg führen will. — Als kleinem Jungen war
ihm der Weg zur Mutter, die er allein besitzen wollte, maßgeblich
durch die Angst vor Vereinsamung versperrt. Jetzt fällt dieses
Moment weg, und der damalige Wunsch wird wieder aktiviert, was
aus seiner augenblicklichen Lage heraus zu verstehen ist: Der
Sexualtrieb ist in der Entwicklung begriffen und drängt naturgemäß
zum anderen Geschlecht, ist aber auf dieser Stufe noch derartig roh
und unentwickelt, daß „die wilden Tiere aufgeschreckt weglaufen",
was bedeutet, daß er noch auf einer derart primitiven Entwicklungsstufe steht, daß er noch nicht eingebettet sein kann in die allgemeinen menschlichen Verhaltensweisen und eine etwaige hetero-
sexuelle Erscheinungsform der primitiven und rohen Triebqualität
entsprechen würde, d. h. einer Vergewaltigung gleichkäme. Derartiges wird aber natürlicherweise durch die schon weit fortge-
schrittene Entwicklung aller anderen seelischen Qualitäten, die ja
schon den Anschluß an die Wirklichkeit fanden, verhindert. Not-
dürftig überbrückt wird das Dilemma dieses Stadiums durch die
Onanie, die aber nur ein höchst labiles Gleichgewicht schaffen kann,
so daß es nicht sehr verwunderlich ist, wenn der Trieb diesen Ausweg zur Mutter hin einschlagen will, die dem Jungen ja der In-
begriff von Vertrautheit und Wärme ist, zu der er fliehen möchte
vor all dem Fremden und Beängstigenden, und bei der er schließlich
die Erfüllung finden möchte, die ihm die Onanie ja doch nicht gibt
und die beim anderen Geschlecht zu finden ihm noch völlig unmöglich erscheint. Daß allerdings auch dieser Weg nicht realisierbar ist,
ja, nicht einmal ins Bewußtsein tritt, bedarf keiner Erläuterung,
und wir dürfen gespannt sein, wie das Märchen diesen Konflikt
löst: Dieser die Entwicklung hemmende Wunsch wird in Form des
Wildschweines „getötet", d. h. überwunden, zugleich aber, durch
die Darstellung der Haltung dessen Abreaktion ermöglicht. Im
Weiteren aber, nach Erledigung dieses nicht unbedeutenden Hinder-
nisses, zeigt das Märchen die gesunde Entwicklung: Die allmähliche
Assimilation des Triebes an die Gesamtpersönlichkeit.

6. Das Männchen

Wir haben in diesem eine Verkörperung der Sexualität an sich zu sehen, die weder gut noch böse ist und fordernd, wie es die Natur will, an den Menschen herantritt, der allein über ihre Qualität zu entscheiden haben wird.

Die Erfahrungen, die der Tannendreher und der Felsenklipperer mit dem Männchen machen, lassen recht lehrreiche Schlüsse über dessen Wesensart zu: Die beiden Großen und Starken beziehen von dem kleinen, „alten und zusammengeschrumpelten Wicht" die jämmerlichsten Prügel, als sie seine Forderung nach Fleisch rundweg ablehnen. Dieses Geschehen dürfte uns etwa folgendes vor Augen führen: Im seelischen Haushalt des Menschen ist nun einmal die Sexualität vorgesehen, und es geht nicht an, sie ganz einfach abzuweisen; dann nämlich wendet sie sich gegen den Menschen und stört sein Wohlbefinden nicht unerheblich.

Der Tannendreher fertigt den Zwerg mit den Worten: „Du brauchst kein Fleisch" ab, was wir als: „I c h brauche kein Fleisch" verstehen können, d. h. er braucht das andere Geschlecht nicht, denn in der Onanie hat er ja einen Ausweg gefunden. Wir dürfen hier aber nicht vergessen, daß er diesen als solchen ja symbolisiert und infolgedessen gar nicht in der Lage ist, den zum Partner drängenden Triebansprüchen zu folgen. Außerdem müssen wir beachten, daß der Tannendreher ein Teil des Hans ist, wenn man so will der onanierende. — Indem man das im Märchen getrennt Dargestellte im Zusammenhang sieht, läßt sich folgendes sagen: Solange die Sexualität aus Gründen ihrer anfänglichen Primitivität noch nicht nach außen gerichtet werden kann, solange der junge Mensch, wie der Felsenklipperer uns zeigte, vor einem solchen Unterfangen Angst haben muß, gebührt der Onanie eine der Entwicklung dienende Berechtigung. Denn zweifellos vollzieht sich dabei in der Phantasie das, was in der Wirklichkeit noch unmöglich wäre. Gleichzeitig dürften sich diese Vorstellungen immer mehr den Erfordernissen des realen Lebens anpassen, so daß schließlich die Möglichkeit gegeben ist, in dieses hinauszutreten und auch Menschen des anderen Geschlechts in innerer Freiheit und ohne Furcht zu begegnen. Noch aber stehen dieser Entwicklung zwei Komponenten gegenüber: Der

Tannendreher als das Sich-begnügen-Wollen mit der Onanie und der
Felsenklipperer, der, vereinfachend gesagt, die Angst und Beun-
ruhigung vor den Triebansprüchen darstellt und ihnen aus diesen
Gründen keine Aufmerksamkeit schenken kann. — Als dritter dieser
als Dreieinheit zu verstehenden Gemeinschaft begegnet Hans dem
Männchen. Er erscheint in dieser Situation als das den Impulsen
und Strebungen des Inneren Übergeordnete, mit anderen Worten:
Auf Grund seiner bisherigen Entwicklung, seiner erworbenen Haltung und inneren Reife, vermag er Entscheidungen zu treffen; im
Gegensatz zu seinen beiden Genossen ist und handelt er persönlich.
Als er nun selber vor der Forderung des Kleinen steht, weist er ihn
nicht abrupt ab, sondern gibt ihm Fleisch, und zwar von seinem
Anteil, damit die anderen nicht zu kurz kommen. Keineswegs also
gibt er die beiden auf, er läßt ihnen weiterhin die bisherige Stellung,
nimmt aber dem Männchen, d. h. der Sexualität die Macht, die
diese in der Opposition haben kann. — Zweimal aber nur gibt Hans
ein Stück Fleisch her und verhindert damit, daß die Sexualität *ihn*
hat, d. h. er bewahrt sich die Möglichkeit, in Freiheit zu entscheiden,
anstatt blind getrieben zu werden. Daß er ihm aber überhaupt
Fleisch gibt, ist eine notwendig gewordene Konzession an das
Sexuelle, die über die Stufe der Autoerotik und Triebabwehr
hinausführt und dadurch die Entwicklung weiterbringt. Das finden
wir noch ein zweites Mal dargestellt: Er folgt dem Zwerg, d. h.
der Richtung, die durch ihn verkörpert wird, schenkt er einige Aufmerksamkeit. Dabei stolpert er aber und fällt „so lang er ist über
ihn hin", woran wir erkennen können, daß sich das Problem,
welches hier auftaucht, so einfach und schnell nicht lösen läßt. Als
Hans sich aufrichtet, ist ihm das Männchen voraus, er holt es nicht
mehr ein, wird aber durch dieses Erlebnis veranlaßt, ihm zu folgen
und sein Geheimnis zu entdecken.

Bevor die drei aber zur Höhle des Zwerges aufbrechen, geschieht
noch etwas Wesentliches: Die beiden Gefährten erzählen dem Hans
ihre Erlebnisse mit dem Männchen, und er muß erfahren, daß diese
beiden, die er für groß und stark hielt, die ihm gefielen und impo-
nierten, und die er infolgedessen als Genossen annahm, vor diesem
kleinen Männchen versagten. Er lacht sie aus und ist in diesem
Augenblick noch einen Schritt weiter von ihnen, die ja zu über-

windende Zwischenstufen darstellen, entfernt. Andererseits wird
uns aber noch einmal klar, daß sie eine Notwendigkeit in der
Entwicklung bedeuten, denn Hans braucht sie jetzt, sie sind es, die
ihn in die Höhle hinunterlassen, durch ihre Hilfe erst wird das
Folgende möglich.

7. Die Königstochter

Das Männchen ist das Symbol des Naturtriebes und wir können
nicht erwarten, daß er uns zu einem schönen oder menschlich-
persönlichen Erlebnis führt, denn das, was es versinnbildlicht, geht
nicht über das körperlich-geschlechtliche hinaus, bildlich gesprochen
führt es den Mann zum weiblichen Geschlechtsorgan und ein solches
müssen wir in der im Wald gelegenen Felsenhöhle sehen. Dieser
Aspekt ist es, der während der Pubertät in das seelische Gefüge
einbricht, und wir können nun noch einmal verstehen, daß der
junge Mensch vor derartigem zurückschreckt, Angst hat und dem
auszuweichen sucht. Hans aber erkannte die Notwendigkeit, sich
auch diesem zuzuwenden und steigt nun „bis auf den Grund herab",
d. h. voll und ganz wendet er sich diesem Neuen zu, und indem
er es ergründet, macht er es sich zu eigen, nimmt es auf in seinen
seelischen Organismus. In dem Augenblick, wo das Männchen von
ihm erschlagen wird, gibt es keine isolierte Sexualität mehr, ist sie
voll und ganz assimiliert. Damit wird auch der Weg zum anderen
Geschlecht frei, die Ketten fallen von der Prinzessin ab.

Der Integrationsprozeß der Sexualität in die Gesamtpersönlichkeit ist aber nur eine Seite dieser Handlung, und wir müssen uns
nun der zweiten Determination zuwenden, die zwar ebenso wichtig,
aber für das allgemeine Verständnis schwieriger ist.

Es mag aufgefallen sein, daß wir hier, nahezu am Ende des
Reifungsprozesses, abermals einer Höhle begegnen, die der ähnlich
ist, die wir am Anfang als Symbol der frühen Kindheit erkannten.
Tatsächlich aber steigt Hans in diese noch einmal hinab, d. h. Erlebnisse dieser Entwicklungsphase müssen jetzt lebendig werden, um
die gesunde Liebesfähigkeit zu erlangen, die schließlich nicht nur
darin besteht, daß man sich des körperlichen Geschlechtstriebes
bewußt ist und ihn den kulturellen und sozialen Gegebenheiten

anzupassen weiß. — Wenn wir uns des damaligen Daseins in der
Höhle erinnern, so fanden wir es bestimmt durch eine enge Liebesbindung des Kindes an die Mutter und umgekehrt. Dieser als Kleinkind empfangenen und gegebenen Liebe bedarf jetzt der Jüngling,
damit er ein Mädchen nicht nur körperlich begehrt, sondern es auch
lieb- und gernhaben kann, d. h. freudevolle seelische Beziehungen
zu haben imstande ist. Diese Fähigkeit ist es, die beim kleinen
Jungen durch die Liebe zur Mutter schon entwickelt und ausgebildet
war, die der Hans jetzt aus der Tiefe heraufholt und in Form einer
schönen Jungfrau vorfindet. In ihr versinnbildlicht sich die zweite
Seite erwachsenen Liebens, die in der Kindheit (= Heimat) ihren
Ursprung hat und nun zum körperlichen Trieb hinzutreten muß,
damit eine gesunde und befriedigende Liebesfähigkeit möglich
werden kann.

Die Jungfrau wurde aber von einem wilden Grafen aus ihrer
Heimat geraubt und in den Felsen eingesperrt, was bedeutet, daß
das, was sich jetzt anbahnt, bisher, in der Kindheit (= Heimat)
also, verboten war: Nämlich das Begehren und alleinige Besitzenwollen eines weiblichen Wesens. In einer weiteren Determination
ist es dieser Wunsch, der im Felsen eingesperrt ist, und auch eingesperrt sein muß, denn dieses weibliche Wesen kann beim Kinde nur
die Mutter sein. Auf sie aber hat der Vater das alleinige Anrecht in
dieser Weise. Ihn finden wir in dem wilden Grafen wieder, er ist es,
der die Jungfrau aus ihrer Heimat raubte, d. h. die Erfüllung dieses
Wunsches innerhalb der Familie unmöglich machte. Er kann ihn
aber keineswegs zum Schweigen bringen, im Innern lebt er weiter
und drängt nach wie vor auf Erfüllung, die ja durchaus noch möglich ist, denn im Felsen befindet sich das Ziel dieser Sehnsucht, und
Hans, der „stark" genug war, alle Krisen zu meistern und den
rechten Weg zu finden, steht jetzt davor. — Daß dies aber möglich
wurde, ist von einem bestimmten Umstand abhängig: Weil nämlich
die Jungfrau von dem Grafen nichts hatte wissen wollen, wurde sie
dorthin verbannt. — Wir müssen hier bedenken, daß das Märchen
seelische Vorgänge des Hans schildert, so daß wir in der Königstochter, neben den anderen Bedeutungen, etwas zu ihm Gehöriges
zu verstehen haben. Ein inneres Bild, welches zu dieser Zeit in ihm
erwacht, um ihn zu befähigen, gesunde und glückliche Beziehungen

zum anderen Geschlecht haben zu können. Wenn wir das bedenken, wird die Deutung des obigen Umstandes, die umfassend zu geben sowieso nicht möglich ist, verständlicher erscheinen: Es ergeben sich nämlich zwei recht verschiedene Perspektiven. Einerseits fühlte sich der Junge damals, als der Wunsch zuerst auftauchte, durch den stärkeren Vater von der Mutter, die er ja begehrte, „verbannt". Ob des Vaters also, der, wie wir uns erinnern, den Jungen zweimal unter den Tisch warf, konnte er sein Ziel nicht erreichen. Aber nachdem er dies erfahren hatte, hielt er nicht mehr an dem Wunsch fest, ja, er wandte sich sogar von der Mutter ab. Das ist es, was in den Worten der Prinzessin zum Ausdruck kommt, die wir so zu verstehen haben: Weil er von der Mutter nichts mehr hatte wissen wollen, wurde ihm die Möglichkeit, daß sein Wunsch erfüllt würde, erhalten. Diese Erfüllung erlebt er jetzt auf höherer Ebene dadurch, daß er ohne Angst- und Schuldgefühle fähig wird, eine Frau zu lieben und allein zu besitzen.

Wir stehen hier also vor der bedeutsamen Tatsache, daß ein Wunsch, den wir im Dunkel frühkindlicher unbewußter Phantasien fanden, daß ein im wahren Sinne des Wortes schändliches Verlangen wesentlich dazu beiträgt, eine gesunde Entwicklung zu ermöglichen.

Im Folgenden gibt uns das Märchen noch einen tieferen Einblick in diese überaus seltsamen Zusammenhänge; viele der bisher aufgezeigten seelischen Vorgänge erweisen sich als Vorbereitungen zur Reife, fließen zusammen, um diese zu ermöglichen.

Die bisherige Entwicklung zeigte uns die notwendige Versagung des Wunsches, die Mutter allein besitzen zu wollen; vom Hans her gesehen die Überwindung all der Impulse, die zu einer Teilerfüllung verführen wollten. Aus den bisherigen Ausführungen wurde aber klar, daß dadurch der Wunsch keineswegs aufhörte zu existieren, zumal er ja noch einmal in Form eines Wildschweines als Gefahr auftauchte. Auch hier aber wurde nicht etwa dieses Verlangen überwunden, im Gegenteil: Die Dynamik der Handlung weist darauf hin, daß die Intensität der dahinterstehenden, zur Erfüllung drängenden Energien unvermindert stark ist, aber, und das ist das Bedeutsamste dieses Erlebnisses, nach dem Bestehen dieses Kampfes sind sie von der verwerflichen Richtung befreit, denn nach diesem Ereignis hat die Mutter aufgehört, Ziel des Wunsches zu sein. Was jetzt ins Bewußtsein treten darf, ist Sehnsucht, Sehnsucht an sich, ohne Ziel und Richtung, die bekannte Pubertätserscheinung. Ich glaube nicht fehlzugehen in der Annahme, daß dieses im jungen Menschen auftauchende Gefühl einige Ähnlichkeit mit dem Heimweh des kleinen Kindes hat, welches man ja unbedenklich als Sehnsucht nach der Mutter übersetzen kann. Mir scheint, diese Parallele verdient in diesem Zusammenhang der Aufmerksamkeit. — Diese Stufe der Ziellosigkeit überspringt das Märchen, es zeigt gleich, durch die Königstochter, den neuen Weg. Wohl aber stellt es uns mit wunderbarer Anschaulichkeit die Bewußtwerdung dessen, was aus verständlichen Gründen so lange unbewußt bleiben mußte, dar: Hans steigt in die Tiefe, öffnet eine Tür und steht bewundernd vor der schönen Jungfrau. In ihr haben wir jetzt den nunmehr „reinen" Wunsch zu sehen, denn nicht mehr die Mutter ist es, die er begehrt, das Bild der Frau erwachte in seiner Seele, ihre Schönheit ist es, über die er verzückt ist und sein darf. Nochmals können wir feststellen, daß das „unreine", uns befremdende oder gar erschreckende Verlangen des Kindes eine Voraussetzung dieser Erfüllung ist, und so, final betrachtet, einen tiefen Sinn erfüllt.

Aber auch den zweiten Teil des Wunsches, den Vater zu beseitigen, finden wir hier wieder. Der Zwerg nämlich wurde von diesem zum Wächter gesetzt, und er hat der Prinzessin „Leid und Drangsal genug angetan". — Während die mögliche Erfüllung des Wunsches im Felsen verbannt war, das aber zeigt sich ja dem Jungen erst später, strebte er unbewußt zur unmöglichen Erfüllung in der Familie, indem er die Mutter begehrte. Das aber ist ihm durch den Vater verunmöglicht. Dieser besitzt die Mutter wie er, der Sohn, es möchte, und diese Tatsache ist es, die ihm „Leid und Drangsal genug" antat. Deutlicher gesagt, daß der Vater die Mutter in sexueller Hinsicht besitzt, quält ihn, so daß wir in dem Männchen die Geschlechtlichkeit des Vaters versinnbildlicht haben. — Wir wissen schon, daß die Tötung des Zwerges die Integration dessen bedeutet, was er symbolisiert. Wir konnten verstehen, daß dieser Prozeß kein einfacher ist, indem der junge Mensch sich gegen derartige Inhalte wehrt. Wir können nun hinzufügen, daß der bis zu diesem Alter im Inneren lebendige Wunsch, den Vater zu beseitigen, um das, was er zum Leidwesen des Jungen tun kann, selber auszuführen, die Triebkraft bedeutet, die es später ermöglicht, die das Gemüt befremdende Sexualität in den seelischen Organismus aufzunehmen. Damit hat auch dieser Wunsch seine sinnvolle und notwendige Erfüllung gefunden. Eros, dessen Wurzel die Liebe zur Mutter ist, hat sich mit Sexus, der sich vom Vater herleitet, vereinigt, und damit fand der Reifungsprozeß seinen Abschluß, die Grundlage für ein gesundes Leben ist gegeben, der Weg zu Liebe und Glück ist frei. Die Hochzeit, um mit den Worten des Märchens zu schließen, findet zur Freude aller statt.

Daß Hans nun, nachdem das Ziel der Entwicklung erreicht ist, seine beiden Genossen nicht mehr braucht, daß er sie hinab ins Wasser (Unterbewußtsein) wirft, d. h. ihnen keine Daseinsberechtigung gibt und geben darf, braucht nicht weiter erläutert zu werden. Auch der weitere Teil der Handlung, so inhaltsreich er auch sein mag, enthält für unsere Betrachtung nichts Wesentliches mehr. Er mag vom Erzähler als schöner Abschluß gewählt worden sein, der ausdrücken soll, daß nun der Mensch im Vollbesitz all seiner seelischen Kräfte ist. Er kann sich jetzt auf sich selbst verlassen, ist imstande, auch die schwierigsten Situationen zu meistern, braucht sich vor keiner Gefahr mehr zu fürchten.

Praxis der Kinderpsychologie und Kinderpsychiatrie 2, 1953, H. 11/12, S. 321.

BEMERKUNGEN ZU DER ARBEIT
VON C. H. MALLET:
ANALYSE DES GRIMMSCHEN MÄRCHENS
„DER STARKE HANS"

Von G. A. von Harnack

Zweifellos wird in dem Märchen der Entwicklungsgang eines jungen Menschen (im märchenhaften Gewande) geschildert, und einigen Zügen, die vordergründig erscheinen, liegt ein tieferer Sinn zugrunde. Es ist aber sehr zu bezweifeln, ob alle die Deutungen, die M. bringt, unbewußt in der Seele der Schöpfer dieses Märchens vor mehreren hundert Jahren lebten, d. h. ob die Deutungen aus dem Sinn des Märchens hervorgehen. An mehreren Stellen hat man den deutlichen Eindruck, daß die Sinn-Unterlegung (trotz der Vorrede!) nur unter Vergewaltigung des schlichten Sinnes des Märchens möglich ist. Welche Gründe kann der Verf. vorlegen dafür, daß er aus der sehr berechtigten Frage des Sohnes nach seinem Vater die Frage macht (dem „latenten" Sinn nach übersetzt (!)): „Sage mir jetzt einmal, wer ist der Vater? Er oder ich?", daß er weiterhin Räuberhauptmann und Vater für den Sohn gleichsetzt! Auch die Mutter kann den Sohn auf diese Weise doch kaum verstehen, wenn sie (wie es heißt) auf diese Frage nicht antwortet, damit der Sohn nach dem (entfernten) Vater kein Heimweh bekomme! Welche Gründe kann der Verf. vorlegen, wenn er die Entfernung aus der offenen Welt in die enge Höhle als einen allegorischen Geburtsvorgang bezeichnet?! An dieser Stelle hat der Leser die deutliche Empfindung, daß es sich um eine sehr vage *Denkmöglichkeit* handelt, aber keineswegs um eine überzeugende, aus dem Sinn hervorgehende Deutung.

Einziges Kriterium der Richtigkeit psychoanalytischer Deutungen ist, daß sie mehr oder minder einleuchtend sind. Beweise im wissenschaftlichen Sinn sind nicht zu erbringen (die Befunde sind nicht verifizierbar [*Schönfeld*]). Trotzdem haben sich die Grundlinien der analytischen Konzeption weitgehend durchgesetzt. Autoren wie M. tun der analytischen Richtung keinen Gefallen. Sie stärken die Argumente der Gegner, die von der Tiefenpsychologie behaupten, hier könne jeder — je nach der Schule, welcher er angehört — „herausdeuten", was ihm beliebt. Es finden sich mehrere Beispiele dieser Art: Der Knüttel hinter dem Bett, der „versteckt" den Wunsch nach dem alleinigen Besitzenwollen der Mutter andeutet. — Das bedrohliche Wildschwein, das — mit Einschränkungen versehen — ein Symbol der Mutter darstellt, usw. Es ist aufschlußreich zu beobachten, daß die Deutungen nur so lange beibehalten werden, als sie dem unterlegten Sinn dienlich sind. Wie wäre es auch zu erklären (wenn der Sinngehalt der einzelnen Figuren richtig gesehen wäre), daß sich die „Onanie" (der Tannendreher) der „reinen Liebe" (Prinzessin) bemächtigt und sie entführt? Oder: Warum weist gerade die „Onanie" die Versuchung der „Sexualität an sich" (Männchen) ab?

Überhaupt scheint der Verf. am Wesen des Märchens vorbeizugehen, wenn er glaubt, daß es ursprünglich eine „seelenhygienische Aufgabe" zu erfüllen hatte. Die Volksmärchen — in ihrer Gesamtheit — wurden doch nicht gedichtet, damit sie dem Kinde „ein weiser Berater, Lehrmeister und Erzieher" seien. Als in der Mythologie wurzelnde Volksdichtungen enthielten sie in ihrer Urform eine ganze Reihe von Zügen, die sie für diese Aufgabe wenig tauglich machten (man denke nur an das „Maehrchen von Fanfreluschens Haupte" in der Urfassung!). Erst nach starker Überarbeitung (vor allem durch *Wilhelm Grimm*) wurden sie schließlich zu „Kinder- und Hausmärchen".

Diese kurzen Andeutungen mögen genügen. Nur vorsichtigstes Andeuten tieferer Bedeutsamkeit ist einem Kunstwerk, wie dem Märchen, gegenüber am Platze; durchgehende „Deutungen" tun der Dichtung Gewalt an, der Erkenntnisertrag ist gering.

Studien zur analytischen Psychologie C. G. Jungs II, Beiträge zur Kulturgeschichte,
Zürich, Verlag Rascher & Co. AG, 1955, S. 78—120.

DIE ANIMA ALS NATURWESEN

Von EMMA JUNG

Die Vorstellung von Elementarwesen, die im Wasser, in der Luft,
in der Erde, im Feuer, in Tieren und Pflanzen wohnen, ist uralt
und über die ganze Erde verbreitet, wofür Mythologie und
Märchen, Folklore und Dichtung uns zahllose Zeugnisse liefern.
Diese weisen nicht nur eine erstaunliche Ähnlichkeit untereinander
auf, sondern auch mit Gestalten in Träumen und Phantasien
moderner Menschen; es ist daraus zu schließen, daß diesen Vorstellungen mehr oder weniger konstante Faktoren zugrunde
liegen müssen, welche sich stets und überall in ähnlicher Weise
ausdrücken.

Wie die Forschungen der Tiefenpsychologie gezeigt haben, sind
die Bilder und Gestalten, welche die spontan tätige mythenschaffende Fähigkeit der Psyche hervorbringt, nicht nur als Abbilder
und Umschreibungen äußerer Erscheinungen zu verstehen, sondern
auch als Ausdruck von inneren, psychischen Gegebenheiten, so daß
sie als eine Art von Selbstdarstellung der Psyche angesehen werden
können. Es liegt daher nahe, diesen Gesichtspunkt auch auf die
oben genannten Vorstellungen anzuwenden. Im Folgenden soll
untersucht werden, ob und wie die Gestalt der Anima sich darin
abbildet. Es ist mir nicht möglich, hier einen vollständigen Überblick über die Materie zu geben; ich führe lediglich einige typische
Beispiele an, und auch bei diesen gehe ich nur auf diejenigen Züge
näher ein, welche mir für meine Fragestellung wichtig scheinen.
Von den zahlreichen Naturwesen, wie Riesen, Zwerge, Elfen usw.
habe ich daher nur solche in Betracht gezogen, welche wegen ihres
weiblichen Geschlechts und dadurch, daß sie in Beziehung zu einem
Manne stehen, als Verkörperung der Anima gelten können. Diese
stellt ja bekanntlich die weibliche Persönlichkeitskomponente des
Mannes dar, zugleich aber auch das Bild, welches dieser vom

weiblichen Wesen überhaupt in sich trägt, mit anderen Worten den Archetypus des Weiblichen.

In den Gestalten, welche als Animafiguren aufgefaßt werden können, müssen daher typisch weibliche Züge deutlich zu erkennen sein. Diesen soll hier besondere Aufmerksamkeit geschenkt werden, in der Hoffnung, dadurch einen vertieften Einblick in das Wesen der Anima überhaupt zu gewinnen. Für eine solche Betrachtung eignen sich von den in Frage kommenden Wesen vor allem die aus so vielen Sagen und Märchen bekannten Nymphen, Schwanjungfrauen, Undinen und Feen. Sie sind in der Regel von verführerischer Schönheit, aber nur halb menschlich, haben einen Fischschwanz, wie die Nixen, oder verwandeln sich in Vögel, wie die Schwanjungfrauen. Oft treten sie in der Mehrzahl auf, besonders zu dreien, wie auch der undifferenzierte Animus gern in Mehrzahl erscheint.

Diese Wesen locken den Mann mit ihren Reizen oder ihrem zauberhaften Gesang in ihr Reich (Sirenen, Loreley usw.), wo er auf Nimmerwiedersehen verschwindet; oder aber, was ein sehr bedeutungsvoller Zug ist, sie suchen sich dem Mann in Liebe zu verbinden, um mit ihm in seiner Welt zu leben. Stets haftet ihnen aber etwas Unheimliches an, und es ist ein Tabu mit ihnen verbunden, das nicht übertreten werden darf.

Eine ganz urtümliche, fast mythisch zu nennende Figur ist die der *Schwanjungfrau*. Sie weist ein besonders hohes Alter und eine weltweite Verbreitung auf. Wohl die früheste literarische Fassung dieses Motivs ist die Erzählung von *Purûravas* und *Urvasî*, welche in einer der ältesten vedischen Schriften, dem *Rig-Veda*[1] und deutlicher und ausführlicher im *Satapatha-Brâhmana*[2] überliefert ist, nach welchem ich sie, etwas gekürzt, hier wiedergebe:

Die Nymphe (Apsaras)[3] Urvasî liebte Purûravas. Sie vermählte sich ihm unter der Bedingung, daß er sie dreimal täglich umarme,

---

[1] Lieder des Rig-Veda X. 95. Übers. von H. Hillebrandt, Göttingen 1913.

[2] Satapatha-Brâhmana in Sacred books of the East, Vol. 44, Oxford, 1900, ed. F. Max Mueller.

[3] Die Apsaras (= die sich im Wasser Bewegenden) sind himmlische Wassernymphen von großer Schönheit, dem Gesang und Tanz ergeben. Ihre männlichen Partner sind die ebenfalls musikliebenden Gandharven. Hastings Encyclopedia of Religion and Ethics.

aber nie gegen ihren Willen ihr beiwohnen und niemals sich ihr nackt zeigen dürfe. Nachdem sie mehrere Jahre bei ihm gelebt hatte, wurde sie schwanger. Da fanden die Gandharven, daß Urvasî lange genug bei den Menschen geweilt habe und sannen darauf, wie sie ihre Rückkehr veranlassen könnten. Nun war an Urvasîs Lager eine Schafmutter mit zwei Jungen angebunden; diese raubten die Gandharven während der Nacht. „Sie haben mir meine Lieblinge geraubt", klagte sie, „als wäre kein Mann und kein Held hier bei mir!" Als Purûravas dies hörte, sprang er, nackt wie er war, hinaus, um die Räuber zu verfolgen. In dem Augenblick erzeugten die Gandharven einen Blitz, so daß Urvasî ihren Gemahl wie im hellen Tageslicht erblickte. Damit war aber eine der von ihr gestellten Bedingungen übertreten, und infolgedessen war sie verschwunden, als Purûravas zurückkam.

Voll Verzweiflung wanderte dieser nun im Lande umher, in der Hoffnung, Urvasî wiederzufinden. Eines Tages kam er an einen Lotussee, auf welchem Wasservögel schwammen. Es waren aber Apsaras, und die Gesuchte befand sich unter ihnen. Als sie Purûravas erblickte, zeigte sie sich ihm in menschlicher Gestalt, nun erkannte auch er sie und flehte sie an, mit ihm zu sprechen: „Bleibe, Grausame, und laß uns miteinander reden. Unausgesprochene Geheimnisse werden uns keine Freude bringen." Sie antwortete: „Was soll ich mit dir reden? Ich bin entschwunden wie die Morgenröte, und schwer zu fassen wie der Wind. Kehre heim, Purûravas; Du tatest nicht was ich dir sagte; schwer zu fassen bin ich für dich, kehre heim." Purûravas: „So wird dein Freund fortgehen, weit weg und nie mehr zurückkommen; er wird sich in den Tod stürzen, oder die wilden Wölfe werden ihn zerreißen." Darauf Urvasî: „Eile nicht davon, stirb nicht, laß nicht die wilden Wölfe dich zerreißen. Bekümmere dich nicht so sehr! Es gibt ja keine Freundschaft mit Frauen, sie haben Herzen wie Hyänen. Sei nicht betrübt und kehre heim. Als ich unter den Sterblichen wandelte, aß ich täglich ein bißchen Opferfett und bin noch jetzt satt davon."

Schließlich erwachte jedoch ihr Mitleid und sie hieß ihn in einem Jahr wiederkommen. Dann werde sie eine Nacht ihm angehören, und dann werde auch sein Sohn geboren sein. Als er nach abgelaufener Frist sich wieder an dem Orte einfand, stand dort ein goldener Palast. Man hieß ihn eintreten, und seine Gemahlin wurde ihm zugeführt. Am nächsten Morgen gestatteten ihm die Gandharven, einen Wunsch zu tun, und auf Urvasîs Rat bat er, einer der ihrigen werden zu dürfen, was ihm gewährt wurde. Damit dies geschehen könne, hatte er vorher ein Opfer darzubringen. Zu diesem Zweck gaben ihm die Gandharven eine Pfanne mit Feuer. Er nahm sie und auch seinen in der Zwischenzeit geborenen Sohn, den er in sein Dorf brachte. Dann ging er die passenden Hölzer für das Opferfeuer zu suchen und als er diese in der von den Gandharven vorgeschriebenen Weise entzündet hatte, wurde er einer der ihrigen.

Diese uralte Sage weist bereits einige typische Züge auf, welche sich auch in den später und an anderen Orten entstandenen Versionen wiederholen. Einer dieser Züge ist, daß die Verbindung mit einem solchen Wesen an eine bestimmte Bedingung geknüpft ist, deren Nichterfüllung fatale Wirkungen hat. In unserer Erzählung ist eine derselben die, daß Purûravas von Urvasî nicht nackt gesehen werden darf. Ein ähnliches Verbot findet sich in dem berühmten Märchen von Amor und Psyche[4], nur ist es dort insofern umgekehrt, als Psyche der Anblick ihres *göttlichen* Gemahls verboten ist, während Urvasî den *Menschen* Purûravas nicht nackt, d. h. so wie er ist, sehen will. Die, wenn auch unabsichtliche Übertretung des Gebotes hat zur Folge, daß die Nymphe wieder in ihr Element zurückkehrt. Wenn sie sagt, sie sei noch immer satt von dem bißchen Opferfett, das sie während ihres Aufenthaltes bei Purûravas genossen habe, so scheint damit ebenfalls angedeutet, daß ihr die menschliche Wirklichkeit nicht zusagt und indem sie in ihre Welt zurückkehrt, zieht sie auch ihren Gemahl nach sich. Es ist allerdings von einem Sohn die Rede, den die entschwundene Urvasî geboren hat, und welchen Purûravas in sein Haus bringt, so daß offenbar aus ihrer Verbindung etwas hervorgegangen ist, das im menschlichen Bereich seinen Platz hat, aber man erfährt darüber nichts weiter[5].

---

[4] Apulejus: Die Metamorphosen oder der goldene Esel. Übersetzt von August Rode, München, 1909. S. a. Erich Neumann: Amor und Psyche, Rascher Verlag, 1952.

[5] Siehe hiezu Adalbert Kuhn: Mythologische Studien, Bd. 1 (1886). „Die Herabkunft des Feuers und der Göttertrank", wo dieser Sohn als das Feuer aufgefaßt wird.

An der Beziehung zwischen Purûravas und der himmlischen Nymphe fällt besonders die Verschiedenheit ihres Verhaltens auf: während er den Verlust der Geliebten mit menschlichen Gefühlen beklagt, sie wiederzufinden sucht, mit ihr reden möchte, spricht aus ihren Worten das seelenlose Naturwesen, das sich selbst beurteilt, wenn es sagt, daß Frauen Hyänenherzen haben.

Was die Deutung der Schwanjungfrau betrifft, so sah jene Schule, welche die Bilder der Mythologie als Verkörperungen von Naturgewalten und Naturvorgängen auffaßte, in ihr den auf dem Wasser schwebenden Nebel, der, aufsteigend, sich zu Wolken verdichtet, welche dann, gleich fliegenden Schwänen, am Himmel dahinziehen. Auch wenn man diese Gestalten vom psychologischen Gesichtspunkt aus betrachtet, ist der Vergleich mit Nebel und Wolken nicht unpassend, denn die sogenannten Inhalte des Unbewußten haben vermutlich, solange sie nicht oder kaum bewußt sind, noch keine fest umrissene Form, sondern können unbestimmt wechseln, ineinander übergehen und sich verwandeln. Klar und deutlich erkennbar werden sie erst, wenn sie aus dem Unbewußten auftauchen und vom Bewußtsein erfaßt werden; jedenfalls kann erst dann etwas Bestimmtes über sie ausgesagt werden. Man hat sich das Unbewußte ja nicht als wirklichen Raum mit fest abgegrenzten, quasi konkreten Inhalten zu denken; dies ist lediglich eine Hilfsvorstellung, um Unanschauliches dem Verständnis näherzubringen. In hypnagogischen Visionen oder Darstellungen von Inhalten des Unbewußten kommen wolkenartige Gebilde oft vor als Anfangsstadium von etwas, das später bestimmte Formen annimmt. Etwas Ähnliches schwebte auch Goethe vor, wenn er Mephisto bei seiner Schilderung des Reichs der Mütter zu Faust sagen läßt:

> „Entfliehe dem Entstandenen,
> In der Gebilde losgebundne Reiche!
> Ergetze dich am längst nicht mehr vorhandenen,
> *Wie Wolkenzüge schlingt sich das Getreibe,*
> Den Schlüssel schwinge, halte sie vom Leibe."

Aus dem oben Gesagten darf wohl geschlossen werden, daß das durch die Nymphe Urvaśî dargestellte Weibliche noch allzu nebelhaft und unkörperlich ist, als daß es im Bereich der Menschen,

d. h. im Wach-Bewußtsein, dauernd leben und sich verwirklichen könnte. In ihren Worten: „Ich bin entschwunden wie die Morgenröte und schwer zu fassen, wie der Wind", ist ebenfalls die substanzlose, hauchartige Beschaffenheit ihres Wesens angedeutet; dies entspricht zwar einem Naturgeist, mutet aber hier wie eine traumhafte Unwirklichkeit an.

Ganz ähnlichen Charakter hat die dem 8. Jahrhundert zugeschriebene irische Sage „Der Traum des Oenghus" [6]:

Oenghus, selbst einem mythischen Geschlecht angehörend, sah im Traum ein wunderschönes Mädchen an sein Lager treten; als er es aber bei der Hand fassen wollte, verschwand es. In der nächsten Nacht kam das Mädchen wieder, diesmal mit einer Harfe, auf der es ihm die wundersamsten Weisen vorspielte. So ging es ein volles Jahr lang und Oenghus wurde krank vor Sehnsucht. Ein Arzt erkannte sein Leiden und daraufhin wurde im ganzen Lande nach dem Mädchen gesucht, das — nach Aussage des Arztes — für Oenghus bestimmt sei. Schließlich stellte es sich heraus, daß es die Tochter eines Elfenkönigs war, und daß diese die Gewohnheit hatte, sich jedes zweite Jahr in einen Schwan zu verwandeln. Um sie anzutreffen, hatte Oenghus sich an einem bestimmten Tage bei einem gewissen See einzufinden. Als er dorthin kam, sah er dreimal fünfzig Schwäne auf dem Wasser, paarweise mit silbernen Ketten verbunden. Oenghus rief den Namen seiner Traumgeliebten, welche ihn erkannte und bereit war, ans Ufer zu kommen, wenn er verspreche, sie wieder ins Wasser zurückkehren zu lassen. Er ging darauf ein und sie kam zu ihm; sie umarmten sich und schliefen in Gestalt von zwei Schwänen ein. Dann schwammen sie dreimal um den See, damit die von ihr gestellte Bedingung erfüllt sei. Schließlich flogen sie fort (zum Hause von Oenghus' Vater) und sangen dabei so wunderschön, daß alle die es hörten, in einen drei Tage dauernden Schlaf verfielen. Die Schwanjungfrau blieb von da an bei Oenghus.

[6] Nach „*A Celtic Miscellany*". Translated by K. H. Jackson. Routledge and Kegan Paul, London, 1951.

M. D'Arbois de Jubainville: Le Cycle Mythologique Irlandais et la Mythologie Celtique. Ed. E. Fontemoing, Paris.

In dieser Erzählung kommt der traumhafte Charakter ganz besonders deutlich zum Ausdruck. Der Umstand, daß ihm die noch unbekannte Geliebte zuerst im Schlaf erscheint, daß sie, wie ausdrücklich gesagt wird, *für ihn bestimmt ist* und er ohne sie nicht leben kann, weist zweifellos auf die Anima — als seine andere Hälfte — hin. Er gewinnt sie, indem er ihre Bedingung einhält, und sie wenigstens für eine Zeitlang ins Wasser zurückkehren läßt, ja selber zum Schwan wird. Mit anderen Worten: Er versucht ihr in ihrem Element, auf ihrem Niveau zu begegnen, wodurch sie dauernd die Seine wird, ein Verhalten, das sich auch in der Beziehung zur Anima bewähren dürfte. — Der bezaubernde Gesang der beiden Schwäne ist Ausdruck dessen, daß die gegensätzlichen und doch zusammengehörenden Wesen in einem harmonischen Zusammenklang zu einer Einheit verbunden sind.

Eine ganz andere, mythisch-archaische Form der Schwanjungfrau ist die nordische *Walküre*. Diese trägt ihren Namen, weil sie, im Dienste Odins stehend, die im Kampf gefallenen Krieger in Empfang nimmt, um sie nach Walhall zu bringen [7]. Ihr Amt ist es aber auch, Sieg oder Niederlage zu verleihen, wodurch eine Verwandtschaft mit den Nornen deutlich wird, welche den Faden des Schicksals spinnen und abschneiden. Wenn sie den Helden in Walhall das Trinkhorn reicht, so erfüllt sie andererseits die gewöhnliche Funktion einer Dienerin. Das Darbieten eines Trankes ist aber zugleich eine bedeutungsvolle Geste, welche Beziehung und Verbundenheit ausdrückt, und häufig findet sich das Motiv, daß eine Animagestalt dem Manne einen Becher kredenzt, sei es mit einem Liebes-, Begeisterungs-, Verwandlungs- oder Todestrank. Die Walküren werden auch Wunschmädchen [8] genannt. Gelegentlich werden sie, wie Brünhilde, Geliebte oder Gemahlinnen großer Helden, denen sie in der Schlacht Schutz und Hilfe verleihen.

In diesem halbgöttlichen Wesen darf man wohl eine archetypische Form der Anima erblicken, und zwar einer Anima, welche einem

[7] W. Grimm: Deutsche Mythologie, Bd. I, Kap. XVI, IV. Auflage, 1835.

[8] Ein Name Odins ist *Wunsch* (W. Grimm: Deutsche Mythologie, Bd. I, Kapitel XVI).

wilden und kampfliebenden Mann entspricht. So wird denn auch
von den Walküren gesagt, daß ihre größte Leidenschaft der Kampf
wäre. Sie verkörpern gleichsam, wie das bei der Anima auch der
Fall ist, den Wunsch und das Streben des Mannes, und insofern
dieses auf Kampf gerichtet ist, erscheint sein Weibliches ebenfalls
in kriegerischer Gestalt. Gewöhnlich werden die Walküren als
reitend gedacht, doch können sie auch „durch Luft und Wasser
ziehen" und Schwanengestalt annehmen[9].

Eines der ältesten Lieder der *Edda*[10], das Wölunds (Wielands-)
Lied, wird mit dem Schwanjungfraumotiv eingeleitet:

> „Von Süden flogen Mädchen
> Durch Myrkwid, den Wald,
> Die Schwanjungfrauen
> Schlacht zu wecken.
> Zu säumen am Seestrand
> Saßen sie nieder,
> Des Südens Kinder
> Spannen köstliches Linnen[11]."

Das Lied sagt es zwar nicht, sondern läßt nur vermuten, daß
Wölund und seine Brüder, wie dies in anderen ähnlichen Erzählungen geschieht, die Schwanhemden der Mädchen raubten, so daß
sie bei ihnen bleiben mußten. Jeder der drei Brüder nahm sich eines
der Mädchen und

> „So saßen sie, sieben Winter,
> Aber den achten, immer in Sehnsucht,
> Aber im neunten die Not sie schied:
> Die Mädchen begehrten
> Durch Myrkwid zu fliehen,
> Die Schwanjungfrauen
> Schlacht zu wecken."

[9] W. Grimm, ebenda.

[10] Edda, 1. Bd. (Heldendichtung), Übertragen von Felix Genzmer, Diederichs Verlag, 1912.

[11] Das heißt als Walküren spannen sie den Faden des Sieges und des
Ruhms.

Und sie flogen davon, gefolgt von zweien der Brüder, welche die Entschwundenen suchen wollten, während Wölund, goldene Ringe schmiedend zu Hause blieb, auf die Rückkehr der Seinigen wartend.

Der weitere Verlauf des Liedes sagt darüber nichts mehr, sondern spielt sich auf einer anderen Linie ab.

Bezeichnend ist hier, daß die Mädchen unwiderstehliche Sehnsucht nach Kampf empfinden, und, indem sie davonfliegen, die Brüder nach sich ziehen. In psychologischer Sprache würde dies heißen, daß sich die Sehnsucht, der Wunsch nach neuen Unternehmungen, zuerst im Unbewußt-Weiblichen bemerkbar macht. Bevor es klar zum Bewußtsein kommt, äußert sich das Streben nach etwas Neuem, Anderem, meist in Form einer Gemütsbewegung, als dumpfe Emotion oder unerklärliche Stimmung. Wenn diese, wie im Wielandslied und noch in vielen anderen Sagen, durch ein weibliches Wesen zum Ausdruck gebracht werden, so heißt dies, daß die im Unbewußten vor sich gehenden Regungen von der Weiblichkeit des Mannes, von der Anima, welche sie wahrnimmt, an das Bewußtsein übermittelt werden.

Der Vorgang bewirkt einen Impuls, oder kommt einer Intuition gleich, welche neue Möglichkeiten entdeckt und den Mann veranlaßt, diese zu verfolgen und zu ergreifen. Wenn die Schwanjungfrau begehrt Schlacht zu wecken, spielt sie damit die für die Anima charakteristische Rolle der „femme inspiratrice" — allerdings auf einer primitiven Stufe, wo das „Werk", zu dem der Mann inspiriert wird, hauptsächlich Kampf heißt.

In der höfischen Dichtung des Mittelalters wird die Frau gerne in dieser Rolle, aber in verfeinerter Art, dargestellt: Der Ritter kämpft im Turnier für seine Dame — er trägt ein Abzeichen von ihr, z. B. einen Ärmel an seinem Helm —, ihre Gegenwart feuert ihn an und erhöht seine Tapferkeit, sie erteilt ihm den Siegespreis, der oft in ihrer Liebe besteht. Oft aber fordert sie in grausamer Weise unsinnige oder übermenschliche Leistungen von ihrem Ritter als Beweis seiner Ergebenheit[12].

---

[12] Siehe dazu auch M.-L. von Franz: Archetypical Patterns in Fairy Tales, Kap. V. Privatdruck, Zürich, 1951.

Von dem als erstem Troubadour berühmten Grafen Wilhelm IX. von Poitiers wird berichtet, er habe das Bild seiner Geliebten auf seinen Schild malen lassen. Es ist interessant, gerade in dieser Literatur zu verfolgen, wie sich die Inspiration allmählich auch auf andere Dinge als Kampf zu beziehen beginnt.

Der Name „*Frau Aventiure*" zeigt ebenfalls, daß die so männliche Eigenschaft der *Abenteuerlust* als weibliches Wesen personifiziert wurde.

Eine weitere Eigentümlichkeit der Schwanjungfrau ist, *Künderin der Zukunft* zu sein[13]. Indem die Walküren das Schlachtenglück spinnen[14] und damit kommendes Geschick bereiten, gleichen sie den Nornen. Diese wiederum — ihre Namen sind Wurd, Werdandi und Skuld — erscheinen als Verkörperung des natürlichen Lebensprozesses, von Werden und Vergehen.

Im keltischen Gebiet wird derselbe Charakter auch den aus dem Märchen wohlbekannten Feen zugeschrieben, deren Namen mit *fatum*[15] zusammenhängt, und die ebenfalls gern in Dreizahl auftreten. Dabei ist es oft so, daß das Gute, welches die beiden ersten spenden, durch die dritte wieder aufgehoben wird, ein Zug, der ebenfalls an die Nornen oder Parzen erinnert.

Das *Nibelungenlied*[16] erzählt, wie die Nibelungen auf ihrer Fahrt zu König Etzel an die hochgehende Donau kamen und Hagen vorausging, um einen Übergang zu suchen. Da hörte er Wassergeplätscher und beim Nähertreten sah er „wîsiu wîp" (weise Frauen), die in einem schönen Brunnquell badeten. Er schlich hinzu,

---

[13] Nach Grimm: l. c. Kap. XII. galt der Schwan als weissagender Vogel: das Wort schwanen = ahnen soll damit zusammenhängen.

Die „Schlachtkrähe" (Badb) der irischen Mythologie, eine alte Kriegsgöttin, ist der Walküre verwandt, hat aber mehr den sinistern Charakter einer Unheilsverkünderin. A. MacCulloch: The Religion of the Ancient Celts. T. u. T. Clark, Edinburg, 1911.

[14] Über die Anima als Spinnerin siehe C. G. Jung: Aion, p. 27 f., Rascher, 1951.

[15] fatum = Ausspruch, Weissagung (siehe A. Walde: Lateinisches Etymologisches Wörterbuch, 1910).

[16] Das Nibelungenlied, Bd. II. Übertragen von Karl Simrock, Tempel Verlag, Leipzig.

nahm ihre Kleider und versteckte sie. Wenn er ihnen diese zurück-
gebe, sagte darauf eine der Frauen, würden sie ihm kundtun, was
ihnen auf der Reise widerfahren werde.

> „Sie swebten sam die Vogele vor im uf der vlout.
> des duhten in ir Sinne starc unde guot.
> Zwas si im sagen wolden, er geloubte in dester bas[17].“

Auch hier treten die wasservogelähnlichen weisen Frauen als Kün-
derinnen zukünftigen Geschehens auf.

Es ist bekannt, daß die germanischen Völker der Frau die Gabe
der Weissagung zuschrieben, um deretwillen sie besonders hoch
geachtet, ja verehrt wurde. Sogar Odin läßt sich von einer Seherin,
der Vala, das Schicksal künden. Tacitus[18] erwähnt eine Wahr-
sagerin, Veleda, welche bei ihrem Stamm, den Bructerern, große
Autorität genoß und die unter Vespasian als Gefangene nach Rom
gebracht wurde, und Julius Caesar berichtet, daß bei den Germanen
die Sitte bestand, „ut matres familias eorum sortibus et vatici-
nationibus declararent utrum proelium committi ex usu esset nec
ne“[19].

Bei den Griechen und Römern übten Pythia und Sibyllen diese
Funktion aus.

Es scheint, daß sich derartige Auffassungen lange Zeit erhalten
haben, wie aus einer über Karl den Großen berichteten Geschichte
hervorgeht, welche Grimm[20] nach einer Leydener Handschrift des
XIII. Jahrhunderts berichtet. Die Sage soll den Namen der Stadt
Aachen[21] erklären. Es heißt, daß Karl sich dort eine weise Frau
hielt, „quandam mulierem fatatam, sive quandam fatam, que alio

---

[17] „Sie schwammen wie die Vögel schwebend auf der Flut,
    Da deucht ihn ihr Wissen von den Dingen gut:
    So glaubt er um so lieber, was sie ihm wollten sagen.“
[18] Tacitus: Germania 8. Zitiert nach W. Grimm: Deutsche Mythologie,
Bd. I, Kap. V, p. 78.
[19] „daß ihre Familienmütter durch Loswerfen und Weissagungen
kundtaten, ob es ratsam sei, eine Schlacht zu liefern oder nicht . . .“, zitiert
ebenda, p. 78.
[20] l. c. Bd. I, p. 361.
[21] Aquisgranum.

nomine nimpha, vel dea, vel adriades (dryas) appelatur"[22], mit ihr pflegte er Verkehr und sie lebte, wenn er bei ihr war, und starb, wenn er von ihr fortging. Eines Tages, als er sich mit ihr ergötzte, fiel ein Sonnenstrahl in ihren Mund, da sah Karl, daß sich an ihrer Zunge ein Goldkorn befand. Dieses ließ er abschneiden, worauf die Nymphe starb und nicht mehr zum Leben kam.

Diese Nymphe erinnert an die mysteriöse Aelia Laelia Crispis, welche C. G. Jung in einem „Das Rätsel von Bologna" betitelten Aufsatz behandelt hat (Festschrift für Albert Oeri, Basel 1945).

Wenn wir uns fragen, wieso Sehergabe und Weissagekunst besonders der Frau zugeschrieben wird, so ist darauf zu antworten, daß diese im allgemeinen dem Unbewußten gegenüber offener ist als der Mann. Receptivität ist eine weibliche Haltung und setzt Offenstehen und Leere voraus, weshalb Jung[23] diese als das große Geheimnis des Weiblichen bezeichnet. Außerdem ist die weibliche Mentalität dem Irrationalen weniger abgeneigt als das rational orientierte Bewußtsein des Mannes, das die Tendenz hat, alles nicht Vernunftgemäße abzulehnen und sich aus diesem Grunde oft gegen das Unbewußte verschließt. Schon Plato[24] kritisiert im Phaidros die allzu vernünftige Einstellung — besonders wenn es sich um Liebe handelt — und preist das Irrationale, ja den *Wahnsinn*, insofern dieser eine göttliche Gabe sein könne. Er erwähnt verschiedene Formen davon:

1. Die durch die *Pythia* verkündete Orakelweisheit, welche z. B. Ratschläge für das Wohl des Staates erteilt. Hiezu bemerkt er: „Denn die Prophetin in Delphoi und die Priesterinnen in Dodona haben ja Vieles und Schönes in besondern und öffentlichen Angelegenheiten unserer Hellas im Stande des Wahnsinns geleistet, in dem der Besinnung aber noch weniges, oder nichts."

2. Die prophetische Gabe der *Sibylle*, welche die Zukunft vorhersagt.

[22] Eine Zauberin oder Fee, welche mit andern Namen auch Nymphe oder Göttin oder Dryas genannt wird.

[23] Siehe C. G. Jung: Psychologische Aspekte des Mutter-Archetypus. Eranos-Jahrbuch, 1945.

[24] Plato: Sämtliche Werke Bd. II. Verlag Lambert Schneider, Heidelberg.

3. Den durch die *Musen* erregten Enthousiasmos.

Pythia, Sibyllen und Musen sind weibliche Wesen, die den oben erwähnten nordischen Seherinnen an die Seite gestellt werden können und deren Äußerungen irrationaler Art sind, weshalb sie vom Vernunft- oder Logos-Standpunkt aus gesehen als Wahnsinn erscheinen. Diese Fähigkeiten sind nicht etwa nur der Frau eigen; es gab ja immer auch männliche Seher und Propheten, aber sie sind es vermöge einer weiblich-receptiven Einstellung, welche sie für Eingebungen aus jenseits des Bewußten liegenden Bereichen empfänglich macht.

Die Anima, als das Weibliche im Manne, besitzt eben diese Receptivität und Unvoreingenommenheit gegenüber dem Irrationalen, weshalb sie als Vermittlerin zwischen dem Unbewußten und dem Bewußten bezeichnet wird. Speziell beim schöpferischen Manne spielt dieses weibliche Verhalten eine wichtige Rolle; nicht umsonst spricht man von der *Conception* eines Werkes, dem *Austragen* desselben oder dem *Bebrüten* eines Gedankens.

Das Motiv der Schwanjungfrau kommt auch in zahlreichen Märchen vor[25]. Dasjenige vom *Jäger und der Schwanjungfrau* sei hier kurz als Beispiel angeführt. Es erzählt, wie ein Förster auf der Spur eines Rehs an einen See kam, als eben drei weiße Schwäne heranflogen. Gleich darauf waren es drei schöne Mädchen, die sich im See badeten. Nach einer Weile stiegen sie wieder aus dem Wasser und flogen als Schwäne davon. Die Mädchen kamen ihm nicht aus dem Sinn und er beschloß eines von ihnen zu heiraten. So ging er nach drei Tagen wieder zum See und fand dort die Badenden. Sachte schlich er hinzu und nahm das abgelegte Schwanhemd der Jüngsten mit sich. Sie bat ihn flehentlich, es ihr zurückzugeben, doch er stellte sich taub und nahm es mit sich nach Hause, wohin ihm das Mädchen nun folgen mußte. Es wurde von den Försterleuten

[25] Siehe z. B. Der Jäger und die Schwanjungfrau in Deutsche Märchen seit Grimm. Die weiße und die schwarze Braut. Grimms Kinder- und Hausmärchen. Bd. I, Nr. 48. Die Rabe. Grimms Kinder- und Hausmärchen, Bd. II, Nr. 87. Die Entenjungfrau. Russische Märchen, Nr. 32. Alle in der Sammlung Märchen der Weltliteratur. Die Geschichte von Hasan, dem Bassoriten in: Die Erzählungen aus 1001 Nacht, 9. Bd., Insel Verlag, 1908.

freundlich aufgenommen und willigte ein, den Jäger zu heiraten. Das Schwanhemd aber gab dieser seiner Mutter, die es in einem Kasten verwahrte. Nachdem sie mehrere Jahre glücklich miteinander gelebt hatten, fand die Mutter eines Tages beim Räumen das Kästchen und öffnete es. Sobald die junge Frau ihr Schwanhemd erblickte, warf sie sich dasselbe rasch über und mit den Worten: „Wer mich wiedersehen will, muß in den gläsernen Berg kommen, der auf dem blanken Feld steht"[26] schwang sie sich auf und flog davon. Der betrübte Jäger machte sich auf die Suche nach ihr, und nach vielen Schwierigkeiten fand er sie dank dem Beistand hilfreicher Tiere und erlöste sie, die, wie er nun erfuhr, eine verwunschene Prinzessin war.

Ich habe dieses Märchen etwas ausführlicher mitgeteilt, weil es ein neues und sehr wichtiges Motiv enthält, nämlich das der *Erlösung*. Der Umstand der Erlösungsbedürftigkeit, resp. des Verwunschenseins deutet darauf hin, daß die Schwanengestalt nicht ein ursprünglicher Zustand ist, sondern daß er, sekundär entstanden, gleichsam wie ein Kleid, eine Prinzessin verbirgt. Es steckt also hinter der Tierform ein höheres Wesen, das es zu erlösen gilt und mit dem der Held sich schließlich vereinigt.

Die zu erlösende Prinzessin, die in so vielen Märchen vorkommt, weist deutlich auf die Anima. Wenn nun aber das Märchen erkennen läßt, daß die Prinzessin vor dem Schwan da war, so ist damit wohl auf einen ursprünglich vorhandenen Einheits- und Ganzheitszustand angespielt, der durch eine „Verwünschung" aufgehoben wurde und wiederhergestellt werden muß. Die Auffassung, daß ein ursprünglicher Zustand der Vollkommenheit entweder durch schuldhaftes Verhalten des Menschen oder wegen des Neides der Götter zerstört wurde, ist eine uralte Vorstellung, die vielen Religionen

---

[26] Germanischen und nordischen Quellen zufolge dachte man sich unter dem Glasberg einen Jenseitsort, Aufenthalt der Toten oder Seligen; nach anderer Anschauung wohnen dort Schwanjungfrauen, Feen, Hexen, Zwerge und ähnliche Wesen. In vielen Märchen werden Menschen durch einen Geist oder Dämon dorthin entführt und müssen von dort erlöst werden. (Vgl. Handwörterbuch des deutschen Aberglaubens, herausgegeben von H. Baechthold-Stäubli, unt. Glasberg.) Dieser jenseitige Ort ist wohl mit dem Unbewußten gleichzusetzen.

und philosophischen Systemen zugrunde liegt. Der biblische
Sündenfall, das anfänglich runde und dann in zwei Hälften ge-
trennte Urwesen des Plato, ferner die in der Materie gefangene
Sophia der Gnosis zeugen davon.

Psychologisch ausgedrückt würde es heißen: Die dem Kinde noch
eigene ursprüngliche Ganzheit wird durch die Anforderungen des
Lebens und die zunehmende Entwicklung des Bewußtseins zerstört
oder beschädigt. So wird z. B. bei der Entwicklung des männlichen
Ich-Bewußtseins die weibliche Seite zurückgelassen und bleibt daher
in einem „naturhaften Zustand". Das gleiche trifft zu bei der Differenzierung der psychologischen Funktionen; die sogenannte minderwertige Funktion blieb zurück und infolgedessen undifferenziert
und unbewußt. Sie ist daher auch gewöhnlich mit der ebenfalls
unbewußten Anima verbunden. Die Erlösung besteht in der Anerkennung und Integration dieser unbewußten Seelenelemente.

Das Märchen „Der geraubte Schleier"[27] stellt den Stoff in einer
neueren, der Zeit der Romantik angehörenden Fassung dar und ist
lokalisiert im sogenannten Schwanenfeld im Erzgebirge, wo sich ein
Schönheit verleihender Gesundbrunnen befinden soll[28]. Das Märchen
enthält die bereits angeführten typischen Züge, nur wird hier an
Stelle des Schwanenhemdes der Schleier (und Ring) der Badenden
entwendet, wodurch sie zum Bleiben gezwungen ist. Der Ritter
nimmt sie mit in seine Heimat, wo die Hochzeit gefeiert werden
soll; auch er hat seiner Mutter den Schleier in Verwahrung gegeben.
Als am Hochzeitstag die Braut bedauert, denselben nicht zu haben,
bringt ihn die Mutter herbei, worauf die Braut sich Schleier und
Krone aufs Haupt setzt, alsogleich zum Schwan wird und zum
Fenster hinausfliegt.

Das Märchen ist zu lang, um hier näher darauf eingehen zu
können — es sei nur noch darauf hingewiesen, daß es wiederum die

---

[27] Siehe J. K. A. Musäus: Volksmärchen der Deutschen, Bd. II (in
Märchen der Weltliteratur).

[28] Der Herausgeber fügt hier in einer drolligen Anmerkung bei, daß
die Örtlichkeit ihren Namen von einer gewissen Schwanhildis und deren
Vater Cygnus habe, „welche beide ins Feyengeschlecht gehören und wahrscheinlich aus den Eiern der Leda herstammen"!

Mutter des Mannes ist, welche scheinbar in guter Absicht der Braut ihr Schwanenkleid zurückgibt und so ihren Weggang veranlaßt. Wenn durch die Handlungsweise der Mutter die Trennung des Paares herbeigeführt wird, so kann daraus auf eine verkappte Rivalität zwischen Mutter und Anima geschlossen werden, wie sie ja in Wirklichkeit häufig anzutreffen ist. Andererseits könnte dieser Zug auch verstanden werden als eine Tendenz der „großen Mutter", d. h. des Unbewußten, das ihr Angehörige wieder zurückzurufen.

Die durch die Krone angedeutete königliche Abkunft der Schwanjungfrau kennzeichnet diese als ein Wesen höherer Art, was auf den *übermenschlichen*, göttlichen Aspekt der Anima zu beziehen ist. In manchen Märchen liegt es näher, die Figur der verwunschenen Prinzessin von der weiblichen Psychologie her zu verstehen; in diesem Fall stellt sie die höhere Persönlichkeit der Frau oder ihr Selbst dar [29].

Auch die Gestalt des Vogels, als eines Geschöpfes der Luft, versinnbildlicht nicht nur das Tierähnliche des Naturwesens, sondern enthält außerdem eine Anspielung auf die in diesem schlummernden geistigen Möglichkeiten.

Ein Elementarwesen, das sich ganz besonderer Popularität und Langlebigkeit erfreut, ist die *Nixe*, mit der sich Märchen, Sagen und Volkslieder aller Zeiten beschäftigen und deren Gestalt uns durch zahlreiche Abbildungen vertraut ist. Sie dient auch modernen Dichtern noch zum Vorwurf [30] und erscheint häufig in Träumen und Phantasien.

Eine alte, bei den Dichtern des XIII. Jahrhunderts beliebte Bezeichnung solcher Wasserwesen ist „Merminne" [31] oder „Merfei".

[29] Siehe darüber C. G. Jung: Zum psychologischen Aspekt der Korefigur in Jung-Kerenyi: Einführung in das Wesen der Mythologie, Pantheon-Verlag, 1946.

[30] Siehe Goethes Gedicht: Der Fischer, Gottfried Kellers: Winternacht, Nixe im Grundquell, Gerhart Hauptmann: Die versunkene Glocke, Jean Giraudoux: Ondine, Grasset, 1939.

[31] W. Grimm: l. c. Bd. I, p. 360.

Nach F. Kluge: Deutsches Mythologisches Wörterbuch ist die ursprüngliche Bedeutung des Wortes Minne = Andenken, Gedächtnis, Erinnerung. Es ist verwandt mit dem englischen mind und stammt von der idg. Wur-

Wegen der ihnen wie den Schwanjungfrauen eigenen Gabe der Weissagung und ihres Wissens um Naturdinge werden sie auch „wîsiu wîp" genannt. Im allgemeinen stehen aber bei dieser Gattung, wie wir sehen werden, andere Momente mehr im Vordergrund, und zwar vor allem dasjenige des Eros. Dies steht im Einklang mit jener Zeiterscheinung, welche als Frauen- oder Minnedienst bekannt ist. Sie war der Ausdruck einer sich damals, d. h. im XII. und XIII. Jahrhundert anbahnenden neuen Einstellung zur Frau und zum Eros und bildet das ritterliche Gegenstück zu der in den Klöstern geübten Pflege des Logos. Diese Höherbewertung der Frau dürfte nicht zuletzt durch ein deutliches Hervortreten der Anima und eine verstärkte Wirksamkeit derselben veranlaßt worden sein, was auch die Dichtung jener Zeit zu bestätigen scheint[32].

Als essentiell weiblich ist die Anima, wie die Frau, vorwiegend durch den Eros, d. h. durch das Prinzip des *Verbindens,* der *Beziehung* bestimmt, während der Mann im allgemeinen mehr dem *unterscheidenden* und *ordnenden* Logosprinzip, der Vernunft, verpflichtet ist.

So stehen die Merminne und ihre Genossinnen denn auch stets in einer Liebesbeziehung zu einem Mann, oder versuchen eine solche herzustellen, wie das ja zu den fundamentalen weiblichen Bestrebungen gehört. In dieser Hinsicht unterscheiden sie sich von den Schwanjungfrauen, welche die Beziehung meist nicht von sich aus suchen, sondern durch den Raub ihres Federkleides, d. h. durch List in die Gewalt des Mannes gelangen. Dementsprechend trachten sie danach, bei nächster Gelegenheit zu entfliehen. Derartige Beziehungen sind vorwiegend triebhafter Natur und lassen das seelische Moment oder einen über das Instinkthafte hinausgehenden Sinn vermissen. In dem Umstand, daß sich der Mann auf mehr oder weniger gewaltsame Weise der Frau bemächtigt, zeichnet sich eine ganz urtümliche Stufe seines erotischen Verhaltens ab. Es ist daher

---

zel men oder man = denken, meinen. Grimm stellt es zu manus = Mensch.

[32] Siehe z. B. die interessante Studie von R. Bezzola über Guillaume IX. de Poitiers in Romania, Bd. 66.

nicht unbegründet, wenn das sich ihm verbindende Naturwesen
verlangt, daß ihm nicht Gewalt angetan, kein Schlag erteilt oder
kein böses Wort gesagt werden dürfe.

Sagen von Wasserfeen und Nixen sind, besonders in Gebieten mit
keltischer Bevölkerung, ungemein verbreitet. Vielerorts, vor allem
in Wales, Schottland und Irland, werden sie mit bestimmten Örtlich-
keiten und Familien verknüpft und sind z. T. bis in die jüngste Zeit
lebendig geblieben.

Als ein Beispiel von vielen führe ich eine solche Sage aus Wales
an, welche von John Rhys[33], einem bekannten Sammler und Kenner
des keltischen Folklore, aufgezeichnet wurde.

Die geschilderte Begebenheit soll sich gegen Ende des XII. Jahrhunderts in einem Dorf von Caermarthenshire in Wales zugetragen
haben. Dort lebte eine Witwe mit ihrem Sohn. Als dieser einmal
in den Bergen das Vieh hütete, kam er an einen See, auf dessen
Oberfläche er zu seinem Erstaunen ein Mädchen von unvergleichlicher Schönheit sitzen sah. Sie war damit beschäftigt, ihr lockiges
Haar mit einem Kamm zu kämmen, wobei das Wasser ihr als
Spiegel diente. Plötzlich erblickte sie den jungen Mann, der sie
unablässig anstarrte und ihr, um sie ans Ufer zu locken, ein Stück
Brot entgegenstreckte. Sie näherte sich ihm, wies aber das Brot
als zu hart zurück und tauchte unter, sowie er sie zu fassen versuchte. Enttäuscht kehrte er nach Hause zurück, ging jedoch andern-
tags wieder zum See, wo er dem Wasserfräulein diesmal, auf An-
raten seiner Mutter, ungebackenes Brot anbot, aber auch ohne
Erfolg. Erst als er es am dritten Tag mit halbgebackenem versuchte,
zeigte sie sich bereit, dieses anzunehmen und ermunterte ihn sogar,
ihre Hand zu ergreifen. Nach einigem Zureden willigte sie ein,
seine Frau zu werden, fügte aber bei, daß sie, wenn er ihr dreimal
grundlos einen Schlag erteilte, ihn auf immer verlassen würde.
Bereitwillig ging er auf diese Bedingung ein, worauf sie wieder im
Wasser verschwand. Unmittelbar nachher tauchten zwei wunderschöne Mädchen auf in Begleitung eines imposanten grauhaarigen
Mannes, der sich als Vater seiner Braut vorstellte und ihm sagte,
daß er in die Verbindung einwillige, vorausgesetzt, daß er das

---

[33] John Rhys: Celtic Folklore, p. 3 ff. Oxford Clarendon Press, 1901.

richtige von den beiden Mädchen wähle. Dies war nicht ganz leicht, da sie sich völlig gleich sahen, doch erkannte er schließlich seine Geliebte an der Art, wie sie ihre Sandalen gebunden hatte. Als Mitgift versprach ihr der Vater so viel Kühe, Ziegen und Pferde, als sie in einem Atemzug zählen könne und, indem sie dies tat, kamen die Tiere aus dem Wasser hervor. Das Paar schlug nun seinen Wohnsitz auf einer benachbarten Farm auf, wo sie glücklich und in Wohlstand lebten und ihnen drei Söhne geboren wurden.

Eines Tages waren sie zu einer Taufe geladen. Die Frau hatte keine Lust hinzugehen, doch der Mann bestand darauf. Als sie zögerte, das Pferd aus der Wiese zu holen, gab er ihr mit den Handschuhen einen leichten Schlag auf die Schulter, worauf sie ihn an ihre Abmachung erinnerte.

Bei einer anderen Gelegenheit, als sie an einer Hochzeit teilnehmen sollten, brach sie inmitten der fröhlichen Gäste in Tränen aus. Als der Mann, ihr auf die Schulter klopfend, nach der Ursache fragte, antwortete sie: „Jetzt beginnen die Schwierigkeiten für dieses Paar, und auch für dich, denn dies ist schon der zweite Schlag." Nach einer Zeit trug es sich zu, daß sie bei einem Leichenbegängnis waren und daß sie dabei im Gegensatz zur allgemeinen Trauer unmäßige Lachanfälle bekam, was ihrem Mann natürlich peinlich war, so daß er sie anstieß und ermahnte, nicht so zu lachen. Sie hätte gelacht, weil die Menschen, wenn sie sterben, doch ihrer Sorgen los werden, sagte sie, und, sich erhebend, verließ sie das Haus mit den Worten: „Der letzte Schlag ist gefallen, unser Vertrag ist zu Ende, lebe wohl!"

Nachdem sie auf ihrem Hof ihre Tiere zusammengerufen hatte, wanderte sie mit der ganzen Herde zum See zurück und tauchte darin unter.

Die Geschichte sagt nicht, was aus dem untröstlichen Manne wurde, hingegen hieß es von den Söhnen, daß sie oft zum Ufer des Sees gingen und daß ihre Mutter sich ihnen dort manchmal zeigte. Und zwar teilte sie ihrem ältesten Sohne mit, daß er berufen sei, ein Wohltäter der Menschen zu werden, indem er ihre Krankheiten heilen würde. Zu diesem Zwecke übergab sie ihm einen Sack mit medizinischen Vorschriften und versprach, jeweils zu erscheinen, wenn er ihres Rates bedürfe. In der Tat zeigte sie sich noch öfters

und belehrte ihre Söhne über Heilpflanzen und deren Kräfte, so
daß diese durch ihre Kenntnisse und ihre Heilkunst zu großer
Berühmtheit gelangten.

Die letzten Nachkommen dieser Ärztefamilie sollen 1719 und
1739 gestorben sein.

In dieser Geschichte handelt es sich also nicht nur um eine
instinktiv-erotische Beziehung, sondern hier bringt die Wasserfrau
dem Manne Wohlstand und vermittelt den Söhnen Kenntnisse von
Heilpflanzen, welche sie offenbar ihrer Verbundenheit mit der
Natur verdankt.

Rhys führt noch zahlreiche ähnliche Sagen an, die ebenfalls mit
bestimmten Personen verbunden sind, welche ihre Herkunft von
einer solchen Wasserfee ableiten und stolz darauf sind. Die Taboos
sind nicht immer dieselben; manchmal ist es so, daß der Mann seine
elfische Frau nicht mit Eisen berühren[34], oder daß er ihr nicht mehr
als dreimal ein unfreundliches Wort sagen darf und anderes mehr.
Die Verletzung der gestellten Bedingung erfolgt stets aus Unachtsamkeit oder durch einen fatalen Zufall, nie aus Absicht.

So irrational diese Vorschriften an sich auch sein mögen, bei ihrer
Nichtbeachtung tritt die Wirkung mit der Folgerichtigkeit und
Unabänderlichkeit eines Naturgesetzes ein. Solche halbmenschlichen
Wesen sind eben Natur und besitzen nicht die Freiheit der Wahl,
welche dem Menschen gegeben ist, und vermöge der er sich auch
einmal anders verhalten kann als es dem Naturgesetz entsprechen
würde. Er kann sich z. B. von Einsichten oder Gefühlen bestimmen
lassen, welche ihn über das bloß naturhafte Verhalten hinaus-
heben.

Aufschlußreich sind bei unserer Geschichte die drei Fälle, wo die
Wasserfee den fatalen Schlag bekommt:

Den ersten Anlaß bildete eine Taufe, an der teilzunehmen sie
keine Lust hatte, was besagen will, daß ihr als heidnischem Wesen
christliche Feier widerstrebte. Nach damaliger Auffassung scheuen
die elfischen Wesen alles Christliche; es heißt, daß sie durch die
Predigt der christlichen Missionare vertrieben wurden und sich in
die Erde (die sogenannten Feenhügel) zurückgezogen hätten.

---

[34] Dem Eisen wurde Abwehrkraft gegen elfische Wesen zugeschrieben.

Im zweiten Fall bricht die Frau bei einer freudigen Gelegenheit in Tränen aus, und im dritten stört sie die traurige Stimmung durch unbändiges Gelächter: sie verhält sich also unangepaßt. Ihre Äußerungen sind der Situation nicht angemessen, wenn sie ihr selber auch plausibel erscheinen. Dies weist darauf hin, daß hier etwas *Undifferenziertes* zum Ausdruck kommt. Bekanntlich verharren die unbewußt verbliebenen oder verdrängten Persönlichkeitskomponenten in einer primitiven, undifferenzierten Form, die, wenn sie sich telle quelle nach außen hin manifestiert, unangepaßt ist. Ähnliche Erscheinungen kann man jederzeit beobachten oder an sich selbst erfahren. Die Nixe, als im Wasser, d. h. im Unbewußten wohnend, stellt das Weibliche in einem halbmenschlichen und kaum bewußten Zustand dar. Insofern dieselbe einem Manne vermählt ist, kann man annehmen, daß sie seine unbewußte, naturhafte Anima darstellt, zusammen mit dem undifferenzierten Gefühl, da ja ihre Verstöße auf dem Gebiete desselben liegen. Allerdings ist dazu zu bemerken, daß es sich dabei nicht um ein individuelles, sondern um ein kollektives Gefühl handelt, an das sie nicht angepaßt ist. Es ist eine wohlbekannte Tatsache, daß man mit seinen unbewußten Persönlichkeitsteilen (Anima, Animus, Schatten) oder seinen minderwertigen Funktionen in der Welt stets Anstoß erregt, was zur Folge hat, daß sie, als störend, immer von neuem wieder verdrängt werden. Das Verschwinden der Nixe in ihr Element beschreibt eben jenen Vorgang, wo ein Inhalt des Unbewußten an die Oberfläche gekommen, aber noch so wenig mit dem bewußten Ich koordiniert ist, daß er beim geringsten Anlaß wieder zurücksinkt. Daß es so wenig braucht um dies herbeizuführen zeigt, wie flüchtig und leicht verletzlich solche Inhalte sind.

In denselben Zusammenhang gehört, daß die elfischen Wesen sich rächen, wenn sie mißachtet oder gekränkt werden. Sie sind äußerst empfindlich und perseverieren gerne in einem durch kein menschliches Verstehen gemilderten Ressentiment. Diese Eigenschaften gelten auch für die Anima, den Animus und die jeweils undifferenzierten Funktionen; so kann die oft anzutreffende übergroße Empfindlichkeit sonst sehr robuster Männer geradezu als Anzeichen dafür gelten, daß die Anima im Spiele ist. Die den Elementargeistern eigene Unberechenbarkeit, Schalkhaftigkeit und oft ausge-

sprochene Bösartigkeit, welche die Kehrseite ihrer berückenden
Schönheit bilden, kann auch bei der Anima konstatiert werden.
Diese Geschöpfe sind eben irrational, gut und böse, hilfreich und
schädigend, heilend und zerstörend, wie die Natur selbst, von der
sie ein Teil sind[35].

Hier ist nun aber zu sagen, daß nicht nur die Anima, als Unbe-
wußt-Weibliches im Manne, die genannten Eigenschaften aufweist,
dieselben sind auch bei vielen Frauen zu konstatieren. Die Frau ist
ja wegen ihrer biologischen Aufgabe im allgemeinen mehr Naturwesen geblieben als der Mann und zeigt daher oft mehr oder
weniger deutlich ein entsprechendes Verhalten. Auf solche Frauen
wird dann gerne das Animabild projiziert, weil sie der unbewußten
Weiblichkeit des Mannes so genau entsprechen.

In Träumen, Phantasien und Bildern von Frauen treten daher
auch solche Wesen auf, mit Vorliebe Nixen. Diese können entweder
die unentwickelte noch naturhafte Weiblichkeit der betreffenden
Frau darstellen oder ihre minderwertige Funktion, oft aber auch
sind es Anfangsformen der höheren Persönlichkeiten oder das
Selbst.

Wir begegnen in unserer Sage noch einem weiteren charakteristischen Zug: nämlich dem, daß sich die Wasserjungfer die Haare
kämmt — wie die Loreley — und sich dabei im See spiegelt. Das
Kämmen der Haare dürfte unschwer als ein erotisches Anlockungs-
mittel zu erkennen sein, das bis heute noch in Gebrauch ist. Der

---

[35] Sehr drastisch schildert dies ein nordisches Märchen, Die Waldfrau
(Märchen der Weltliteratur, Diederichs, 1915), welches von einem Holz-
hauer erzählt, der von einer schönen Jungfrau, die er im Walde angetroffen, bezaubert war. Jede Nacht nahm sie ihn mit sich in ihren Berg, wo
alles so prächtig war, wie er noch nichts gesehen hatte. Eines Tages, als er
beim Holzmachen war, brachte die Frau ihm das Essen, in einer schönen
silberglänzenden Schüssel. Wie sie sich auf den Stamm setzte, sah er entsetzt, daß sie einen Kuhschwanz hatte, der in die Spalte des Baumes gefallen war. Rasch zog er den Keil heraus, so daß der Schwanz einge-
klemmt und abgekniffen wurde. Dann schrieb er den Namen Jesu
auf die Schüssel. Augenblicklich verschwand die Frau, und die Schüssel
mit dem Essen war nichts anderes als ein Rindenstück mit Kuhmist
darauf.

Spiegel gehört zu dieser Tätigkeit und beides zusammen sind Attribute der Animafigur, die in Literatur und Bildwerken häufig verwendet werden[36].

Der Spiegel als Attribut der Animafigur hat aber noch eine andere Bedeutung. Es gehört nämlich zu ihrem Wesen, daß sie dem Manne gleichsam ein Spiegel ist, d. h. wie ein solcher seine Gedanken, Wünsche und Emotionen reflektiert, was im Zusammenhang mit den Walküren bereits erwähnt wurde. Gerade dadurch wird sie für den Mann so wichtig, sei es als innere Figur oder als äußere wirkliche Frau, indem er auf diese Weise Dinge, die ihm selbst noch nicht bewußt sind, erkennen kann. Oft führt allerdings diese Funktion der Anima statt zu größerer Bewußtheit und Selbsterkenntnis bloß zu Selbstbespiegelung, welche der Eitelkeit des Mannes schmeichelt, oder gar zu sentimentaler Selbstbemitleidung. Beides erhöht natürlich die Macht der Anima und ist daher nicht ungefährlich. Es liegt in der Art der Frau, dem Manne Spiegel zu sein und die erstaunliche Geschicklichkeit, die sie dabei oft entfaltet, macht sie besonders geeignet zur Trägerin einer Animaprojektion.

Zum Geschlecht der Merfeien gehört auch die schöne Melusine[37]. Obschon die um sie gewobene Sage wohlbekannt ist, führe ich sie hier doch in Kürze an, da sie einige wichtige Punkte enthält. Der Inhalt ist folgender[38]: Raymond, Adoptivsohn des Grafen von Poitiers, hat diesen durch ein Mißgeschick auf der Jagd getötet. Untröstlich darüber will er sich auf die Flucht machen. Unterwegs gelangt er zu einer Waldlichtung und erblickt dort, an einer Quelle sitzend, drei schöne Frauen. Eine davon ist Melusine, der er sein

---

[36] Der Spiegel ist im Volksaberglauben als Zauberinstrument bekannt: er wirkt numinos, da man in ihm den Schatten oder Doppelgänger sieht. Ein Zauberspiegel zeigt, was in aller Welt vorgeht, oder er kündet die Zukunft und zeigt überhaupt alles Geheimnisvolle und Verborgene. (Siehe Handwörterbuch des Deutschen Aberglaubens, Bd. IX, unt. Spiegel.)

[37] Siehe C. G. Jung: Paracelsica (Rascher, 1942), wo die Sage ausführlich erzählt und die Figur der Melusine als Anima gedeutet wird, im Zusammenhang mit alchemistischer Symbolik und der Paracelsischen Auffassung der Melusinen als im Blute wohnende Seelen.

[38] Nach S. Baring-Gould: Curious Myths of the Middle-Ages, 1868.

Leid klagt und die ihm darauf gute Ratschläge erteilt. Er entbrennt in Liebe zu ihr und sie ist bereit, seine Frau zu werden unter der Bedingung, daß er ihr jeweils Samstags gestatte, sich zurückzuziehen und daß niemand sie dabei belausche. Raymond geht darauf ein, und sie leben lange Jahre glücklich zusammen; Melusine gebiert mehrere Söhne, die jedoch alle irgend etwas Abnormes an sich haben, und läßt ein prächtiges Schloß bauen, das sie nach sich „Lusinia" benennt, woraus später Lusignan wurde. Beunruhigt durch über Melusine umgehende Gerüchte belauscht ihr Mann sie aber eines Tages doch; er findet sie in einem Badegemach und sieht mit Schrecken, daß sie einen Fisch- oder Schlangenschwanz hat. Zuerst scheint diese Entdeckung keine Folgen zu haben, bis nach einiger Zeit die Nachricht kommt, daß ein Sohn Melusinens ein von ihr gegründetes Kloster in Brand gesteckt habe, wobei einer seiner Brüder, der dort Mönch war, umkam. Als sie ihren Gatten darüber trösten wollte, stieß er sie von sich mit den Worten: „Hinweg, du scheußliche Schlange, Verderberin meines edlen Geschlechts!", worauf sie ohnmächtig zu Boden fiel. Nachdem sie wieder zu sich gekommen war, nahm sie unter Tränen Abschied von ihrem Gemahl, indem sie die Kinder seiner Fürsorge empfahl, schwebte zum Fenster hinaus und verschwand. Später erschien sie gelegentlich während der Nacht, um nach ihren zum Teil noch kleinen Kindern zu sehen, und noch lange ging die Sage, daß sie klagend in der Nähe des Schlosses umgehe, wenn ein Mitglied des Hauses Lusignan, als dessen Stammmutter Melusine noch jetzt gilt, sterben werde.

Die von Melusine gestellte Bedingung besteht hier darin, daß sie allwöchentlich einen Tag in ihr Element zurückkehren und ihre Nixengestalt annehmen kann. Dies ist ihr Geheimnis, das nicht belauscht werden darf. Das Nichtmenschliche, Naturhafte, in diesem Falle der Fischschwanz, soll nicht gesehen werden. Die Annahme liegt nicht fern, daß das allwöchentliche Bad mit der damit verbundenen Rückkehr in den Naturzustand einer *Lebenserneuerung* gleichkommt. Das Wasser ist ja ein Lebenselement par excellence. Es ist unentbehrlich für die Erhaltung des Lebens, und Heilbäder und -quellen, welche dessen Wiederherstellung und Erneuerung bewirken, galten von jeher als numinos und genossen oft religiöse

Verehrung[39]. Nach einem Dekret des anno 442 abgehaltenen Konzils von Avignon wurden der Kult von Bäumen, Steinen und Quellen und das Anzünden von Feuern oder Lichtern bei denselben als heidnische Praktiken untersagt[40]. Statt dessen werden in katholischen Ländern heute noch vielerorts Madonnenbilder mit Blumenschmuck und Kerzen bei Quellen angebracht, als christlicher Ausdruck eines noch immer lebendigen Urgefühls. Ein Beiname der Maria ist auch pégé = die Quelle. Die numinose Qualität des Wassers drückt sich auch aus in der uralten Vorstellung von einem übernatürliche Kraft besitzenden „Lebenswasser" oder in der „aqua permanens" der Alchemisten. Die in oder bei Quellen wohnenden Nymphen oder Feen besitzen eine besondere Verwandtschaft mit dem Lebenselement, als welches das Wasser gilt, und wie der Ursprung des Lebens ein unenträtseltes Geheimnis ist, so eignet auch der Nixe etwas Geheimnisvolles, das verborgen bleiben muß. Diese Wesen sind gewissermaßen Hüterinnen der Quellen; auch heute noch besitzen gewisse Heilbäder eine Schutzpatronin, wie z. B. die heilige Verena, welche an die Stelle der heidnischen Nymphe getreten und übrigens mit Venus verwandt ist.

Eine ähnliche Funktion kommt der Anima zu, in deren Namen ja ihr belebendes Wesen ausgedrückt ist. Sie erscheint daher in Träumen oder Phantasien oft in Gestalt eines solchen Feenwesens. So träumt z. B. ein junger Mann, der sehr rational eingestellt und daher der Gefahr des Vertrocknens ausgesetzt ist, folgendes:

„Ich gehe durch einen dichten Wald, da kommt mir eine in dunkle Schleier gehüllte Frau entgegen, die mich bei der Hand nimmt und sagt, sie werde mich zu der Quelle des Lebens führen."

Der englische Schriftsteller William Sharp[41] (1855—1905) berichtet ein Kindheitserlebnis, wo ihm einmal an einem kleinen von Platanen umstandenen See eine schöne weiße Waldfrau erschien, die er als Kind Sternauge nannte und später „lady of the sea" und,

[39] Wie z. B. Lourdes.

[40] Nach Alfred Maury: Croyances et Légendes du Moyen-Age, Paris, 1896.

[41] William Sharp (Fiona MacLeod): A memoir compiled by his wife Elizabeth Sharp. London, 1910.

so sagt er: „die ich erkannte als die Frau, welche im Herzen aller Frauen ist". Damit ist sie deutlich als Urbild der Weiblichkeit und somit als Animagestalt gekennzeichnet.

Die Anima stellt die Verbindung zu der im Unbewußten liegenden Lebensquelle dar. Wenn keine solche Verbindung existiert, oder wenn sie unterbrochen ist, so entsteht ein Zustand der Stagnation oder Erstarrung, der oft so störend empfunden wird, daß die davon Betroffenen sich veranlaßt sehen, einen Psychotherapeuten aufzusuchen. Gottfried Keller hat diesen Zustand ungemein eindrücklich geschildert in seinem Gedicht:

Winternacht

Nicht ein Flügelschlag ging durch die Welt,
Still und blendend lag der weiße Schnee.
Nicht ein Wölklein hing am Sternenzelt,
Keine Welle schlug im starren See.

Aus der Tiefe stieg der Seebaum auf,
Bis sein Wipfel in dem Eis gefror;
An den Ästen klomm die Nix herauf,
Schaute durch das grüne Eis empor.

Auf dem dünnen Glase stand ich da,
Das die schwarze Tiefe von mir schied;
Dicht ich unter meinen Füßen sah
Ihre weiße Schönheit Glied um Glied.

Mit ersticktem Jammer tastet' sie
An der harten Decke her und hin,
Ich vergess' das dunkle Antlitz nie,
Immer, immer liegt es mir im Sinn!

Die im Eis gefangene Nixe entspricht der verwünschten Prinzessin im Glasberg, welche oben erwähnt wurde; Glas sowie Eis bilden gleichsam einen kalten, harten und starren Panzer, durch den das Lebendige abgesperrt ist und aus dem es erlöst werden muß.

Noch ein anderer wichtiger Zug unserer Sage soll hier erwähnt werden. Wenn Melusines Sohn das von ihr gestiftete Kloster in Brand steckt, so kommt darin offenbar der bereits erwähnte Antagonismus zwischen Elfengeschlecht und Christentum zum Ausdruck. Andererseits scheinen diese Wesen, manchen Erzählungen zufolge, den Wunsch zu haben, erlöst zu werden.

Paracelsus[42], der eine ganze Abhandlung geschrieben hat über die Elementargeister, wie Nymphen, Sylphiden, Pygmäen und Salamander, sagt von diesen, daß sie zwar menschenähnlich seien, aber nicht von Adam abstammen und keine Seele haben. Die Wasserleute sind den Menschen am ähnlichsten und sind am meisten bestrebt, mit ihnen in Verbindung zu treten. „Sie werden nicht allein mit den Augen gesehen, sondern auch vermehlet und Kinder geboren" und weiter: „Wenn wie gesagt ist von den Nymphen, daß sie aus dem Wasser gehen zu uns und sitzen an der Gestad der Bächen, wo sie dann ihre Wohnung haben, wo sie dann gesehen, auch gefangen genommen werden und vermehlet wie obsteht"[43]. Dadurch, daß sie einem Manne verbunden werden, erhalten sie eine Seele und auch die Kinder aus derartigen Verbindungen besitzen eine solche. „Doraus folgt nun, daß sie umb den Menschen bulen, zu ihm sich fleißen und heimlich machen. Zu gleicher Weiß als ein Heyd der umb Tauf bittet und bult, auf daß er sein Seel erlangt und lebendig werde in Christo."

Diesen Ausführungen des Paracelsus hat später F. de la Motte Fouqué[44] den Stoff zu seiner „Undine" entnommen, welche anfangs des XIX. Jahrhunderts entstand, also zur Zeit der Romantik, wo die Idee der Beseelung der Natur wieder lebendig wurde und wo gleichzeitig erstmals vom Unbewußten die Rede war[45].

In dieser Erzählung bildet die *Seelenlosigkeit* der Nixe das zentrale Motiv.

Undine ist die Tochter eines im Mittelmeer herrschenden Seekönigs. Auf dessen Wunsch wird sie, damit es ihr ermöglicht werde, eine Seele zu bekommen, auf geheimnisvolle Weise einem Fischerehepaar zugeführt, das sein eigenes Kind ertrunken glaubte und den

[42] Philippi Theophrasti Bombast von Hohenheim Paracelsi: Bücher und Schriften, 9. Teil, Herausgeber Johann Huser, Basel, 1590.

[43] l. c. p. 60 ff.

[44] Friedrich de la Motte Fouqué: Undine, herausgegeben von J. Dohmke, Leipzig und Wien.

[45] Carl Gustav Carus: Psyche, E. Diederichs Verlag, Jena, 1926.

Findling an seiner Stelle aufnimmt. Undine wächst zu einem lieblichen Mädchen heran, befremdet aber ihre Pflegeeltern oft durch
ihr merkwürdig kindisches, stets zu Schabernack aufgelegtes Wesen.

In einer stürmischen Nacht sucht ein fahrender Ritter Obdach in
der Fischerhütte. Die sonst scheue Undine macht sich sehr zutraulich
an ihn heran, er wird von ihrem Liebreiz und ihrer kindlichen Art
bezaubert, und da der Sturm passenderweise auch einen Pater an
den Ort verschlagen hat, werden die beiden von diesem getraut.
Als nun aber Undine ihrem Manne gesteht, daß sie keine Seele hat,
wird es diesem unheimlich und trotz aller Liebe plagt ihn der Gedanke, er sei am Ende einem elfischen Wesen angetraut. Sie bittet
ihn flehentlich, sie nicht zu verstoßen, da ihresgleichen nur durch
den Liebesbund mit einem Menschen eine Seele erlangen können
und stellt nur die Bedingung, daß er ihr nie böse Worte gebe, vor
allem nicht auf dem Wasser oder in dessen Nähe, da sie sonst von
den um ihr Wohl besorgten Bewohnern dieses Elementes zurück-
geholt würde.

Der Ritter nimmt sie dann mit sich auf seine Burg, bis das Verhängnis erscheint in Gestalt eines Fräuleins, Berthalda, welche ge-
hofft hatte, seine Frau zu werden. Undine nimmt sie freundlich bei
sich auf, aber ihrem Gemahl wird sie immer unheimlicher. Schließlich kommt es, bei einer Fahrt auf der Donau, dazu, daß er diesem
Gefühl Ausdruck gibt und sie Hexe und Gauklerin schilt, als sie
statt dem ins Wasser gefallenen Halsband Berthaldas eine Korallen-
kette daraus hervorzieht. Nach dieser Kränkung schwingt sie sich
tränenüberströmt über den Rand der Barke und verschwindet in
der Flut, indem sie ihren Mann noch ermahnt, ihr treu zu bleiben,
da die Wassergeister sich sonst rächen würden.

Entgegen dieser Warnung soll nach einiger Zeit die Hochzeit des
Ritters mit Berthalda stattfinden. Am Hochzeitstag befiehlt die
Braut, ihr Schönheitswasser aus dem Schloßbrunnen zu holen, den
Undine hatte versiegeln lassen, um den Wassergeistern den Zugang
zu verwehren. Als der Stein weggenommen wird, entsteigt dem
Brunnen die weiß verschleierte Gestalt Undinens, die sich weinend
dem Schlosse nähert und leise an das Fenster ihres Mannes klopft.
Im Spiegel sieht er, wie sie zu ihm hereinkommt und mit den
Worten: „Sie haben den Brunnen geöffnet, nun bin ich hier und du

mußt sterben", an sein Lager tritt. Sich entschleiernd umarmt sie ihn und er stirbt an diesem Kuß. Denselben Stoff hat in neuester Zeit A. Giraudoux in seinem Drama „Ondine" behandelt, woraus hervorgeht, daß er noch nicht veraltet ist.

Was in diesen Versionen die Katastrophe herbeiführt, ist der Konflikt zwischen der Natur-Anima und der menschlichen Frau, der bereits in der Siegfriedsage als Streit zwischen Brünhilde, der Walküre, und Chriemhilde eine bedeutsame Rolle spielte und oft auch im Leben zu großen Schwierigkeiten führt. Im Grunde drückt sich darin der Gegensatz zwischen zwei Welten aus, der äußeren und der inneren, oder zwischen dem Bewußten und dem Unbewußten, welchen zu überbrücken die besondere Aufgabe unserer Zeit zu sein scheint.

Einen andern Typus solcher Anima-Erlebnisse stellt das dem bretonischen Sagenkreis angehörige *Lied von Lanval*[46] dar.

Der Ritter dieses Namens gehörte dem Kreise König Arthurs an, fühlt sich aber dort zurückgesetzt, da er wenig begütert ist und keinen Aufwand machen kann. Eines Tages trifft er, ebenfalls bei einer Quelle, ein schönes Fräulein, das ihn zu seiner noch viel schöneren Herrin führt, welche ihn wunderbar bewirtet und ihm ihre Liebesgunst schenkt, unter der Bedingung, daß er nie etwas davon verrate. Zudem verleiht sie ihm die Gabe der Wunscherfüllung, dank welcher sie bei ihm erscheint, sobald er nach ihr verlangt. Auch was er sonst wünscht, verwirklicht sich, so daß er sich prächtig auszustatten vermag und mehr und mehr Ansehen gewinnt. Sogar die Königin wird auf ihn aufmerksam und trägt ihm ihre Liebe an. Als er diese ausschlägt, ist sie gekränkt und treibt ihn so in die Enge, daß er schließlich gesteht, eine Geliebte zu haben, die noch schöner sei als sie. Aus Wut darüber verlangt sie, daß der König eine Gerichtsversammlung einberufe, vor der Lanval sich wegen Beleidigung der Königin rechtfertigen soll. Hiefür müßte er den Beweis erbringen, daß seine Freundin wirklich so schön sei, wie er gesagt. Er gerät dadurch in große Bedrängnis, denn er kann

---

[46] Le Lai de Lanval in Chansons de Marie de France — Bibliotheca Romanica Straßburg, 1921. Deutsch in W. Hertz: Spielmannsbuch, Stuttgart und Berlin, 1912.

jene nun nicht mehr herbeiwünschen, weil er ihr Liebesgeheimnis preisgegeben hat. Schon scheint alle Hoffnung verloren, da kommt, begleitet von vier reizenden Mädchen, seine Geliebte, angetan mit weißem Gewand und Purpurmantel, auf einem prächtig geschmückten weißen Zelter dahergeritten: die Schönheit in Person. Nun ist Lanval gerechtfertigt, denn alle müssen zugeben, daß er nicht zuviel behauptet hat. Das Lied endet damit, daß die Fee ihren Geliebten auf ihr Pferd nimmt und in ihr Reich führt[47].

Die *Entrückung ins Feenreich* ist ein auch psychologisch sehr bedeutsames Motiv. In der keltischen Überlieferung hat dieses Reich nicht den schreckhaften und beängstigenden Charakter, den es andernorts besitzt. Es ist nicht ein Totenreich, sondern heißt „Land der Lebendigen" oder „Land unter den Wellen" und wird gedacht als „grüne Inseln", welche von schönen weiblichen Wesen bevölkert, auch „Mädcheninseln" genannt werden[48]. Ihre Bewohner genießen in ewiger Jugend und Schönheit ein leidloses, von Musik, Tanz und Liebesfreuden erfülltes Dasein. Dort sind die Feen daheim, auch die berühmte Morgane (fata Morgana), deren Namen soviel heißt wie „meergeboren", und dorthin führen sie ihre menschlichen Geliebten. Dieses den Gärten der Hesperiden zu vergleichende Elysium ist psychologisch verstanden ein Traumland, in dem zu verweilen zwar

---

[47] Eine ähnliche deutsche Sage berichtet Paracelsus in der oben erwähnten Abhandlung sowie W. Grimm in Deutsche Sagen, Bd. 2 (Georg Müller, München und Leipzig). Sie erzählt von einem Ritter von Stauffenberg, der eines Tages, als er zur Kirche ritt, eine wunderschöne Jungfrau antraf, die ganz allein am Eingang eines Waldes saß. Wie sich herausstellte, hatte sie dort auf ihn gewartet. Sie verriet ihm auch, daß sie ihn von jeher geliebt habe und ihm schützend und helfend zur Seite gestanden sei, worauf sie sich einander angelobten. Auch sie ist eine Fee, die sich jederzeit herbeiwünschen läßt und ihn mit Geld und Gut versorgt, vorausgesetzt, daß er sich nie mit einer andern Frau verbinde. Als er, gedrängt von seiner Familie, sich anschickt, dies dennoch zu tun, führt sie, nach vorheriger Warnung, auf geheimnisvolle Weise seinen Tod innerhalb dreier Tage herbei. In dieser Jungfrau, die den Ritter seit *jeher* geliebt hat, ist unschwer das ihm zugehörige Weibliche zu erkennen, ihr Ausschließlichkeitsanspruch ist ein für die Anima charakteristischer Zug, der häufig zu schweren Verwicklungen und Konflikten führt.

[48] Siehe J. A. McCulloch: The Religion of the Ancient Celts.

verlockend und angenehm ist, aber nicht ohne Gefahr. Daß die Anima in diesem Reich waltet und dorthin führt, ist bekannt. Die Gefahr des Versinkens in jener Welt, d. h. im Unbewußten, scheint damals bereits empfunden worden zu sein, denn in zahlreichen Dichtungen wird geschildert, wie ein Ritter, von Liebesbanden bestrickt, seine männlich-ritterliche Tätigkeit vergißt[49] und in selbstgenügsamer Zweisamkeit mit seiner Dame der Welt und der Wirklichkeit entfremdet wird.

Ein besonders drastisches Beispiel dieser Art bietet die Sage von Merlin, dem Zauberer, dessen Geliebte, die Fee Viviane, ihn vermöge der ihm abgelauschten magischen Künste mit unsichtbaren Banden fesselt und in einen Weißdornbusch bannt, aus dem er sich nicht mehr zu befreien vermag.

Diese Geschichte ist deshalb besonders vielsagend, weil die Gestalt des Merlin recht eigentlich die Bewußtheit und das Denken verkörpert, deren die ihn umgebende Männerwelt ermangelt. Er ist ein luciferisches, mephistoähnliches Wesen und als solches Vertreter des Intellektes in statu nascendi, d. h. in noch primitiver Form. Diesem verdankt er seine magische Macht; aber weil dabei das Weibliche unberücksichtigt blieb, holt es ihn in Gestalt des Eros zurück und verhaftet den mit dem Logosprinzip Identifizierten an die Natur.

Einer etwas späteren Zeit gehört die durch Richard Wagner wieder neu belebte Tannhäusersage an, die wahrscheinlich im XV. Jahrhundert entstand und im XVI. Jahrhundert als Volkslied in der Schweiz, in Deutschland und den Niederlanden sehr verbreitet war[50].

[49] Eine wichtige Rolle spielt dieses Motiv z. B. in Chretien de Troyes' Dichtungen Yvain und Erec und Enide, welch letzteres Werk von R. Bezzola in einer sehr feinsinnigen Studie behandelt wurde. (Le sens de l'Aventure et de l'Amour, Ed. La jeune Parque, Paris.) Die schwierigste Tat des liebeverlorenen Helden besteht dort darin, daß er mit einem ebensolchen Gegner, also gewissermaßen seinem Doppelgänger, zu kämpfen hat. Die Überwindung desselben bedeutet, daß es ihm gelingt, sich aus dem isolierenden Liebesbann zu befreien und sich mit seiner Frau wieder der Gesellschaft und der Welt zuzuwenden.

[50] Siehe P. S. Barto: Tannhäuser and the mountain of Venus. Oxford University Press, New York, 1916, dem auch die Zitate entnommen sind.

> „Nu will ichs aber heben an
> Von dem Danheuser zu singen
> Und was er hat wunders getan
> Mit seiner fraw Venusinnen[51].
>
> Danheuser war ein Ritter gut
> Wann er wolt Wunder schawen
> Er wolt in fraw Venusberg
> Zu andern schönen frawen."

So beginnen die meisten Versionen des Liedes. In einer schweizerischen Fassung (St. Gallen), die mit zu den ältesten zählt, heißt es:

> „Danuser was ein wundrige Knab
> Grauss Wunder got er go schaue
> Er got wol uf der Frau Vrenesberg[52]
> Zu dene dri schöne Jungfraue."
>
> „Die sind die ganze Wuche gar schö
> Mit Gold und mit Side behange,
> Händ Halsschmeid a und Maiekrö,
> *Am Suntig sinds Otre und Schlange!*",

womit die Insassinnen des Venusbergs als Verwandte der Melusine gekennzeichnet sind.

Ich glaube den Inhalt der Sage als bekannt voraussetzen zu dürfen, möchte jedoch in Erinnerung rufen, daß, nachdem er lange im Venusberg geweilt hatte, Tannhäuser, von Gewissensbissen geplagt, zum Papst nach Rom geht, um Absolution zu erlangen. Diese wird ihm aber verweigert, mit dem Hinweis auf einen dürren Stock: so wenig wie dieser grünen werde, so wenig werde ihm seine Sünde vergeben. Er kehrt darauf wieder in den Venusberg zurück und verbleibt dort, auch als der Papst ihm Boten schickt mit der Mitteilung, daß ein Wunder geschehen und der Stock wieder grün geworden sei. Der Schluß des Liedes lautet in manchen Versionen:

---

[51] In einigen Versionen heißt es: „Venus der Düvelinne."
[52] Hier ist Frau Venus zur schweizerischen Verena geworden.

„Do was er wider in den Berg
Und het sin lieb erkoren.
Des must der vierte Babst Urban
Auch ewigklich sein verloren."

Wie aus der Bezeichnung Venusberg hervorgeht, ist damit eine Stätte der Freuden und Liebesglut gemeint, wo Venus das Szepter führt[53]. Er entspricht genau den obenerwähnten Mädcheninseln oder Feenhügeln und die damit verbundenen Sagen sind einander ganz ähnlich, indem sie stets von einem an diese Orte verlockten und dort von einer bezaubernden Frau festgehaltenen Mann erzählen, der den Rückweg entweder gar nicht oder nur mit Mühe wiederfindet.

Ein antikes Beispiel ist Kalypso, welche den Odysseus auf ihrer Insel festhielt und nur auf Befehl der Götter schließlich freiließ. Auch die Zauberin Kirke gehört hierher, doch hat diese mehr hexenhaften Charakter, indem sie ihre Opfer, die Gefährten des Odysseus, in Schweine verwandelt.

In der Tannhäusersage tritt der Antagonismus zwischen Christentum und Heidentum, der in der Erzählung von Melusine bereits angedeutet ist, offen zutage. Das Heidentum, das in der Zeit der Renaissance sich meldete, war jedoch nicht dasjenige der nordischen Völker, sondern das der Antike. Ein zu unserem Thema passendes Beispiel aus jener Zeit ist die berühmte „Ipnerotomachia" des Francesco Colonna, deutsch „Der Liebestraum des Poliphilo"[54], wo ein Mönch beschreibt, wie seine Traumgeliebte, die Nymphe Polia, ihn eine Reihe von symbolisch bedeutsamen antik-klassischen Bildern und Szenen schauen und erleben läßt und ihn schließlich nach Kythera führt, wo Venus dem Paar ihren Segen erteilt.

---

[53] Siehe auch W. Grimm: Deutsche Mythologie.
Im späteren Mittelalter wurde in Deutschland der Venusberg mit dem Graal identifiziert, da dieser Name mit der Zeit die Bedeutung von Fest und Lustbarkeit erhalten hatte. W. Hertz (Parzival und der Graal) zitiert einen Chronisten, der schreibt: „Die Historienschreiber meinen, der Schwanritter sei aus dem Berge gekommen, wo Venus in dem Graale ist."
[54] Siehe die eingehende psychologische Untersuchung dieses Werkes von Linda Fierz-David: Der Liebestraum des Poliphilo, Rhein-Verlag, Zürich, 1947.

Ein wichtiges, hier noch zu erwähnendes Werk, das in zwei Manuskripten des XV. Jahrhunderts erhalten ist und 1521 in Druck erschien, ist „Le Paradis de la Reyne Sibylle" von Antoine de la Sale[55]. Nach einer italienischen Tradition soll dieses „Paradies" auf dem zum Apennin gehörigen Monte della Sibilla liegen. Der Autor berichtet über die von ihm besuchte Örtlichkeit und die mit derselben verknüpften Überlieferungen. Eine auf dem Berge befindliche Höhle wurde als Eingang zum Palast der Königin Sibylle angesehen, deren Reich durchaus dem Venusberg entspricht. Die Sage ist gleich wie diejenige von Tannhäuser, mit dem Unterschied, daß hier dem reuigen Ritter Vergebung seiner Sünden versprochen wird. Sein Knappe macht ihn jedoch glauben, der Papst meine es nicht ehrlich und wolle sie in Haft setzen; um dem zu entgehen, kehren beide in das Paradies der Sibylle zurück.

Daß die Königin und ihre Jungfrauen jeweils von Freitag um Mitternacht an sich für 24 Stunden in ihre Gemächer zurückziehen und Schlangengestalt annehmen, ist ein Zug, den wir aus der Melusinensage kennen. Leider erlaubt der mir zur Verfügung stehende Raum nicht, näher auf dieses Buch einzugehen. Als im Lichte des früher Gesagten interessant, möchte ich nur hervorheben, daß in dieser Überlieferung der Venusberg mit dem der Sibylle identisch ist. Nach Desonay soll diejenige von Cumae gemeint sein, dieselbe, welche dem Aeneas den Weg zur Unterwelt wies, indem sie ihm sagte, wo der goldene Zweig zu finden sei, der den Eingang dazu öffnen würde[56]. Letzterer wurde in einer beim Avernersee gelegenen Höhle gedacht; noch jetzt wird in dessen Nähe eine Grotte der Sibylle gezeigt. Offenbar hat sich diese Überlieferung verdichtet mit derjenigen von einer auf dem Monte della Sibilla ebenfalls in der Nähe eines Sees befindlichen Höhle, welche als Eingang zum Paradies der Königin Sibylle galt[57]. Dazu kommt noch etwas weiteres:

---

[55] Antoine de la Sale: Le Paradis de la Sibylle. Edition et commentaire critique par Fernand Desonay, Libr. E. Droz, Paris, 1930.

[56] Siehe W. J. Roscher: Lexikon der griechischen und römischen Mythologie.

[57] l. c.

Desonay[58] spricht die Vermutung aus, daß jene Grotte vielleicht einst der Göttermutter Kybele geweiht gewesen sei, deren Kult, um 204 v. Chr. durch einen Spruch der sibyllinischen Bücher veranlaßt, in Rom eingeführt wurde und sich bis nach Norditalien und Gallien verbreitete[59]. Als Lebenspenderin und Fruchtbarkeitsgöttin waltet Kybele über den Gewässern, als Bergmutter und Herrin der Tiere liebt und beherrscht sie die wilde Natur. Sie verleiht die Gabe der Prophetie, verursacht aber auch Wahnsinn, und ihr orgiastischer Kult ist dem des Dionysos verwandt[60]. Sie ist bekannt als Mutter des Attis, doch würde es zu weit führen, hier näher auf diesen Mythus einzugehen. Nur daran möchte ich noch erinnern, daß es zum Kultus dieser Göttin gehörte, daß ihre Priester sich entmannten. Wie wir sahen, kommt das, was die im Feenreich[61] Festgehaltenen erfahren, ebenfalls einer Entmannung gleich, indem sie ihre Männlichkeit einbüßen und weiblich und verweichlicht werden. Der große Unterschied besteht jedoch darin, daß sie einer Verführung *erliegen* und dem Zauber des Weiblichen *verfallen* sind, während es sich im Falle der Kybelepriester um ein der Göttin dargebrachtes *Opfer* handelt.

Der Charakter der Göttin Kybele läßt sich sehr wohl mit demjenigen der „Reyne Sibylle" vergleichen, auch wenn Desonays oben erwähnte Hypothese nicht auf archäologischen Funden begründet ist.

In dem Paradies der Sibylle sind fast alle Aspekte vereint, welche in den verschiedenen Schwanjungfrau-, Nixen- und Feensagen aufgezeigt wurden. Daß ein solcher Komplex von Vorstellungen seit Urzeiten und universal verbreitet in stets derselben Kombination wiederkehrt oder sich lebendig erhalten hat, spricht mit aller Deut-

---

[58] l. c.

[59] Das Bild der Göttin, ein heiliger Stein, wurde damals aus Pessinus geholt und nach Rom gebracht.

[60] In einem orphischen Hymnus wird sie als „Lebenserhalterin und Freundin rasender Leidenschaft" angerufen. (Orpheus, Altgriechische Mysteriengesänge, übertragen von J. O. Plassmann, Diederichs Verlag, 1928.)

[61] Man könnte es auch als „Reich der Mütter" bezeichnen, doch wählte ich den andern Ausdruck, weil in der erwähnten Erzählung nicht der *Mutteraspekt* des Weiblichen, sondern derjenige des Eros im Vordergrund steht.

lichkeit dafür, daß es sich um eine grundlegende archetypische Gegebenheit handelt.

Die *große Mutter*, die *Seherin*, die *Liebesgöttin*, sind Aspekte des Urweiblichen und deshalb auch des Archetypus Anima.

In seinem Aufsatz „Die Göttin Natur" führt K. Kerenyi[62] aus, daß letzten Endes Kybele und Aphrodite ein und dieselbe seien und beide gleichzusetzen mit der *Göttin Natur*. Es ist diese große Göttergestalt, welche sich in den geschilderten Elementarwesen und den mit ihnen verbundenen Sagen widerspiegelt und deren Züge auch die Anima trägt.

Schwanjungfrauen und Nixen sind jedoch nicht die einzigen Formen, in denen sich das weibliche Naturwesen darstellt. Melusine wird von ihrem Mann „Schlange" gescholten und in der Tat kann auch diese das Urweibliche verkörpern. Sie stellt eine noch primitivere und mehr chthonische Weiblichkeit dar als z. B. der Fisch oder gar der Vogel; zugleich aber wird ihr Klugheit, ja Weisheit zugeschrieben. Daß sie gefährlich ist, weil ihr Biß giftig und ihre Umschlingung erstickend wirkt, ist eine altbekannte Tatsache[63], wie auch dies, daß trotz ihrer Gefährlichkeit eine faszinierende Wirkung von ihr ausgeht.

Die Schlange tritt in zahllosen Mythen und Märchen auf, aber nicht immer in einer ausgesprochen weiblichen Rolle. Auch erscheint sie oft in modernen Träumen und Phantasien, sowohl von Männern, als von Frauen, als ein Bild vormenschlicher, undifferenzierter Libido und nicht so sehr als eine bewußte oder bewußtseinsfähige Seelenkomponente[64].

Es gibt allerdings auch Beispiele, wo sie einen ausgesprochenen Anima-Charakter hat. So erwähnt Jung in seiner Schrift „Zum psychologischen Aspekt der Korefigur"[65] den Traum eines jungen

[62] K. Kerenyi: Die Göttin Natur, Eranos-Jahrbuch 1946.

[63] C. G. Jung: Symbole der Wandlung, 4. Auflage, Rascher, 1952, siehe z. B. p. 513 und p. 610.

[64] Siehe dazu C. G. Jung: Symbole der Wandlung, 4. Auflage, Rascher, 1952, und Erich Neumann: Entwicklungsgeschichte des Bewußtseins, Rascher, 1949.

[65] In C. G. Jung und K. Kerenyi: Einführung in das Wesen der Mythologie, Pantheon Verlag, 1946.

Mannes, wo eine weibliche Schlange sich „zärtlich und insinuierend" benimmt und ihn mit menschlicher Stimme anredet.

Ein anderer Mann, in dessen Garten sich gelegentlich eine Ringelnatter blicken läßt, findet, diese sehe ihn mit merkwürdig menschlichen Augen an, als ob sie sich mit ihm in Beziehung setzen wollte.

Als Schlange, resp. als „grüngoldenes Dreischlänglein" erscheint das Naturwesen auch in E. T. A. Hoffmanns Erzählung „Der goldene Topf"[66]. Aus diesem Schlänglein, das den Helden der Geschichte mit „unaussprechlicher Sehnsucht" anblickt, wird eine richtige Animafigur, welche im Besitze des goldenen Topfes ist, nämlich eines Gefäßes, in dem sich „das wundervolle Land Atlantis" abspiegelt, welches, als im Meer versunken, das Unbewußte darstellt. Indem Serpentina dem Anselmus die Schau dieser Bilder vermittelt, erfüllt sie eine typische Funktion der Anima. Zudem ist sie ihm behilflich beim Entziffern einer rätselhaften Schrift, welche sich auf einem smaragdgrünen Blatt befindet, das unschwer als ein Blatt aus dem Buche der Natur zu erkennen ist.

Die *Gefährlichkeit* der Anima wird betont, wenn sie, was in Träumen und Phantasien häufig vorkommt, als Raubtier erscheint. Ein Mann träumt z. B., daß eine Löwin, die ihren Käfig verlassen hat, auf ihn zukommt und schmeichelnd um ihn herumstreift. Sie verwandelt sich in eine Frau, wird nun bedrohlich und will ihn verschlingen. Auch Tiger, Panther, Leoparden, überhaupt Raubtiere, kommen oft in derartigen Träumen vor. In China spielt die Füchsin eine große Rolle; sie erscheint mit Vorliebe als schönes Mädchen, ist aber an ihrem Schwanz erkennbar. Oft hat sie etwas Geisterhaftes und wird für die Verkörperung eines Totengeistes gehalten. Auch bei Frauen findet man ähnliche Träume; in diesen Fällen stellt das Tier, insofern es weiblich ist, den Schatten der Träumerin oder deren primitive Weiblichkeit dar.

Eine Gestalt der modernen Literatur, welche den Schlangen- und zugleich Raubtiercharakter der Naturanima in eindrücklichster Form zeigt, ist Antinéa in P. Benoits Roman „L'Atlantide"[67]. Sie

---

[66] Ich verweise auf A. Jaffés ausgezeichnete Studie Bilder und Symbole aus E. T. A. Hoffmanns Märchen Der goldene Topf, welche in C. G. Jung: Gestaltungen des Unbewußten enthalten ist.

[67] Pierre Benoit: L'Atlantide. Ed. Albin Michel, Paris.

fasziniert durch die Schönheit der Venus, die Klugheit der Schlange und die Grausamkeit eines Raubtiers und übt einen unwiderstehlichen Zauber auf alle Männer aus, die in ihren Bereich kommen. Alle aber gehen an der Liebe zu ihr zugrunde und ihre mumifizierten Leichen schmücken als Statuen ein eigens zu diesem Zwecke eingerichtetes Mausoleum. Antinéa behauptet aus dem versunkenen Atlantis und von Neptun abzustammen, ist also auch eine Meergeborene wie Morgane oder Aphrodite. Sie ist eine ausgesprochen destruktive Animafigur; die von ihr Bezauberten verlieren ihre männlichen Qualitäten und Tugenden und finden schließlich den Tod.

Wie aus den angeführten Beispielen hervorgeht, erzeugt das Verfallensein an die Anima stets dieselbe fatale Wirkung, die in gewissem Sinne mit der Entmannung der Kybelepriester zu vergleichen ist.

Psychologisch bedeutsam ist, daß Antinéa ihr nefastes Wirken erklärt als Rache am Mann, der während Jahrhunderten die Frau ausgenützt und mißbraucht habe. Insofern sie die negative Seite des Archetypisch-Weiblichen verkörpert, wäre es die Rache des weiblichen Prinzips für die ihm angetane Entwertung.

Wenn, wie dies in so vielen Sagen vorkommt, ein Naturwesen bestrebt ist, sich mit einem Menschen zu verbinden und von ihm geliebt zu werden, um dadurch eine Seele zu bekommen, so heißt dies nichts anderes, als daß eine unbewußte und unentwickelte Persönlichkeitskomponente danach trachtet, dem Bewußtsein angegliedert und dadurch beseelt zu werden. Auf ähnliche Weise drückt sich dieses Bestreben auch in Träumen aus. So führt z. B. C. G. Jung einen solchen an[68], wo ein junger Mann träumt, es komme ein weißer Vogel zum Fenster herein in sein Zimmer geflogen. Dieser wird zu einem etwa 7jährigen Mädchen, das sich zu ihm auf den Tisch setzt, sich dann wieder in einen Vogel verwandelt, der aber mit menschlicher Stimme spricht. Hier ist dargestellt, wie ein weibliches Wesen im Hause des Träumers aufgenommen sein möchte, es ist aber noch ein Kind, d. h. unentwickelt, was auch darin zum

---

[68] In C. G. Jung und K. Kerenyi: Einführung in das Wesen der Mythologie, IV. Zum psychologischen Aspekt der Korefigur.

Ausdruck kommt, daß es wieder zum Vogel wird. Es war eine erste Erscheinung der Animagestalt, welche an der Schwelle des Bewußtseins auftaucht und erst halbmenschlich ist.

Das Unbewußte hat nämlich nicht allein die Tendenz, im Urzustand zu verharren, oder alles Bewußte wieder zu verschlingen und auszulöschen[69], sondern es zeigt auch eine deutliche Aktivität in der anderen Richtung. Es gibt unbewußte Inhalte, die danach drängen, bewußt zu werden, und die, wie die Elfen, sich rächen, wenn dies nicht berücksichtigt wird. Anscheinend geht der Drang zur Bewußtwerdung von den Archetypen aus, als ob sozusagen ein dahin zielender Instinkt vorhanden wäre. Woher der Anstoß dazu stammt und was das Wesen der dynamischen Grundlage ist, welche diesen auslöst, wissen wir nicht. Es gehört zu den unerforschten Geheimnissen der Psyche und des Lebens.

In dem hier behandelten Stoff drückt sich die Tendenz zur Bewußtwerdung darin aus, daß noch an die Natur verhaftete, erst halbmenschliche Wesen sich dem *Menschen,* d. h. dem *Bewußtsein,* annähern und von ihm aufgenommen werden möchten. Dabei ist aber vielleicht noch ein Moment in Betracht zu ziehen, das bisher unerwähnt blieb, nämlich der Umstand, daß in vielen Fällen die besprochenen Naturwesen einen (mehr oder weniger verborgenen) *Vater* besitzen. Die Walküren sind Odins Mädchen und Odin ist ein Wind- und *Geistgott.* Im Märchen vom Jäger und der Schwanjungfrau, die aus dem Glasberg erlöst werden muß, befindet sich ihr Vater auch daselbst und wird mit ihr zusammen erlöst. Die wälsche Nixe wird von ihrem Vater dem Mann übergeben, so wie Undine von ihrem Vater, dem Meerkönig, zu den Menschen geschickt wird, damit sie eine Seele erhalte.

Auch in modernen Träumen oder in der aktiven Imagination tritt die Animafigur oft in Begleitung einer Vaterfigur auf. Dies könnte als Hinweis darauf verstanden werden, daß dem Naturhaft-Weiblichen in der unbewußten Psyche ein männlich-geistiger Faktor zugrunde liegt, dem vielleicht das Wissen um Verborgenes zuzuschrei-

---

[69] Siehe C. G. Jung: Symbole der Wandlung, 4. Auflage, Rascher, 1952, und E. Neumann: Ursprungsgeschichte des Bewußtseins, Rascher, 1949.

ben ist, das die besprochenen Naturwesen besitzen. Jung nennt diese Figur „den alten Weisen" oder den „Archetypus des Sinns", während er die Anima als „Archetypus des Lebens" bezeichnet[70].

Es ist der im Unbewußten vorhandene sinngebende Faktor, welcher die Bewußtwerdung ermöglicht. Dieser Faktor ließe sich in gewisser Hinsicht mit der Idee des „lumen naturae" vergleichen, von dem Paracelsus sagt, daß es ein unsichtbares Licht sei, das man „durch Träume lerne". „Wie das liecht der Natur nit reden kann, so fürbilt es im Schlaf aus Kraft des Worts (Gottes)."[71]

Wenn wir die obigen Ausführungen nochmals überblicken, so zeigt es sich, daß die besprochenen Naturwesen ähnliche Eigenschaften und ein im großen Ganzen übereinstimmendes Verhalten aufweisen. Diese lassen sich sehr wohl mit dem Charakter der Anima und ihren Wirkungen vergleichen: *Beide vertreten das Erosprinzip; das Naturwesen vermittelt verborgenes Wissen, so wie die Anima die Kenntnisse der Inhalte des Unbewußten vermittelt.* Beide üben eine *faszinierende Wirkung* aus und besitzen eine oft überwältigende Macht, die sich verderblich auswirken kann, besonders dann, wenn gewisse Bedingungen, an welche die Beziehung zwischen dem Menschen und dem Naturwesen oder zwischen dem bewußten Ich und der Anima geknüpft sind, nicht erfüllt werden. Dies letztere ist in vielen Sagen die Ursache davon, daß sie in unbefriedigender Weise enden, d. h. daß die Beziehung abgebrochen oder verunmöglicht wird. Es geht daraus hervor, daß eine solche Verbindung eine heikle Sache ist, und dies gilt auch für die Beziehung zur Anima. Wie die Erfahrung lehrt, stellt auch sie gewisse Anforderungen an den Mann. Sie ist ein psychischer Faktor, der berücksichtigt werden will und nicht vernachlässigt werden darf, wozu im allgemeinen eine Tendenz besteht, da der Mann sich natürlicherweise gern mit seiner Männlichkeit identifiziert.

Es kann sich aber nicht darum handeln, daß er diese im Dienst der Herrin Anima ganz aufzugeben hätte, resp. sie verliert, sondern

---

[70] Siehe C. G. Jung: Von den Wurzeln des Bewußtseins. Rascher, 1954. Über die Archetypen des Kollektiven Unbewußten, p. 49, sowie C. G. Jung: Symbolik des Geistes, Rascher, 1948, und: Zur Phänomenologie des Geistes im Märchen, p. 17 ff.

[71] Siehe Psychologie und Alchemie, p. 350 und p. 370, Rascher, 1952.

nur darum, daß er dem Weiblichen, das ebenfalls zu seinem Wesen gehört, auch einen gewissen Raum gönnt. Dies tut er, indem er den Eros, d. h. das Prinzip der Bezogenheit anerkennt und verwirklicht. Dazu gehört, daß er sein Gefühl nicht nur wahrnimmt, sondern auch anwendet, denn zur Herstellung und speziell auch zur Erhaltung einer Beziehung ist ein Werturteil, was das Gefühl ja ist, unerläßlich. Von Natur aus neigt der Mann eher dazu, auf Sachen bezogen zu sein, z. B. seine Arbeit oder ein sonstiges Interessengebiet. Der Frau aber ist an der persönlichen Beziehung gelegen und dies ist auch bei der Anima der Fall. Sie verwickelt daher den Mann gern in solche, kann ihm aber auch gute Dienste leisten bei der Gestaltung derselben. Letzteres allerdings nur dann, wenn dieses weibliche Element dem Bewußtsein inkorporiert ist. Solange es autonom wirkt, stört oder verunmöglicht es die Beziehungen.

Die Forschungsergebnisse und Erfahrungen der Tiefenpsychologie haben gezeigt, daß es für den modernen Menschen (oder doch für viele unter diesen) notwendig ist, sich mit den Inhalten des Unbewußten auseinanderzusetzen. Von besonderer Wichtigkeit ist dabei für den Mann die Beziehung zur Anima, für die Frau diejenige zum Animus, weil diese zugleich die Verbindung mit dem Unbewußten überhaupt herstellen, indem sie eine Art Brücke dazu bilden. Gewöhnlich ist die Anima zuerst auf eine wirkliche Frau projiziert; dies kann den Mann veranlassen, zu derselben in Beziehung zu treten, was ihm vielleicht sonst gar nicht möglich wäre. Es kann aber auch zur Folge haben, daß er in eine allzu große Abhängigkeit von der betreffenden Frau gerät mit den oben beschriebenen fatalen Resultaten.

Solange eine solche Projektion besteht, ist es natürlicherweise schwierig, die Beziehung zur inneren Anima, d. h. zur eigenen Weiblichkeit zu finden. Oft treten jedoch in Träumen Frauengestalten auf, welche nicht mit einer wirklichen Person identifiziert werden können. Diese erscheinen gewöhnlich als „die Fremde", „die Unbekannte" oder „die verhüllte Frau", oder aber wie in unseren Sagen, als nicht eigentlich menschliches Wesen. Derartige Träume sind gewöhnlich eindrucksvoll und gefühlsbetont und legen die Annahme nahe, daß es sich um eine innerseelische Größe handelt, mit der es in Verbindung zu treten gilt.

So häufig solche Gestalten und die mit ihnen einhergehenden Umstände und Wirkungen in der Literatur behandelt werden, so selten sind die Werke, wo die Beziehungen zwischen dem Menschen und dem Naturwesen zu einem befriedigenden Abschluß gelangen. Der Grund hierfür dürfte darin zu suchen sein, daß es dem Ersteren an der nötigen Bewußtheit fehlt. Um eine Beziehung mit dem Unbewußten herzustellen, ist es unerläßlich, daß das Ich genügend bestimmt und gefestigt sei, so daß es nicht vom Unbewußten überwältigt und ausgelöscht werden kann, was bei der Beschäftigung mit demselben die Gefahr ist[72]. Ein deutlich bewußtes Ich ist auch nötig, um die Kontinuität einer solchen Beziehung zu erhalten, denn die Gestalten des Unbewußten, obschon sie vom Menschen, d. h. ins Bewußtsein, aufgenommen werden möchten, sind flüchtiger Natur und verschwinden leicht wieder dorthin woher sie kamen („Vergänglich wie die Morgenröte und schwer zu fassen wie der Wind bin ich" sagt Urvaśî).

Die Lösung dieser Aufgabe scheint heute ein Problem von besonderer Dringlichkeit zu sein, wie Psychotherapeuten und Psychologen bestätigen können; mit der Methode der sogenannten aktiven Imagination hat C. G. Jung einen Weg dazu gezeigt[73]. Durch Gegenüberstellung der Ichpersönlichkeit mit den Figuren des Unbewußten und Auseinandersetzungen mit ihnen, werden diese einerseits vom Ich unterschieden und andererseits mit diesem in Beziehung gesetzt, wodurch nach beiden Seiten eine Wirkung entsteht.

Ein sehr hübsches und treffendes Beispiel dafür findet sich in dem von Musaeus neu bearbeiteten, ursprünglich tschechischen Märchen „Libussa"[74], das hier noch kurz angeführt sei: Es handelt von einer Baumnymphe, welche, da sie ihre Eiche bedroht sah, einen jungen Knappen namens Krokus um Schutz bat. Als Lohn für seine Dienste durfte er einen Wunsch tun: Ruhm und Ehre, Reichtum

---

[72] Siehe C. G. Jung: Beziehungen zwischen dem Ich und dem Unbewußten, 4. Aufl., Rascher, 1950. E. Neumann: Entwicklungsgeschichte des Bewußtseins, 1949.

[73] Siehe C. G. Jung und K. Kerenyi: Einführung in das Wesen der Mythologie, Zum psychologischen Aspekt der Korefigur, p. 27 f.

[74] J. K. A. Musäus: Volksmärchen der Deutschen, Bd. II, in der Sammlung Märchen der Weltliteratur, Diederichs Verlag, 1912.

oder Minneglück. Es wählte aber keines von diesen, sondern begehrte „im Schatten des Eichbaumes von der Ermattung des Heeres-
zugs zu rasten" und aus dem Munde der Nymphe „Lehren der
Weisheit zu hören, um die Geheimnisse der Zukunft zu enträtseln".
Der Wunsch wurde ihm gewährt; jeden Abend im Zwielicht besuchte
sie ihn und lustwandelte mit ihm am schilfreichen Gestade des Wei-
hers. „Sie unterwies ihren hörsamen Lehrjungen in den Geheimnissen der Natur, unterrichtete ihn von dem Ursprung und dem
Wesen der Dinge, lehrte ihn die natürlichen und magischen Eigenschaften derselben und bildete den rohen Krieger zu einem Denker
und Weltweisen um. *In dem Maße, wie durch den Umgang mit der
schönen Schattengestalt die Empfindungen und der Gefühlssinn des
jungen Mannes sich verfeinerten, schien sich die zarte Form der Elfe
zu verdichten und mehr Konsistenz zu gewinnen.* Ihr Busen empfing
Wärme und Leben, ihre bräunlichen Augen sprühten Feuer und sie
schien mit der Gestalt einer jungen Dirne auch die Gefühle eines
blühenden Mädchens angenommen zu haben."

Hier ist ungemein treffend die Wirkung und Gegenwirkung geschildert, welche durch die Beziehung zur Animafigur entsteht. Die
letztere gewinnt mehr Konsistenz, wird realer und lebendiger,
während andererseits das Gefühl des Mannes eine Differenzierung
erfährt, und er zudem „zu einem Denker und Weisen" ausgebildet
wird und dadurch Berühmtheit erlangt. Das Märchen findet einen
natürlichen Abschluß[75], indem nach langem Zusammenleben die
Nymphe sich eines Tages von ihrem Gemahl verabschiedete, da sie
das nicht abzuwendende Ende ihrer Eiche voraussah. Diese wurde
vom Blitz getroffen und die Nymphe, deren Leben trotz ihrer
Menschlichkeit an dasjenige des Baumes gebunden blieb, verschwand
für immer.

Eine merkwürdige und, wie ich glaube, ziemlich einmalige Form
der Beziehung zur Anima fand der bereits erwähnte englische
Schriftsteller William Sharp[76]. Sein Vater, ein Kaufmann, wollte
ihn Rechtswissenschaft studieren lassen, wofür er sich jedoch nicht

---

[75] Das Märchen schildert auch die Schicksale der drei Töchter des Paares, worauf ich aber hier nicht eingehe.
[76] Siehe oben, p. 26.

eignete. Ebensowenig befriedigte ihn eine dreijährige Tätigkeit in einem Londoner Bankhause. Nach seinem Austritt aus demselben beschäftigte er sich mit Literatur- und Kunstkritik, und veröffentlichte auch Gedichte. Dies brachte ihn mit dem Londoner Schriftsteller- und Künstlerkreis zusammen. Besonders befreundet war er mit Dante Gabriel Rossetti. Auf die Lehrtätigkeit an Universitäten, die ihm mehrfach angeboten wurde, mußte er aus Gesundheitsrücksichten verzichten. Seine Frau, die Verfasserin der Biographie, der ich diese Angaben entnehme, war seine Cousine. Neben seiner kritisch-intellektuellen Mentalität besaß er jedoch ein lebhaftes Phantasie- und Traumleben, welches er das „grüne Leben" nannte, da es aufs engste mit der Natur, zu der er eine große Liebe hegte, verbunden war. In alljährlichem Aufenthalt am Meer, vor allem in Schottland, kam diese Seite seines Wesens auf ihre Rechnung. Eine schottische Kinderfrau hatte schon den Knaben mit gälischen Sagen vertraut gemacht, so daß ihm Schottland eine Art von Seelenheimat bedeutete. Während eines Aufenthaltes daselbst begann er eine „Celtic romance" mit dem Titel „Pharaïs" zu schreiben. Dabei wurde es ihm klar, „wie sehr das weibliche Element darin dominierte, und daß das Buch der subjektiven, weiblichen Seite seiner Natur seine Entstehung verdankte". Er beschloß deshalb, es unter dem Namen Fiona McLeod, der ihm „ready made" in den Sinn kam, zu veröffentlichen. Unter diesem Pseudonym schrieb er eine Anzahl von Büchern, in denen die eigenartige Natur Schottlands und seiner Bewohner in eindrucksvollen Schilderungen dargestellt ist[77]. Diese Werke wurden sehr geschätzt, besonders da zu jener Zeit ein neues Interesse für das Keltische erwacht war. B. Yeats z. B. schrieb darüber: „Von der Gruppe neuer Stimmen ist keine bezeichnender als die merkwürdig geheimnisvolle Stimme, die sich in den Erzählungen von Fiona McLeod offenbart. Sie ist zur Stimme dieser primitiven Menschen und der Elementardinge geworden, nicht allein durch die Beobachtung derselben, sondern aus einer Identität mit der Natur heraus. Ihre Kunst ist von jener

---

[77] Das erste unter diesem Namen veröffentlichte Buch war Pharaïs. Deutsch sind erschienen: Das Reich der Träume, Wind und Woge, Diederichs Verlag, 1905.

großen Art, welche auf Offenbarung beruht und mit unsichtbaren und ungreifbaren Dingen zu tun hat." Darüber befragt, wieso er dazu komme, unter dem Namen einer Frau zu schreiben, gab Sharp zur Antwort: „Ich kann mir vom Herzen schreiben, wie ich es niemals tun könnte als William Sharp . . . Dieses berauschende Gefühl des Einsseins mit der Natur, diese kosmische Ekstase und Erhebung, dieses Wandern an den äußersten Grenzen der gewöhnlichen Welt, all dies ist so verwoben mit der Romantik des Lebens, daß ich mich nicht ausdrücken könnte mit meinem gewöhnlichen äußeren Selbst." Seine Identität mit Fiona McLeod hielt er streng geheim und sogar seinen Freunden wurde sie erst nach längerer Zeit bekannt. Neben William Sharps eigener Korrespondenz unterhielt Fiona eine solche mit ihren Lesern. In einem Brief an seine Frau schreibt er einmal: „Immer ausgesprochener werden W. S. und F. M. zwei Personen, bald vereint im Geist und zusammen ein Wesen, bald deutlich voneinander unterschieden." Er unterzeichnet diesen Brief mit „Wilfion" (Verdichtung von William und Fiona). An seinem Geburtstag pflegte er jeweils mit Fiona Briefe zu wechseln, in denen er ihr seine Dankbarkeit ausspricht und sie ihm Ermahnungen erteilt.

Wir haben hier einen Fall, in dem die innere Anima einen seltenen Grad von Wirklichkeit erreicht. Vielleicht beruht dies auf einer besonderen Anlage W. Sharps; aber im Prinzip entspricht es dem, was mit der Beziehung zur Anima oder der Integration derselben gemeint ist, und was wohl jedem in einem bestimmten Maße möglich ist.

Die Integration der Anima, d. h. die Eingliederung des weiblichen Elementes in die bewußte Persönlichkeit des Mannes gehört mit zum Individuationsprozeß. Dabei ist ein Punkt von besonderer Wichtigkeit zu berücksichtigen: das weibliche Element, das als Persönlichkeitskomponente integriert werden muß, ist nur ein Teil der Anima, nämlich deren *persönlicher* Aspekt. Sie stellt aber zugleich den Archetypus des Weiblichen dar, und dieser ist *überpersönlicher* Natur und kann daher nicht integriert werden.

Unsere Betrachtung hat gezeigt, daß hinter den geschilderten Elementarwesen die göttlichen Gestalten von Kybele, Aphrodite und letzten Endes der Göttin Natur stehen. Aus diesem archetypi-

schen Hintergrund erklärt sich die unwiderstehliche Gewalt, welche
von einer solchen Animafigur ausgehen kann. Wenn es die Natur
selber ist, die einem darin entgegentritt, so ist es verständlich, daß
man davon überwältigt ist und ihr verfällt. Dies tritt besonders
dann ein, wenn der archetypische Aspekt der Anima nicht vom
persönlichen unterschieden wird. Durch Vermischung der beiden
Aspekte erhält die persönliche Anima ihre Übermacht; es ist daher
überaus wichtig zu unterscheiden zwischen dem zur Persönlichkeit
gehörigen und dem überpersönlichen. In Träumen oder Phantasien
wird diese Trennung manchmal so dargestellt, daß die überpersön-
liche Animafigur stirbt. Eine Phantasie ist mir bekannt, wo diese
in den Himmel fährt und eine gewöhnliche Frau zurückbleibt. In
dem bereits erwähnten „Liebestraum des Poliphilo" schließt der
Traum damit, daß die Nymphe Polia in die Luft entschwindet, „wie
ein himmlisches, vergöttlichtes Bild" [78].

C. G. Jung erwähnt den Traum eines Mannes, wo die Anima als
überlebensgroße weibliche Gestalt mit verhülltem Gesicht in einer
Kirche, anstelle des Altars, steht. Als Archetypus ist die Anima
übermenschlicher Natur und wohnt an himmlischem Ort, wie die
platonischen Ideen. Von der persönlich-weiblichen Seelenkomponente unterschieden, steht sie dennoch als Urbild dahinter und bildet
diese nach ihrer Gestalt. Ihr, der *großen Mutter* und *Liebesgöttin*,
der „*Herrin*", und wie immer sie genannt wird, ist mit Ehrfurcht
zu begegnen. Auseinandersetzen muß sich der Mann mit seiner persönlichen Anima, seiner ihm zugehörigen Weiblichkeit, welche ihn
begleiten und ergänzen soll, nicht aber ihn beherrschen darf.

Ich habe in dieser Arbeit die Anima als Naturwesen darzustellen
versucht und die höheren Erscheinungsformen derselben, wie z. B.
die der Sophia nicht in Betracht gezogen. Es scheint mir wichtig,
die Naturseite derselben hervorzuheben, da diese so ausgesprochen
zum Wesen des Weiblichen gehört.

Mit der Anerkennung und Integration der Anima entsteht eine
veränderte Einstellung zum Weiblichen überhaupt. Die neue Be-
wertung des weiblichen Prinzips bedingt, daß auch der Natur wieder die ihr gebührende Ehrfurcht zukommt, nachdem der in der

---

[78] Siehe Linda Fierz: Der Liebestraum des Poliphilo, p. 226 f.

Aera der Wissenschaft und Technik vorherrschende Standpunkt des Intellektes mehr zur Benützung und sogar Ausbeutung derselben geführt hat, als zu ihrer Verehrung. Glücklicherweise lassen sich aber heute auch Zeichen beobachten, welche in letztere Richtung weisen. Das gewichtigste und bedeutsamste derselben ist wohl das neue Dogma der Assumptio Mariae und die Erklärung derselben zur Herrin der Schöpfung. In unserer Zeit, wo trennende Gewalten so bedrohlich am Werke sind und Völker, Individuen und Atome spalten, ist es doppelt notwendig, daß auch diejenigen des Verbindens und Zusammenhaltens zur Wirkung gelangen; denn das Leben beruht auf dem harmonischen Zusammenspiel männlicher und weiblicher Kräfte, auch innerhalb des einzelnen Menschen. Die Verbindung dieser Gegensätze herbeizuführen bildet eine der wichtigsten Aufgaben der heutigen Psychotherapie.

Zeitschrift für Volkskunde 52, 1955, S. 144–155.

ASCHENPUTTEL
ZUM PROBLEM DER MÄRCHENSYMBOLIK

Von Hermann Bausinger

Wenn von Märchendeutungen gesprochen wird, blickt man im allgemeinen zunächst auf das 19. Jahrhundert und denkt an die verschiedenen mythologischen Richtungen: etwa an die Himmels- und Wolkenmythologie (Kuhn) oder die Mondmythologie (Siecke). Aber auch das 20. Jahrhundert hat, besonders seit dem Ende des ersten Weltkrieges, eine große Anzahl von Märchendeutungen hervorgebracht, die nur schwerer zu fassen sind, weil sie sich nicht mehr sämtlich in die größeren nachromantischen Strömungen von mindestens europäischem Ausmaß einordnen. Immerhin fügen sich auch hier die weitaus meisten Deutungsversuche in eine einzige Richtung, die freilich ihrem innersten Wesen gemäß auf übernationale Geltung verzichtet: Es handelt sich um die völkisch-nationale Auslegung der Märchen wie aller anderen Kulturgüter. Wenn auch die oft völlig unwissenschaftliche Methode der entsprechenden Werke eine Auseinandersetzung fast überflüssig erscheinen läßt, so macht doch ihre nachweislich große Verbreitung eine kurze Darstellung notwendig — auch wenn diese schließlich nur für die Geschichte der Symbolforschung, keineswegs für die Deutung selber fruchtbar ist.

In Deutschland setzt diese Richtung nicht erst mit dem Jahre 1933 ein. 1925 erscheint, schon am Ende einer ganzen ‚Schule' stehend, ein Buch Werner *von Bülows* unter dem Titel: „Die Geheimsprache der deutschen Märchen. Ein Beitrag zur Entwicklungsgeschichte der deutschen Religion." Bülow ordnet die Märchen einzelnen Runenzeichen unter, für die er ebenso wie für gewisse Wortstämme bestimmte, engbegrenzte Sinngehalte postuliert. Das Aschenputtelmärchen, das wir im folgenden als Einzelbeispiel für die jeweilige Art der Deutung herausgreifen, wird unter seinen Händen zu einer Anhäufung psychologischer und kosmischer Begebenheiten, die an der nordischen Mythologie ausgerichtet sind. „Aus dem Adler, dem Zeichen der AR-Rune, sind im Märchen die beiden weißen Tauben geworden, die die Falschheit der beiden Schwestern offenbaren und strafen. Die Taube bedeutet, runisch gedeutet, verborgenes (T) Leben (B)." (S. 61). Oder zum Motiv des Linsenlesens: „Runisch ist L das Licht, N das Wasser, die Flut, und S die Sonne, das Heil, das Sonnenheil. Man kann daher Linse geradezu mit Seelen-Licht-Natur übersetzen, die durch das Wasser der Not hindurch muß, um gereinigt zu werden" (S. 62). Oder zum Schluß des Märchens: „Es handelt sich um das Gericht, das sich an der Seele nach dem Tode im Hause Glitnir, dem zehnten der Edda, des Forsete, des Vorsitzers, des besten aller Richter vollzieht" (S. 61).

Im gleichen Jahr 1925 veröffentlicht Georg *Schott* seine „Weissagung und Erfüllung im deutschen Volksmärchen". Dieses Buch ist bescheidener in seinem Anspruch. Grundlegend für die Deutung der Märchen ist Schotts Überzeugung, daß sich darin das deutsche Schicksal widerspiegelt. Aschenputtels Heimstatt ist „das deutsche Haus" schlechthin (S. 19 f.), das durch die politischen Ereignisse gefährdet ist. „Es muß alles erfüllt werden: Gold und Silber, Perlen und Edelsteine den Fremden, den Unersättlichen. – Lassen wir sie ihnen, wenn es das Schicksal so will. Wenn die Zeit erfüllt ist, dann wird uns auch von diesen äußeren Gütern, was wir brauchen. Denken wir an den Schluß der echten Märchen" (S. 23).

Was hier anklingt, beherrscht die Deutungsversuche der folgenden Jahre. Bruno P. *Schliephacke* nennt sein Bändchen „Märchen, Seele und Kosmos" (Prag 1929) im Vorwort zur 2. Auflage (1942) einen kleinen „Beitrag für den Kampf um ein inneres Deutschtum". Bei ihm triumphiert wieder abenteuerliche Semantik: „Asche führt zu dem Wort Ase, puttel zu pustel, d. h. Funken. Aschenputtel ist demnach als Asenpustel der Gottesfunken" (S. 100). Hier werden Ansätze zu einer Psychologisierung der Märcheninhalte spürbar: Aschenputtel ist die Seele, und „Stiefmutter der Seele bleibt immer die Materie, der Stoff, aus ihm entwickeln sich der Leib und der Verstand, der nur Endliches zu erfassen vermag" (S. 101); – aber wesentlich bleibt dabei doch, daß die Märchen „Zeugen einer arteigenen Religiosität" sind (Vorwort zur 2. Auflage).

Sogar das so sachliche Buch von Erwin *Müller*: „Psychologie des deutschen Volksmärchens" (München 1928) sieht in den Märchen ein Mittel, „das meist so schwache Nationalbewußtsein zu erziehen" (S. 77). — Im Verlag der Deutschkirche in Berlin erschien 1927 Joachim Kurt *Niedlichs* „Märchenbuch" mit dem bezeichnenden Untertitel: „Der alten deutschen Volksmärchen heimliches Raunen." Niedlich übernimmt in seinen Deutungen vieles von Schott. So ist es auch für ihn „die deutsche Seele, die aus den Räumen mußte und auf den Aschenhaufen" (S. 99, 3. Aufl. 1932).

In den folgenden Jahren traten die entsprechenden Deutungen naturgemäß noch mehr in den Vordergrund. Josef *Prestel* (Märchen als Lebensdichtung, München 1938) bezeichnet es als „tiefste deutsche Innerlichkeit, ohne jede Spur von Rührseligkeit, wenn Aschenputtel als einziges Mitbringsel sich ein Haselreis wünscht, um es auf der Mutter Grab zu pflanzen" (S. 15). Er „wertet das Märchen als Ahnenerbe, rassisch-sittliches Schaubild und hohes Kunstwerk" (S. 1). — Das Buch von Karl *von Spieß* und Edmund *Mudrak*: „Deutsche Märchen — deutsche Welt" (Berlin 1939) enthält manche gründliche wissenschaftliche Überlegung; aber auch hier kommt es auf die „Zeugnisse nordischer Weltanschauung" (Untertitel) an, und mit dem Goldhaar, das Aschenputtel in einigen nordischen Varianten trägt, wird belegt, daß es sich um „ein dem Blute nach edles Mädchen" handelte (S. 288). — Rudolf *Viergutz* (Von der Weisheit unserer Märchen, Berlin 1942) interpretiert nicht die einzelnen Märchen, sondern greift einzelne Motive heraus im Sinne einer „Wiedergeburt des deutschen Volksglaubens" (S. 180).

Ihren historischen Grund hat auch die hier skizzierte Richtung in der Romantik. Es braucht jedoch kaum betont zu werden, daß sie eine von deren Seiten verfälscht und absolut setzt. Es sind Werke sehr verschiedener Qualität, die aufgeführt wurden. Gemeinsam ist fast allen eine bestimmte Tendenz bei der Deutung. Aber handelt es sich denn dabei überhaupt noch um eine Deutung, um eine Auslegung des in den Märchen Enthaltenen? Wird nicht vielmehr der Märcheninhalt einer vorgeformten Weltanschauung als Beweis unterlegt? Wir meinen, daß die Symbole hier im wesentlichen nicht gedeutet, sondern auf bestimmte Situationen und Systeme *angewendet* werden.

Die völkisch-nationale Anwendung war weitaus die umfangreichste während der letzten Jahrzehnte, aber keineswegs die einzige. 1950 erschien in Stuttgart eine Neuauflage von Rudolf *Meyers* „Die Weisheit der deutschen Volksmärchen". Hier wird den Märchen — in der Nachfolge Rudolf Steiners — ein anthroposophisch-christlicher Sinn unterlegt. So heißt es etwa zur Gabe des weißen Vogels an Aschenputtel: „Die Gnade des Heiligen Geistes steigt zu der Seele herab, die in regelmäßig geübter Versenkung jene unschuldige, von keinem Schlangengift verdunkelte Seelenkraft pflegt, deren Wurzel aus den verborgenen Gemütstiefen ihre Nahrung ziehen darf" (S. 187). „Die Wesensläuterung offenbart sich für die übersinnliche Wahrnehmung im Leuchten der Seelenkleider", die Aschenputtel trägt. „Jeden Abend, wenn sich der seelisch-geistige Teil des Menschen aus dem schlafenden Körper hebt, fängt die Seelenhülle (der ‚astralische Leib') zu strahlen an: gemäß seiner inneren Entwicklung und Vergeistigung, die er bisher zu erreichen fähig war. Dadurch hellt sich die übersinnliche Welt für den Geistesblick im Umkreis auf. Die Seele erlebt die Begegnung mit ihrem höheren Ich. Das ‚Geistselbst' will sich mit ihr vereinigen" (S. 188). Das Aschenputtelmärchen gipfelt für Meyer, da sich die beiden Tauben auf die Schultern des Brautpaares setzen, „in einem Pfingstmysterium. Die Seele, die sich ihrem höheren Selbst zu vermählen beginnt, wird zur Stufe der Inspiration erhoben" (S. 190).

Auch dieses Buch tritt mit dem Anspruch auf, den objektiven Gehalt der Märchen auszudeuten, während es doch nur die Märcheninhalte einem vorhandenen, festen geistigen Bezugssysteme unterlegt und einordnet. Man könnte auch sagen, daß die Märcheninhalte hier nicht symbolisch, sondern allegorisch[1] — oder: statt als Realsymbole als Vertretungssymbole[2] — gefaßt werden. Räumte der Verfasser

[1] Dabei ist der Unterschied so gefaßt, „daß aus dem Symbol noch alles werden kann, die Allegorie dagegen etwas ganz Bestimmtes ist" (Peter Meuer, Hans Carossa. Symbol und Symbolik im dichterischen Prosawerk. Mschr. Diss. Tüb. 1950, S. 199 f.; in ähnlichem Sinn Lily Weiser-Aall, Der seelische Aufbau religiöser Symbole, in ZfVkd. 1933, S. 15—46, bes. S. 45).

[2] Das Vertretungssymbol setzt Distanz, „setzt die radikale Trennung von wahrnehmungsmäßig-gegenständlicher Erscheinung und in sich be-

ein, daß er die Symbole nicht deutet, sondern anwendet, so wäre nichts einzuwenden.

Eine derartige legitime Form der Anwendung von Symbolen kennt man seit langem in der Psychologie und Psychiatrie. Es war und ist dort durchaus gebräuchlich, die Situation eines Kranken durch den Vergleich mit einem Typus zu kennzeichnen, der so gut wie aus der Wirklichkeit auch aus der Welt der Märchen stammen kann. Der Vergleich mit Aschenputtel ist dabei sehr häufig[3]. Der ärztliche Diagnostiker verwendet den Ausdruck und das Bild Aschenputtel in grundsätzlich gleicher Weise, wie auch die Alltagssprache solche Bilder gebraucht — nur vertritt für ihn dieses Bild bereits bestimmte medizinische Gegebenheiten. Innerhalb der tiefenpsychologisch ausgerichteten Medizin liegt eine solche Anwendung besonders nahe, da sie ja von Anfang an „Probleme der Individualpsychologie durch Heranziehung von völkerpsychologischem Material zu erledigen" strebte[4]. Es ist deshalb eine vollständige, wenn auch durch die Arbeiten C. G. *Jungs* stetig vorbereitete Umkehr, wenn neuerdings auch von dieser Richtung umgekehrt völkerpsychologische Probleme durch individualpsychologisches Material, das seinerseits bereits unter kollektivpsychologischen Gesichtspunkten gewonnen und betrachtet wird, gelöst werden sollen. Es kann nicht ausbleiben, daß hier gelegentlich Unbekanntes durch ähnliches Unbekanntes erklärt werden soll.

Im Ansatz reiner, freilich auch ärmer und einseitiger, waren die in der Nachfolge *Freuds* stehenden Versuche, „Gesichtspunkte und Ergebnisse der Psychoanalyse auf ungeklärte Probleme der Völker-

---

stehendem Sein ... voraus" (Manfred Thiel, Die Symbolik als philosophisches Problem und philosophische Aufgabe. In: Studium Generale, 6. Jg. 1953, S. 235—256; s. S. 244). Es zeigt sich, daß hier sehr verschiedene Symbolbegriffe wirksam sind. Während hier nur die Verbindungslinien zur gegenwärtigen Forschung gezogen werden sollen, wird im folgenden das Symbolische zwar nicht eindeutig zu definieren, aber doch näher zu bestimmen sein.

[3] Freundliche Mitteilung von Dr. med. Hans Fink, New York.

[4] Sigmund Freud, Totem und Tabu. Einige Übereinstimmungen im Seelenleben der Wilden und der Neurotiker. Leipzig und Wien 1913. Vorrede.

psychologie anzuwenden"[5]. Auch zur Märchenforschung entstanden einige Beiträge — von Franz *Riklins* „Wunscherfüllung und Symbolik im Märchen" (Wien und Leipzig 1906) bis zu Bruno *Jöckels* Aufsatz „Das Reifungserlebnis im Märchen" (in Psyche, 1. Bd., 1947/48, S. 382 ff.). Es muß heute nicht mehr betont werden, daß das Märchen sich nicht in der Darstellung von „Spezialfällen" sexueller Symbolik und auch nicht in der Gestaltung des vorwiegend sexuell bestimmten Reifungserlebnisses erschöpft.

Es ist das Verdienst Hedwig *von Beits*, daß sie in ihrer umfangreichen, Jungs Forschungen verpflichteten „Symbolik des Märchens" (erschienen 1. Band, Bern 1952) diese Einseitigkeiten überwindet und die Symbole des Märchens nach den verschiedensten Richtungen hin ausschöpft und ausdeutet. Sie zieht zu ihren Erklärungen Traumerlebnisse so gut heran wie primitive Gebräuche, Erscheinungen des europäischen Volksglaubens, religiös gebundenes Symbolverständnis, geschichtliche Zustände und literarische Parallelen. Sie geht nicht nur von einzelnen Märchenformungen aus, sondern zieht grundsätzlich Varianten heran. Nur durch eine solch vielschichtige Auslegung glaubt Hedwig von Beit dem Reichtum und der Dramatik des menschlichen Seelenlebens gerecht zu werden.

Die Folge aber, die den mit dem Wesen des Symbolischen Vertrauten nicht überraschen wird, ist eine oft völlige Auflösung und Neutralisierung der einzelnen Symbole. „Eine totale Psychologisierung des Symbols käme seiner Negation — dem Asymbolismus — gleich", schreibt Igor A. Caruso[6]. Der Gefahr solcher totalen Psychologisierung erliegt Hedwig von Beit immer wieder. Aschenputtel wünscht sich vom Vater das erste Reis, das an seinen Hut stößt, als Geschenk von der Reise. „Darin liegt von seiten Aschenputtels eine bemühte Hinorientierung zum Unbewußten mit Hilfe des Animus (Vater), wobei der Animus durch die Intuition wirkt: er bringt den ,Einfall' (,was ihm an den Hut stößt'). Aschenputtels Wunsch mag eine unbestimmte Ahnung zugrunde gelegen haben, daß sie durch das Reis aus der ins Totenreich verdrängten weiblichen Instinktsphäre ein Zeichen erhalten könne, und dieser Wunsch

---

[5] Ebd.

[6] Das Symbol in der Tiefenpsychologie, S. 297 (Studium Generale, 6. Jg. 1953, S. 296—303).

entspricht einer auftauchenden Erinnerung an das eigene unbewußte Wesen, das noch im Bilde der Mutter enthalten ist" (S. 726).
Oder: „Die Asche bedeutet in der Alchemie oft die verachtete
Anfangsmaterie. Sie ist ein Verbrennungsprodukt, der Restbestand
des im Feuer aufgelösten Stoffes, und diese Stofflichkeit verleiht
ihr den Charakter des Mütterlichen. Die Linsen sind in bezug auf
sie in ihrer Eigenart als Samen ein Fruchtbarkeitssymbol. So bedeutet die Aufgabe Aschenputtels ein Unterscheiden und Aus-
scheiden im Chaos des Unbewußten, um dem toten Überkommenen,
der Vergangenheit als dem Mütterlichen die Keime des zukünftigen
Schicksals zu entnehmen. Die Bemühung um das Unbewußte ist
tatsächlich eine ‚Aschenputtel-Arbeit', ein mühseliges, scheinbar
nicht lohnendes, subtiles Unterscheiden von Wert und Unwert von
Gegebenheiten, ein viel Geduld erfordernder Versuch, im Chaotischen Unterscheidungen vorzunehmen. Die Vollbringung dieser
Arbeit in der Küche — dem Ort der Umwandlungen — ist der
Heldin nur möglich mit Hilfe der Vögel, die von zwei Tauben
geführt werden ..." (S. 729). Die Beispiele, in denen Symbole —
etwa das Symbol ‚Hasel' — amplifiziert[7] und verschiedenen
Schichten des Seelischen zugeordnet werden, sind sehr zahlreich.
„Deutung auf der Objektstufe" und „Deutung auf der Subjektstufe"[8] sind hier beide konsequent zu Ende geführt; gerade deshalb
aber geraten sie in offenkundigen Widerspruch. Die Hasel kann das
Leben bedeuten, sie dient „als Hecke zum Schutz der Siedlung",
hilft gegen Dämonen, Gewitter und Ungeziefer, macht hellsichtig
gegen Hexen, kann Wünsche erfüllen, die Himmelskönigin Maria
kann damit verglichen werden, die Hasel war Grabbeigabe und
Schatzweiser[9]; der Vollständigkeit halber müßte man hinzufügen,
daß sie auch Mittel zum Schadenzauber sein kann[10]. Für Aschenputtel aber ist sie *nicht* all dies, und es geht nicht an, alle diese
Beziehungen nun im Aschenputtelmärchen zu suchen. Hier scheint

[7] Vgl. zum Begriff der Amplifikation Caruso, a. a. O. S. 299.

[8] Carl Gustav Jung, Über die Psychologie des Unbewußten. Zürich
1948, 6. Auflage. S. 152 f.

[9] Beit, S. 726; nach Ninck und Handwörterbuch des Aberglaubens.

[10] Vgl. Will-Erich Peuckert, Schäferlicher Stockzauber. In: Zs. f. dt.
Phil., 72. Band 1951. S. 182—194.

sich Hedwig von Beit viel zu sehr an pathologischen Zuständen zu orientieren, in denen das Symbolerleben ein äußerst komplexes und weitreichendes ist, und in denen „Symbole und symbolisierte Hintergründe dasselbe" sind[11]. Weder Aschenputtel noch der Märchenhörer, der von Beit gewöhnlich mit der Heldin identifiziert wird, dürfen aber psychopathisch verstanden werden.

Es erhebt sich die Frage nach den *Grenzen*, bis zu denen die Bedeutung eines Märchensymbols reicht — und wir nähern uns mit dieser Frage einem Grundproblem des Symbolverständnisses überhaupt. Alle Erscheinungen, Dinge wie Wortgebilde, sind nicht nur sie selbst, sie können immer auch bedeuten. Während jedoch auf ursprünglichen Kulturstufen durch die Überlieferung und durch festumschlossene Lebenskreise bestimmte Horizonte gesetzt werden, innerhalb deren symbolische Auffassung sinnvoll ist, sind für die „untergehenden Generationen einer Kultur" diese Horizonte verwischt, und es besteht die Gefahr, daß die Symbole überbewertet und eben dadurch entleert werden[12].

Nirgends wird dies deutlicher als beim Märchen. Immer wieder begegnen wir der Auffassung, das Märchen sei „ein unaufgelöstes, ja unauflösliches Wunder. Ohne das würde es sogar den Reiz seines eigentlichen Wesens ... verlieren"[13]. Schon *Thimme* vertrat die Auffassung, „die große Majorität der Märchen" widerstreite „jeglicher näheren Bestimmung, nicht nur nach Raum und Zeit, Herkunft und Absicht, sondern auch nach Gedanken, Idee und tieferer Bedeutung"[14]. Robert *Petsch* nennt das Märchen eine „nicht weiter aufzulösende Gegebenheit"[15]. Und *Lüthi* schreibt: „Die schwerelosen

[11] Caruso, a. a. O. S. 300; vgl. auch Henno Müller-Suur, Über die Wirksamkeit allgemeiner Sinnhorizonte im schizophrenen Symbolerleben. In: Studium Generale, 6. Jg. 1953, S. 356—361.

[12] Vgl. Will-Erich Peuckert, Volkskundliche Symbole. In: Studium Generale, 6. Jg. 1953, S. 322—324.

[13] Rudolf Pannwitz, Märchen und Dichtung. In: Der Nihilismus und die werdende Welt. Nürnberg 1951. S. 155.

[14] Adolf Thimme, Das Märchen. Leipzig 1909. S. 152.

[15] Robert Petsch, Die Kunstform des Märchens. Ihre Entwicklung und ihre Bedeutung im Wandel der epischen Formen. In: ZfVkd. 45. Jg. 1935. S. 30.

Figuren des Märchens haben die Eigenschaft, daß sie zu keiner bestimmten Deutung verpflichten, ja daß sie eine solche verbieten." Doch fügt er hinzu: „daß sie aber andrerseits vielfache Deutungen gestatten, ja geradezu danach rufen"[16]. Für diesen Zusatz gibt es zahllose Zeugnisse, von denen wir einen kleinen Teil angeführt haben. Alle diese Deutungen — oder wie wir es nannten: Anwendungen — anerkennen jedoch im Grunde keinen Horizont des Symbolverständnisses, sondern treten mit dem Anspruch auf, den Generalnenner schlechthin, das allgemein-gültige Bezugssystem gefunden zu haben, in das sich auch die Märchen einordnen.

Auch die derzeitige Literaturwissenschaft bewegt das hier angeschnittene Problem, die „Antinomie zwischen Dichtung und Deutung"[17]. Diese Antinomie muß bestehen bleiben; doch hat Wilhelm *Emrich* in seiner Untersuchung des Kästchensymbols in Goethes „Wanderjahren" neuerdings versucht, diese Antinomie für die Interpretation fruchtbar zu machen. „Jede Gehaltsdeutung ginge fehl, die auf Grund eines einzelnen Sinnbezuges des Symbols nun die ganze Bedeutung in Händen zu halten glaubt. Zugleich aber gibt gerade diese Sinnfülle des Symbols der Gehaltsforschung die Möglichkeit, nun auch die Verbindung zwischen all diesen Sphären aufzudecken, zu zeigen, wie in diesem Roman in der Tat sämtliche Gebiete, Geologie, Liebesprobleme, Gesellschaftsprobleme, religiöse und pädagogische Probleme usw. in einer streng gegliederten inneren Beziehung stehen, niemals isoliert erforscht werden können."[18] Hier wird also darauf hingewiesen, daß innerhalb des Romanes selber für das gleiche Bild ganz verschiedene Symbolgehalte, verschiedene Sinnhorizonte auftauchen; die vielfältigen Beziehungen zwischen diesen Sinngehalten werden aufgedeckt, und so wird „die disparate Kunstform des Romans" wie „die disparate Struktur der spezialisierten Gesellschaft" erhellt[19].

---

[16] Das europäische Volksmärchen. Form und Wesen. Bern 1947. S. 115.

[17] Wilhelm Emrich, Das Poblem der Symbolinterpretation im Hinblick auf Goethes „Wanderjahre". In: Dt. Vierteljschr. f. Litw. u. Geistgesch., 26. Jg. 1952, S. 331—352. S. 331.

[18] Ebd. S. 348.

[19] Ebd. S. 352.

Das Märchen aber ist keine disparate Kunstform, und seine Symbole stehen im allgemeinen nicht in sehr verschiedenen Sphären. Indessen scheint so viel auch von der Märchendeutung zu fordern, daß sie das Werk, das *einzelne Märchen*, als den Raum betrachtet, in dem die Deutung geschehen muß[20]. Diese Forderung klingt zwar einmal an bei Walter A. *Berendsohn*[21], ausdrücklich aber wurde sie nie erhoben. Sie bleibt jedoch auch dann bestehen, wenn die Deutungsmöglichkeit dadurch auf ein Minimum beschränkt wird. Feste Symbolwerte werden so kaum zu erschließen sein; eher noch wird über den Zusammenhang und die Beziehungslinien zwischen den einzelnen Symbolen etwas ausgesagt werden können.

Es überrascht, daß das Volksmärchen so selten unter literarisch-ästhetischem Gesichtspunkt betrachtet wurde. So unangemessen dieser Gesichtspunkt sein mag, wo es um Entstehungsprobleme u. ä. geht, so fruchtbar kann er werden für die Sinndeutung. Max *Lüthi* hat die morphologische Betrachtungsweise von André Jolles weitergeführt und die Form Märchen näher bestimmt[22]. In einer neuen Tübinger Dissertation eines Schülers von Hugo *Moser* wurden Lüthis Ergebnisse auf die wichtigsten Kunstmärchen der Romantik mit Erfolg angewendet[23]. Für die Interpretation eines einzelnen Volksmärchens geben sie aber wenig her, da sie ja aus der Gesamt-

[20] „Was diese Bilder sagen, ist daher nicht aus ihrer Dingbedeutung zu erschließen, es bestimmt sich einzig aus dem Geschehen der Dichtung, in der sie erscheinen. So reicht ein Wissen um den Mai im Jahreslauf nicht aus, zu verstehen, was der Mai in Goethes ‚Mayfest' ist" (Erich Rupprecht, Die Symbolik der neueren deutschen Dichtung. In: Studium Generale, 6. Jg. 1953, S. 348—355. — S. 349).

[21] „Für die Erzählerkunst des Märchens ist es gleichgültig, wo und wann die einzelnen Jenseitsmotive entstanden sind und ob sie geglaubt werden; denn sie werden künstlerisch verwandt: sie machen eine Welt aus, die unabhängig ist von dem Geschehen der alltäglichen Wirklichkeit" (Grundformen volkstümlicher Erzählerkunst in den Kinder- und Hausmärchen der Brüder Grimm. Hamburg 1921. S. 35).

[22] Das europäische Volksmärchen. Form und Wesen. Bern 1947. — Märchen und Sage. In: Dt. Vierteljschr. f. Litw. u. Geistgesch. 25. Jg. 1951; S. 159—183.

[23] Jürgen Bieringer-Eyssen, Das romantische Kunstmärchen in seinem Verhältnis zum Volksmärchen. Mschr. Diss. Tüb. 1953. Vgl. S. 11.

heit der Volksmärchen abstrahiert wurden. Eindimensionalität, Flächenhaftigkeit, abstrakter Stil, Isolation und Allverbundenheit, Sublimation und Welthaltigkeit — all das kann wie in anderen Volksmärchen auch im Aschenputtelmärchen nachgewiesen werden. Gerade deshalb aber sagen diese Züge für das Einzelmärchen Aschenputtel wenig aus. Es sind ganz wenige „dominante Bilder"[24], die unserem Märchen das Gepräge geben. Das auffallendste davon ist wohl der *Schuh*. Hedwig von Beit bietet für die Ausdeutung eine große Menge Material an, wobei sie sich auf Aigremonts ‚Fußerotik' und das Handwörterbuch des Aberglaubens stützt. Vor allem habe der Schuh „erotische Bedeutung", aber auch „die Bedeutung von Macht und Besitz", usw.[25]. Nun wird in der endgültigen Märchenfassung der Brüder Grimm der Schuh schon verschiedentlich erwähnt, ehe er eigentlich ‚Motiv' wird. „Sie nahmen ihm seine schönen Kleider weg, zogen ihm einen grauen alten Kittel an und gaben ihm hölzerne Schuhe." Nachher sagen die Stiefschwestern zu Aschenputtel: „kämm uns die Haare, bürste uns die Schuhe und mache uns die Schnallen fest, wir gehen zur Hochzeit auf des Königs Schloß"; und die Mutter sagt: „...du hast keine Kleider und Schuhe, und willst tanzen!" Immer wieder also werden die Schuhe in Verbindung mit den Kleidern erwähnt. Beides sind zunächst einmal Zeichen des Schmucks, gegebenenfalls Erhöhungen der *Schönheit*. Dabei scheint es, als ob die Kleider mehr der Welt des schönen Scheins angehörten, während die Schuhe eine wesenhaftere, unverwechselbare Schönheit symbolisieren, wie sich nachher bei der Schuhprobe zeigt. Der Gegensatz zwischen nur äußerlicher und echter innerer Schönheit ist zwar ein wichtiges Thema des Märchens. Dennoch ist es unmöglich, den Symbolwert jeweils genau einzuschränken und so zwischen innerer und äußerer Schönheit zu scheiden. Das liegt im Wesen der Gattung Märchen begründet. Legen wir ans Märchen die Staigerschen Grundbegriffe der Poetik an[26], so erscheint es in seiner Orientierung auf das Ziel

---

[24] H. S. Reiss, Bild und Symbol in „Wilhelm Meisters Wanderjahren". In: Studium Generale, 6. Jg. 1953, S. 340—348.

[25] Vgl. H. v. Beit, a. a. O. S. 731—733.

[26] Emil Staiger, Grundbegriffe der Poetik. 2. Aufl. Zürich 1951.

hin dramatisch, in seinem Gleichmaß (und seiner äußeren Stilform) episch, in der wesentlichen Grundhaltung des Erinnerns aber lyrisch. Was Staiger über die lyrische Dichtung schreibt, gilt auch vom Märchen: „Wenn lyrische Dichtung nicht objektiv ist, so darf sie darum doch nicht subjektiv heißen. Und wenn sie nicht Außenwelt darstellt, stellt sie dennoch auch keine Innenwelt dar. Sondern ‚innen' und ‚außen', ‚subjektiv' und ‚objektiv' sind in lyrischer Poesie überhaupt nicht geschieden." [27]

Daß unsere schlichte Deutung des Schuhsymbols als Bild der Schönheit vermutlich schon für die historischen Vorstufen des Märchens zutrifft [28], sei erwähnt; indessen kann eine Verschiebung des Sinns so gut eintreten wie eine Verschiebung der den Sinn tragenden Zeichen. Es scheint zu den wesentlichen Zügen des Märchens zu gehören, daß seine ‚dominanten Bilder' jeweils mit ganz verschiedenem Gewicht auftreten. Vom Schuh oder den Schuhen ist immer wieder die Rede, unvermerkt und beiläufig prägt sich das Bild ein, bis es dann plötzlich als helles und deutliches Movens in die Vorstellung tritt. Gerade diese Entwicklung macht das Symbol so wirksam, steht sie doch in deutlicher Parallele zum Vorgang bei der Entstehung von Symbolen überhaupt [29]. Entweder reichert sich ein Bild ganz allmählich mit einem bestimmten Sinngehalt an, der zwar nicht ganz fest wird (sonst handelte es sich um eine Allegorie), aber doch dann stets in dem Bilde mitschwingt. Oder aber ein Sinngehalt wird in einem Zuge gesetzt, bleibt aber dann nicht in vollem Umfang bestehen (wiederum: sonst wäre es Allegorie), sondern wird das eine Mal stärker, das andere Mal schwächer empfunden, geht dem Bild jedoch nicht mehr ganz verloren. Auch für diesen zweiten Vorgang haben wir ein Beispiel in unserem Märchen. Das Haselreis wächst schnell zu einem *Baum* auf, der uns sofort als wesentliches Symbol gegenübertritt, während des folgenden Handlungsablaufs aber dann oft fast beiläufig und ohne Gewicht genannt wird. Soweit es um bloß ästhetische Sinn-

[27] Ebd. S. 61.
[28] Vgl. Anna Birgitta Rooth, The Cinderella Cycle. Lund 1951. Vor allem S. 103—110: The origin of the schoe motif.
[29] Vgl. auch Will-Erich Peuckert, Volkskundliche Symbole. A. a. O.

deutung und nicht auch um historische Motivforschung geht, scheint
es uns unangebracht, vom „Lebens- und Schicksalsbaum" zu reden[30],
oder auch nur auf animistische Glaubensformen zu verweisen. Es
muß nur gesehen werden, daß der Baum auf dem Grab der Mutter
wächst, daß also hier ein Zusammenhang besteht. Der zuversicht-
liche Trost der Sterbenden ist es ja, der die traumhafte Sicherheit
gewährleistet, mit der Aschenputtel durch alle Fährnisse geht. Er
weist im Grunde schon voraus auf den glücklichen Abschluß, den
Aschenputtels Vereinigung mit dem Prinzen darstellt, während die
Rache an den beiden Schwestern nur noch ein letztes Ausklingen
der Erzählung bedeutet, wie es im Stil der Volkserzählung sehr
häufig ist[31].

Baum und *Vögel* sind die beiden Bilder, in denen dieser Trost
Gestalt wird, das eine stärker die Verwurzelung, das andere mehr
die Phantasie, den freien Flug der Gedanken vertretend; das eine
Zuflucht, die man aufsucht, das andere Hilfe, die man herbeiruft.
Dabei ist es in unserem Zusammenhang wiederum unerheblich, daß
der Vogel möglicherweise eine spätere Zusatzfigur ist und ursprünglich der Baum als Spender genügte. Ebenso ist für diese Interpretation fast unerheblich, was für die Entwicklungsgeschichte des
Märchens sehr wichtig ist: „daß die ‚zahmen Täubchen' und ‚der
weiße Vogel' verschiedenen Wirklichkeitsschichten angehören[32].
Dem Hörer bzw. Leser erscheinen sie zwar nicht als gleich, aber
eben doch aufs engste zusammengehörig; und beide stehen ja tatsächlich im Dienste des mütterlichen Trostwortes. Bewußte Unterscheidung verbietet nicht zuletzt der abstrakte Stil (Lüthi), der eine
scharf ausgeprägte Vorstellung im schnellen Gang der Handlung
unmöglich macht. So empfindet der unvoreingenommene Leser auch
den Baum auf dem Grab der Mutter mit dem anderen Baum
zusammengehörig, zu dem Aschenputtel am zweiten Tag nach dem
Fest flieht. Und ebenso weist die Flucht ins Taubenhaus zurück auf
die helfenden Vögel. Die Hilfe und Zuflucht erscheint in leicht

---

[30] Karl von Spieß, a. a. O. S. 289.

[31] Vgl. Axel Olrik, Epische Gesetze der Volksdichtung. In: Zs. f. dt.
Altertum u. dt. Lt. 51. Bd., Berlin 1909. S. 2 ff.

[32] Lutz Röhrich, Mensch und Tier im Märchen. In: SAfVk., 49. Bd.
Basel 1953, S. 165—193. Vgl. S. 173.

abgewandelten Bildern, die aber alle in den Raum des mütterlich
Bestimmten und Geschützten gehören. So sind es im Grunde Wieder-
holungen in verschiedener Lautstärke, mit verschiedenem Gewicht.
Abermals zitieren wir Staiger: „Was lyrische Dichtung vor dem
Zerfließen bewahrt, ist einzig die Wiederholung."[33]

Das offenkundigste Symbol ist das Auslesen der Linsen. Auch
dieses Bild wird einmal wie beiläufig gezeigt — „. . . verspotteten es
und schütteten ihm die Erbsen und Linsen in die Asche . . ." —, ehe
es ‚Motiv' wird. In diesem Bild ist das Thema des ganzen Märchens
eingefangen: die Scheidung von schlecht und gut, die Erlösung des
Guten aus dem Schmutz und scheinbarer Häßlichkeit zur Schönheit.
Die Asche ist in diesem Zusammenhang ein Bild des Verbrauchten, —
ohne den „Charakter des Mütterlichen", die Küche ist nicht „der
Ort der Umwandlungen"[34], sondern einfach der Ort, zu dem sich
das verachtete Mädchen zurückziehen muß. Die Aufgabe, die ihm
gestellt wird, symbolisiert auch deutlich das scheinbar Unmögliche,
das dann doch gelingt. Das Märchen bedient sich hier der so
häufigen „Quantifizierung der Schwierigkeiten"[35]. Wichtig ist noch,
daß die Aufgabe von den bösen Stiefschwestern und nachher von
der Stiefmutter gestellt wird — sie selber legen den Keim für den
für Aschenputtel glücklichen Ausgang.

Wir beschränken uns bewußt auf diese ganz wenigen Andeutungen. Vielleicht kann noch das eine oder andere hinzugefügt
werden, *viel* weiter aber darf eine allgemeingültige Deutung nicht
gehen. Natürlich läßt sich nicht vermeiden, daß die Märchen bewußt oder „unbewußt sogleich mit individuellem Gehalt besetzt
werden"[36]. Jacob Grimm zum Beispiel konnte gewiß nichts von
Tauben schreiben, ohne an die schönen Tauben zu denken, welche
sein Vater züchtete[37], und solcher Assoziationen kann sich niemand

---

[33] A. a. O. S. 27.

[34] Hedwig von Beit, a. a. O. (s. o.)

[35] Charlotte Bühler, Das Märchen und die Phantasie des Kindes. Leipzig 1918, S. 71 f. Vgl. Erwin Müller a. a. O., S. 31.

[36] Lüthi, Das europäische Volksmärchen, S. 115.

[37] Besinnungen aus meinem Leben (März 1814; abgedruckt bei Hans
Daffis, Inventar der Grimm-Schränke in der Preußischen Staatsbiblio-
thek. Leipzig 1923, S. 107).

erwehren. Auch die allgemeinen Sinnbezüge der Symbole können sich wandeln; sie können sich so sehr wandeln, daß sich schließlich die ganze Märchenerzählung verwandelt und in eine neue Form eingeht. Die Beziehungen zwischen der „Aschenputtellegende" und dem Aschenputtelmärchen sind bisher nirgends näher untersucht; leider scheint auch die so gründliche Anna Birgitta Rooth die m. W. einzige einschlägige Arbeit von Samuel *Singer*[38] nicht gekannt zu haben. Eine entsprechende Untersuchung könnte auch neue Aufschlüsse für das Symbolverständnis in Märchen und Legende erbringen.

Unsere kleine Untersuchung bezog sich auf eine einzelne Fassung eines einzigen Märchens. Vielleicht ist es die große Zahl der Varianten, die bisher literarisch-ästhetische Untersuchungen gehindert hat. Aber die Varianten können dabei betrachtet werden wie die Fassungen von Gedichten, auch wenn keine Endfassung überliefert ist. Das Ergebnis dieser Untersuchung ist bescheiden; aber es war ihr Zweck, auf die Notwendigkeit solcher Bescheidung und auf die Problematik der Sinnbilddeutung hinzuweisen[39]. Zuletzt bleiben die Märchen wie die Lieder — wir zitieren noch einmal Staiger — „unverbindlich. Sie lösen keine Probleme. Wir können uns nicht auf sie berufen"[40]. Aber wir dürfen sie nicht verfälschen.

[38] Schweizer Märchen (Kommentar). Bern 1903 und 1906, vor allem II. (Bd. 10), S. 1—9.

[39] Es sei hier noch einmal ausdrücklich betont, daß sich diese Arbeit allein mit einer vom Historischen gelösten Sinndeutung befaßt. Peuckert hat nachgewiesen, daß das Märchen ein historischer Bericht ist (vgl. Deutsches Volkstum in Märchen und Sage, Schwank und Rätsel, Berlin, 1938, vor allem S. 15 ff.). Das hebt den Sinnbildcharakter der Märchenmotive nicht auf; aber ebensowenig beseitigt der Sinnbildcharakter der Motive ihren historischen Ursprung.

[40] a. a. O. S. 83.

Studien zur analytischen Psychologie C. G. Jungs II, Beiträge zur Kulturgeschichte, Zürich, Verlag Rascher & Co. AG, 1955, S. 1—41.

BEI DER SCHWARZEN FRAU

Deutungsversuch eines Märchens

Von Marie Luise von Franz

a) *Einleitung*

Durch die Forschungsergebnisse der Arbeiten C. G. Jungs hat die Wissenschaft, welche sich mit der Bedeutung der Mythen und Märchen beschäftigt, zum ersten Male eine *empirisch-naturwissenschaftliche* Grundlage erhalten[1], wodurch es möglich geworden ist, die Mythologeme nicht nur formal geistesgeschichtlich oder poetisch interpretierend, sondern wissenschaftlich, d. h. relativ objektiv in ihrem funktionellen Aspekt, als Lebensphänomene der unbewußten Psyche zu erfassen. Im Rahmen der vorliegenden Arbeit sind die Anschauungen und Arbeitshypothesen Jungs selbstverständlich vorausgesetzt[2]; doch möchte ich zu Beginn einige allgemeinere Überlegungen darstellen, welche sich mir bei der praktischen Deutungsarbeit ergeben haben, und von denen ich glaube, daß sie für den psychologischen Mytheninterpreten nicht unwichtig sind.

Eine dieser Überlegungen betrifft die Gestalt des „Helden“ und der „Heldin“, d. h. allgemeiner die Hauptfigur des Mythos und Märchens, — eine Gestalt, mit der sich der Hörer oder Leser der Erzählung meistens unbewußt gefühlsmäßig zu identifizieren ten-

---

[1] Vgl. über die Stellung der Psychologie innerhalb der Wissenschaften: C. G. Jung: Psychologie und Erziehung, Zürich, 1946, p. 42 ff.

[2] Vgl. besonders C. G. Jung/K. Kerenyi: Einführung in das Wesen der Mythologie. Rheinverlag, Zürich, 1951; und die praktischen Beispiele von Märchendeutungen von C. G. Jung: Zur Phänomenologie des Geistes im Märchen, in Symbolik des Geistes, Rascher Verlag, Zürich, 1948, sowie alle andern Werke von Jung passim.

diert. Im Traume eines einzelnen Individuums entspricht dieser
Figur das Traum-Ich. Fast in jedem Traum nämlich erlebt der
Träumer *als ein Ich* (aktiv, passiv oder auch nur schauend) ein
Geschehen oder ein Bild; und sogar, wenn er träumt, er sei ein
anderer, so fühlt er sich noch immer als ein „Ich". Diejenige Gestalt
hingegen, welche in Mythen und Märchen das Traum-Ich ersetzt,
erscheint zwar wie ein Ich, trägt aber zugleich Züge, die sie vom
Ich eines individuellen Menschen prinzipiell unterscheiden[3]. Ihr
mangelt z. B., um nur ein Hauptmoment hervorzuheben, die individuelle Einmaligkeit[4], die sich sogar oft im Fehlen eines eigenen
Namens bemerkbar macht. Wie Max Luethi richtig betont[5], sind
besonders die Märchenhelden und -heldinnen „reine Handlungsträger", Figuren von abstrakter Isolierung, in einfachsten, aber
farbkräftigen und bestimmten Konturen gezeichnet[6]. Luethi spricht
daher auch mit Recht von einer „Eindimensionalität" des Märchens,
d. h. der Held gehört, wie er damit meint, zum gleichen „jenseitigen" abstrakten Bereich, wie alle anderen Märchenfiguren. In die
Sprache der Jungschen Psychologie übersetzt, hieße dies, daß der
Held selber ebenfalls ein archetypisches Bild ist und daher, wie alle
anderen Märcheninhalte, einen *Inhalt des kollektiven Unbewußten*
symbolisiert.

---

[3] Dies gilt nicht für die Lokalsage, von der Max Lüthi in seiner ausgezeichneten Studie: Das europäische Volksmärchen, Bern, 1947, nachgewiesen hat, daß zwar der Held der Lokalsage wie ein realer Mensch in unserem Sinn erscheint, dem Geschehnisse aus einer andern „jenseitigen"
Dimension zustoßen, daß hingegen der Held des Märchens kein Mensch
in diesem Sinne sei, sondern selber zum „jenseitigen" Bereich gehöre. Für
Details verweise ich auf Lüthis Ausführungen. Der Held des Mythos wird
von Lüthi nicht berücksichtigt, doch scheint er mir eine Zwischenlage einzunehmen. Er ist weniger menschlich als der Handlungsträger der Lokalsage, hingegen auch weniger abstrakt und etwas individueller als der
Märchenheld.

[4] Daß individuelle Einmaligkeit zum Ich gehört, vgl. C. G. Jung: Aion,
Zürich, 1951, p. 19.

[5] l. c. p. 21. Dem Märchenhelden fehlt, wie Lüthi sagt, die „Tiefenhaftigkeit" und die eigentliche menschliche Gefühlswelt.

[6] Vgl. l. c. p. 29, 37—39, p. 48 und passim.

Und doch hat zugleich diese Hauptfigur neben denjenigen Zügen, die sie als archetypisches Bild charakterisieren, etwas an sich, was es dem Hörer trotz allem gefühlsmäßig nahelegt, sie als Ich zu erleben und sich dementsprechend mit ihr zu identifizieren. Man muß daher wohl diese Handlungsträger-Figur auch *als die archetypische Grundlage des individuellen Ichkomplexes* ansehen, d. h. sie symbolisiert als solche diejenige unbekannte seelische Strukturanlage, die — angeboren und sich selber in allen Menschen gleichbleibend — ein „pattern" darstellt, nach welchem sich im Einzelnen jeweils das Ich aufbaut.

Dieser archetypische Ichkomplex besitzt nun aber in seinen mythischen Spiegelungen oft Züge, die es nahelegen, seine Gestalten eher als Symbole des Selbst und nicht des Ich aufzufassen — Züge, wie z. B. Göttlichkeit, Unüberwindlichkeit, Zauberfähigkeit usw. Man muß daher auch die Figur des Helden im Mythos als eine *Funktion des Selbst* auffassen, deren spezielle Wirksamkeit in der Bildung, weiteren Ausweitung und Erhaltung des Ich besteht, und welche gleichsam das „richtige", d. h. im richtigen Verhältnis zur psychischen Ganzheit (Selbst) stehende Funktionieren des Ich gewährleistet. Dieser funktionelle Aspekt des Selbst aber bildet eben die oben erwähnte archetypische Grundlage des Ichkomplexes. Gerade deshalb ist wohl der mythische Held so oft als Kulturerneuerer, Heiland und Finder der „schwererreichbaren Kostbarkeit" dargestellt, weil er eben eine „richtige", d. h. von der seelischen Totalität angeforderte Ichhaltung versinnbildlicht, so daß er als solcher wie ein Leitbild für das von der Instinktgrundlage oft abweichende, individuelle Ichbewußtsein wirkt.

Im Zusammenhang hiemit ergibt sich nun aber eine praktische Schwierigkeit der Mytheninterpretation: nämlich das Fehlen eines archimedischen Punktes außerhalb des Mythos selber. Bei der Deutung eines Traumes läßt sich der Inhalt des letzteren fast immer auf die Bewußtseinssituation des Träumers als Bezugspunkt beziehen[7], beim Mythologem hingegen scheint zunächst ein solcher

---

[7] Infolge der kompensatorischen Funktion des Unbewußten. Vgl. C. G. Jung: Über psychische Energetik und das Wesen der Träume. Rascher Verlag, Zürich, 1948, p. 174 ff.

Bezugspunkt zu fehlen, so daß man sich, besonders beim Märchen,
das meistens weder genauer datiert noch lokalisiert werden kann,
gleichsam in der selben Lage befindet, als ob man einen Traum, ohne
etwas vom Träumer und seiner Einstellung und Lage zu wissen,
rein aus sich selber deuten müßte, d. h. ohne Bezugspunkt „außerhalb" des unbewußten Materials. *Das Mythologem bildet ja auch
tatsächlich ein unbekanntes Geschehen ab, welches sich völlig im
kollektiven Unbewußten selber, d. h. rein zwischen archetypischen
Inhalten abspielt.* Man könnte sich die Archetypen behelfsmäßig
als im Dunkeln latent vorhandene dynamisch geladene „Kerne"
vorstellen, welche sich gegenseitig verstärken, abstoßen, auslöschen
oder absorbieren können, wobei jedes Mythologem jeweils einen
Teilausschnitt solcher Prozesse im kollektiven Unbewußten beleuchtet, während andere, an sich auch vorhandene Aspekte latent bleiben. Es scheint mir aber dabei jedoch unvermeidlich, an ein „Reiz-
moment" zu denken, welches gerade *diesen* psychischen Prozeß im
kollektiven Unbewußten, und nicht jenen, als Bilderfolge an der
Bewußtseinsschwelle auftauchen läßt. Es ist anzunehmen, daß die
Wurzeln des Mythologems, mutatis mutandis, dieselben sind, wie
diejenigen des im Individuum beobachtbaren Traumes[8], und in diesem Fall müßte man im wesentlichen mit folgenden Möglichkeiten
rechnen: I. Das Mythologem spiegelt Inhalte des kollektiven Bewußtseins wider, z. B. dominierende religiöse Anschauungen oder
weltanschaulich allgemein akzeptierte Auffassungen und Vorstellungen. II. Es bilden sich im Mythos Inhalte des Unbewußten ab,
welche durch erstgenannte, bewußte Inhalte konstelliert wurden.

[8] Vgl. hierüber C. G. Jung: Über psychische Energetik usw. l. c. bes.
p. 174 ff. und C. G. Jung: Seminar über Kinderträume, Winter 1936/37,
p. 7 ff. Es ist dies eine multigraphierte, nur privat zirkulierende Wiedergabe eines Seminars von Jung. Dort sind folgende Wurzeln des Traumes aufgeführt: 1. Bewußte Inhalte und 2. konstellierte Inhalte des Unbewußten. Letztere zerfallen ihrerseits in: 3. durch bewußte Inhalte veranlaßte Konstellationen und 4. durch unbewußte produktive Vorgänge
veranlaßte Konstellationen. Gewisse Träume scheinen keine direkte Beziehung zum Bewußtsein zu besitzen, sondern stellen u. a. Reaktionen
auf psychische oder physische Umweltsbedingungen dar, oder entspringen
rein schöpferischen Prozessen im Unbewußten.

Dies wären z. B. Symbole, die in einem *Kompensationsverhältnis* zu den bewußt akzeptierten, sozialen und religiösen Symbolen stehen, wie dies C. G. Jung u. a. für die alchemistische Vorstellungswelt erwiesen hat, welche die christlichen Symbole kompensiert[9]. Als III. kommen Inhalte in Frage, welche durch produktive, unbewußte Vorgänge veranlaßt wurden. Eine solche schöpferische Funktion des kollektiven Unbewußten bildet sich z. B. in jenen säkularen Prozessen ab, wie sie C. G. Jung in „Aion" nachgewiesen hat, indem er dort aufzeigte, daß im Wechsel der sog. astrologischen Zeitalter[10] so etwas wie ein schöpferisches Moment im kollektiven Unbewußten erscheint, das sich in der historischen Zeit u. a. durch Synchronizitätsphänomene manifestiert. Es wäre für einen Mythenforscher lohnend, die Mythen einmal nach solchen „saecula" einzuordnen zu versuchen.

IV. kommen noch als Wurzeln des Mythos in Frage: unbewußte Reaktionen auf physische und psychische Umweltsbedingungen, wie dies z. B. durch Völkerwanderungen oder durch den Einbruch von und die Überlagerung durch fremde Kulturen entstehen kann[11].

Auf Grund dieser Voraussetzungen lassen sich meiner Erfahrung nach die meisten Mythologeme auf einige Jahrhunderte genau datieren und auf weitere Räume auch lokalisieren, was praktisch jeweils am besten dadurch geschieht, daß man die Frage stellt, welche historisch bekannte Bewußtseinslage durch den Sinn einer solchen Erzählung am ehesten kompensiert sei. Dies soll noch anhand des nachfolgenden Beispiels näher beleuchtet werden.

Eine weitere Überlegung, die sich mir im Laufe vieler Deutungsversuche aufgedrängt hat, ließe sich etwa folgendermaßen dar-

---

[9] Psychologie und Alchemie, Zürich, 1944, Einleitung.
[10] Stier, Widder, Fische. Vgl. C. G. Jung: Aion, Zürich, 1951, passim.
[11] Man kann z. B. in den Riten und Mythen der amerikanischen Indianer Veränderungen beobachten, welche als unbewußte Reaktionen auf den Einbruch der Weißen zu verstehen sind. Ebenso läßt sich in der griechischen Mythologie die Reaktion auf die vorgriechische Mittelmeerkultur ablesen, oder im jüdischen Mythos eine Reaktion auf das Exil, und zwar handelt es sich nicht nur um kulturgeschichtlich faßbare Einflüsse, sondern um *unbewußt*-seelische, symbolisch abgebildete Reaktionen.

stellen: man könnte sich die Archetypen behelfsmäßig als „nuclei"
oder Knotenpunkte eines mehrdimensionalen Netzwerkes oder
„Feldes" vorstellen, bei welchem die Knotenpunkte den Archetypus
in seiner relativen Bestimmtheit[12] darstellen, das Netzwerk oder

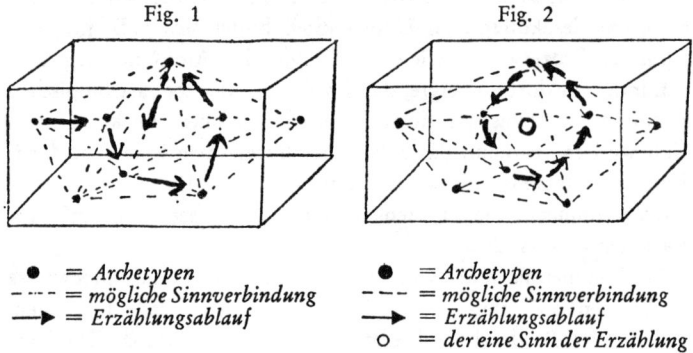

Fig. 1	Fig. 2
● = *Archetypen*	● = *Archetypen*
- - - = *mögliche Sinnverbindung*	- - - = *mögliche Sinnverbindung*
⟶ = *Erzählungsablauf*	⟶ = *Erzählungsablauf*
	○ = *der eine Sinn der Erzählung*

Feld hingegen den Sinnverbindungen und teilweisen Überschneidungen und Identitäten vergleichbar wäre, durch welche alle Archetypen mit allen anderen Archetypen kontaminiert und teilweise
sogar identisch erscheinen[13].

Im nebenstehenden Schema ist ein Rahmen nur angegeben, um
einen dreidimensionalen Raum zu suggerieren, doch ist ein solches
Modell insofern unzulänglich, als es keine festen „Distanzen" zwischen den Archetypen gibt, da ja oft in Mythen die „entferntesten"[14]

[12] Trotzdem jeder Archetypus ein Unbekanntes darstellt, so läßt sich
doch auch empirisch von einem Archetypus des „Göttlichen Kindes" oder
des „Alten Weisen" oder der „Großen Mutter" reden, also einzelne Struk-
turanlagen des Unbewußten relativ als funktionell bestimmte Einheit
charakterisieren.

[13] Die Analogie zur Partikel- und Wellennatur des Lichtes liegt auf der
Hand.

[14] „entferntest" ist hier gemeint im Sinne von „durchschnittlich selten
verbunden", sondern eher in Kontrast gesetzt.

Archetypen, wie „Schlange" und „Licht", „Mutter" und „Phallos",
„Tier" und „Geist" unerwartet identisch auftreten oder auch mehrere Archetypen, die man sich getrennt vorzustellen pflegt, plötzlich
verschmelzen. Man müßte entweder ein unanschauliches, n-dimen-
sionales Modell entwerfen, um den Verhältnissen halbwegs gerecht
zu werden, oder überhaupt auf einen raum-zeitlichen Anordnungs-
versuch verzichten, insofern in der unbewußten Psyche Raum und
Zeit relativiert, wenn nicht aufgehoben erscheinen.

In jedem Mythologem läuft nun der Faden der Erzählung jeweils
bestimmten archetypischen Sinnverbindungen entlang, was in obi-
gem Modell (Fig. 1) durch die Pfeillinie skizziert wurde. Dadurch
beleuchtet jede einzelne Erzählung *einen ganz bestimmten Aspekt
des kollektiven Unbewußten;* und darin liegt der Sinn und die
lebendige Funktion eben dieser Erzählung. So erklärt sich wohl
auch, warum es so vielerlei verhältnismäßig ähnliche Märchen gibt
— d. h. warum aus sich relativ gleichbleibenden Bausteinen, wie dem
Bild der Hexe, des Helden, des hilfreichen Tieres usw. vom Volk
immer wieder neue Märchengebilde aufgebaut werden: im ganz-
heitlichen So-Sein jeder einzelnen Erzählung liegt ein spezieller,
in der Kollektivität zu bestimmter Zeit gesuchter Sinn, welcher sich
durch ein deutendes Entlangwandern an jenem „Faden" der Erzählung umschreiben läßt. Das Merkwürdige aber, das dabei beobachtbar wird, ist die Tatsache, daß nicht nur alle archetypischen
Bilder in einer Erzählung kontaminiert erscheinen, und daß sich
durch genügende Amplifikation jeweils Bezüge zwischen allen Bildern untereinander leicht nachweisen lassen, sondern daß der
„Faden", das „Wie" des Erzählungsverlaufs selbst auch wieder nur
einen einzigen Sinn oder Inhalt zu circumambulieren scheint[15].
Einerseits stellt somit jedes einzelne in einem Mythologem vor-
kommende archetypische Bild auch latent das Ganze dar, andererseits ist aber auch das So-Sein in der Abfolge der vielen Bilder ein
Ganzes.

Durch die Amplifikation der einzelnen Bilder einerseits und durch
den als Einheit aufgefaßten Sinn des Kontextes andererseits gelangt
man daher zu zwei *komplementären* Resultaten, d. h. zu Ergeb-

---

[15] Siehe Fig. 2.

nissen, welche sich logisch ausschließen[16], aber doch die bestmögliche
Beschreibung einer „transcendenten" Realität darstellen[17].

Eine weitere praktische Schwierigkeit, die sich bei der Deutung
von Mythologemen ergibt, ließe sich als das Problem des richtigen
„Einsprunges" in das Mythologem bezeichnen. Jede mythische Erzählung ist nämlich so sehr Eines und ein so ganzheitliches Gebilde,
daß sie wie ein Tropfen Wasser eine Art von „Oberflächenspan-
nung" aufweist, die sich darin fühlbar macht, daß der Deuten-
Wollende den Eindruck erhält, ratlos vor etwas eigentlich unendlich
Einfachem und *Einem* zu stehen, und zugleich empfindet man, daß
jedes deutende Anfassen eines einzelnen Bildes im Kontext diese
geahnte Einheit schon zerstört. Und doch ist die Erzählung nicht
verständlich ohne Amplifikation und interpretierendes Entlangwandern am „Faden" des Mythologems. Der „Einsprung" in das
Deuten ist deshalb jedesmal ein Entschluß, der auf den Deutenden
selber psychologische Rückwirkungen hat, die sich sogar oft in seinen
Träumen nachweisen lassen[18]. Was ich hier als „Einsprung" be-
zeichne, entspricht dem Begriff des „Schnittes" in der modernen
Physik, wonach „jeder Gewinn an Kenntnis atomarer Objekte
durch Beobachtung mit einem unwiderruflichen Verlust anderer

[16] In der nachfolgenden Erzählung treten z. B. zwei getrennte Mutter-
gestalten auf, von denen am Schluß die eine sich als erlösungsfähig und
positiv enthüllt, die andere als Hexe verbrannt wird. Der Erzählungsablauf kontrastiert die beiden, die Amplifikation der Gestalten hingegen
erweist im Gegenteil ihre geheime Identität. Die Figuren sind somit
identisch und nicht identisch. Der Erzählungsverlauf isoliert m. a. Worten
gerade gewisse Aspekte eines Archetypus, welche die vergleichende Betrachtung (Amplifikation) einander nahestellt. Der Widerspruch erklärt sich
dadurch, daß der Erzählungsablauf einen Einzelfall darstellt, die Amplifikation hingegen statistisch, d. h. durch Beiziehung vieler Parallelbeispiele
verfährt.

[17] Über die Bedeutung der Idee der Komplementarität in der Psychologie vgl. C. G. Jung: Von den Wurzeln des Bewußtseins, Zürich, 1954,
p. 604/605, und C. A. Meier: Moderne Physik — Moderne Psychologie,
in Die kulturelle Bedeutung der Komplexen Psychologie, 1935, p. 349 ff.,
und W. Pauli: Die philosophische Bedeutung der Idee der Komplementarität, in Experientia, Vol. VI. 2, Basel, p. 72 ff.

[18] Vgl. C. G. Jung: Von den Wurzeln des Bewußtseins, l. c., p. 599/600.

Kenntnisse bezahlt werden muß"[19]. Die Lage und Wahl des „Schnittes" ist dabei dem Beobachter relativ frei anheimgestellt. Auch bei der Deutung eines Mythologems ist ein solcher „Schnitt" unumgänglich und müssen deshalb auch gewisse Kenntnismöglichkeiten geopfert werden. Daher kommt wohl der Widerstand, den manche Leute gegen den Eingriff des Deutens mythischer Bilder empfinden. Bei der Lage und Wahl des „Schnittes" oder „Einsprunges" in die Deutung ist auch immer unvermeidlicherweise das Wesen des Beobachters miteinbezogen. Eine relative bestmögliche Objektivität der Deutung liegt daher wohl nur in der Bemühung, die Wahl des Einsprunges möglichst bewußt zu vollziehen, so daß man darüber Rechenschaft ablegen kann.

Im Folgenden soll nun versucht werden, ein Märchen, welches gewisse Probleme des weiblichen Prinzipes zu beleuchten scheint, kurz zu deuten. Es handelt sich um ein österreichisches Märchen, das den Titel trägt:

Bei der schwarzen Frau[20]

Es war einmal ein armer Keuschlegger[21], der hatte sieben Kinder. Als seine älteste Tochter zwölf Jahre alt war, wollte er ihr eine Stelle als Magd suchen, packte ihr Gewand ein und ging mit ihr fort. Als sie auf der Straße waren, da kam ein Wagen dahergefahren, ohne daß ihn Pferde zogen, und blieb vor ihnen stehen. Er war ganz schwarz, und eine ebenso schwarze Frau schaute heraus und bot an, das Mädchen als Magd anzunehmen, indem sie dem Vater Geld gab und ihm eine weitere Summe

---

[19] Cit. W. Pauli: Die philosophische Bedeutung der Idee der Komplementarität, l. c., p. 72 ff. Dieselbe Situation, welche C. G. Jung für die Psychologie im allgemeinen darstellt (in Wurzeln des Bewußtseins, l. c., p. 600 ff.) gilt eben auch im besonderen für die Beschreibungsversuche des Archetypus. Jung betont (l. c., p. 601), daß man sogar nicht einmal die Natur des Archetypus mit Sicherheit als psychisch bezeichnen könne.

[20] Aus: Märchen aus dem Donaulande, in der Sammlung: Die Märchen der Weltliteratur, ed. F. v. der Leyen und P. Zaunert. Verlag Diederichs, Jena, 1926, p. 92 ff. Das Märchen stammt aus der Steiermark. Der obige Text ist von mir verkürzt wiedergegeben.

[21] Keuschler oder Keuschlegger = kleiner Bauer, der eine Keusche = Hütte und ein paar Ziegen, höchstens eine Kuh besitzt.

versprach, wenn er das Mädchen in acht Tagen wieder an dieselbe Stelle bringe: „Wenn das Mädel brav sei, werde es ihr auch nicht schlecht gehen." Nach acht Tagen nahm sie das Mädchen mit sich fort in ein Waldschloß und wies ihr gleich neben dem Eingang ein kleines Zimmerchen an. Wenn sie darin denke, was sie wolle, so werde es gleich dastehn. Sie aber gab ihr auch noch den Schlüsselbund des Hauses, welches hundert Zimmer hatte. Das Kind sollte jeden Tag ein Zimmer kehren und aufräumen, nur eines, das hundertste, nicht. „Wenn du in drei Jahren", sagte die schwarze Frau, „in das verbotene Zimmer nicht hineingehst, wirst du dein Glück machen." Das „Dirndl" gehorchte zuerst diesen Weisungen, aber vierzehn Tage vor Ablauf der drei Jahre konnte es seine Neugier nicht länger beherrschen und sperrte das hundertste Zimmer auf. Da sah sie „die Frau darin; die war aber schon ganz weiß, nur die Zehenspitzen waren noch schwarz". Geschwind schlug das Dirndl die Türe zu und lief in sein Zimmer, aber schon stand die Frau da und fragte, ob sie im hundersten Zimmer gewesen sei. Trotz der furchtbaren Drohungen der schwarzen Frau leugnete das Mädchen standhaft und sagte, daß es nicht darinnen gewesen sei — da war es plötzlich mitten im wilden Wald, dürftig gekleidet und hatte nichts zu essen und nichts zu trinken. „Da ist es eine Weile darin gewesen."

Nebenan, in der Residenzstadt aber, träumte nun ein junger König, er solle aufstehn, jagen gehn, und was er finde, das solle er lieben wie sich selber. Als sich der Traum dreimal wiederholte, gehorchte er endlich; seine Jäger fanden das Mädchen in einer Höhle, der König verliebte sich in es, führt es heim und macht es bald zu seiner Gemahlin. Nach einem Jahr genas sie eines wunderschönen Knäbleins. Doch in der dritten Nacht kam unversehens die schwarze Frau zu ihr und sprach: „Jetzt bist du Königin. Du hast dein Kind, und jetzt frag' ich dich: ‚Bist du darinnen gewesen in dem hundertsten Zimmer?'" „Nein, nein", sagte die junge Königin. „Ich nehme dir dein Kind weg, und du wirst taub sein." — Doch die Königin verneinte wieder. Die schwarze Frau verschwand mit dem Kind, und die Königin wird taub. Dies wiederholt sich zweimal, immer wieder nimmt die schwarze Frau das Kind, und die Königin wird auch noch stumm und blind. Schon lange ergrimmte die Mutter des Königs und legte es ihrem Sohne nahe, daß seine Frau eine Hexe und Kindsmörderin sei. Und nach dem dritten Verschwinden des Kindes schenkt ihr der König Gehör und verurteilt seine Frau zum Scheiterhaufen. Als sie schon droben stand, und der Scheiterhaufen angezündet werden sollte, kam miteins ein schwarzer Wagen gefahren, darin saß die schwarze Frau und hielt die drei Kinder. Sie trat herzu und sprach: „Jetzt frage ich dich zum letzten Male, du wirst verbrannt: ‚Bist du darinnen gewesen oder nicht?'" Aber auch dies-

mal kam das „Nein" zur Antwort. Und kaum hatte sie es gesagt, so
wurde die unheimliche Frau ganz weiß wie Schnee und sagte: „Na, jetzt
geh wieder aufs Schloß, ist alles wieder so, wie du's früher angetroffen
hast; das weiß ich schon, du bist nicht drin gewesen, du hast nur hineingeschaut; hättest du nur einmal gesagt, daß du drinnen gewesen bist, hätte
ich dich zu Staub und Asche zerrissen. Du hast mich jetzt ganz erlöst, das
Schloß ist dein, und auf den Scheiterhaufen sollen diejenigen, die dich ver-
leumdet haben." So wurde die böse alte Königsmutter als Hexe verbrannt,
und das junge Königspaar hat mit seinen drei Prinzen noch recht lange
und recht glücklich gelebt.

Die Analogie zu und auch die Abweichungen von dem allgemein
bekannten Grimmschen Märchen „Marienkind" liegen wohl auf der
Hand [22] und sollen noch später erörtert werden. Es wurde aber diese
Parallele statt des „Marienkindes" als Hauptversion gewählt, weil
letzteres offensichtlich christlich überarbeitet worden ist, während
die vorliegende Fassung eher eine unberührtere Version wiederzu-
geben scheint.

Deutung des Märchens

Im Augenblick, in dem man noch zögert den „Einsprung" in die
Deutung zu wagen, ergibt sich immer wieder die Frage, ob diese
Erzählung eher Probleme der unbewußten Psyche des Mannes oder
der Frau widerspiegle. Es gibt nämlich zweifellos Märchen, die mehr
die eine oder andere Seite abbilden, so wie ja auch am Gestalten
und Erzählen von Märchen sowohl Männer wie Frauen beteiligt
waren und noch heute sind [23]. Im allgemeinen liegt es nahe und
erweist sich auch empirisch oft als richtig, die Erzählungen mit einer
männlichen Hauptfigur auf die Psychologie des Mannes, und diejenigen mit einer weiblichen Hauptgestalt auf die Psychologie der

[22] Für eine ungeheuer umfangreiche Sammlung von Parallelen zu „Ma-
rienkind" und damit auch zu diesem Märchen vgl. Joh. Bolte und G.
Polivka: Anmerkungen zu den Kinder- und Hausmärchen der Brüder
Grimm. 5 Bände. Leipzig, 1913 ff., Bd. I, p. 13 ff. Im Folgenden ist dieses
Werk immer unter der Abkürzung B.-P. zitiert.
[23] Vgl. die Angaben von Pater Pramberger in der Einleitung zu den
Märchen aus dem Donaulande.

Frau zu beziehen, aber es gibt hiefür Ausnahmen, denn manchmal stellen diese Hauptfiguren Animus und Anima dar und lassen sich daher besser gerade umgekehrt beziehen[24] und außerdem ist in manchen Märchen ein Kinderpaar Schicksalsträger[25]. Ein einfaches Prinzip reicht demnach nicht aus, um diese Frage zu entscheiden. Auch in der vorliegenden Erzählung könnte man das Schicksal des Mädchens als dasjenige der Anima des Kleinbauern oder aber als dasjenige des Mädchens als einer Frau auffassen und dabei den Kleinbauern als Vater-Animusfigur im Mädchen deuten. Eigentlich ist die Frage selber insofern überhaupt falsch gestellt, als sie von Kategorien ausgeht, die der menschlichen Einzelpersönlichkeit zugehören: genauer genommen stellt dieses Mädchen in der Erzählung wahrscheinlich weder eine Frau noch eine Anima dar, sondern ist eine archetypische Kore-Gestalt, d. h. *ein weibliches Wesen, in welchem die archetypische Anima des Mannes*[26] *ebensosehr wie das archetypische Modell des weiblichen Ichs*[27] *abgebildet ist;* und auch das Geschehen, in welches diese Figur verwickelt wird, kann deshalb auf die psychologischen Probleme beider Geschlechter in der Deutung bezogen werden. Von den tieferen kollektiven Schichten des Unbewußten her gesehen, sind auch beide „patterns" tatsächlich[28] verwoben, ähnlich wie auch in der äußeren Wirklichkeit in der einfachen Volksschicht, der das Märchen entstammt, das Bild der realen Frau und der Anima einerseits und des realen Mannes und des Animus andererseits infolge der Projektion weitgehendst unterschieden sind[29].

---

[24] Zum Beispiel bei Märchen vom Amor-und-Psyche-Typus.

[25] Zum Beispiel in Hänsel und Gretel, Brüderchen und Schwesterchen usw.

[26] Die Anima hat einen archetypischen und einen persönlichen Aspekt, hier käme natürlich nur der erstere in Frage.

[27] Beziehungsweise ein Aspekt des Selbst bei der Frau.

[28] Man vergleiche, daß C. G. Jung den Demeter-Kore-Mythos ebenfalls zweifach deutet in Einführung in das Wesen der Mythologie, l. c. p. 227.

[29] Vgl. C. G. Jung: Die Psychologie der Übertragung, Zürich, 1946, p. 102, wonach bei einem Zustand von Primitivität und völligem Mangel an Selbsterkenntnis die Beziehung zu einer Frau wesentlich nur in einer Animaprojektion bestehe, dasselbe gilt auch für das Bild des Mannes.

Im Folgenden werde ich nun — und dies ist ein solcher bewußt vollzogener „Schnitt" — das Märchen vorwiegend von der weiblichen Psychologie her interpretieren, und den Anima-Aspekt nur in einigen Nebenbemerkungen andeuten, da mir die erstere Interpretation reichere Aspekte zu ergeben scheint.

Der Kleinbauer hat sieben Kinder — eine Mutter ist nicht erwähnt; sie ist wohl gestorben. Das Märchen beginnt somit mit einer Achtheit von Figuren, von denen allerdings nur zwei, der Vater und die Tochter, deutlicher hervortreten. Die Achtzahl weist, wie Jung dargelegt hat, ebenso wie die Vier auf die psychische Ganzheit hin. Zahlen, die ein Vielfaches von Vier darstellen, kommen im Laufe dieser Erzählung besonders häufig vor: das Mädchen ist zwölf Jahre alt: sie muß acht Tage bis zu ihrem definitiven Stellenantritt warten, sie darf das hundertste Zimmer nicht betreten, die schwarze Frau legt ihr drei plus eine Prüfung auf. (Dreimaliges Wegnehmen der Kinder und die Scheiterhaufensituation.) Der Rhythmus 4, 8, 12, 100 ist somit besonders betont und es läßt sich daraus schließen, daß es sich hier um seelische Prozesse handelt, die mit der Individuation zusammenhängen[30].

Nach R. Allendy hat die Zahl Acht einerseits die Bedeutung einer verdoppelten Vierheit und andererseits bedeutet sie ein End-Equili-

---

[30] Vgl. C. G. Jung: Aion, l. c., pp. 323, 324, wonach als Symbole der Totalität „vor allem geometrische Gebilde, welche die Elemente des Kreises und der Vierheit enthalten, zu erwähnen" seien, „also einerseits Kreis- und Kugelformen, welche rein geometrisch oder gegenständlich dargestellt sein können, andererseits quadratische oder viergeteilte oder kreuzförmige Figuren. Auch können es vier einzelne Gegenstände oder Personen sein, welche durch ihre Anordnung oder sinngemäß aufeinander bezogen sind. Dieselbe Bedeutung hat die Acht als das Zweifache von Vier. Eine besondere Variation des Vierheitsmotivs ist das Dilemma von Drei plus Eins. Die Zwölfzahl (3 × 4) scheint als Lösung des Dilemmas und als Ganzheitssymbol (Tierkreis, Jahr) hierher zu gehören. Die Dreiheit kann als relative Ganzheit gelten … Psychologisch ist aber die Dreiheit, wenn sie sich nach dem Kontexte auf das Selbst beziehen sollte, als defekte Vierheit zu verstehen, resp. als Übergangszustand zur Vierheit. Eine Triade hat empirisch als Komplement eine entgegengesetzte Dreiheit. Das Komplement der Vierheit ist die Einheit." Über die Zahl 100 siehe C. G. Jung: Die Psychologie der Übertragung, l. c., pp. 232/233.

brium, welches durch einen Entwicklungsprozeß erreicht wurde[31], psychologisch eben das Selbst. Während aber nun die Anzahl der Figuren einerseits auf die seelische Totalität hinweist, so fehlt doch andererseits in dieser Anfangssituation ein wesentlicher Aspekt, der natürlicherweise zu erwarten wäre: das Bild der Mutter; und darum zielt auch der ganze in der Erzählung abgebildete Prozeß darauf hin, eine „Mutterimago" zu erlösen, d. h. aus ihrer „unbeleuchteten" Stellung ins Licht zu heben und den Kontakt mit ihr herzustellen. Am Anfang des Märchens steht eine unvollständige, am Schluß eine relativ vollständige Familie. Es ist dies bei Märchen oft der Fall, daß schon zu Beginn ein Ganzheitssymbol auftritt, z. B. eine Gruppe von einem Vater mit drei Söhnen[32], daß aber dieser Ganzheit ein „Aspekt" z. B. das weibliche Element fehlt. Es läßt sich daraus ableiten, daß im kollektiven Bewußtsein eine Einstellung (z. B. eine Religionsform) vorherrscht, die zwar die seelische Ganzheit, das Selbst, im Prinzip berücksichtigt (und fast jede lebendige Religion tut dies wohl), daß sie aber gewisse empirisch-psychologisch nachweisbar auch vorhandene Aspekte des Selbst nicht oder nur ungenügend anerkennt, so daß der Archetypus der Ganzheit im menschlichen Bereich unvollständig rezipiert ist und nicht alle seine Funktionen ausüben kann. In der vorliegenden Anfangssituation des Märchens fällt, wie erwähnt, das Fehlen des Mutterbildes auf, doch sollen kulturgeschichtliche Rückschlüsse erst später daraus gezogen werden.

In einer armen, kinderreichen Bauernfamilie, in welcher die Mutter fehlt, wird das älteste Mädchen naturgemäß mit der Rolle belastet, dem Vater die Gefährtin und den Kindern die Mutter zu ersetzen, und es steht daher dem Mädchen nicht zufällig das Schicksal bevor, sich mit einem Urbild des Weiblichen auseinandersetzen zu müssen, um sein eigenes Wesen finden zu können. Als persönliches Schicksal aufgefaßt, würde ein solches Mädchen wohl leicht einen Vaterkomplex entwickeln, und dies stimmt mit Parallelen überein, in denen das Mädchen dadurch in die Not gerät, daß ihr

---

[31] Le Symbolisme des Nombres, Paris, 1948, p. 230 und p. 241.
[32] Vgl. z. B. das Grimmsche Märchen: Der Goldene Vogel und seine bei B.-P. angegebenen zahlreichen Parallelen.

der Vater erotisch nachstellt[33]. Erinnert man sich jedoch, daß dieses „Dirndl" nicht ein menschliches Individuum ist, so müßte man die Situation genauer so formulieren, daß dieses Mädchen als eine „Kore", eine archetypische Komponente im kollektiven Unbewußten darstellt, die danach tendiert, den Archetypus der Mutter und des Weiblichen überhaupt anders zu konstellieren und zu wandeln und daß sich darin ein unbewußtes seelisches Bedürfnis der Anima unzähliger Männer und der Individuationstendenz in zahllosen Frauen gleichzeitig abbildet. Als weibliches Wesen dürfte sie eine neue Form des Eros und der Gefühlsbezogenheit personifizieren, in und durch welche das Bild der „schwarzen Frau" — was immer letztere bedeutet — als seelische Funktion erlöst werden kann.

In der Tatsache, daß die Geschichte im Milieu armer, anonymer Leute beginnt — das „Dirndl" hat sogar in dieser Version nicht einmal einen Namen[34] — ist angedeutet, daß das Problem der Erlösung der dunklen Mutter sich nicht primär im vorherrschenden Kulturbereich, sondern zuerst in der Psyche des natürlichen einfachen Menschen als seelisches Bedürfnis konstelliert hat und daß von den „inferioren", „unteren" Schichten im Menschen die Suche nach etwas Fehlendem begonnen hat. Erst als das Mädchen Königin wird, erreicht das Problem gleichsam den Bereich kollektiver Bewußtwerdungsmöglichkeit.

Während der Vater in der vorliegenden Version seine Tochter der schwarzen Frau für Geld absichtlich verdingt, verkauft er sie in Varianten oft unbewußt, indem er der Dämonin für Geld dasjenige verspricht, was im Hause verborgen sei, und es entpuppt sich nachträglich, daß dies das noch ungeborene Mädchen ist[35]. Der Vater dürfte hier symbolisch *einen kollektiven traditionellen Habitus*

---

[33] Vgl. B.-P. Vol. I, p. 19. Die Geschichte rückt dann in die Nähe des Grimmschen Märchens: Allerleirauh.

[34] In der christlich beeinflußten Version heißt sie meistens nach ihrer Patin, der Jungfrau Maria, die die schwarze Frau ersetzt: Maria, Mariechen, Marjuschka usw.

[35] Vgl. B.-P. I, p. 13 und die Parallelen zu dem Grimmschen Märchen: Der König vom goldenen Berge. Das Verkaufen der Kinder an Dämonen ist ein verbreitetes archetypisches Motiv. Vgl. auch B.-P. I, p. 21, II, pp. 516, 526, 318, 320, 329, III, pp. 97, 107, 465, I, pp. 98, 302, 490.

darstellen[36]; und es paßt zu letzterem, eine gewisse Beharrungstendenz aufzuweisen, die sich in einer Notlage nicht wandeln will, sondern lieber das Zukünftige, das Kind opfert, um nur genügend Energie zu erhalten, damit er sich weiter behaupten könne. Unverantwortlich verdingt hier der Vater seine Tochter an eine doch offensichtlich unheimliche, hexenhafte Figur, um nur ungestört „weiterwurschteln" zu können, wie ein österreichischer Bauer wohl sagen würde. Die männliche traditionelle Haltung ist somit der weiblichen Gestalt nicht günstig. Faßt man das Mädchen als Anima auf, so wäre mit einer habituellen Vernachlässigung der Anima zu rechnen, faßt man es hingegen als eine weibliche Selbstfigur auf, so würde der Vater eine kollektive Animushaltung in den Frauen abbilden, welche der Entwicklung der bewußten weiblichen Individualität hemmend gegenübersteht, wie dies auch oft im Einzelfalle eines Vaterkomplexes bei der Tochter beobachtbar ist.

Das Heranfahren der schwarzen Kutsche, die sich selbsttätig ohne Pferde weiterbewegt, bedeutet formal den Beginn der dramatischen Verwicklung. Der Wagen fährt ohne Tiergespann — ohne Verbindung mit der animalischen Instinktwelt — einher und im Volke würde man damit wohl ohne weiteres annehmen, daß er durch *Magie und Hexerei* bewegt werde, wodurch auch die schwarze Frau in der Kutsche in die Nähe der dunklen Zauberin und Hexe gerückt ist. Unbekannte „übernatürliche", d. h. wohl *geistige Kräfte* stehen ihr zur Verfügung und durch das Fehlen der Tiere ist sie auch atmosphärisch aus dem Bereich einer reinen „mater naturae", wie sie z. B. eine asiatische Muttergöttin *Kybele* oder die keltische *Epona* oder die germanische *Freya* darstellen, deren Wagen immer von Tieren gezogen wird, unterschieden. Es haftet der Frau unseres Märchens etwas Widernatürliches an, was auch im Motiv, daß sie verflucht bzw. erlösungsbedürftig sei, mitschwingt. Die erwähnte *geistige* Komponente der schwarzen Gestalt tritt deutlicher in einer hessischen Variante unseres Märchens hervor[37], worin das Mädchen

---

[36] Vgl. zu einer solchen Auffassung des „Vaters" C. G. Jung: Symbolik des Geistes, l. c. bes. p. 356 ff. Jung deutet dies dort auf das Bild der Vatergottheit, doch scheint mir dieselbe Interpretation auch auf die mythologischen Vaterfiguren anwendbar.

[37] Cit. aus B.-P. I, p. 13. Diese hessische Version stammt wie das Ma-

von einer schönen schwarzgekleideten Jungfrau in ein schwarzes
Schloß entführt wird. Am Ende des vierten Jahres guckt das Kind
in die verbotene Kammer und sieht dort „vier schwarze Jungfrauen,
die, in Bücherlesen vertieft, in dem Augenblick zu erschrecken scheinen". Dieses Bücherlesen scheint ebenfalls auf Magie und Geheim-
wissen hinzudeuten, was wieder die Gestalten aus dem Bereich eines
reinen Naturwesens hinaushebt. Die Vierheit der schwarzen Frauen
in dieser letzterwähnten Fassung weist ferner deutlich auf die Ganz-
heitsnatur der „schwarzen Frau" hin[38]. Das Unheimliche an der
Frau in der Kutsche ist noch durch ihre Farbe unterstrichen, welche
sie in den Bereich der chthonischen Götter, des Jenseits und sogar
– christlich gesehen – des Bösen rückt. Immerhin scheint mir der
letzterwähnte Aspekt nicht im Vordergrund zu stehen; vielmehr
hängt wohl die schwarze Farbe hier eher mit dem Motiv des Nicht-
Gesehen-Sein-Wollens zusammen, welches eine Dominante der Erzählung bildet. Auch muß man sich erinnern, daß in nichtchristlichen
Vorstellungsbereichen selbst „gute" Götter schwarz sein können;
z. B. sind die ägyptischen Gottheiten *Isis* und *Osiris* schwarz[39],
wobei diese Farbe auf ihre Zugehörigkeit zum Jenseits hinweist,
nicht aber zum Prinzip des Bösen. Immerhin hängt in unserem
Märchen die schwarze Farbe doch mit dem Fluch, der auf der Frau
lastet, zusammen, und ihre Unerlöstheit und Ambivalenz äußert

rienkind von Gretchen Wild in Kassel, 1807, und ist ein von den Gebrü-
dern Grimm aufgenommenes Märchen (1812).
[38] Dieses Motiv hat mich u. a. mitbestimmt, das Märchen mehr auf die
Psychologie der Frau hinzudeuten, denn so läßt sich die schwarze Frau
oder die Vierheit der schwarzen Frauen als ein Aspekt des Selbst deuten,
immerhin kann natürlich auch die Anima in einer Vierheit und mit Sym-
bolattributen des Selbst infolge Kontamination auftreten. Die Anima
würde dann gewissermaßen das (weibliche) Quaternio-Prinzip gegenüber einem vermutlich trinitarisch orientierten männlichen Kollektivbewußtsein vertreten.
[39] Vgl. Plutarch: Über Isis und Osiris, Text und Kommentar von
Theodor Hopfner, Prag, 1940, Vol. I, p. 25. Osiris heißt „der Schwarze"
und ein Pyramidentext spricht ihn an: „Du bist schwarz und groß ist dein
Name ‚große schwarze Festung'." Seine Schwestergattin Isis heißt gelegentlich direkt „die schwarze Frau" oder „die schwarz-rote Frau".

sich auch darin, daß sie einerseits menschliche Hilfe sucht und anderseits dabei doch nicht gesehen sein will.

In diesem Zusammenhang stellt sich die Frage, warum sich denn diese Frau, die ja zaubern kann und daher ihre Haushaltgeschäfte mühelos auf magischem Wege selber erledigen könnte, ein junges Menschenkind als Dienstmädchen sucht? Zunächst handelt es sich hier um ein archetypisches Motiv von großer Verbreitung[40], wonach sich dämonische Figuren entweder zur Führung ihres Haushalts oder zu ihrer Körperpflege (Waschen, Kämmen und Lausen) einen Menschen entführen[41]. Es ist als ob die dämonische Dunkelwelt selber sich nach der ordnenden Funktion des menschlichen Bewußtseins sehnte und ohne letztere nicht existieren könnte. Die archetypischen Mächte bedürfen des Menschen, denn soweit sie nicht auf menschlichem Plan gelebt und — mehr noch — *bewußt anerkannt* werden, scheint ihnen eine Wirklichkeitsdimension zu fehlen. In dem vorliegenden Beispiel ist es nun nicht so sehr nur das Licht der Erkenntnis, des menschlichen Bewußtseins, das gesucht wird, sondern das Opus, die Bemühung des Putzens und Kehrens, und dabei hat diese Arbeit eine doppelte Bedeutung: vordergründig und angeblich soll das Mädchen nur das Schloß reinigen, hintergründig und verborgen wird dabei aber in der „verbotenen Kammer" auch die schwarze Frau selber reingewaschen und aus der Schwärze in die Weiße übergeführt[42]. Die Parallelität zum alchemistischen Opus, in welchem die „materia prima" durch menschliche Arbeit (wobei das Waschen oft besonders betont wird)[43] von der Nigredo zur

[40] Man vergleiche z. B. die Grimmschen Märchen: Frau Holle, Der arme Müllerbursch und das Kätzchen, Die Wassernixe, oder das österreichische Märchen Der wilde Mann, selbe Ausgabe.

[41] Vgl. B.-P. I, p. 207.

[42] Dies ist nahegelegt durch die Tatsache, daß die Frau nach den fast erfüllten drei Putzjahren auch, bis auf die Zehen, weiß geworden ist, wonach die dreijährige Reinigung des Schlosses auch die Weißung der „schwarzen Frau" mit sich bringt.

[43] Vgl. z. B. den Ausspruch der Maria Prophetissa: „Wasche und wasche, bis die Schwärze des Stimmi (Spießglanzes?) weicht, und damit meinen sie symbolisch die Albedo." M. Berthelot: Collection des Anciens Alchimistes Grecs, Paris, 1887/88, Vol. I, p. 99.

Albedo gebracht wird, liegt auf der Hand[44]. In dieser Phase des
Individuationsprozesses handelt es sich psychologisch in erster Linie
um eine Bearbeitung des Schattens und um das Bewußtmachen von
Projektionen und anderer Unbewußtheiten von zweideutiger Natur[45]. Das Merkwürdige in der vorliegenden Erzählung liegt darin,
daß die schwarze Frau nur die Reinigung ihres Schlosses verlangt
und die simultan sich vollziehende Erlösung von ihrer eigenen
Schwärze leidenschaftlich geheimhält. Damit hängt wohl auch
zusammen, daß sie dem Mädchen nur ein kleines Zimmer gleich
beim Eingang ihres Waldschlosses als Aufenthaltsraum zuweist, sie
somit nicht vorbehaltlos in ihren Bereich hineinläßt. Zugleich setzt
aber dieses Zimmerchen dem Kind einen sehr engen Rahmen, damit
es nicht von der größeren Gestalt der schwarzen Frau überwältigt
werde. Es wird dadurch eine Grenze betont, und an dieser „Bruch-
linie" konstelliert sich das ganze weitere Drama. Im Lichte persönlicher psychologischer Vorgänge gesehen, läge die Deutung nahe,
daß damit das menschliche Ich gegen die göttlich-dämonische Figur
abgegrenzt werde, um eine Inflation oder seine Zersprengung zu
verhüten. Man könnte auch dieses kleine Zimmerchen als eine Art
Klausur während einer Einweihung ansehen, wie dies in vielen
Kulten üblich ist[46]. Insofern das Mädchen tatsächlich ein archetypisches Ich abbildet, wäre eine solche Deutung nicht abwegig, doch
hat das Motiv noch umfänglichere Hintergründe: faßt man nämlich
beide Frauengestalten als Archetypen auf, so könnte man sagen,
daß damit im Unbewußten selber eine Auseinanderdifferenzierung
von einem dunklen Aspekt des Selbst gegen eine menschennähere
Seite des Selbst angebahnt würde. Dies wäre ein rein innerhalb des
psychischen Kernes selber verlaufender Prozeß, der sich im kollektiven Bewußtsein erst viel später bemerkbar machen wird. Dieser
Vorgang ließe sich, mutatis mutandis, mit der Auseinanderdifferenzierung des Gottesbildes im Christentum vergleichen, wo sich mit der

[44] Vgl. C. G. Jung: Psychologie und Alchemie. Passim.
[45] Vgl. C. G. Jung: Zur Psychologie der Übertragung, l. c., p. 163 f.
und 173 ff.
[46] Man vergleiche z. B. den Begriff der Katochè im Altertum, dessen
Bedeutung zwischen „Klausur" und „Besessenheit" schwankt. Vgl. M.-L.
v. Franz: Passio Perpetuae in C. G. Jung: Aion, l. c., p. 455.

Inkarnation ebenfalls ein Aspekt der ambivalenten Vater-Gottheit zu einem menschennäheren gütigeren Bild des Selbst (Christus) und einem destruktiven Aspekt (Satan) auseinanderdifferenziert hat. Während dieses Prozesses wird der Archetypus der „Kore" gleichsam „genauer umrissen" (= kleines Zimmer) und zugleich wird er in seinen Ausstrahlungen so sehr intensiviert (das sich erfüllende Wunschdenken wird dem Mädchen gegeben), daß er sich in der Außenweltrealität (vermutlich als Synchronizitätsphänomen) bemerkbar zu machen beginnt. Genau genommen dürfte diese letztere Deutung die zutreffende sein, doch geben uns die obigen Parallelen aus der persönlich-menschlichen Sphäre ein Bild, in welchen Formen sich ein solcher unbewußter Grundvorgang auf der Ebene des menschlichen Einzellebens wiederspiegelt.

Es liegt ferner in dieser einsperrenden Geste der schwarzen Frau, wie schon erwähnt, die Absicht, das Mädchen nicht in ihren Bereich eindringen zu lassen, und zugleich ist es ein Versuch, ihm das anzutun, was sie selber erleidet, nämlich es einzuengen und ihm einen Bann aufzuerlegen. Der unerlöste Zustand der schwarzen Frau dehnt sich damit teilweise auch auf das Mädchen aus. Der eine Archetypus affiziert den anderen, was sich auch darin abbildet, daß nun das Mädchen in dem kleinen Zimmer, wie die Hexe selber, zaubern kann, weil sich ja alle seine, in diesem Zimmerchen gedachten Wünsche erfüllen. Menschlich gesehen wird hier dem Mädchen die „imaginatio vera" zuteil, in der und durch die das Seelisch-Wirkliche zur Realität schlechthin wird, was aber kompensatorisch eine Objektivierung und damit eine Abgrenzung ihrer Individualität verlangt[47]. Es handelt sich um die sog. „aktive Imagination", welche zwar, wenn man sie zu Ichzwecken mißbraucht, zur schwarzen Magie werden kann, die aber, bewußt angewandt, die Möglichkeit zur Selbsterkenntnis und Bewußtwerdung par excellence bedeutet[48].

---

[47] Dies entspräche in der Alchemie dem Symbol der Retorte oder des Gefäßes. Vgl. C. G. Jung: Psychologie und Alchemie, l.c., p. 249 ff., p. 187 und bes. p. 405 ff.

[48] Ich muß hier den Begriff der „aktiven Imagination" voraussetzen, vergleiche C. G. Jungs Einleitung zu R. Wilhelm: Das Geheimnis der Goldenen Blüte, Berlin, 1929, p. 15 ff.

Wenn sich die Fähigkeit, Wirkliches zu imaginieren, von der schwarzen Frau auch auf das Mädchen überträgt, so ist dies wohl Ausdruck dafür, daß ein Archetypus, der besonders energetisch „aufgeladen" und dadurch speziell „konstelliert" ist, besonders dazu neigt, sich durch Synchronizitätsphänomene im menschlichen Bereich bemerkbar zu machen, d. h. er tritt nicht nur als inner-seelische, sondern coïncident auch als „arrangement", in äußeren Bedingungen auf. Diese besondere Intensität der Erscheinungsweise aber ist es, die sich hier nun auf das Mädchen im Schloß überträgt, und zwar in einem bestimmten „kleinen Raum". Könnte dies letzt-lich auf ein Hineinragen des Archetypus in das Zeitraumkontinuum und einer damit bedingten „Einengung" desselben zu tun haben? Mythologisch gesehen ist das Schloß ein Symbol der Mutter-Anima oder des weiblichen Selbst und hat im besonderen mit der seelischen Auffassung dieses zentralen Inhaltes zu tun, denn es ist ein von Menschenhand geschaffenes Gebilde[49]. Doch soll auf diesen Aspekt erst weiter unten eingegangen werden.

Die Zauberatmosphäre des Schlosses hebt wieder dessen Be-sitzerin aus dem Rahmen einer reinen Naturgöttin hinaus, denn eine solche würde eher im Walde selber oder im Wasser oder Him-mel hausen, das Schloß hingegen weist auf eine vergangene Kultur hin, in deren Rahmen diese Gestalt einmal bewußtseinsnäher ge-wesen war, nun aber wieder ins Unbewußte zurückgesunken ist. Dieser aus der Vergangenheit stammende kulturelle Rahmen der Figur weist eventuell auf die Magie hin, welche eine Erbschaft der vorchristlichen Kultur ist, eine Erbschaft, die bis ins Mittelalter als Wissensform erhalten blieb, dann aber mehr und mehr der Ignorie-rung anheimfiel, d. h. — der Wald hat das Schloß wieder umwuchert und verborgen.

Nicht nur kann nun das Mädchen zaubern, überhaupt übertragen sich mehr und mehr Eigenschaften und Zustände der schwarzen Frau

---

[49] Das Schloß selber scheint evtl. selber eine Art von Traumschloß oder Wunschschloß, ein Gebilde der Imagination zu sein. Man vergleiche solche Ausdrücke wie „Schlösser in Spanien" versprechen, oder „Luft-schlösser" entwerfen. Solche „Schlösser" pflegt sich in der menschlichen Sphäre häufig ein verschupftes Kind innerlich aufzubauen, um seinen seelischen Innenraum zu schützen.

im Laufe der Erzählung auf es: das Leiden, das Verkanntsein, die
Isolierung, bis es am Ende sogar das Schloß erbt und die schwarze
Frau darin ersetzt. Das „richtig" seine Funktion erfüllende, archetypische Ich wird mehr und mehr an das Selbst angeglichen und wird
schließlich ein neues Abbild des Selbst, oder: das Selbst wandelt sich
in sich selber mehr und mehr in eine neue Form um[50].

Auf die Psychologie des Mannes hingedeutet, könnte man den
Leidensweg des Mädchens mit den Leiden der gnostischen Sophia-
gestalt vergleichen[51], welche in die Finsternis der Materie und in
die ἄγνοια[52] versinkt, weil sich das männliche Bewußtsein zu sehr
mit der lichten Geistwelt identifiziert und die emotionale Seite,
d. h. die Anima vernachlässigt[53], so daß letztere regressiv mit der
Mutterimago verschmilzt und von dort befreit werden muß,
was im vorliegenden Märchen durch die Tat des jungen Königs
geschieht.

Damit ist aber noch nicht erklärt, warum die schwarze Frau zwar
das Reinigen ihres Schlosses dem Mädchen als Aufgabe übergibt,
aber ihre persönliche Beteiligung daran als ein numinoses und
schreckliches Geheimnis verbirgt. Mythologisch amplifiziert ist, wie
erwähnt, das Schloß ein weibliches Selbstsymbol und insofern eine
Analogie zur schwarzen Frau selber[54]. Auch in der Alchemie gilt
das „castrum" wie das „vas" als Bild der Anima oder Mutter,
ebenso wird die Jungfrau Maria oft als Turm und Palast gepriesen[55]. Das Schloß ist das die schwarze Frau enthaltende weibliche

---

[50] Vgl. über solche Wandlungsprozesse innerhalb des Selbst: C. G. Jung:
Aion, l. c., p. 347 ff.

[51] Auch mit der Gestalt der Psyche in Apuleius' Amor und Psyche
ließe sich das Mädchen vergleichen. Vgl. E. Neumanns Kommentar zu
Amor und Psyche, Rascher, 1952, passim.

[52] Unbewußtheit.

[53] Über die Bedeutung dieses Mythos vgl. C. G. Jung: Von den Wurzeln des Bewußtseins, l. c., p. 471 ff.

[54] C. G. Jung: Psychologische Typen, Auflage v. 1950, pp. 307, 313 ff.

[55] Vgl. ebenda und Psychologie und Alchemie, l. c. p. 112 und p. 159
und über Stadt, Turm, Mauer als Muttersymbole C. G. Jung: Symbole
der Wandlung, Zürich, 1952, pp. 348, 358 f., 370, 707 f., und Von den
Wurzeln des Bewußtseins, l. c., p. 457.

Symbol und auch dasjenige, was das Mädchen am Schluß von der verschwindenden, erlösten Gestalt erbt. Wenn das Mädchen nur immer geputzt hätte, nicht wissend was sie damit eigentlich an der schwarzen Frau tat, so wäre sie einem Alchemisten zu vergleichen, der seine chemische Substanz destilliert und dabei nie zur Ahnung gelangt, daß sich darin sein eigenes seelisches Mysterium spiegelt. Ein solcher bleibt in der Projektion stecken, indem er sein Unbewußtes endgültig in die nach christlicher Anschauung „tote" Materie projiziert, so wie auch hier das Schloß aus Stein etwas Unbeseeltes darstellt. Als von Menschenhand geschaffenes Bauwerk könnte man das Schloß auch als eine *Auffassungsform* des Numinosen ansehen, und das Reinigen des Schlosses wäre damit eine Reinigung der eigenen religiösen Auffassung von Schattenelementen, aber noch nicht ein darüber hinausgehendes unmittelbares Erleben des Numinosen selber. Erst als das Mädchen die Türe zur verbotenen Kammer öffnet und das Sakrileg des unmittelbar Erlebenwollens begeht, bricht sie in den Bereich der Gottheit ein, so wie das Adam tat, als er vom Baume der Erkenntnis aß[56].

Es gibt im Märchen keine verbotene Kammer, die nicht geöffnet worden wäre[57], und immer enthält sie ein „Tremendum-Numinosum"[58]. In den vorchristlichen Religionen war diese Gegebenheit noch im religiösen Rahmen erhalten, indem es in den meisten Kulten ein Adyton gab, das vom Laien gar nicht oder nur nach bestimmten

---

[56] Es könnte als Widerspruch empfunden werden, daß ich manchmal in der Paraphrasierung das Mädchen eher als Menschen (wie Adam) und dann wieder als archetypisches Wesen charakterisiere. Aber der Vergleich mit Adam ist eben erhellend, denn auch diese Gestalt wird bald als gewöhnlicher Sterblicher und bald als „Anthropos" empfunden. Es handelt sich eben um ein archetypisches Bild, von dem eine wesentliche Qualität das „Menschsein" bedeutet, im Gegensatz zu anderen archetypischen Gestalten, in denen das Nicht-menschliche überwiegt.

[57] Vgl. B.-P. Vol. I, pp. 21, 399, 410, Vol. III, pp. 97 und 108, Vol. IV, p. 239.

[58] Es kann dies etwas Schauriges sein, wie in „Blaubart" oder eine unerlöste Animus- oder Anima-Figur, oder ein „Tierhelfer", wie im isländischen Märchen: Der Königssohn Ring und der Hund Snati-Snati, oder etwas Göttliches, wie in Marienkind die Trinität.

Einweihungen betreten werden konnte; in ihm spielte sich das wesentlichste religiöse Mysterium ab.

Auf individuelle Verhältnisse übertragen, stellt die verbotene
Kammer, z. B. in Träumen[59], die „Schale" eines Komplexes dar,
der völlig abgespalten und daher im höchsten Grade inkompatibel
mit der vorherrschenden Bewußtseinseinstellung ist. Es ist ein Inhalt, der ebensosehr Panik wie Faszination bewirkt. Im Märchen
spiegelt das Bild hingegen, wie eigentlich ein Archetypus gegen die
Sphäre der übrigen Archetypen abgekapselt ist. Hier wird nun die
Beiziehung eines Punktes außerhalb der Erzählung unumgänglich,
denn ein solches Phänomen läßt sich wohl nicht ohne Berücksichtigung einer bestimmten, kollektiven Bewußtseinseinstellung erklären. Vermutlich enthält nämlich die „verbotene Kammer", wie im
Traum des Einzelnen, einen archetypischen Inhalt, der mit der
vorherrschenden Bewußtseinseinstellung inkompatibel ist, und der
darum nicht als „Organ der Seele" funktionieren kann, wodurch er
energetisch aufgeladen wird und sich so auch von den übrigen
seelischen Inhalten abstößt und in eine Sonderstellung isoliert. Hier
ist es das Bild einer „dunklen Mutter", das offenbar in eine solche
abgekapselte und zugleich aufgeladene Sonderstellung im Unbewußten gedrängt worden ist. Auf der Frau liegt ja auch nach Aussagen des Märchens selber ein Fluch und diesen muß einmal jemand
ausgesprochen haben, d. h. es ist andeutungsweise ein vergangenes
Drama vorausgesetzt, das zu der jetzigen Situation geführt hat.
Es gibt wohl auch tatsächlich so etwas wie eine Schicksalsgeschichte
jedes einzelnen Archetypus, eine Geschichte, die mit der menschlichen Bewußtseinsentwicklung im Zusammenhang steht. Dieses
Märchen nun stellt einen isolierten und unerlösten Zustand der
dunklen „Mutterimago" dar, welche offenbar im lebendigen Ganz-
heitsbereich der Psyche nicht richtig funktionieren kann.

Zunächst bestätigt sich die Inkompatibilität des Geschauten deutlich darin, daß das Mädchen buchstäblich „weggestoßen" wird, und

---

[59] Vgl. z. B. den Traum einer Frau in: Jugendträume als Künder eines
außergewöhnlichen Schicksals, von Dr. Luisa Hoesli. Archiv für Neurologie und Psychiatrie, Bd. 72, Heft 1/2, 1953, und die dort beigebrachten
Parallelen.

nachdem sie sich weigert, über ihre Tat Rechenschaft abzulegen, wird sie noch weiter in die Finsternis und Not des Waldes[60], in einen Zustand völliger Desorientierung und Einsamkeit geworfen. Es sieht zwar so aus, als ob dies die Strafe für ihr Leugnen sei, aber man erfährt zum Schluß, daß ein Zugeben der Tat noch viel schlimmere Folgen gehabt hätte: dann nämlich hätte die schwarze Frau sie „zu Staub und Asche vernichtet". Was immer also das Mädchen getan hätte, so wäre sie mit dem Qualzustand der schwarzen Frau kontaminiert worden, und das Leugnen erweist sich sogar als der relativ „richtige" und gute Ausweg. Man könnte sich fragen, was denn passiert wäre, wenn das Mädchen nicht die hundertste Kammer[61] geöffnet hätte — dann hätte sie wohl einen schönen Lohn erhalten und wäre als „heiratsfähig" in ihr Dorf heimgekehrt, sie hätte aber damit ihr entscheidendes Schicksal, die Königin des Landes zu werden, verfehlt, — d. h. im Bereich des kollektiven Bewußtseins hätte sich nichts gewandelt.

Die rasende, sinnlose Wut der schwarzen Frau über die Tat des Mädchens ist zunächst schwer verständlich, und da es sich hier um ein zentrales Motiv handelt, bedarf dies einiger Amplifikationen. In der vorliegenden Fassung sieht das Mädchen eigentlich nichts Erschreckendes, sie erfährt nur die Erlösungsbedürftigkeit ihrer Dienstherrin; die Varianten hingegen zeigen hier andere Aspekte: Das Mädchen sieht dort: einen Käfig mit drei Schlangen darin, eine grüne Gans oder eine grüne Eidechse, eine Frau, die halb Weib und halb Fisch ist — und, als erschreckende Vision: eine Hexe, ein nikkendes Gerippe, oder die Dienstherrin „Maria, die Verwünschte", die sich im dreizehnten Zimmer auf einer feurigen Schaukel schaukelt[62].

---

[60] Über die Bedeutung des Waldes siehe C. G. Jung: Symbolik des Geistes, l. c., p. 72 ff.

[61] Hundert ist, wie oben erwähnt, wie die Zehn, eine Zahl der Vollendung; die fast abgelaufenen drei Jahre sind in der hessischen Variante vier Jahre — dies weist auf das Dilemma von Drei und Vier hin.

[62] Vgl. B.-P. Vol. I, pp. 13—15. Weitere, hier nicht so ins Gewicht fallende Varianten wären: 12 verwünschte Greise, 12 verwünschte Männer, ein in einen Graumantel verwünschter Mann, m. a. W. Animusfiguren und die christlichen Motive wie: Maria, wie sie dem Jesuskind die Füße wäscht, die heilige Trinität usw.

Das Mädchen erblickt mit anderen Worten einen tierischunter-
menschlichen oder einen schauerlichen Aspekt ihrer Herrin, eine
Seite, von der sie vorher nichts wußte. Besonders aufschlußreich
für die Wut der Frau ist eine von August Ey publizierte Fassung[63]
„Die grüne Jungfer", in welcher das Mädchen diese grüne Jungfer,
die halb Fisch und halb Mensch ist, in folgendem Rahmen sieht:
sie ist umgeben von zwölf bis zu den Knien versteinerten Zwergen,
die auf kleinen Treppen hocken[64]. Diese „Jungfer" bedrängt die
Heldin später mit den Worten: „Kind, wie hast du mich in meinem
Drangsal gesehen?" Es ist offenbar das Untermenschliche und das
Leiden, ihre hilflose und ihre böse Seite, welche diese Gestalt vor
dem Menschen verstecken will, und doch ist es gerade diese selbe
Seite, welche sie von menschlicher Hilfe abhängig macht. Die ambivalente Haltung der schwarzen Frau der Heldin gegenüber erinnert
an die Einstellung Jahwes gegenüber Hiob, wie er, mit sich selber
im Konflikt stehend und an seinem eigenen Schatten, Satan, leidend,
mit dem Menschen ein grausames Spiel treibt, um sich dabei selber
zur Reflexion und schließlich sogar zur Inkarnation im Menschen
zu bekehren[65]. Wie Hiob ist auch dieses Mädchen von einer schlechthin überlegenen Gestalt angefordert und verfolgt zugleich, und es
ist ihr Wissen um die Hilflosigkeit und um das Leiden dieser Gestalt, welches ihr gefährlich wird[66].

Das Mädchen wird in den Wald verstoßen, wo sie ohne Speise
und Trank verweilt — in der Tiefe des Unbewußten in seinem
Aspekt der reinen Natur und ohne Anschluß an menschliche Lebens-
formen[67]. Wie ein Tier lebt sie in einer Höhle — ein noch tieferen,

---

[63] Harzmärchen oder Sagen und Märchen aus dem Oberharz. Stade,
1862, p. 176 ff.

[64] Die „grüne Jungfer" ist verheiratet mit einem „goldenen Hirsch",
und sie sperrt das Mädchen nicht in ein Kämmerchen, sondern setzt es
auf einen goldenen Thron.

[65] Ich muß hier aus Raummangel die Ausführungen von C. G. Jung
in Antwort auf Hiob, Zürich, 1952, voraussetzen. Vgl. aber bes. pp. 37, 49
und 58/59 ff.

[66] Daß das Mädchen auch wie Hiob schweigt, siehe unten.

[67] Wieso ein Inhalt des kollektiven Unbewußten ins Unbewußte gestoßen werden kann, ist unverständlich, man muß wohl richtiger von

archaischeren Schichten des Unbewußten entstammendes Mutter-symbol[68], gleichsam die unterste Tiefe der Seele, wo das Leiden so groß ist, daß einen deshalb der Konflikt nicht mehr erreichen kann[69].

Gerade in diesem Augenblick beginnt, und zwar an einem fernen und unerwarteten Ort, die Wendung: nämlich durch den Traum des jungen Königs. In der „Residenz", wo letzterer wohnt, herrscht eine Situation, die sich in vielen Hinsichten kompensatorisch zur Lage verhält, welche in der Familiensituation der Heldin geschildert war. Während in letzterer ein Vater und eine Tochter vorherrschten und die Mutter fehlte, findet sich am Königshof eine Königinmutter und ihr Sohn und kein Vater. Der alte König scheint verschwunden oder gestorben. Im allgemeinen repräsentiert der „alte König", der eine typische Märchenfigur ist, die Dominante innerhalb der vor-herrschenden Kollektivvorstellungen und er ist daher meistens ursprünglich ein Symbol des Selbst, das aber im Laufe der Zeit auch ein bloßer Begriff und die konventionelle Zentralvorstellung von religiösen und sozialen Ordnungen geworden ist[70]. In diesem Spätstadium stellt daher der altgewordene König oft ein überholtes und erstarrtes vorherrschendes System dar, welches dringend der Erneuerung bedarf. Wenn der König gestorben ist, dann tritt mei-stens eine chaotische dunkle Interregnumszeit ein[71], bis sich ein neues religiöses Symbol zur Anerkennung durchgerungen hat, oft auch

qualitativ verschiedenen Sphären im Unbewußten selber sprechen. Der Wald repräsentiert z. B. einen reinen Naturaspekt. Vgl. Jung: Symbolik des Geistes, p. 72 ff.

[68] Zur Höhle als Muttersymbol vgl. C. G. Jung: Von den Wurzeln des Bewußtseins, l. c. p. 97.

[69] Man vergleiche das Leben „Allerleirauhs" im Tierpelz im Baum, bis der König sie findet.

[70] Über diese Bedeutung des Königs vgl. C. G. Jung: Mysterium Coni-unctionis, Capitel Rex. (im Druck).

[71] Vgl. z. B., daß in altafrikanischen Kulturen oft während des Inter-regnums von drei Tagen jeder jeden erschlagen durfte. L. Frobenius: Erythräa, Länder und Zeiten des heiligen Königsmordes, Berlin-Zürich, 1931, passim.

steht noch der alte König einer solchen Erneuerung im Wege [72]. In der Residenz in unserem Märchen regiert „hinter den Kulissen" offenbar noch weitgehend die alte Königin [73], und in unserem Märchen ist es nicht der alte König, der dem jungen im Wege steht, sondern die alte Königin, welche die junge Frau nicht aufkommen lassen will. Die hexenhafte alte Königin bedeutet wohl eine Gefühlstradition und vielleicht auch die Gewohnheit einer materiellen Ordnung, die nicht mehr vom Geist belebt ist, so daß mehr und mehr falsche Gefühlswerte und unechte Formen menschlicher Beziehungen dominieren [74]. Die neue geistige Dominante, der Prinz, ist in dieser Atmosphäre isoliert und sein Unbewußtes rät ihm daher, sich aus der Tiefe des Waldes jene neue Form des Eros, d. h. eine „Anima" zu holen, die ihm zur richtigen Gefährtin bestimmt ist. Häufig findet sich im Märchen das Motiv, daß ein einfacher Bursche gegen den Widerstand des alten Herrschers zum König wird [75], und solche Peripetien handeln von Wandlungsprozessen in der geistigen Orientierung des Kollektivbewußtseins, welche wahrscheinlich letztlich auf Wandlungen und *interne Lebensprozesse im Innern des Selbst* zurückgehen [76]. Doch in dem vorliegenden Märchen scheint dieser Aspekt des Problems nicht akut, d. h. der junge König ist schon zur Regierung gekommen und damit ein richtiges Weiterleben der geistigen Ordnungen gewährleistet, hingegen bereitet sich im Bereich des Weiblichen, d. i. der Anima und der Lebensform der Frau und damit wohl im Gebiet des Eros und der Gefühlsbeziehung eine krisenhafte Wandlung vor. Diese kündet sich im Bereich des Bewußtseins zuerst in Form von Träumen an, welche den jungen König zwingen, das Mädchen zu finden und zu

---

[72] Vgl. z. B. das Ende des Grimmschen Märchens Ferenand getrü un Ferenand ungetrü.

[73] Jede geistige Kultur und soziale Ordnung ist begleitet auch von bestimmten Formen des Eros und des weiblichen Lebens und einer bestimmten Einstellung zur Anima, und letztere Werte wären wohl durch die Königin repräsentiert.

[74] Dies könnte z. B. falsche Weltlichkeit des Eros, „Prestigeeinstellungen" oder Sentimentalität darstellen.

[75] Vgl. z. B. das Grimmsche Märchen Die drei Haare des Teufels.

[76] Vgl. zu diesen C. G. Jung: Aion, l. c., p. 321 ff.

heiraten, d. h. sich einem unerwarteten Gefühlserlebnis zu öffnen. Seine Jäger finden das Mädchen und in einer für das Märchen so typischen Kürze und Einfachheit rettet er sie, und führt er sie auch alsbald als Gemahlin heim.

Das Mädchen gelangt so plötzlich und so mühelos aus ihrer Not heraus, daß man unwillkürlich noch nachträgliche Schwierigkeiten befürchtet. Man muß von der Seite des Mädchens her betrachtet diese Erhöhung zur Königin wohl irgendwie im Zusammenhang mit, wenn nicht als Folge der Tatsache ansehen, daß sie in die verbotene Kammer schaute, als ob sie sich eben damit ihr so einzigartiges Schicksal zugezogen hätte. Sie ist dadurch aus der Anonymität des gewöhnlichen, kollektiven Lebens in das Zentrum erhoben[77] und zu dem *einen* symbolischen Individuum geworden, zu dem alle als Leitbild aufblicken. Von den Amplifikationen her wissen wir zwar, daß sie das schon immer war, aber das Märchen erzählt gleichsam die Peripetien des Sichtbarwerdens dieses Inhalts.

Von der Psychologie der Frau her gesehen, würde der junge König eine kollektive Animusfigur darstellen, und die Verbindung mit ihm bedeutet, daß das Mädchen über ihre Isolierung in der Waldhöhle[78] zu einem geistigen Anschluß an das Kollektivbewußtsein gelangt. Während der seelische Inhalt, den das Mädchen spiegelt, vom Bereich der Archetypen her gesehen in Dunkelheit versinkt, steigt er umgekehrt, von der Sphäre des menschlichen Bewußtseins her betrachtet, aus der unbewußten Kollektivpsyche an die Oberfläche und wird unerwarteterweise plötzlich sichtbar. „Unsterbliche: Sterbliche, Sterbliche: Unsterbliche, denn das Leben dieser ist der Tod jener, und das Leben jener der Tod dieser" sagt Heraklit[79] und er spielt wohl damit auf jene Tatsache an, daß die Archetypen (Unsterblichen) sich einengen müssen, wenn sie im Menschenbereich realisiert werden sollen, und umgekehrt daß ein Mensch auseinandergesprengt wird, wenn er vom Archetypus assi-

---

[77] Vgl. das oben zitierte Harzmärchen Die grüne Jungfer, wo das Mädchen bei der grünen Dämonin inthronisiert wird!

[78] Was eine Art Wiedergeburt oder Inkubation darstellen könnte.

[79] Cit. aus H. Diels: Fragmente der Vorsokratiker, 6. Auflage von W. Kranz, Weidmann, Berlin, 1951, Vol. I, p. 164, Frg. 62.

miliert wird[80]. Das Ausgestoßensein des Mädchens aus dem Waldschloß und ihre Erhöhung zur Königin ist daher psychologisch ein
völlig zusammengehöriges Geschehen[81].

Es ist ferner möglich, daß das Schauen der schwarzen Frau im
vorliegenden Märchen deshalb so unselige Folgen zeitigte, weil das
Mädchen allein, noch ohne Verbindung mit dem König, die dunkle
Selbstfigur sah, d. h. in einem Zustand, in dem ihr keine geistige
Auffassungsmöglichkeit zur Seite stand, die ihr geholfen hätte, mit
dem Erlebnis ins Reine zu kommen, deshalb führt sie das Schicksal
auf einem Umweg zuerst zur Vereinigung mit dem König, bevor
sich die zweite Phase der Auseinandersetzung mit der schwarzen
Frau konstelliert.

Die junge Königin gebiert nun am Hofe einen Knaben; sie wird
selber Mutter und in diesem Moment taucht deshalb auch das Problem der „dunklen Mutter" wieder auf. Das Symbol des Knaben
weist, im Rahmen der weiblichen Psychologie gesehen, auf bewußte,
schöpferische Unternehmungsmöglichkeiten hin, die hier zwar zum
Leben kommen, aber sofort wieder durch ein böses Fatum scheinbar
vernichtet werden[82]. Die Dreizahl der Geburten weist auf ein

---

[80] Vgl. auch die Kenosis-Idee in der christlichen Theologie, wonach sich
Christus als jenseitig von jeher existente Gestalt (Logos) seiner Fülle
„entleeren" mußte, um Mensch zu werden. Vgl. C. G. Jung: Mysterium
Coniunctionis.

[81] Es gibt Varianten des Märchens (siehe ob. Fußnote), nach welchen
in der verbotenen Kammer nicht eine Frau, sondern eine unerlöste männliche Figur erscheint, ein geistiger Inhalt, der in unserer Fassung nur in
der Magie oder im Bücherlesen der Frau mitschwingt. Diese zu erlösende
Animusfigur ist dann identisch mit dem Bräutigam unseres Märchens.
Diese Varianten spiegeln eine viel weniger tiefreichende Animusproble-
matik, weshalb ich sie hier weniger beachte. In der „grünen Jungfer"
sind es zwei Figuren: die grüne Jungfer und ihr Gemahl, ein goldener
Hirsch, der mit dem späteren Gemahl des Mädchens identisch ist.

[82] Ich muß in den folgenden Ausführungen die Problematik des
Animus voraussetzen und verweise daher auf den grundlegenden Aufsatz
von E. Jung in Wirklichkeit der Seele, Zürich, 1939: Ein Beitrag zum
Problem des Animus, p. 296 ff.

Emma Jung spricht ausführlich über diese unbewußte Geistigkeit, d. i.
Animusaktivität in der Frau, l. c., p. 319/320: „Wo der Mann Probleme

dynamisches Element hin[83]. Es hat sich schon vorher in Details gezeigt, daß in der schwarzen Frau auch so etwas wie ein verborgenes geistiges Element mitschwingt, das sich im „geisterhaft" fahrenden Wagen, im Bücherlesen der schwarzen Jungfrauen und im sich erfüllenden Wunschdenken, das im Schloß der Frau möglich ist, andeutete[84]. Dieses geistige Moment scheint, solange es im Bereich der schwarzen Frau erscheint, sehr *zweideutig* zu sein und in bedenklicher Nähe zur schwarzer Magie und Hexerei zu stehen. Nun endlich, im Bereich des Bewußtseins (Königshof) wird dieses selbe Element in eine schöpferische Geistigkeit umgeboren[85]. Doch gerade in diesem Augenblick konstelliert sich das Problem der

anfaßt, vergnügt sich die Frau im Rätsellösen, wo er Wissen und Erkenntnis sich erringt, ist die Frau mit Glauben oder Aberglauben zufrieden oder macht Ausnahmen … Das sogenannte ‚Wunschdenken' entspricht ebenfalls einer bestimmten Stufe geistiger Entwicklung. Es findet sich als Märchenmotiv, dort oft schon etwas Vergangenes bezeichnend, wenn diese sich abspielen", „zur Zeit, als das Wünschen noch geholfen hat" … Grimm weist … auf den Zusammenhang von Wünschen und Vorstellen, Denken hin …: „Wunsch ist die messende, gießende, gebende, schaffende Kraft, die bildende, einbildende, denkende, also auch Einbildung, Idee, Bild, Gestalt." Und an anderer Stelle: Bedeutsam heißt im Sanskrit der Wunsch Manoratha, Rad des Sinnes; der Wunsch dreht das Rad der Gedanken." Vgl. ferner über den Zusammenhang des Wunschdenkens mit Synchronizitätsphänomenen (Magie) C. G. Jung und W. Pauli: Naturerklärung und Psyche, Zürich, 1952. Vgl. C. G. Jung: Synchronizität als ein Prinzip akausaler Zusammenhänge, p. 105.

Über den Knaben als Symbol für die werdende eigene männliche Komponente in der Frau vgl. Emma Jung, l. c., p. 337.

[83] Vgl. C. G. Jung: Seminar über Kinderträume an der ETH, Zürich, 1938/39, p. 44 ff., Privatdruck.

[84] Man vergleiche auch in der Parallele der „grünen Jungfer" die Zwerge, welche auf eine schöpferische Tätigkeit des Unbewußten hinweisen.

[85] In der „grünen Jungfer" ist der Vater der drei Knaben einerseits der König, zugleich erscheint er aber auch als „goldener Hirsch" verflucht an der Seite der grünen Jungfer. Er ist eine Animusfigur, welche an den „Geist Mercurius" als „cervus fugitivus" erinnert. Vgl. C. G. Jung: Symbolik des Geistes, l. c., p. 95.

schwarzen Frau von neuem in letzthinniger Intensität; und die Königin verliert durch ihr beharrliches Leugnen nicht nur dreimal ihr Kind, sondern wird auch noch taub, stumm und blind und als Kindsmörderin verdächtigt. Man identifiziert sie gleichsam von außen mit der schwarzen Frau, bzw. der „furchtbaren Mutter" und sie verliert jede Möglichkeit menschlichen Ausdrucks und Kontaktes. Es ist, als ob sie nun selber in der „verbotenen Kammer" säße. Auf der persönlichen Ebene gedeutet, entspräche dies einem Zustand von schwerster Depression, wenn nicht von psychotischer Dissoziation[86]. Und obwohl die Königin in dieser Not noch zweimal wieder ein Kind gebiert, d. h. obwohl ihr positives weibliches Wesen erhalten bleibt, so kann dies doch nicht ans Licht treten, weil der „Schatten" der schwarzen Frau sie völlig überdeckt. Man muß sich vor Augen halten, was für ein fast übernatürliches und heroisches Opfer das Weiterleugnen der Königin bedeutet, denn sie opfert damit bewußt einen der tiefsten weiblichen Instinkte, das mütterliche Gefühl zum Kind. Der Individuationsprozeß führt hier zum Opfer und damit zur Bewußtmachung der nur blinden, triebhaften Mütterlichkeit bis ins Letzte[87], und es ist gerade dieses Opfer, welches den Archetypus der dunklen Mutter durch Bewußtmachung „erlöst", d. h. in der Gestalt der neuen Königin zu seinem sinnvollen, seelischen Funktionieren zurückbringt[88].

Während dieser letzten Prüfung tritt die Schwiegermutter der jungen Königin, die Mutter des Königs, plötzlich als negative Figur und als Helferin der quälenden, schwarzen Frau auf, so daß das Mädchen gleichsam tags und, manifest durch die alte Königin nachts

---

[86] Prof. B. Klopfer machte mich einmal mündlich darauf aufmerksam, daß diese archetypische Konstellation hinter Post-partum-Psychosen stecken könnte, welche anders und ungefährlicher als gewöhnliche Psychosen verlaufen. Es wäre lohnend, dies näher zu untersuchen.

[87] Über das Opfern als Bewußtmachen vgl. C. G. Jung: Von den Wurzeln des Bewußtseins, l. c., p. 291 ff.

[88] Über diese Assimilation des Archetypus, nicht durch Leben des Instinktaspektes, sondern durch Bewußtmachung am „geistigen" Pol, vgl. C. G. Jung: Wurzeln des Bewußtseins, l. c., p. 575 f. Vgl. ferner ebenda Jungs Aufsatz: Die psychologischen Aspekte des Mutter-Archetypus in: Wurzeln des Bewußtseins, l. c., p. 119/120.

und im Verborgenen von der schwarzen Frau bedrängt wird. An
sich ist diese Episode der Königin, welche fälschlicherweise des
Kindsmords beschuldigt wird, ein sehr bekanntes altes, der mittelalterlichen Legende entstammendes Motiv [89], und es findet sich als
Teilgeschehen in viele andere Märchen mit anderem Sinnzusammen-
hang eingebaut [90]. Die Zweiheit der Verleumderinnen ist allerdings
relativ selten. Eine christlich überarbeitete russische Parallele zum
vorliegenden Märchen variiert das Motiv folgendermaßen: Die
Heldin heißt dort *Marjuschka* und ist das Patenkind der Aller-
heiligsten Mutter und Gottesgebärerin *Maria*. In dem verbotenen
Raum erspäht sie ihre Patin, wie sie das Jesuskind trägt, wickelt
und auf den Thron setzt. Als Marjuschka später Königin geworden
ist, bedroht sie die Heilige Jungfrau, sie solle ihre Verbotsübertretung gestehen, und straft ihr Leugnen damit, daß sie jeweils dem
Kind eine Hand oder Fuß abreißt, der Mutter in den Mund steckt
und mit dem Kind verschwindet. Das bewirkt, daß ihr Gatte sie
verstößt. Als sie endlich die Wahrheit sagt, erhält sie ihre Kinder
und endlich auch ihren Gatten zurück [91]. Diese Parallele beleuchtet
die geheime Identität der nachts erscheinenden Frauengestalt und
der Verleumderin, welche tags die Königin als Kindsmörderin hinstellt [92]. Bei der Erlösung der schwarzen Frau in der von uns ge-
wählten Hauptversion wird die alte Königin als Hexe verbrannt,
sie stellt einen rein „destruktiven" (zeitgebundenen) Schattenaspekt
der schwarzen Frau selber dar.

Nun erreicht die Peripetie des Märchens ihren Höhepunkt: die
junge Königin muß als Hexe den Scheiterhaufen besteigen. Im
Symbol des Verbranntwerdens bildet sich das äußerste Akutwerden

[89] Vgl. B.-P. I, p. 20.

[90] Zum Beispiel im Grimm-Märchen Allerleirauh. Vgl. hiezu die
Parallelen bei B.-P. Vol. II, p. 45 ff. Vgl. auch das turkestanische Märchen
Das Zauberroß, wo der nächtliche Kindesräuber ein Div, d. i. eine Ani-
musfigur, ist.

[91] Aus Russische Märchen, selbe Sammlung Nr. 51. Daß die unglaub-
liche Roheit der „Jungfrau Maria" nicht befremdend wirkte, ist erstaunlich.

[92] Auch in der „grünen Jungfer" ist das Motiv wie in „Marjuschka"
ausgestaltet.

des emotionalen Leidens am Konflikt ab, doch auch noch in diesem
Zustand der größten Qual leugnet das Mädchen noch immer seine
Tat, wodurch dann ganz unerwartet und wie durch ein Wunder der
Umschlag erfolgt, durch welchen sich alles zum Guten wendet. Nur
die alte Königin — ein offenbar nicht wandelbarer Aspekt des
Bösen — wird verbrannt, während die „schwarze Frau" völlig weiß
wird und erlöst ins Unbekannte entschwindet. Sie übergibt ihr
einstiges Schloß dem Mädchen, welches dadurch nun in zwei Bereichen gleichzeitig waltet: am Hof als Königin und im Wald als
Herrin des Schlosses. Das Mädchen wird mit anderen Worten zu
einem Symbol, in welchem sich der kollektive Bewußtseinsbereich
und die Tiefe des kollektiven Unbewußten lebendig verbinden[93].

Das alles aber geschieht in der vorliegenden Fassung dadurch,
daß das Mädchen seine Tat bis zum Schluß leugnet — ein seltsames
Motiv, das noch näherer Betrachtung bedarf: in den zahlreichen,
christlich gefärbten Versionen, wie im „Marienkind" und der oben
erwähnten russischen Variante und anderen, ist das Motiv umgekehrt worden; d. h. das Leugnen bringt das Leiden, und ein endliches Gestehen des Mädchens die Erlösung. Offenbar wirkte das
Motiv der Erlösung durch konsequentes Leugnen befremdend und
widerstrebte allzusehr dem christlichen ethischen Empfinden. Auch
in unserer Fassung ist das Motiv etwas abgebogen, indem die
schwarze Frau einen spitzfindigen Unterschied zu machen scheint,
in der Frage, ob das Mädchen nur hineingeschaut oder selber darinnen gewesen wäre. Aber die bei Bolte-Polivka aufgezählten Varianten[94], in denen das reine Leugnen zur Erlösung führt, sind so
zahlreich, daß man sie wohl als eine gültige Fassung ernst nehmen
muß. Als eine einfache, entweder kindlich feige oder schlaue Lüge
kann man die Tat wohl kaum bewerten, denn dazu stünde das

[93] Daß dies eben gerade die lebendige Funktion eines echten Symbols
ist, vgl. C. G. Jung: Psychologische Typen, l. c., p. 647.

[94] B.-P. l. c. Vol. I, p. 13 ff. Auch in der „grünen Jungfer" ist das
Leugnen die Heldentat. Die „Jungfer" sagt dort: „Weil du nun so verschwiegen gewesen bist und dich selbst durch den schrecklichen Tod
auf dem Scheiterhaufen nicht zum Ausplaudern hast bringen lassen,
so bist du und bin ich und dein Mann, der goldene Hirsch, dadurch
gerettet . . ."

bewußte Opfer der Kinder in keinem Verhältnis; es muß daher
darin ein Geheimnis angedeutet sein, das nicht so einfach zu verstehen ist. Zunächst fällt auch hier eine gewisse Schicksalsparallelität
dieses Mädchens mit der biblischen Gestalt Hiobs auf, denn wie
letzterer zwischen die innergöttlichen Gegensätze (Jahwe-Satan)
gerät und durch seinen Einblick in das Leiden Jahwes in Not
kommt, so wird auch hier die Königin von der schwarzen Frau und
ihrem Schatten, der alten Königin, bedrängt, und soll doch nicht
von der Ambivalenz der Göttin wissen. So ließe sich das Schweigen
des Mädchens mit der weisen Geste Hiobs vergleichen, wenn letzterer sagt: (Hiob, 39, 34): „Siehe, ich bin zu gering, was soll ich dir
antworten? Ich lege die Hand auf meinen Mund. Einmal habe ich
geredet und wiederhole es nicht zweimal und tue es nicht wieder."[95]
Etwas von der Weisheit und Selbstbeherrschtheit Hiobs[96] scheint
mir auch dieses Mädchen zu zeigen. Allerdings besteht zu Hiob
insofern ein Unterschied, als letzterer sich mit Recht ganz unschuldig
fühlt; die Heldin des Märchens hingegen tatsächlich eine Gebots-
übertretung begangen hat, die allerdings in keinem Verhältnis zur
angedrohten Strafe zu stehen scheint[97]. Der Ausspruch der „grünen
Jungfer" jedoch: „Kind, wie hast du mich in meinem Drangsal
gesehen?" verrät, daß im Zorn der „dunklen Mutter" die Wut darüber, daß sie in ihrem Schattenaspekt ertappt wurde, gegenüber
dem Ärger über die Verbotsübertretung überwiegt.

Eine Parallele zu diesem seltsamen Motiv des Leugnens bildet
m. E. auch das sogenannte negative Sündenbekenntnis der alten
Ägypter: beim Totengericht im Jenseits zählt nämlich der Tote eine
lange Liste von Sünden auf, mit der Versicherung, daß er sie *nicht*
begangen habe, trotzdem anzunehmen ist, daß er von einigen weiß,
daß er sie getan hat. Wie H. Jacobsohn dargelegt hat[98], wäre ein

---

[95] Vgl. die Ausführungen C. G. Jungs hiezu in Antwort auf Hiob,
Zürich, 1952, p. 16 ff.

[96] Vgl. C. G. Jung: ebenda, p. 40.

[97] Dieses Motiv erinnert eher an die Paradiesesgeschichte, wo ebenfalls
eine kindliche Neugier des Menschen unverhältnismäßig tragisch bestraft
wird.

[98] Das Gespräch eines Lebensmüden mit seinem „Ba" in: Zeitlose
Dokumente der Seele, Zürich, 1952, p. 15.

Bekennen seiner Sünden dem Ägypter jener älteren Zeit als Blasphemie erschienen, da er damit zugegeben hätte, daß er eigene individuelle Möglichkeiten bzw. die Macht besitze, den Göttern selbständig gegenüberzutreten. Das negative Sündenbekenntnis ist somit als eine Geste der Demut und Ehrfurcht zu verstehen.

Noch archaischer, aber auf derselben Linie religiösen Verhaltens stehend, scheint mir die Geste des „Nicht-dergleichen-Tuns" der Urner Sennen zu sein, welche E. Renner in seinem Buch „Goldener Ring über Uri"[99] beschrieben hat: wenn immer etwas Ungewöhnliches, d. i. „Numinoses" geschieht, z. B. daß das „Es" die Kühe verschwinden läßt, oder die Sennhütte plötzlich weggezaubert scheint, so ist das wichtigste Gebot für den Sennen das „nit derglychä tuä", wodurch er sich gleichsam mit dem Dämonischen nicht emotional „verhackt", so daß das „Es" ihn wieder losläßt[100].

Obwohl wir in diesen Beispielen ganz verschiedene kulturelle Stufen des Ausdrucks vor uns haben, von denen die letzterwähnte Geste des „Nicht-dergleichen-Tuns" die archaischste, das weise Schweigen Hiobs die differenzierteste Form darstellt, so scheint mir in diesen Beispielen doch eine gemeinsame Urform religiösen Verhaltens erkennbar, welche durch folgende gemeinsame Elemente gekennzeichnet ist: ein Wahren der menschlichen Grenze gegenüber dem Numinosen, worin sich eine gewisse Demut ausdrückt, ein selbstbeherrschtes Sich-selber-Schützen vor der eigenen Emotion (Panik) und der Emotion der Gottheit, indem man ein affektives „Sichverhacken" verhindert, und ein ehrfürchtiges So-Sein-Lassen des Göttlichen.

Im Leugnen des Mädchens in der vorliegenden Erzählung dürfte die Rückkehr zu einer solchen religiösen Urgeste dargestellt sein; und es scheint mir kein Zufall, daß diese vergessene Verhaltensform gerade in einem Märchen auftaucht, welches Probleme der Entwick-

---

[99] Zürich, 1941. p. 152 f. Es ist dies eine Banngeste, die noch archaischer ist als das Opfer oder die Saturnaliengebräuche, etwas, das aber deren ältere Wurzel zu sein scheint (vgl. E. Renner, l. c., p. 154).

[100] Er schützt sich damit selber vor den üblen Folgen der Panik, und er schützt auch das „Es" davor, sich in einen „Prestigekampf" mit dem Menschen einzulassen.

lung des weiblichen, seelischen Wesens beleuchtet, denn in dieser Geste liegt nicht nur ein Wahren der Grenze, sondern darüber hinaus eine gewisse Gefühlsbezogenheit zum Göttlichen, welche man als ein taktvolles, schonendes So-Sein-Lassen bezeichnen könnte[101]. „Der Geist erforscht alle Dinge, auch die Tiefen der Gottheit" (I. Kor. 2, 10) ist ein Bekenntnis des männlichen Logos, aber es liegt dem Wesen des Weiblichen vielleicht näher, die finsteren Abgründe der Gottheit mit dem Mantel der Liebe zuzudecken. (Dies sind nicht zwei gegensätzliche, sondern sich ergänzende Einstellungen.) Das Schweigen der Heldin könnte somit eine differenzierte Form des Eros darstellen, in der ein Annehmen der Antinomie im Göttlichen liegt[102].

Auch in dem ältesten chinesischen Weisheitsbuch, dem I Ging, ist das Prinzip des Weiblichen, Kun, durch das ethisch nicht urteilende Ertragenkönnen und die Eigenschaft der Verschwiegenheit und Diskretion charakterisiert[103]. Eines der Orakel heißt sogar: „Zugebundener Sack", „Kein Makel, kein Lob", — was im Kommentar als „strengstes Verschlossensein" gedeutet wird. Während es dem männlichen Prinzip (Kiän) zukommt, zu gestalten und manifest werden zu lassen, scheint letzteres: ein Rhythmus des sich Öffnens oder Verschließens, dem weiblichen Prinzip (Kun) näherliegend. Indem das Mädchen im Märchen so handelt, erweist sie sich daher der „dunklen Mutter" gewachsen.

Der männlich-aktive Animus der Frau versucht nämlich letztere immer wieder dazu zu verführen, auch diese Sphäre ihres Wesens und Schicksals „in die Hand zu nehmen" und dadurch ihr inneres Werden zu verhindern. Das Mädchen aber ist ein Leitbild für ein

[101] Dies ist keineswegs mit Vogelstraußpolitik und verdrängendem Nichtsehenwollen zu verwechseln, denn ein Akt des Erkennens (Öffnen der Kammer) ging ja im Märchen dem Leugnen voraus, aber es ist, als ob das Mädchen, welches das Wesen der schwarzen Frau nun kennt, ihr die Qual ersparen wollte, sich in ihrem Leiden am eigenen Schatten durchschaut zu fühlen.

[102] Vgl. auch, daß C. G. Jung die Loyalität und Treue (als Gefühlswerte) in Hiobs Verhalten als entscheidend wichtig hervorhebt.

[103] Ed. R. Wilhelm, Jena, 1923, Vol. I, Kap. 2.

richtiges Verhalten. E. Neumann spricht von Abblendung der Ich-
aktivität[104].

Es ist unverkennbar, daß in diesem Motiv des Leugnens die Kom-
pensation eines gewissen christlichen, ethischen Wahrheitsideals zutage tritt, was sich auch darin zeigt, daß die christlich-gefärbten
Versionen das Motiv beseitigt haben[105]. Damit gelangt die Deutung
zu jenem, in der Einleitung gestreiften Problem der kulturgeschichtlichen Einordnung des vorliegenden Mythologems.

Allgemeinere psychologische Folgerungen

Es ist an verschiedenen Stellen der Interpretation faßbar geworden, daß dieses Märchen der „schwarzen Frau" eine kollektive
Bewußtseinseinstellung kompensieren könnte, welche mit dem

[104] Vgl. auch die eindrückliche Darstellung E. Neumanns über das
„matriarchale Bewußtsein" (Zur Psychologie des Weiblichen, Zürich,
1953, pp. 107—109), wo er von der „annehmenden" kontemplativ-
passiven Haltung des weiblichen Bewußtseins spricht. Man könnte aus
diesen archetypischen Bildkonstellationen im Märchen auch einen Wink
für ein weibliches Problem entnehmen, das auf einer mehr persönlichen
Stufe wichtig wird. Die schwarze Frau repräsentiert nämlich wohl auch
eine sehr dunkle Wurzel weiblichen Lebens, das „Wunschträumen", aus
dem Intrigen („plots") und ein ungreifbares Beeinflussen der anderen
resultiert. (Über dieses Thema vgl. Barbara Hannah: The Problem of
Women's Plots, in The Evil Vineyard. Guild Pastoral Psychology-
Lectures, Nr. 51, Febr. 1948). Während nach der Aussage dieses Märchens
die Frau verpflichtet ist, das geistige Element in dieser seelischen Aktivität
in bewußte Schöpferischkeit zu wandeln, scheint es, daß sie die eigentlich
weibliche Macht darin zwar kennen, nicht aber ethisch bewertend ans
Licht zerren sollte, sondern daß sich letzteres Element von selber positiv
wandelt, wenn es gewußt ist. Es steckt offenbar in dieser Macht der
schwarzen Frau auch ein positives Leben, das nicht zerstört werden darf,
denn die schwarze Hexe spinnt scheinbar nicht nur Intrigen, sondern auch
das Schicksalsgeschehen der Individuation, wenn nur das Bewußtsein sich
die Mühe nimmt, sich damit auseinanderzusetzen.

[105] Wenn ich von Christentum in diesem Sinn spreche, so meine ich
weniger die dogmatischen und theologischen Gegebenheiten, als die christlichen kollektiven Vulgäranschauungen.

Christentum zusammenhängt[106]. Die wichtigsten Züge seien noch einmal kurz wiederholt: in den unteren Volksschichten macht sich ein Fehlen eines Mutterbildes bemerkbar[107], wobei eine männliche, habituelle Einstellung dem Weiblichen ungünstig gegenübersteht, in den oberen Schichten dominiert hinter den Kulissen ein negativ gewordenes Bild der Frau. Im kollektiven Unbewußten selber ist gleichzeitig eine dunkle Mutterimago von all ihrem lebenswichtigen Funktionieren abgekapselt. Das im Wald versteckte Schloß weist für die Datierung des Märchens auf eine Zeitperiode nach dem Mittelalter hin, da Magie und Hexerei im Mittelalter zwar verdammt, aber nicht vergessen waren. Hier aber spiegelt sich ein Inhalt, von dem einfach nichts mehr gewußt ist. Der vergangene „Fluch", der auf der schwarzen Frau lastet, dürfte eben auf die vergangenen, mittelalterlichen Hexenverfolgungen weisen. Man darf daher wohl das Datum des Märchens zwischen 1500—1800, seine Lokalisation auf das christliche Europa ansetzen. Da es sich um die Regierungszeit eines noch jungen Königs handelt, könnte dies genauer auf den Beginn des Rationalismus schließen lassen, der ein (männliches) Geisteserbe des Mittelalters darstellt und in dessen Anfangszeit das Vergessen der „dunklen Mutter" fällt. Der Beginn des Rationalismus war nicht bewußt antichristlich orientiert[108], so daß keine Krise in der Erbfolge der Könige stattfand, wohl aber eine Wandlung im Bereich des Weiblichen, der Anima und der realen Frau[109], denn dort wurde sein archetypischer Hintergrund ver-

---

[106] Die Zeitgebundenheit eines Mythos wird einem gefühlsmäßig am ehesten dadurch klar, daß man sich einen Augenblick die Verschiedenheit dieser Mutter-Tochter-Erzählung und dem Demeter-Baubo-Kore-Mythos vor Augen hält. Leider verbietet mir der Rahmen dieser Arbeit, auf diese Unterschiede einzugehen.

[107] Vgl. C. G. Jungs Hinweis in Antwort auf Hiob (p. 156), daß das Dogma der Assumptio Mariae durch ein seelisches Bedürfnis *im Volk* weitgehend gefordert wurde.

[108] Man vergleiche z. B., daß Gelehrte wie J. Kepler oder I. Newton eine durchaus christliche Welteinstellung hatten.

[109] Vgl. C. G. Jungs Ausführungen Antwort auf Hiob, p. 160, und in Die Frau in Europa, Zürich, 1929, und E. Neumann: Zur Psychologie des Weiblichen, l. c. passim.

gessen und zugleich zeichnete sich der Beginn einer Krise ab, die einige Zeit später die Bewußtseinsschwelle erreichte.

Im Geschehen des Märchens ist nämlich nicht nur dieses vergangene Zeitproblem gespiegelt, sondern ist zugleich eine Entwicklung *antezipiert*, die wir bewußt erst heute zu realisieren beginnen. Es handelt sich um eine Wandlung in der Einstellung zum Weiblichen, die sich im Feld des Kollektivbewußtseins zuerst in Phänomenen wie die Frauenemanzipation, also erst etwa um 1900, bemerkbar gemacht hat. Eine Frau, wie Anna Kingsford, welche dem Hexenarchetypus und dem dunklen Aspekt des weiblichen Selbst weitgehend erlegen ist[110], wäre eine typische Exponentin dieses Anima- und Frauenproblems. Die im Märchen symbolisierten Geschehnisse scheinen mir daher auch noch heute aktuell zu sein[111].

Es scheint ferner wesentlich, daß dieses Märchen in christlich gefärbten Varianten verbreitet und sogar in ihnen bekannter ist und daß dort die „schwarze Frau" meistens mit der Jungfrau Maria gleichgesetzt ist. Es muß sich darin ein Volksempfinden ausdrücken, welches ahnte, daß diese schwarze oder grüne Frau eigentlich eine Muttergöttin darstelle, die man dann natürlich nur mit der Gottesmutter identifizieren konnte. Umgekehrt scheint die besondere Popularität der „schwarzen Madonnen" darauf hinzuweisen, daß man sich nach einem erdhafteren, dunkleren Aspekt dieser Mutterimago sehnt. Besonders aufschlußreich scheint ferner der Name der Gestalt in einer russischen Variante zu sein, wo sie „Maria, die Verwünschte" heißt und sich im verbotenen dreizehnten Zimmer auf einer Schaukel schaukelt. Dieses Schaukeln weist wohl auf eine reine, in sich selber verlaufende Gegensatzschwingung hin[112], die erst durch Ein-

---

[110] Ich beziehe mich hier auf eine ungedruckte Arbeit über *Anna Kingsford* von Aniela Jaffé.

[111] Die alte, zu verbrennende Königin stellt in diesem Fall eine überholte, negativ gewordene, konventionelle Form des Eros dar, wie sie in jenen Jahrhunderten gepflegt wurde und noch immer viele moderne Frauen als ihr eigenes, inneres Vorurteil bedrückt.

[112] Man kann solche z. B. in dem unbewußten Material von Schizophrenen beobachten, wo sich die Persönlichkeit immer wieder scheinbar aufbaut und wieder zerfällt. In der Antike spielt das Schaukeln im Totenkult und im Dionysoskult eine Rolle und scheint der Expiation

griff des menschlichen Bewußtseins unterbrochen werden kann. Es handelt sich bei dieser Märchenfigur der „schwarzen Frau" tatsächlich um eine archetypische Gestalt, die man als den „Schatten der Jungfrau Maria" bezeichnen könnte, — in Analogie zu Satan als Schatten Jahwes, wobei aber zwischen Gott und Satan eine unversöhnliche Kluft aufgerissen ist, während diese dunkle Frau viel weniger eindeutig vom lichten Aspekt abgetrennt erscheint. Sie verkörpert wohl einen etwas dunkleren Aspekt des Mutter-Anima-Bildes im Mann und des Selbst in der Frau, der in der dogmatischen Gestalt Mariae nicht ganz genügend repräsentiert ist, und der darum ins Unbewußte verdrängt wurde. Dabei sind die hexenhaften Züge der Figur besonders aufschlußreich. C. G. Jung hat nämlich in „Psychologische Typen" dargelegt[113], wie der Hexenglaube tatsächlich mit dem zunehmenden Aufkommen des Marienkultes psychologisch zusammenhängt. Dadurch nämlich, daß das Seelenbild des Mannes in das allgemeine Symbol (Maria) überging (während es vorher im Minnedienst durch die selbstgewählte Herrin dargestellt wurde), verlor es seinen *individuellen* Ausdruck und die Möglichkeiten weiterer individueller Differenzierung. „Indem ... die seelische Beziehung zur Frau sich durch die kollektive Marienverehrung ausdrückte, ging dem Bilde der Frau ein Wert verloren, auf den aber das menschliche Wesen einen gewissen natürlichen Anspruch hat." Dadurch verfällt dieser individuelle Wert ins Unbewußte und belebt dort infantil-archaische Dominanten. Die relative Entwertung der realen Frau kompensiert sich durch dämonische Züge — die Frau tritt als Verfolgerin und Hexe auf. „Infolgedessen entwickelte sich mit und infolge der gesteigerten Marienverehrung der Hexenwahn ..." Was hier Jung besonders von der Seite des Animaproblems her beleuchtet, läßt sich auch auf die Entwicklung der Frau anwenden, womit gesagt ist, daß deren individuellste Entwicklungsmöglichkeiten ebenfalls durch diese kul-

im Falle von Suizid, als dämonvertreibendes Mittel und als Fruchtbarkeitszauber gedient zu haben. Auch um Inspirationen zu empfangen, wurde geschaukelt. Vgl. Frazer: The Golden Bough, Vol. 4, 3 ed., 1914. The dying God, p. 281 ff.

[113] Letzte Auflage 1950, p. 314/315.

turgeschichtliche Situation gehemmt wurden[114]. Diese Möglichkeiten
der weiblichen Individuation sind aber in der Heldin des vorliegenden Märchens archetypisch personifiziert; und das Märchen zeigt,
wie sich dieser Keim der Individuation gleichzeitig gegen ein fal-
sches Bild der Frau im Kollektivbewußtsein (alte Königin), und
gegen ein archaisches Mutter- und Frauenbild im kollektiven Unbewußten (schwarze Frau) durchsetzen muß, um zu seiner eigenen
Lebensmöglichkeit zu gelangen.

Was aber heißt dies: der „Schatten der Jungfrau Maria"? Zunächst verbergen sich in ihm gewisse (besonders tierische) Aspekte
der vorchristlichen Natur- und Erdmuttergöttinnen[115], welche auch
noch in der „Frau Holle", der „Großmutter des Teufels" und
ähnlichen Märchengestalten erhalten blieben. Auf diesen Natur-
mutter-Aspekt weist die schwarze (= erdhafte) auch durch Grün
(Vegetation) variierte Farbe der Dämonin und ihre tierischen Erscheinungsformen, wie Gans[116], Eidechse, Schlange hin. Einen weiteren Aspekt bietet die Erscheinungsform des „nickenden Gerippes",
welches die Gestalt in die Nähe des Todes rückt. Das Prinzip des
Weiblichen wird meistens so sehr mit dem Begriff des Lebens gleichgesetzt, weil sie das gebärende, lebenschenkende Wesen ist, daß der
Todesaspekt der „großen Mutter"[117] vergessen wurde, der im Heidentum z. B. in der griechischen Hekate und Persephone[118], in der
germanischen „Hel" oder in der lateinischen Personifikation des
Todes (mors f.) als „schwarze Frau" verehrt wurde. Auch der von

---

[114] Als patriarchale Religion hat das Christentum das Wesen der Frau
nicht genug berücksichtigt, und das bewirkt in den Frauen leicht entweder
ein Nachahmen des Männlichen (Animusbesessenheit) oder ein unbewußtes Verfallen an eine primitive Mutterimago. Vgl. hiezu Emma Jung:
Ein Beitrag zum Problem des Animus, l. c., p. 304 ff., und E. Neumann:
Zur Psychologie des Weiblichen, l. c., p. 34 ff.

[115] Vgl. hiezu A. Dieterich: Mutter Erde, II. Auflage, Berlin, 1913.

[116] Die Gans gehört z. B. zur *Nemesis*, zur *Aphrodite*, germanisch: zur
Hexe.

[117] Über diesen vgl. C. G. Jung: Symbole der Wandlung, l. c., pp. 513,
610, 616.

[118] Über letztere vgl. K. Kerenyi in: C. G. Jung und K. Kerenyi: Einführung in das Wesen der Mythologie, l. c., p. 182 ff.

K. Kerenyi beschriebene Aspekt der ῞Ηϱα χήϱα, der grollenden und trauernden Muttergöttin, die z. B. in Phigalia als *schwarze* Demeter und Demeter Erinys verehrt wurde, bildet eine Parallele zu der vorliegenden Gestalt[119]. Die Verborgenheit und der Groll gegen denjenigen, der die Göttin „enthüllt", ist ebenfalls ein archetypisches Motiv, denn schon die Göttin Neith in Sais, „die manche für die Isis hielten", wie Plutarch[120] sagt, bekundet von sich, „Ich bin alles, was ward, ist und sein wird, und noch kein Sterblicher hat jemals mein Gewand gelüftet". Diese Neith ist eine Unterweltsgöttin, die mit grünem Gesicht und grünen Händen (!) abgebildet wurde, sie verschmolz, wie erwähnt, später mit der (schwarzen!) Isis.

Endlich liegt in diesem „Schatten der Maria" auch noch der Aspekt der mittelalterlichen Hexe, als einer spezifisch weiblichen Form des Bösen, das sich u. a. in hemmungsloser Lust, Eifersucht, Intrigenhaftigkeit, dem Aussaugen anderer Menschen und egozentrischer Ichhaftigkeit äußert. Ein Teil dieses Hexenaspektes wird am Schluß des Märchens in der Person der alten Königin vernichtet, weil offenbar zum mindesten *diese* Form seiner menschlichen Wirksamkeit zeitbedingt und daher auch aufhebbar ist. Die ewige dunkle Wurzel des Hexentums aber ist gleichsam verschwunden, bzw. im Märchen nicht mehr dargestellt, sie dürfte aber an sich kaum aufhebbar sein. Jene Dunkelheiten, welche die schwarze Frau befähigt hätten, das Mädchen „in Staub und Asche zu zerreißen", sind m. a. W. nicht mehr erwähnt, so wie auch die Frage offenbleibt, wohin die erlöste, d. i. weißgewordene Frau später verschwindet. So ist in diesem Märchen nur ein Stück des Weges zur Lösung des angeschnittenen Problems archetypisch vorgezeichnet, nicht aber eine vollständige Lysis[121], was sich vielleicht auch in der Fünfzahl der am Schluß verbleibenden Figuren und in der Unbestimmtheit ihres Wohnortes äußert.

---

[119] Einführung in das Wesen der Mythologie, l. c., pp. 178 ff. und 182 ff.

[120] Ed. Hopfner, l. c., p. 83.

[121] Nach meiner Erfahrung stellt beinahe kein Märchen je eine vollständige Lysis dar. Leider ist es mir im Rahmen dieser Arbeit nicht möglich, dies zu belegen, möchte es aber doch so weit erwähnen.

Die am Ende der Erzählung verbleibenden Figuren sind: der
junge König und die Königin und ihre drei Knaben. Die Fünfzahl
weist nach R. Allendy auf die „natura naturata" hin[122], d. h. neben
den vier Elementen und Qualitäten, welche ein abstraktes Equi-
librium darstellen, bildet das Fünfte deren Aktionsfeld oder Sub-
stratum und ist daher mit dem natürlichen, im Zeit-Raumkonti-
nuum befindlichen, einzelnen Körperwesen verbunden. Daher
wurde die Fünf auch speziell mit dem Körperumriß des Menschen
in Verbindung gebracht[123]. Negativ gesehen ist die Fünf daher auch
mit der *Illusion* der materiellen Wirklichkeit assoziiert[124]. Es ist die
Zahl der Muttergöttin Juno und der Hekate (!), deren Antlitz von
einer fünfblättrigen Rose geziert war, so wie, neben der Vier, die
Zahl des Mercurius[125]. Die Fünf gehört somit der Sphäre der
chthonischen Mutter und ihres Sohnes an, hat aber auch als „Quinta
Essentia" eine die Vier zur Einheit zusammenfassende Bedeutung.
Man sollte sich daher vielleicht die am Schluß der Erzählung ver-
bleibende Gruppe nicht wie in Fig. 1, sondern wie in Fig. 2 an-
geordnet vorstellen:

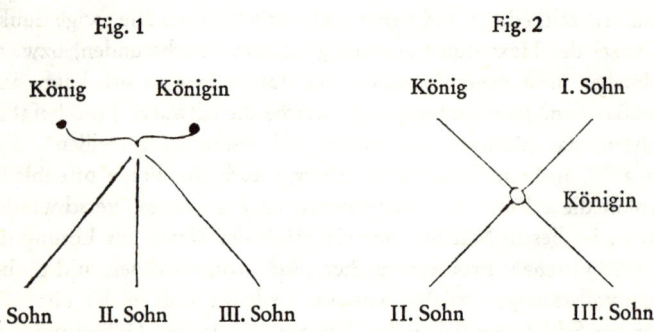

Fig. 1   Fig. 2

König   Königin   König   I. Sohn

                                                  Königin

I. Sohn   II. Sohn   III. Sohn   II. Sohn   III. Sohn

indem das Mädchen so gleichsam den zentralen Beziehungspunkt
eines männlichen Quaternio darstellt. Doch auch von dieser Seite

[122] l. c., p. 113.
[123] l. c., pp. 113—115.
[124] l. c., p. 132.
[125] l. c., p. 143/144.

her beleuchtet, bleibt die Tatsache hervorzuheben, daß die Welt des männlichen Bewußtseins noch stark jugendliche Züge trägt, sei es, daß man dies als das Bild einer noch unreifen, kollektiven Bewußtseinseinstellung auffaßt oder sei es, daß man es — auf die Frau bezogen — als eine noch unentwickelte Form des Animus ansieht.

Die drei Söhne der Königin bilden eine Triade von Knaben von relativer Unbestimmtheit. Insofern man mit älteren, nichtchristlichen Anschauungen zu rechnen hätte, ließe sich diese Dreiheit mit den keltorömischen, germanischen und slavischen triadischen Gottheiten in Verbindung setzen[126]. Wie Jung in seinem „Versuch einer psychologischen Deutung des Trinitätsdogmas"[127] darlegt, hat die Dreizahl mit einem *Entwicklungsprozeß in der Zeit* zu tun und zugleich ist die Drei „das erkennbar gewordene Eine"[128]. Die dreifache Geburt in diesem Märchen dürfte deshalb zunächst als Geburt eines „göttlichen Kindes" aufzufassen sein, doch mit der zusätzlichen Nüancierung, daß dieses neue „göttliche Kind" dreifach, d. i. im irdischen Zeitablauf in Erscheinung tretend sich manifestiert. Das rückt diese drei Knaben in die Nähe des „Mercurius triunus" und „Lapis triunus", welche Jung als „correspondentia oder analogia Christi *in der physischen Natur*" interpretiert hat[129]. In der „grünen Jungfer" sind die drei Knaben die Söhne des Königs und des „goldenen Hirschs", welch letzterer deutlich auf Mercurius hinweist. Als im „Marienkind" die Heldin die Hl. Trinität in der verbotenen Kammer erblickt, wird ihr Finger, mit dem sie deren Glanz berührt, davon vergoldet. Man könnte vielleicht annehmen, daß im Schicksal des Patenkindes sich etwas wiederholt, welches im Schicksal seiner Patin, der „domina creaturae" und Mutter der Trinität, vorgezeichnet war? Auch spielen die drei Söhnchen Marienkinds, als sie bei Maria im Jenseits weilen, mit der Weltkugel! Es ist, als ob die drei Knaben eine *irdische Spiegelung der*

[126] Vgl. u. a. P. Sarasin: Helios und Keraunos. Innsbruck, 1924, p. 172 ff., und D. Nielsen: Der dreieinige Gott, Berlin-London, 1922, und W. Kirfel: Die dreiköpfige Gottheit, Bonn, 1948, passim.

[127] In Symbolik des Geistes, Zürich, 1948, p. 323.

[128] Vgl. die Ausführungen ebenda, p. 336/337.

[129] Symbolik des Geistes, l. c., pp. 76 und 134.

„metaphysischen" *Trinität darstellten.* Man könnte dies auch mit einem „Spruch zum Schutze des Viehs" in Zusammenhang bringen, welchen die Urner Sennen im Frühling hersagen, indem auch dort die *Trinität* als drei Knaben erscheint[130]: „Das liebe Vieh geht so manchen Tag und das ganze Jahr über manchen Graben, ich hoff' und trau', *da begegneten ihm drei Knaben,* der erste ist der Gott Vater, der andre ist der Gott Sohn, der dritte ist Gott der Heilige Geist, die behüten mir mein Vieh..."[131]

Das Hinein- und Hinunterziehen des Trinitätssymbols in eine solche irdisch-menschliche Form kompensiert eine Auffassung der Gottheit, wonach letztere zuviel „draußen" und zu weit weg ins „Metaphysische" verlegt ist, so daß die seelische Beziehung zu ihr verlorenzugehen droht. Im Motiv der drei Knaben wäre hingegen symbolisch eine Verinnerlichung der christlichen Glaubensinhalte antezipiert, wie sie sich z. T. in den Dichtungen der Romantiker andeutet, und wie sie C. G. Jungs psychologische Auffassung des religiösen Symbols ermöglicht. Dieses innerseelische Wirklichwerden und Verstehbarwerden des christlichen Gottesbildes aber dürfte den ersten Schritt darstellen, von dem aus auch das Problem des Dunklen, Bösen, des Vierten erst wirklich gestellt werden kann. Aber eben letzteres Problem ist im Märchen nicht mehr gelöst; denn man weiß nicht, wohin die Frau geht, und man weiß nicht, wo derjenige steckt, der sie verfluchte. Diese Unvollständigkeit der Märchen-Lysis hängt wohl damit zusammen, daß es sich hier nur um die Abbildung eines kollektiven „patterns" handelt; eine eigentlich darüber hinaus gehende Lösung hingegen wäre wohl nur im Individuationsprozeß des einzelnen Menschen möglich. Immerhin kann aber eine solche Erzählung als ein wegweisendes Symbol dienen, das dem Einzelnen auf seinem „Quest" ein wenig Licht spenden kann.

---

[130] Vgl. E. Renner: Goldener Ring über Uri, l. c., pp. 216, 217.

[131] Daß in jenem Sennenspruch die Trinität als drei Hirtenknaben erscheint, entspricht wohl auch einem Bedürfnis, sie „menschennäher" zu erleben.

Die Wandlung des Menschen in Seelsorge und Psychotherapie (Vorträge), herausgegeben von Wilhelm Bitter, Verlag für Medizinische Psychologie Göttingen 1956, S. 276–300.

SYMBOLIK DER WANDLUNG IM MÄRCHEN

Von WILHELM LAIBLIN

„Sobald die *Natur* ihre Vollendung erreicht, spendet Gott seine *Gnade:* in demselben Augenblick, wo der Geist bereit ist, geht Gott in ihn ein, ohne Zögern und Verzug." Ich wüßte kein vollmächtigeres und gültigeres Wort, unsere Betrachtung über die Wandlungssymbolik im Märchen einzuleiten, als dieses aus der Stille geborene Zeugnis des mittelalterlichen Meisters *Ekkehart*[1]. Denn die Wirklichkeit, die hier begrifflich erfaßt ist, stellt uns das Märchen, wenn wir es richtig zu lesen verstehen, in ungezählten anschaulichen Bildern, gleichsam als Thema mit Variationen, vor Augen. Ich möchte versuchen, in einem notwendigerweise sehr summarischen Überblick in diesen uns einerseits altvertrauten und doch andererseits noch fremden und unverstandenen Kosmos archetypischer Bilder so einzuführen, daß dessen Gesetzmäßigkeit und Sinnhaftigkeit aufleuchtet.

I

Die *Brüder Grimm* schließen ihre uns allen bekannte Sammlung der „Kinder- und Hausmärchen" (KHM) mit folgendem Kurzmärchen ab:

Der goldene Schlüssel

Zur Winterszeit, als einmal ein tiefer Schnee lag, mußte ein armer Junge hinausgehen und Holz auf einem Schlitten holen. Wie er es nun zusammengesucht und aufgeladen hatte, wollte er, weil er so erfroren war, noch nicht nach Hause gehen, sondern erst Feuer anmachen und

---

[1] Ekkehart, Von der Stille. Hyperion-Verlag, Freiburg i. Br. o. J., S. 70.

sich ein bißchen wärmen. Da scharrte er den Schnee weg, und wie er so
den Erdboden aufräumte, fand er einen kleinen goldenen Schlüssel. Nun
glaubte er, wo der Schlüssel wäre, müßte auch das Schloß dazu sein, grub
in der Erde und fand ein eisernes Kästchen. „Wenn der Schlüssel nur
paßt!", dachte er, „es sind gewiß kostbare Sachen in dem Kästchen".
Er suchte, aber es war kein Schlüsselloch da; endlich entdeckte er eins,
aber so klein, daß man es kaum sehen konnte. Er probierte, und der
Schlüssel paßte glücklich. Da drehte er einmal herum, und nun müssen
wir warten, bis er vollends aufgeschlossen und den Deckel aufgemacht
hat, dann werden wir erfahren, was für wunderbare Sachen in dem
Kästchen lagen.

Sehen wir uns einmal ganz unvoreingenommen und theoretisch
unvorbelastet die Bilderfolge dieses so unscheinbaren Märchens an,
so sehen wir es sich aus folgenden Einzelmotiven aufbauen: Fürs
erste begegnen wir einer *Notlage,* die sich in Armut und Frieren in
winterlicher Kälte näher kennzeichnet. Wir sind auch Zeugen der
angestrengten Bemühungen, diese Notlage mit den *seither erprob-
ten Mitteln* zu meistern und zu überwinden. Da ereignet sich mitten
in diesem *zielgerichteten Tun* eine seltsame Wendung — wie durch
Zufall, möchte man sagen, freilich im Sinne der ursprünglichen
Wortbedeutung. Was unserem armen Jungen hier *zufallen* und sein
Leben reich machen möchte, ist zugleich *Schicksal,* das ihm Ge-
schickte, denn es hat offenbar in geheimer Bezogenheit schon längst
auf ihn gewartet, ohne daß er darum wußte. Wie oft mag er vorher
ahnungslos über den *in der Tiefe verborgenen Schatz* hinweggestol-
pert sein, ehe er im Eifer seiner notvollen Geschäftigkeit *tiefer
schürfte* als sonst! Zunächst findet er allerdings nur einen *Schlüssel*
— wenn auch als Zeichen seines besonderen Wertes einen *goldenen!*
—, aber dieser Schlüssel eröffnet ihm den Zugang zu *„wunderbaren
Sachen",* zu neuen ungeahnten Möglichkeiten voller Überraschungen
und Wunder. Ist es ein neuer Lebensinhalt oder Lebensstil, zu dem
der unerwartet so reich Gewordene durch den Besitz des Kästchens
hingeführt wird, oder eine neue Erkenntnis, die sich ihm beim
Öffnen der Schatztruhe erschließt? Vielleicht ist es alles zusammen,
wir wissen es nicht und wollen den Inhalt des Kästchens zunächst
auf sich beruhen lassen, wie auch das Märchen selbst den Schleier
des Geheimnisses uns nicht lüftet. Aber wir ahnen vielleicht beim

Betrachten dieser so einfachen Bilder: hinter der anspruchslosen Erzählkunst unseres Märchens verbirgt sich weit mehr als naiv zusammengereimtes Unterhaltungsgut für Kinder und Ammen, und dieser goldene Schlüssel eröffnet sinnbildlich wohl die Pforte zu einer ganzen *Welt geheimer und wunderbarer Sinnzusammenhänge,* die betrachtend und miterlebend zu erfahren (er-fahren!) wir nicht müde werden sollten. Sind es nicht *Gesetze tiefer erlebter und erlittener Wirklichkeit,* die uns hier in symbolischem Bilde offenbar werden wollen? Etwa jenes, daß *nur der Armut die Fülle geschenkt* wird, oder das andere: daß *am Ende unserer „ermüdenden Umläufe"* (Plutarch), unserer angestrengten subjektiven Bemühungen in Dunkel und Irrtum, Not, Angst und Entbehrung uns das *Hingeführtwerden zu einem ganz Neuen, Heilvollen* als unerwartetes, beseligendes Geschenk einer verborgenen *Führung* erwartet?

Damit leuchten Zusammenhänge auf, Verbindungslinien zu Erfahrungsweisen, die der Geistesgeschichte, der Religionsgeschichte nicht fremd sind: Das erste der eben genannten Lebensgesetze weist uns den Weg zu den Mystikern aller Zeiten, nicht zuletzt zu Meister *Ekkehart,* und das andere stellt die Verbindung her zur geistigen Welt der antiken Mysterien. Man mag hiegegen einwenden, daß hier doch in unstatthafter Weise allzuviel in die Deutung eines einfachen Märchens hineingeheimnißt worden sei, aber der Skeptiker muß sich u. E. eines Besseren belehren lassen, sobald wir dazu übergehen, dieses unscheinbare Gebilde märchenschaffender Phantasie nunmehr in streng wissenschaftlicher Betrachtungsweise hineinzustellen in größere formgesetzliche Zusammenhänge der Märchengestaltung. So gesehen stellt sich uns unser Märchen als eine besonders einfache, aber doch alle wesentlichen Teilmotive enthaltende Modellform jener Märchengattung dar, die von namhaften Volkskunst- und Volkskundeforschern wie *Karl v. Spieß, Edmund Mudrak* u. a. unter dem Namen *„Zweiweltenerzählung"* zunächst unter rein formalen Gesichtspunkten beschrieben worden ist[2], die der Tübinger Religionsgeschichtler *Otto Huth* zum Mittelpunkt von äußerst beziehungsreichen, religionsgeschichtlichen Spezial-

---

[2] Vgl. hiezu vor allem: K. v. Spieß und E. Mudrak, Deutsche Märchen — Deutsche Welt, Berlin 1939.

untersuchungen gemacht hat[3], die neuerdings die Schweizer Psychologin Jungscher Schule *Hedwig v. Beit* im wesentlichen ihrem weitgespannten Standardwerk „Symbolik des Märchens" zugrunde gelegt[4] und die ich selbst in einigen früheren Arbeiten unter tiefenpsychologischem Aspekt beschrieben und auf ihren lebensgesetzlichen Sinngehalt untersucht habe[5].

Was ist nun das Wesen der „Zweiweltenerzählung"? Sie zeichnet sich, kurz gefaßt, dadurch aus, daß in ihr eine irgendwie *gestörte, schicksalhaft herabgeminderte Lebensordnung durch ein Vertrautwerden mit neuen, ungeahnten Lebensimpulsen und -möglichkeiten, meist durch eine schicksalgewollte, abenteuerliche Begegnung des Helden oder der Heldin mit einem seither unerschlossenen Bereich, durch eine Fahrt in eine andere Welt, und durch das glückhafte Erringen eines in der anderen Welt befindlichen kostbaren Gutes wiederhergestellt und ins Heilvolle gewandelt wird.* Stets ist der Anlaß zum Hineingehen des Helden oder der Heldin in den noch unerschlossenen Lebensbereich, zu ihrer Ausfahrt in jene gefahrenvolle, aber zugleich heilbringende andere Welt eine ausweglose *Konfliktsituation,* eine schicksalhafte *Lebensminderung* oder *Lebensstockung,* eine *Bedrängnis,* aus der als einziger Ausweg das Aufsuchen der noch unerkannten oder verlorengegangenen *Lebenskraft* oder *Lebensquelle* durch die Fahrt in die andere Welt übrigbleibt. In den meisten derartigen Märchen, deren Zahl Legion ist und die wir in den verschiedensten Kulturbereichen und Kulturstufen der Völker beheimatet finden, bildet die Schilderung jener

[3] O. Huth, Der Glasberg des Volksmärchens. Zeitschrift Germanien, Heft 1/1944. — Derselbe: Das Sonnen-, Mond- und Sternenkleid. Religionsgeschichtliche Untersuchung zu zwei Märchen. Unveröffentl. Manuskript.

[4] H. v. Beit, Symbolik des Märchens, Versuch einer Deutung, Bern 1952.

[5] W. Laiblin, Das Urbild der Mutter. Zentralblatt f. Psychotherapie und ihre Grenzgebiete, Bd. IX, H. 2 u. 3, Leipzig 1936. — Derselbe: Die Symbolik der Erlösung und Wiedergeburt im Deutschen Volksmärchen. Zentralbl. f. Psychotherapie u. ihre Grenzgebiete, Bd. XV, H. 3/4, Leipzig 1943. — Derselbe: Stirb u. Werde! Urbilder d. Reifung in Brauch, Mythos u. Traum. Unveröffentlichtes Manuskript.

abenteuerlichen, aber zuletzt heilbringenden „Suchwanderung"
(H. v. Beit) des Helden oder der Heldin nach dem kostbaren Gut,
das gewöhnlich nur auf schwierigen *Umwegen* und nach Durch-
laufen einer Reihe von *Zwischenstationen* erreicht und errungen
werden kann, den Mittelpunkt des epischen Ablaufs. In unserem
vorher betrachteten Kurzmärchen ist dieser Abschnitt auf wenige,
aber charakteristische Einzelzüge oder Teilmotive beschränkt: das
Wegscharren des Schnees, das Aufräumen des Erdbodens, das Auf-
finden des goldenen Schlüssels, das den Ausgangspunkt bildet für
ein entschlossenes Graben in der Erde, worauf das kostbare Gut in
der Tiefe gefunden wird. Allen diesen Märchen gemeinsam ist endlich der Zug, daß aus der anderen Welt, als Geschenk der Jenseitigen, das kostbare Gut eingebracht und geborgen wird, dessen
Besitz anstelle der verlorengegangenen Lebenskraft oder der schicksalhaften Lebensminderung nunmehr *erhöhte* Lebensfülle vermittelt. Mitunter wird freilich auch gezeigt — und manche Märchen
erheben dieses Motiv zum Mittelpunkt ihrer Betrachtung —, daß
nur *„der Rechte" zum Ziele gelangt,* d. h. der vom Schicksal Be-
rufene, der, dessen Bestimmung es ist, den Stimmen des Lebens
hörsam und gehorsam zu folgen, daß aber einer, der diesen Weg
nicht aus innerer Nötigung, sondern in Unreife, d. h. aus ichhafter
Willkür, Neugier oder Eigennutz geht, oder der unterwegs seiner
Berufung untreu wird, von den Jenseitigen genarrt und bestraft, in
grauenvollem Dunkel sich verirrt oder auf sonstige, vielfältige
Weise Unheil über sich heraufbeschwört, also nicht „zum Ziele
gelangt".
      Hier sei mir eine Zwischenbemerkung als vorläufiger Hinweis
auf später aufzuzeigende Zusammenhänge gestattet: Die Geheimsprache der hellenischen Mysterien kennt das von τέλος = Ziel ab-
geleitete Zeitwort für „Eingeweihtwerden": τελεῖσθαι = wörtlich:
„zum Ziele gelangen", und dieselben Griechen kannten den von
diesem Zeitwort abgeleiteten Begriff der 'A-τελείωσις, des „Nicht-
zum-Ziele-Gelangens" zur Kennzeichnung dessen, der seine Berufung, seine Bestimmung, seine Entelechie versäumt oder verfehlt,
also des sein Leben lang unmündigen, unfertigen, unreifen,
a-teleiotischen Menschen.
      Doch ehe wir diesen Zusammenhängen zwischen Märchensym-

bolik und Initiation näher nachgehen, sei noch eine weitere Zweiweltenerzählung in den Blickpunkt unserer Aufmerksamkeit gerückt, in der uns deren soeben entwickeltes Thema in anderer Variation und darum unter neuen Aspekten begegnet. Hier eine *methodologische Anmerkung:* Nur dann wird sich unsere vorher aufgezeigte Grundformel der Zweiweltenerzählung, die eine stark verdichtete Abstraktion darstellt, nicht allein als „wahr" im lebensgesetzlichen Sinne, sondern auch als „richtig" im Sinne wissenschaftlicher Märchenerschließung erweisen, wenn sie sich auf jedes typische Märchen dieser Gattung anwenden läßt, ohne daß wir dessen Symbolik damit Gewalt antun.

Das Märchen, dem wir uns noch einen Augenblick zuwenden wollen, ist Ihnen allen vertraut. Es ist eines der bekanntesten der Grimmschen Sammlung: *Das Märchen von der Frau Holle.*

Hier werden wir wiederum gleich zu Beginn mit einer Situation *auswegloser Bedrängnis* konfrontiert: ein von seiner *Stiefmutter* gepeinigtes Mädchen muß „alle Arbeit tun und der Aschenputtel im Hause sein", wie es wörtlich im Märchen heißt. Ferner vernehmen wir: „Das arme Mädchen mußte sich täglich auf die große Straße bei einem Brunnen setzen und so viel spinnen, daß ihm das Blut aus den Fingern sprang." Wir wissen, daß der weitere Verlauf des Märchens unter dem Symbol des *Brunnens* steht, in den das durch Leistungszwang überforderte Mädchen in seiner „Herzensangst" hinabspringt, um die beim Blutabwaschen hineingefallene Spule zu holen. „Wer oben bedrängt wird, wendet sich sicher nach unten", lautet ein erklärender Text zum Brunnensymbol im jahrtausendealten chinesischen Buch der Wandlungen. Wenn also ein deutsches Märchen sozusagen eine anschauliche Exegese dieses chinesischen Weisheitsworts darstellt, dürfen wir vermuten, daß die Symbolik des Zum-Brunnen-Gehens eine menschliche Elementarsituation von überzeitlich-allgemeiner Gültigkeit darstellt. Zunächst wissen wir aus dem deutschen Folklore, daß Frau Holle ähnlich wie die griechische Demeter, die nordische Freya und ähnliche Muttergöttinnen eine Erd- und Urmuttergestalt ist, deren Hände die kosmische Fruchtbarkeit spenden, wie dies ja auch im Märchen selbst sehr schön zum Ausdruck kommt: Ausgebackenes Brot, reife Äpfel und der im Hause der Frau Holle durch fleißiges

Bettenschütteln aufwirbelnde Schnee sind ohne Frage Attribute der Weltfruchtbarkeit. Dazu gehört nun auch Frau Holles Brunnen, der wie Backofen und Baum einen Geburtsort darstellt, wovon auch die Sagen vom „Kindlesbrunnen" der Frau Holle künden[6]. Wenn das Mädchen also in diesen Brunnen springt, gibt sie sich dem positiven, d. h. dem *bergenden, schenkenden und wiedergebärenden* Aspekt der *Weltmütterlichkeit* anheim. War sie doch in der Beziehung zur Stiefmutter dem lebenhemmenden Aspekt des Mütterlichen insofern begegnet, als äußerste Arbeitsleistung in liebloser Überforderung sie an den Rand der Verzweiflung und damit an die Grenze ihrer seitherigen Lebensmöglichkeiten geführt hatte. Im Gegensatz hierzu gibt nun der schenkende, lebenerneuernde Aspekt der Weltmütterlichkeit ihrem Leben jene unerwartete Wendung, die wir schon aus dem vorherigen Märchen kennen: Ihr wird nun plötzlich die Fülle des Lebens zuteil! Sie fällt ihr buchstäblich in den Schoß ohne jede Bemühung, ja die vorher so Bedrängte kehrt mit Gold überschüttet aus jenem magischen Reiche der Erdmutter zurück! Wie aber sieht psychologisch die polare Gegensätzlichkeit der beiden Welten in unserem Märchen aus? An die Stelle krankhafter Selbstzerstörung durch aufgepeitschte Aktivität und vergeblichen Willenskrampf — vergleichbar der Erfüllung des „Übersolls" im Managertum oder Stachanowsystem, könnten wir im Blick auf unsere heutige Arbeitsproblematik sagen — tritt das große *Sichlassen* und *Sich-anvertrauen*, dem ein über die Maßen reiches Beschenktwerden zuteil wird. Freilich zeigt uns das Frau-Holle-Märchen in der Gegenüberstellung von Goldmarie und Pechmarie besonders deutlich, daß nur dem vom Schicksal Gerufenen dieses Beschenktwerden und In-der-Fülle-Stehen zufällt. Allerdings sind subjektive Voraussetzungen an jenes Beschenktwerden geknüpft, die offenbar nur von der Berufenen erfüllt werden: Kein Gedanke umkreist mehr das kleine Ich, alle Kräfte der Seele sind gesammelt hingewandt und antworten hörsam-gehorsam auf die verborgenen Stimmen des Lebens, die zur rechten Stunde, wenn „die Zeit erfüllt" ist, ihr Ohr erreichen. So hat in der sachlichen Hingabe an

---

[6] Ausführlicheres darüber in W. Laiblin, Das Urbild der Mutter, a. a. O. S. 83—90 und S. 132—135.

das Leben und im selbstlosen Dienst an ihm egozentrische Selbst-
bewahrung keinen Raum — während die Pechmarie den Anrufen
des Lebens gegenüber sich spart und blind und taub nach außen
nur ihr Verlangen nach dem Golde zu stillen sucht. Der Gegensatz
zwischen sachlicher und ichhafter, lebensoffener und selbstbe-
schränkter Haltung, zwischen einem Leben fruchtbarer Fülle und
einem solchen trostloser Sterilität kann kaum anschaulicher dargestellt werden als im Bilde der beiden Mädchen.

Ohne Frage ist es eine *Wiedergeburt*, die unsere Goldmarie
stufenweise im erdmütterlichen Reiche erlebt: Brunnen und Tor
stehen als Sinnbilder des Durchgangs und Übergangs am Anfang
und Ende dieser Ausfahrt in die unterirdischen Gefilde der Erneuerung, in denen Goldmarie dieselbe Wandlung an sich erfährt wie
der Vogel Phönix im läuternden Feuer. Denn im schöpferischen
Schoße des Schenkend-Mütterlichen liegt, wie Nietzsche sagt, „die
heilige Kraft, die das Verbrauchte wieder ersetzt, die wohltätige
Ruhe, in der sich das Maßlose begrenzt, das Ewig-gleiche, an dem
sich das Ausschreitende, Überschüssige reguliert".

Darin deutet sich an, daß der Gegensatz zwischen den beiden
Welten, in denen die Goldmarie sich bewegt, symbolisch unter dem
Aspekt mann-weiblicher Polarität gesehen werden muß. Unter
demselben symbolischen Aspekt stehen auch die *Gegensatzpaare
des ausschreitenden Tagesbewußtseins und der wohltätigen Ruhe
des Schlafes*, in der sich eine seltsame Umkehr seelischer Dynamik
vollzieht, die Lenau in folgende Worte kleidet:

> ... Rings umstellt und bewacht am hellen Tage
> ist das Herz in der Brust und unzugänglich
> für die leiseren Genien des Lebens,
> denn ihm wandeln voran auf allen Wegen
> die Gedanken, bewaffnet, als Liktoren,
> schreckend und verscheuchend lieblichen Zauber.
> Aber in der Stille der Nacht, des Schlummers,
> wacht die Seele heimlich und lauscht wie Hero,
> bis verborgen ihr Gott ihr naht, herüber
> schwimmend durch das wallende Meer der Träume.

Noch allgemeiner gefaßt, ist dieser Gegensatz ein solcher *zwischen „männlichem" Bewußtsein und „weiblichem" Unbewußtem*,

in deren Verhältnis zueinander freilich etwas Entscheidendes gestört ist, wodurch eine Krisensituation heraufbeschworen wird, in der zur Abwendung einer Katastrophe ein ultimativer Versuch der *Integration*, d. h. einer *Verschmelzung beider zu höherer Einheit* sich als notwendig erweist. Dies ist der *eigentliche* psychologische Hintergrund für die Dramatik unserer Zweiweltenerzählungen, in denen das Urbedürfnis der menschlichen Seele sich selbst abbildet, den verhängnisvollen Abgrund, der sich durch den luziferischen „Sündenfall" des Bewußtwerdens zwischen Bewußtsein und Unbewußtem aufgetan hat, durch einen *vom Bewußtseinszentrum ausgehenden und in die Tiefen des Unbewußten führenden heroischen Opfergang* wieder zu überbrücken.

Setzt sich der Mensch solchem Wagnis aus, so zeigt sich — und dies wird in den Bildern unserer Zweiweltenerzählungen in tausendfältigen Spielformen wie auf einer Naturbühne des Lebens dargestellt —, „daß der Mensch nicht nur ein Spielball jener unbewußten Mächte ist, sondern daß der Handlung eine Absicht zugrunde liegt, ein Streben nach der Verwirklichung eines individuellen Schicksals, eine sinnvolle Entwicklung, die durch Leiden und dramatische Konflikte hindurch zu einem Endziel drängt"[7].

Dieses Endziel ist, in den Begriffen moderner Psychologie ausgedrückt, *die Vereinigung der Gegensätze in der Selbstwerdung oder Individuation.* Überall, wo dieses Endziel in der dramatischen Bildersprache unserer Märchen dargestellt wird, tauchen „vereinigende Symbole" einerseits — z. B. das der Hochzeit —, Symbole der „erhöhten Lebensfülle" andererseits — etwa das Mit-Gold-Überschüttetwerden — auf; oft finden wir beides.

In dem Märchen *„Der Eisenofen"* (KHM Nr. 127) ist die durch die Reintegration gewonnene *Daseinserweiterung* in folgender Weise symbolisch dargestellt: Die lange Odyssee von zwei verwünschten, aber füreinander bestimmten Königskindern wird endlich durch ihre glückliche Wiedervereinigung beendet. Das Märchen schließt mit folgenden Worten: „So gelangten sie endlich zu dem *alten Häuschen,* aber wie sie hineintraten, war's *ein großes Schloß* ... Da ward Vermählung gehalten, und sie blieben in dem

[7] H. v. Beit, a. a. O. S. 336.

Schloß, das war viel größer als ihres Vaters Schloß. Weil aber der
Alte jammerte, daß er allein bleiben sollte, so fuhren sie weg und
holten ihn zu sich, und hatten *zwei Königreiche* und lebten in gutem
Ehestand ..."[8]

Besonders hübsch ist die Symbolik der nach langer Trennung
wiedergewonnenen Vereinigung und der endlich errungenen Ganzheit im Märchen *„Der Bärenhäuter"* (KHM Nr. 101) gestaltet.
Auch dort muß sich der Held aus hier nicht näher zu erörternden
Gründen von der zu gewinnenden Jungfrau für lange Zeit trennen.

„Er nahm einen Ring von seinem Finger, brach ihn entzwei und gab
ihr die eine Hälfte, die andere behielt er für sich. In ihre Hälfte aber
schrieb er seinen Namen, und in seine Hälfte schrieb er ihren Namen
und bat sie, ihr Stück gut aufzuheben. Hierauf nahm er Abschied ..."
Endlich, nach sieben Jahren Läuterungs- und Reifungszeit für den Bärenhäuter, finden beide wieder zusammen; als Erkennungszeichen, daß er
„der rechte Bräutigam" und sie „die rechte Braut" ist, dient der Ring:
„Der Fremde, sobald er mit seiner Braut allein war, holte den halben
Ring hervor und warf ihn in einen Becher mit Wein, den er ihr über
den Tisch reichte. Sie nahm ihn an, aber als sie getrunken hatte und
den halben Ring auf dem Grund liegen fand, so schlug ihr das Herz.
Sie holte die andere Hälfte, die sie an einem Band um den Hals trug,
hielt sie daran, und es zeigte sich, daß beide Teile vollkommen zueinander
paßten. Da sprach er: ‚Ich bin dein verlobter Bräutigam, den du als
Bärenhäuter gesehen hast, aber durch Gottes Gnade habe ich meine
menschliche Gestalt wiedergewonnen und bin wieder rein geworden.'
Er ging auf sie zu, umarmte sie und gab ihr einen Kuß ..."

Das Symbol des Wiederzusammenfügens zweier getrennter Hälften ist in einer 1938 auf der Molukkeninsel Ceram aufgezeichneten
Zweiweltenerzählung folgendermaßen abgewandelt:

Zwei Brüder, „deren Eltern gestorben waren", leiden Hunger und Not.
Um diese Bedrängnis zu überwinden, macht sich der ältere der beiden
ins Totenland auf, um die Eltern wieder zurückzuholen, während der
jüngere zu Hause zurückbleibt. Beim Abschied spalten sie eine Kokosnuß,

---

[8] Weitere Beispiele solcher Art: KHM Nr. 179, Die Gänsehirtin am
Brunnen, und KHM Nr. 197, Die Kristallkugel. Außerdem passim in
ungezählten Märchen.

von der der ältere die eine Hälfte mitnimmt und dem jüngeren die andere zurückläßt. Auf einer Dreistationenreise — entsprechend dem Frau-Holle-Märchen — gelangt der ältere Bruder endlich zu den verstorbenen Eltern, die aber erklären, nicht mehr zu den Lebenden zurückkehren zu können. Aber er erhält von ihnen als kostbares Gut einen „Wunderstein", dessen rechter Gebrauch die verlorengegangene Lebensfülle vermittelt. Bei der Rückkehr muß der ältere sich dem jüngeren gegenüber zuerst als „der Rechte" ausweisen: „Da warf der Bruder seine Kokoshälfte in das Haus und der Kleine paßte sie an sein Stück an, und die Hälften waren wie *eine Kokosnuß*." Diese Wiederherstellung der verlorengegangenen Ganzheit, doppelt symbolisiert durch die Rückkehr des Bruders und durch das Wiederzusammenfügen der Kokosnuß, ist aber mit einer Daseinserweiterung und erhöhter Lebensfülle verbunden, denn sie haben fortan durch den Gebrauch des Wundersteins, der dieselben Eigenschaften wie „Tischleindeckdich" aufweist, genug zu essen, und „als sie am nächsten Morgen wach wurden, hatte sich ihr Haus in ein schönes, großes Haus aus Stein verwandelt. Und darin standen goldene Stühle, goldene Tische und ein goldenes Bett. Alles im Hause war golden geworden"[9].

II

Das eben besprochene ceramesische Mythologem soll uns nun noch zu neuen wichtigen Erkenntnissen vor allem hinsichtlich der *Entstehungsgeschichte der Zweiweltenerzählung* verhelfen. Religionsgeschichtlich und religionspsychologisch gesehen, liegt dieser mythischen Formgebung ohne Frage eine Auseinandersetzung mit dem Rätsel des *Todes* zugrunde. Der Tod der Eltern wird im archaischen Bewußtsein von den Zurückbleibenden als *lebenbedrohender Kraft- und Substanzverlust* erlebt, der sich bei dem in participation mystique mit allen nahen Beziehungspersonen lebenden archaischen Menschen nach der psychischen Seite als sogenannter „*Seelenverlust*" (*Levy-Bruehl*) auswirkt. Mit den verstorbenen Eltern ist nach archaischer Vorstellung unersetzliche Lebens- und

[9] A. E. Jensen, Hainuwele, Volkserzählungen von der Molukkeninsel Ceram. Ergebnisse der Frobenius-Expedition 1937/38 in die Molukken und nach Holländisch Neu-Guinea. Frankfurt a. M. 1939, S. 99 f.

Seelenkraft in die jenseitige Welt, ins Totenland abgewandert, weshalb sorgfältigste und angestrengteste Vorkehrungen getroffen werden müssen, *die Lebenskontinuität durch Wiederangliederung der in die jenseitige Welt verlorengegangenen Kraft zu sichern.* Diese Vorstellung besteht nicht etwa nur in bezug auf die Verbindung mit den leiblichen Eltern, die nicht abreißen darf, sondern hinsichtlich der Ahnenwelt schlechthin. Auf der Überzeugung, daß dem Menschen aus der Rückverbindung zur Ahnenwelt — als deren mächtigster Repräsentant bei vielen Völkern der „göttliche Stammvater" gilt — unersetzliche Lebenskraft zuströme, beruht die universelle Verbreitung des Ahnenkults in den archaischen Kulturen. Es leuchtet ein, daß die Rückverbindung zur Ahnenwelt und die daraus zu gewinnende Lebenserneuerung und Lebenserhöhung in den Augenblicken verstärkte Bedeutung gewinnt, in denen der einzelne vor gefahrdrohenden neuen Lebenslagen oder Unternehmungen, vor allem auch beim Überschreiten der Schwelle in einen neuen, noch unbekannten Daseinsraum, alle verfügbaren Lebenskräfte sammeln und bereitstellen muß, um dieser großen neuen Aufgabe gewachsen zu sein. Dies ist der psychologische Hintergrund für zahlreiche Riten archaischer und naturnaher Völker, in denen die Herstellung der Rückverbindung zur Ahnenwelt und zum vergöttlichen Ahn zelebriert wird.

So enthalten viele Pubertätsriten primitiver Völker u. a. die Zeremonien, daß die einzuweihenden Jünglinge vor dem Überschreiten der Schwelle in die neue Daseinsstufe eine gewisse Zeit im Grab ihrer Vorfahren verbringen müssen; oft werden sie auf diese Weise regelrecht rituell als Knaben begraben und kehren als Neugeborene zurück; sie sind jetzt „Wiedergeborene" und gehören von nun an der Altersklasse der jungen Männer an[10]. Ähnliche Vorstellungen und Riten kennt auch das in Nordasien und vor allem bei den sibirischen Völkern beheimatete *Schamanentum.* Der Schamane ist eine Art Medizinmann, ein Ekstatiker, der nach Meinung dieser Völker die Fähigkeit besitzt, während der

---

[10] Näheres über diese Zusammenhänge in: W. Laiblin, Erneuerung aus dem Ursprung. Zeitschrift „Der Psychologe", Schwarzenburg 1950, Heft 7/8, S. 276 ff. — Ferner in: W. Laiblin, Stirb und Werde!, a. a. O. Unveröffentl. Manuskript.

Ekstase in die kosmischen Weiten und in das Reich der abgeschiedenen Seelen vorzudringen und von den dort wohnenden Ahnengeistern lebenverlängernde Kraft zu holen. *G. Nioradze* berichtet folgendes über die Vorstellungen von diesem jenseitigen Reich:

„Ein Teil der Minussinsker Tataren, die Beltiren, die Kalaren, Kargassen und Sojeten, stellen sich die unterirdische Welt in drei Schichten vor, welche die Seele innerhalb dreier Jahre durchwandert. Auf der untersten Schicht ist das Reich des ‚Erlik-Chan‘ . . . Die Seelen der lebenden Schamanen besuchen das unterirdische Reich oftmals und treffen sich dort mit früheren Schamanen, von denen sie in der Heilkunde unterrichtet werden."[11]

Der „Erlik-Chan" dürfte der vergöttlichte Stammvater sein, der auf dem äußersten Punkte der Welt thront, so wie auch Odin nach der Vorstellung der Edda seinen Hochsitz auf dem Stufenhügel hlidskjalf hat und von dort alle Welten überschaut. Daß die Stufenfolge das eine Mal nach abwärts, das andere Mal nach aufwärts geht, darf uns nicht beirren. Beides ist symbolidentisch, wie auch *Goethe* im Faust sagt: „Versinke denn, ich könnt' auch sagen: Steige!"

Wichtig ist in beiden Fällen die Vorstellung von der *Dreistufigkeit der jenseitigen Welt,* die uns schon in mehreren Zweiweltenerzählungen begegnet ist und auf deren Sinngehalt wir gleich zu sprechen kommen werden. Bei den in den letzten Jahrhunderten christianisierten *Samojeden* wird ein Zweiweltenmythos erzählt, der eine geradezu verblüffende Ähnlichkeit mit unserem ceramesischen Mythologem aufweist:

„Ein junger Samojede begab sich ins unterirdische Reich zu den Geistern, um bei ihnen Weisheit und Wissen zu schöpfen ... Das Oberhaupt der Geister gab ihm einen ‚Penser‘ (Zaubertrommel) und sagte zu ihm: ‚Nimm und gebrauche sie in der Not, dann werden wir immer zu dir kommen, um dir zu helfen.‘ Als der Samojede einst erkrankte und mit seiner Zaubertrommel die Geister zu sich rief, genas er sofort und konnte seinen Tschum (Zelt) wieder verlassen. Als er in diesen zurückkehrte, stand am Eingang eine alte Frau, welche ihn fragte: ‚Kennst du mich?‘ — ‚Nein‘, gab er ihr zur Antwort. ‚Wie kannst du

---

[11] G. Nioradze, Der Schamanismus bei den sibirischen Völkern, Stuttgart 1925, S. 17.

mich denn vergessen haben? Ich bin doch deine Mutter, bin die Mutter Erde. Gedenke meiner immer, ich tue dir viel Gutes.'"[12]

Wiedergeburt als Erneuerung aus dem Ursprung ist das große Lebensgesetz, das nicht allein in den verschiedensten Kulturräumen und -stufen vielfältig rituell zelebriert wird, sondern auch in ungezählten Mythen der Völker sowie im Traum moderner Menschen weiterlebt. Es ist auch das der Zweiweltenerzählung zugrunde liegende Lebensgesetz.

Wir müssen aber in unserer Erkenntnis noch einen Schritt weitergehen. Aus der Betrachtung der Berichte über das Schamanentum ist mit großer Deutlichkeit zu erkennen, daß hier die Fahrt in die kosmischen Weiten der jenseitigen Welt eindeutig eine im ekstatischen Zustand erlebte *Unterweltsreise der Seele ist,* und daß beim Durchmessen *seelischer* Bereiche ein *seelischer* Wert aus der Tiefe gehoben wird, der dem Tagesbewußtsein erweiterte Einsicht und erhöhte Lebensfülle verleiht. Daraus wird ersichtlich, daß die in den Zweiweltenerzählungen berichteten abenteuerlichen Fahrten unserer Helden in die andere Welt ursprünglich Berichte über Entrückungserlebnisse darstellen, die bei vielen archaischen oder naturnahen Völkern im Mittelpunkt religiösen Lebens stehen und die auch, wie wir heute wissen, den Kern der antiken Mysterienkulte bildeten.

Dies ist psychologisch von großer Bedeutung. Denn wie unser Körper die Spuren der Ahnenwelt in sich trägt, so müssen wir dasselbe auch von unserer Seele annehmen. Jeder einzelne unter uns repräsentiert in den bewußtseinsfernen Bereichen seiner Leib-Seele-Einheit sowohl körperlich wie seelisch die Geschichte seiner Vorfahren, ja letztlich die der ganzen Menschheit und der Welt. Darum ist derjenige Bereich der Seele, den C. G. Jung das kollektive Unbewußte genannt hat, das *Urgedächtnis* des Menschen, in dem alles, was Generationen vor uns erlebt und erlitten haben, weiterlebt; das Unbewußte ist also auch das *Toten- und Ahnenland,* in dem die ursprünglichen Lebensimpulse und die Weisheit ungezählter Ge-

---

[12] G. Nioradze, Der Schamanismus usw., a. a. O. S. 16. Die weggelassene Stelle muß wohl als christlicher Zusatz betrachtet werden.

schlechter als kostbares, in bestimmten Situationen jederzeit wieder reaktivierbares Gut aufbewahrt sind.

Der moderne Mensch sollte daher begreifen, daß und warum die archaische Psychologie

„nicht nur die Psychologie der Primitiven ist, sondern auch die des modernen, zivilisierten Menschen; nicht etwa diejenige einzelner Rückschlagserscheinungen in der modernen Gesellschaft, sondern vielmehr jedes zivilisierten Menschen, der, ungeachtet seiner Bewußtseinshöhe, in den tiefern Schichten seiner Psyche noch archaischer Mensch ist. So gut als unser Körper noch ein Säugetierkörper ist, der eine ganze Reihe von Relikten noch viel früherer, kaltblüterähnlicher Zustände in sich aufweist, so ist auch unsere Seele ein Entwicklungsprodukt, das, in seine Ursprünge zurückverfolgt, immer noch unzählige Archaismen zur Schau trägt" [13].

Das mythische bzw. brauchtümliche Motiv von der „Fahrt in die andere Welt" gehört also offenbar zu jenen Urbildern oder Elementargedanken, die seit grauester Vorzeit die Menschheit auf dem Weg ihrer geistigen Entwicklung begleitet und diese entscheidend mitbestimmt haben. Wie die neuesten religionsgeschichtlichen Forschungen in höchstem Maße wahrscheinlich gemacht, um nicht zu sagen bewiesen haben, bildet das Motiv von der Fahrt in die Ahnenwelt, in das jenseitige Land der Toten, eine der wichtigsten Grundvorstellungen aller alten großen Kulturen der Menschheit. Ja dieses Motiv stand offenbar seit ältester Zeit so sehr im Mittelpunkt des Kulturlebens der Völker, daß wir die uns hinterlassenen kulturellen Zeugnisse architektonischer, ritueller oder literarischer Art in ihrer für die verschiedenen Kulturen charakteristischen Ausprägung geradezu als untrügliche Wesens- und Erkennungsmerkmale benützen können, mit deren Hilfe es uns möglich wird, das Verbreitungsgebiet und die zeitliche Einordnung der verschiedenen Kulturen gegeneinander abzugrenzen und genauer zu bestimmen.

Die ältesten heute nachweisbaren Spuren vom Einwirken des soeben umrissenen Motivs von der Jenseitsfahrt auf die einheitliche Gestaltung einer ganzen Kultur weisen bis in die jüngere *Steinzeit* zurück, nämlich in die vorindogermanische, über weite Teile der Erde verbreitete *Megalithkultur*.

[13] C. G. Jung, Seelenprobleme der Gegenwart, Zürich 1931, S. 212.

Otto Huth hat in einer Reihe von religionsgeschichtlichen Sonder-
untersuchungen[14] diesen Zusammenhängen besondere Aufmerksamkeit
geschenkt und kommt zu dem Ergebnis, daß im Mittelpunkt der sogenannten Megalith-Kultur ein *Mysterienkult* gestanden haben muß, der
die Fahrt in die jenseitige Welt zum Gegenstand hatte. Er sucht im
einzelnen den Nachweis zu führen, daß die indogermanischen Vorstellungen, wonach die Toten und der vergöttlichte Stammvater ihren
Sitz auf dem *dreistufigen* (in späterer Abwandlung: *neunstufigen*) *Weltberg* bzw. *Weltbaum* haben, aller Wahrscheinlichkeit nach auf vorindogermanische Zeit zurückgehen und ihre Wurzel in einer „ursprünglicheren
westeuropäischen Urgnosis der Megalithkultur"[15] haben. Dem indogermanischen Mythos vom Aufstieg oder Ritt der Seele auf den dreistufigen Weltberg entspricht im *indischen* Mythos der dreistufige *Berg
Meru,* im *germanischen* Mythos der ebenfalls dreistufige *Glasberg*
(= Totenberg[16]) sowie der drei- bzw. neunstufige *Weltbaum,* während
wir im *iranischen* Avesta der „Vorstellung von drei Himmelsschichten,
der Sternen-, Mond- und Sonnensphäre, die die Seele nach dem Tode
in drei Schritten durchschreitet"[17], begegnen. Diese Vorstellungen gehen
also alle nach *Huths* Auffassung auf wesentlich ältere, jungsteinzeitliche
Überlieferungen zurück. Er nennt die indogermanischen Mythenformen
„Variationen eines gnostischen Mysterienmythos, der ursprünglich in
Westeuropa beheimatet war"[18], und den er der Megalithkultur zuordnet.
Nach seiner Auffassung muß der im Neolithikum in ungezählten architektonischen Formen abgewandelte „Stufenhügel als Abbild des Weltbergs" geradezu als „das Zentralsymbol der Megalithkultur" angesprochen
werden[19], eine Annahme, die er durch religionsgeschichtliche Beweis-

---

[14] Vgl. außer den bereits in Anm. 3 genannten Arbeiten: O. Huth,
Der germanische Königshügel als Abbild des Weltbergs. Ztschr. Ger-
manien, H. 11/12, 1943, und O. Huth, Bemerkungen zur Atlantisfrage.
Unveröffentlichtes Manuskript.

[15] O. Huth, Das Sonnen-, Mond- und Sternenkleid, a. a. O. S. 11.

[16] „Die germanischen Namen, die dem Glas zugesetzt sind oder von
diesem Wortstamm abgeleitet sind, bezeichnen ausnahmslos Totengelände. Ein germanischer Glasberg wäre also ein Totenberg, und der Ritt
auf den Glasberg in einem germanischen Mythos wäre eine Jenseitsfahrt."
O. Huth, Das Sonnen-, Mond- und Sternenkleid, a. a. O. S. 2.

[17] O. Huth, Das Sonnen-, Mond- und Sternenkleid, a. a. O. S. 12.

[18] O. Huth, Das Sonnen-, Mond- und Sternenkleid, a. a. O. S. 1.

[19] O. Huth, Bemerkungen zur Atlantisfrage, a. a. O. Résumé S. 2.

führung im einzelnen zu begründen sucht. Unter anderem sucht er an Hand einer religionsgeschichtlichen Interpretation des Platonischen Atlantis-Textes den Nachweis zu erbringen, daß auch die sagenhafte *Atlantis-Metropole* vermutlich ein megalithisches Dreistufenheiligtum gewesen sei. Die Stadt sei „nach Platons Bericht aus einem Berg gebildet, den drei Mauern und drei Wasserringe umhegen. Die äußerste Wallmauer ist mit Kupfer eingefaßt, die innere Wallmauer mit Zinn übergossen, die Burg selbst mit Goldbronze, ‚die in feurigem Glanze strahlt‘. Auch diese Mauern liegen übereinander"[20]. Die Metallsymbolik der Mauern habe kosmische Bedeutung und entspreche der iranischen Vorstellung von den drei Himmelssphären, die von der Seele auf ihrer Reise in die jenseitige Welt durchschritten werden und denen drei Metalle, vermutlich Kupfer, Silber und Gold zugeordnet waren[21]. Huth erklärt ferner die Atlantis-anlage als „symbolidentisch mit dem weltstützenden Berg Atlas"[22]. Denn „Atlasberg und Atlantisanlage verhalten sich wie natürliches Weltbergsymbol und künstliche Weltberganlage"[23].

Es ist darum nicht verwunderlich, daß diese vorindogermanischen Vorstellungen von der Gewinnung des kostbaren Lebensgutes durch die Fahrt in die andere Welt auf Schritt und Tritt auch im *germanischen* Bereich wiederkehren.

Allgemein ist bei den Germanen der Glaube verbreitet, daß „die in die Erde eingegangenen Toten tieferen Wissens teilhaftig sind"[24] und darum in Not und Gefahr von den Lebenden zu Rat und Hilfe gerufen werden. So schildert das eddische Gedicht von den Träumen Balders, „wie Odin auf Sleipnir in die tiefste Tiefe von Hel hinabreitet, um eine Wölwa im Hügel zu erwecken und von ihr Auskunft über die schlimmen Traumbilder Balders zu erlangen"[25]. Der eddische *Swipdag* sucht seine tote Mutter *Groa* im Grabe auf, um von ihr Rat und Hilfe zu erlangen für die Lösung einer ihm von seiner Stiefmutter (!) gestellten allzuschweren Aufgabe: er soll eine *Jungfrau* heimholen, die aber in einer uneinnehmbaren Burg auf hohem Berge wohnt, durch unbezwingliches Gatter,

---

[20] O. Huth, Das Sonnen-, Mond- und Sternenkleid, a. a. O. S. 16.

[21] O. Huth, Das Sonnen-, Mond- und Sternenkleid, a. a. O. S. 12/13.

[22] O. Huth, Das Sonnen-, Mond- und Sternenkleid, a. a. O. S. 17.

[23] O. Huth, Bemerkungen zur Atlantisfrage, a. a. O. Résumé S. 1.

[24] M. Ninck, Wodan und germanischer Schicksalsglaube, Jena 1935, S. 219 f.

[25] M. Ninck, ebenda S. 133.

unübersteigliche Mauern, durch Waberlohe, einen wachsamen Hahn, wilde Hunde und einen riesischen Wächter vor jedem Eindringling geschützt[26]. Ferner wird in Edda und Sagas von einem halbmythischen König *Gudmund* berichtet, der auf „*Glaesiswellir*", dem „Bernsteingefilde" fern über dem Nordmeer herrscht. „Wer in sein Reich kommt, wird befreit von Krankheit, Alter und Tod."[27] „Glaesiswellir" ist gleichbedeutend mit dem *Glasberg* unserer Märchen, der oben erwähnten Abwandlung des dreistufigen Weltbergs oder Totenhügels, auf dessen Spitze der vergöttlichte Ahn oder Stammvater thront.

Hierher gehört auch die Zweiweltenerzählung aus der *Heidrek-saga*, die M. Ninck folgendermaßen zusammenfaßt:

Die heldische Herwör sucht bei Sonnenuntergang auf der Insel Samsey den Totenhügel ihres Vaters *Angantyr* auf, der mit seinen elf Brüdern im Kampf mit Hjalmar und Odd gefallen. Sie findet das Grab offen, Flammen hüpfen um den Hügel, unheimlich scheinen die Toten umzugehen. Furchtlos durchschreitet Herwör das Feuer, beschwört die elf Brüder und ihren Vater und fordert von ihm das Ahnenschwert *Tyrfing*, das, ein Meisterstück der Zwerge, wie ein Sonnenstrahl leuchtet. Ungern gewährt es ihr Angantyr, vermessen scheint ihm das Wollen des Weibs, zu fassen das Schwert, das, von Feuer ganz umhüllt, unter den Schultern ihm liegt'. Herwör meint ,zwischen den Welten (zwischen Erde und Hel) zu stehen, als Feuer sie rings umflammen', aber vor ihrem Blick sinken sie in sich zusammen, sie vollendet das Werk und flieht mit dem Schwerte von dannen."[28]

Das Ahnenschwert ist das *kostbare Gut*, das die Heldin von der jenseitigen Welt in diese Welt hereinholt zur Meisterung des Lebenskampfes und das ihr Heil und Lebensfülle verleiht.

Nach diesem Exkurs in die verschiedensten geographischen Räume und Kulturepochen bleibt uns noch übrig, den Ring zu schließen und die Verbindung zum Jetzt und Hier herzustellen. Ich möchte dies mit einem Beispiel aus dem eigenen psychotherapeutischen Erfahrungsbereich tun.

---

[26] Vgl. hierzu im einzelnen: W. Laiblin, Erneuerung aus dem Ursprung, a. a. O. S. 281 f.

[27] M. Ninck, Wodan usw., a. a. O. S. 144.

[28] M. Ninck, a. a. O. S. 155.

Ein nahezu sechzigjähriger Patient erzählte mir während seiner Behandlung einen Traum aus seinem 38. Lebensjahr, den er wegen seiner emotional sehr stark empfundenen Bedeutsamkeit lebendig im Gedächtnis bewahrt hatte, obwohl er all die langen Jahre hindurch nie recht hinter seinen Sinn gekommen war. Er hatte damals eine auch für seine äußere Zukunft sehr wichtige wissenschaftliche Arbeit aufgenommen, die jedoch ins Stocken geraten war, da er sich dieser Aufgabe nicht recht gewachsen fühlte. Über diesen drohenden Mißerfolg war er der Verzweiflung nahe, fühlte sich jedoch eines Nachts zu seiner nicht geringen Überraschung seltsam getröstet durch folgenden Traum:

„Ich mache einen Waldspaziergang, der mich vor ein Hünengrab führt. Durch einen runden Eingang komme ich in einen unterirdischen Gang, der in eine Grabkammer führt, wo ein Krieger und seine Frau aufgebahrt liegen. Die Frau ist die Ahnmutter unseres Geschlechts. Sie erwacht und sagt zu mir: ‚Ich war dabei, als du zur Welt kamst; ich werde wiederkommen, dann gehst du mit mir.‘ Ich frage sie: ‚Werde ich mit meiner Arbeit Erfolg haben?‘, worauf sie antwortet: ‚Ja, ich gebe dir zum Zeichen dafür dies.‘ Damit überreicht sie mir ein kostbares Glasprisma.“

Unser Träumer macht also in einer Zeit schwerer Aufgaben und daraus herrührender Bedrängnis gleich den Helden unserer Mythen und Märchen und gleich den in die Wandlungsriten Eingeweihten einen Gang zum Grabe der toten Ahnfrau, um von dort Rat und Hilfe zu holen. Von dort nimmt er auch, wie in den Mythen, ein kostbares Gut mit nach Hause in Form des Glasprismas, als Unterpfand neuzugewinnender Lebensfülle und Lebensvollmacht, wodurch er sich seltsam getröstet fühlt. Könnte die Übereinstimmung dieses *Traummotivs* mit den berichteten Zweiweltenerzählungen noch lückenloser sein?

Von hier aus gesehen erhalten die von uns besprochenen Mythologeme den Reiz einer bedeutsamen Gegenwartsbezogenheit. Sie verdeutlichen ein universelles und überzeitliches Grundgesetz mythischer Gestaltung, das einem universellen und überzeitlichen Grundgesetz seelischer Wirklichkeit entspricht.

III

Es würde den mir gesetzten Rahmen bei weitem sprengen, wollte ich nunmehr die ganze Fülle der im Motiv der „Fahrt in die andere Welt" enthaltenen *Teilmotive* vor Ihnen ausbreiten. Ich muß mich vielmehr notgedrungen auf stichwortartige Andeutungen beschränken.

Zunächst wäre einiges darüber zu sagen, *unter welchen Formen das Märchen die Fahrt in die andere Welt darstellt*. Die mythenschaffende Phantasie ist in dieser Beziehung unermüdlich im Erfinden immer neuer Spielformen; ich nenne nur die hauptsächlichsten in Stichworten: Fahrt über Land und Meer, übers Wasser, „usque ad Indiae oras", wie es in einem lateinischen Märchen heißt, also zu den Antipoden, auf eine ferne Insel, auf einen unzugänglichen Felsen oder Berg, wobei dem Ritt auf den Glasberg, wie wir sahen, eine besondere Bedeutung zukommt, ins Erdinnere oder in eine Höhle, in die Unterwelt, in die Hölle, zu den Ahnen oder Toten, in die kosmischen Reiche, zu Sonne, Mond und Sternen. Es ist angezeigt, hier an die berühmten Worte zu erinnern, in denen *Apulejus* das Erlebnis seiner Einweihung in die Isismysterien beschreibt; sie bilden eine genaue Parallele zu dem eben Gesagten:

„Ich ging bis zur Grenze des Todes; ich betrat Proserpinens Schwelle, und nachdem ich durch alle Elemente gefahren, kehrte ich wieder zurück; um Mitternacht sah ich die Sonne mit hellweißem Licht strahlen; vor die unteren und oberen Götter trat ich hin, von Angesicht zu Angesicht, und betete sie aus nächster Nähe an." [29]

Hinsichtlich der *Dreistufigkeit* der Jenseitsfahrt erscheint noch bedeutsam, daß die drei Bereiche der anderen Welt zusammen mit dem Ausgangsort der Reise eine *Quaternität* verkörpern, die wir in Parallele zur Mandalasymbolik stellen können, wo der Vierzahl die Qualität des *Selbst,* der *psychischen Ganzheit* zukommt.

Hier sind noch einige weitere Teilmotive der „Suchwanderung"

---

[29] Apulejus, Metamorphosen, Kap. 23 mit der von K. H. E. de Jong in seinem 1909 erschienenen Werk „Das antike Mysterienwesen" benützten Übersetzung.

zu nennen, die im Mittelpunkt der Wandlungssymbolik des Märchens stehen: die Motive der Wegweisung, der magischen Helfer
und der Integration des Schattens.

Zum *Motiv der Wegweisung* ist noch nachzutragen, daß diese Aufgabe
nicht allein die verschiedensten Tiere übernehmen, sondern auch allerlei
„erdhafte" Gestalten wie etwa „das hilfreiche Männlein", Zwerge und
Riesen aller Art, der „alte Mann", der Fährmann und ähnliche Gestalten. Dieses Motiv drückt sich u. a. aber auch im ausgeworfenen Faden
oder Garnknäuel aus, dem Held oder Heldin folgen (Ariadnefaden-
motiv). Darin ist angedeutet, daß bei der abenteuerlichen Fahrt in die
jenseitige Welt die Verbindung zum Ausgangsort, zum Bewußtsein, nicht
verlorengehen darf, damit die Gefahr des Sich-Verirrens, ja des Auf-
geschlucktwerdens und Ertrinkens „in den ungeheuerlichen Finsternissen
der Naturseele" (*C. G. Jung*) gebannt werden kann.

Als *magische Helfer* dienen besonders häufig die „hilfreichen
Tiere", denen Held oder Heldin sich zunächst liebevoll zuwenden
oder irgendeinen Freundschaftsdienst erweisen und die sich ihm
dann durch Hilfe in äußerster Not dafür dankbar erweisen. Ähnliches gilt von Erdmännlein und ähnlichen Gestalten, die entsprechend den hilfreichen Tieren im entscheidenden Augenblick bei der
Lösung der schweren Aufgaben mitwirken, die der Held allein
nicht bewältigen kann.

Oft handeln sie im Auftrag der verzauberten Königstochter, deren
Befehlsgewalt sie unterstehen und die ihre Kräfte zur Hilfeleistung
mobilisiert. In all dem kommt die Erfahrungsweisheit zum Ausdruck, die
Hölderlin in die bekannten Worte kleidet:

> „Wo aber Gefahr ist,
> wächst das Rettende auch",

worin der Doppelaspekt der subliminalen Welt, nämlich das *Ineinander-
verschlungensein des Lebengefährdenden und Lebenfördernden* treffend
gekennzeichnet ist. Entscheidend ist stets — und auch dies kommt oft
genug in Einzelzügen vieler Märchen zum Ausdruck —, ob sich Held oder
Heldin diesen Erd- und Elementarwesen gegenüber letztlich als Meister
erweisen und sie dadurch zu willigen und dienstbaren Kräften machen.
Ist aber der Held ihnen nicht gewachsen, so wird er von ihnen genarrt,
in die Irre und ins Verderben geführt.

Ähnliches gilt vom *Motiv der Widermacht und ihrer Überwindung*. Im Mittelpunkt der Suchwanderung steht für Held oder Heldin gewöhnlich eine Auseinandersetzung auf Leben und Tod mit lebenhemmenden, retentiven Gewalten, die etwa in Gestalt einer ränkevollen Stiefmutter, einer bösen Hexe, eines rachsüchtigen Zwergs, eines Riesen, eines Drachen usf. den vorwärtsdrängenden Fluß des Geschehens aufzuhalten suchen und dem Helden mit Vernichtung drohen. Jedenfalls kann das kostbare Gut erst errungen werden, wenn diese Widermächte unter höchstem Einsatz des Lebens besiegt, d. h. entweder getötet und vernichtet, oder aber überlistet, d. h. durch Geisteskraft überwunden worden sind. Mitunter findet sich auch die bezeichnende Spielform, daß dieselbe Kraft, die sich zunächst in ihrem lebenbedrohenden und lebenhemmenden Aspekte zeigte, *nach der Bewährung des Helden* sich plötzlich als lebenfördernde und vorwärtstreibende Kraft erweist, wie dies besonders schön im Märchen von der *„Gänsehirtin am Brunnen"* (KHM Nr. 179) zum Ausdruck kommt.

Dort befindet sich eine verzauberte Königstochter als Gänsehirtin im Gewahrsam einer häßlichen Alten, die das Mädchen aber nach ihrer Erlösung durch den Grafen reich beschenkt entläßt. Das Märchen schließt mit den bezeichnenden Sätzen: „Soviel ist gewiß, daß die Alte keine Hexe war, wie die Leute glaubten, sondern eine weise Frau, die es gut meinte. Wahrscheinlich ist sie es auch gewesen, die der Königstochter schon bei der Geburt die Gabe verliehen hat, Perlen zu weinen statt der Tränen. Heutzutage kommt das nicht mehr vor, sonst könnten die Armen bald reich werden."

In aller Kürze noch einige Bemerkungen zum *Motiv der schweren Aufgaben*, die dem Helden oder der Heldin von der Widermacht gestellt werden und deren Lösung die Voraussetzung für das Erringen des kostbaren Gutes bildet; gelingt die Lösung nicht, so drohen schwere Strafen, meist Gefangenschaft oder Tod. Die Aufgaben sind aber wegen des Mißverhältnisses zwischen Umfang und Schwere einerseits, den zur Verfügung stehenden Kräften und Hilfsmitteln andererseits so paradox, daß der auf die Probe Gestellte sehr bald an die Grenze der Unerfüllbarkeit gelangt, ermattet und verzweifelt die Grenzen seines eigenen Vermögens erkennt und in eine ausweglose Situation gerät, worauf dann die

Initiative zur Lösung entweder an die dankbaren und hilfreichen Tiere oder andere Elementarwesen (Erdmännlein, Heinzelmännchen, Zwerge usw.), mitunter auch an die zu erlösende Jungfrau übergeht, unter deren Befehl die Elementarwesen stehen. Sie werden von ihr zu Hilfe gerufen und lösen dann im Handumdrehen die unmögliche Aufgabe, während der Held, erschöpft und von der Jungfrau liebevoll durch Liebkosung und Speise und Trank erquickt, in ihrem Schoße schläft[30]. Der Sinngehalt dieser Symbolik liegt auf der Hand; er entspricht der Erfahrung jedes mit Tiefgang lebenden Menschen: daß die Kräfte der Tiefe allein das Werk zu vollenden imstande sind, mit dem sich das Tagesbewußtsein vergeblich abgemüht hatte.

Auch hier kommt die entscheidende Hilfe vom subliminalen Bereich: von den hilfreichen Tieren und Elementargeistern, von des Teufels Ellermutter[31] oder gar von der zu erlösenden Jungfrau selbst, die als „femme inspiratrice" dem Helden mit schöpferischen Einfällen zur Seite steht, überdimensionale Sinnesfähigkeit hat, kurz wegen ihrer Allverbundenheit in den Märchen selbst in allerlei Redewendungen und Bildern als eine mit dem Licht der Tiefenerkenntnis, dem *lumen naturae* Begabte geschildert, ja an einer Stelle eine „Jungfrau, die in allen Welten Bescheid weiß", genannt wird.

Fast immer kommt in diesen Bildern in eindringlicher Symbolsprache zum Ausdruck, daß es bei den schweren Aufgaben um das Entwirren, Ordnen, Meistern, Bändigen der vitalen Naturkraft, kurz um das *Ordnungschaffen in den Tiefenbereichen der Seele,* also letztlich um *Triebanjochung* und *Triebmeisterung* als notwendiger Voraussetzung von Reifung und Fortschritt, von Kulturfähigkeit und Kulturleistung geht, einer Daseinserweiterung des Menschen, die im Gewinn des kostbaren Gutes bzw. in der Integration der Tiefenseele ihre symbolische Darstellung findet. Unerschöpflich sind endlich die Variationen, in denen das Märchen die *Formen des Erlösungsvorgangs* selbst beschreibt. Da ist zunächst die viele Spielformen umfassende Kategorie der „Tierbraut-" bzw. „Tierbräutigamsmärchen" zu nennen, wo die Tiefenseele aus tierhafter Ver-

---

[30] Vgl. KHM Nr. 113: „De beiden Künigeskinner".
[31] Vgl. KHM Nr. 29: „Der Teufel mit den drei goldenen Haaren".

zauberung zu ihrer königlichen Gestalt „erlöst" werden muß, wozu die bekanntesten unserer Märchen, wie „Der Froschkönig", „Allerleirauh" und zahlreiche andere, gehören. Nicht selten geht die Verwandlung stufenweise vor sich, wobei — entsprechend dem oben Ausgeführten — die Drei- bzw. die Neunzahl bevorzugt wird. Oft spielt sich — in Analogie zu den Vorgängen im biologischen Bereich, etwa bei der Schlange — ein regelrechter Häutungsvorgang ab, und es ist von daher verständlich, warum das Abwerfen oder Abstreifen einer Hülle oder Haut oder auch nur ein Kleiderwechsel so häufig im Mythos und im kultischen Ritual als Wiedergeburtssymbol Verwendung findet. Auch das Abwerfen einer Maske oder eine Entschleierung ist oftmals bezeugt. Die stufenweise Verwandlung der Tiefenseele kommt auch in der Form vor, daß dreimaliger Kleiderwechsel (Aschenputtel!) stattfindet und nacheinander das Sonne-, Mond- und Sternenkleid angezogen wird, entsprechend dem Kleiderwechsel in alten Mysterienkulten, etwa des Mithraskultes, oder der kosmischen Metallsymbolik im Iranischen oder im Atlantismythos[32]. Mitunter wandelt sich auch „die schwarze Jungfrau" entsprechend dem dreistufigen Läuterungsprozeß, den ihr Befreier erleidet, in drei Etappen zu einer Jungfrau „schneeweiß und schön wie der helle Tag". C. G. Jung nennt das entsprechende Phänomen in der Traumsymbolik Solificatio[33], womit der Vorgang einer stufenweisen Erhellung des Unbewußten umschrieben ist.

Durch diese stufenweise Erhellung des Unbewußten, die sich im Vorgang einer stufenweisen Angliederung der unbewußten Bereiche an das Ich, d. h. an die bewußte „Gegenwartsspitze der Persönlichkeit" (C. G. Jung) vollzieht, kehrt der Mensch, freilich auf höherer Ebene, wieder zurück in jene All-Verbundenheit, die ihm mehr und mehr im Verlauf seiner Entwicklung verlorengegangen war. Es ist dies freilich ein Endziel, das nur relativ und annäherungsweise erreicht werden kann, es sei denn in der Erleuchtung des Berufenen.

[32] Vgl. O. Huth, Das Sonnen-, Mond- und Sternenkleid, a. a. O.
[33] Vgl. C. G. Jung, Traumsymbole des Individuationsprozesses, Eranos-Jahrbuch 1936, Zürich 1937.

IV

Der Mythos und das Märchen kennen spezielle Symbole für diesen auf höherer Daseinsstufe neu errungenen Besitz der Allverbundenheit. Eines davon ist das *Verstehen der Tiersprache*. Schon der griechischen Mythologie ist dieses Sinnbild vertraut: Dankbare Schlangen leckten dem Seher *Melampus* die Ohren aus, worauf er die Sprache der Vögel verstand und alle Zukunft zu deuten wußte. Aber auch im germanischen Mythos ist das Verstehen der Tiersprache Kennzeichen des Eingeweihten, so bei *Siegfried, Odin* u. a. m.

Ein anderes Sinnbild dieser Allverbundenheit im Mythos ist das *Durchwandern der verschiedenen Reiche oder Elemente*, entsprechend den oben wiedergegebenen Einweihungsschilderungen des Apulejus. Wir besitzen zahlreiche Märchenformen, in denen der Held drei Reiche durchwandert, die bei sorgfältigem Vergleich der Spielformen sich mit den *Elementen des Wassers, der Erde und der Luft* identisch erweisen. Sehr häufig sind diese Reiche durch *drei Tiere* repräsentiert, denen der Held nacheinander auf seiner Fahrt in die andere Welt begegnet. Ein Beispiel hiefür ist das Märchen „*Die drei Sprachen*" (KHM Nr. 33). Darin wird der Held, ein Dummling, vom Vater in die weite Welt hinausgeschickt, etwas Rechtes zu lernen. Dreimal nacheinander kommt er wieder nach Hause und gibt auf die Frage des Vaters, was er denn nun gelernt habe, das erste Mal zur Antwort: „Vater, ich habe gelernt, was die Hunde bellen", das zweite Mal: „Was die Vögli sprechen", das dritte Mal: „Was die Frösche quaken", worauf ihn der Vater, der als Verkörperung der rein rationalen Einstellung mit solcher Kunst nichts anzufangen weiß, in höchstem Zorn verstößt.

Die *Hunde* gehören dem Bereich der *Erde*, die *Vögel* dem der *Luft*, die *Frösche* dem des *Wassers* an; es ist also hier ein stufenweises Vertrautwerden mit den drei großen Elementen Erde, Luft und Wasser angezeigt, eben das, was wir oben *Allverbundenheit* nannten. Dieses Verwobensein mit allem Lebendigen liegt in *uns*, und wie nach dem biogenetischen Grundgesetz jeder einzelne die Verbundenheit mit vormenschlichen Zeiten, mit der ganzen Kette der Geschlechter über den Frühmenschen, die *Landtier-, Lufttier-*

und *Wassertierstufe* durch seine eigene vorgeburtliche Entwicklung in sich verkörpert, so muß auch angenommen werden, daß diesem *körperlichen* Verwobensein mit allem Lebendigen ein *seelisches* Verwobensein in den tieferen Schichten der menschlichen Seele entspricht. Je tiefer wir also in diese unbewußten Bereiche der *eigenen* Seele hinuntersteigen, in um so *allgemeinere* Bereiche tauchen wir ein und entdecken auf diese Weise *in uns* wieder, was uns sonst nur in der *Außenwelt* erfahrbar ist.

Unser Märchen fährt nun in dem Sinne fort, daß gerade der von seinem Vater Verstoßene mit Hilfe seiner erworbenen Fähigkeit, die Sprache der Tiere zu verstehen, später nicht nur *die gestörte Lebensordnung wiederherstellt* (also dasselbe tut, was von allen unseren Helden erzählt wird), sondern außerdem eine hohe *Berufung* erfährt:

Der Jüngling wanderte fort und kam nach einiger Zeit zu einer Burg, wo er um Nachtherberge bat. „Ja", sagte der Burgherr, „wenn du da unten in dem alten Turm übernachten willst, so gehe hin, aber ich warne dich, es ist lebensgefährlich, denn er ist voll wilder Hunde, die bellen und heulen in einem fort, und zu gewissen Zeiten müssen sie einen Menschen ausgeliefert haben, den sie auch gleich verzehren." Die ganze Gegend war darüber in Trauer und Leid, und konnte doch niemand helfen. Der Jüngling war ohne Furcht und sprach: „Lasset mich nur hinab zu den bellenden Hunden, und gebt mir etwas, das ich ihnen vorwerfen kann; mir sollen sie nichts tun." Weil er nun selber nicht anders wollte, so gaben sie ihm etwas Essen für die wilden Tiere und brachten ihn hinab zu dem Turm. Als er hineintrat, bellten ihn die Hunde nicht an, wedelten mit den Schwänzen gar freundlich um ihn herum, fraßen, was er ihnen hinsetzte und krümmten ihm kein Härchen. Am andern Morgen kam er zu jedermanns Erstaunen gesund und unversehrt wieder zum Vorschein und sagte zu dem Burgherrn: „Die Hunde haben mir in ihrer Sprache offenbart, warum sie da hausen und dem Lande Schaden bringen. Sie sind verwünscht und müssen einen großen Schatz hüten, der unten im Turme liegt, und kommen nicht eher zur Ruhe, als bis er gehoben ist, und wie dies geschehen muß, das habe ich ebenfalls aus ihren Reden vernommen." Da freuten sich alle, die das hörten, und der Burgherr sagte, er wolle ihn an des Sohnes Statt annehmen, wenn er es glücklich vollbrächte. Er stieg wieder hinab, und weil er wußte, was er zu tun hatte, so vollführte er es und brachte eine mit Gold gefüllte Truhe herauf. Das Geheul der wilden Hunde ward von nun an nicht mehr gehört, sie waren verschwunden, und das Land war von der Plage befreit.

Dieses Märchenbruchstück stellt nicht allein in gewissem Sinne eine Parallele zu dem biblischen Motiv von *Daniel in der Löwengrube* dar, sondern nimmt auch in einem unübertrefflichen symbolischen Ur-Bild höchst moderne Erkenntnisse und Wege der Seelenforschung und Seelenheilkunde vorweg. In einer früheren Arbeit[34] habe ich den Sinn dieser Symbolik so formuliert: „Die Frage nach der rechten Auseinandersetzung und Aussöhnung mit den Widermächten in der eigenen Seele, die als bellende Hunde in den tiefsten Kerkern der Seele eingesperrt sind und von dort her die Oberwelt fortgesetzt bedrängen, bedrohen und schädigen, ist offenbar nicht nur ein modernes Problem. Sie ist eine uralte Menschheitsfrage. Und wie in den Urbildern des Mythos dem Menschen auf alle wesentlichen Fragen seines Daseins eine gültige Antwort sozusagen a priori eingebildet ist, so läßt der Mythos uns auch hier nicht im Stich. Seine Antwort lautet: Lerne zuerst einmal die Sprache der bellenden Hunde in dir verstehen und nähere dich ihnen als Freund und Bruder. Dann werden sie dir sagen, daß sie, die Verstoßenen, Verachteten und Gefürchteten, nur darum so unruhig sich gebärden, weil sie als deine treuesten und besten Freunde deine Aufmerksamkeit auf den verborgenen Schatz lenken wollten, der im Grunde deiner Seele auf dich wartet und den zu heben deine eigentliche Aufgabe ist. ‚Mensch, werde wesentlich!‘, komme zu dir selbst, weg von der Oberfläche, hin zu der Tiefe, da der Goldschatz ruht. Das ist der eigentliche Sinn aller ‚bellenden Hunde‘, aller neurotischen Konflikte, Nöte und Katastrophen ... Schon mancher hat dort Licht gefunden, wo er nur Dunkel wähnte."

Aber das Märchen wird folgendermaßen zu Ende geführt:

Über eine Zeit kam es ihm in den Sinn, er wollte nach Rom fahren. Auf dem Weg kam er an einem Sumpf vorbei, in welchem Frösche saßen und quakten. Er horchte auf, und als er vernahm, was sie sprachen, ward er ganz nachdenklich und traurig. Endlich langte er in Rom an, da war gerade der Papst gestorben, und unter den Kardinälen großer Zweifel,

[34] W. Laiblin, Die Symbolik der Erlösung und Wiedergeburt im deutschen Volksmärchen, a. a. O. S. 112.

wen sie zum Nachfolger bestimmen sollten. Sie wurden zuletzt einig, derjenige sollte zum Papst gewählt werden, an dem sich ein göttliches Wunderzeichen offenbaren würde. Und als das eben beschlossen war, in demselben Augenblick trat der junge Graf in die Kirche und plötzlich flogen zwei schneeweiße Tauben auf seine beiden Schultern und blieben da sitzen. Die Geistlichkeit erkannte darin das Zeichen Gottes und fragte ihn auf der Stelle, ob er Papst werden wolle. Er war unschlüssig und wußte nicht, ob er dessen würdig wäre, aber die Tauben redeten ihm zu, daß er's tun möchte, und endlich sagte er ja. Da wurde er gesalbt und geweiht, und damit war eingetroffen, was er von den Fröschen unterwegs gehört und was ihn so bestürzt gemacht hatte, daß er der heilige Papst werden sollte. Darauf mußte er eine Messe singen und wußte kein Wort davon, aber die zwei Tauben saßen stets auf seinen Schultern und sagten ihm alles ins Ohr.

Dieses Märchen hat in seinem Schluß, wie ersichtlich, eine sehr starke christliche Abwandlung erfahren. Um hinter der *zeitgebundenen christlichen Form* dieser Symbolik ihren *überzeitlichen Gehalt* zu erspüren, müssen wir die Spielformen dieses Märchens zu Rate ziehen. Da erfahren wir nun, daß in vielen, auch außerdeutschen Spielformen der Knabe später nicht *Papst*, sondern *König* wird[35], freilich ein König mit jener besonderen Fähigkeit, *unmittelbare Einsicht in verborgene Welt- und Lebenszusammenhänge zu besitzen*, ähnlich wie jener im Märchen „Die weiße Schlange" (KHM Nr. 17) erwähnte König oder auch wie der mythische babylonische Herrscher *Gilgamesch*, von dem berichtet wird:

Er sah alles und erfuhr alles bis „an des Landes Grenzen", er durchschaute die tiefsten Geheimnisse, Verhülltes sah er, von der Sintflut Vorzeit brachte er Kunde, ging ferne Wege; und zuletzt fuhr er in das Totenreich, um sich das Hellgesicht bei seinem Ahn zu holen über den Sinn des Todes[36].

Wie kommt nun aber der christliche Erzähler dazu, anstelle des ursprünglicheren „Königs" die Gestalt des „Papstes" als Symbol zu setzen? Das *tertium comparationis* ist darin zu suchen, daß für

---

[35] Vgl. Bolte-Polivka, a. a. O. Bd. I, S. 322 ff.

[36] Diese kurze, aber treffende Charakteristik des mythischen Gilgamesch ist einem der Bücher E. Daqués entnommen.

den Vorstellungskreis der Christenheit der Papst der *oberste Hüter und Verwalter religiöser Erkenntnis ist, der von Gott unmittelbare Weisung und Erkenntnisse empfängt.* Die weißen Tauben sind ein in der Symbolsprache bekanntes Sinnbild des Geistes, der sich des von Gott Erwählten bemächtigt. Unser Märchen will im symbolischen Bilde sagen, daß, wer die Sprache der Tiere erlernt hat und in unmittelbarer Verbindung mit ihnen steht, wer ferner ohne Furcht die ungeheure Aufgabe der „Erlösung der bellenden Hunde" und der „Hebung des Goldschatzes aus der Tiefe" (der Seele) hinter sich gebracht hat, damit fähig und frei geworden ist zu der schweren und verantwortlichen Aufgabe *religiöser Wegleitung und Führung.* Er ist ein „Berufener", ein von Gott selbst und gegen seinen eigenen Willen zu dieser Aufgabe Gerufener geworden, trotz des Bewußtseins eigenen Unwerts, trotz des Erschreckens, das ihn bei diesem Ruf überkommt und das stets als Merkmal echter Berufung in den Berichten aller Zeiten genannt ist. Wenn er „eine Messe singen soll und kein Wort davon weiß", die beiden Tauben aber „ihm alles ins Ohr sagen", so ist dies ein in der Symbolsprache verbreitetes *Sinnbild des unmittelbaren Empfangens religiöser Erkenntnis.* Diese Gottunmittelbarkeit ist eine Entsprechung zur vorher gekennzeichneten All-Verbundenheit, die im Verstehen der Tiersprache symbolisiert ist. Die Symbolik dieses Märchens kündet von jener Erfahrungswirklichkeit, die nach übereinstimmenden Zeugnissen aus allen Bereichen und Zeiten der Initiant im mystisch-ekstatischen Erlebnis seiner *Einweihung* an sich erfährt, eine Feststellung, mit der wir unseren Rundgang durch die Märchensymbolik abschließen wollen.

Goethe führt in seinen naturwissenschaftlichen Schriften einmal den lateinischen Sinnspruch an:

> Natura infinita est,
> sed qui symbola animadverterit,
> omnia intelleget,
> licet non omnino.

Man könnte diesen Spruch etwa folgendermaßen übersetzen: „Die Natur ist ohne Grenzen. Wer aber in seiner Seele mit den Sinnbildern Umgang pflegt, wird Einsicht in alle ihre Erscheinungen gewinnen. Denn es ist uns nicht vergönnt, sie unmittelbar in ihrer Ganzheit zu erkennen." *Goethe* selbst gibt diesem Sinnspruch folgende Übersetzung:

> Willst du ins *Unendliche* schreiten,
> geh im *Endlichen* nach allen Seiten!

V

Zum Schluß noch ein Wort zu der Frage, die vor allem die Theologen unter uns stellen werden: beschränkt sich das Märchen in seiner dramatischen Symbolik auf die Immanenz eines rein psychischen Geschehens, oder vergegenwärtigt es uns auch etwas von der Objektivität jener großen Transzendenz, von der immer wieder auf unserer Tagung die Rede war?

Hiezu kann ich nur sagen: Das hängt ganz davon ab, mit welchen Augen wir diese Symbolik betrachten. Wessen Augen geöffnet sind, und wer Ohren hat zu hören, der wird inne, daß in der Immanenz des im Märchen dargestellten entelechetischen Geschehens nicht allein das *lumen naturae* eines psychischen Wandlungsprozesses hell aufleuchtet, sondern daß zugleich durch die Immanenz dieses *Psychisch*-Transzendentalen unausgesetzt das *unermeßliche Licht* jener *Großen Transzendenz* hindurchleuchtet, *sofern wir dafür offen sind*. Will uns nicht auch das Märchen Zugang verschaffen zu jener geheimnisvollen Erfahrung, daß alle unsere „ermüdenden Umläufe", all unser *subjektives Suchen und Tasten* einem zunächst ganz unmerklichen, aber, wenn allmählich die Binde von unsern Augen fällt, immer deutlicher sichtbaren *objektiven Geführtwerden* entspricht? Wer dies an sich erfahren hat, der findet die Antwort auf unsere Frage im Sinne jenes schönen Wortes von Paul de Lagarde:

> „Es gibt Augenblicke in jedes Menschen Leben, in welchen er eines Planes gewahr wird, der durch sein Leben hindurch geht, eines Planes, den nicht er entworfen hat und den nicht er ausführt, dessen Gedanke ihn gleichwohl entzückt, als habe er ihn selbst gedacht, dessen Ausführung ihn Segen und allereigenste Förderung däucht, obwohl nicht seine Hände an ihr arbeiten. Diesen Plan erkennen, ihm nachsinnen und seiner Verwirklichung sich hingeben, das heißt fromm sein und verbürgt ewiges Leben."

Der Deutschunterricht, Jg. 8, 1956, Heft 6, S. 109–111. Auszug aus: Lutz Röhrich, Neue Wege der Märchenforschung.

DIE DEUTUNG VON VOLKSMÄRCHEN

Von Lutz Röhrich

Es ist eine Eigentümlichkeit bei der Erforschung des Märchens, daß dieselben Quellen verschiedenen Wissenschaftszweigen mit auseinandergehenden Methoden als Objekt dienen können. Einen von der folkloristischen Märchenforschung bisher getrennten Weg beschreiten die zahlreichen psychologischen Deutungsversuche des Märchens, und wir haben hier noch zu prüfen, ob diese verschiedenen Wege zu einem gemeinsamen Ziel führen können. Seit den Märchenbeschäftigungen der Freud-Schule, repräsentiert etwa durch Otto Ranks psychoanalytische Beiträge, ist die volkskundliche Märchenforschung gegenüber psychologischen Märchenbetrachtungen mit Recht skeptisch. Irreführend sind diese Deutungen besonders dann, wenn sie von einer außerhalb des Märchens vorgebildeten Theorie ausgehen und diese dann ins Märchen hineinlegen, anstatt sie deduktiv erst aus ihm zu gewinnen. Häufig gehen die Märchendeuter auch nicht zu einer Grund- oder Normalform des Märchens zurück, sondern bemühen eine mehr oder weniger zufällige Fassung, die gerade ihre Theorie zu bestätigen scheint. Obwohl man in der Beurteilung psychoanalytischer Methoden in der Märchenforschung jetzt klarer sieht als in den zwanziger Jahren, gibt es doch auch noch einige neuere Arbeiten, die diese Wege verfolgen und darum eher einen Rückschritt als einen Fortschritt unserer Erkenntnisse bedeuten. Eine furchtbare Vermengung psychoanalytischer, tiefenpsychologischer, astralmythologischer und anthroposophischer Thesen bringt z. B. das Märchendeutungsbuch von *Loeffler-Delachaux*[1]. Wenn es nach ihm ginge, bildeten unsere Märchen nur ein Sammelalbum von Ödipuskomplexen. Die heterogenen Deutungstheorien, die der Verfasser in seinem Buch zusam-

[1] M. Loeffler-Delachaux: Le symbolisme des contes de fées, Paris '49.

menstellt, lassen sich in ihrem Durcheinander kaum vereinigen. Ernster zu nehmen sind einige andere Arbeiten. So bringt z. B. die interessante Arbeit von Eliel *Lagercrantz*[2] am Beispiel lappischer Überlieferungen eine erste folkloristische Anwendung der Entwicklungspsychologie von Heinz *Werner*[3].

Im Rahmen seines Buches über die ,Symbolik des Geistes' handelt Carl Gustav *Jung* in einem besonderen Kapitel auch über den Geist im Märchen[4], den er als ,seelischen Archetypus' bezeichnet, indem er Zeugnisse der Volksüberlieferung mit psychotherapeutischem Material aus Patienten-Träumen auf derselben Ebene untersucht. Hier werden freilich sofort Bedenken wach: Das Märchen ist eben nicht nur eine Aussage des Unbewußten über sich selbst und kann insofern nicht ohne weiteres mit Traumaussagen gleichgesetzt werden, sondern das Märchen ist gleichzeitig traditionsbestimmt und es ist zugleich auch eine sehr bewußt gestaltete Dichtung mit bestimmten Formprinzipien. Es ist aus einer unbewußt magischen Sphäre in die der bewußten Dichtung hineingewachsen. Auch wenn so der Volkskundler mit Mißvergnügen sieht, wie hier Dinge der verschiedensten Herkunft und Bedeutung in einen und denselben psychologischen Topf geworfen werden, so müssen wir uns doch fragen, ob Jungs Deutungen für volkskundliche Fragestellungen irgendwie nutzbar gemacht werden können. Geistesgeschichtlich gesehen, handelt es sich im Grunde, wie schon J. de Vries es definiert hat, um eine Rückkehr zu romantischen Anschauungen, denn es besteht wohl kein großer Unterschied, ob man das Märchen eine Schöpfung des ,Volksgeistes' oder des ,kollektiven Unbewußten' nennt. Hierin liegt indessen kein notwendiger Rückschritt, denn die Romantik hat vom Wesen des Märchens sicher mehr erfühlt als spätere Generationen, und so liegt auch bei Jung vielleicht ein wichtiger Ansatz, der in der volkskundlichen Märchenforschung bislang zu sehr versäumt worden ist. An Stelle des ergebnislosen

---

[2] E. Lagercrantz: Entwicklungspsychologische Analyse lappischer Folklore (F. F. C. 138), Helsinki '50.

[3] H. Werner: Comparative psychology of mental development. Chicago '48.

[4] C. G. Jung: Symbolik des Geistes. Zürich '48.

Suchens nach einer Urform faßt Jung das Märchen als immer neue
Variationen von Grundthemen der menschlichen Seele.

Was hiervon auch für die volkskundlich-geistesgeschichtliche Seite
zum Tragen gebracht werden kann, versuchen die Aufsätze von
Elisabeth *Heimpel*[5] und Lutz *Röhrich*[6] aufzuzeigen, und am deut-
lichsten wird die Notwendigkeit einer Ablösung des starren psychologischen Dogmatismus durch eine psychologisch geschulte Volkskunde an dem monströsen Werk Hedwig *von Beits* über die
,Symbolik des Märchens'[7]. War Jungs ,Geist'-Betrachtung nur ein
Ansatz, so wird in diesem Buch nun in umfassender Weise die
Jungsche Psychologie an das europäische und z. T. auch an das
außereuropäische Märchen herangetragen. Obwohl die Verfasserin
das volkskundliche und literaturwissenschaftliche Schrifttum zum
Märchen besser kennt als alle vorangegangenen psychologischen
Märchendeuter, werden doch auch die Gefahren einer nur psychologischen Märchendeutung hier so sichtbar wie kaum sonst. Sie
liegen vor allem in der schematischen Anwendung von Symbol-
gleichungen: Wald, Mond, Berg, Insel usw. vertreten immer das
Unbewußte; der König ist die männliche Seite der Seele, die Königin die weibliche, und in ähnlicher Weise haben auch alle anderen
Personen des Märchens immer etwas bestimmtes zu bedeuten: die
falsche Braut, der ungetreue Gefährte, die Stiefmutter, der Dummling und das helfende Tier. So wird fast auf jeder Seite die Gefahr
einer Überdeutung und Überbeanspruchung des Märchens offenkundig. Vor allem geht die allgemeine Gleichsetzung des ,Magi-
schen' mit dem ,Unbewußten' viel zu weit. Da allerdings nur diejenigen Varianten benützt werden, die zur Theorie passen, gehen
die Analysen scheinbar immer auf. Es sei jedoch daneben nicht

---

[5] E. Heimpel: Märchen und Psychologie (Die Sammlung, 8. Jahrg., '53,
278 bis 293); vgl. schon dies.: Gedanken über das Märchen (Die Sammlung, 4. Jahrg., '49, 718–733).

[6] L. Röhrich: Märchen und Psychiatrie (Bericht über den Allgemeinen
volkskundlichen Kongreß des Verbandes deutscher Vereine für Volkskunde in Jugenheim a. d. Bergstraße), Stuttgart '52, 44 f.

[7] H. v. Beit: Symbolik des Märchens. Versuch einer Deutung. Bern '52.
Zur volkskundlichen Betrachtung des Symbols vgl. auch W. E. Peuckert:
Volkskundliche Symbole (Studium Generale, Heft 6, '53, 322 ff.)

verschwiegen, daß man auch Anregungen aus H. v. Beits Werk gewinnen kann: es lehrt die volkskundliche Märchenforschung, in u. U. ganz verschiedenen Motiven, Motivkomplexen und Erzählinhalten seelisch gleiche Grundvorgänge und gleiche menschliche Grundsituationen zu erkennen (z. B. bei der ‚Suchwanderung‘ des Helden oder der Heldin). Richtig erkennt die Verfasserin auch die individualpsychologische Bedeutung der Variante, die immer etwas Individualpsychologisches aussagt, auch wenn sie im Sinne der vergleichenden Märchenforschung bruchstückhaft oder verderbt ist. Wir leugnen grundsätzlich auch nicht das Märchen als Spiegelung eines innerseelischen Geschehens und daß bestimmte seelische Situationen sich im Märchen als Bild- und Szenenfolgen darstellen können[8]. Freilich vermissen wir in v. Beits Buch die konzentrierte Bewältigung des Stoffes, denn das Einleuchtende und Richtige hätte auch an weniger Beispielen gezeigt werden können. Aber es wird an diesen Ausführungen nun deutlich, was auch die volkskundliche Märchenforschung aus der psychologischen Betrachtung gewinnen kann: Wichtig wäre hier als weiteres Ziel eine ‚Tiefenvolkskunde‘, der es um eine Themenanalyse des Märchens geht und die nach der seelischen Einstellung der Märchenerzähler und -hörer fragt. Es fehlt auch noch völlig an einer Psychologie der Kontamination. Grundsätzlich darf aber die Deutung nie vergessen, daß es sich beim Märchen um volkliches Gedankengut handelt. Es muß deshalb aus denjenigen Denkformen heraus interpretiert werden, in denen das Märchen entstanden ist. Insofern vermag eine noch so tiefsinnige und geistreiche Analyse nichts ohne die Kenntnis der kulturhistorischen Entwicklungsformen des Märchens.

---

[8] Märchengeschehnisse sind schon früher als Bilder eines Reifungsprozesses dargelegt worden: Br. Jöckel: Das Reifungserlebnis im Märchen (Psyche, Bd. I, ’48, 382 ff.); vgl. schon ders.: Der Weg zum Märchen. Bln ’39; und J. Bilz: Menschliche Reifung im Sinnbild. Eine psychologische Untersuchung über Wandlungsmetaphern des Traums, des Wahns und des Märchens (= 5. Beiheft zum Zentralblatt für Psychotherapie) Leipzig ’43.

Mit Genehmigung des Springer-Verlags, Berlin-Heidelberg-New York, entnommen aus:
Das Märchen und die Phantasie des Kindes von Charlotte Bühler, Josephine Bilz. Mit
einer Einführung herausgegeben von Hildegard Hetzer. München: J. A. Barth, 3. Aufl.
1971 (¹1958), S. 118—123.

MÄRCHENGESCHEHEN
UND REIFUNGSVORGÄNGE UNTER
TIEFENPSYCHOLOGISCHEM GESICHTSPUNKT

Von JOSEPHINE BILZ

Austreibungswesen (Stiefmütter und Hexen) als Ferment
der Wandlung von einer Lebensstufe zur andern

Bruno Jöckel[1] hat in seinem Buch eine Reihe der bekanntesten
Grimmschen Märchen, darunter auch das *Dornröschen*, einer tiefenpsychologischen Betrachtung unterzogen. Er kommt zu der Auffassung, daß die Märchen, die sich, wie er sagt, „ausschließlich im
Kosmischen" bewegen, uns etwas vom jugendlichen Menschen erzählen, der am Ende seiner Kindheit eine Zeit der Verwandlung
durchläuft. Das Entwicklungsgesetz des „Stirb und Werde" ist dargestellt. Der Reifungsweg enthalte, so heißt es bei Jöckel, ein „Rei-
fungselend". Not und Tod sind die Schatten, denen das Individuum
anheimfallen muß, ehe ihm die Reife des erwachsenen Menschen
zukommen kann. Im Märchen vom Dornröschen kann der Vater
sein Kind trotz aller Vorsichtsmaßnahmen nicht davor bewahren,
daß es seinem Schicksal zufolge „in die unmittelbare Nähe zeugen-
den Lebens" gerät. Dornröschen sticht sich in die Spindel der
„Norne, Hegerin letzten Wissens". Der hundertjährige Schlaf, den
das Mädchen durch den Spindelstich erleidet, bedeutet nach Jöckel
die „totenähnliche Zeit des Überganges", die das heranwachsende
Mädchen durchzumachen hat, bis es „als reifer Mensch dem vollen
Leben zurückgegeben wird". Jöckel meint, daß die reifenden Märchenhelden „niemals eine Wahl willensmäßiger Entscheidung haben". „Das eigentlich treibende Moment im Sinne der Reifung",
sagt Jöckel, fiele „also jenen dämonischen Wesen zu, die wir als

---

[1] Der Weg zum Märchen. Berlin 1939.

Zauberer, Hexen, als Dämonen in Tierverkleidung, aber auch als
Könige und Königinnen (Stiefmütter) kennen."

Zauberer, Hexen, Feen und alle anderen phantastischen Figuren
in Menschen- oder Tiergestaltung, die mit außergewöhnlicher Macht
ausgestattet sind, spielen ohne Zweifel eine wichtige Rolle im Märchengeschehen. Für die Wandlung des Subjekts vom kindlich hilf-
losen Wesen zur Macht und Größe des erwachsenen Menschen
scheinen sie von besonderer Notwendigkeit zu sein, denn hier begegnet man ihnen auf Schritt und Tritt. Sie sind nicht immer nur
böse dem Subjekt gegenüber: Frau Holle ist der Goldmarie gegenüber eine durchaus gnädige Machthaberin. Rumpelstilzchen steht
der Müllerstochter bei, indem es für sie Stroh zu Gold verwandelt.
Später erst erfährt die Märchenheldin seine gefährliche Wesensseite,
selbst dann aber zeigt das Männchen noch eine Spur von Gnade
und Erbarmen, indem es mit der Königin Mitleid bekundet. Im
Märchen *Der Eisenhans* (KHM 136), das m. E. zu den Märchen
gehört, die den Reifungsweg eines männlichen Kindes umschreiben,
ist der „wilde Mann" die machtvolle Persönlichkeit des Geschehens.
Er ist dem Knaben, den er in seinen Wald mitnimmt, nur wohl-
wollend und gnädig gesinnt. Der Eisenhans und das Rumpelstilzchen sind vergleichbare Wesen. Als der Junge im Wald als dem
Ort des Ursprungs die Gebote des Eisenhans durch Unachtsamkeit
nicht befolgt hat, bleibt er ihm dennoch ein gütiger Helfer. Hilfreiche Zwerge und hilfreiche Tiere gibt es ebensoviele wie Böse-
wichte dieser Art. Nur die Hexen machen eine Ausnahme, sie haben
ebenso wie die Stiefmütter eindeutig einen „schlechten Charakter".
In ihrer Tücke gegenüber den Kindern gleichen sie sich aufs Haar.
[...] Im Märchen von *Brüderchen und Schwesterchen* (KHM 11)
wird ausdrücklich gesagt, daß die Stiefmutter eine Hexe ist.

Daß die Stiefmütter und die Hexen des Märchens als Ferment
der Wandlung im Reifungsprozeß von einer Lebensstufe zur anderen angesehen werden können, hob ich in meinem schon erwähnten
Vortrag (1942)[2] hervor. Zumeist sind es Stiefmütter und Hexen,
die die Märchenkinder ins Elend bringen. Die Stiefmütter treiben
die Kinder aus, die Hexe lockt sie an, um sie zu verschlingen oder

---

[2] [Menschliche Reifung im Sinnbild.]

um ihnen sonst irgend etwas anzutun. Das unmenschliche Tun der Unholdinnen bewirkt, daß das Kind die „Entbergung"[3] aus pflegerischem Raum erlebt. Damit ist ihr Dienst am Subjekt, das seine bisherige Existenzform aufgeben muß, begründet. Im Grunde dienen auch sie dem reifenden Kinde. Die Stiefmutter hat ihre *Schuld*igkeit getan, wenn das verstoßene Kind auf den „Königsweg"[4] seiner Reifung gebracht worden ist. Als ein Souveräner bedarf es nicht mehr der mütterlichen Pflege und Obhut. Die Hexen werden überwunden, indem ihnen in der Regel nach dem Prinzip von Jäger und Hase das zum Schicksal wird, was sie dem ausgesetzten Kind zugedacht hatten. Tritt die Hexe oder die Stiefmutter nach Erlangung der Königswürde des Helden noch einmal in Erscheinung, dann handelt es sich wieder um einen Reifungsvorgang, und zwar nicht selten darum, daß die junge Ehefrau endgültig Königin — „Mutter" werden muß, ein Vorgang, der — wie später noch ausgeführt werden wird — wieder einen Wandlungsvorgang erfordert. Das Kind benötigt für seinen Reifungsprozeß von seiten der austreibenden und verschlingenden Mächte im Grunde nicht mehr und nicht weniger, als daß es aus seiner kindlichen Welt und von seinem kindlichen Sein weggeholt und ausgemerzt wird. Hexen und Stiefmütter sind, so gesehen, Varianten eines Abholwesens. — Einer alten Mär zufolge werden die Kinder, wenn sie auf die Welt kommen, von einem Fabelwesen gebracht. Der Storch holt sie aus dem See, dem Brunnen oder Bach. Auch das kann man ein „Abholen" nennen, was einen Ort des Ursprungs zur Voraussetzung hat. — Das „Holen des Kindes" — eine in der Geburtshilfe gebräuchliche Bezeichnung für Hebammendienste und ärztliche Entbindungen — ist der Auftakt im Reigen der Abholungen von einer Reifestufe zur anderen. Den Nabelschnurschnitt erleidet das Subjekt von fremder Hand. So stehen Stiefmütter und Hexen als Personifikationen der ablösenden und fortreißenden Kräfte des Werdens an den Wendepunkten der Entwicklung. Sie sind berufen, Haltefäden *schmerzhaft* zu durchtrennen. Sie versehen damit einen

---

[3] C. Kulenkampff, Entbergung, Entgrenzung. Überwältigung als Weisen des Standverlustes. Nervenarzt 26 (1953).

[4] B. Jöckel, a. a. O.

Dienst, den die Norne für das Subjekt zum letzten Male tut, wenn sie den Lebensfaden durchschneidet.

Im Prozeß der innerseelischen Ablösung von kindlichen Umweltträumen spielt die Mutter eine Rolle. In den Träumen von Gestaltwandelkindern werden uns ihre Mütter nicht selten in Rollen gezeigt, die keine Mütterlichkeit im Sinne bergender Sicherung bedeuten. In dem erwähnten Vortrag stellte ich die Traumerlebnisse zweier Mädchen dar, die beide im elften Lebensjahr standen und die ersten Zeichen beginnender Geschlechtsreifung aufwiesen. Beide Kinder hatten Angstträume. Inge sah sich im Traum plötzlich von ihrer Mutter auf einer großen, belebten Straße alleingelassen. Auch alle anderen Menschen waren im Nu verschwunden. Mutterseelenallein stand das Kind da und erwachte in jähem Schrecken. Ursula, das andere Übergangskind, träumte, ihre Mutter sei gar nicht ihre richtige Mutter, sondern eine Stiefmutter, die das Mädchen und seinen Bruder Klaus in den Wald fortjagte, worüber die Träumerin ebenfalls so erschrak, daß sie erwachte. — Einen Monat, nachdem meine Tochter elf Jahre alt geworden war, hatte sie folgenden Traum, den ich wörtlich wiedergebe: „Du hast die Tante C. am Bahnhof abgeholt. Ihr seid aber aus dem Rabenkäfig hervorgekommen. Tante C. hatte einen grauen Lockenbusch auf ihrem Kopf, grüne Augen und gelbe Zähne, die ihr bis an den Anfang des Kinnes reichten. Im Gürtel hatte sie ein Messer stecken. Sie sah wie eine Kannibalin aus." Der Traum hat eine Vorgeschichte, die für die Analyse nicht unwichtig ist: In einer abgelegenen Landschaft aufgewachsen, hatte das Kind seine Patentante C., meine Schwester, nie gesehen, mich aber öfters nach deren Aussehen und Wesen gefragt. Ich erzählte dem damals noch sehr kleinen Mädchen, daß seine Patin mir sehr ähnlich sähe, und daß wir, als wir noch im elterlichen Haus zusammenlebten, oft miteinander verwechselt worden waren. Einige Jahre später, nach unserer Übersiedlung nach Mainz, wurde eines Tages der Besuch der Patentante C. angekündigt. Das Kind machte mir gegenüber die Bemerkung: „Jetzt bin ich aber gespannt, ob die genauso aussieht wie du." Den Traum, den es in der Nacht vor der Ankunft des Besuches erlebte, erzählte mir das Mädchen spontan aus seiner Überraschung heraus. Es hätte fast scheinen können, als sei es eine amüsante Tatsache, daß die der

Mutter so ähnliche Tante in der Gestalt einer hexenhaften Menschenfresserin in die Erscheinung getreten war. Sicherlich wurde
diese Gestalt, die eine Doublette der eigenen Mutter darstellen
sollte, im Traum nicht nur mit einem Erstaunen, sondern mit Angst-
gefühlen erlebt, denn so etwas sieht man als kleines Mädchen nicht
gern. Meine Tochter befand sich zur Zeit des Traumerlebnisses in
der ersten Phase der Pubertät, in der sog. Vorpubertät. Ebenso wie
Inge und Ursula war sie ein gesundes Kind. In Wirklichkeit hatten
die Kinder Ursula und Inge keine äußere Veranlassung gehabt, ihre
Mütter als Stiefmütter hinzustellen, die den Kindern den Platz in
ihrer Nähe verwehrten. Auch ich möchte für meine Person in Anspruch nehmen, nicht wie eine ausgemachte Menschenfresserin meinen Kindern gegenüber in Erscheinung getreten zu sein. Daß man
die Mutter und diese Tante im Traum als gleiche Wesen deuten
kann, ist eine tiefenpsychologische Erfahrung. Das Kind erwartet
Mutter und Tante vom Bahnhof her. Sie kommen jedoch aus dem
Rabenkäfig, der hinter dem Haus im Garten versteckt liegt und
keinen Zugang von der Straße her hat. Der Besuch der Traumtante
kommt anscheinend aus anderen Bereichen als aus denen der Realität. Trefflich zeigt das Traumbild, wovon das Gestaltwandelkind
bewegt wird: Das Terrain für die großen, schwarzen, laut und
krächzend schreienden Vögel, die vom Vater des Kindes aus For-
schungsgründen gehalten werden, ist für das Mädchen ein Ort, der
im Bereich des Heimischen etwas Störendes hat. Eine Atmosphäre
des Geisterhaften könnte man dem Flugkäfig zumessen, in dem die
Tiere hausen. (Das Kind weiß, daß man sie „Galgenvögel" nennt.
Der Vater bemühte sich zu der Zeit, einem der Raben das Wort
„Galgenvogel" beizubringen.) Am heimisch-unheimlichen Rabenkäfig erscheint dem Mädchen eine zwiespältige Mutterfigur.
C. G. Jung[5] nennt Traumgestalten dieser Art „Archetypen". Es
handelt sich dabei um Urbilder, von denen W. Laiblin[6] sagt, daß
sie „unabhängig von unserer bewußten Einstellung erfahrungsgemäß immer dann aus den Tiefen der Seele aufsteigen, wenn das

---

[5] Die psychologischen Aspekte des Mutterarchetypus. Eranos Jahrb.
1938.
[6] Das Urbild der Mutter. Zbl. Psychotherap. 1936.

Individuum in eine typische Situation gerät, in der sich vor ihm Millionen seiner Geschlechterreihe ebenfalls befanden". Die Mutter-figur der Elfjährigen hat einen liebenden und einen mörderischen Charakter. Das sind die gegensätzlichen Seiten derselben Wesenheit, die als „große Mutter" aus der Religionsgeschichte bekannt ist. Die Koinzidenz der Gegensätze ist in der Traumsituation am Ra-benkäfig dadurch gegeben, daß die Mutter und die Patin des Kindes leibliche Schwestern sind. In der Krisensituation seiner pubertären Reifung konstelliert sich dem Kind ein Bild von der Doppelgesich-tigkeit der Mutter. In schwesterlicher Eintracht taucht die gütig-mütterliche und die tötende Macht der Entwicklungsgesetzlichkeit in ihm auf. — Loosli-Usteri[7] berichtet von einem $8^1/_2$jährigen Jun-gen, er habe zu seiner Mutter gesagt: „Manchmal denke ich, du seiest eine Hexe und habest mich gar kein bißchen lieb, und ich glaube, du wollest meine Nahrung vergiften."

Soviel Stiefmütter, denen man ein Verbrechen gegen die Mensch-lichkeit vorwerfen müßte, gibt es selbst im Zeitalter der Massen-Ehescheidungen nicht. In den alten Erzählungen aber treffen wir sie ständig an, als ob sie damals überaus häufig in Erscheinung getreten wären. Oft zeigen sie sich in der Weise, daß sie ein Stief-kind und ein oder mehrere eigene Kinder haben. In solchen Fällen gewinnt jedoch immer nur das von der Mutter verstoßene oder gequälte Stiefkind und nicht das von ihr verwöhnte „rechte Kind" das Spiel, d. h. das Ziel der Entwicklung: im Märchen *Aschenputtel* (KHM 21) ist es das mißhandelte Stiefkind, welches Königin wird. Goldmarie und Pechmarie im Märchen von der *Frau Holle* (KHM 24) sind das Stiefkind und das rechte Kind einer Mutter. Das Stief-kind wird von der Mutter in den Brunnen gejagt. In Todesangst springt das Mädchen hinein, um die verlorene Spindel wiederzu-holen. Tief im Brunnenschacht erwacht es aus seiner Bewußtlosigkeit und befindet sich auf einer Wiese, von wo es seinen Weg zur Frau Holle, der Erdmutter, findet. Sie belohnt das Mädchen, das tapfer im Erleiden und treu im Dienen sich erweist. Als es das Tor der Unterwelt verlassen kann, empfängt es ihren Goldregen, weshalb der Hahn es als „goldene Jungfrau" daheim begrüßt. Ganz anders

[7] a. a. O.

ergeht es der zweiten Marie, dem rechten Kind der Mutter. Ver-
wöhnt und verhätschelt, wird es keineswegs von seiner Mutter in
den Tod getrieben. Nur aus Gier nach Glanz und Schimmer imitiert
dieses faule Mädchen den Weg der Schwester. Als Pechmarie jedoch
entläßt Frau Holle diejenige, die von ihrer Mutter nicht ausge-
stoßen wurde. Das Märchen von der Frau Holle könnte man auch
auf der Subjektstufe (C. G. Jung) deuten: die Goldmarie verkörpert die Seite des Subjekts, die die Bereitschaft hat, sich von ihren
Infantilismen trennen zu lassen, so schmerzlich das auch sein mag.
Die Pechmarie hingegen stellt die Tendenz der Retardierung dar,
welche ein Verweilen im Kindheitsraum bedeutet. W. Laiblin[8] hat
eine Anzahl sog. Erlösungsmärchen, darunter auch das Märchen
von der Frau Holle, in Anlehnung an die Jungsche Lehre vom
„Kollektiven Unbewußten" einer Analyse unterzogen und kommt
dabei zu aufschlußreichen Deutungen. — Wenn in den Träumen der
Gestaltwandelkinder Inge und Ursula sich deren Mütter zu Stief-
müttern verkehren und wenn meine Tochter ihre Mutter im Traum
mit einer hexenhaften Doublette zusammen sieht, so scheint mir
das für den Akt der Reifung des Subjekts nicht ungünstig zu sein.
Die Häufigkeit der Stiefmuttergeschichten könnte darin eine Erklärung finden, daß an den Wendepunkten der Entwicklung nicht
eine festhaltende, sondern eine austreibende Mutter zum Vollzug
einer Geburt gehört, wie ja auch die Geburtshelfer von einer „Aus-
treibungsperiode" sprechen. Es entsprechen sich demnach Austreiben
auf der einen Seite und Abholen auf der anderen. Das Subjekt wird
gestoßen und gezogen, und es wird ihm Gewalt angetan, damit es
auf seinem Lebensweg „weiterkommt", und diese Mächte werden
personifiziert.

---

[8] Die Symbolik der Erlösung und Wiedergeburt im Deutschen Volksmärchen. Zbl. Psychotherap. 15, 3/4.

Friedrich von der Leyen, Das Märchen, Ein Versuch; 4. erneuerte Auflage von Friedrich
von der Leyen und Kurt Schier, Heidelberg 1958, S. 35–39. Mit Genehmigung des Verlages Quelle und Meyer, Heidelberg.

DAS MÄRCHEN

Von FRIEDRICH VON DER LEYEN

[...] In den letzten Jahren hat sich eine Wissenschaft immer
stärker mit dem Märchen beschäftigt und es vielfach zu deuten
versucht, die *Psychologie.*

In der Schule von *Sigmund Freud* hatten mehrere Forscher versucht, die Märchen vom psychoanalytischen Standpunkt aus zu erklären. Uns ist keine Arbeit dieser Schule bekannt, die für die
Märchenforschung irgendeinen Wert besitzt. Alle Märchen werden
allein aus sexuellen Erlebnissen heraus gedeutet. Sie sollen die
Furcht vor der Menstruation oder der Defloration widerspiegeln,
oder auch den Ödipus-Komplex, das unbewußte Verlangen des
Jungen, den Vater zu töten und die Mutter zu heiraten. Normalerweise wird das Märchen als eine Verschlüsselung von Pubertäts-
erlebnissen oder -erfahrungen gedeutet. Wie aber soll daraus das
Märchen entstehen? Im Märchen vom *Dankbaren Toten* steht der
treue Helfer dem Helden in der Brautnacht bei, er bewahrt ihn
vor den Schlangen, die im Körper der Braut wohnen. Wir halten
es wohl für sicher, daß sich darin der Glaube an die Gefährlichkeit
der Defloration widerspiegelt. Aber dieser Glaube hat seinen Ursprung nicht in einer persönlichen Furcht oder einem seelischen Erlebnis, sondern vielmehr in der Vorstellung, daß durch die erste
Vereinigung Mächte frei werden, denen man steuern muß. So wird
die gefährliche Handlung der Defloration in vielen primitiven
Kulturen auf den Priester oder einen Fremden übertragen. —
Die *persönliche* Furcht vor der Defloration und die Pubertäts-
erlebnisse, die der Freudschen Schule so häufig zur Märchendeutung dienen müssen, könnten ihre Formung im Märchen
ja auch nur dann finden, wenn die Erzähler des Märchens
Frauen wären, denn für einen Mann wäre ein solches Erlebnis
schlechterdings nicht nachvollziehbar. Es zeigt sich aber, daß

gerade in primitiven Kulturen die Erzähler meist Männer sind.

Carl Gustav Jung und seine Schüler haben sich lange mit Mythen und Märchen beschäftigt. Ihnen kommt das Verdienst zu, die psychologische Märchendeutung aus der Freudschen Einseitigkeit herausgeführt zu haben. Jung geht davon aus, daß im Unbewußten, in Träumen oder in Vorstellungen psychisch Kranker Bilder „auftauchen", die alten Mythen zu entsprechen scheinen. Er nennt sie Urbilder, Archetypen. Nun scheidet Jung nicht genau zwischen Märchen und Mythen; das ist kein Schaden, denn beide sind nahe verwandt und setzen sich aus den gleichen Motiven zusammen.

Die Ansichten Jungs über Märchen und Mythen sind in zahlreichen Arbeiten ausgesprochen. Am bedeutendsten erscheint uns seine *„Einführung in das Wesen der Mythologie"*, die er mit dem Religionshistoriker Kerényi gemeinsam herausgegeben hat. Dort sagt er:

Unter den Produkten unbewußter Phantasietätigkeit gibt es „Phantasien (inklusive Träume) unpersönlichen Charakters, welche aber nicht auf Erlebnisse der individuellen Vorgeschichte zurückgeführt und dementsprechend nicht aus individuellen Acquisitionen erklärt werden können. Diese Phantasiebilder haben unzweifelhaft ihre nächsten Analoga in den mythologischen Typen. Es ist darum anzunehmen, daß sie gewissen kollektiven (und nicht persönlichen) Strukturelementen der menschlichen Seele überhaupt entsprechen und, wie die morphologischen Elemente des menschlichen Körpers, vererbt werden. Obschon Tradition und Verbreitung durch Migration zu Recht bestehen, so gibt es, wie schon gesagt, dennoch überaus zahlreiche Fälle, die aus solcher Herkunft nicht erklärt werden können, sondern die Annahme einer „autochthonen" Wiederentstehung erfordern. Diese Fälle sind dermaßen häufig, daß man nicht umhin kann, die Existenz einer kollektiven seelischen Grundschicht anzunehmen. Ich habe dieses Unbewußte als kollektives Unbewußtes bezeichnet."

Demnach wären die mythischen Gestalten der Mythen und Märchen aus der gleichen seelischen Schicht — dem „kollektiven Unbewußten" — entstanden wie die Bilder der Träume. Bei den Traumbildern und den Vorstellungen von Psychopathen *„handelt es sich nie (oder wenigstens sehr selten) um geformte Mythen, sondern um*

Mythenbestandteile". Die Produkte dieser unbewußten Phantasietätigkeit sind *„Selbstdarstellungen von Vorgängen im Unbewußten
oder Aussagen der unbewußten Psyche über sich selbst"*.

Am Beispiel des Archetypus des göttlichen Kindes sucht nun Jung
seine These zu erhärten. Wir kennen von vielen Göttern die Vorstellung von besonderen Taten im Kindesalter, so von Zeus, von
Hermes, von Dionysos. Dieser Typus des göttlichen Kindes, das sich
auch noch in der Form des von Christophorus getragenen Jesus-
kindes und in der Gestalt von Zwergen und Elfen zeige, habe
typische Entsprechungen in der Psychopathologie. Häufig sei das
Wahnkind bei geisteskranken Frauen, wo es zumeist christlich gedeutet sei. Bei der Neurosentherapie erscheine es besonders im
Reifungsprozeß der Persönlichkeit, die durch eine Analyse des Unbewußten hervorgerufen wird, den Individuationsprozeß. Im An-
fange eines solchen psychologischen Heilungsvorganges, der Entwicklung zum eigenen Selbst, ist das Bild des Kindes zunächst ganz
unbewußt, dann tritt eine *„Absonderung und Objektivierung des
,Kindes' ein, wobei archaische Züge in vermehrtem Maße sichtbar
werden. Der weitere Handlungsverlauf entspricht dem des Helden-
mythus. In der Regel fehlt das Motiv der großen Taten, dagegen
spielen die mythischen Bedrohungen eine um so größere Rolle."*
Der Vergleich mit den mythischen Kindgottheiten zeigt nun aber,
daß die Beziehungen doch sehr vage und unsicher sind. Und uns
scheint, daß bei den mythischen Kindgottheiten die Taten weit be-
stimmender sind — denken wir nur an Herakles — als die mythischen Bedrohungen. Anklänge in Einzelheiten, und oft nicht einmal
in wesentlichen Einzelheiten, reichen aber nach unserer Ansicht zur
Deutung des Mythus nicht aus. Wir wollen nicht von vornherein
leugnen, daß sich Erzeugnisse des Unbewußten in Mythen und
Märchen widerspiegeln können, aber sie bilden höchstens die Bausteine, aus denen sich die geformten Mythen zusammensetzen. Die
in vielen Kulturen bekannte Gottheit der „Großen Mutter" etwa
ist wohl auch mehr, als nur die Projektion unbewußter Erlebnisse
des „Mütterlichen" in die Welt des Mythus, und so ist es bei allen
Göttern. Sicher haben sie symbolhaften Charakter, sie sind aber
wohl nicht in erster Linie Symbole seelischer Vorgänge, sondern
Zeugnisse einer für den Primitiven erlebbaren *realen* „mythischen"

Welt. Es wäre also durchaus auch ein der Tiefenpsychologie entgegengesetzter Weg denkbar: daß nämlich das Unbewußte nur nachvollzieht, was im Bewußtsein als mythische Wahrheit erlebt worden ist. —

Für die Märchenforschung hat *Hedwig von Beit* in dem umfangreichen dreibändigen Werk *„Symbolik des Märchens"* die Thesen Jungs angewendet. Wir wollen ihre Deutungsweise wiederum am Beispiel des *Dornröschen* aufzeigen:

„Die Anfangssituation stellt in etwas verhüllter Form die übernatürliche Geburt der Heldin dar, welche von einem Frosch geschenkt wird. Dieser ist in einer alten Fassung eine ‚Krebsin'. Das ist die Große Mutter in Tiergestalt. Sie ist mit den dreizehn Feen identisch ... Während zwölf Feen durch ein rituelles Opfermahl günstig gestimmt werden können, fehlt ein Teller für die dreizehnte, d. h. für das Nichtberechnete, Außergewöhnliche, in welchem gerade als dem Unbewußten das Wesentliche enthalten zu sein pflegt." ... Die dreizehnte Fee ... „ist die Zusammenfassung der zwölf anderen, ihre eigentliche Wurzel und ihr Urprinzip, nämlich in diesem Fall der Archetyp der Mutter. Die Aspekte haben sich umgekehrt: die dreizehnte Fee ist gerade das böse Prinzip ... Der Vater glaubt, die Tochter behalten zu können ..., indem er sie durch das Verbot der Spindeln — jenes Attributs der Großen Mutter, das der reifenden Frau Symbol ihrer Bestimmung wäre — infantil zu erhalten versucht. Daher ‚versteigt sich' das Mädchen in unbewußten Phantasien, die scheinbar empor, in Wirklichkeit aber ins Jenseits, ins Land des Schlafes und des Todes, d. h. ins Unbewußte führen ...".

Dieser psychologische Deutungsversuch hat zunächst einige Aufmerksamkeit erregt; wie die Erklärungen der Naturmythologen wird aber unserer Meinung nach auch diese Arbeit nur kurze Zeit Interesse finden. Ihre extreme Einseitigkeit und die Fragwürdigkeit ihrer Methode und ihrer Schlußfolgerungen ließe sich an einer Fülle von Beispielen aufzeigen. Wir wollen nur einige grundsätzliche Bemerkungen dazu machen.

Ein Bild oder ein Motiv sei dann richtig gedeutet, wenn sich die Deutung durch das ganze Märchen durchführen lasse, sagt die Verfasserin. Das setzt voraus, daß nicht nur das Einzelmotiv symbolischen Charakter besitzt, sondern das ganze Märchen. Was geschieht aber dann, wenn sich das Märchen verändert, wenn es

Motive oder ganze Episoden verliert oder dazufügt oder umformt? Kann dann der Symbolcharakter des Ganzen noch erhalten bleiben? Müßte dann nicht jede Variante eines Märchens anders interpretiert werden, obwohl sie doch aus einer gleichen Urform entstanden ist?

Wir wollen es noch anders sagen: Die einheitliche Gesamtdeutung eines Märchens, gleichgültig, ob es nun in religionshistorischer, in animistischer oder in tiefenpsychologischer Weise erfolgt, wird nur möglich sein, wenn dieses Märchen auch selbst eine Einheit darstellt, das heißt also, wenn es eine von einem Einzelnen oder einem Kollektiv bewußt oder unbewußt *als Ganzes* geschaffene Konzeption bildet. Eine solche Gesamtinterpretation kann also nur bei einer Urform, einem primären Erscheinungsbild des Märchens ansetzen. Jede spätere Umformung muß das Märchen von dieser Urform entfernen, die Deutung kann sich nur noch auf das Einzelmotiv erstrecken. Dagegen kann man einwenden, daß für die Tiefenpsychologen das Märchen ja eine typische Erscheinung darstellt, zu deren Erklärung zufällige Abweichungen, die Varianten, nicht berücksichtigt werden müssen. Dieser Einwand übersieht aber, daß das Märchen sich zwar aus typischen Teilen zusammensetzt, in ihrer Erscheinungsform aber jede Variante eines Märchens etwas Einmaliges, vom Erzähler immer wieder neu Geformtes ist.

Max Lüthi, Besprechung von: Hedwig von Beit, Symbolik des Märchens . . . in: Fabula,
Zeitschrift für Erzählforschung, 2. Band, 1959, S. 182–189.

BESPRECHUNG DES MÄRCHENWERKS
VON HEDWIG VON BEIT

Von Max Lüthi

Beit, Hedwig von, Symbolik des Märchens. Versuch einer Deutung.
Bern (A. Francke A. G.) 1952. 792 S.

Dieselbe, Gegensatz und Erneuerung im Märchen. Zweiter Band von
„Symbolik des Märchen". Bern 1956. 647 S.

Dieselbe, Registerband. Bern 1957. 267 S.

Schon Freud und seine Schule hatten Märchen und Mythen in der
Nähe des Traums (dieser via regia zur Erkenntnis des Unbewußten)
gerückt und sie als säkulare Wunschträume der Menschheit bezeichnet. Auch C. G. Jung und der an ihn sich anschließende Forscher-
kreis, zu dem H. von Beit und vor allem ihre Mitarbeiterin
M. L. von Franz zu rechnen sind, sehen im Märchen ebenso wie im
Traum die Darstellung eines „innerseelischen Dramas". Während
aber zur Deutung eines Traums (der für Jung nicht mehr bloß
individueller Wunschtraum ist) andere Träume des gleichen Menschen und ferner die Aussagen des Träumers herangezogen werden
können, fehlt beim Märchen diese Möglichkeit. Folgerichtig setzen
v. Beit/v. Franz an die Stelle der Träume des gleichen Träumers
motivähnliche Märchen und Mythen und an die Stelle der dem
Analytiker bekannten Äußerungen, Schicksale, Denk- und Emp-
findungsgewohnheiten des Träumers die Äußerungen, Denk- und
Empfindungsformeln der Völker, wie sie in deren Glaubens- und
Aberglaubensvorstellungen zum Vorschein kommen. Wenn also
Aschenputtel (KHM Nr. 21) sich wünscht, daß ihr Vater ihr von
seiner Reise ein Haselreis mitbringe, so wird dazu das Material
bei Bächtold-Stäubli, Mannhardt, Kuhn, Aigremont, Ninck u. a.
konsultiert und aus der Rolle des Haselstrauchs in Volksglauben,
Mythologie und Dichtung seine „Bedeutung als Keim zum inneren
Selbstwerdungsprozeß", als Zugang zur mütterlichen Instinktsphäre

erschlossen (Bd. I S. 726). Das Beispiel macht die Kühnheit der Folgerungen, die Gefahr, aus einem reichen Material willkürlich auszuwählen, sichtbar; doch darf anerkannt werden, daß trotz mancher allzu rasch vollzogenen Gleichsetzung (siehe dazu meine Besprechung des 1. Bandes in der Neuen Zürcher Zeitung 1953 Nr. 833) im allgemeinen behutsam vorgegangen und auf die Nuancen der Auffassung bei verschiedenen Völkern sowie auf die Mehrdeutigkeit der Bilder, auf die Verschiebung ihrer Funktion je nach dem Erzählzusammenhang, einigermaßen geachtet wird. Jedenfalls darf man den Verfasserinnen nicht wilde Deuterei zum Vorwurf machen; sie prüfen ein reiches Material (wobei sie außer den genannten Quellen vornehmlich Vorstellungen der Gnosis, der Alchemie und der asiatischen und ägyptischen Mythologie heranziehen), führen ihre leitenden Gesichtspunkte konsequent durch und differenzieren trotz gelegentlicher Starrheit meist recht fein. Wenn sie strukturähnliche Märchen oder Varianten einander gegenseitig erhellen lassen, so befinden sie sich im Einklang mit einer Tendenz der modernen Literaturwissenschaft, welche den besten Weg zur Interpretation einer Dichtung in der Befragung des Gesamtwerkes des betreffenden Dichters sieht. Daß an die Stelle des individuellen Lebenswerks hier die Gesamtheit der Märchen zu treten hat, liegt nahe. Für die Märchenforschung gilt es, die Resultate der psychologischen Durchleuchtung der Erzählungen und Motivfolgen durch Jung und seine Schüler vorurteilslos zu prüfen.

Die Faszination, die für so viele Völker und Zeiten vom Märchen ausgeht, ist der Schule Jungs ein Zeugnis für den numinosen Charakter dieser Erzählungen. Bei der Neigung Jungs, die Welt zu psychologisieren, sieht er die eigentliche numinose Macht im Dasein des Menschen in dessen eigenem Unbewußtsein oder auch im „Selbst", das Bewußtsein und Unbewußtsein umfaßt und die geheim ersehnte Ganzheit des Menschen darstellt. Mythen, Sagen, Märchen künden von Vorgängen im Unbewußten oder von Beziehungen, Wechselwirkungen zwischen Bewußtsein und Unbewußtsein. Nach der Formulierung H. v. Beits schildern Sagen (Geistersagen) einen „untragbaren Einbruch des Unbewußten ins Bewußtsein" (II, 129), sie sind privater, die Märchen (deren Held der „Sohn" oder der „Prinz" ist, nicht der Bauer X oder der

Knecht Y) prinzipieller (II, 446); der „Totenreichaspekt des Unbewußten", der in den Sagen mit all seinen Schrecken zur Geltung
kommt, beruht auf einer „ablehnenden oder zum mindesten ver-
ständnislosen Haltung des Bewußtseins. Dem Märchenhelden gelingt es jedoch, durch intuitiv richtigen Umgang mit den Gestalten
des Unbewußten den positiven Aspekt hervorzukehren, worauf
das Unbewußte als Lebensprinzip in Gestalt der Anima erscheint,
die den Helden zum König erhöht" (II, 527). In den europäischen
Volksmärchen erkennen v. Beit/v. Franz, wie dies aus dem letzten
Zitat hervorgeht, die Spiegelung eines Integrationsvorganges, der
sich in der Lebensmitte vollzieht oder vollziehen sollte: Nach dem
Fußfassen in der Welt, der Entwicklung des Bewußtseins in der
ersten Lebenshälfte, beginnt nun eine Ausrichtung auf den Tod,
eine Auseinandersetzung mit den inneren Gegebenheiten, die erst
zur seelischen Ganzheit (ein Ideal, das bei Jung an die Stelle der
Vollkommenheit tritt) führt. Das Märchen stellt diese Vorgänge in
immer wieder anderen Bildern dar: in der Fahrt des Helden oder
der Heldin in eine Unter- oder Überwelt oder in ein fernes Reich,
in der Verlobung und Heirat mit einem Tier, alles Symbole für die
Zuwendung zum Unbewußten (wobei man sich gegenwärtig halten
muß, daß für Jung Symbole nicht tote Zeichen, Masken oder Alle-
gorien für etwas an sich Bekanntes sind, sondern Mittler zwischen
Unbewußtsein und Bewußtsein, Antizipationen einer erst werdenden
Bewußtseinslage, lebendig nur so lange, als sie rational noch nicht
Faßbares ausdrücken). Die zunächst notwendige Regression führt
zur Erneuerung der Persönlichkeit, die bisher herrschende Lebens-
einstellung, ein profan eingestelltes Bewußtsein (der alte, oft kranke
König; der Vater und seine älteren Söhne) wird durch eine vollere,
reichere, reifere Daseinshaltung ersetzt, verbildlicht in der mysti-
schen Hochzeit von Held und Jungfrau, in denen Bewußtsein und
Unbewußtsein sich vermählen; die erreichte „Vollständigkeit" des
Daseins wird nicht selten durch eine Doppelhochzeit, eine Heirats-
quaternio (Jung unterscheidet vier Bewußtseinsfunktionen: Denken,
Intuieren, Empfinden, Fühlen) angedeutet. Die Gleichsetzung der
zwei bösen Brüder mit den Hilfsfunktionen (etwa Intuieren und
Empfinden), während der Vater mit der herrschenden (Denken),
der Jüngste mit der unterdrückten Funktion (Fühlen) gleichgesetzt

wird, bereitet Schwierigkeiten, die nicht befriedigend gelöst werden. Im übrigen aber vermag diese Auffassung des Märchens, die, unter Berufung auf den unrealistischen, abstrakten Darstellungsstil, in den einzelnen Figuren nicht volle Menschen, sondern Seelenteile sieht, auf manche Einzelheit neues Licht zu werfen und Befremdliches verständlich zu machen. Eine Reihe von Beispielen soll dies demonstrieren.

Mitleid mit den falschen Brüdern erscheint in dieser Sicht als schwächliche Sentimentalität gegenüber dem eigenen Wesen, aus dem Wandlungserlebnis werden die Konsequenzen nicht gezogen, falsche Bewußtseinseinstellungen werden geduldet, „sie stoßen den Helden in einen tiefen Brunnen, ... drängen die vierte Funktion ins Unbewußte zurück" (I, 491). Mitleid mit dem an die Wand genagelten, nach Wasser lechzenden Raben entfesselt die Dämonie des Unbewußten, das nach liebevoller Zuwendung des Bewußtseins dürstet (I, 456); Mitleid mit dem Kind oder dem alten Mann (in uns selber!) kann verderblich sein, die sich differenzierende Persönlichkeit muß von der Einheitlichkeit, wie sie in der kindlichen Frühform und in der Spätform des Alters erscheint, Abstand nehmen (II, 379 f.). Wenn der Held den Streit der Riesen schlichtet und sie dann betrügerisch ihrer Wunschdinge beraubt, so ist auch das nur scheinbar unmoralisch — denn die Kämpfenden sind eine unklare, unbewußte „Vorform des Helden", der durch den Bewußtseinseingriff aus dem Zustand der inneren Gegensätzlichkeit, der inneren Spannungen herausgehoben wird (II, 240). v. Beit/v. Franz sehen in solchen Erklärungen scheinbarer Amoralitäten mit einem gewissen Recht ein Anzeichen für die Richtigkeit ihrer Deutung; doch muß daran erinnert werden, daß die Märchen ja keinesfalls *nur* als Darstellungen innerseelischen Geschehens aufgefaßt werden dürfen, so daß in einem anderen Aspekt gewisse Handlungen des Helden eben doch den Stempel des Unmoralischen behalten. Faulheit des Helden ist nach v. Beit eine berechtigte „Weigerung, sich an die Wertungen der Vaterwelt anzupassen", zugleich ein Zeichen der Verbundenheit mit dem Unbewußten (II, 552), die Faulheit Pechmaries aber deutet auf eine allzu unbewußte Haltung (I, 665). Überhaupt wird häufig das Doppelgesicht aller menschlichen Haltungen und besonders der Phänomene und Vorgänge im Unbewußtsein betont: das Unbewußte kann als nährende und schützende, es kann aber auch, besonders in seinem Trieb-Aspekt, als furchtbare, zerstörerische Mutter (Stiefmutter, Hexe, Spinne) erscheinen; der Held (das werdende Bewußtsein) muß ihm gegenüber bald hart und willensstark auftreten, bald demütig, bedingungslos sich hingeben und unterordnen (I, 565). Der Verfluchte, Verzauberte ist einerseits der Gefangene, andererseits der Auserwählte des Unbewußten (I, 253). Die Vergoldung des Fingers, der Haare bedeutet gleichzeitig Brandmarkung und Verherrlichung des Helden (II, 316). Die bösen Mächte, aber auch alle Rückschläge, Umwege, die auf das Versagen des Helden zurückzuführen sind, können zu höherer Bewußtheit, zu reicherer Entfaltung führen.

Einige weitere interessante Einzeldeutungen: Bei den Kulturaufgaben, die dem Helden gestellt werden (roden, pflügen, säen, bauen), handelt es sich um die Kultivierung der naturhaft-undomestizierten Mächte des Unbewußten (I, 574; II, 162, 474). Wenn der Held gewisser irischer Erzählungen seine Mutter, die er auf dem Rücken trägt, stückweise verliert, so bedeutet das ein allmähliches Sichlösen von der persönlichen Mutter (I, 149). Zwerge sind „oft Symbol einer ersten aktiven Manifestation des Unbewußten und seiner schöpferischen Inhalte" (I, 764). Wahre und falsche Braut verbildlichen wahre und falsche seelische Haltung: eine wesensfremde Lebenseinstellung kann, unterstützt von der äußeren Umgebung, so sehr zur Gewohnheit werden, daß sie dem Bewußtsein als richtig erscheint, während die echte Persönlichkeit völlig in die Schattenrolle verdrängt wird, so daß der Mensch schließlich selber nicht mehr weiß, wer er eigentlich ist (I, 777, 783). Der Inzestwunsch zeigt einen Versuch zur Integrierung unter Ausschluß des Bewußtseins an, den Versuch, sich der lebensnotwendigen Auseinandersetzung mit einem anderen, fremden, gegensätzlichen Prinzip zu entziehen (II, 111, 113). Das Jephtha-Motiv wird so gedeutet: „Die bisherige Dominante des Bewußtseins (der Vater als Kaufmann oder König), welche in eine Krisis des Lebens (Armut, Sturm) geraten ist, trotzt dem in dämonischer Form an sie herantretenden Unbewußten und erkauft sich ein illegitimes Weiterleben durch Opferung der eigenen neuen Form (Kind). Solch unbiegsames Beharren in überalterten Formen ist ein Verrat am Selbst. Entsprechend der Paradoxie aller seelischen Vorgänge bewirkt gerade dieses allzu bewußte Sichversteifen ein immer stärker hervortretendes Vorherrschen der Dämonie des Unbewußten" (II, 97 f.). Das An-die-Wand-Werfen des Froschs bedeutet ein „Verwerfen", in der „Pro-Jektion" wird das zuvor rätselhaft Bedrängende erkennbar (II, 40). Wenn solche Deutungen, auch wenn sie nicht alles klären, viel Einleuchtendes haben, so sind andere allzu gewagt, zuweilen auch leichtfertig. So etwa, wenn von Drosselbart gesagt wird: „Nach anderer Auffassung bedeutet der Name ‚Pferdebart‘, und da Odin auch ‚Roßhaars Bart‘ genannt wird, kann die Gestalt mit Wodan gleichgesetzt werden" (I, 600). Oder: „Das Haupthaar an sich bedeutet, da es aus dem Kopf hervorgeht, gedankliche Inhalte und Wissen" (I, 330). Rapunzels goldene Haare „bedeuten zwar Gedanken, aber auch, da sie dem Kopf entspringen, ‚Hirngespinste‘, planende Träumereien" (I, 719). „Er verletzt sein Bein, d. h. er zerstört den Zusammenhang mit der Erde" (I, 193). Das Abhauen der Pfoten des Fuchses bedeutet „eine bewußte Opferung des triebhaften Begehrens oder Greifenwollens, welches dem Unbewußten anfänglich anhaftet" (I, 775). Der Teufel „wohnt im fünften Stockwerk, was nicht ohne Bedeutung ist, denn die Fünf ist die Zahl der Stofflichkeit" (I, 116). Im zweiten Band sind die Formulierungen vorsichtiger geworden. Doch zeugen Wendungen wie „die gefangene Königstochter" ist „mit den Haaren, also ‚gedanklich‘ oder geistig an die Vaterwelt gefesselt" (II, 580), immer noch von einer allzu starren Sicherheit in der Anwendung stereotyper Formeln. Als Beispiel für die aufschlußreiche, aber der Gefahr der Überdeutung ausgesetzte Interpretationsweise stehe hier ein Passus aus der Betrachtung des Märchens von einem, der auszog, das Fürchten zu lernen (KHM Nr. 4). „Wie das Messer, so haben fast alle Instrumente, da von Menschen hergestellt und nicht Naturprodukt, die Bedeutung der Bewußtseinstätigkeit: das Messer entspricht dem ‚Erkennen‘, die Drehbank eher dem ‚Begreifen‘, ‚Fassen‘ zum Zwecke des Umformens. Mit diesen Mitteln geht somit der Held den ihn bedrängenden unbewußten Inhalten zweckmäßig zuleibe. Das fahrende Bett ist ein treffendes Bild für das Abgleiten ins Unbewußte, denn das Bett ist der Ort des Versinkens ins Unbewußte und das Davonfahren oder das Weggleiten zu Schiff sind Bilder für die Reise ins Jenseits; die Kombination von ‚Bett‘ und ‚Fahren‘

unterstreicht daher das Motiv der nicht mehr beherrschten Bewegung, womit gesagt wird, daß der Held vermutlich, wenn er im Bett geblieben wäre, heftig herumgeschüttelt oder in den Keller geworfen worden, d. h. zum Spielball der unbewußten Mächte oder Gegensätze geworden wäre. Indem er aufsteht und sich zum Feuer legt, hält er fest an seiner bewußten Konzentration und am belebenden Prinzip des Feuers, seines emotionalen und geistigen Seelenkernes. Das Feuer hat die Doppelwirkung des Wärmens (Gefühl, Emotion) und des Erhellens (Bewußtheit)" (II, 526).

Man darf v. Beit/v. Franz nicht, wie so vielen andern Deutern, vorwerfen, sie nähmen die einzelnen Züge einer zufälligen Variante absolut und beachteten nicht, daß dieselbe Geschichte schon in einem Nachbardorf anders erzählt werde. Sie bemühen sich vielmehr, nicht ohne Erfolg, abweichende Fassungen als Darstellung anderer Möglichkeiten oder Nuancen zu begreifen. Zwar leugnen sie die Möglichkeit von Entstellungen infolge Unzulänglichkeit des Erzählers (Vergessen oder Mißverstehen, II, 642) nicht, neigen aber, wie andere Tiefenpsychologen, dazu, alle Veränderungen, und seien es auch Entstellungen, als in ihrer Weise sinnvoll anzusehen, ein Bestreben, dessen Berechtigung von der zünftigen Märchenforschung anerkannt werden darf. Auch die Interpretation des Märchens als Darstellung innerseelischer Vorgänge von überindividueller Geltung kann nicht als einseitig abgelehnt werden. Jung und seine Schüler sind sich bewußt, daß die Märchen anders aufgefaßt zugleich auch zwischenmenschliche Beziehungen, die Begegnung von Mensch und Welt überhaupt schildern. Allerdings glauben sie, in ihrer eigenen Sicht die wesentlichste Seite des Märchens zu erfassen — darüber kann man verschiedener Meinung sein. Der Hauptvorwurf aber, den man dem vorliegenden Werk machen muß, ist der, daß es sein eigentliches Anliegen, die psychologisch-anthropologische Deutung des Märchens nicht in präziserer, konkreter Weise durchführt. Wie man aus den angeführten Einzeldeutungen ersieht, bleiben die psychologischen Auslegungen sehr allgemein und unbestimmt. Die häufig vorkommenden Jung-Zitate packen gewöhnlich schärfer zu als die Verfasserinnen. Auf Schritt und Tritt fragt man sich: Was heißt das praktisch? So etwa bei folgenden Aussagen: „Der Tierprinz wird in einer neugriechischen Variante zu einer

Steinsäule, d. h. das Unbewußte erstarrt und verflüchtigt sich zugleich durch die unerwünschte Berührung mit dem Bewußtsein"
(II, 72). „Die Tiernatur, die an sich nicht böse, nur oftmals der
menschlichen Natur nicht angepaßt ist, verdient nach Aussage der
Märchen liebende Nachsicht. Der eigentliche ‚Schatten' jedoch, der
nicht harmlos ist, sondern sich als zerstörerische Kraft auswirkt, ist
zu verwerfen. Die Gefährlichkeit und Zwiespältigkeit des inneren
Tiermenschen aber liegt offenbar wesentlich in seiner Verschmelzung
mit dem ‚Schatten', welche ihm die Unschuld der rein-natürlichen
Kreatur, wie sie dem Tier eignet, nimmt" (II, 74). Die Wendung
„nach Aussage des Märchens" kehrt häufig wieder, man hat aber
nicht den Eindruck, daß wirklich neue psychologische Einsichten
gewonnen werden; die Märchenanalysen scheinen nur zu bestätigen,
was die Jungsche Psychologie auf anderen Wegen schon erkannt hat
oder postuliert. Von psychologischer Seite (Hildegard Buder in
„Psyche" Bd. VIII S. 68—72) ist dem 1. Band vorgeworfen worden,
daß der dynamische, fordernde Charakter der Symbole zu wenig
herausgearbeitet werde.

Wenn das Buch kaum neue psychologische Erkenntnisse bringt,
so erfaßt es doch das Wesen des Märchens auf eine neue (wenngleich
durch Jung und seine Mitarbeiter vorgezeichnete) Weise. Es beschränkt sich nicht auf die Deutung von Einzelmotiven, sondern
erfaßt die Märchenerzählungen in ihrem gesamten Ablauf und versucht den Zusammenhang der verschiedenen Märchentypen sowie
der Märchen, Mythen, Schwänke zu klären. Der erste Band beschäftigt sich mit den Hauptgestalten und -schauplätzen des Märchengeschehens und analysiert die „Suchwanderung" des Helden
und der Heldin nach dem eigenen Selbst. Der zweite Band untersucht vor allem Erlösungsmärchen und gibt eine eingehende, hoch-
interessante Interpretation der Zauberwettkampf- und Zweibrü-
dererzählungen. Sie alle spiegeln nach v. Beit/v. Franz eine Lösung
der Seele aus zwanghaften Verstrickungen und Bindungen, aus dem
Dunkel des chaotischen Unbewußten, eine Befreiung und zugleich
eine Entfaltung, Differenzierung, den Gewinn einer neuen, höheren
Einheit. Eine Zusammenfassung dieser Analysen, die vor allem die
mythischen Hintergründe der genannten Märchentypen aufzudecken sich bemühen, findet sich in meiner Besprechung des zweiten

Bandes in Nr. 2806/07 der „Neuen Zürcher Zeitung" 1957. Hier sei
angemerkt, daß nach v. Beit/v. Franz die Zwillings- und Zwei-
brüdererzählungen insbesondere „die Entstehung von Welt und Bewußtsein schildern"; auf einer primitiven Stufe wurde das Eingehen
des einen Teils der Ureinheit in die Welt offenbar als Fall, Untergang oder Erniedrigung gewertet, während „auf einer anderen,
möglicherweise reiferen Bewußtseinsebene . . . gerade dieser Teil
der Ureinheit zum Helden und Heilbringer erhöht" ward (als
Bringer von Kulturgütern, als Besieger des mütterlichen Urmon-
strums), bis schließlich auf der späten Stufe der Mittelmeermärchen
wieder die Ahnung aufdämmert, daß durch das Eingehen des Kul-
turbringers in die Welt die ursprüngliche Ganzheit verlorenging:
Der zu Hause gebliebene, unansehnliche Bruder (mythisch: der
ältere Zwilling), der den Kontakt zur Dunkelwelt besser bewahrt
hat (Unansehnlichkeit der Gestalt, des Gewandes, Schmutz, Faulheit werden als Zeichen einer noch dumpfen Verbundenheit mit der
„Unterwelt" gedeutet — Pechmarie bleibt in dieser dumpfen Verhaftung stecken, während in anderen Fällen der Grindkopf — Kahl-
heit als Zeichen des Verschlungenseins — zum Goldener wird), muß
den zuerst Ausgezogenen, der nach anfänglichem Sieg über den
Drachen der List der Dämonen zum Opfer gefallen ist, retten. Das
hilfreiche Tier des Märchens ist „im Grunde genommen immer ein
solcher älterer Bruder des Menschen", in welchem dessen eigene
Vergangenheit, zugleich aber auch seine Zukunft enthalten ist: der
mythisch-jenseitig Ältere erscheint im Märchen, weil später im Diesseits auftauchend, als der Jüngere und damit als der in die Zukunft
führende (II, 390, 400, 404 f., 412, 453). „Sohn" bedeutet Zukunft,
zukünftige Lebenseinstellung, werdendes Bewußtsein; er vereinigt
die Eigenschaften des dunklen, dem Mütterlich-Weiblichen nahe-
stehenden älteren Zwillings mit jenen des lichten, geistigen (II, 470,
557). Seine Lösung vom profanen, sein Zauberwettkampf mit dem
dämonischen Vater, in dessen Verlauf er sich in notwendiger Regression zeitweise in Tiere verwandelt (II, 516), bedeutet, daß ein
sich entwickelndes Bewußtsein sich die ambivalenten Werte der
Dunkelwelt in gefährlichem Ringen aneignet (II, 494); in der
magischen Flucht muß das Bewußtsein, um sich zu retten, seine
führende Stellung teilweise wieder preisgeben (II, 643).

Die Verfasserinnen dieser monumentalen, ganz auf der Lehre
C. G. Jungs aufgebauten Märchenpsychologie sehen also, wie einst
schon der Psychoanalytiker Otto Rank, nur in ganz anderem Sinne,
das Märchen als einen Erben des Mythos. Die Zweibrüder gehen
auf die mythischen Zwillinge, der Tierkampf geht auf einen Götter-
kampf zurück (II, 598). In den Mythen der primitiveren Völker
findet sich „die notwendige und in größere Urtiefen reichende Vorgeschichte" der späteren Märchen (II, 417). „Das Märchen vom
treuen Johannes knüpft von der psychologischen Deutung aus gesehen ungefähr da an, wo das ägyptische Brüdermärchen" (das hier
mit Recht als Mythos aufgefaßt wird, siehe dazu de Vries, FFC 150
S. 50 ff.) „aufhörte, an der Schlußsituation im Pharaonenhof. Bata,
der dort als Stier stirbt, um sich als Splitter wiedergebären zu
lassen, entspricht dem in dieser Situation sterbenden alten König
des vorliegenden Märchens, und Bata, der verjüngt als Wieder-
geborener zum Pharao wird und Anup zum Minister macht, dem
Grimmschen Helden und seinem Diener Johannes. Die ganze sich
jenseits der menschlichen Bewußtseinssphäre abspielende Vorgeschichte des ägyptischen Märchens ist im Grimmschen gleichsam vorausgesetzt und nur noch in einzelnen Varianten davon kurz angedeutet im Motiv des vom Fisch verschlungenen und wieder
ausgespieenen Begleiters" (II, 416). „Das ägyptische Brüdermärchen
geht — der archaischen Form der ägyptischen Kultur entsprechend —
noch ganz vom jenseitigen Standpunkt aus: von der Ebene des sich
selber darstellenden Unbewußten. Daher ist von dort aus gesehen
Bata, der zuerst in Konflikt mit dem harmonischen Urzustand
gerät, der jüngere und geringere Bruder." „Das Wechseln des Standpunktes vom Unbewußten zum Bewußtsein, welches der Entstehung
des Ichbewußtseins gleichkommt, bedeutet eine völlige Umkehrung
der Beziehung zur Welt" (II, 390). Für die Naturvölker sind Kultur
und Bewußtsein noch erstrebte Ziele, durch das Unbewußte, von
dem sie nur schwer sich befreien, fühlen sie sich bedroht; ihre Erzählungen schildern öfters ein tragisches Versinken im dämonischen
Reich, Wahnsinnsausbrüche, Dissoziationsprozesse (II, 282, 290);
andererseits kann für den Primitiven auch die Regression „ins Reich
der Anima", die Rückkehr ins Ahnenland ein befriedigendes oder
sogar ein beglückendes Ende sein, während der europäische Mär-

chenheld die Anima ins Diesseits, ins Reich des Bewußtseins zu führen hat (I, 404). Eigentliches Ziel jedoch ist für den Primitiven das Zweiwerden der Ureinheit; er will sich von einer passiven Haltung lösen, bejaht den aktiven Bruder — die europäischen Erzählungen streben einer neuen Einheit zu und entdecken die Qualität des „zurückgebliebenen" Bruders (II, 352).

Grundlagen oder Vorstufen des Märchens können auch in Sagen und Tierfabeln erkannt werden (II, 445 f., 389). Besonders wertvoll aber sind die Bemerkungen der beiden Forscherinnen zur Gattung des Schwanks. Mit der Gestalt des Tölpels wird auch die des Schalks, des Schelms, des Narren letztlich auf den „älteren Bruder" zurückgeführt und so dargetan, daß „die Wurzeln des Schwanks in archetypische Untergründe reichen". Das Grundmuster für die Gestalt des Schwankhelden scheint in jener des Tricksters vorgezeichnet; Däumling und Schneiderlein, die den Riesen überwinden, Reineke, Meisterdieb und edler Räuber sind Abkömmlinge des Tricksters, der die eine Seite primitiven Heldentums verkörpert: die List (die andere ist die Gewalt). Die Äußerungen des Unbewußten erscheinen dem Bewußtsein als Lügen oder Narrheiten; im buntscheckigen Narren, im „Mann in allen Farben" spiegelt sich die schillernde Fassade der unbewußten Phänomene. Die Lügengeschichte ist ursprünglich „ein Laufenlassen von Assoziationen und unbewußten Bildkombinationen". Durch Betonen und Übertreiben der dem Unbewußten anhaftenden Paradoxien werden die Schwänke alsdann bewußt und kunstgerecht ausgearbeitet. Ihre Beliebtheit aber rührt her von ihrer Verwurzelung in Urvorgängen der menschlichen Seele (II, 423 f., 447, 477—498, 503, 508, 510 bis 514).

Gewisse Mängel des Werks sind schon gestreift worden: Einzelne Deutungsschemata werden zu starr angewendet, aus dem zur „Amplifikation" herangezogenen Material wird bisweilen allzu unbeschwert das Passende ausgewählt, die im Jungschen System als Repräsentantin der Vollständigkeit eine große Rolle spielende Vierzahl wird öfters ins Märchen nicht eben überzeugend hineininterpretiert. Im ganzen aber wird auf die Verschiedenheit der einzelnen Erzählungen (zuweilen auch auf die besondere Situation einzelner Kulturen) aufmerksam und subtil eingegangen; manche Märchen

werden von immer wieder anderem Blickpunkt aus betrachtet und
gedeutet, so daß oft überraschend neue Aspekte auftauchen. Die
eigentliche Schwäche der ganzen Untersuchung aber ist die Unbestimmtheit der Ergebnisse. Trotz der relativen Unfaßbarkeit der
unbewußten Vorgänge und Potenzen und trotz des überindividuellen Charakters des „kollektiven Unbewußten" müßte es möglich
sein, die in den Märchen sich spiegelnden seelischen Vorgänge konkreter zu formulieren, am besten unter Hinweis auf Beispiele aus
der psychologischen Praxis. Es wird zu sehr mit den Jungschen
Begriffen Anima, Animus, Schatten, Selbst, Ich, Persona, Große
Mutter jongliert, die hinter ihnen stehende seelische Wirklichkeit
wird dem Leser nicht genügend faßbar. Auch wird nicht klar, worin
H. v. Beit die Funktion der Märchen sieht. Beeinflussen diese „Abbilder des die Realität prägenden archetypischen Geschehens"
(II, 11), diese „Selbstdarstellungen des Unbewußten" (II, 119)
psychische Entwicklungen oder sind es bloße Begleiterscheinungen?
Während ein anderer Forscher des Jung-Kreises, Erich Neumann,
in seiner Analyse von „Amor und Psyche" (Zürich 1952) das archetypische Geschehen in einer wohl etwas unvorsichtigen Formulierung als „vorbildliches Geschehen" bezeichnet (S. 186), stellen nach
v. Beit/v. Franz die Märchen „psychologisch offenbar nicht ein
Idealbild, sondern die objektive Wirklichkeit dar, in typischen
Bildern, in denen auch das Tragische und Ungelöste zum Ausdruck
kommen kann" (I, 412, vgl. II, 133). Eine psychologische Untersuchung sollte mehr über die Wirkung dieser „Selbstdarstellungen
des Unbewußten" auf die Persönlichkeiten ihrer Träger, der Schöpfer, Erzähler, Hörer des Märchens sagen.

Trotz solcher Einschränkungen dürfen wir uns der Einsichten
freuen, die das Werk H. v. Beits vermittelt. Daß das Märchen zwar
nicht nur, aber doch auch ein Ausdruck unbewußter Konflikte und
Entwicklungen ist, daß es Wandlungen dieser Vorgänge im Laufe
der Kulturgeschichte spiegelt, dürfte durch die zahlreichen Analysen
und Vergleiche mehr als wahrscheinlich gemacht worden sein. Da
diese „archetypischen" Vorgänge in all ihrer Kompliziertheit bei
allen Völkern ähnlich verlaufen, wird die Entwicklung analog
komponierter Erzählungen an verschiedenen Orten noch verständlicher, als sie es ohnehin schon war; die Theorie der Polygenese

(die ja die Wanderung von Märchen keineswegs zu leugnen braucht) wird untermauert. Auch das Irrationale im Märchen wird einmal mehr gerechtfertigt — die Aussagen des Unbewußten kommen dem Bewußten oft unsinnig und lächerlich vor, die Schlußformeln nehmen Distanz von ihnen, so daß der Hörer aus dem Reich der Phantasie „ungeschädigt wieder in seine Realität zurückkehren kann" (II, 511 f.). Die Märchenforschung sollte die Rechtfertigung alogischer Elemente durch die Jungsche Tiefenpsychologie ebenso unbefangen annehmen wie die Musikwissenschaft, die zu Neumanns Untersuchung von Mozarts „Zauberflöte" bemerkt, sie untergrabe „wirkungsvoll die besonders im 19. Jahrhundert so unheilvoll aktive Tendenz, einen Bruch in der Entstehungsgeschichte anzunehmen, sobald ein rationaler Widerspruch im Werkgefüge auftritt" (Andres Briner in Nr. 2657/58 der NZZ 1957). Ferner begrüßen wir die Versuche, den psychologischen Sinn mancher Differenzierungen in den Varianten zu erfassen und Kontaminationen zu rechtfertigen (II, 400). Zaghafter sind die gelegentlichen Ansätze zur Zeitbestimmung, zur Unterscheidung heidnischer und christlicher Märchen. Willkommen ist das mehr als 200 Seiten Petitdruck umfassende Namen- und Sachregister, das das ganze Werk vorzüglich erschließt und zudem eine sehr nützliche Zusammenstellung der im Märchen vorkommenden Figuren und Dinge darbietet. Das Werk muß kritisch gelesen werden, sollte aber von der Märchenforschung nicht aus bloßem Mißtrauen gegen alle Deutungsversuche oder gegen die Psychologie als Wissenschaft abgelehnt werden. Es bietet in seinen Hunderten von Analysen (die Erzählungen, meist den „Märchen der Weltliteratur" entnommen, sind in ausführlichen Inhaltsangaben wiedergegeben) so viel Wesentliches, daß eine eingehende Besprechung gerechtfertigt erschien, um so mehr als die drei Bände wegen ihres hohen Preises nicht leicht zugänglich sind.

Hestia, Beiträge zur Würdigung und Weitergabe des Werkes von Ludwig Klages. Hrsg. von Wilhelm Schürer, Bouvier, Bonn 1961, S. 62–70. Von der Verfasserin redigierter Auszug.

SYMBOLIK IM MÄRCHEN

Von ELLINOR BUCHWALD

Die im Märchen von Frau Holle erscheinenden Figuren und Bilder sind Symbole, die sich in vielen Märchen der ganzen Welt wiederfinden. Es muß doch etwas auf sich haben, daß diese Vorstellungen und Verknüpfungen Allgemeingut der gesamten Menschheit sind, von den fast noch in Steinzeitkultur lebenden Wassernomaden Hinterindiens bis zu den Hochkulturen der Ägypter, Chinesen, Inder und Europäer. Über dieses Gemeinsame schreibt Grimm in der Vorrede 1857: „Die Übereinstimmung zwischen Märchen durch Zeit und Entfernung weit getrennter, nicht minder als nahe aneinander grenzender Völker beruht teils in der ihnen zugrunde liegenden Idee, teils in der besonderen Verflechtung und Lösung der Verhältnisse. Es gibt aber Zustände, die so einfach und natürlich sind, daß sie überall wiederkehren." Oder: „Man begegnet Märchen dieser Art, wo man die Übereinstimmung als Zufall betrachten kann, aber in den meisten Fällen wird der gemeinsame Grundgedanke durch die besondere, oft unerwartete, ja eigensinnige Ausführung eine Gestalt gewonnen haben, welche die Annahme einer bloß scheinbaren Verwandtschaft nicht zuläßt. Ich will einige Beispiele anführen. Nichts ist natürlicher, als die Erfüllung einer Bitte an die Lösung schwieriger Aufgaben zu knüpfen, aber wenn die Aufgaben die seltsamsten von der Welt sind, wie bei der klugen Bauertochter, und sie stimmen überein, so kann dies nicht mehr Zufall sein. Daß man in schwierigen Fällen einen Schiedsrichter anruft, versteht sich fast von selbst, aber daß allerorten gerade drei uneins sind, und zwar mit höheren Kräften ausgestattete Wesen, daß es eine Erbschaft ist, die geteilt werden soll, und diese aus drei wunderbaren Dingen besteht . . . das setzt einen Zusammenhang der Überlieferung voraus. Dies Gemeinsame gleicht einem Brunnen, dessen

Tiefe man nicht kennt, aus dem aber jeder nach seinem Bedürfnis schöpft."

Wie stellt sich uns Menschen des zwanzigsten Jahrhunderts dieses „Gemeinsame" dar? Es bedeutet für uns in den Märchen *nicht* Phantasien eines einzelnen oder eines Volkes, sondern seelische Gegebenheiten, die über das Einzelmenschliche weit hinausreichen. Die Wirklichkeit webt auf die ihr eigene Weise, ähnlich und doch immer wieder neu ein unablässiges Geschehen, das Leben. Einen Sinn hineinzudeuten, wie er uns aus menschlich begrenzter Wahrnehmung, vermenschlichter Phantasie, Überlegung und Vermutung gut und richtig zu sein scheint, führt zuletzt doch in eine Sackgasse. Auch alle philologische Sorgfalt und Genauigkeit, so unentbehrlich sie sind, auch aller Fleiß haben eine Grenze. Wir können Erscheinungen wie Tag und Nacht, Mann und Frau, oben und unten, Himmel und Erde als „Dinge" mit Worten beschreiben, aber als „Wirklichkeiten" nicht erklären, nur erleben. Wir müssen uns in Tiefen führen lassen, die jenseits hellen Tagesbewußtseins ins scheinbar Dunkle, eben zu Märchen, Mythen und — Träumen leiten, in die Bildnerwerkstatt allen Lebens, — wenn man will, zu „den Müttern". C. G. Jung: „In Mythen und Märchen wie im Traume sagt die Seele über sich selber aus." Wir können uns in diesem Bereich nur noch durch Bilder und Symbole verständlich machen. „Nur dem Erleben öffnet sich der Zugang zu den Symbolen" (Seifert). Klages sagt: „Der Weg nach innen ist der Weg von den Erscheinungen (Oberflächen) zum darin Erscheinenden (Tiefe)". Was uns erscheint, sind aber die Bilder, die uns zu hinweisendem, symbolischem (sinnbildlichem) und nicht zu begrifflichem Denken zwingen. Der Mensch der europäischen Zivilisation hat das symbolische Denken zu seinem eigenen Schaden verlernt. Und doch liegen den Symbolen Anlagen der menschlichen Seele ebenso zugrunde wie elementare Gegebenheiten der uns erscheinenden Wirklichkeit. In der „Frau Holle" schon begegnen sie uns: der Brunnen, das Feuer (im Backofen), der Baum. Der Brunnen weist auf Tiefe, Quellendes, Wasser, Feuchte, Fruchtbarkeit, Lebensurgrund hin. Wasser, elementar gesehen, hat etwas Verbindendes, kann Träger des Lebens sein, Geschehen andeuten. Das Feuer hingegen ist konzentriertes Geschehen — Weltprinzip der Perser! — Symbol des kosmischen Lebens (nach Klages). „Der Baum ist Lebensbaum und Keimbehälter, sofern er das Leben aus sich entläßt, Todesbaum, sofern er es in sich zurücknimmt; endlich Schicksalsbaum, weil er beides, Gewesenes und noch Unentstandenes, umfaßt und aus dem Grabesdunkel seiner quellenden Innerlichkeit immer von neuem das ursprüngliche Leben wiedergebärt" (Klages). In einem Volkslied vom Haselstrauch heißt es: „und hau'n sie mich im Winter ab, im Sommer grün' ich wieder".

Immer wieder begegnen wir in den Märchen auch dem Wald, der Nacht, der Höhle; Orten magischen Bezogenseins, angefüllt mit Geheimnis, Undurchdringlichkeit, Orten des Anheimgegebenseins an die Fülle des Wirkens außerhalb menschlichen Bewußtseins. Die Seele taucht hier ein in die Tiefen und Gründe des Lebens, die dunkel und verworren — scheinen!

Gleichbedeutend mit solchen „Elementarsymbolen" sind tiergestaltige Seelensymbole. Mir scheint, daß sie sich in ursprünglichen Märchen ähnlich deuten lassen wie bei den Pelasgern: die Schlange als der Erde zugehörig, der Fisch dem Wasser und der Vogel dem Äther.

Wir fragen jetzt nach dem „Ort", wo wir das Entstehen und Aufblühen des Märchens zu finden haben. Seine völlige Raum- und Zeitlosigkeit, die leichte, schemenhaft scheinende und doch deutlich geprägte Art der erscheinenden Gestalten, der stets gute Ausgang lassen auf seelische Zustände schließen, die man als paradiesisch bezeichnen könnte; sagen wir richtiger: auf eine Zeit, die als das „Goldene Zeitalter" gepriesen wird. Das „Alogische" nennt es Nietzsche, „das kollektive Unbewußte" Jung, „die heile oder ungeteilt geöffnete Welt" v. Veltheim, die Zeit des „Pelasgertums" Klages, „jene alte Zeit und Denkweise..., da das Menschengeschlecht noch nicht, wie heutzutage, aus der Harmonie mit der Schöpfung... gewichen war" Bachofen, oder wo „der Mensch am Ursprung seiner Entwicklung nicht nur original, sondern genial und gottähnlich war" Herder. Etwas davon ist geblieben. Grimm drückt es so aus: „Was so mannigfach und immer wieder von neuem erfreut, bewegt und belehrt hat, das trägt seine Notwendigkeit in sich und ist gewiß aus jener ewigen Quelle gekommen, die alles Leben betaut, und wenn es auch nur ein einziger Tropfen wäre, den ein kleines zusammengehaltenes Blatt gefaßt hat, so schimmert er doch in dem ersten Morgenrot". Die Märchen sind ihm „Naturpoesie" „ein Sichvonselbstmachen".

Möchte man sich diesem „Ort" und Urgrund nähern, möchte man zum *Wesen* auf irgendeine — jeweils verschiedene und schwankende — Weise Zugang erhalten, so weder durch Willenssetzung noch durch schnurgerade Wege der Wissenschaft und des diskursiven Denkens. Es gehört dazu ein Sich-anheim-Geben, ein pathisches Geschehenlassen. Die Seele muß ergriffen werden. Der Mensch darf sich hierbei nicht als abgetrenntes Gegenüber zum Geschehen und zur Wirklichkeit betrachten, sondern als eingefügt und getragen vom Rhythmus in und um uns. Daß man nicht „aus der Armseligkeit von Personen erklären... [will] ..., was nur durch Personen hindurch von den ... Mächten ... [des Alls] ... entsprang" (Klages). Kazantzakis schreibt einmal: „... den lieben Gott können weder die sieben Stockwerke des Himmels noch die sieben Stockwerke der Erde fassen. Aber das Herz des Menschen faßt ihn..." Auch oder gerade für uns Heutige wird das symbolische Denken zur nötigen Hauptübung. Schon alte östliche Weisheit wußte: „ein Bild ist tausend Worte wert". Und der große Symbolforscher des neunzehnten Jahrhunderts, Bachofen, kündet uns: „Das Symbol erweckt Ahnung, die Sprache kann nur erklären... Bis in die geheimsten Tiefen der Seele treibt das Symbol seine Wurzel, die Sprache berührt wie ein leiser Windhauch die Oberfläche des Verständnisses." Eine Mitteilung in Worten vermag also sehr wenig, vielleicht nur das: hinzuweisen!

Nachtrag

Anlaß zum Gesamtaufsatz war das tiergestaltige Seelensymbol der Schlange. Es findet sich neben anderen „symbolischen Seelentieren" in der tiefbedeutsamen Anmerkung 9 in Ludwig Klages' „Vom Wesen des Bewußtseins" in Kapitel 6 „Die Seele als Bildseele".

Leonhard J. Friedman, Virginität in der Ehe, Forschungsergebnisse eines ärztlich-psychotherapeutischen Seminars über hundert Fälle nichtvollzogener Ehe, Gemeinschaftsverlag Hans Huber, Bern und Ernst Klett, Stuttgart 1963. Aus dem Kapitel „Über die sexuelle Unwissenheit": S. 48, 50—51, (gekürzt). Mit Genehmigung des Ernst Klett Verlages, Stuttgart.

DORNRÖSCHENS ERWECKUNG

Von LEONHARD J. FRIEDMAN

[...] Wir wissen aus den Entdeckungen der Psychoanalyse, daß viele Mythen, Legenden und Märchen ihre zeitenüberdauernde Beliebtheit der künstlerischen Gestaltung unbewußter Phantasien verdanken, die mit den Kindheitsphasen der seelischen Entwicklung in Zusammenhang stehen. So kann man im „Dornröschen"-Motiv einen Anklang an das psychologische Problem der Virgo in der Ehe vernehmen, und aus diesem Grunde soll das Märchen den Auftakt zu dem nachstehenden Kapitel bilden. [...]

In unserem Märchen können die guten und bösen Feen als Repräsentantinnen der phantasierten verschiedenen Aspekte der Mutter gelten. Die gefahrdrohende Spindel symbolisiert die mütterliche Warnung vor der Sexualität. Das Eindringen ist die größte Gefahr. Das wird noch einmal durch die undurchdringliche Hecke symbolisiert, die um das Schloß emporwächst und sich endlich dem Prinzen und nur ihm allein öffnet. Wegen des Zauberbanns, unter dem Dornröschen steht (die unbewußt wirkenden mütterlichen Verbote), ist ihr Widerstand gegen die Geschlechtsliebe völlig passiv — sie schläft und der Wald beschützt sie. Endlich hebt sich der Bann, und sie erhält die späte Erlaubnis der Mutter, zu lieben; vorher darf kein Mann zu ihr hinein. Was aber träumt Dornröschen wohl in ihrem Schlaf? Träumt sie von einem Mann, der stark genug ist, den Zauberwald zu durchdringen, mutig genug, sie aus dem Zauberschlaf zu erwecken?

Es sind also mancherlei tiefere Bedeutungen in dem Märchen verborgen. Aber so ist es ja auch bei den Aussagen und Handlungen der Patienten. Zwischen dem Dornröschen-Märchen und den Konflikten, die mehrere der Patientinnen unserer Untersuchungsreihe vorbrachten, kann man tatsächlich gewisse Parallelen ziehen. Manche der Frauen, die ihre Ehe nicht vollziehen können, sind in gewissem Sinne auch wie schlafend; sie verdrängen die bewußte Wahrnehmung sexueller Empfindungen. Sie bedienen sich des Abwehrmechanismus der Unwissenheit bezüglich ihrer Geschlechtsorgane, um Angst abzuwehren. Ihr Verhalten ist noch immer von Kindheitsphantasien über ihre Genitalien, wie auch von Kindheitsverboten, Ängsten und Fixierungen beeinflußt. Ich will den Widerstand gegen den Vollzug der Ehe, wenn er sich auf den Abwehrmechanismus des „Nicht-Wissens" stützt, das „Dornröschen-Syndrom" nennen. Die Patientinnen dieser Gruppe neigen dazu, ihre Vagina für zu eng für den Penis des Mannes zu halten und sich vor Verletztwerden beim Geschlechtsverkehr zu fürchten. [...]

Praxis der Kinderpsychologie und Kinderpsychiatrie, Zeitschrift für Kinderpsychologie, Psychotherapie und Psychagogik in Praxis und Forschung, 12. Jahrgang, Heft 6, 1963, S. 210–213.

ÜBER DIE SYMBOLIK WEIBLICHER REIFUNG IM VOLKSMÄRCHEN

Von Günther Bittner

Unter den Volksmärchen gibt es solche, die ein vorwiegend innerliches Geschehen in mythologischen Bildern gestalten und die daher ausschließlich auf der *Subjektstufe* gedeutet werden müssen[1]. Andere Märchen bearbeiten kritische Phasen der biologischen Reifung, aus denen typische seelische Konfliktsituationen hervorgehen[2]; wieder andere gestalten grundlegende zwischenmenschliche Beziehungen (Familienkonstellationen). Diese Märchen der letztgenannten Gruppe müßten überwiegend auf der Objektstufe, oder besser, wenn der Ausdruck gestattet ist, auf einer Inter-Subjekt-Stufe interpretiert werden. Ein Motiv wollen wir hier herausheben, das sich in den beiden Märchen der Brüder *Grimm* „Die zwölf Brüder" und „Die sieben Raben" (mit Abwandlungen auch in „Die sechs Schwäne") findet (*Grimm*, KHM Nr. 9, 25, 49): das Reifungsproblem der jüngsten Schwester im Kreise von Brüdern.

I. Die Entstehung des Konflikts

„Es war einmal ein König und eine Königin, die lebten in Frieden miteinander und hatten zwölf Kinder, das waren aber lauter Buben. Nun sprach der König zu seiner Frau: ‚Wenn das dreizehnte Kind, das

---

[1] Vgl. etwa die Deutungen bei Hedwig v. Beit, Symbolik des Märchens, Bern 1952; Wilhelm Laiblin, Der wilde Mann, in: Die Neurose als psychosoziales Problem, Stuttgart 1960; Ders., Der goldene Vogel, in: Jugend zwischen gestern und morgen, Stuttgart 1961.

[2] Josephine Bilz, Märchengeschehen und Reifungsvorgänge unter tiefenpsychologischem Gesichtspunkt, in: Bühler-Bilz, Das Märchen und die Phantasie des Kindes, München 1958.

du zur Welt bringst, ein Mädchen ist, so sollen die zwölf Buben sterben, damit sein Reichtum groß wird und das Königreich ihm allein zufällt.' Er ließ auch zwölf Särge machen, die waren schon mit Hobelspänen gefüllt, und in jedem lag ein Totenkißchen, und ließ sie in eine verschlossene Stube bringen, dann gab er der Königin den Schlüssel und gebot ihr, niemand etwas davon zu sagen. — Die Königin aber saß nun den ganzen Tag und trauerte ..." (KHM 9, 75)[3].

Der Vater spricht das Todesurteil über die Söhne, damit die Tochter sein Königreich dereinst ungeteilt besitzen kann. Die Mutter liebt ihre Söhne und rettet sie vor dem Tode. Die Verurteilung des Vaters bleibt jedoch bestehen.

Damit ist der Schicksalsknoten geschlungen; das Reifungsdrama, das auf die Lösung des Konflikts hinzielt, kann beginnen. Es ist nicht zufällig, daß es der Vater ist, der die Söhne unschuldig verstößt und die Tochter vorzieht: es sprechen sich darin die geheime Nähe zwischen Vätern und ihren Töchtern und der Kampf von Vätern und Söhnen aus, die *Freud* als Ödipuskonflikt beschreibt.

Auch im Märchen von den „sieben Raben" verwünscht der Vater seine Söhne, als sie vom Taufwasserholen nicht zurückkommen:

„Als sie immer noch nicht zurückkamen, ward der Vater ungeduldig und sprach: ,Gewiß haben sie's wieder über ein Spiel vergessen, die gottlosen Jungen.' Es ward ihm Angst, das Mädchen müßte ungetauft verscheiden, und im Ärger rief er: ,Ich wollte, daß die Jungen alle zu Raben würden.' Kaum war das Wort ausgeredet, so hörte er ein Geschwirr über seinem Haupt in der Luft, blickte in die Höhe und sah sieben kohlschwarze Raben auf- und davonfliegen" (KHM 25, 145 f.).

In einer Anzahl von Versionen werden die Söhne von der Stiefmutter (KHM 49) oder auch wegen irgendwelcher Unarten von der leiblichen Mutter[4] verwünscht. In diesen Fassungen ist die Stellung

[3] Zitate aus den Kinder- und Hausmärchen der Brüder Grimm (mit Nummern- u. Seitenangabe) sämtlich nach der Ausgabe des Winkler-Verlags, München 1955. Vgl. auch die Interpretation dieser Märchen bei S. Freud, Das Motiv der Kästchenwahl, Ges. Werke X, 29 f.

[4] Vgl. Bolte-Polivka, Anmerkungen zu den Kinder- und Hausmärchen der Brüder Grimm, Bd. I, Leipzig 1913, S. 227 f.

der Schwester von vornherein eine ganz andere; sie erscheint dort als die liebende Erlöserin. In den Märchen von den „zwölf Brüdern" und den „sieben Raben" werden die Brüder um der Schwester willen verdammt — auch die Schuld des Verweilens am Brunnen bedeutet, wenn überhaupt, ein Schuldigwerden an der Schwester und durch sie —; daher ist die Stellung der Schwester in diesen Versionen konfliktreicher und vielleicht lebenswahrer als in den reinen Erlösungsversionen.

Das ist also, psychologisch gesehen, die Ausgangssituation: die Brüder erleiden durch das Verdammungsurteil des Vaters eine Veränderung in ihrem menschlichen Sein. Sie werden zu „Raben" — die schwarze Farbe des Raben ist im Volksglauben gewöhnlich die Folge einer Verwünschung[5] — und ziehen sich in den „Glasberg" oder das „einsame Haus im Walde" zurück: die gesunde, ausgreifende Weltzuwendung wird durch den Schuld- und Verdammungsspruch des Vaters abgeschnitten.

II. Schuld- und Schicksalsverbundenheit der Geschwister

Die nachgeborene Tochter wächst unter der Obhut und der ungeteilten Liebe der Eltern zu einem schönen und herzensguten Mädchen heran (KHM 9, 76; 25, 146). Im Stande ihrer kindlichen Unbewußtheit konnte sie noch nichts von dem Unheil ahnen, das sie über die Brüder gebracht hat. Erst als sie zu einer gewissen Reife gelangt ist, fragt sie nach den Brüdern und erfährt sich unschuldig-schuldig an ihrem Schicksal:

„Das Mädchen wußte lange Zeit nicht einmal, daß es Geschwister gehabt hatte, denn die Eltern hüteten sich, ihrer zu erwähnen, bis es eines Tages von ungefähr die Leute von sich sprechen hörte, das Mädchen wäre wohl schön, aber doch eigentlich schuld an dem Unglück seiner sieben Brüder. Da ward es ganz betrübt, ging zu Vater und Mutter und fragte, ob es denn Brüder gehabt hätte und wo sie hingeraten wären. Nun durften die Eltern das Geheimnis nicht länger verschweigen, sagten

---

[5] Bächtold-Stäubli, Handwörterbuch des deutschen Aberglaubens, Bd. VI, Berlin u. Leipzig 1935/36, Sp. 428.

jedoch, es sei so des Himmels Verhängnis und seine Geburt nur der
unschuldige Anlaß gewesen. Allein, das Mädchen machte sich täglich ein
Gewissen daraus und glaubte, es müßte seine Geschwister wieder erlösen.
Es hatte nicht Ruhe und Rast, bis es sich heimlich aufmachte und in die
weite Welt ging, seine Brüder irgendwo aufzuspüren und zu befreien,
es möchte kosten, was es wollte" (KHM 25, 146).

Wir versuchen, den symbolisch ausgedrückten psychischen Sachverhalt in rationaler Sprache nachzuformulieren. Da das Mädchen
zur Selbständigkeit und zur weiblichen Reife erwacht, kann es nicht
mehr in kindlich-unschuldiger Weise an die Eltern, insbesondere an
den Vater, gebunden bleiben. Es setzt sich mit dem Männlichen
zunächst in der Gestalt der bis dahin vernachlässigten Brüder auseinander und *muß* erkennen, daß die bisher festgehaltene Position
als Liebling des Vaters eine Schuld an den Brüdern bedeutete. Es
handelt sich um keine Schuld im strengen moralischen Sinne, sondern um eine „existentielle" Schuld. Das Mädchen *muß* nunmehr
die Brüder befreien, um mit der eigenen Lebensbestimmung ins
reine zu kommen.

Die Befreiung wird dadurch eingeleitet, daß die Schwester eine
entbehrungsreiche Wanderung auf sich nimmt und endlich in das
„Gehäuse" der Brüder (das Waldhaus bzw. den Glasberg) ein-
dringt. Während in den „sieben Raben" die Erlösung einfach durch
dieses Eindringen, durch die liebende Gegenwärtigkeit der Schwester im Lebensraum der Brüder, vollzogen wird, entwickelt sich
das Bruder-Schwester-Drama in den „zwölf Brüdern" noch weiter.
Hier bricht der Konflikt erst in voller Schärfe auf, nachdem die
Schwester eine Zeitlang das Leben der Brüder im Waldhaus geteilt hat:

„Es war aber ein kleines Gärtchen an dem verwünschten Häuschen,
darin standen zwölf Lilienblumen, die man auch Studenten heißt: nun
wollte sie ihren Brüdern ein Vergnügen machen, brach die zwölf Blumen
ab und dachte jedem aufs Essen eine zu schenken. Wie sie aber die
Blumen abgebrochen hatte, in demselben Augenblick waren die zwölf
Brüder in zwölf Raben verwandelt und flogen über den Wald hin fort,
und das Haus mit dem Garten war auch verschwunden" (KHM 9, 78).

Was ist psychologisch geschehen? Das Mädchen ist den Brüdern
„zu nahe getreten". Es hat die Lilien gebrochen, welche symbolisch

die Seelen der Brüder bedeuten: „Mein Kind, was hast du ange-
fangen? Warum hast du die zwölf weißen Blumen nicht stehen gelassen? das waren deine Brüder, die sind nun auf immer in Raben
verwandelt" (KHM 9, 78).

Die Schwester überschreitet in ihrem Streben nach Annäherung
an die Brüder eine Grenze, die nicht ungestraft überschritten werden
darf. Über die Art der Grenzüberschreitung gibt das Märchen keine
Auskunft. Die Annahme eines — im weitesten Sinne — zwischen-
geschlechtlichen Konflikts, der die Unschuld des Zusammenlebens
stört, bietet sich an, ist aber nicht zwingend zu erweisen. Jetzt erst
wird aus der schicksalhaften Verwicklung eine beiderseitige persönliche Schuld im vollen Sinn; die Brüder werden nun in Raben
verwandelt (KHM 8, 78), die Schwester muß Sühne leisten.

Indem das Mädchen sühnt, vermag es die Brüder zu erlösen:

> „Du mußt sieben Jahre stumm sein, darfst nicht sprechen und lachen,
> und sprichst du nur ein einziges Wort, und es fehlt nur eine Stunde an
> den sieben Jahren, so ist alles umsonst, und deine Brüder werden von
> dem einen Wort getötet" (KHM 9, 78). „Da sprach das Mädchen in seinem
> Herzen: ‚Ich weiß gewiß, daß ich meine Brüder erlöse‘, und ging und
> suchte einen hohen Baum, setzte sich darauf und spann, und sprach nicht
> und lachte nicht" (KHM 9, 79). — In andern, verwandten Fassungen des
> Märchens ist das Schweigen nur begleitend, die Hauptaufgabe besteht
> darin, für die Brüder Hemden oder Tücher zu nähen[6].

Die Schwester sühnt in der gleichen Weise, in der die Brüder
unter der Verdammung des Vaters leiden mußten: sie zieht sich
„auf den Baum", d. h. auf sich selbst zurück, lebt in der Introversion
und Selbstbesinnung. Die entschiedene Innenwendung drückt sich
besonders deutlich im Schweigen aus.

Während die Brüder unter der Verurteilung des *Vaters* standen,
wird der Schwester die Sühneleistung durch die *„alte Frau"*, die
Muttergestalt, auferlegt (KHM 9, 78). Auch das Motiv der Flucht
des Mädchens in oder auf den Baum scheint eine enge Beziehung
zum Ödipuskonflikt und seiner Bearbeitung im Zuge des Reifungs-
geschehens zu besitzen.

---

[6] Bolte-Polivka, a. a. O. Bd. I, S. 73.

Deutlich wird dies in dem Märchen „Allerleirauh": die Königstochter, die vor den Heiratsanträgen ihres Vaters geflohen ist, übernachtet in einem hohlen Baum und wird dort von den Jägern des Königs gefunden (KHM 65, 315 f.). Die Heldin muß sich „von den Folgen der Nachstellungen des Vaters durch eine lange Zeit des Abgespaltenseins vom Leben frei machen" [7].

In der Einsamkeit und Stille entwickelt das Mädchen langsam seine voll-weibliche Lebensform. Sie näht an den Hemden für ihre Brüder. Nähen, Spinnen usw. sind symbolische Darstellungsformen der weiblichen Selbstentwicklung [8]. In der Erlösung der Brüder durch die Bearbeitung des eigenen Schuldproblems wird die Schwester langsam reif zur vollen Begegnung mit dem anderen Geschlecht.

III. Der Weg zur Reife

Während die Königstochter in der Zurückgezogenheit weilt, geht das äußere Leben unaufhaltsam weiter. Eines Tages wird sie vom Liebeswerben des Königs aus ihrer Ruhe aufgestört:

„Nun trug es sich zu, daß ein König in dem Walde jagte, der hatte einen großen Windhund, der lief zu dem Baum, wo das Mädchen darauf saß, sprang herum, schrie und bellte hinauf. Da kam der König herbei und sah die schöne Königstochter mit dem goldenen Stern auf der Stirne und war so entzückt über ihre Schönheit, daß er ihr zurief, ob sie seine Gemahlin werden wollte. Sie gab keine Antwort, nickte aber ein wenig mit dem Kopf" (KHM 9, 79).

Das liebende Werben des Königs trifft das Mädchen noch durchaus unvorbereitet, sie vermag — wegen der fortbestehenden Bindung an die Brüder und deren Schicksal — nicht eigentlich zu antworten und sich ihm zu eröffnen. Sie kommt ihm nur einen kleinen Schritt entgegen, indem sie „ein wenig mit dem Kopf nickt". Die Ehe wird zwar geschlossen; die Königstochter hat aber nicht eigentlich geheiratet, sie ist bloß geheiratet worden. So müssen sich notwendig neue Konflikte ergeben.

---

[7] v. Beit, a. a. O. S. 459.
[8] Vgl. ebd. S. 760.

Der jungen Königin gelingt es nicht, das Herz des Königs ganz zu erfüllen und ihn aus dem Einflußbereich seiner Mutter zu lösen. Die Mutter gewinnt die Oberhand über die neue Rivalin im Kampf um die Gunst des Sohnes:

> „Als sie ein paar Jahre vergnügt miteinander gelebt hatten, fing die Mutter des Königs, die eine böse Frau war, an, die junge Königin zu verleumden und sprach zum König: ‚Es ist ein gemeines Bettelmädchen, das du dir mitgebracht hast, wer weiß, was für gottlose Streiche sie heimlich treibt. Wenn sie stumm ist und nicht sprechen kann, so könnte sie doch einmal lachen, aber wer nicht lacht, hat ein böses Gewissen'" (KHM 9, 79).

Die junge Königin wird zum Tode verurteilt und auf den Scheiterhaufen geführt. Als die Flammen schon emporschlagen, da ist gerade der letzte Augenblick der sieben Jahre verflossen, die Brüder sind erlöst. Die Schwester darf wieder sprechen und kann sich von allem Verdacht reinwaschen.

Dieses Motiv ist kennzeichnend für die meisten wichtigeren Fassungen des Märchens: immer endet die auferlegte Erlösungs- und Entsühnungsaufgabe erst in diesem letzten Moment äußerster Gefahr. Vielleicht darf man sagen: der Konflikt kann erst „auf dem Scheiterhaufen" — in der tiefsten Not und Todesbedrohung — überhaupt zur Lösung kommen. Die auferlegte Bußzeit ist nicht objektiv nach Uhr und Kalender zu bemessen. Sie endet, wenn der Konflikt bis zur letzten Konsequenz durchlebt ist.

Die schuldhafte Verkettung des Schicksals der jungen Königin mit dem der Brüder ist gelöst. Sie kann diese jetzt, wie es in verschiedenen Fassungen heißt, mit Menschenhemden bekleiden[9], d. h. sie mit der ihnen zugehörigen menschlichen Imago umgeben und damit aus der Verzauberung erlösen. Restlos läßt sich der Konflikt allerdings nicht bereinigen: der jüngste Bruder behält einen Schwanenflügel (KHM 49, 233). Die Vergangenheit ist nicht einfach weggewischt und ausgelöscht, sie bleibt mahnend gegenwärtig.

Die Ablösung von der Geschwisterbindung ermöglicht erst das volle, persönliche Mitsein mit dem geliebten Manne und auch mit

[9] Bolte-Polivka, a. a. O. Bd. I, S. 70 ff., 429 ff.

den Brüdern; „sie lebten nun alle zusammen in Einigkeit bis an den Tod" (KHM 9, 80). Nur die Königsmutter wird von der umfassenden Gemeinschaft ausgeschlossen: „Die böse Stiefmutter ward vor Gericht gestellt und in ein Faß gesteckt, das mit siedendem Öl und giftigen Schlangen angefüllt war, und starb eines bösen Todes" (KHM 9, 80). Der König braucht sich nicht mehr auf die Mutter zu stützen, da seine junge Gemahlin zur Weiblichkeit und Mütterlichkeit herangereift ist und ihm nun zur Gefährtin im vollen Sinne zu werden vermag.

Quirin Gerstl, Die Brüder Grimm als Erzieher, Pädagogische Analyse des Märchens, Ehrenwirth Verlag, München 1964. S. 17—19 (gekürzt).

DAS MÄRCHEN
IN PSYCHOLOGISCHER SICHT

Von Quirin Gerstl

Wohl die erste ausführliche und bedeutsame psychologische Auseinandersetzung mit dem Märchen findet man in der Tat in Wilhelm Wundts Völkerpsychologie. Die Nachbarschaft zur Ethnologie bringt es mit sich, daß Wundts Augenmerk fast ausschließlich auf die Märchen primitiver Völker gerichtet ist. Damit wird das Märchen in seiner originären Gestalt gedeutet; freilich, seine Grenzen sind dabei weniger scharf gezeichnet. Für die primitive Märchendichtung charakteristisch erscheint Wundt vor allem der stark „mythologische Charakter", eine Eigenschaft, die sich in den späteren Märchenschöpfungen, auch in den Grimmschen, nur noch verschwommen abhebt. Es überrascht daher nicht, wenn er die Gesamtheit der Märchen primitiver Völker unter dem Begriff „Mythenmärchen" zusammenfaßt. Sie gelten nach seinem Urteil als die ursprünglichste Form der Prosaerzählung, wie überhaupt „bei den primitiven Völkern die gesamte Mythenüberlieferung die Form des Märchens besitzt".[1]

Als ein weiteres Zeugnis für die Universalität des Märchens dürfen wir schließlich Wundts Beobachtung werten: „Es ist bisher noch kein Menschenstamm aufgefunden worden, bei dem nicht eine phantastische Märchen- und Fabeldichtung, in Erzählungen, die von Mund zu Mund gehen, vertreten wäre."[2]

[...] Etwa seit Anfang dieses Jahrhunderts richteten unabhängig voneinander auch die Kinderpsychologie und die Tiefenpsychologie den Augenmerk ihrer Forschung auf das Märchen. Für erstere ist

---

[1] Wilhelm Wundt, Völkerpsychologie, Bd. V, S. 8 (Vorwort), Leipzig 1914.

[2] Wilhelm Wundt, a. a. O., Bd. III, S. 372.

das Verhältnis von Kind und Märchen Gegenstand des Bemühens. Das Fundament für diese Forschung legte das Psychologenehepaar Karl und Charlotte Bühler, voran die Frau mit ihrer vielbeachteten Schrift über „Das Märchen und die Phantasie des Kindes". Darin prägte sie auch den Begriff „Märchenalter" für die Zeit vom vierten bis etwa zum achten Lebensjahr. An Wundt anknüpfend versuchte Charlotte Bühler zu zeigen, was uns das Märchen über die kindliche Phantasie lehrt. Als literarische Grundlage dieser Untersuchung diente die Märchensammlung der Brüder Grimm. Allerdings hielt sich Charlotte Bühler nicht an die literatur-kritische Scheidung zwischen echtem Märchen und ihm verwandten Erzählformen. Dennoch zeigen die Ergebnisse der Arbeit, wie das Märchen den Bedürfnissen der kindlichen Phantasie weitgehend gerecht wird, weil es sich auf langen Strecken mit ihr deckt. Sei es, daß die Hauptgestalten der beliebtesten Erzählungen Kinder sind oder Menschen mit kindlicher Wesensart, sei es die Darstellung jeweils nur einer extrem herausgestellten Eigenschaft der Gestalten und die eindringliche Verstärkung dieser Haltungen durch eine entsprechende Polarisation der Wesensbilder. Genauso ansprechend ist die Milieuschilderung in den Märchen; „jede soziale und kulturelle Distanz zwischen den Menschen ist glattweg aufgehoben", ein Traum, der einem Kind „sicher nicht sonderbar erscheint"[3]. Die Unbestimmtheit des Ortes und die Zeitlosigkeit im Geschehen fordern geradezu „eine spontane Ergänzung durch die kindliche Phantasie"[4]. Nicht anders werden die Handlungen und ihre Darstellung im Märchen beurteilt. Ihr Gehalt an Wunder- und Heldentaten bildet „eine Quelle heimlich genährter Wünsche und Hoffnungen", genau das, „was die kindliche Phantasie bedarf und vom Märchen erwartet"[5]. Der Ablauf des Geschehens, wenngleich aufregend und manchmal grausam, endet doch durchwegs in Einklang mit dem kindlichen Optimismus und Gerechtigkeitssinn. So erlebt das Kind im Märchen die Welt seiner Phantasie und erfährt zugleich eine weitere angenehme Übung

[3] Charlotte Bühler, Das Märchen und die Phantasie des Kindes, Leipzig 1918 und 2. Aufl. München 1961, S. 32.

[4] Charlotte Bühler, a. a. O., S. 37.

[5] Charlotte Bühler, a. a. O., S. 47 f.

gewisser Phantasiebereiche. Obgleich manche Gedanken Charlotte Bühlers durch neuere Ergebnisse des seelenkundlichen Denkens an Kraft verlieren, darf doch ihr Werk für die kinderpsychologische Märchenforschung als wegbereitend gelten. [. . .]

Max Lüthi, Märchen, 3., durchgesehene und ergänzte Auflage, J. B. Metzlersche Verlags-
buchhandlung, Stuttgart 1968, S. 84—90.

PSYCHOLOGIE DES MÄRCHENS

Von MAX LÜTHI

Das eigentliche Leben des Märchens vollzieht sich heute in der Kinderstube. Die Arbeit der Volkskundler, die das Leben des Märchens bei
den Erwachsenen beobachten, ist größtenteils Reliktforschung. Der Psychologe, der die Frage nach dem Verhältnis des Kindes zum Märchen stellt,
beschäftigt sich mit dem gegenwärtigen Leben des Märchens.

Wenn Linda Dégh das Phänomen der Faszination von Erwachsenen durch das Märchen feststellt, so geht die Kinderpsychologie
von ähnlichen Beobachtungen aus. Namentlich Charlotte Bühler
hat sich gefragt, worauf wohl die Empfänglichkeit des Kindes für
das Märchen beruhe. Ihre Antwort ist im wesentlichen: Schon rein
formal entspricht das Märchen den Bedürfnissen des kindlichen
Geistes. Es ermöglicht wie keine andere Erzählform die Übung des
Vorstellungsmechanismus. An seinen plötzlichen Übergängen (groß-
klein, Schweinehirt-Prinz, Verwandlung und Zauber, Verkleidung,
Versetzung an einen anderen Ort, unvermitteltes Erscheinen einer
neuen Figur, Umschlagen der Gesamtsituation u. a.) übt das Kind
mit lebhaftem Vergnügen die Gewandtheit und Fertigkeit des Vor-
stellens. Auch das Wandern in der Vorstellung bereitet Vergnügen,
man kann von Wanderbedürfnis der vorstellenden Phantasie überhaupt sprechen, insbesondere aber von der des Kindes; kontinuier-
liches Fortschreiten ist ihm gemäß (Märchen sind meist einsträngig),
nicht das Ausmalen einer ruhenden Situation. Da das Kind jede
Einzelheit mit großer Gefühlsintensität erlebt, genügt ihm die bloße
Nennung von Figuren und Vorgängen. Ferner herrscht im Märchen
ein für das Kind zuträgliches Gleichgewicht zwischen Bekanntem
und Unbekanntem: Wiederholung und Variation halten sich die
Waage; die Gestalten sind Kinder, Eltern, Geschwister, Kameraden,
Tiere, aber daneben (und oft zugleich) auch merkwürdige Fabelwesen. Das Ungewöhnliche, das Wunder ist dem Kinde bedeutsam,

es beschäftigt seinen Geist und erfüllt ihn „mit der Ahnung höheren
Lebens" (S. 47 f.). Wunsch und Gerechtigkeitsbedürfnis kommen
auf ihre Rechnung, das Gute siegt, der Gute siegt (André Jolles:
„Ethik des Geschehens", „naive Moral"). Den Sieg der Idee im
Untergang des Helden würde das Kind nicht erfassen; am sieg-
reichen Helden wird ihm *der Sieg des ideell Wertvollen* sichtbar.

Formal entspricht dem Kind auch die im Märchen stark hervor-
stechende Isolation der Gestalten und Episoden — wohl auch das
Menschenbild, das in ihm erscheint, die „potentielle Allverbunden-
heit" des Märchenhelden (Lüthi) ist der weltoffenen Haltung des
Kindes (und des Greises) gemäß (Bausinger „Lebendiges Erzählen"
S. 45). Entwicklungspsychologen, so Bruno Jöckel, Josephine Bilz,
Graf Wittgenstein, sehen im Märchen Entwicklungsvorgänge, *Rei-
fungsprozesse* vorgebildet; Märchen helfen dem Kind die eigenen
Entwicklungsschwierigkeiten bewältigen und stärken die „kindliche
Bereitschaft, sich dem Übermächtigen zu stellen" (Bilz S. 79). „Mär-
chen sind nicht grausam, sondern bereiten auf das Grausame im
Leben vor." „Kinder, die dem Märchen nicht begegnet sind, trifft
das Grausame im Leben unvorbereitet." (Wittgenstein »Märchen,
Träume, Schicksale« S. 146, 285). Im Rumpelstilzchen-Märchen sieht
J. Bilz „die Biographie eines weiblichen Menschenkindes von seiner
Jugend bis zur Reife zur Mutter" (S. 95), und ähnliches ließe sich
vom Rapunzelmärchen sagen. Die Märchen stellen immer wieder
dar, wie Held oder Heldin sich aus einer Verbindung lösen, von
Station zu Station, von Begegnung zu Begegnung vorwärtsgehen; in
„Abholwesen" (Rumpelstilzchen, Hexe) spiegeln sich Entwicklungs-
angst, Ablösungs- und Übergangsschwierigkeiten des Kindes und
des Menschen überhaupt. Psychiater (Clauser, Kienle, Wittgenstein,
Möllers u. a.) haben beobachtet, daß das Erzählen und Spielen von
Märchen die Patienten aktiviert und ihre Kontaktfähigkeit
fördert.

Für Bruno Jöckel zeichnet das Märchen vor allem Bilder der
Geschlechtsreife. Er trifft sich darin mit *psychoanalytischen Deu-
tungen* Freudscher Richtung. Die Märchendeutung, die im 19. Jh.
vor allem von Mythologen geübt wurde, ist heute das Feld der
Psychologen, namentlich der Tiefenpsychologen. Wie Freud den
Traum als Wunschtraum aufgefaßt hat, so deutet sein Schüler

Franz Riklin das Märchen, das immer wieder den Dummling, den Däumling, den Verschupften zu Ehren, Genuß und Macht führt, das ihm Siebenmeilenstiefel, Krafttränke, Tischleindeckdichs und andere Wundergaben spendet, als „Wunschtraum des Ellenbogenkindes". Wie der Traum, so wird auch das Märchen von der Psychoanalyse vor allem sexualsymbolisch gedeutet, in seinen einzelnen Zügen (Schuh, rotes Käppchen, Dornenhecke usw.) und in seinem ganzen Ablauf. Der Kampf mit dem Drachen, der das Zentrum eines der verbreitetsten europäischen Märchen bildet, erfährt die folgende Deutung: In der Phantasie des Märchenbildners und -erzählers wird der Nebenbuhler zum Drachen, als solcher darf er nun unbedenklich erschlagen werden. Ähnlich setzt die von Eifersucht gegen die Mutter erfüllte weibliche Märchendichterin an die Stelle der Mutter die böse Stiefmutter, der sie guten Gewissens entsetzliche Todesstrafen auferlegen darf (Riklin). Und wenn ein König seine Tochter heiraten will, von dieser aber abgewiesen wird, so sei, meint Otto Rank, der König, den sie dann wirklich heiratet, nur eine Doublette des Vaters (Erfüllung der Wünsche des Vaters ebenso wie der Tochter, S. 16 f.). Das Brüdermärchen gehe in letzter Linie auf den primitiven Familienkonflikt mit dem übermächtigen Vater zurück: die ursprünglich diesem geltenden feindseligen und eifersüchtigen Regungen werden auf den älteren Bruder „verschoben"; in solcher Sicht wird das Märchen zum „Familienroman". Während der Heroenmythos im wesentlichen die Auflehnung der jungen Generation gegen den Vater ins Bild fasse, solle das spätere Märchen umgekehrt vor solcher Auflehnung warnen. Der gefährliche Jüngste (Kronos/Zeus-Mythos) sei im Märchen zum Trost für den Vater als ungefährlicher, wohlgesinnter Dummling dargestellt. Nach Rank wäre der Mythus vom Sohne geschaffen, das Märchen von dem zum Vater avancierten Sohne, es solle die heranwachsende junge Generation von der Wiederholung der mythischen Untaten abhalten (Heilung statt Tötung des Königs, des Vaters) und ihr zugleich eine Ersatzbefriedigung in der Phantasie verschaffen. Das Märchen spiegle die Kulturstufe wider, in der die Vaterherrschaft und der Vatermord (Tötung des Kronos, des Laios — des Totemtiers) abgelöst wurde von der Bruderkonkurrenz, es wäre, nach Rank, beim Übergang

von der patriarchalischen Menschheitsordnung zur sozialen Epoche
entstanden.

Die Märchenforscher volkskundlicher und literaturwissenschaft-
licher Richtung haben die psychoanalytischen Deutungsversuche
wegen deren Einseitigkeit und gewagten Konstruktionen fast durch-
gehend scharf abgelehnt. Die psychoanalytische Märchendeutung
ist im 20. Jh. in ähnlichen Verruf geraten wie die naturmythologi-
sche gegen Ende des 19. Jhs. Doch bleibt sie ein wichtiger Teil-
beitrag zur Interpretation des Märchens; dieses lebt nicht aus einer
einzigen Wurzel; es wäre gewiß falsch, es nur als Wunschtraum,
Ersatzbefriedigung oder gar als Phantasiekonstruktion des Neuro-
tikers zu sehen, aber daß der Wunsch in verschiedenen Formen —
vom materiellen Tischleindeckdichdenken über sexuelle Wunsch-
bilder bis hinauf zum Wunsch nach einer sinnvollen Welt — im
Märchen eine bedeutsame Rolle spielt, ist nicht zu verkennen. Die
Beobachtungen der Märchensammler sprechen für ein relatives
Recht mancher psychoanalytischer Motivdeutungen. Die kulturgeschichtlichen Theorien Freuds und Ranks bleiben Hypothesen von
stark konstruktivem Charakter.

Umstritten sind auch die Deutungsversuche C. G. Jungs und seiner Schule, die sich eingehender und umfassender als alle anderen
Richtungen der Psychologie mit dem Märchen befaßt hat. Auch
die Jungsche Schule sieht in den Märchen Entwicklungs- und Reifungsvorgänge dargestellt, aber nicht wesentlich solche der Pubertät, sondern der Lebensmitte. Die Anstrengungen zwischen Zwanzig
und Vierzig richten sich darauf, in der Welt Fuß zu fassen und sich
in ihr einzurichten. In der Mitte des Lebens aber tritt die Wirklichkeit des Todes ins Blickfeld. Die jenseitige Welt, die Tiefen der
eigenen Seele werden neu und machtvoll erfahren. Der bisher
stark nach außen gewandte Mensch tritt den Weg nach innen an.
In der Reife finden Bewußtsein und Unbewußtes eine neue Verbindung, die Beziehungen zur äußeren und zur inneren Welt kommen zum Einklang. Für Jung und seine Schüler ist der alte, oft
kranke König des Märchens ein Bild einer alt gewordenen, er-
neuerungsbedürftigen Lebenseinstellung, der Sohn, der Prinz oder
Dummling Bild eines neuen, werdenden Bewußtseins, das den
Zugang zum Unbewußten sucht und schließlich findet. Das neue

Bewußtsein erscheint dem herkömmlich Empfindenden oft zuerst
als ungeschickt, tölpelhaft, als Schweinehüter, Grindkopf, Aschen-
sitzer oder auch als Schalk, aber unvermittelt erweist es sich als das
Strahlende, der Grindkopf zeigt sein goldenes Haar, der Schweine-
hirt wird zum Prinzen oder König, und entsprechend die Tierbraut
oder Aschenputtel zu einer Prinzessin oder Königin. Der Weg des
Märchenhelden zum Lebenswasser oder zur verwunschenen Prinzessin ist der Weg des Bewußtseins zum eigenen Unterbewußten.
So wird für Jung und seine Schüler das Märchen zu einer Darstellung innerseelischer Vorgänge. Der Kampf mit dem Drachen
wäre danach ein Kampf mit dem Drachen in uns selbst, die Begegnung der Prinzessin mit ihrem Retter ein Sichfinden von Seele
und Geist, die Verwirklichung der menschlichen Ganzheit. Wenn
die falsche Braut an die Stelle der echten geschoben wird, die
häßliche Magd oder Hexentochter an den Platz der schönen Prinzessin, so heißt das, daß eine dunkle, minderwertige, gefährliche
Seite der eigenen Persönlichkeit sich durchsetzt. In Stiefschwester
und Stiefmutter, in Hexen, bösen Brüdern und falschen Freunden
oder Freiern hätte man also nicht in erster Linie Nebenbuhler und
feindliche Mächte der Außenwelt zu sehen, sondern unheilvolle
Kräfte und Tendenzen in der eigenen Seele. Das Jenseitsreich ist
das eigene Unbewußte, die große Fahrt des Helden oder der Heldin
in die Unterwelt oder ins Reich der Wolken und Sterne ist die
Suchwanderung nach dem Kern der eigenen Persönlichkeit. —
Hedwig von Beit und Marie-Louise von Franz, die Hauptvertreter
der Jungschen Märchendeutung, nennen den wirklichkeitsfernen
Stil des Märchens als ein Indiz, daß hier nicht oder doch nicht in
erster Linie äußere Wirklichkeit dargestellt werde, sondern innere:
Die Figuren des Märchens sind keine konkreten Menschen, sondern
Repräsentanten einzelner Komponenten der Seele. Ferner deute die
Faszinationskraft des Märchens darauf, daß es Unbewußtes verbild-
liche: für Jung hat das menschliche Unbewußte die Qualitäten,
die Rudolf Otto dem Numinosen zuschreibt, es ist ein mysterium
tremendum et fascinosum. v. Beit und v. Franz räumen ein, daß
das Märchen mehrschichtig und also mehrdeutig sei, daß es auch
äußere Wesenheiten und Vorgänge spiegle; in der Darstellung von
Auseinandersetzungen zwischen Bewußtsein und Unbewußtsein

und von Vorgängen innerhalb des Unterbewußten sehen sie jedoch die zentrale Bedeutung von Mythen, Sagen, Märchen, zu deren Unterscheidung sie einige Ansätze geben.

Die Vertreter der komplexen Psychologie Jungs bemühen sich nicht nur um die Deutung einzelner Motive, sondern versuchen die verwickelten Vorgänge der ganzen Erzählung zu interpretieren. Wenn dabei auch oft Willkür mit ins Spiel kommt und wenn die Übersetzung der Symbole in die psychische Realität meist vage bleibt, so hat die minutiöse Arbeit dieser Gruppe von Psychologen doch die Annahme, daß nicht nur einzelne Motive, sondern differenzierte Erzählungen von gleichem Ablauf unabhängig voneinander entstehen können (Polygenese), gestützt. Daß auch komplizierte seelische Vorgänge in verschiedenen Zeiten und Zonen ähnlich verlaufen und sich einen oft verblüffend ähnlichen Ausdruck verschaffen, leuchtet ein. Ferner betonen die Forscher dieser Richtung, daß jede Variante eine etwas andere Nuancierung der inneren Vorgänge andeute (schon Freud tat dar, daß selbst das Vergessen oft auf unbewußte Absicht zurückzuführen sei), daß es also nicht nur auf die Interpretation einer vermuteten Urform, sondern auch der Untertypen und sogar der Einzelversionen ankomme. Wenn von Freud der Traum als via regia zum individuellen Unbewußten angesehen wurde, so ist für Jung und seine Schule die Untersuchung von Mythen und Märchen eine Art Königsweg zum kollektiven Unbewußten. Auch für Ortrud Stumpfe spiegelt das Märchen ein innerseelisches Drama, zugleich aber die Bezogenheit des Menschen auf die Natur, den Kosmos und den Mitmenschen.

Bei der Jungschen Schule wächst sich die Psychologie des Märchens zu einer eigentlichen Anthropologie aus: Es geht um die Ergründung des Wesens des Menschen. In diesem Sinne kann man auch *anthroposophische Versuche,* das Märchen zu deuten, zur Psychologie des Märchens rechnen. Rudolf Steiner und seine Gemeinde sehen in den Märchen Überbleibsel aus der Zeit, da die Menschen (wie das Kind heute noch) in einem bildhaften Begreifen die Geheimnisse der Welt und Überwelt erfaßten. Märchen stellen Einweihungen in das Reich des Geistes dar, wobei das helfende Einwirken der Elementarwesen, die wirklich Stroh in Gold (Zeichen des Göttlichen) verwandeln können, eine besonders wichtige Rolle

spiele. „Die wahren Märchen sind nichts anderes als eine zum Bild
gestaltete geisteswissenschaftliche Unterweisung, ein Religionsunter-
richt, ergangen an die Völker in einem Bewußtseinsstadium, das
noch nicht mit intellektuellen Kräften arbeitete" (Eymann). Diese
Deutung ist eng mit der anthroposophischen Weltsicht verbunden,
ihre Annahme oder Ablehnung ist in hohem Grade Glaubenssache.

Den Märchendeutungen Freuds, Jungs und Rudolf Steiners ist
gemeinsam, daß sie nicht nur, wie dies jede Wissenschaft tut, bestimmte Fragen an das Märchen stellen, sondern ein ganzes Bezugssystem, ja mehr als das, eine auch inhaltlich schon bestimmte Theorie
an das Märchen herantragen und es auf dieser Grundlage interpretieren. Es ist ihnen Willkür und Gewaltsamkeit vorgeworfen
worden, starr allegorische Ausdeutung, rein inhaltliche Ausrichtung,
die die Bilder des Märchens mit allem in Beziehung setzt, was
Volksglaube und Volkssitte, Gnosis, Alchemie je in dem betreffenden Naturwesen oder Ding gesehen haben, statt auf die Einbettung
des Motivs ins Ganze der betreffenden Erzählung und auf den
Stil der Darstellung zu achten. Diese Einwände und Warnungen
bedeuten eine wichtige Korrektur und Einschränkung des oft schran-
kenlosen Deutungseifers, vermögen aber die Versuche, den Sinngehalt des Märchens von verschiedenen Positionen aus abzutasten,
nicht in ihrer Gesamtheit zu entwerten.

Literatur

Hermann Bausinger, Aschenputtel. Zum Problem der Märchensymbolik,
    in: Zeitschr. f. Volksk. 52 (1955) S. 144—155.
Gabr. Leber, Über tiefenpsycholog. Aspekte v. Märchenmotiven, in:
    Praxis d. Kinderpsychologie 1955, S. 274—285 (Forschungsbericht).
Erwin Müller, Psychologie des deutschen Volksmärchens, 1928.
Franz Riklin, Wunscherfüllung und Symbolik im Märchen, 1908.
Otto Rank, Psychoanalytische Beiträge zur Mythenforschung, Wien 1919,
    S. 359—420 (Das Brüdermärchen, Mythus und Märchen).
Marthe Robert, Un modèle romanesque: le conte de Grimm, in Preuves 16
    (1966), No. 185, p. 24—34.
Bruno Jöckel, Der Weg zum Märchen, 1939.
Wilhelm Laiblin, Zur Symbolik der Individuation im Volksmärchen, 1961.

Graf Wittgenstein, Der Mensch vor der Entscheidung, 1958. S. 50—80, 121—148, 201—226; derselbe, Märchen, Träume, Schicksale, 1965.

G. Kienle, Das Märchen in der Psychotherapie, in: Zeitschr. f. Psychother. u. mediz. Psychologie 1959, S. 47—53.

Günter Clauser, Märchen als Rollenspiel, in: H. Stolze, Festschrift für E. Speer (Arzt im Raum des Erlebens), 1959, S. 103—108.

Ingrid Möllers, Märchen als Rollenspiel, Diss. Freiburg i. Br. 1967.

Hedwig von Beit, Symbolik des Märchens, I ³1967, II ²1965 (Gegensatz und Erneuerung im Märchen), III ²1965 (Registerband); dazu: M. Lüthi in: Fabula II, 1958, S. 182—189.

C. G. Jung, Symbolik des Geistes, 1948.

Ortrud Stumpfe, Die Symbolsprache der Märchen, 1965.

Charlotte Bühler, Das Märchen und die Phantasie des Kindes, ⁵1961 (mit e. Beitrag von Josephine Bilz, Märchengeschehen und Reifungsvorgänge unter tiefenpsychologischem Gesichtspunkt).

Walter Scherf, Kindermärchen in dieser Zeit?, 1961; derselbe, Was bedeutet dem Kind die Grausamkeit der Volksmärchen?, Jugendliteratur 1960, S. 496—514; derselbe, Wie erzählt man Märchen?, in: Die Freundesgabe 1962. Zur erzieherischen Auswertung des Märchens vgl. auch die Aufsätze von Agnes Gutter, in: Informatio Bd. 8 (1963) und 10 (1965), und neuerdings ihr Buch Märchen und Märe, Psychologische Deutung und pädagogische Wertung, Solothurn 1968.

Quirin Gerstl, Die Brüder Grimm als Erzieher. Pädagogische Analyse des Märchens, 1964.

Anthroposophische Märchendeutung (vgl. dazu W.-E. Peuckert im HdwDM I S. 80 f.): Rudolf Meyer, Die Weisheit der deutschen Volksmärchen, ⁵1963; derselbe, Die Weisheit der Schweizer Märchen, 1944; Rudolf Steiner, Märchendichtungen im Lichte der Geistesforschung, 1942; Fr. Eymann, Die Weisheit der Märchen im Spiegel der Geisteswissenschaft R. Steiners, Bern 1952. Richard Karutz, Die Mär in Mythen und Märchen. Geistige Wirklichkeiten, 1962. Jakob Streit, Das Märchen im Leben des Kindes, 1964.

Ottokar Graf Wittgenstein, Märchen — Träume — Schicksale. Eugen Diederichs Verlag, Düsseldorf, Köln, 1965, S. 96—109.

DORNRÖSCHEN

Von OTTOKAR GRAF WITTGENSTEIN

Dornröschen wird das Mädchen genannt, das hinter einer undurchdringlichen Dornenhecke schläft, weil es sich an einer Spindel gestochen hat. Es wird erzählt:

„Ein König und eine Königin kriegten gar keine Kinder, und hätten so gern eins gehabt. Einmal saß die Königin im Bade, da kroch ein Krebs aus dem Wasser ans Land und sprach: ‚dein Wunsch wird bald erfüllt werden und du wirst eine Tochter zur Welt bringen.'"

Später wird erzählt:

„Da trug es sich zu, als die Königin einmal im Bade saß, daß ein Frosch aus dem Wasser ans Land kroch und zu ihr sprach ‚dein Wunsch wird erfüllt werden, ehe ein Jahr vergeht, wirst du eine Tochter zur Welt bringen.'"

Der Krebs weiß nur, daß die Königin über eine kurze Weile eine Tochter haben wird. Der Frosch kann auch die Zeit angeben, wann das geschieht. Er weiß etwas, was der König nicht kennt. Deshalb kriegt dieser auch keine Kinder, bevor der Königin der Frosch — oder Krebs — begegnet, denn wünschen allein genügt nicht.

In dem Märchen von dem Froschkönig erfüllt sich die Hoffnung des Frosches, aus dem Brunnen erlöst zu werden. In dem Märchen vom Dornröschen bringt der Frosch die Königin in die Hoffnung auf ein Kind.

So leben sie noch heute: Ein Bauer und sein Weib haben eine Tochter, die sie fromm und fleißig erziehen. Sie ist tüchtig und züchtig wie kaum eine. Eines Tages kommt der Herr Pfarrer zu dem Vater und bestimmt ihn, seine Tochter Lehrerin werden zu lassen. Sie wird in eine Klosterschule gebracht und wird weltliche Lehrerin.

Als sie vierunddreißig Jahre alt ist, heiratet sie einen Handels-
vertreter. Durch ihn hofft sie in Hoffnung zu kommen. Aber sie
kriegt gar keine Kinder und hätte so gern eins gehabt.

Warum bekommt sie kein Kind? Sie weiß nicht, wie man Kinder
kriegt. Sie weiß nur, daß ‚das bei den Menschen völlig anders ist
als bei den Tieren und Pflanzen'. So ist sie unterrichtet worden
und so unterrichtet sie — Mitte des zwanzigsten Jahrhunderts —
ihre Schüler und Schülerinnen. Die einen glauben es, die anderen
glauben es nicht, weil sie es besser wissen.

Bei den Menschen sei das völlig anders. Wie ist ‚das' bei den
Menschen? Die Lehrerin bekommt einen roten Kopf, wenn sie so
gefragt wird. Sie hält es für unkeusch, sich darüber Gedanken zu
machen. Dann fällt ihr etwas ein. Sie erzählt: ‚Einmal, es war noch
in der Volksschule, haben wir einen Ausflug gemacht. Wir haben
ein Museum in der Stadt besucht. Dort standen einige griechische
Statuen. Ich erinnere mich noch, wie ich mich gewundert habe,
daß die da unten Blätter trugen. Zuerst mußte ich an Adam und
Eva denken. Dann habe ich mir gedacht, daß es bei den Männern
wohl so sei, denn die weiblichen Figuren hatten keine Blätter. Als
wir wieder zu Hause waren, hat ein Mädchen die Lehrerin gefragt,
warum die Männer dort Blätter hätten. Die Lehrerin erklärte uns,
auf die Gestalt des Gekreuzigten weisend, daß auch er, obwohl
sonst nackt und bloß, dort mit einem Schamtuch bedeckt sei. Das
diene zum Zeichen, daß man das nicht fragen dürfe.'

Seitdem hat sich bei ihr eine Zwangsvorstellung gebildet. Immer
wieder kommt ihr der Gedanke: Wie sieht Jesus dort wohl aus?
Sie weiß, daß dieser Gedanke eine Sünde ist, sie kann ihn aber
nicht zum Schweigen bringen.

Während ihrer Studienzeit unterhielt sie sich einmal mit einer
Kollegin, die ihr erzählte, was sie erlebt hat: In ihrer Schule wurde
ein evangelischer Pfarrer gefragt, ob das sechste Gebot evangelisch
ebenso zu verstehen sei, wie es katholisch, als Verbot der Unkeusch-
heit, ausgelegt werde. Der Pfarrer habe geantwortet, daß kein
grundsätzlicher Unterschied der Auffassungen bestünde. Es wurde
weiter gefragt, was man sich unter unkeusch vorzustellen habe?
Antwort: Alles, was mit geschlechtlichen Dingen zu tun hat. Frage:
Was sind alles geschlechtliche Dinge? Antwort: Das wird in den

oberen Klassen besprochen. Im übrigen sollten die Mädchen ihre Mütter fragen.

Lehrer verweisen an den Pfarrer. Der Pfarrer verweist an die Mütter. Die Mütter hoffen, daß die Väter mit den Kindern sprechen und mancher Vater möchte, daß die Kinder in der Schule aufgeklärt werden mögen. So schließt sich der Kreis. Fortschrittliche Schulen lassen den Aufklärungsunterricht von Ärzten geben, als ob es sich dabei um Krankheiten und ihre Verhütung handle.

Sieben Jahre lang war die Lehrerin verheiratet, die nicht wußte, wie man Kinder kriegt. Dann ließ sie sich, trotz ihrer Glaubenskonflikte, scheiden. Ihr Mann hat sie geschlagen bis sie eine Gehirnerschütterung davontrug. Während der Scheidung stellte sich heraus, daß der Ehemann, ‚seit einer Jugendsünde‘, impotent war. Die Ehe konnte annulliert werden. Ihr Gewissen kann sich nicht beruhigen.

Ihr ist es mit ihrem Mann ergangen wie der Königin und dem König — im Märchen. Sie kriegte keine Kinder, wie jene. Ist das Märchen wirklich? Ist die Wirklichkeit ein Märchen? Der Lehrerin ist weder ein Krebs noch ein Frosch erschienen, der sprach ‚dein Wunsch wird erfüllt werden‘. So leben sie noch heute: Eine Lehrerin, die auf dem Lande aufwuchs, ist nach siebenjähriger Ehe virgo intacta. Das ist kein Märchen und keine Sage. Es ist die Tragödie eines Lebens, das durch Vorurteile und Unwissenheit geprägt wurde.

Wie entsteht solches Unwissen? Wodurch entstehen diese Vorurteile? — Drei kleine Mädchen spielen im Hof eines Nachbarn. Sie spielen Schule. Die Lehrerin dieser kleinen Schule ist fünf Jahre alt. Sie verrät den anderen, daß sie ihnen etwas zeigen wolle, was sie nicht wüßten. Dazu müssen sie in den Keller gehen. Gesagt, getan. Im Keller versucht die Belehrende einen Kieselstein sich zwischen die Beine zu stecken. Es gelingt ihr nicht. Sie bittet die Jüngste ihr zu helfen. Auch dieser Versuch mißlingt. Ohne Erfolg und ohne sich etwas dabei zu denken, beenden die Kinder ihr Spiel.

Ein älteres Mädchen beobachtet das Kellerspiel und alarmiert die Mutter der Jüngsten. Die Mutter ruft ihr Kind, das, nichts Böses ahnend, folgt. Zu Hause findet sie ihren Vater vor, der sie, ohne ein Wort zu verlieren, so schlägt, daß ihr die Schmerzen noch heute deutlich in Erinnerung sind. — So kann es zu dem Unwissen kommen. So werden Vorurteile weitergegeben. So kann es auch zu der

Wahl eines Ehemannes kommen, der seine Potenz ‚schlagend' beweisen möchte, weil er impotent ist.

Geschlechtlichkeit ist eine Sünde! Das ist ein Vor-Urteil. Das Geschlecht ist eine Quelle von Krankheiten — ist eine andere Vorstellung von dem, was es bei der Pflanze, dem Tier und dem Menschen gibt. ‚Das' ist bei dem Menschen nicht völlig anders als bei der Pflanze und bei dem Tier.

Der Mensch ist pflanzenhaft. Er ist sich fortpflanzender Mensch. Die Fortpflanzung wäre sein einziges Ziel, wenn er nur eine Pflanze wäre. Der Mensch ist auch tierhaft. Er ist Säugetier und Mensch zugleich. Er müßte nicht aufgeklärt werden, wenn er nur Tier wäre.

Die menschliche Geschlechtlichkeit dient nicht nur der Fortpflanzung und sie dient nicht nur als Trieb zur Paarung. Der Mensch ist, im Gegensatz zu Pflanze und Tier, auch ein entwicklungsbedürftiges und ein entwicklungsfähiges Wesen. Er lebt aus der Begegnung.

Die menschliche Geschlechtlichkeit dient zuerst der Erfüllung der individuellen Geschlechts-Wünsche. Darin liegt der regenerative Sinn für das Einzelwesen. Sie dient zum anderen als Trieb zu der Begegnung von Weib und Mann. Darin liegt ein beziehungssetzender Sinn. Aus ihm entsteht die Vorstellung des Menschen als Paar. Und sie dient auch zur Fortpflanzung. Darin liegt ein generativer Sinn. Aus ihm entsteht das Kind — und die Vorstellung des Menschen als Drei-Einheit. Die Dreiheit Mutter-Vater-Kind wird durch die Geschlechtlichkeit ermöglicht.

Den geschlechtlichen Wünschen des Einzelnen, dem Paarungstrieb der hemmungslosen Fortpflanzung müssen Schranken gesetzt werden. Die Gemeinschaft der Menschen muß vor dem Einzelnen und der Einzelne muß in der Gemeinschaft geschützt werden. Die Schranken müssen um so höher sein, je niedriger die Kulturstufe ist, in der die Menschen leben und je geringer die Einsicht des Einzelnen sein kann oder sein darf.

Dem Kind werden mit ‚Pfui!' die ersten Schranken gesetzt. Pfui! entspricht dem ersten kindlichen Nein! — dem Ausspucken des Unannehmbaren. Zuviel Pfui! läßt dem Kind eine Welt entstehen, in der es verdrängen muß, was zu bejahen wäre. Das ständige Nein! — das darfst du nicht! läßt die kindlichen Fragen untergehen.

Das Kind stellt seine ersten Fragen mit seinen Spielereien. Sie sind für das Kind notwendig, um seine Wirklichkeit in den Griff zu bekommen. Ohne diese „Griffe" können die später auftauchenden ‚Begriffe' nicht erfaßt werden.

Die Königstochter, der ein Frosch ihre goldene Kugel zurückbringt, kann den Frosch begreifen. Die Königin im Bade wird von dem Frosch ergriffen, der ihr verheißt: ‚Ehe ein Jahr vergeht, wirst du eine Tochter zur Welt bringen.'

„Das traf auch ein, und der König war so erfreut über die Geburt der Prinzessin, daß er ein großes Fest anstellen ließ, und dazu lud er auch die Feen ein, die im Lande waren; weil er nur zwölf goldene Teller hatte, konnte er eine nicht einladen; es waren nämlich dreizehn. Die Feen kamen zu dem Fest, und beschenkten das Kind am Ende desselben."

Zwölf gütige Feen stehen Pate. Zwölf Monate im Jahr soll sie glücklich sein dürfen. Die Feen werden zu Patinnen, die alles wünschen, was nur zu wünschen ist. Elf köstliche Geschenke, wie Tugend, Schönheit und alle Herrlichkeiten der Welt werden genannt; —

„wie aber eben die elfte ihr Geschenk gesagt hatte, trat die dreizehnte herein, recht zornig, daß sie nicht war eingeladen worden und rief: ‚weil ihr mich nicht gebeten, so sage ich euch, daß eure Tochter in ihrem fünfzehnten Jahre an einer Spindel sich stechen und todt hinfallen wird.' Die Eltern erschraken, aber die zwölfte Fee hatte noch einen Wunsch zu thun, da sprach sie: ‚es soll aber kein Tod sein, sie soll nur hundert Jahre in einen tiefen Schlaf fallen.'"

Ein ausweglosses Schicksal scheint dem Mädchen bestimmt. Ihr Alter ist genau angegeben, in dem sie der Spindel begegnen wird. Nach Beendigung von vierzehn Jahren — von je dreizehn Mond-Monaten — werden ihr Spindel und Tod begegnen, sagt die dreizehnte Fee. Selbst die gute zwölfte Fee kann dieses Schicksal nicht ganz abwenden. Nach Beendigung von vierzehn Jahren — von je 12 Monaten des Sonnenjahres — werden ihr Spindel und ein tiefer langer Schlaf zustoßen, hieß ihr Orakel.

„Der König hoffte immer noch sein liebes Kind zu erretten, und ließ den Befehl ausgehen, daß alle Spindeln im ganzen Königreich sollten abgeschafft werden. Die Prinzessin aber wuchs heran, und war ein Wunder von Schönheit. Eines Tages, als sie ihr fünfzehntes Jahr eben erreicht hatte, war der König und die Königin ausgegangen..."

Manche Eltern hoffen — wie der König im Märchen — ihre Töchter bewahren zu können. Erlasse und Verbote werden ausgegeben. Pfui! wird gesagt zu allem, was gefährlich werden könnte. Wenn aber die Fragen an das Mädchen herantreten, sind die Eltern gerade nicht da. Nur wenn sie glauben strafen zu müssen, sind sie immer da.

Im Märchen weiß der König, was seiner Tochter in ihrem fünfzehnten Jahr geschehen soll. Er glaubt, daß er alles getan habe, damit nichts geschehen könne.

Wie es im Märchen einmal war, werden täglich gefährliche Versuchungen versteckt und verboten. Die Bücher, in denen ‚Es' steht, werden in die zweite Reihe gesteckt, damit sie von den Kindern nicht gefunden werden. Und — wie im Märchen — finden die Kinder die Bücher und findet die Jungfrau die Spindel, die ihr bestimmt ist, gestern wie heute.

Die Mädchen finden, was sie suchen, und sei es ein Kieselstein, den sie sich zwischen die Beine stecken. Sie suchen nicht nur im Keller und in der zweiten Reihe des Bücherschranks. Sie suchen und finden in Museen Blätter an griechischen Statuen. Sie fragen: Wie sieht Jesus hinter dem Schamtuch aus? Oder sie fragen: Was ist unkeusch? Was sind alles geschlechtliche Dinge? Sie stellen Fragen über Fragen — und die Eltern weichen aus. Wie oft sind die Eltern gerade dann, wenn die Fragen auftauchen, nicht da? Sie entziehen sich und hoffen, daß die Lehrer, die Pfarrer und die Ärzte antworten. Jeder verweist an den anderen. Die Suchenden sind — das Mädchen ist — allein;

„ganz allein im Schloß, da ging sie aller Orten herum nach ihrer Lust, endlich kam sie auch an einen alten Thurm. Eine enge Treppe führte dazu, und da sie neugierig war, stieg sie hinauf und gelangte zu einer kleinen Thüre, darin steckte ein gelber Schlüssel, den drehte sie um, da sprang die Thüre auf und sie war in einem kleinen Stübchen, darin saß eine alte Frau..."

Das ist kein Märchen, in dem erzählt wird, wie es einmal war. So geschieht es täglich und stündlich in aller Welt.

Einer Kindergärtnerin fällt es zwar nur im Traum ein, ihren Körper zu berühren, bis sie bemerkt, daß es ihr eigener ist. Sooft sie ihn zu berühren oder zu ergreifen sucht, öffnen sich Spalten im Fleisch, aus denen Teufel und Dämonen hervorkommen. Andere untersuchen sich nicht nur im Traum. Sie suchen aller Orten herum, nach ihrer Lust. Sie kommen an einen Turm und gelangen zu einer kleinen Türe[1]. Wenn die Türe aufspringt, entdecken sie das uralte, ewig Weibliche – an sich. Und sie wollen, wie das Mädchen im Märchen, auch einmal spinnen. Oder sie fragen sich:

„,Was ist das für ein Ding, das so lustig herumspringt?'. . . Kaum hatte sie aber die Spindel angerührt, so ging der Zauberspruch in Erfüllung, und sie stach sich damit in den Finger. – In dem Augenblick aber, wo sie den Stich empfand, fiel sie auf das Bett nieder, das dastand, und lag in einem tiefen Schlaf."

Nicht immer findet sich eine zwölfte Fee ein, die ihren Wunsch noch tun kann, wenn die dreizehnte schon gesprochen hat. Nicht immer läßt sich das Schicksal kurz vor zwölf auffangen. Manches Mädchen fällt nicht nur in den tiefen Schlaf des Vergessens – wie die Lehrerin – sondern gibt sich selbst den Tod, nachdem sie den Stich der Spindel gespürt hat. – Jedes Mädchen stirbt aus seiner Kindheit heraus, wenn es die Wirkung der Spindel erfahren hat.

Was bedeutet diese Spindel in der Hand des alten Weibes? In dem Märchen vom Froschkönig wird die goldene Kugel dem Mädchen von dem Frosch zurückgebracht. Sie hat für das Mädchen eine dreifache Bedeutung: Sie ist ein geistiges und ein körperlich spürbares Spielwerk und sie dient dazu, die seelische Verbindung zwischen ihr und dem Frosch herzustellen.

Die Spindel bedeutet dem Mädchen viel. Sie ist körperlich zu spüren – als ein Ding, das so lustig herumspringt. Zum anderen ist sie ein Zeichen der Unruhe, die das Mädchen überkommt – und die unsere Uhren ticken läßt. Sie ist ein Zeichen der ständig weiterlaufenden Zeit, des ablaufenden Lebensfadens, den die Norne in ihren Händen hält, bis er reißt. –

Die Kindheit läuft ab wie eine Weile, die das Kind kurz- oder

---

[1] Das mittelhochdeutsche Wort ‚gél' bedeutet sowohl ‚gelb' als auch ‚geil'.

langweilig erfährt. Dann rührt das Mädchen die Spindel an und der Zauberspruch der überfälligen Fee geht in Erfüllung. Das Mädchen begegnet dem anderen, dem es sich noch nicht gewachsen fühlt, demgegenüber es ohn-mächtig wird.

Ein Mädchen wird dadurch getötet, ein anderes fällt in ohnmächtigen Schlaf. Nur wenige sind so gehorsam, daß sie die Spindel meiden. Jedem Mädchen ist das Schicksal bestimmt, dem ganz anderen zu begegnen. Das Märchen erzählt, daß sie in einen hundertjährigen Schlaf verfällt. Es dünkt dem Mädchen eine unendlich erscheinende Weile zu dauern, bis sie wieder aus ihrer Ohnmacht erwacht.

Die Begegnung mit der Zeit ist Sterben — im Leben. Die Angst vor dem Sterben läßt den Wunsch erwachen, die Zeit möge stehenbleiben, daß sich nichts mehr rege. Das Mädchen zieht sich hinter eine dornige Hecke zurück, daß man von ihr sagt, sie sei so widerborstig geworden und niemand könne mehr an sie herankommen.

Geschlechtlichkeit und Sterben — die Neugier nach dem Ding, das lustig herumspringt und Ohnmacht — der kindliche Raum und das erste Wissen, daß es Zeit wird — das Ahnen von Werden und Vergehen, von Leben und Tod — sind für den Menschen nah verwandt. Das alles bedeutet die Begegnung des Mädchens mit der Spindel. —

Das Kind erfährt die Welt aus der Anschauung der Entsprechungen. Der Wechsel des Mondes entspricht dem Wechsel des Weibes in achtundzwanzig Tagen. Der Wechsel des Mondes zeigt dem Menschen ein Bild für Werden und Vergehen. Für das Kind und den analogisch Denkenden ergänzen sich die Gegensätze zu Einem. Der Mensch weiß, daß das Weib den Menschen gebiert. Wenn er die Gegensätze am Mond erkennt, muß entsprechend — für ihn — auch das Weib der Ort des Vergehens sein. Das war einmal — zu einer Zeit, als es noch keine Könige gab, die einen Befehl erlassen konnten, daß alle Spindeln im ganzen Reich sollten abgeschafft werden. Das war zu einer Zeit, als es noch keine Maß-Zeit gab, als der Mensch die Zeit noch als Weile maß. Das ist so für das Kind, das die Uhr und seine Unruhe noch nicht kennt.

Der Mensch, der noch nicht anders denken kann, weiß nichts von Ursachen, die zu Wirkungen führen. Er begreift aus dem, was ihm entsprechend erscheint — wie ein Kind. Für ihn ist die Mutter der Ort der Herkunft. Für ihn ist die Mutter auch der Ort der Zukunft. Sie ist der ewige Born des Lebens, in den auch alles Leben wieder versinkt. Aus diesen Entsprechungen sind die Nornen, die Feen und Hexen der Märchen entstanden. Daher kommen die Fragen nach den guten und bösen Müttern in den Märchen.

Alle Gegensätze ergänzen sich. Es gibt kein Glück ohne Elend, keine Fülle ohne Leere. Es gibt kein Leben ohne Tod, kein Sterben ohne Fortpflanzung. Es gibt keine Teilung ohne ein ursprünglich Ganzes, und das Ganze kann nur in Teilen erkannt werden. Es gibt keine Folge ohne Ursprung und keinen Ursprung ohne Folgen. Nichts Vergängliches gibt es ohne Entstandenes und nichts entsteht, was nicht vergänglich wäre.

Eine erste Ahnung von diesen Entsprechungen und von Ursachen, aus denen Folgen entstehen, berührt das Mädchen, das die Spindel anrührt, die es in der Hand des alten Weibes entdeckt. Mit dieser Berührung ist der letzte Augenblick verspielt, in dem es sagen könnte: Verweile doch! Jetzt hat es die Zeit erfaßt, die als ‚Maßzeit' meßbar ist. Nicht mehr am Bild des Mondes wird die Weile erkennbar. Die Sonne bringt an den Tag, daß es Zeit geworden ist, eine Zeit, die an dem Umlauf der Erde um die Sonne gemessen wird. Jetzt wird Vergänglichkeit in Tagen, Wochen und den zwölf Monaten des Sonnenjahres meßbar. Das Mädchen, das die Spindel berührt, erwacht aus seiner Kindheit, die kurz- oder langweilig war — oder verfällt in einen tiefen Schlaf. —

Ein Mensch möchte ungeboren sein, um nicht sterben zu müssen. Er fragt: Ist Ursprung auch Tod? Er sucht den Tod in einer Zeitlosigkeit. Sein Suchen ist bestimmt von dem Wunsch nach einem Ver-weilen in zeitlosem Raum. Er fürchtet die Geschlechtlichkeit, denn er hat Angst, zu sterben. Sein Ekel vor dem Geschlechtlichen ist ein Ekel vor dem Tod.

Wegen dieser Angst und diesem Ekel verweisen Lehrer an den Pfarrer, verweisen Pfarrer an Mütter, hoffen Mütter, daß die Väter... Deshalb erlassen Väter Befehle, daß alle Spindeln abgeschafft werden sollen. Deshalb glaubt ein Mensch, seine Un-sterblichkeit — durch Kinder — erreichen zu können.

Der Mensch, der der Zeit begegnet, ist stolz auf seine Individualität. Es bereitet ihm Angst, sie zu verlieren. Er ekelt sich davor, sie eingeschränkt zu bekommen. Es gruselt ihn, wenn es ihn treibt sie aufzugeben.

Die Geschlechtlichkeit fordert die Hingabe des Individuums an den anderen, an das völlig Andere, Unbekannte, fordert die Preisgabe des Ich an ein Du — wenn sie nicht als die Betätigung der Geschlechtsteile mißverstanden wird. Der, der auszog das Gruseln zu lernen, kann sich erst gruseln, wenn er diesem ganz anderen begegnet, und aus dem Schlaf erwachend sich ihm hingeben muß. Geschlechtlichkeit fordert Prostitution — Preisgabe. Die Preisgabe darf nicht mißverstanden werden. Der Mensch, der sich preisgibt, gibt sich nicht um einen Preis.

Das Individuum, der unteilbar einzelne, ist ein Teil ‚des Menschen‘, wie auch sein subjektiver Geschlechtswunsch nur ein Teil der Geschlechtlichkeit ist. Angst und Ekel vor dem Geschlechtlichen entstehen auch aus dem individuellen Wunsch, einmalig bleiben zu wollen — als Zeichen gestörter Partnerschaft. Geschlechtlichkeit fordert die Aufgabe des Individuums zu gegenseitigem Bezug. Individualismus ist lebens- und geschlechtsfeindlich. Der geschlechtliche Mensch kann in dieser Welt nicht ausschließlich Individuum sein. Er kann nicht beziehungslos leben. Beziehungsloses Individuum ist der Mensch erst im Tod — oder wenn er, wie ein Schizophrener, als Subjekt-Objekt-Einheit lebt. Der gesunde Mensch ist ein ständig neu und anders bezogenes Wesen. Er ist, entsprechend seinen unterscheidbaren Bezogenheiten, teilbares Wesen, das als Kind, Sohn oder Tochter der Eltern, der Mutter oder des Vaters, als Mann oder Frau, Ehepartner oder Vater und Mutter, Geschäftsmann, Deutscher, Katholik oder Evangelischer, Europäer oder Weltbürger lebt. Die Vorstellung von dem Menschen als einmaligem Individuum ist in der Entwicklung zum Menschen eine Durchgangsstufe. Sie ist zutreffend, wenn der Mensch als Kind gestorben ist und sich aus dem abhängigen Wesen zu einem selbständigen Mann oder zu einem selbständigen Weib entwickelt hat. Dieser Entwicklungsstufe folgt, auf der nächsten Stufe, die Vorstellung des Menschen als einem sozialen Wesen. Noch eine Stufe weiter bildet sich die Vorstellung des Menschen als einem dialogischen Wesen, des Menschen als Paar. —

Wie geht das Leben — im Märchen — weiter, wenn das Mädchen weder ein Kind bleiben darf noch allein — als Individuum — sein Leben verschlafen soll?

„Prinzen, die von dem schönen Dornröschen gehört hatten, kamen und wollten es befreien, aber sie konnten durch die Hecke nicht hindurchdringen, es war als hielten sich die Dornen fest wie an Händen zusammen, und sie blieben darin hängen und kamen jämmerlich um."

So mancher Jüngling kommt in der Dornenhecke um, die das Mädchen um sich errichtet hat und hinter der es, seine Kindheit bewahrend, schläft. —

Bei Salisbury in England gibt es eine alte Kultstätte, in der die Geschichte des Dornröschen zu Stein geworden sichtbar wird. Inmitten eines Steingeheges — Stonehenge — ruht ein Fels. Einmal im Jahr, bei dem höchsten Stand der Sonne, in der Hoch-Zeit des Jahres, fällt am 21. Juni der erste Sonnenstrahl am Morgen auf diesen Fels. In Stonehenge muß die zu Fels erstarrte Erde, inmitten des sie umgebenden Steingeheges, warten bis die Zeit erfüllt ist, daß es Hochzeit zwischen Himmel und Erde werde. Sie muß warten wie das Dornröschen inmitten der Dornenhecke — oder wie Brünhilde inmitten der sie umgebenden Schilde und der Waberlohe — bis sie von dem Helden erlöst werden. Dann wird Hochzeit — Vermählung von oben und unten, zwischen Geist und Leib, zwischen Isolierungs- und Kommunions-Tendenzen und zwischen Rechts und Links gefeiert — zum Bild des Menschen, der ein Paar werden will.

Das Ziel der Aufklärung ist es, den Dialog einleuchtend zu machen. Der Aufklärende muß von Entsprechungen ausgehen. Er darf nicht dabei stehenbleiben. Das Kind und der Mensch, der ausschließlich in Entsprechungen denken möchte, verschläft seine Zeit. Die Begriffe müssen folgen. Der Mensch, der sich allein an das Begreifbare hält, wird seinen Partner nur als Objekt erfahren und erkennen. Er wird in den Dornen hängenbleiben, die das Individuum um sich wachsen läßt, damit es allein bleiben kann.

„,Das soll mich nicht schrecken, sagte der Königssohn, ich will durch die Hecke dringen und das schöne Dornröschen befreien'; da ging er fort, und wie er zu der Dornenhecke kam, waren es lauter Blumen, die thaten sich voneinander, und hinter ihm wurden es wieder Dornen. Da kam er ins Schloß ..."

Dem Jüngling, der sich nicht schrecken läßt — und der zur rechten Zeit kommt — öffnet sich die Hecke, und die Rosen blühen ihm entgegen. Jetzt schließt sich die Hecke hinter dem Paar.

„da kam er endlich in den alten Thurm, da lag Dornröschen und schlief. Da war der Königssohn so erstaunt über ihre Schönheit, daß er sich bückte und sie küßte, und in dem Augenblick wachte sie auf."

Das Leben des Menschen wird veranlaßt durch Geschlechtlichkeit. Es vollzieht sich in ständigem Schuldigwerden in Raum und Zeit. Es kann zu einem Leben aus gemeinsamer Verantwortlichkeit führen. Darin muß nicht jede Schuld ent-schuldigt oder gesühnt werden. Verantwortlichkeit übernehmen bedeutet, Schuld auf sich nehmen können, die niemand wieder abnimmt.

Dem Menschen erwächst aus seiner dreiteiligen Geschlechtlichkeit letzte Verantwortlichkeit. Darin sind Schuld und Unschuld, Gebundenheit und Ungebundenheit, Verpflichtung und Freiheit unübersehbar verknüpft, wie die Fäden in dem aufgespindelten Garn. Der verantwortliche Mensch läßt sich ebensowenig schrecken wie der Königssohn, dem man gesagt hat,

„daß sonst viele Prinzen gekommen wären und hätten hindurchdringen wollen, sie wären aber in den Dornen hängengeblieben und todtgestochen worden."

Der Königssohn läßt sich davon nicht abhalten — dem anderen zu begegnen; und

„da ward die Hochzeit von dem Königssohn mit Dornröschen gefeiert, und sie lebten vergnügt bis an ihr Ende."

Das Ziel der Geschlechtlichkeit ist nicht der Wunsch zu einer Lustbefriedigung des einzelnen, dem ein Partner als Objekt dient. Ziel ist auch nicht die Beziehung des Paares, bei dem jeder dem anderen zum Objekt werden kann. Ziel ist auch nicht das Produkt aus der geschlechtlichen Begegnung — das Kind. Das Ziel der geschlechtlichen Kraft ist die Begegnung zweier Subjekte, die sich in gemeinsamem Zeit-Geist finden, zu neuer Schöpfung.

In dem Ziel der Geschlechtlichkeit wird ‚der Mensch' zu einem Schöpfer. Seine Schöpfung geschieht in einer ‚Geist-Zeit', auch wenn der Mensch nicht wie ein Gott das Zukünftige wie das Vergangene überschauen kann. Will ein Mensch wie Gott sein, ergeht es ihm wie dem ‚Fischer und siner Fru‘. Er endet in dem gleichen Pißpott, in dem er zuerst lernen sollte, sich verantwortlich ‚auszudrücken‘.

Da liegt die dritte Quelle seiner Angst — verantwortlicher Creator sein zu dürfen, ohne wie ein Gott sein zu können. Das Kind des schöpferischen Menschen kann Verbrecher oder Heiliger werden. Es kann vernichten oder erlösen. Der Mensch weiß es nicht im voraus. Es ekelt den Menschen, daß er verantwortlich sein soll, ohne die Fülle überschauen zu können, wofür er verantwortlich sein wird. Diese Einschränkung erlebt er als Angst. Die Angst und der Ekel vor dem Geschlechtlichen kann auch aus der letzten menschlichen Verantwortlichkeit entstehen.

Die Aufklärung und die Erziehung zu einer Verantwortlichkeit kann weder mit ‚schlagenden Beweisen‘ noch durch das Verstecken der Spindeln erreicht werden.

Das Ziel der Aufklärung ist es, die drei Seinsweisen der Geschlechtlichkeit einleuchtend zu machen. Auf jeder Entwicklungsstufe werden dazu andere Mittel notwendig sein: Zuerst sind analogische Bilder zutreffend, in denen sich die Gegensätze ergänzen. Es folgen katalogische Begriffe, in denen die Wirkungen aus Ursachen verständlich werden können. Als letztes dienen die dialogischen Symbole zur Einsicht, daß analogische Entsprechungen und katalogische Folgen zusammenfallen.

Jede der drei Denkweisen hat die ihr gemäße Gültigkeit. Jede ist der anderen gleich wert. Keine ist ohne die andere, letzten Endes, richtig. Die drei Denkweisen haben eine gleiche Gültigkeit wie das zum Weib herangewachsene Mädchen, der zum Mann herangewachsene Jüngling und wie die Begegnung der beiden, aus der ein Neues — das Kind — verantwortet werden kann.

Hans Dieckmann, Märchen und Träume als Helfer des Menschen, Stuttgart, Adolf Bonz Verlag, 1966, S. 10–37.

DIE SYMBOLISCHE SPRACHE DES MÄRCHENS

Von Hans Dieckmann

„Es war einmal", so beginnen bei uns die meisten Märchen, und dann führen sie uns weit zurück in eine ferne, längst vergangene Zeit, in der sonderbare Dinge geschehen — unmöglich für die rationale Vernunft —, in der Ungeheuer existieren und Hexen, Feen und Zauberer oder sprechende Tiere. Es ist eine Welt voller Wunder, in der aus einem Schweinehirten ein König wird, aus einem Aschenputtel eine Prinzessin, in der man das Wasser des Lebens finden kann, eine Lampe, die alle Schätze der Erde herbeizaubert, einen Ring, mit dem man die Welt beherrscht, oder ein Pferd, mit dem man fliegen kann. Es gibt kaum einen unter uns, der nicht mit diesen Geschichten aufgewachsen ist, für den sie nicht das früheste und erste Erlebnis seiner Begegnung mit der schöpferisch gestaltenden Phantasie unserer Kultur waren.

So sehr, wie wir als Kinder an diesen Geschichten gehangen, sie immer wieder gehört und gelesen haben, so abwertend legen wir sie in der Regel im späteren Alter beiseite. Das Wort „nur ein Märchen" bekommt dann oft einen negativen Akzent von Phantasterei oder gar von Schwindel. Kaum einer von unseren Durchschnittserwachsenen würde heute wohl das Interesse und die Ruhe des Königs Schahrirar aufbringen, über tausend und eine Nacht den Geschichten einer Schehersad zu lauschen, obwohl das diesem König doch sehr gut bekommen zu sein scheint; denn was er längst verloren glaubte, Liebe, Vertrauen und menschliche Beziehung, das fand er auf diesem Wege wieder. „O König. Solche Legenden sind voller geheimer Bedeutung, die nur die Eingeweihten wissen", so sagt Schehersad am Ende eines erzählten Märchens. Wir aber wissen davon meist nichts mehr oder nur sehr wenig.

Auch in unserem Leben, in unserer Wirklichkeit gibt es dieses „Es war einmal". Jeder von uns hat eine Zeit gehabt, in der fast täglich neue und verwunderbare Dinge geschahen. Überlegen wir uns nur, daß alles, was dem Erwachsenen selbstverständlich und alltäglich ist, früher irgendwann vom Kind neu entdeckt und erworben werden mußte, welch unendliche Zahl solcher Neuerwerbungen in der Kindheit geleistet wurden, dann ist dies alles ein „wunderbares Geschehen". Kaum einer von uns wird sich noch in das Gefühl hineinversetzen können, das ihn erfüllte, als er die ersten Schritte aufrecht lief; aber die meisten werden wohl noch wissen, wie es war, als sie das erstemal schwimmen oder Fahrrad fahren konnten. Überall, wo der Mensch in etwas Neues übergreift, etwas bisher nicht Gekanntes oder Gekonntes sich zu eigen macht, geschieht etwas Ähnliches wie der Übergang des Märchenhelden aus der Alltagswelt in ein verzaubertes, unbekanntes magisches Reich, das erlöst werden muß, oder aus dem ein Wert, der die alltägliche Existenz erhöht, zu holen ist. Die Hexen und Ungeheuer sind dann unsere eigenen personifizierten Ängste und Ungeschicklichkeiten, mit denen wir zu kämpfen haben; die hilfreichen Tiere und die Feen sind die uns noch nicht bekannten Fähigkeiten und Möglichkeiten, die uns in solchen Situationen zuwachsen können. So wird auf einer anderen Ebene das, was im Märchen Bild oder Phantasie ist, zur Wirklichkeit.

Diese immer lebendigen Neuerwerbungen und Neuschöpfungen, die in der Kindheit des Menschen in so dichter Folge vorkommen, daß man das Kind getrost als polymorph genial bezeichnen könnte, hören aber in einem gesund bewegten Ablauf eines Lebens niemals ganz auf. Sofern der Mensch nicht in einer leeren Routine erstarrt, was allerdings leider nur allzu oft der Fall ist, geschieht es uns immer wieder, daß wir ein Märchen erleben und daß das „Wunderbare" in unser Leben eintritt als das Neue und bisher ganz Unbekannte. Es gibt in jedem menschlichen Dasein große, allgemeingültige Stationen des Lebensprozesses, an denen derartiges geschehen muß: Jeder Mensch erfährt nach einer Phase kleinkindhafter Angewiesenheit auf die Mutter die erste Verselbständigung und Loslösung in der Trotzphase; jeder auch das Erwachen der Sexualität in der Pubertät und die Notwendigkeit der Beziehung zum anderen Geschlecht. An jeden tritt die Problematik der Lebensmitte heran, wenn das Leben absteigt und mehr in die Tiefe

als in die Breite gehen sollte, und jeder endet im Tode mit seinem
Problem des Übergangs in eine andere Welt oder eine andere
Existenzform, von der wir nichts mehr wissen.

Wenn wir solchen neuen und oft beängstigenden Situationen
gegenüberstehen, dann versuchen wir zunächst, uns ein Bild zu
machen, ein Bild der Möglichkeiten, wie es sein könnte, wie wir
sie bewältigen könnten, welche Aufgaben zu lösen und welche Gefahren zu bestehen sind. An dieser Stelle können uns die kollektiv
tradierten Bilder helfen, die, wenn wir sie richtig verstehen, in
ihren Symbolen etwas darüber aussagen, wie der Mensch es immer
schon gemacht hat oder hat machen können. Die Sprache dieser
Bilder ist vielschichtig und eigentlich unergründlich wie jedes echte
Symbol, wie jeder spontan entstandene Bedeutungsträger, der die
Vergegenwärtigung von Inhalten erlaubt, die auf andere Weise
nicht darzustellen sind. So kann auch das Verständnis eines Märchens vielschichtig sein. Auch das Psychologische ist nur ein Teil
der möglichen Inhalte, und in jeder Lebensphase läßt sich ein
Symbol mit einem anderen zusätzlichen konkreten Inhalt erfüllen.
Es gewinnt so eine neue und vertiefte Bedeutung und Verständnis-
erweiterung.

Sehen wir uns einmal an, wie sich das an einem bestimmten Mär-
chen verstehen läßt! Als Beispiel wollen wir das Märchen von dem
in eine Schlange verzauberten oder gar als Schlange geborenen
Prinzen nehmen, der durch die Liebe eines Mädchens erlöst wird.
Dieses Märchen gibt es in unserem Kulturraum in verschiedenen
Variationen, u. a. in den deutschen Märchen seit Grimm (1), als
schwedisches (2), als albanisches Märchen (3) und als griechisches
Inselmärchen (4). In der letzten Fassung will ich es hier erzählen:

Es war einmal ein Kaufmann, der hatte drei Töchter. Als er
eines Tages auf Reisen ging, fragte er sie, was er ihnen mitbringen
solle. Die Älteste wünschte sich einen Unterrock, die Zweite
Schmuck und die Jüngste nichts als ein paar Rosen, die gerade jetzt
auf dem Markte wohlfeil wären. Der Kaufmann wickelte seine
Geschäfte ab und besorgte die Geschenke für die Töchter. Auf dem
Heimweg aber geriet er in einen Hagelsturm, der ihm den Rosenstrauß zerschlug; schließlich fand er Obdach in einem verlassenen
Schloß. Dort standen Speisen auf dem Tisch, von denen er aß, und

am Tor stand ein Rosenbusch, von dem er einen neuen Strauß für seine Tochter pflückte. In diesem Moment erschien eine Schlange und verlangte von ihm, daß er als Gegenwert für ihre liebsten Rosen seine jüngste Tochter zu ihr herbrächte. Der verängstigte Kaufmann versprach es und erzählte weinend zu Hause sein Unglück. Die jüngste, sehr verständnisvolle Tochter begab sich daraufhin widerspruchslos zur Schlange, obgleich die älteren Schwestern sie verhöhnten und mit Schmähreden bedachten, weil sie nicht die gleichen Wünsche nach Schmuck und Kleidung gehabt hatte. Die Schlange nun setzte sich jedesmal, wenn das Mädchen bei ihr am Tische aß, auf dessen Schoß und fragte: „Nimmst du mich zum Manne, Liebste?" Aber das Mädchen antwortete immer: „Ich habe Angst vor dir." Eines Tages nun fand das Mädchen einen Spiegel, in dem sich die ganze Welt spiegelte, und sie sah darin ihren Vater krank vor Kummer über die Trennung von ihr zu Bett liegen. Sie bat um einen Urlaub, und die Schlange gewährte ihr eine Frist von einunddreißig Tagen. Bliebe sie nur einen einzigen Tag länger, so müsse sie, die Schlange, sterben. Durch einen Ring, den das Mädchen in den Mund nahm, wurde sie dann in das Haus ihres Vaters zurückversetzt, der bei ihrem Erscheinen sofort wieder gesund wurde. Als sie ihm von ihrem Leben bei der Schlange erzählte, riet ihr der Vater, auf die Frage der Schlange doch einmal zu antworten, daß sie sie zum Manne nehmen wolle. Trotz des gegenteiligen Rats der Schwestern, sich der Schlange durch einen Verbleib im Vaterhaus über die gegebene Frist hinaus zu entledigen, kehrte das Mädchen pünktlich zurück. Die Schlange begrüßte sie freudig, und als sie das Mädchen nun wieder fragte: „Willst du mich zum Manne, Liebste?" antwortete das Mädchen mit Ja. Da warf die Schlange ihre Haut ab. Ein junger, schöner Königssohn stand vor ihr, und der Palast bevölkerte sich mit Dienern und Leuten. Der Prinz erzählte dem Mädchen, daß er zur Strafe für die Verführung einer Waise in eine Schlange verwandelt worden sei, bis sich ein Mädchen fände, das ihn heiratete. Sie ließen nun den Vater und die Schwestern holen. Da aber die letzteren ganz gelb vor Neid waren und voller Bosheit, verwandelte sie der Prinz, der gelernt hatte, Gut und Böse zu unterscheiden, in zwei Krähen. Diese Gestalt sollten sie behalten, bis sie sich von ihren bösen Wünschen gereinigt hätten. Der Prinz und sein Mädchen aber feierten Hochzeit und machten den Vater zum Minister.

Eine psychologische Deutung kann nun davon ausgehen, daß alle in dem Märchen vorkommenden Personen, Handlungen, Tiere, Orte und Symbole innerseelische Regungen, Impulse, Haltungen, Erlebnisweisen und Strebungen darstellen. Das Märchen ist gewissermaßen ein Traum, der, wie Jung sagt, „jenes Theater ist, wo der Träumer Szene, Spieler, Souffleur, Regisseur, Autor, Publikum und Kritiker ist" (5). Der Unterschied zu einem der üblichen Träume unserer Nächte besteht allerdings darin, daß das Märchen nur kollektive Elemente enthält und nichts mit der Fülle unserer persönlichen Alltagswünsche, Sorgen und Bedürfnisse zu tun hat. Wir finden in ihm also nur die typischen, allgemeingültigen oder möglichen Formen seelischer Erlebnisweisen.

Gerade aus diesem Grunde ist es auch möglich, ein Märchen jeweils bei der Deutung nach der männlichen oder weiblichen Psychologie aufzulösen (6) wie auch in die Probleme der verschiedenen Lebensalter einzusetzen. Es steht dem Zuhörer, je nach seinen eigenen Gegebenheiten, offen, sich mit der männlichen oder weiblichen Hauptfigur der Erzählung zu identifizieren, die dann in der gleichen Weise erlebt und handelt wie das Ich im Traum. Natürlich gibt es Märchen — und das ist fast die Regel —, die mehr eine Interpretation nach der einen Seite hin nahelegen. Bei dem hier erzählten Schlangenmärchen ist die jüngste Tochter die aktiv handelnde, erleidende und die Erlösung vollbringende Figur. Es liegt also nahe, das Märchen als Darstellung eines weiblichen Problems aufzufassen. Das schließt aber keineswegs die andere Möglichkeit aus; denn grundsätzlich kann sich der Zuhörer auch mit dem verzauberten Prinzen oder dem Vater identifizieren und das Märchen von der männlichen Psychologie her verstehen. Ich will nun im folgenden versuchen, eine solche Deutungsmöglichkeit in ihren verschiedenen Variationen aufzuzeigen.

Es ist nicht der Sinn dieses Buches, ein einzelnes Märchen in allen seinen psychologischen Feinheiten und Tiefen zu durchleuchten und zu deuten. Wer das sucht, sei auf die Arbeiten von H. v. Beit (7), M. L. v. Franz (6), Laiblin (8 u. 9) oder A. Jaffé (10), um nur einige zu nennen, hingewiesen. Es soll hier nur in großen Zügen auf die Zusammenhänge aufmerksam gemacht werden, um Verständnismöglichkeiten zu eröffnen und zu weiteren eigenen Gedanken anzuregen.

So finden wir bei einem Überblick über unser Märchen von der Schlange etwas für sehr viele Märchen Charakteristisches im Hinblick auf die Orte des Geschehens. Da gibt es immer zwei Welten: die eine Welt des völlig Natürlichen, Normalen und üblichen Erlebens. In dieser lebt ein Handelsmann mit seiner Familie zusammen, bzw. mit seinen Töchtern, denn von einer Mutter hören wir nichts. Er macht seine Geschäftsreisen, von denen er die noch heute üblichen Mitbringsel nach Hause trägt. In die zweite Welt gerät er dann ganz unversehens auf dem Heimweg. Jetzt ist es eine magische Welt, eine Welt, in der eine sprechende Schlange existiert, die zudem noch wie ein Mensch in einem großen Hause wohnt, und die einen Zauberspiegel besitzt, in dem man die ganze Welt sehen kann. Sie kann auch mühelos mit Hilfe eines Wunschringes die Tochter von einem Ort an den anderen versetzen und ist selbst nachher in Wirklichkeit keine Schlange, sondern ein verzauberter Prinz.

Würde man diese zwei Welten nun in das Innere der Seele versetzen, dann entspräche der erste Bereich, in dem das Normale und Übliche abläuft, unserem Bewußtsein. Die zweite, phantastische Region ist unserem Unbewußten gleichzusetzen, jenem Bereich, aus dem die Träume und Phantasien kommen, in denen bekanntlich auch alles möglich ist, was sonst unmöglich erscheint. Bewußtsein und Unbewußtes — das sind die beiden großen Gegensätze, in denen sich das Märchen abspielt, und zwischen denen das Märchen eine Beziehung herzustellen sucht. Das Unbewußte kann in vielen Variationen dabei auftauchen. Erinnern wir uns, wie viele Möglichkeiten das Märchen findet: Sei es der verzauberte Palast wie in diesem Märchen, oder die Welt der Frau Holle unter der Erde, die Himmelfahrt des Marienkindes, der Wald und das Hexenhaus in „Hänsel und Gretel", oder die Höhle mit dem Drachen oder einem anderen Untier, die Welt unter dem Meer, der See oder Brunnen.

Deutung des Märchens als weibliches Pubertätsproblem

Versuchen wir nun zunächst einmal, den eigentlichen Kern der Handlung von der weiblichen Psyche her zu verstehen. Es geschieht ja hier etwas durchaus ähnliches wie in dem allgemein bekannten Märchen der Brüder Grimm vom Froschkönig (11):

Ein junges Mädchen, das bisher wohlbehütet im Elternhaus aufgewachsen ist, wird auf einmal durch eine scheinbar zufällige Schicksalskonstellation genötigt, eine meist ekelerregende, unangenehme und im Falle der Schlange sogar sehr gefährliche Wesenheit zu akzeptieren, mit ihr zusammenzuleben, gemeinsam zu essen und sie schließlich sogar in ihr Bett zu nehmen und zu heiraten.

In beiden Märchen ist das Motiv der liebenden Annahme eines Kaltblüterwesens enthalten. Gerade aber durch diese Annahme, auch in letzter Konsequenz und in einer innigsten Verbindung des Ich mit diesem Unbekannten, erfolgt ein Wandlungsgeschehen. Aus dem niedrigen, unangenehm gefährlichen Kaltblüter schält sich ein Stück gesunder Aktivität heraus, und ein ganzer Bereich der Seele, der unter Bann und Verzauberung gelegen hat, blüht wieder auf und verlebendigt sich zu geschäftigem Leben.

Die Schlange ist ein außerordentlich vieldeutiges Symbol, das in der Mythologie, in der religiösen Symbolik oder in der von Kult und Ritus in den verschiedensten Beziehungsbildungen und Bedeutungen auftritt. Es reicht von der Schlange des Paradieses über die Midgardschlange der germanischen Mythologie bis zur Aeskulapschlange Griechenlands oder der Hydra. Da gibt es die eherne Schlange bei Moses, die zutiefst verehrungswürdig ist, oder die bösartig gefährlichen Schlangenhäupter der Gorgonen in der griechischen Mythologie. Über die ganze Erde verstreut taucht dieses Symbol immer wieder unter dem Aspekt hoher Bedeutsamkeit auf und wird mit den verschiedensten Inhalten erfüllt. Es handelt sich hier offensichtlich um ein Stück unbewußter Naturkraft, das weder gut noch böse ist, wie die Natur selbst, und auf einer noch undifferenzierten, jeder persönlichen Beziehung fremden Stufe des Kaltblüterdaseins steht.

Einem solchen Stück Natur entspricht in der Seele des Menschen der Triebgrund und die natürliche, an sich gesunde, aber noch undifferenzierte und unpersönliche Triebhaftigkeit. Die Bildersprache unserer Schlangenmärchen legt nun zunächst nahe, diese Triebhaftigkeit mit der in der Pubertät auftauchenden Sexualität und mit der Entwicklung der Liebesbeziehung zwischen Mann und Frau zu identifizieren. Es gibt im Märchen dafür folgende Hinweise: Einmal die im heiratsfähigen Alter stehende Tochter, dann die Bitte der Schlange, zum Mann genommen zu werden. Hierbei kann man auch an die sehr charakteristische phallische Bedeutung der Schlange selbst denken, die sich wie das Glied aufzurichten vermag. Schließlich ist da noch der Abschluß des Märchens mit der Heirat zwischen Mädchen und Prinz, und endlich noch der Grund der Verwünschung des Prinzen, der in einem sexuellen Vergehen liegt. So kann hier die Schlange und ihr ganzer Bereich Symbol für die in der Pubertät auftauchenden sexuellen Regungen und Bedürfnisse in der Psyche der Frau stehen, und das Märchen zeigt einen Weg, das zunächst völlig Rätselhafte und Unbekannte, ja, das als gefährlich und ekelhaft Erscheinende, das da aus der Tiefe der eigenen Natur auftaucht, anzunehmen und zu gestalten. Über Jahrhunderte, ja Jahrtausende hindurch sind in unserer Kultur die Frauen so erzogen worden, daß bis zur Heirat alles, was mit Sexualität und Erotik zusammenhängt, schmutzig und häßlich sei und verdrängt und unterdrückt werden müsse. Mit dem Eintritt in die Ehe sollte dann dieses gleiche, vorher ganz Schlechte, nun auf einmal das ganz Gute und ganz Schöne werden, was letztlich genauso schwer verständlich und verwunderbar ist, wie die Verwandlung einer Schlange in einen Jüngling. Genau wie im Märchen wird es dann in der Wirklichkeit auch der Vater sein können, der dem Mädchen rät, seine Sexualität anzunehmen und zu leben. Hierbei tritt der Vater im innerseelischen Bereich an die Stelle der kollektiv tradierten Bewußtseinseinstellung, die dem Menschen vorschreibt, welche Schritte in bestimmten Situationen zu vollziehen sind. Er braucht nicht einmal als persönlicher Vater so zu handeln oder überhaupt vorhanden zu sein. Gelingt dieser Vorgang, dann tritt tatsächlich innerhalb der Psyche eine „Erlösung" ein, und ein breites, vorher nicht verfügbares Gebiet des Erlebens wird neu erschlossen.

Deutung des Märchens als ein Kindheitsproblem

Man wird der Mannigfaltigkeit eines solchen kollektiven dynamischen Bildgeschehens nicht gerecht, wenn man ein so vielseitiges Symbol der Schlange nur mit *einer* Bedeutung, der der Sexualität und Erotik, erfüllt. Schließlich erzählt man Märchen auch heute noch vorwiegend Kindern, und auch für diese muß eine greifbare Bedeutung darin liegen. Obwohl wir seit Freud wissen, daß auch das Kind eine Sexualität und sexuelle Probleme besitzt, ist dessen Streben nach erotischer Lusterfüllung noch ganz anders als das, was später in der Pubertät auftaucht.

Denken wir dagegen an die bereits anfänglich erwähnte Trotzphase, so läßt sich zwanglos ein gleichartiges Verstehen der im Märchen sich abspielenden Vorgänge aufbauen: Dem psychischen Komplex, der sich als Trotz äußert, entspricht im Märchen die Schlange. Das Mädchen erfüllt zunächst den Wunsch der Schlange nicht, wehrt sich gegen ihn, wie sich auch ein Kind gegen seine aggressiven Impulse zu wehren pflegt, und lehnt ihn ab. Erst als der Vater dazu rät, kann das Mädchen zu dem Wunsch der Schlange Ja sagen.

Auch die aufsteigende Affektivität und Aggressivität der Trotzphase ist gut und böse gleichzeitig. Ein kleines Mädchen, das trotzig und bockig wird und gerade das nicht tut, was man von ihm will, wird zunächst von der Mutter Verurteilung und Schimpfe erleben, womit das auftauchende Aggressionsstreben auch für das Kind als böse klassifiziert wird. Dessenungeachtet enthält der Trotz etwas Gutes und Wertvolles, da er die erste Regung einer Verselbständigung und Ablösung von der Mutter enthält, einen Reifungsschritt, der auch von der Tradition der Kultur (an dieser Stelle steht im Märchen wieder der Vater) gefordert wird.

Wir wissen heute, daß der Mensch nicht nur im körperlichen, sondern auch im seelischen Bereich die Merkmale beider Geschlechter besitzt, das heißt, daß sowohl Mann als Frau gegengeschlechtliche Hormone haben, und ebenso beide männliche und weibliche Qualitäten und Eigenschaften. So werden, was mit der Umgangssprache nicht immer identisch ist, in der Psychologie das aktivdynamische Prinzip als männlich, das passiv-rezeptive und statische

Prinzip als weiblich bezeichnet. Sie treten auch unter einer entsprechenden Symbolik in den Träumen auf. Schlange und Prinz unseres Märchens entsprechen so in weitestem Sinne einer aktiv-dynamischen Naturkraft, die aus einem weitgehend unbewußten und „kaltblütigen" Zustand der Vermenschlichung und Bewußtheit erlöst werden sollten.

Die in der Trotzphase auftretende Aggressivität des Kindes gegen die Autoritätspersonen, insbesondere gegen die Mutter, wird zunächst von dem Kind selbst als fremdartig und nicht zur eigenen Psyche gehörig erlebt. Es wird gewissermaßen von der eigenen aggressiven Regung überfallen. So kommt es häufig vor, daß das Kind beim Abklingen des Zornes den „Bock"[1] regelrecht personifiziert und sich seiner entledigt, ihn zum Beispiel in den Mülleimer oder aus dem Fenster wirft. Ein mir bekanntes Kind tat ihn immer in die Toilette und spülte sicherheitshalber hinterher. Erst allmählich lernt das Kind, diese ungezielte und chaotische Wut zu beherrschen und in den Bereich der Psyche einzugliedern. Aus dem, was zunächst wilder Trotz war, können dann wertvolle Charaktereigenschaften werden: Ein Stück Selbständigkeit, produktive Aktivität und Eigenständigkeit. Das kann aber nur dann ungestört vor sich gehen, wenn das Bewußtsein diese Kräfte nicht nur ablehnt, unterdrückt oder verdrängt, sondern, um nun wieder in der Sprache unserer Märchenbilder zu reden, mit ihnen zusammenlebt, sie akzeptiert und sich schließlich positiv bejahend mit ihnen vereinigen kann, eine Vereinigung, die durch Erlösung und Hochzeit symbolisiert wird.

Die Rolle des Märchens im Leben des Erwachsenen

Erkennen wir das Motiv des in der Tiernatur verborgenen Prinzen so auf einer weiteren Ebene, dann wird der Weg frei, diesem Geschehen eine größere Allgemeingültigkeit zu geben und es innerhalb verschiedener Reifungsstufen zu verstehen. Wir werden so der Vieldeutigkeit und Vielschichtigkeit dieser aus der menschlichen

---

[1] Der Bock ist ja auch ein aggressiv männliches Tier.

Kollektivpsyche heraus entstandenen symbolischen Gestaltung und seiner Attraktionskraft auf Menschen verschiedener Art und unterschiedlichen Alters eher gerecht. Märchen sind bekanntlich nicht nur für Kinder da; auch viele Erwachsene werden, wenn dies auch in unserer auf das Rationale hin gerichteten Kultur seltener geworden ist, von ihnen angezogen und ahnen in ihnen einen tieferen Sinn. Viele unserer großen Dichter, die als Künstler den Gestaltungen des Unbewußten besonders nahestehen, haben sich mit dem Märchen beschäftigt und selbst Märchen geschrieben, wie Goethe, Brentano, Tieck, E. T. A. Hoffmann, um nur einige wenige der allgemein bekannten zu nennen. Auch Shakespeares „Sommernachtstraum" ist ein Märchen.

Weit mehr verbreitet als bei uns ist das Märchen als Bestandteil des Erwachsenenlebens im Orient. Bis in die heutige Zeit entspricht sein Stellenwert etwa dem, was von der Leyen (12) über die Sammlung von „Tausendundeiner Nacht" sagt:

„... die Liebe und der Glaube an diese Geschichten ist etwas Unbedingtes. Diese Erzählungen können den, der sie hört, vor Unheil bewahren; durch Geschichten retten oder fristen Verurteilte ihr Leben, sie sind die größte und reinste Freude der Monarchen und erleichtern ihnen die Schwere ihres Berufes, und der geringste Lastträger will lieber von allem irdischen Glück ausgeschlossen sein, als eine dieser Erzählungen vermissen. In einem indischen Märchen wird ein Erzähler, weil er eine Geschichte unterbrach und nicht zu Ende führte, von den zuhörenden, empörten Geistern mit drei furchtbaren, lebensgefährlichen Strafen bedroht. Im Arabischen wird eine Reise nach einem Märchen unternommen, es wird teurer bezahlt als die kostbarsten Edelsteine. Wenn eine Geschichte bevorsteht, ist keiner, der sich etwa fortschleicht, auch Geister schütteln sich vor Freude, wenn sie ein Märchen hören dürfen. Jedes soll wunderbar und seltsam sein, und eine bekannte Wendung lautet: ‚Meine Geschichte ist so, daß, würde sie mit Sticheln in die Augenwinkel gestichelt, sie eine Warnung wäre für jeden, der sich warnen ließe.' Wie kritisch, wie gefahrdrohend, wie dringend zum raschen Handeln eine Lage auch sein mag, für eine Geschichte vergißt der Araber das ganze andere Leben, seine ganze Gefahr und seine ganze Ehre."

Hier handelt es sich also nicht um Kinder, sondern um Erwachsene. Noch heute kann man im Orient dem berufsmäßigen Märchenerzähler begegnen. Ich hatte selbst einmal Gelegenheit, in einer abgelegenen Ortschaft im Rifgebirge einen solchen Mann zu beobachten. Seine einzigen Requisiten waren eine alte Apfelsinenkiste und ein Stab, mit denen er aber so plastisch arbeitete, daß aus der Kiste je nach Bedarf ein Haus, ein Schloß, eine Höhle, aus dem Stab ein Prinz, eine Prinzessin oder eine Schlange wurde. Obwohl er arabisch sprach, und wir kein Wort verstehen konnten, glaubten wir doch, den Sinn der Geschichte zu erfassen. Die Zuhörer, die gebannt und fasziniert seiner Erzählung lauschten, waren fast ausnahmslos Erwachsene. Über Mangel an Publikum konnte er sich gewiß nicht beklagen; denn er war immer von einem dichten Kreis von Menschen umlagert.

Für das Phantasieerleben dieser Menschen war das Märchen noch immer ein bewußter, lebendiger Anteil. Dieses galt im Orient auch keineswegs nur zur Unterhaltung, sondern einige der großen orientalischen Märchensammlungen, wie z. B. die indische Pantschatantra (13) oder das türkische Papageienbuch (14) wurden als Regentenspiegel zur Erziehung junger Prinzen benutzt. Das erste ist laut seiner Rahmenerzählung sogar ausdrücklich zu diesem Zweck geschrieben worden:

Es wird hier erzählt, daß in der Stadt Mahilaropja im Dekkahn einst ein weiser König namens Amaraschakti herrschte. Dieser hatte drei völlig unbegabte Söhne. Als er nun sah, daß sie zur Staatswissenschaft kein Geschick zeigten, berief der König seine Minister und pflog mit ihnen Rat: „Es ist euch ja bekannt, daß diese meine Söhne gänzlich unbegabt sind. Wie könnte man es also bewerkstelligen, ihren Verstand zu wecken?" Da sprachen einige der Minister: „Majestät, zwölf Jahre dauert bekanntlich das Studium der Grammatik; hat man diese mit Mühe gemeistert, so muß man weiter die Wissenschaften der Religion, Staatsweisheit und Liebeskunst studieren. Das alles ist für den Klugen schon schwer genug, um wieviel mehr für jemand, der trägen Verstandes ist? Für einen solchen Fall ist der Beste der Brahmane Wischnuscharman, ein gründlicher Kenner aller Lehrbücher der Staatskunst, von dessen Ruhm zahlreiche Schüler künden." Wischnuscharman wurde also an den Hof des Königs geholt und erklärte sich bereit, die Prinzen binnen sechs Monaten zu Meistern der Staatskunst zu machen. Als der König dieses kaum glaubliche Versprechen des Brahmanen vernahm, war er ebenso wie die Minister erstaunt und erfreut, und ehrerbietig übergab er die Prinzen Wischnuscharman. Dieser aber ging daran, ihnen die Wissenschaft der Staatskunst durch das Erzählen von Fabeln beizubringen, und dazu verfaßte er die fünf Bücher, genannt Pantschatantra: „Entzweiung von Freunden", „Gewinnung von Freunden", „Der Krieg der Krähen und der Eulen", „Des schon Gewonnenen Verlust" und „Vorschnelles Handeln". Jedes dieser fünf Bücher enthält hierbei wieder innerhalb einer eigenen Rahmenerzählung eine Reihe von Fabeln. Das Pantschatantra enthält vorwiegend Tierfabeln, und in jeder liegt eine nützliche Lehre, die unaufdringlich in die Tiefen menschlicher Problematik geht. Nach ihrem Anhören, und nachdem die Prinzen diese Bilder in sich aufgenommen haben, ist ihre offensichtlich neurotische Intelligenzstörung geheilt.

Die Deutung des Märchens von der Schlange als Problematik der zweiten Lebenshälfte

Kehren wir aber zu unserem Märchen von der Schlange zurück und versuchen wir, es von der Problematik des Erwachsenen her zu verstehen. Wir könnten es dann als einen innerpsychischen Prozeß etwa in die Zeit der Lebensmitte verlegen. Auch diese Zeit gehört zu den Krisensituationen des Menschen, und viele Neurosen pflegen hier ihren Anfang zu nehmen. Die großen äußeren Anpassungsaufgaben an das Leben, wie Stabilisierung im Beruf, Beziehung zur Societät und zum anderen Geschlecht sollten normalerweise gelöst und bewältigt sein. Die Ehe ist, wenn sie gehalten hat, über die ersten Stürme hinaus. Die Kinder gehen schon lange zur Schule und fangen an, das Elternhaus zu verlassen und ihrerseits ins Leben hinauszugehen. Es tritt ein Zustand auf, in dem die Umwelt nichts mehr so gänzlich Neues bietet, und der Lebensweg des Menschen führt nicht mehr in das Leben hinein, sondern aus ihm heraus, dem dunklen Ende, dem Tode, zu. C. G. Jung hat diese

Problematik und ihre Verbindung mit der Häufigkeit von seelischen Erkrankungen in seinem Aufsatz „Die Lebenswende" (15) dargestellt. Die seelische Energie, die bisher in den äußeren Lebensaufbau geflossen ist, wird von daher nicht mehr gefordert und wird frei. Sie sollte sich nun eigentlich der Innenwelt zuwenden, um damit das Leben weniger in die Breite, sondern mehr in die Tiefe zu führen. Wir treffen auch tatsächlich in dieser Gruppe älterer Menschen auf einen zunehmenden Prozeß der Verinnerlichung.

Die eigene Innenwelt scheint uns nun aber in der Regel bei einem vorher nach außen gerichteten Leben genauso unbekannt und fremd, wie die Schlange der jüngsten Tochter im Märchen erschien. Sie ist oft auch auf einer ebenso niedrigen Entwicklungsstufe wie ein Kaltblüterwesen und ist das ganz Andere und das ganz Fremde. Es ist genauso mühsam, eine richtige Beziehung dazu zu finden. So wird zum Beispiel, wenn wir das Märchen hier wieder von der weiblichen Seite sehen, eine Frau, die bisher ganz für ihre Kinder gelebt hat, sich eine neue Aufgabe suchen müssen, wenn diese sie nicht mehr brauchen. Sie mag sich dann vielleicht, wenn sie klug ist und sich nicht als das Schreckgespenst der lästigen Schwiegermutter über die Zeit hinaus an ihre Kinder klammert, längst vernachlässigten geistigen und intellektuellen Möglichkeiten, die bisher unentwickelt in ihr selbst lagen, zuwenden. In der Entfaltung dieser neuen Seite in ihr kann sie einen „inneren Prinzen" entdecken und einen erlösungsbedürftigen Bereich wiederbeleben. Die in der eigenen inneren Natur enthaltenen geistig-intellektuellen Kräfte sind, im Gegensatz zur weiblichen Materie, in der Regel in der Psychologie als männlich symbolisiert, wie ich im Vorangegangenen schon ausgeführt habe. Sie sind für einen stark gefühlsbetonten Menschen, wenn sie ihm dann bewußt werden, oft unangenehm, ja befremdend, so daß es zu einer schwierigen Aufgabe werden kann, sie anzunehmen und sie zu lieben. So würde der Prinz hier einem solchen der Frau innewohnenden männlichen Geistprinzip entsprechen, das bei seiner Entwicklung den Menschen zu einer vertieften Urteilsfähigkeit in seinen Welt- und Lebensanschauungen bringen würde. Es führt zur „Ausbildung einer geistigen Haltung, welche aus der Beschränkung und Befangenheit im eng-Persönlichen erlöst" (Emma Jung, 16) und kann dem Bewußtsein als eine tätig schaffende Kraft zur Verfügung stehen. Ich glaube, daß dieses Problem gerade in der heutigen Zeit eine erhebliche Rolle spielt. Die Beschränkung der Frau auf Haus und Küche ist weitgehend aufgehoben, das durchschnittliche Lebensalter erheblich verlängert, und die Groß-Familie, in der die Frau, die über die Lebensmitte hinaus war, doch noch irgendwie im sogenannten weiblichen Rahmen ihr Aufgabengebiet finden konnte, existiert nicht mehr. Auch die eigenen Kinder heiraten meist nicht mehr im selben oder nächsten Dorf, sondern ziehen oft bis über Kontinente entfernt fort. Es bleibt der Frau nichts anderes übrig, als die Einsamkeit und das Verlassenwerden in der Lebensmitte zu einem Teil zu akzeptieren und in sich selbst den Ausgleich und eine neue Erfüllung zu suchen.

Eine Deutung des Märchens nach der männlichen Psychologie

Wie bereits erwähnt, liegt es näher, das Schlangenmärchen eher nach der weiblichen Psychologie zu deuten. Ich werde später ein ähnliches Märchen, „Die drei Federn", anführen, wo die Deutung nach der männlichen Seite hin näherliegt. Es war aber auch vorher gesagt, daß es grundsätzlich möglich ist, ein Märchen sowohl nach der männlichen als auch nach der weiblichen Seite hin aufzulösen. Alle diese Gestalten des Märchens, auch der Heros oder die Heroine, sind ja im Grunde genommen kein menschliches Ich, sondern archetypische Figuren. Die Märchenheldinnen und -helden sind, wie Max Luethi (20) sagt, „reine Handlungsträger", und ihnen fehlt die „Tiefenhaftigkeit" und die menschliche Gefühlswelt. Der Held ist somit einerseits übermenschlich, indem er in der Lage ist, Leistungen zu vollbringen, die ein menschliches Ich allein nicht hätte erreichen können, andererseits steht er aber auch unterhalb des Menschen infolge seiner fehlenden Variabilität, Tiefenhaftigkeit und seiner ausgeprägten Einseitigkeit.

So ist es richtiger, auch den Helden oder die Heldin selbst als einen Funktionskomplex aufzufassen, der zwar in einer passenden und entsprechenden Situation eine zeitweilige Identifikation erlaubt, aber niemals eine dauernde. Fällt zum Beispiel ein Kind von einer Brücke ins Wasser, und ein junger Mann springt, ohne zu überlegen, hinterher und rettet es, so hat sich sein Ich kurzfristig und sinnvoll mit diesem Archetyp des Helden identifiziert. Versucht aber jemand, dauernd den Helden zu spielen, und läßt die notwendigen Sicherheitsmaßnahmen und das lebensnotwendige Maß an Ängstlichkeit und Feigheit außer acht, so handelt es sich um einen Fall von „märchenhafter" Dummheit, den das Leben oft genug unter Todesstrafe stellt. Es soll im späteren Verlauf dieses Buches auch noch dargestellt werden, welche unangepaßten und krankhaften Zustände auftreten, wenn ein Mensch sich selbst bzw. sein bewußtes Ich mit einem solchen archetypischen Bild, wie es eine Märchenfigur darstellt, verwechselt.

Die einzelnen Figuren des Märchens stellen, den Helden oder die Heldin eingeschlossen, Möglichkeiten des seelischen Erlebens dar, und unter dieser Voraussetzung kann etwa die Hauptfigur unseres Märchens, die jüngste Tochter, für die Gefühlsseite eines Mannes stehen. Auf diese Weise ließe sich dann die ganze Erzählung auch von der männlichen Psyche her verstehen. Ich nehme als Ausgangspunkt hier wieder die zuletzt beschriebene Situation der Lebensmitte, in der in einem natürlichen Ablauf der menschlichen Reifungsprozesse eine Um- und Neuorientierung erfolgen sollte. Der Ablauf des Geschehens, d. h. die Übersetzung des Märchens ins Psychologische, würde sich dann wie folgt verstehen lassen:

Bisher hätte solch ein Mann im Leben vorwiegend seine Denkfunktion ausbilden mögen. Die Neuorientierung der Lebensmitte würde nun gerade erfordern, daß der Gegensatz hierzu entwickelt würde, d. h. daß das tätige Interesse sich mehr der Innenwelt zuwendet und die Vertiefung — anstatt die Verbreiterung des Erlebens — über die Entwicklung des Gefühls verläuft. Die Forderungen, die diese jüngste und unentwickelte Seite stellt (dies würde dem Wunsch der Tochter nach den Rosen entsprechen), und die gerade zu dieser Zeit reif werden (im Märchen sind die Rosen gerade jetzt wohlfeil auf dem Markte), sind aber nicht so einfach und leicht zu erfüllen, wie es zunächst scheint. Ihre Erfüllung ist allerhand Zufällen und Mißhelligkeiten ausgeliefert, die schließlich zu einer Begegnung mit der magisch-mythologischen Bilderschicht der eigenen Innenwelt führt. Eben gerade diesen Bildern muß jetzt die gefühlsbezogene Aufmerksamkeit und das tätige Interesse zugewandt werden (dieses entspräche im Märchen der Auslieferung der Tochter an die Schlange), wodurch eine vorübergehende schwierige Krisensituation entsteht (im Märchen die Krankheit des Vaters). Jedermann kennt derartige Krisenzustände und das Absinken der seelischen Energie ins Unbewußte, wo alle Gefühle und Gedanken scheinbar steril immer um das gleiche Problem kreisen, und für die Umwelt keine Aufmerksamkeit mehr übrig bleibt. Erst die Erkenntnis dieses Zustandes und der Brückenschlag zwischen den beiden Bereichen, dem Bewußtsein und dem Unbewußten (hier benutzt das Märchen das Motiv des Spiegels und der partiellen Rückkehr der Tochter), beginnt den krampfhaft festgefahrenen Zustand aufzulösen. Durch die Bindung und Verpflichtung an den unbewußten Bereich (im Märchen ist es das Versprechen der Rückkehr) ist eine einfache Wiederherstellung des vorher bestehenden Zustandes nicht mehr möglich. Die Stimmen (die im Märchen durch die beiden Schwestern personifiziert werden) dürfen nicht beachtet werden, die dem Menschen zuraunen: „Laß das ganze Unternehmen bleiben. Bleib so, wie du vorher warst. Du hast doch damit ganz schöne Erfolge gehabt. Du hast es doch gar nicht nötig, den mühevollen Prozeß von Reifung und Änderung auf dich zu nehmen." Es sind negativ festhaltende und unproduktive Ängstlichkeiten. Erst durch die erneute und diesmal freiwillige bewußte Zuwendung zu der Innenwelt (dem entspricht die Rückkehr der Tochter) und deren liebevolle Annahme (wie es durch die Heirat symbolisiert wird), kommt es zu einer Erschließung der in der inneren eigenen Natur gelegenen Werte (dem entspricht im Märchen die Verwandlung in den Prinzen). Dies führt zu einer Erweiterung des Bewußtseins und zu einer Vergrößerung der Persönlichkeit (im Märchen steht hierfür das erlöste Land und die Rückkehr von Prinz und Mädchen aus dem magischen Bereich). Der Mensch verfügt gewissermaßen jetzt über zwei Reiche, das Reich der Außen- und das der Innenwelt. Der aus der Schlange erlöste Prinz des Märchens stellt dann den in der eigenen inneren Natur enthaltenen höchsten Wert dar, der dank einer bewußten Bemühung aus dem Zustand tiefer Unbewußtheit befreit wurde.

In vielen Märchen übernimmt dann diese Figur den höchsten Platz der Psyche und löst den alten König oder Vater ab, wie es auch hier angedeutet ist. Dem entspräche dann eine Umorientierung der Wertskala, wie sie immer wieder im gesunden Lebensprozeß vorkommt. Das, was uns in unserer Jugend als das Höchste und Wichtigste erschien, kann für den reifen Mann von nicht mehr so hoher Bedeutung sein. Neue, andere Werte treten an dessen Stelle. Sind etwa die weitgehend biologischen Aufgaben der ersten Lebenshälfte, die Gründung von Familie und Existenz, erfüllt, dann sollten an deren Stelle die Interessen allmählich auf kulturschaffende und soziale Aufgaben übergehen. Es bildet sich dann innerlich ein neuer Wert (ein junger König, der die Regierung übernimmt), dem das Ich zu dienen hat.

Dieser Prozeß der Persönlichkeitsentwicklung, in dem das Leben nicht mehr nur auf seine biologischen Ziele hin orientiert wird, trifft gleicherweise auf Mann und Frau zu. Hier ist die Aufgabe gestellt, eventuell auch gegen die Natur das spezifisch Humane zu entwickeln. Immer wieder stoßen wir an irgendeiner Stelle in uns selbst auf die Schlange, die eigene unbewußte Triebnatur, und müssen diese in einem mühevollen und schmerzhaften Prozeß aus ihrer reinen Animalität befreien, ein Prozeß, der immer unvollständig bleibt und viel zu oft mißlingt oder gar nicht stattfindet.

Eine Traum-Analogie zu unserem Märchen

Wie wir gesehen haben, läßt sich dieses so außerordentlich häufige und vielschichtige Erlösungsmotiv in den verschiedenen Lebensphasen jeweils mit einem andersartigen Inhalt erfüllen. Nun mag man sich sagen, daß dieses alles vielleicht geistvolle und interessante Interpretationen seien, die aber doch spekulativ bleiben, und deren Wirklichkeitscharakter im Menschen höchst fragwürdig sei. Ich möchte daher im folgenden einen Traum einer 24jährigen jungen Frau mitteilen, der eine deutliche Ähnlichkeit mit diesem Märchen aufweist. Wenn auch selbstverständlich die einzelnen Handlungszüge unterschiedlich sind, so steht doch in beiden an zentraler Stelle das Motiv der Verwandlung der Schlange in den Prinzen. Ich muß hier noch einfügen, daß die Deutung der Traumsymbole in einer Behandlung auch bei Märchenträumen mitbestimmt wird durch die

Einfälle des Patienten. Wie ich schon ausgeführt habe, können das Symbol der Schlange und so auch alle anderen Symbole sehr vieldeutig sein. Es ist in der Deutung jeweils derjenige Inhalt einzusetzen, der sich durch die Einfälle und die Situation des Patienten ergibt. Der Traum dieser Frau lautete nun:

„Ich war mit meinem Freund zusammen in einem Zirkuszelt. Da war noch ein anderes vollbusiges Mädchen, das hinter meinem Freund her war und mir ähnelte. Sie brachte noch einen jungen Mann mit, den mein Freund, der jetzt der Zirkusdirektor war, beschäftigen sollte. Ich interessierte mich nicht für ihn. Dann ging ich am Abend durch den Zaun des Geländes über eine Straße zum Wald. An einem Baum war eine Schlange mit goldenen Punkten auf dem Körper aufgeringelt. Diese Schlange war der junge Mann von vorher, und ich dachte: ‚Du brauchst keine Angst zu haben.‘ Dann fiel mich plötzlich ein Wolf an, und dann verwandelte sich die Schlange wieder in den jungen Mann, der mich gegen den Wolf verteidigte."

Genau wie im Märchen haben wir in diesem Traum die beiden verschiedenen Welten, die eine Welt des Alltags und der Realität, die durch das Geschehen des Zirkus' dargestellt wird, und die andere, die magische Welt, die jenseits des Zaunes beginnt. Ihr Freund war über zwanzig Jahre älter als sie, also eher eine Art Vaterfigur, und ähnlich wie im Märchen ist auch eine konfliktuöse Spannung zwischen der Patientin und einer gleichaltrigen weiblichen Figur vorhanden. Im Märchen ist diese Spannung durch das Verhältnis der Heldin zu ihren beiden Schwestern dargestellt. Die Patientin hatte eine ausgesprochene Angst vor Schlangen, und in früheren Träumen waren diese immer höchst bedrohlich gewesen. So zeigt hier die Betonung „Du brauchst keine Angst zu haben" einen ähnlichen Wechsel in der gefühlsmäßigen Einstellung zu dem Tierwesen an, wie er auch im Märchen vorkommt. Nach dieser Einstellungsänderung erfolgt auch im Traum die Wiederverwandlung der Schlange in einen Menschen.

Diese junge Frau litt an einer sehr schweren Neurose, die sie praktisch vom 16. Lebensjahr an arbeitsunfähig gemacht hatte. Es war eine schwere Störung und Lähmung ihrer Aktivität vorhanden, so daß sie die Schule nicht beenden konnte und über keinerlei Ausbildung für einen künftigen Beruf verfügte. Sie blieb dadurch von anderen Menschen abhängig und hatte ein überstarkes Bedürfnis, versorgt zu werden.

Nachdem die Behandlung schon einige Zeit durchgeführt worden war, brachte sie diesen Traum mit. Er beeindruckte sie zwar stark, aber sie konnte zunächst nichts rechtes damit anfangen. In dieser Zeit der Analyse wurde nun, nachdem bereits eine Reihe von Ängsten abgebaut worden war, das Problem akut, die verlorengegangene produktive Aktivität wiederzufinden und sich nach einer eigenen Arbeit umzusehen. Tatsächlich begann die Patientin kurze Zeit danach eine Berufsausbildung, die sie auch durchhielt und mit Erfolg beendete. In dem Prinzen symbolisierte sich so für sie dieses Stück produktiver Aktivität, das in verwandelter Form und von falscher Ängstlichkeit befreit in der Lage ist, die zerstörerisch-verschlingende Kraft des Wolfes zu überwinden. Einen solchen Wolf kennen wir aus dem Märchen vom Rotkäppchen. Er tritt dort an die Stelle der guten Großmutter und stellt damit einen negativ-dämonischen Aspekt des Weiblichen und der Mutter-Kind-Beziehung dar. Auch bei dieser Patientin deuteten die Assoziationen zu dem Wolf auf ein weiblich-mütterliches Symbol hin. Auf ihr Problem übertragen, würde es sich dann um ihre infantile Abhängigkeit von einer mütterlich-ernährenden Person handeln, und ihre Unfähigkeit, allein und selbständig zu leben.

Im Gegensatz zum Märchen reicht hier die einfache liebevolle Annahme des vorher angstbesetzten Persönlichkeitsanteils nicht aus, um Befreiung, Erlösung und Wiedergesundung der Psyche zu erreichen, sondern zusätzlich tritt noch der bedrohende Wolf auf. Es muß also noch ein weiterer Konflikt ausgetragen werden mit einer negativen Strömung, die die Träumerin zu vernichten droht. So wie es auch im Leben keineswegs immer ausreicht, sich einfach mit etwas liebevoll zu vereinigen, damit es als endgültiger Besitz in die Persönlichkeit eingeht, sondern man dafür Mühen und Schwierigkeiten auf sich nehmen muß, genauso findet sich auch diese Problematik im Märchen wieder. Zwei der bereits vorher erwähnten Variationen unseres Schlangenmärchens zeigen zusätzlich diese Seite des Problems:

In dem deutschen Märchen „Die Schlange" gebiert eine Gräfin

als Strafe für ihre zänkische Ehe eine Schlange. Diese verlangt eines
Tages von der Mutter eine Frau zum Heiraten. Die Gräfin beredet
nun ein armes Hütemädchen, das auf dem Hof die Hennen füttert,
die Schlange zu heiraten. Als das verzweifelte Mädchen vor einem
Muttergottesbild betet, fängt dieses plötzlich an zu sprechen und
gibt dem Mädchen den Rat, in der Hochzeitsnacht, wenn die
Schlange sagt „Zieh dich aus" von ihr siebenmal zu verlangen, sie
möge sich erst selber ausziehen. Die Schlange würde sich dann
siebenmal häuten, und beim siebenten Male würde ein schöner Prinz
vor ihr stehen. Das Mädchen folgt ihrem Rat, und als am nächsten
Morgen die Mutter an die Tür der Brautkammer kommt, tritt ihr
der entzauberte Sohn mit dem Mädchen entgegen. Zunächst ist die
Freude groß, aber mit der Zeit bereut es die Mutter, ihren Sohn
mit einem Mädchen so geringen Standes verheiratet zu sehen, und
sie liegt ihm in den Ohren, das Mädchen zu verstoßen. Er aber
bleibt standhaft und weist das immer wiederkehrende Ansinnen
der Mutter zurück, bis sie endlich ihre bösen Absichten aufgibt.

Wir sehen, wie in dieser Variation der Akzent viel stärker auf
dem Wandlungsmotiv der Häutung liegt, den das Mädchen siebenmal vollziehen lassen muß. Die Zahl Sieben ist eine magische und
heilige Zahl in Mythen, Märchen und im Volksglauben. Schon in
dieser mehrfachen Häutung liegt eine deutlich größere Bemühung
um den unbewußten Inhalt. Außerdem muß dieser anschließend
gegen den negativen Einfluß der Mutter wiederholt verteidigt werden. Die offensichtlich zänkische und mißgünstige Gräfin entspricht
so auf einer anderen Stufe dem Wolf im Traum der Patientin.

Nicht immer geht es so glatt und gut aus, wie auch in dieser
Variation. In dem albanischen Märchen „Das Schlangenkind" wird
die Erlösung zunächst wieder verspielt:

Hier vereinbart eine Königin mit ihrer Freundin, der Frau des
Wesirs, die drei Töchter hat, daß ihr noch nicht geborener Sohn
eine dieser drei Töchter heiraten soll. Sie gebiert dann eine Schlange,
und als sie herangewachsen ist, verlangt sie von der Mutter der
Töchter die Einlösung des Abkommens. Zweimal weist die Frau des
Wesirs die Königin ab, als sie um die beiden älteren Töchter bittet.
Schließlich drohte die Schlange, wenn man ihr nun nicht die Dritte
und Jüngste zur Frau gäbe, würde sie nachts kommen und alle

töten. Diese Jüngste geht nun zu einer alten, klugen Frau, die ihr den Rat gibt, vierzig Unterröcke übereinander zu ziehen. Auch hier solle sie jedesmal, wenn die Schlange in der Hochzeitsnacht verlange, daß sie sich auszöge, von der Schlange das gleiche fordern und jeweils nur einen Unterrock auszuziehen. Nach der vierzigsten Häutung würde ein schöner Prinz vor ihr stehen. Es geschieht nun auch so, aber der Prinz verlangt nun von dem Mädchen, daß es bis zur Geburt des gemeinsamen Kindes über das Geschehen schweige. Er schlüpft am Morgen wieder in seine Schlangenhäute zurück, um sich jeweils nur in den gemeinsamen Nächten wieder in den Prinzen zu verwandeln. Acht Monate hält das Mädchen allen Fragen ihrer Mutter über die Ehe mit der Schlange stand, bis sie endlich doch mit der Wahrheit herausplatzt. Nun verschließt ihr die Schlange den Schoß und verschwindet. Das unglückliche Mädchen geht in die Welt, um ihren Prinzen zu suchen. Sie trifft wieder auf eine weise alte Frau, die ihr rät, auf einen Berg in der Ferne zu steigen. Dort würde sie ein schmutziges Wasser mit vielen Würmern finden. Wenn sie einen Schluck davon tränke, würde sich die Erde vor ihr öffnen. Unten träfe sie dann die beiden Töchter der Sonne, die ihr sagen könnten, wo ihr Gemahl zu finden sei. Das Mädchen folgt ihrem Rat, und die ältere Tochter der Sonne zeigt ihr das Haus in der Unterwelt, wo ihr Gemahl mit einer anderen Frau lebt. Gleichzeitig gibt sie ihr eine Walnuß, eine Haselnuß und eine Mandel. Das Mädchen quartiert sich nun in Verkleidung einer Nonne in dem Anwesen ihres Mannes ein und öffnet zunächst die Nuß, aus der eine goldene Glucke mit Küchlein kommt. Da die andere Frau diese begehrt, fordert sie als Preis dafür eine Nacht mit dem Ehemann. Die Frau geht darauf ein, betäubt ihn aber mit einem Schlaftrunk. Darauf öffnet das Mädchen am nächsten Tag die Haselnuß, die einen goldenen Papagei enthält. Wieder geschieht das Gleiche, aber diesmal hat ein Kupferschmied das Klagen des Mädchens in der Nacht gehört, die immerzu rief: „Gib mir den silbernen Schlüssel, damit ich das goldene Kind gebären kann!" Der Kupferschmied teilt das dem Schlangenprinzen mit, der sich darüber sehr verwundert. Am nächsten Tag öffnet das Mädchen die Mandel, die eine goldene Wiege enthält. Wiederum begehrt die Frau dieses kostbare Kleinod und ist bereit, dafür ihren Mann für eine Nacht zu geben.

Diesmal aber verschüttet der Prinz den Schlaftrunk. Er erkennt nun seine erste Frau wieder und flieht mit ihr auf die Oberwelt zurück.

Hier versinnbildlicht das Märchen, daß ein bereits errungener Wert wieder verlorengehen kann, wenn nicht genug Stabilität vorhanden ist. Wir erfahren es ja auch im Leben oft, daß wir glauben, einen Reifungsschritt schon geschafft zu haben. Gerade dann passiert es besonders leicht, daß man unaufmerksam und leichtsinnig wird und das fast Gewonnene wieder verliert. So muß das Mädchen die mühsame Wanderung in das magische Reich des Unbewußten antreten, und dort gelingt die Wiedervereinigung erst beim dritten Versuch. Dieses dreimalige Versuchen ist identisch mit den so überaus häufigen drei Proben, die der Held oder die Heldin zu bestehen haben. Eine ausführliche Deutung dieser Symbolik findet sich in der Interpretation des Märchens von Amor und Psyche von Erich Neumann (17).

Der Minderwertige wird zum Helden

Wir wollen noch einen Blick auf die „Heldinnen" dieser drei Variationen des Märchens werfen, da nämlich in ihnen eine sehr typische und häufige Märchenfigur auftritt. Im Griechischen und Albanischen ist es jeweils die jüngste Tochter, im Deutschen das ärmliche Hirtenmädchen. Dieses Motiv, den geglückten Heldenweg jeweils von dem Jüngsten, Ungeschicktesten, anscheinend Schwächsten oder Ärmsten ausführen zu lassen, benutzen die Märchen ungewöhnlich häufig. Das trifft nicht nur wie hier für die weibliche Hauptfigur zu, sondern, um nur zwei Beispiele zu nennen, in den „Drei Federn" der Gebrüder Grimm oder im russischen Märchen „Jungfrau Zar" auch für die männliche Hauptperson.

Psychologisch gesehen entspricht nun dieses Minderwertige, Verachtete und Unangepaßte einer bisher nicht entwickelten psychischen Funktion. Aus der Fülle der Entwicklungsmöglichkeiten, die dem Menschen zur Bildung seiner Persönlichkeit zur Verfügung stehen, werden in der Regel zunächst die anlagemäßig besten und für die entsprechende Umwelt am meisten geeigneten entwickelt und ausgebildet. So wird zum Beispiel ein mit einem guten Verstand begabter Mensch, der zudem in einer rational eingestellten Umwelt lebt, zunächst diesen schulen, ausbilden und entwickeln. Er ist auch imstande, einen großen Teil der auftretenden Lebensprobleme durch dieses geschulte Denken zu lösen. Andere Funktionen werden dagegen undifferenziert und archaisch bleiben, und zwar um so mehr, je stärker sie geeignet sind, die leitende Hauptfunktion zu stören. Dem Denken entgegengesetzt ist nun bekanntlich das Gefühl. Das Denken trifft seine Entscheidungen nach dem Prinzip „wahr und unwahr" oder „richtig und falsch", während das Gefühl nach „sympathisch und unsympathisch" urteilt. Gerade das Richtige und Wahre kann aber gefühlsmäßig unsympathisch sein und umgekehrt, weshalb der exakt denkende Mensch nach Möglichkeit Gefühlseinflüsse ausschaltet. Das will nicht heißen, daß ein solcher Mensch nun etwa keine Gefühle habe, aber genauso wie im körperlichen Bereich ein nicht geübter und genutzter Muskel schwach und minderwertig bleibt oder sich sogar zurückbildet, bleibt im seelischen Bereich bei einem vorwiegend auf das Denken hin orientierten Menschen das Gefühl undifferenziert, unangepaßt und minderwertig.

In unserem Märchen besteht nun am Beginn die so häufige Vierheit, der Vater mit den drei Töchtern (in anderen Märchen auch ein Vater mit drei Söhnen oder eine Mutter mit drei Töchtern), die im innerseelischen Bereich den von C. G. Jung beschriebenen vier psychischen Grundfunktionen, dem Denken, Fühlen, Empfinden und Intuieren entsprechen (18). Die Heldin ist die Jüngste, d. h. die zuletzt Gekommene und Schwächste. In der deutschen Variation unseres Märchens ist es das „Hennemädchen", also die Minderwertige und Verachtete. Folgen wir dem oben genannten Beispiel, dann entsprächen Vater oder Mutter der voll ausgebildeten Hauptfunktion, dem Denken, die beiden Geschwister den noch mitausgebildeten Hilfsfunktionen von Empfinden und Intuition, die das Denken nicht erheblich zu stören brauchen, während die jüngste Tochter der undifferenzierten Fühlfunktion entspräche. Ihr Wunsch nach einem Strauß Rosen, einem typischen Gefühlssymbol, würde dann auch gut in den Rahmen dieser Auffassung passen. Gerade diese minderwertige und vernachlässigte Funktion ist in der Lage, die in dieser Psyche entstandene Problematik zu lösen und den neuen

Wert aus dem Unbewußten zu befreien. Im Leben entspräche das einer Situation, in der wir mit den üblichen und gewohnten Mitteln, Haltungen und Verhaltensweisen nicht mehr weiterkommen können und auf etwas sehr Ungewohntes und Ungeübtes zurückgreifen müssen. Wir sind genötigt, ein Problem gerade mit unserer schwächsten Seite zu lösen, was z. B. dann eintreten kann, wenn ein „Denker" sich verliebt oder in der Lebensmitte der weitere Lebensweg neue Haltungen, Einstellungen und Formen des Erlebens von uns fordert.

Auch in dem vorher erwähnten Märchen von den drei Federn kommt noch deutlicher als in dem hier zugrunde gelegten diese Problematik heraus (11):

„Ein König hat drei Söhne, von denen zwei als klug gelten, der dritte aber Dümmling genannt wird. Als der König alt und schwach wird, will er die Erbfolge danach entscheiden, wer ihm den feinsten Teppich bringt. Er bläst drei Federn in die Luft und befiehlt den Söhnen, zu ziehen, wie die Federn fliegen. Die eine Feder fliegt nach Osten, die andere nach Westen, die dritte aber geradeaus und fällt bald zur Erde. Die beiden älteren Brüder, die nach rechts und links wandern, lachen den Dümmling aus, der bleiben muß, wo die Feder hingefallen ist. Dieser setzt sich traurig nieder, bemerkt aber auf einmal neben der Feder eine Falltür, die er hochhebt, und unter der sich die Treppe befindet. Er steigt hinab, kommt an eine andere Tür und klopft an. Daraufhin ruft es inwendig:

,Jungfer grün und klein,
Hutzelbein,
Hutzelbeins Hündchen,
Hutzel hin und her,
laß geschwind sehen, wer draußen wär.'

Die Tür geht auf, und der Königssohn sieht eine große, dicke Itsche (Kröte) sitzen, umgeben von vielen kleinen Itschen. Als er sein Begehren vorbringt, läßt sich die Itsche eine große Schachtel bringen und gibt dem Dümmling daraus einen Teppich, ,so schön und so fein, wie oben auf der Erde keiner konnte gewebt werden'.

Die älteren Brüder haben sich, da sie dem Jüngsten doch nichts zutrauten, gar nicht bemüht und bringen grobe Tücher einer Schäferin. Da der König zugunsten des Jüngsten entscheiden muß, bitten die älteren um eine neue Probe. Der Vater verlangt den schönsten Ring und bläst wieder die drei Federn in die Luft. Seine Feder führt den Jüngling wieder zur Falltür, und er erhält von der Itsche einen Ring, der ,glänzte von Edelsteinen und war so schön, daß ihn kein Goldschmied auf der Erde hätte machen können'.

Die hochmütigen Brüder bringen einen Wagenring. Der Vater spricht abermals dem Jüngsten das Reich zu. Aber auf Drängen der Älteren stellt er noch eine dritte Bedingung, und zwar die nach der schönsten Frau. Die Itsche gibt dem Dümmling eine ausgehöhlte Rübe mit sechs Mäusen bespannt. Den enttäuschten Königssohn fordert sie auf, eine der Itschen in den Rübenwagen zu setzen. Er greift aufs Geratewohl eine aus dem Kreis. Als sie im Wagen sitzt, wird sie zum schönsten Fräulein, die Rübe zur Kutsche, und die sechs Mäuse zu Pferden. Er küßt sie und jagt mit ihr zum König, wohin die Brüder nur Bauernweiber mitgebracht haben.

Noch eine vierte Probe erbetteln die älteren Brüder vom Vater. Die Frauen sollen durch einen Reif springen. Die Brüder glauben, daß das die starken Bauersfrauen eher können als das zarte Fräulein. Aber diese brechen sich ein Bein, während das schöne Fräulein leicht ,wie ein Reh' hindurchspringt. — ,Also erhielt er die Krone und hat lange in Weisheit geherrscht.'" [2]

Im Grunde genommen handelt es sich hier um das gleiche Motiv wie im ersten Märchen. Es ist die Erlösung aus einer kaltblütigen Tiergestalt ins Menschliche hinein, nur daß an die Stelle des Schlangensymbols das der Kröte getreten ist. Das Märchen betont ausdrücklich, daß es sich nicht nur um den jüngsten, sondern auch dümmsten Sohn handelt, also den unangepaßten und minderwertigen Persönlichkeitsanteil, der hier zum eigentlichen Helden wird. Die beiden geübteren und angepaßten Brüder versagen vor dieser Aufgabe eigentlich total, und anstatt echter Werte erreichen sie nur Minderwertiges, anstatt eines Teppichs grobes Gewebe, anstatt eines Ringes Wagenreifen und anstatt eines feinen Fräuleins grobe

---

[2] Eine ausführliche Deutung dieses Märchens findet sich bei H. von Beit: „Symbolik der Märchen" Band I, Pag. 337 ff., der ich auch diese Kurzfassung entnommen habe (19).

Bauernmägde. Es kommt hier zum Ausdruck, wie in einer besonderen, nicht alltäglichen Situation die geschulten Funktionen nur in
der Lage sind, das Gewöhnliche und Übliche zu erreichen, das, was
längst bekannt und gekonnt ist, während das wirklich Wertvolle
und Ungewöhnliche nur auf dem unüblichen Wege erreicht werden
kann, auch wenn wir unbeholfen und ungeschickt sind, wie immer,
wenn die gewohnten Waffen versagen.

Es lag mir daran, auf Grund eines Beispiels, dem Märchen von
der Schlange, einen Einblick in die ganze Breite der Möglichkeiten
zu geben, unter denen man die Bilder und Symbole dieser Erzählungen verstehen kann. Dem einen oder anderen mag diese
Auffassung zu vielseitig sein, und er wird dazu neigen, nur eine
Interpretation für die einzig Richtige zu halten und ein enger
umschriebenes einzelnes Problem darin zu sehen. Eine solche Auffassung geht meines Erachtens an dem Phänomen vorbei, daß das
Märchen praktisch in jedem Lebensalter und bei Menschen jeder
Reifungsstufe ein lebendiges Interesse auszulösen vermag, das weit
über seinen rein ästhetischen Wert, der im übrigen oft recht gering
sein kann, hinausgeht. Den hierfür empfänglichen Menschen muß
das Märchen also immer wieder etwas sagen, es muß etwas in ihrer
Tiefe anrühren und in Bewegung bringen, was sich anders nicht
besser als in diesen Bildern auszudrücken und zu formulieren
vermag.

Auch ihre immer wiederkehrende Symbolik ist über die Jahrhunderte und Jahrtausende währende menschliche Kulturentwick-
lung in ihren großen Zügen gleichgeblieben. Schon in dem ältesten
Märchen, das wir kennen, dem ägyptischen Brüdermärchen aus der
19. Dynastie um 1200 v. Chr. (21), treffen wir die Motive von Verwandlung und Rückverwandlung von Mensch in Tier und Pflanze,
von der Begegnung zwischen Menschen und Göttern, von Verzauberung und von sprechenden Tieren. Es unterscheidet sich nicht
wesentlich in seinen Grundzügen von den Märchen, die wir heute
noch erzählen.

Die Grundprobleme menschlicher Existenz ziehen sich nicht nur
durch unser ganzes Leben hindurch, sondern durch das Leben der
Menschheit. Sie müssen in jedem Zeitalter auf ihre Art verstanden,
gestaltet und interpretiert werden, ebenso wie in jeder einzelnen

Phase unseres eigenen Lebens. Unsere Verständnismöglichkeiten kreisen so um das urtümliche Bild, und von jeder neuen Sicht glänzt eine andere Facette seines ihm innewohnenden Sinnes auf. Ganz verstehen werden wir es nie, und so bleibt ein Stück Geheimnis, das uns immer wieder anzieht und zum Nachdenken auffordert. Auch ohne jede bewußte Deutung spricht das Märchen zu uns, und es spricht bei jedem das jeweils akute Problem an. So entfaltet es seine Wirkung auch unterhalb des wissenden Bewußtseins. Das letzte vertieft oder verstärkt es nur.

Literatur

1. Deutsche Märchen seit Grimm, hrsg. von P. Zaunert, Diederichs Verlag, Düsseldorf-Köln 1964.
2. Nordische Volksmärchen Bd. I, hrsg. von Fr. v. d. Leyen — P. Zaunert, Eugen Diederichs Verlag, Jena 1922.
3. „Es war einmal", Märchen der Völker, hrsg. von Sigrid v. Massenbach, Holle Verlag, Baden-Baden 1958.
4. Inselmärchen des Mittelmeeres, hrsg. von Felix Karlinger, Eugen Diederichs Verlag, Düsseldorf-Köln 1960.
5. C. G. Jung, Über psychische Energetik und das Wesen der Träume. Allgemeine Gesichtspunkte zur Psychologie des Traumes, Rascher Verlag, Zürich 1948.
6. M. L. v. Franz, Bei der schwarzen Frau. Studien zur analytischen Psychologie C. G. Jungs. Festschrift zum 80. Geburtstag von C. G. Jung, Rascher Verlag, Zürich 1955.
7. Hedwig v. Beit, Das Märchen, Francke Verlag, Bern 1965.
8. W. Laiblin, Der wilde Mann, Almanach 1960, Klett Verlag, Stuttgart.
9. W. Laiblin, Der goldene Vogel, Almanach 1961, Klett Verlag, Stuttgart.
10. A. Jaffé, Bilder — Symbole aus E. T. A. Hoffmanns Märchen „Der goldene Topf". Psychologische Abhandlungen Bd. VII, Rascher Verlag, Zürich 1950.
11. Die Grimmschen Märchen, hrsg. von Paul Ernst, Georg Müller Verlag, München und Leipzig, o. J.
12. F. v. d. Leyen, Die Welt der Märchen, Eugen Diederichs Verlag, Düsseldorf 1953.

13. Pantschatantra, Müller und Kiepenheuer Verlag Bergen II 1952, hrsg. und übersetzt von L. Alsdorf.

14. Das Papageienbuch, übertragen von J. Hertel, Diederichs Verlag, Düsseldorf 1959.

15. C. G. Jung, „Die Lebenswende", in: Seelenprobleme der Gegenwart, Rascher Verlag, Zürich 1931.

16. Emma Jung, Ein Beitrag zum Problem des Animus, in: Wirklichkeit der Seele, Rascher Verlag, Zürich 1934.

17. Apuleius, Amor und Psyche. Mit einem Kommentar von E. Neumann, Rascher Verlag, Zürich 1952.

18. C. G. Jung, Psychologische Typen, Gesammelte Werke Bd. 6, Rascher Verlag, Zürich 1960.

19. Hedwig v. Beit, Symbolik der Märchen, Bd. 1—3, 2. verb. Auflage, Francke Verlag, Bern 1960.

20. Max Luethi, Das Europäische Volksmärchen, Bern 1947.

21. Altägyptische Märchen, übertragen und bearbeitet von E. Brunner-Traut, Eugen Diederichs Verlag, Düsseldorf-Köln 1963.

BIBLIOGRAPHIE

Von WILHELM LAIBLIN

Vorbemerkung. Die in den Abschnitten I—VII wiedergegebenen Arbeiten stellen lediglich eine repräsentative Auswahl aus einem sehr vielfältigen und reichen Schrifttum dar, um dem Leser eine Grundorientierung auf diesen Teilgebieten der Märchenforschung zu ermöglichen. Dagegen wurde Wert darauf gelegt, die in Abschnitt VIIIa wiedergegebenen Selbstzeugnisse aus der tiefenpsychologischen Märchenforschung möglichst weitgehend, allerdings ohne Anspruch auf Vollständigkeit, zu erfassen. Der Abschnitt VIIIb soll einen Einblick in die Aussprache gewähren, die zwischen den übrigen Fachdisziplinen der Märchenforschung und den Vertretern der Tiefenpsychologie im Gange ist.

Die mit * versehenen Arbeiten sind im Textteil ganz oder in Abschnitten oder Auszügen enthalten.

I. Quellenwerke

1. Aarne, Antti, Übersicht der Märchenliteratur, FFC 14, Hamina 1914.
2. Bechstein, Ludwig, Sämtliche Märchen (Vollst. Ausg. der Märchen nach der Ausgabe letzter Hand unter Berücksichtigung der Erstdrucke, mit Anm. u. Nachwort v. Walter Scherf), München, Winkler, 1965.
3. Grimm, Jacob und Wilhelm, Kinder- und Hausmärchen, 2. verm. u. verb. Aufl., Berlin, G. Reimer, 3 Bde., 1. u. 2. Bd. 1819, 3. Bd. 1822.
4. Lefftz, Joseph (Hrsg.), Märchen der Brüder Grimm, Urfassung nach der Originalhandschrift der Abtei Ölenberg im Elsaß, Heidelberg, Winter, 1927 (= Schriften der Elsaß-Lothringischen Wiss. Ges. zu Straßburg, Reihe C, Bd. 1).
5. Leyen, Friedrich v. d., und Zaunert, Paul, Märchen der Weltliteratur, Jena, Diederichs, 1912 ff.

6. Musaeus, Joh. Karl August, Volksmärchen der Deutschen, vollst. Ausg., nach dem Text der Erstausg. von 1782/86, München, Winkler, 1961.

7. Ninck, Martin, Älteste Märchen von Europa, Basel, Schwabe, 1945.

8. Panzer, Friedrich (Hrsg.), Die Kinder- und Hausmärchen der Brüder Grimm in ihrer Urgestalt, München 1913.

9. Wilhelm, Richard, Chinesische Volksmärchen, übersetzt u. eingel. von R. W., Jena, Diederichs, 1934.

10. Wolf, Erich, Germanisches Märchenbuch, Jena, Diederichs, 1934.

II. Methodische Hilfsmittel der Märchenforschung

11. Aarne, Antti, Verzeichnis der Märchentypen, FFC 3, Helsinki 1910.

12. ders., u. Thompson, Stith, The types of the folktale, FFC 184, Helsinki ³1961.

13. ders., Leitfaden der vergleichenden Märchenforschung, FFC 13, Helsinki 1913.

14. Baechtold-Stäubli, H., Handwörterbuch des deutschen Aberglaubens Berlin, de Gruyter, 1927—1942.

15. Bolte, Johannes, und Polivka, Georg, Anmerkungen zu den Kinder- und Hausmärchen der Brüder Grimm („Bolte-Polivka"), 5 Bde., Leipzig 1913—1932.

16. Erich, O. A., und Beitl, R., Wörterbuch der deutschen Volkskunde, 1. Aufl. 1936, 2., neu bearb. Aufl. Stuttgart, Kröner, 1955.

17. Frenzel, Elisabeth, Stoff-, Motiv- und Symbolforschung, Stuttgart, Metzler, 1963.

18. Gernot, Die Märchensammlungen der Brüder Grimm, Versuch einer Stoffgruppenbildung, Diss. Graz 1918.

19. Hoffmann-Krayer, Volkskundliche Bibliographie, Straßburg 1917/1919; Berlin 1918 ff.

20. Hoops, J., Reallexikon der germanischen Altertumskunde, Straßburg 1911—1919.

21. Jolles, André, Einfache Formen, Halle 1930, reprogr. Nachdruck, Tübingen 1958.

22. Krohn, Kaarle, Die folkloristische Arbeitsmethode, Oslo 1926.

23. Lüthi, Max, Die Gabe im Märchen und in der Sage — Ein Beitrag zur Wesenserfassung und Wesensscheidung der beiden Formen, Diss., Bern 1943.

24. Mackensen, Lutz (Hrsg.), Handwörterbuch des deutschen Märchens, Berlin, de Gruyter, 1930—1940.

25. Olrik, Axel, Epische Gesetze der Volksdichtung, in: ZfdA 51, (N. F. 39), 1909, S. 1—12.
26. Petsch, Robert, Die Kunstform des Märchens, Ihre Entwicklung und ihre Bedeutung für die Welt der epischen Formen, in: Zs. f. Volkskunde 45, 1935/37, S. 1—30.
27. Roscher, Wilhelm Heinrich, Ausführliches Lexikon der griechischen und römischen Mythologie, 6 Bde., Leipzig 1884—1937.

III. Volkskunde

28. Aarne, Antti, Die magische Flucht — eine Märchenstudie, FFC 92, Helsinki 1930.
29. Brommer, Frank, Die Königstochter und das Ungeheuer, in: Marburger Winckelmann-Programm 1955, Marburg 1955.
30. Genzel, A., Die Helfer und Schädiger des Helden im deutschen Volksmärchen, Diss., Leipzig 1922.
31. Hegar, Walter, Die Verwandlung im Märchen — Zur Deutung der Abwehr- und Opferbräuche, in: Hess. Blätter f. Volkskunde XXVIII, 1929, Gießen 1930.
32. Honti, Hans, Volksmärchen und Heldensage, FFC 95, Helsinki 1931.
33. Leyen, Friedrich von der, Das Märchen, Leipzig ³1925. (Versuch einer Zusammenfassung der Märchenforschung).
34. ders., Das deutsche Märchen und die Brüder Grimm, Erg.-Bd. der Slg. „Die Märchen der Weltliteratur", Düsseldorf-Köln, Diederichs, 1964.
35. Lüthi, Max, Die Herkunft des Grimm'schen Rapunzelmärchens, in: Fabula 3, 1959, S. 95—118.
36. ders., Märchen, Stuttgart, Metzler, 1962, ²1964. (Bietet Grundorientierung über alle wesentlichen Aspekte der Märchenforschung; ausführliche Literaturangaben.)
37. Mudrak, Edmund, Die Berufung der überirdischen Mächte in sagtümlicher Überlieferung, in: Fabula 2, 1959, S. 122—138.
38. Mudrak, Edmund, Märchen und Sage, in: Bausteine zur Geschichte, Völkerkunde und Mythenkunde 3, H. 2, S. 65—80.
39. Panzer, Friedrich, Märchen, in: Deutsche Volkskunde, hrsg. von John Meier, Berlin u. Leipzig, de Gruyter, 1926.
40. Peuckert, Will-Erich, Deutsches Volkstum in Märchen und Sage, Schwank und Rätsel, Berlin, de Gruyter, 1938.
41. ders., Volkskundliche Symbole, in: Studium Generale 6, H. 6, 1953, S. 322—324.

42. Ranke, Friedrich, Aufgaben volkskundlicher Märchenforschung, in: Zs. f. Volkskunde IV, 1933, S. 303—311.

43. Resatz, Luise, Das Märchen als Ausdruck elementarer Wirklichkeit, in: Internationaler Kongreß der Volkserzählungsforscher 1961 (= Fabula Suppl. Bd. 2).

44. Röhrich, Lutz, Tabus in Volksbräuchen, Sagen und Märchen, in: Festschrift für Werner Neuse, Berlin 1967, S. 8—23.

45. Spiess, Karl von, Deutsche Volkskunde als Erschließerin deutscher Kultur, Berlin 1934.

46. ders., und Mudrak, Edmund, Deutsche Märchen — Deutsche Welt, Berlin, Stubenrauch, 1939.

47. ders., Neue Marksteine, Wien 1955.

48. Sydow, C. W. von, Kategorien der Prosa-Volksdichtung, in: Volkskundliche Gaben, John Meier zum 70. Geburtstag dargebracht, Berlin und Leipzig, de Gruyter, 1934.

49. Thimme, Adolf, Das Märchen (= Handbücher zur Volkskunde Bd. II), Leipzig, Heims, 1909.

50. Wesselski, Albert, Versuch einer Theorie des Märchens, Reichenberg i. G., Suddt. Vlg. Franz Kraus, 1931.

IV. Germanistik und Literaturwissenschaft

51. Berendsohn, Walter A., Grundformen volkstümlicher Erzählerkunst in den Kinder- und Hausmärchen der Brüder Grimm, Ein stilkritischer Versuch, Hamburg, Gente, 1921.

52. Boor, Helmut de, Märchenforschung, in: ZDU 42, 1928, S. 561—581.

53. Drews, Artur, Das ästhetische Verhalten und der Traum, in: Preussische Jahrbücher 104, 1901/02, S. 358—401.

54. Emrich, Wilhelm, Das Problem der Symbolinterpretation im Hinblick auf Goethes „Wanderjahre", in: DVjs. 26, 1952, S. 331—352.

55. Greverus, Ina-Maria, Die Geschenke des kleinen Volkes (KHM 182 = AT 503) — Eine vergleichende Untersuchung, in: Fabula I, 1958, S. 263—279. (Definition von „Sage" und „Märchen", Unterschiedsmerkmale.)

56. Heiligendorff, Wolfgang, Der keltische Matronenkultus und seine „Fortentwicklung" im deutschen Mythos, Leipzig, Eichblatt-Verlag, 1934. (= „Form und Geist" — Arbeiten zur germanischen Philologie, hrsg. von Lutz Makensen, Band 33.)

57. Henzen, Wilhelm, Über die Träume in der altnordischen Saga-

literatur, Diss. Leipzig 1875 (literaturwissenschaftlich-sprachge-schichtliche Arbeit).

58. Jürgens, Wilhelm, Der Wirklichkeitsgehalt des Märchens — Unter-suchungen zur Ontologie des mythischen Bewußtseins, Diss., Kiel 1937.

59. Krohn, Kaarle, Übersicht über einige Resultate der Märchen-forschung, in: FFC 96, Helsinki 1931.

60. Loeffler-Delachaux, M., Le symbolisme des contes de fées, Paris 1949.

61. Lüthi, Max, Das Volksmärchen als Dichtung und als Aussage, in: Der Deutschunterricht 8, 1956, H. 6, S. 5—17.

62. Ranke, Friedrich, Märchenforschung, in: DVjs 14, 1936, S. 246—304.

63. Siuts, Hans, Jenseitsmotive im deutschen Volksmärchen, Leipzig 1911.

64. Weber, Ludwig, Felix, Märchen und Schwank — Eine stilkritische Studie zur Volksdichtung, Kiel 1904.

V. Religionswissenschaft und Religionsgeschichte

65. Bachofen, Johann Jacob, Mutterrecht und Urreligion, eine Auswahl, hrsg. von Rudolf Marx, Leipzig, Kröner, 1926.

66. Cirlot, I. E., A dictionary of symbols, translated from the Spanish by Jack Sage, London, Routledge & Kegan Paul, 1962.

67. Crawley, Ernest, The Mystic Rose — a Study of primitive marriage, London Macmillan, 1902.

68. Eliade, Mircea, Les savants et les contes de fées, in: NRF 4, 1956, S. 884—891.

69. Eliade, Mircea, Das Heilige und das Profane — Vom Wesen des Religiösen, Reinbek, Rowohlt, 1957.

70. Eliade, Mircea, Mythen, Träume und Mysterien, Salzburg 1961, Otto Müller.

71. Eliade, Mircea, Myth and reality, Anhang I: Myths and Fairy Tales, London 1964 (französische Ausgabe: Aspecte du mythe, Paris 1963).

72. Frazer, James George, Der goldene Zweig, Leipzig, Hirschfeld-Verlag, 1928 (englische Originalausgabe: The golden Bough, A study in Magic and Religion, 12 Vols, 3. Edit., London 1911—1920).

73. Gennep, Arnold van, Les rites de passage, Paris 1909.

74. Grönbech, Wilhelm, Kultur und Religion der Germanen, Hamburg, Hanseatische Verlagsanstalt, 1937.

75. Haussig, Hans Wilhelm u. a., Wörterbuch der Mythologie, Band I, Götter und Mythen im vorderen Orient, Stuttgart, Klett, 1965.

76. Herrmann, Ferdinand (Hrsg.), Symbolik der Religionen, Stuttgart, Hiersemann, 1958 ff.

77. Hüsing, Georg, Die iranische Überlieferung und das arische System, Leipzig, 1909. (= Mythologische Bibliothek, herausgegeben von der Gesellschaft für vergleichende Mythenforschung, II.)

78.* Huth, Otto, Das Sonnen-, Mond- und Sternenkleid, Manuskript.

79. Huth, Otto, Der Glasberg des Volkmärchens, Germanien, Heft 11/12, 1943; Ferner: in Symbolon, Jahrbuch für Symbolforschung II, 1955, Seite 15—31.

80. Huth, Otto, Wesen und Herkunft des Märchens, Universitas IV, H. 6, 1949, S. 651—654.

81. Huth, Otto, Märchen und Megalithreligion, Paideuma, Okt. 1950, H. 1/2, Seite 12—22.

82. Jensen, Adolf E., Das Weltbild einer frühen Kultur, in: Paideuma, III, 1944/49, S. 1—83. (1965 neu erschienen unter dem Titel: Die getötete Gottheit, Urban-Taschenbuch Nr. 90).

83. Jobes, Gertrude, Dictionary of Mythology, Folklore and Symbols, New York, Scarecrow Press, 1961.

84. Laistner, Ludwig, Das Rätsel der Sphinx, Grundzüge der Mythengeschichte, Berlin, Hertz, 1889.

85. Langer, Susanne, Philosophie auf neuem Wege — ‚Das Symbol im Denken, im Ritus und in der Kunst', Frankfurt, S. Fischer, 1965. (Titel der Originalausgabe: Philosophy in a new key, Cambridge/ Mass., Harvard University Press., 1942.)

86. Leeuw, Gerardar van de, Phänomenologie der Religion, Tübingen, C. B. Mohr, ²1956.

87. Lessmann, Heinrich, Aufgaben und Ziele der vergleichenden Mythenforschung, Leipzig, Hinrich, 1908. (= Mythologische Bibliothek, hrsg. von der Gesellschaft für vergleichende Mythenforschung, Band 1.)

88. Ninck, Martin, Die Bedeutung des Wassers im Kult und Leben der Alten, eine symbolgeschichtliche Untersuchung, in: Philologus, Suppl. Band 14, 2, 1921, S. 1—190.

89. Ninck, Martin, Wodan und germanischer Schicksalsglaube, Jena, Diederichs, 1935.

90. Saintyves, P., Les vierges mères et les naissances miraculeuses, Paris 1908.

91. Saintyves, P., Les contes de Perrault et les récits parallèles, Paris 1923.

92. Scherb, Hans, Das Motiv vom starken Knaben in den Märchen der Weltliteratur, seine religionsgeschichtliche Bedeutung und Entwicklung. Diss. Tübingen, 1924 (auch: Stuttgart, Kohlhammer, 1930).

93. Underhill, Evelyn, Mystik, 1928 (Kap. Alchemie, S. 185—195).

94. Vries, Jan de, Altgermanische Religionsgeschichte, Band 1, Berlin, de Gruyter, 1935; Band 2, Berlin, de Gruyter, 1937. 2. Auflage, Berlin 1956/57.

95. Vries, Jan de, Dornröschen, in: Fabula 2, 1959, S. 110—121.

96. Vries, Jan de, Forschungsgeschichte der Mythenforschung (= Orbis Academicus I, 7), Freiburg i. Br., München, Alber, 1961.

97. Weiser, Lily, Altgermanische Jünglingsweihen und Männerbünde, Bühl/Baden, 1927 (= Bausteine zur Volkskunde und Religionswissenschaft, hrsg. von E. Fehrle, H. 1).

VI. Pädagogik

98. Dieckmann, Hans, Wert des Märchens für die seelische Entwicklung des Kindes, in: Praxis der Kinderpsychologie und Kinderpsychiatrie, 15, H. 2, 1966, S. 50—55.

99.* Gerstl, Quirin, Die Brüder Grimm als Erzieher — Pädagogische Analyse des Märchens, München, Ehrenwirth, 1964.

100. Jensen, Christian, Mythos, Sage und Märchen als Erlebnis- und Bildungswert, in: Zeitschrift für deutsche Bildung, 11, 1935. S. 488 bis 497.

101. Santucci, Luigi, Das Kind — sein Mythos und sein Märchen, Hannover, Schrödel-Verlag, 1964.

102. Scherf, Walter, Kindermärchen in dieser Zeit?—Die psychologischen Seiten der Volksmärchen und ihr erzieherischer Wert. München, Don Bosco-Verlag, 1961.

103. Wolfersdorf, Peter, Märchen und Sage in Forschung, Schule und Jugendpflege, Braunschweig 1958.

VII. Allgemeine Psychologie

104. Bühler, Charlotte, Das Märchen und die Phantasie des Kindes, Beihefte zur Zeitschrift für angewandte Psychologie 17, 1918.

105. Danzel, Theodor-Wilhelm, Der magische Mensch (Homo divinans) — Vom Wesen der primitiven Kultur, Potsdam, Müller & Kiepenheuer, 1928.

106. Daqué, Edgar, Natur und Seele — Ein Beitrag zur magischen Welt-
lehre, München/Berlin, Oldenbourg, 3. Auflage.

107. Jürgens, Wilhelm, Der Wirklichkeitsgehalt des Märchens, Untersuchungen zur Ontologie des mythischen Bewußtseins, Diss. Kiel,
1937.

108. Lagercrantz, Eliel, Entwicklungspsychologische Analyse lappischer
Folklore, FFC 138, Helsinki 1950.

109. Lévy-Brühl, L., Die Seele der Primitiven, Düsseldorf, Diederichs,
1956.

110. Obenauer, Karl-Justus, Das Märchen, Dichtung und Deutung,
Frankfurt 1959. (Zahlensymbolik im Märchen.)

111. Stoffer, Helmut, Die Bedeutung der Kindlichkeit in der modernen
Welt, München/Basel, Reinhardt, 1964. (Bezugnahme auf das Märchen S. 42. Es gehöre „in unserer abendländischen Kultur ausschließlich in die Welt des Kindes ...")

112. Stumpfe, Ortrud, Die Symbolik der Märchen, Münster, Aschen-
dorff, 1965.

113. Thurnwald, Richard, Psychologie des primitiven Menschen, Hand-
buch der vergleichenden Psychologie, Band I, Abt. 2, München, 1922,
Reinhardt Verlag.

114. Viergutz, Rudolf Ferdinand, Von der Weisheit unserer Märchen,
Berlin, Widukind-Verlag, 1942.

115. Wundt, Wilhelm, Völkerpsychologie, Band III, Leipzig ³1919.

VIII. Tiefenpsychologie

a) Selbstzeugnisse

116.* Abraham, Karl, Traum und Mythos — Eine Studie zur Völker-
psychologie, Leipzig/Wien, Deuticke, 1909. (Vor allem S. 36/37 —
Hinweis bei Jan de Vries, Forschungsgeschichte der Mythologie,
München 1961, S. 342/43 — Dort auch über Jung's Theorie,
S. 342/43.)

117. Beit, Hedwig von, I. Symbolik des Märchens, Bern 1952, II. Gegensatz und Erneuerung im Märchen, Bern 1956, III. Registerband,
Bern 1957.

118. Beit, Hedwig von, Das Märchen — Sein Ort in der geistigen Entwicklung, Bern, Francke, 1965.

119.* Bilz, Josephine, Menschliche Reifung im Sinnbild, 5. Beiheft zum
Zentralblatt für Psychotherapie, 1943.

120.* Bilz, Josephine, Märchengeschehen und Reifungsvorgänge unter tiefenpsychologischem Gesichtspunkt, in: Bühler-Bilz, Das Märchen und die Phantasie des Kindes, München, Joh. Ambrosius Barth, 1958.

121.* Bittner, Günther, Über die Symbolik weiblicher Reifung im Volksmärchen, in: Praxis der Kinderpsychologie und Kinderpsychiatrie, 1963, H. 6, S. 210—213.

122. Boehm, Felix, Zur Geschichte des Oedipuskomplexes, in: Internationale Zeitschrift für Psychoanalyse, XVII, 1931, S. 16—33.

123. Bornstein, Steff, Das Märchen vom Dornröschen in psychoanalytischer Darstellung, in: Imago, XIX, 1933, S. 505—517.

124. Campbell, Joseph, Der Heros in tausend Gestalten, Frankfurt, S. Fischer, 1953. (Titel der amerikanischen Originalausgabe: The Heros with a thousand faces, 1948.)

125. Caruso, Igor A., Das Symbol in der Tiefenpsychologie, in: Studium Generale 6, H. 5, 1953, S. 296—302.

126. Clauser, Günter, Märchen als Rollenspiel, in: „Arzt im Raum des Erlebens" — Festschrift für Ernst Speer, München, Lehmann-Verlag, 1959, S. 103—108.

127. Dieckmann, Hans, Der Individuationsprozeß in orientalischen Rahmenerzählungen, in: Praxis der Kinderpsychologie und Kinderpsychiatrie, 1963, H. 2, S. 41—49.

128.* Dieckmann, Hans, Märchen und Träume als Helfer des Menschen, Stuttgart, Adolf-Bonz-Verlag, 1966.

129. Ferenczi, S., Entwicklungsstufen des Realitätssinnes, in: Internationale Zeitschrift für ärztliche Psychoanalyse, I, 1913, S. 124—138 (besonders S. 137 f.).

130. Franz, Marie-Luise von, Archetypical patterns in Fairy tales, Zürich 1949/50. (= Vorlesung in vervielf. Mskr.)

131.* Franz, Marie-Luise von, Bei der schwarzen Frau — Deutungsversuch eines Märchens, in: Studien zur analytischen Psychologie C. G. Jungs (= Festschrift zum 80. Geburtstag von C. G. Jung), Zürich, Rascher Verlag, 1955, S. 1—41.

132. Franz, Marie-Luise, Das Problem des Bösen im Märchen, in: Studien aus dem C. G. Jung-Institut, XIII: Das Böse, Zürich, Rascher-Verlag, 1961.

133. Freud, Sigmund, Der Familienroman der Neurotiker, in: Gesammelte Werke VII, London, Imago, 1941, S. 227—231.

134. Freud, Sigmund, Die Traumdeutung, 1. Auflage 1900, 3. Auflage Leipzig und Wien 1911.

135.* Freud, Sigmund, Märchenstoffe in Träumen, in: Internationale

Zeitschrift für Psychoanalyse I., 1913, S. 145—151 (auch in: Gesammelte Werke, X, London, Imago, 1946, S. 2—9).

136.* Friedman, Leonhard J., „Dornröschens Erweckung" in: Virginität in der Ehe, 3. Kapitel, Über die sexuelle Unwissenheit, Stuttgart, Huber/Klett, 1963.

137. Fromm, Erich, Märchen, Mythen und Träume, Konstanz/Stuttgart, Diana Verlag, 1957.

138.* Graber, Gustav Hans, Märchengestalten bei Jugendlichen, in: Schweizerische Zeitschrift für Psychologie V, 1946, S. 53—59.

139. Graber, Gustav Hans, Die Frauenseele, Zürich und Stuttgart, Artemis, 1951 (darin: Märchenmädchen und ihre Schicksale, S. 33—84).

140. Graber, Gustav Hans, Psychologie des Mannes, Stuttgart, Huber/Klett, 1957 (darin: Kapitel VI: Knabenschicksale in Märchen, S. 73—88, VII: Jünglingsschicksale im Märchen, S. 96—102).

141. Graber, Gustav Hans, Hans der Märchenheld, in: Der Psychologe, Monatsschrift für Psychologie und Lebensberatung IX, H. 3, 1958, S. 91—100.

142.* Grant-Duff, I. F., Schneewittchen — Versuch einer psychoanalytischen Deutung, in: Imago XX, 1934, S. 95—103.

143. Handschin-Ninck, Marianne, Ältester und Jüngster im Märchen, in: Praxis der Kinderpsychologie und Kinderpsychiatrie 5, 1956, S. 167—173.

144. Heimpel, Elisabeth, Form und Wesen des europäischen Volksmärchens, in: Die Sammlung, V, 1950, S. 246—249. (Anschließend: Briefwechsel Max Lüthi — El. Heimpel, S. 382—384.)

145. Heimpel, Elisabeth, Märchen und Psychologie, in: Die Sammlung, VIII, 1953, S. 278—293.

146. Herzog, Edgar, Psyche und Tod — Wandlungen des Todesbildes im Mythos und in den Träumen heutiger Menschen. Zürich, Rascher Verlag, 1960. (Darin besonders Kap. 11: Frau Holle und Percht, S. 132—155.)

147. Jaffé, Aniela, Bilder und Symbole aus E. T. A. Hoffmanns Märchen „Der goldene Topf", in: Jung, C. G., Gestaltungen des Unbewußten, Zürich 1950, S. 239—616.

148. Jöckel, Bruno, Der Weg zum Märchen, Berlin, Dion Verlag, 1939.

149.* Jöckel, Bruno, Das Reifungserlebnis im Märchen, in: Psyche I, 1948, S. 382—395.

150. Juer, Franziska und Marbach, Otto, Eine südslawische Märchenparallele zum Urtypus der Rolandsage, in: Imago XII, 1926, S. 32—58.

151. Jung, Carl Gustav, Das Märchen vom Geist in der Flasche, in: Symbolik des Geistes, Zürich, Rascher Verlag, 1948.

152.* Jung, Emma, Die Anima als Naturwesen, in: Studien zur Analytischen Psychologie C. G. Jungs, II. (= Festschrift z. 80. Geburtstag von C. G. Jung), Zürich, Rascher Verlag 1955, S. 78—120.

153. Kerényi, Karl — Jung, Carl Gustav, Einführung in das Wesen der Mythologie, Amsterdam/Leipzig, Pantheon, 1941.

154. Kienle, G., Das Märchen in der Psychotherapie, in: Zeitschrift für Psythotherapie und medizinische Psychologie 1959, S. 47—53.

155.* Laiblin, Wilhelm, Das Urbild der Mutter, in: Zentralblatt für Psychotherapie und ihre Grenzgebiete, IX, H. 2/3, 1936, S. 80—96; S. 129—151.

156. Laiblin, Wilhelm, Die Symbolik der hilfreichen Mächte im deutschen Volksmärchen, in: Deutscher Glaube, 1937, S. 509—520; S. 570—577.

157. Laiblin, Wilhelm, Die Symbolik der Erlösung und Wiedergeburt im deutschen Volksmärchen, in: Zentralblatt für Psychotherapie und ihre Grenzgebiete, 1943, H. 3/4, S. 93—129.

158.* Laiblin, Wilhelm, Symbolik der Wandlung im Märchen, in: Die Wandlung des Menschen in Seelsorge und Psychotherapie, Göttingen, Verlag für Medizinische Psychologie, 1956, S. 276—300.

159. Laiblin, Wilhelm, Der Wilde Mann, in: Die Neurose als psychosoziales Problem, Stuttgart, Klett, 1960, S. 187—231.

160. Laiblin, Wilhelm, Der goldene Vogel — Zur Symbolik der Individuation im Volksmärchen, in: Jugend zwischen gestern und heute Stuttgart, Klett, 1961, S. 137—187.

161. Leber, Gabriele, Über tiefenpsychologische Aspekte von Märchenmotiven, in: Praxis der Kinderpsychologie und Kinderpsychiatrie 1955, S. 274—285.

162. Loeffler-Delachaux, M., Le symbolisme des contes de fées, Paris 1949 (besonders: „Oedipuskomplex“).

163. Maeder, Alphonse, Die Symbolik in den Legenden, Märchen, Gebräuchen und Träumen, 1903, Psychiatrisch-Neurologische Wochenschrift 1909, 10 (zit. bei G. Jacob, Märchen und Traum, Hannover 1923, Orient-Buchh. Lafaire).

164.* Mallet, Carl-Heinz, Analyse des Grimm'schen Märchens „Der starke Hans“, in: Praxis der Kinderpsychologie und Kinderpsychiatrie, 1953, S. 53—62.

165. Mallet, Carl-Heinz, Die zweite und dritte Nacht im Märchen „Das Gruseln“, in: Praxis der Kinderpsychologie und Kinderpsychiatrie, 1965, S. 216—220.

166. Mendelsohn, J., Das Tiermärchen und seine Bedeutung als Ausdruck

seelischer Entwicklungsstruktur, in: Praxis der Kinderpsychologie und Kinderpsychiatrie X, 1961, S. 8—13; 56—62.

167. Mendelsohn, J., Die Bedeutung des Volksmärchens für das seelische Wachstum des Kindes, in: Praxis der Kinderpsychologie und Kinderpsychiatrie, 1958, H. 5/6, S. 152—156.

168. Neumann, Erich, Apuleius-Amor und Psyche, mit einem Kommentar von Erich Neumann — Ein Beitrag zur seelischen Entwicklung des Weiblichen, Zürich, Rascher, 1952.

169. Neumann, Erich, Die Große Mutter — Der Archetyp des Großen Weiblichen, Zürich, Rhein-Verlag, 1956.

170. Phillips, J. H., Psychoanalyse und Symbolik, Berlin-Stuttgart, Huber Verlag, 1962.

171. Rank, Otto, Das Inzestmotiv in Dichtung und Sage, Leipzig/Wien, Franz Deuticke Verlag, 1912.

172. Rank, Otto, Psychoanalytische Beiträge zur Mythenforschung, Leipzig/Wien, Franz Deuticke Verlag, 1919. (Vor allem: Kapitel I, Mythologie und Psychoanalyse und Kapitel XII, Mythus und Märchen.)

173. Rank, Otto, Der Mythus von der Geburt des Helden — Versuch einer psychologischen Mythendeutung, Leipzig/Wien, Franz Deuticke Verlag, ²1922.

174. Rank, Otto und Sachs, Hans, Die Bedeutung der Psychoanalyse für die Geisteswissenschaft, in: Grenzfragen des Nerven- und Seelenlebens, hrsg. von L. Löwenfeld und H. Kurella, Bd. 14, H. 93, 1913, S. 1—111.

175. Reik, Theodor, Geschlecht und Liebe (Abschnitt „Sexuelle Aufklärung und Märchen", S. 84—89). Stuttgart, Klett, 1950. (Titel der amerikanischen Originalausgabe: „Psychology of sex relations", New York 1945.)

176.* Riklin, Franz, Wunscherfüllung und Symbolik im Märchen (= Schriften zur angewandten Seelenkunde, H. 2, 1908).

177. Sas, Stephan, Der Hinkende als Symbol, Zürich/Stuttgart, Rascher Verlag, 1964. (Darin der Abschnitt: „Der Märchenheld und die Mutter", S. 97 f. und „Mit der Mutter verbundener oder von ihr verworfener moderner Mensch", S. 98 f.)

178. Silberer, Herbert, Phantasie und Mythos, in: Jahrbuch für psychoanalytische und psychopathologische Forschungen II, 2, 1910. S. 541—622. (Darin: Psychoanalytische Untersuchung des Märchens vom Marienkind, S. 585 f.)

179. Silberer, Herbert, Probleme der Mystik und ihrer Symbolik, Wien, 1914. Unveränderter fotomechanischer Nachdruck: Darmstadt,

Wissenschaftliche Buchgesellschaft, 1961. (Darin vor allem: Abschnitt I, 2: Traum- und Märchendeutung S. 20—30 — Kurzgefaßte Darstellung der psychoanalytischen Theorie.) — Vgl. auch psychoanalytische Deutung des Märchens „Die drei Federn" (KHM 63), S. 139—143.

180.* Winterstein, Alfred, Die Pubertätsriten der Mädchen und ihre Spuren im Märchen, in: Imago XIV, 1928, S. 199—274.

181.* Wittgenstein, Ottokar Graf, Märchen, Träume, Schicksale, Düsseldorf/Köln, Eugen Diederichs, 1965.

182. Zillinger, G., Zur Frage der Angst und der Darstellung psychosexueller Reifungsstufen im „Märchen vom Gruseln", in: Praxis der Kinderpsychologie und Kinderpsychiatrie, 1963, S. 33—41; S. 107—112; S. 134—143.

Anhang:
Anthroposophische Märchendeutung

183. Eymann, Fr., Die Weisheit der Märchen im Spiegel der Geisteswissenschaft Rudolf Steiners, Bern, 1952.

184. Meyer, Rudolf, Die Weisheit der Schweizer Märchen, Schaffhausen, Columban-Vlg. 1944.

185. Meyer, Rudolf, Die Weisheit der deutschen Volksmärchen, Stuttgart, Urachhaus ²1950.

186. Steiner, Rudolf, Märchendichtungen im Lichte der Geistesforschung, Basel, Zbinden u. Hügin, 1942.

b) Tiefenpsychologische Märcheninterpretation im Spiegel benachbarter Fachwissenschaften

187.* Bausinger, Hermann, Aschenputtel — Zum Problem der Märchensymbolik, in: Zeitschrift für Volkskunde, 52, 1955, S. 144—155.

188. Bausinger, Hermann, Möglichkeiten des Märchens in der Gegenwart, in: Märchen, Mythos, Dichtung — Festschrift zum 90. Geburtstag Friedrich von der Leyens, München, Beck, 1963.

189. Buder, Hildegard, Besprechung des Buchs von Hedwig von Beit, Symbolik des Märchens, in: Psyche VIII, H. 4, 1954, S. 68—72.

190.* Buchwald, Ellinor, Symbolik im Märchen, in: Hestia 1960/61, Bonn, Bouvier, S. 62—70.

191.* Harnack, G. H. von, Bemerkungen zu der Arbeit von C. H. Mallet, Analyse des Grimm'schen Märchens „Der starke Hans", in: Praxis der Kinderpsychologie und Kinderpsychiatrie II, 1953, S. 321.

192. Jacob, Georg, Märchen und Traum, Hannover, Orientalische Buch-
     handlung Lafaire, 1923.
193. Jacobs, Rolf, Tiefenpsychologische Aspekte von Märchenmotiven,
     Diskussionsbemerkungen zu diesem Thema, in: Praxis der Kinder-
     psychologie und Kinderpsychiatrie 1956, H. 11/12, S. 313—314.
194.* Leyen, Friedrich von der, Traum und Märchen, in: Der Lotse, I, 2,
     1901, S. 382—390.
195.* Leyen, Friedrich von der, Das Märchen, Ein Versuch, 4. erneuerte
     Auflage von Friedrich von der Leyen und Kurt Schier, Heidelberg,
     Quelle & Meyer, 1958. (In der Neuauflage auch Freudsche und
     Jungsche Theorie besprochen.) — Besprechung durch Bausinger in
     Fabula II, S. 294—295.
196. Lüthi, Max, Das europäische Volksmärchen — Form und Wesen,
     Bern/München, Francke Verlag, 1947, ²1960. (Darin im Kapitel
     „Märchenforschung" Stellungnahme zur psychologischen Märchen-
     forschung, S. 98 ff.)
197.* Lüthi, Max, Besprechung von Hedwig von Beit, Symbolik des
     Märchens, Versuch einer Deutung, in: Fabula II, 1958, S. 182—189.
198. Lüthi, Max, Besprechung von Hedwig von Beit, Symbolik des
     Märchens, in: Neue Züricher Zeitung, 1953, Nr. 833, von Band II,
     Gegensatz und Erneuerung im Märchen, in: Neue Zürcher Zeitung,
     1957, Nr. 2806/07.
199. Lüthi, Max, Es war einmal — Vom Wesen des Volksmärchens,
     Göttingen, Vandenhoeck & Ruprecht, 1962. (Darin: Interpretation
     einzelner Märchen und Märchenmotive, vor allem: Rapunzel, Das
     Märchen als Darstellung eines Reifungsvorganges.)
200.* Lüthi, Max, Märchen, Stuttgart, Metzler, 1962, ²1964. (Darin
     Kapitel: Psychologie des Märchens, S. 81 ff.)
201. Mackensen, Lutz, Zur Märchenforschung, in: Zeitschrift für deutsche
     Bildung, 6, 1930, S. 339—359.
202. Moers, Dorith, Der Traum in vergleichender Betrachtung zu Geistes-
     krankheiten und Märchen, Dissertation Bonn 1949. (Der Abschnitt
     über Märchendeutung, S. 189—200, ist rein subjektiv und wissen-
     schaftlich unbrauchbar!)
203. Müller, Erwin, Psychologie des deutschen Volksmärchens, München,
     Kösel und Pustet, 1928.
204.* Müller, Erwin, Traum- und Märchenphantasie, in: Zeitschrift für
     pädagogische Psychologie 31, 1930, S. 72—84.
205. Ranke, Kurt, Betrachtungen zum Wesen und zur Funktion des
     Märchens, in: Studium Generale 11, H. 11, 1958, S. 647—664.
206.* Röhrich, Lutz, Märchen und Psychiatrie, Bericht über den allge-

meinen volkskundlichen Kongreß des Verbandes deutscher Vereine für Volkskunde in Jugenheim an der Bergstraße, 1951, Stuttgart 1952.

207. Röhrich, Lutz, Die Märchenforschung seit dem Jahre 1945, In: Deutsches Jahrbuch für Volkskunde, I, 1955, S. 279—296; II, 1956, S. 274—319; III, 1957, S. 213—224 und 494—514.

208. Röhrich, Lutz, Märchen und Wirklichkeit, Wiesbaden, Steiner Verlag, 1956, ²1964.

209.* Röhrich, Lutz, Neue Wege der Märchenforschung, Bericht, in: Der Deutschunterricht, 8, 1956, S. 92—116.

210. De Vries, Jan, Betrachtungen zum Märchen, FFC 150, Helsinki 1954.